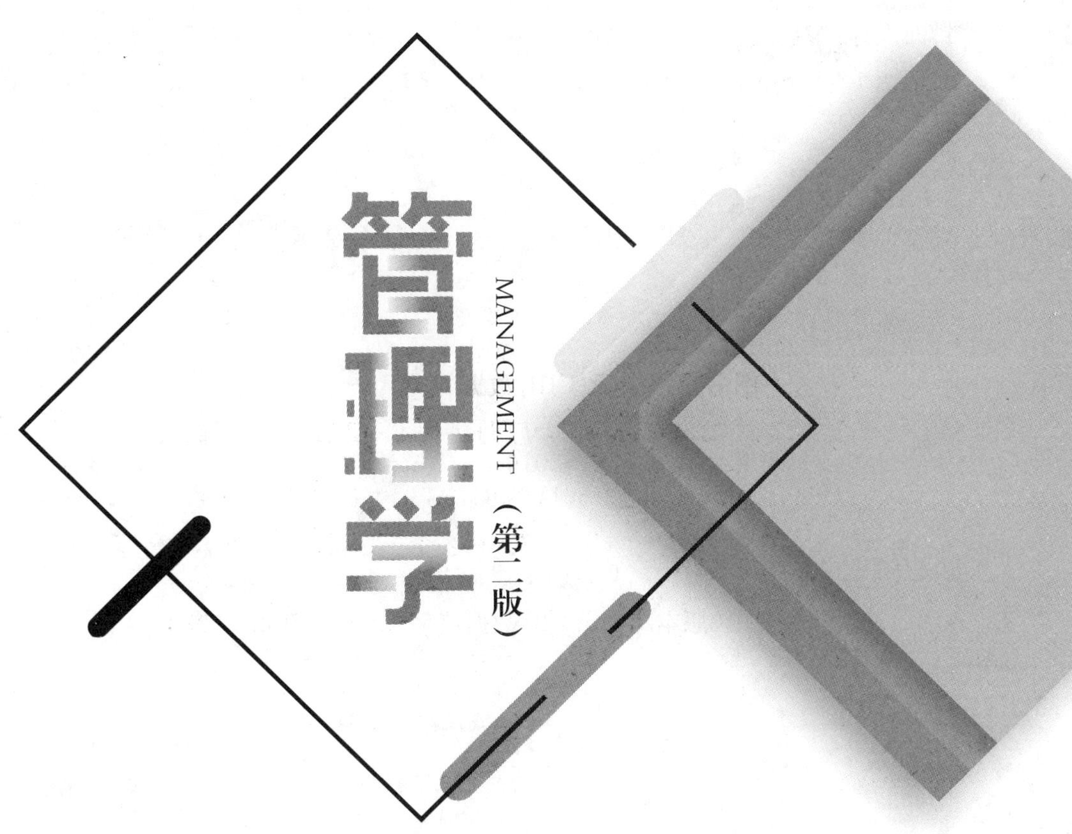

管理学

MANAGEMENT

（第二版）

安义中 李 丹／主 编

何 琼／副主编

四川大学出版社

责任编辑:徐　燕
责任校对:王　冰
封面设计:墨创文化
责任印制:王　炜

图书在版编目(CIP)数据

管理学 / 安义中，李丹主编. —2 版. —成都：四川大学出版社，2016.8
ISBN 978-7-5614-9834-7

Ⅰ.①管…　Ⅱ.①安…　②李…　Ⅲ.①管理学－高等学校－教材　Ⅳ.①C93

中国版本图书馆 CIP 数据核字（2016）第 210532 号

书名　**管理学(第二版)**

主　编	安义中　李　丹
出　版	四川大学出版社
地　址	成都市一环路南一段 24 号 (610065)
发　行	四川大学出版社
书　号	ISBN 978-7-5614-9834-7
印　刷	郫县犀浦印刷厂
成品尺寸	185 mm×260 mm
印　张	28.5
字　数	728 千字
版　次	2018 年 1 月第 2 版
印　次	2018 年 1 月第 1 次印刷
定　价	65.00 元

版权所有◆侵权必究

◆读者邮购本书，请与本社发行科联系。电话:(028)85408408/(028)85401670/(028)85408023　邮政编码:610065
◆本社图书如有印装质量问题，请寄回出版社调换。
◆网址:http://www.scupress.net

第二版前言

近年的社会变化，以前所未有的速度进行着，不可预测的事件发生的频率越来越高，国家与国家，经济体与经济体在经济、社会、文化、技术等方面的相互依存和融合越来越多。面对社会与科学技术的飞速发展，我们用已有知识解决涌现出的新问题的把握性越来越小。为此，将坚持个人职业生涯的终身学习归入构成学习型组织的呼声已渐次成为全社会的共识。

本书坚持从权变理论视角去认识管理，让学习者更能适应当今社会不断变化的环境，正确把握要素各异的组织及个人对其管理行为的指导。本书出版近三年来颇受读者认同，应出版社再版要求，编者对全书再次进行详尽审定校对，对第一版次印刷中存在的错误进行了纠正。考虑到环境变化的速度加快，虽说才过去短短三年，但为了更加贴近我国社会主义市场经济环境状态，体现更高的时效性，本次再版对各章的案例进行了推敲，期望案例能够更加有效、精准地帮助读者对对应原理和理论进行领悟和理解。在此认识下，编者对全书案例进行了较大范围的更替与修改，让更多的经典案例进入本书的案例群。比如用华为公司替换了通用电气公司，将德国大众公司排放造假纳入案例，对苹果公司新掌门汤姆·库克独有的领导风格加以展示，等等，在此不一一赘述。

我们期待《管理学》再版后能够获得更多读者的指正，能够给朋友更多的启迪，从而在大众创业，万众创新的大好时期贡献一点绵薄之力。

编者

2017 年 6 月于四川大学锦江学院

前　言

管理学是对作为学科门类的“管理学”所涵盖知识群的纲领性总揽介绍课程，为此，自20世纪70年代末在我国恢复管理教育以来，所有的管理类专业的从教组织，均对管理学课程予以高度的重视，目前管理学教材纷繁杂呈，丰富多彩。这既体现了“管理与人类活动相伴而生”的普遍性特质，又反映出在世界性“现代管理理论丛林”建树中，中国管理研究工作者紧跟中国经济飞速发展所做出的努力与贡献，这是一件非常令人欣慰的可喜之事。

“管理既是科学又是艺术”的学科特点，决定了对管理学知识抽取与编撰的多样性：只要我们略微改变一下对管理学门类知识群的视角与立场，都将得到不同的知识，这恰巧有效地表达出管理政策及行为输出是随被管理对象、时间、场景及管理者的个性特质的变化而变化的本质属性。为此，这亦是在众多的管理学派中，权变理论学派的学习型组织理论在影响因素日益复杂、变化速度日益加快的当代环境中，愈来愈受到重视的原因所在。

基于上述认识，该管理学教材的显著特征便是在纳入经典的古典管理理论与现代管理理论丛林的基本群基础上，重点从权变理论视角去认识管理，以期让学习者更能适应当代日新月异的创新型环境的要求，更加注意应用型能力的培养，更能正确把握要素迥异的组织及个人对其管理行为的指导。正是基于这一编撰理念，全书的结构呈现出有别于众多管理学教材的个性特征：第一篇导论中，首先是对管理的属性及研究范畴进行划定（第一章），有鉴于在管理链中人既是管理的主体，又是管理的客体这样一种双重身份，同时针对当下在中国确立全社会主流核心价值观的现实需要；其后，我们增加了管理伦理（第二章），对管理基本原理（第三章）进行归纳与汇总。全书秉承系统论思想，按学科发展时序，从思想原理始，进而进入理论学派介绍，最后突出特殊视角学派详细解读的篇章布局。为此，第二篇为经典的古典管理理论的系统介绍，这一篇的突出特点是首先对中国古代管理思想（第四章）进行归纳，以改变纯粹按西方管理理论聚类的普遍做法。在古典管理理论（第五章）中，对其构成的科学管理作业研究（泰勒）、职能划定一般管理（法约尔）、行政组织架构（韦伯）三个板块进行介绍，同时进行了整合性评价。第三篇进入现代管理理论丛林介绍，其间有对现代管理理论丛林的形成与发展（第六章）的整体描述，有行为科学学派（第七章）、过程功能学派（第八章）、决策理论学派（第九章）、经验管理学派（第十章）、社会系统学派（第十一章）等各学派历史沿袭、基本思想，主要学者观点、基本理论、应用环境、编者点评等内容介绍。第四篇权变理论，这是本书编撰特色视角的体现：基于管理行为是管理场景的函数认同，在面对变化日益快捷的环境时，我们认为让学习者更加清楚地了解、学习现代管理理论丛林中的权变理论学派，是有积极意义的，为此用了大量篇幅来介绍这一理论的过去、现在与未来。第十二章整体概述了权变理论，第十三章讲述权变理论的结构、组织、人性、领导几个方面的权变理论认识观点，权变理论取得的成就与运用场合等知识。第十四章则介绍了当下权变理论的最新成果及未来的发展趋势，其中学习型组织、组织流程再造、超越边界的管理等内容纳入了近年管理学领域的最新成果概述，使学习者有可能认识管理学未来的发展，激发起他们学习的兴趣。全书各章编写格式规范统一，每一章均由管理名言、本章学习目标、正文、本章小结、本章关键词、思考题、案例分析、参考资料等部分组成，从而易于把握重点和学习所需知识。

本书的编写动机是基于对管理学科有着整体把握愿望、对敏捷变化的外部环境和日益加快的技术进步有所认识的学习者提供一本适用的教材，故该书可供经济、管理、工程等专业的大学本科生，以及非管理类专业研究生、企事业单位工作者学习参考之用。

本书由四川大学锦江学院安义中教授、四川大学公共管理学院李丹博士任主编，确定全书结构和编撰视角及各章审阅，同时李丹还负责编写第三、四、十二章。由四川大学锦江学院何琼老师任副主编，负责编写第一、八、九章并总纂。四川大学锦江学院王雅萱老师、李丽萍老师、张靖羚老师参编，分别编写第二、十四章（王雅萱），第六、七、十三章（李丽萍），第五、十、十一章（张靖羚）。

由于编者水平所限，该书定有诸多不妥当乃至错误处，我们殷切地期盼着业内专家及广大读者的斧正指教。

编　者
二〇一三年四月

目　录

第一篇　导　论

第二篇　古典管理理论

第三篇　现代管理理论丛林

第四篇　权变理论

第一篇　导　论

本篇结构

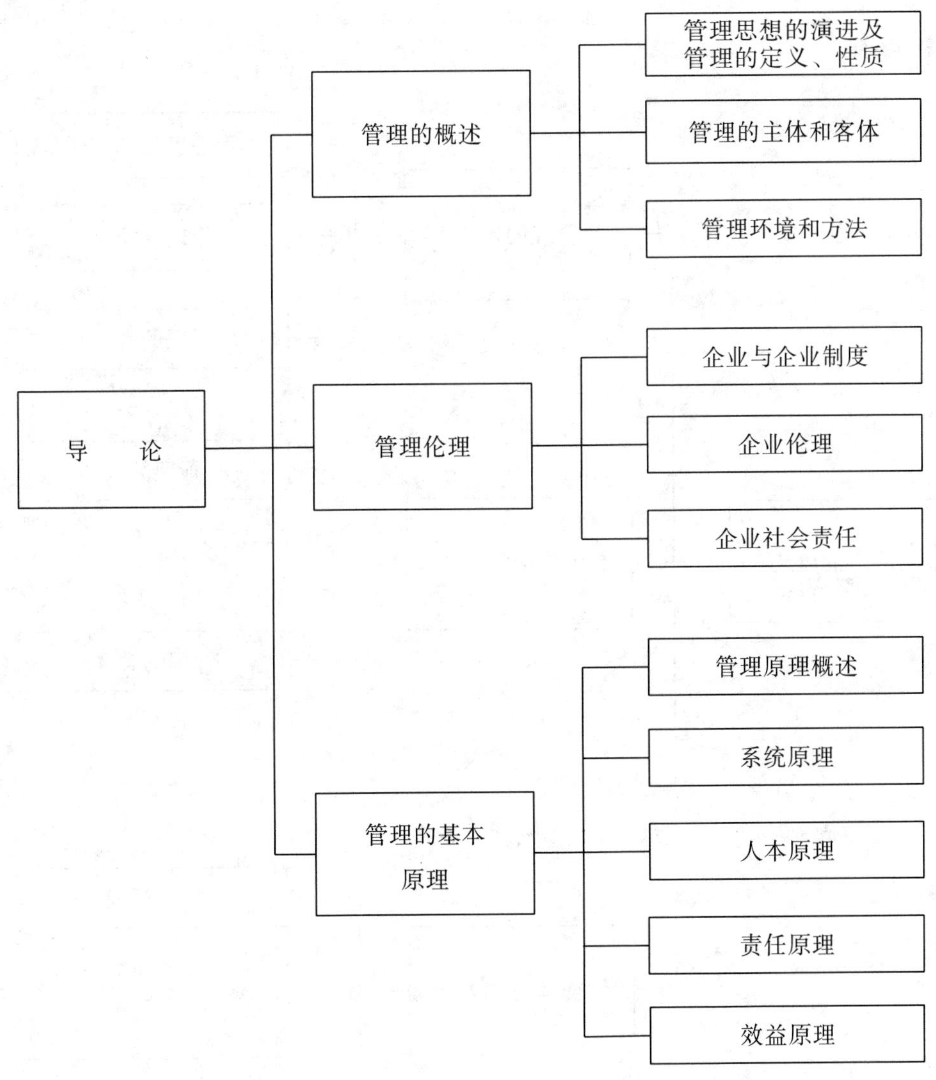

导　论
管理的概述
管理思想的演进及管理的定义、性质
管理的主体和客体
管理环境和方法
管理伦理
企业与企业制度
企业伦理
企业社会责任
管理的基本原理
管理原理概述
系统原理
人本原理
责任原理
效益原理

第一章　管理的概述

本章结构

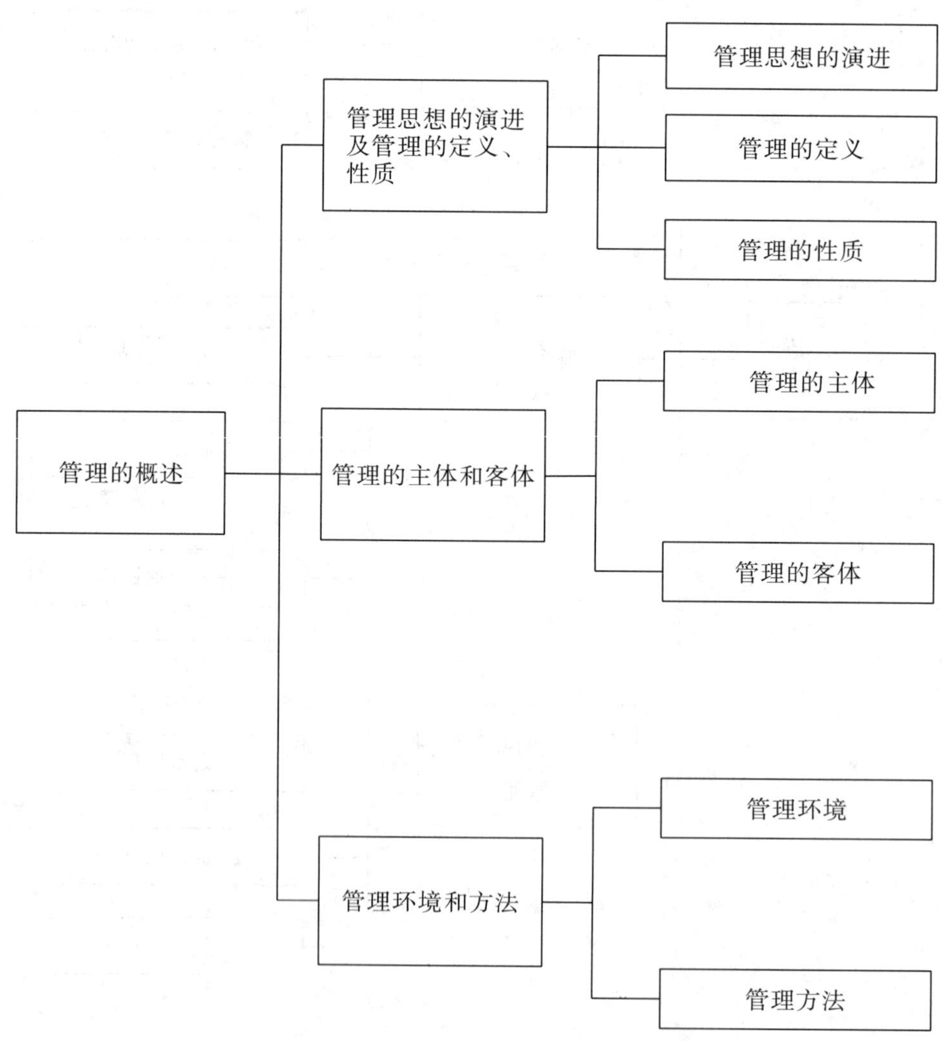

管理名言

管理是一门建立目标，然后用最好、最经济的方法经过他人的努力来达到的艺术。(Management is the art of knowing what you want to do and then seeing that it is done in the best and cheapest way)

——弗雷德里克·W. 泰勒（Frederick W. Taylor）

本章学习目标

1. 了解管理思想的演进
2. 掌握管理的基本定义
3. 了解管理的特征
4. 掌握管理的基本性质和职能
5. 理解管理学的研究对象、内容和方法
6. 掌握管理的方法

第一节　管理思想的演进及管理的定义、性质

一、管理思想的演进

管理是人类各种活动中最重要的活动之一。自从人们开始组成群体来实现个人无法完成的目标以来，管理工作就成为协调个体努力所必不可少的因素了。管理活动自古以来就存在，但是对管理进行正式的研究则是一门较新的科学。管理可以看成是这样一种活动，即它发挥某些职能，以便有效地获取、分配和利用他人的努力和物质资源，来实现某个目标。因此，管理思想是实际存在的有关管理活动及其职能、目的和范围的知识主体。学者和管理工作者对管理的不同贡献形成了不同的管理方法，形成了一种“管理理论丛林”效应。表 1－1 总结了管理界学者和管理工作者们的主要贡献。

表 1－1　管理思想的出现

主要贡献者	对管理的主要贡献
科学管理	
弗雷德里克·W. 泰勒 车间管理（1903 年） 科学管理原理（1911 年） 对众议院的一个委员会所做的证词（1912 年）	公认的“科学管理之父”。他的主要观点是采用科学方法提高生产效率和通过增加工人工资来提高生产率。他的原理强调应用科学，形成群体的协调和合作，提高工人的技能并实现产出的最大化
亨利·L. 甘特（1901 年）	强调科学选用工人，以及劳动者和管理者之间“和谐合作”；发明了“甘特图”；强调培训的必要性
弗兰克和莉莲·吉尔布里思（1900 年）	弗兰克是从事时间研究和动作研究的著名先驱者。莉莲·吉尔布里思是一位工业心理学家，集中研究工作中人的因素

续表1—1

主要贡献者	对管理的主要贡献
现代经营管理理论	
亨利·法约尔 工业管理和一般管理（1916年）	被称为“现代经营管理之父”，将工业活动划分为技术、商业、财务、安全、会计和管理6个方面，承认对管理者教育的必要。系统地讲述了管理的14个原则，如职权和职责、命令的统一，等级系列和团队精神
行为科学	
雨果·芒斯特伯格（1912年）	将心理学应用于产业和管理
沃尔特·迪尔·斯科特（1910年）	将心理学应用于广告、市场营销和人员管理
马克斯·韦伯（1946年译）	行政管理理论
维尔弗雷多·帕雷托（1896年—1917年的著作）	被称为是在组织和管理方面的“社会系统方法之父”
埃尔顿·梅奥和F. J. 罗特利斯伯格（1933年）	著名的西方电气公司霍桑工程研究，即工作小组的社会态度和相互关系对业绩影响的研究
系统理论	
切斯特·巴纳德 管理者的职能（1938年）	管理人员的任务是在一个正式组织中维护好一个合作系统。他提出了一种管理的全面的社会系统方法
现代管理思想	
彼得·F. 德鲁克（1974年）	撰写了大量有关一般性管理专题的论著
爱德华·W. 戴明（第二次世界大战后）	在日本引入质量控制
劳伦斯·彼得（1969年）	观察到人们最终会被提升到他们不能胜任的职位和级别上
威廉·大内（1981年）	讨论了在美国的环境中应用某些日本的管理方法
托马斯·彼得斯和罗伯特·沃特曼（1982年）	确定了他们认为最佳公司的特征

资料来源：海因茨·韦里克，马克·V. 坎尼斯，哈罗德·孔茨：《管理学——全球化与创业视角》（第12版），马春光译，经济科学出版社，2012年版。

二、管理的定义

长期以来，许多中外学者从不同的研究角度出发，对管理做出了不同的解释，他们在研究管理时的出发点不同，因此对管理一词所下的定义也就不同。直到目前为止，管理还没有一个统一的定义。特别是21世纪以来，各种不同的管理学派，由于理论观点不同，对管理的定义更是众说纷纭。

科学管理之父弗雷德里克·W. 泰勒（Frederick W. Taylor，1856—1915）说：“管理是一门建立目标，然后用最好、最经济的方法经过他人的努力来达成目标的艺术。”泰勒于1875年终止了大学课程，开始当制模工和机工学徒；1878年在费城进入米德维尔钢铁公司当机工并在夜校学习，获得工程学位后被提升为顾问工程师。泰勒被公认为“科学管理之父”。就管理学的早期发展而言，也许没有别人比他有更大的影响力了。当过学徒、普通工人、工长、总机械师，而后成为一家钢铁公司的总工程师的经历，使泰勒有充分的机会直接了解工人的工作态度和工作问题，并发现提高管理质量的极大可能性。在泰勒眼里，管理就是指挥他人用最好的工作方法去工作，所以他在其名著《科学管理原理》中讨论和研究：第一，员工如何能寻找和掌握最好的工作方法以提高效率；第二，管理者如何激励员工努力工作以获得最大的工作业绩。

对管理的定义产生重大影响的法国人亨利·法约尔（Henri Fayol）认为：管理是所有的人类组织（不论是家庭、企业或政府）都有的一种活动，是一种分配于领导人与整个组织成员之间的职能。这种活动由五项要素组成：计划、组织、指挥、协调和控制。管理就是实行这五项要素。法约尔充分认识到广泛地运用管理原则和管理思想的必要性，他认为管理原则要有灵活性，使其能被广泛地应用而不受环境变化的影响。法约尔对管理的定义受到了日本著名经营管理学者占部都美的挑战，他认为，法约尔关于管理的定义仅仅说出了管理有计划、组织、指挥、协调和控制五项要素，而并未给管理确定统一的定义。诺贝尔经济奖获得者赫伯特·西蒙（Herburt Simon）对管理定义曾有一句名言：“管理即制定决策。”在西蒙看来，管理者所做的一切工作归根结底是在面对现实与未来、环境与员工时不断地做出各种决策，使组织可以不断运行下去，直到获得满意的结果，实现令人满意的目标要求。

美国管理学大师彼得·德鲁克（Peter F. Drucker）认为：归根到底，管理是一种实践，其本质不在于“知”而在于“行”，其验证不在于逻辑，而在于成果，其唯一权威就是成就。在德鲁克的管理定义中，他使用了一个关键词：使命。使命就是组织存在的原因，组织的目的。关于使命的假设规定了组织把什么结果看作是有意义的，指明了该组织认为它对整个经济和社会应做出何种贡献。德鲁克认为，组织并不是为了自己而存在，它们只是一种工具——每一个组织都是用以执行某种社会功能的社会机构。对于组织而言，光是求生存并不够。组织的目标，是对个人和社会做某种贡献，因此，对其功能的考验都来自外部。

对管理下过定义的学者还有很多，例如：哈罗德·孔茨（Harold Koontz）和海因茨·韦里克（Heinz Weihrich）认为，管理就是设计和保持一种良好环境，使人在群体里高效率地完成既定目标。苏联管理学家波波夫认为，管理同土地、劳动和资本一样，都是一种生产因素，或曰资源。一个公司的管理将在很大程度上决定其生产率和盈利能力。因此，管理是“生产的第四要素”。斯蒂芬·P. 罗宾斯（Stephen P. Robbins）、玛丽·库尔特（Mary Coulter）于2005年《管理学》第八版中所表达的观点是：管理是通过协调他人工作，有效率和有效果地实现组织目标的过程。我国管理学专家徐国华教授于1998年提出了管理是对资源进行计划、组织、领导和控制以快速有效地达到组织目标的过程。

部分学者对管理的定义总结如表1-2所示：

表1-2　学者对管理的定义

强调内容	代表人物	定义内容
强调指挥作用	泰勒	管理就是指挥他人用其最好的工作方法工作
管理是一种活动	法约尔	管理就是实行计划、组织、指挥、协调和控制

续表1—2

强调内容	代表人物	定义内容
强调决策作用	西蒙	管理即制定决策，在西蒙看来，管理者所做的一切工作归根结底是在面对现实与未来、环境与员工时不断地做出各种决策，使组织可以不断运行下去，实现令人满意的目标要求
强调管理作用	德鲁克	归根到底，管理是一种实践，其本质不在于“知”而在于“行”，其验证不在于逻辑而在于成果，其唯一权威就是成就
强调管理工作内容	孔茨	管理就是设计和保持一种良好环境，使人在群体里高效率地完成既定目标。为了达成管理目标，要进行设计、组织、人事、指挥、控制，管理就是由这几项工作所组成的
其他		还有人把管理看作是一个由计划、组织、领导、控制所组成的过程，或是管理者组织他人工作的一项活动；也有人认为管理就是用数学方法来表示计划、组织、控制、决策等合乎逻辑的程序，并求出最优答案的一项工作，等等

管理的定义有广义和狭义之分，广义的管理指的是应用科学的手段安排组织社会活动，使其有序进行。狭义的管理是指为保证一个单位全部业务活动而实施的一系列计划、组织、协调和控制活动。综上所述，我们可以给管理下一个统一的定义：管理是指一定组织中的管理者在特定的组织内外环境的约束下，运用计划、组织、指挥、协调和控制等职能，对组织的资源进行有效整合以达到组织既定目标的活动过程。

三、管理的性质

管理作为一种普遍的社会活动，起源于社会成员劳动的集体性，以及社会成员在劳动和社会生活过程中相互交换的必要性。作为一种特殊的社会实践活动，管理具有自己独特的性质（见图1—1）。

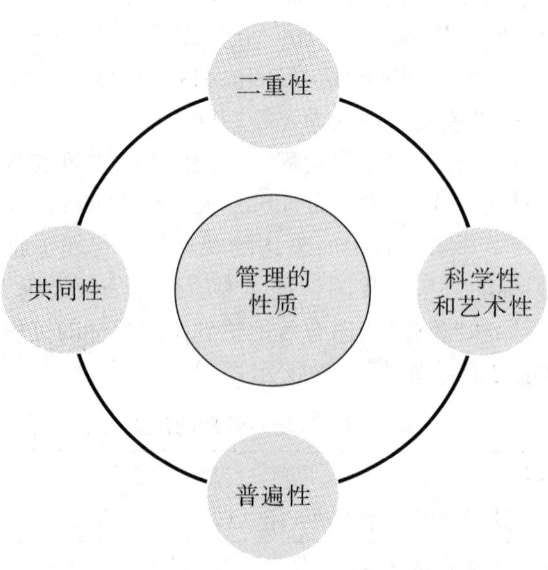

图1—1　管理的性质

（一）二重性

管理的二重性，即自然属性和社会属性。首先，管理是生产社会化引起的，因此具有同生产力和社会化大生产相联系的自然属性。其次，管理又是与生产关系相联系的一种“监督劳动”，具有同社会制度相联系的社会属性。管理的自然属性，是指管理所具有的有效指挥共同劳动、组织社会生产力的特性。它反映了社会化大生产过程中协作劳动本身的要求，社会化生产中的协作活动需要管理，与具体的生产方式和特定的社会制度无关。管理的社会属性，是指管理所具有的监督劳动、维护生产关系的特性。它反映了一定社会形态中生产资料占有者的意志，是为一定的经济基础服务的，受一定的社会制度和生产关系的影响和制约。学习和掌握管理的二重性，有利于深入认识管理的性质，借鉴国外先进的管理思想和方法，并结合实际，因地制宜地学习和应用。

（二）科学性和艺术性

管理作为一个活动过程，其间存在着一系列基本的客观规律，要用科学的方法论来分析问题和解决问题。管理的科学性表现在管理活动的过程可以通过管理活动的结果来衡量，同时它具有行之有效的研究方法和研究步骤来分析问题、解决问题。管理的艺术性表现在管理的实践性上，在实践中发挥管理人员的创造性，并因地制宜地采取措施，为有效地进行管理创造条件。艺术性强调的是管理的实践性。它强调管理活动除了要掌握一定的理论和方法外，还要有灵活地应用这些知识和技能的技巧和诀窍。

管理的科学性和艺术性是相辅相成的，对管理中可预测可衡量的内容，可用科学的方法去测量；而对管理中某些只能感知的问题，某些内在特性的反映，则无法用理论分析或逻辑推理来估计，只可通过管理艺术来评估。最富有成效的管理艺术来源于对它所依据的管理原理的理解和丰富的实践经验。

（三）普遍性

管理的普遍性表现为管理活动是协作活动，涉及人类每一个社会角落，它与人们的社会活动、家庭活动以及各种组织活动都是息息相关的。从人类为了生存而进行集体活动的分工和协作开始，管理便随之产生。管理的普遍性决定它所涉及的范围。

（四）共同性

管理任务就是要设计和维持一种系统，使在这一系统中共同工作的人们，能用尽可能少的支出（包括人力、物力、财力、时间以及信息）去实现他们预定的目标。管理和管理人员的基本职能是相同的，包括计划、组织、人员配备、指导、领导以及控制。管理人员所处的层次不同，在执行这些职能时则各有侧重。例如，上层主管（如医院护理部主任）比基层主管（如病房护士长）更侧重于计划职能，但他们都需要为集体创造一种环境，使人们在其中可以通过努力去实现他们的目标，这便是他们共同的任务。因此选择不同资源供给和配比，就有成本大小的问题，这就是经济性的一种表现。

第二节　管理的主体和客体

一、管理的主体

作为组织拥有的人力资源，既可以称作管理的对象，又可以作为管理的主体。在组织的所有资源中人力资源最为重要，一方面是因为在组织的资源配置过程中，人要与组织的其他资源进行有效合理的配合才可能有较高的配置效率，另一方面是因为组织资源的过程本身是作为管理主体的人力管理的结果。

管理的主体是指管理活动中起能动作用的个体总和。一般来说，管理的主体就是指组织中的全体管理者，实际上，管理的主体还应包括被管理者。为了研究方便，这里着重研究管理者。

（一）管理者的含义

传统的观点认为，管理者（manager）就是对其他人的工作负有责任的人，或是指在一个组织中主要从事指挥别人工作的人。这一观点是以正式职位和权力为基础来区分管理者和被管理者，具体表现在管理者有下属，而被管理者则没有。

然而，现代社会的组织中有一些处在管理部门中对组织成果负有责任并做出贡献的专业人员，如公司的高级会计师、高级经济师、高级工程师等，他们通常不是什么人的上司，但他们以自己的职位和知识，影响了组织的发展决策和最终的经营成果，以个人的方式对组织做出贡献。如果按照传统管理者的定义，他们将被排除在管理者之外，这显然是不妥的。

为此，著名的管理学家德鲁克在1973年出版的《管理：任务、责任和实践》一书中指出，在确定的一个组织中，谁是负有管理责任的人，最首要的标志并不是谁有权力命令别人，管理人员的责任在于贡献，而不是权力，这就是管理者的明确标志。德鲁克认为是否为管理者的核心标志是责任，即对组织做出贡献的责任，这样可以将专业人员列入管理者的范畴之内。不过，德鲁克也指出这些专业人员是做出决策能够影响组织成果的少数成员，并非所有的专业人员都是管理者。

综上所述，不论是强调组织中的正式职位和权力的观点，还是强调在组织应做出贡献和承担责任的观点，都反映了同一事物的不同侧面。从职权和责任同是事物的两个方面看，这两种观点不应是对立的，而是相互补充的。用现代管理标准来衡量，管理者既指拥有正式管理职位并进行指挥的人，又指通过影响决策等对组织做出贡献的人。所以，从广义上讲，管理者应泛指所有执行管理职能，并对组织目标做出实质性贡献的人。

根据这个定义，管理者既包括执行管理职能、对他人工作负有责任的人，也包括承担特殊责任而不对他人工作负有责任的人，或者介于这两者之间的人。如图1-2所示，只要这个人利用其职位和知识，以个人的方式对该组织做出实质性贡献，使该组织工作取得成果，则其就被认为是管理者，而不管其对他人的工作是否负有责任、是否有下属。

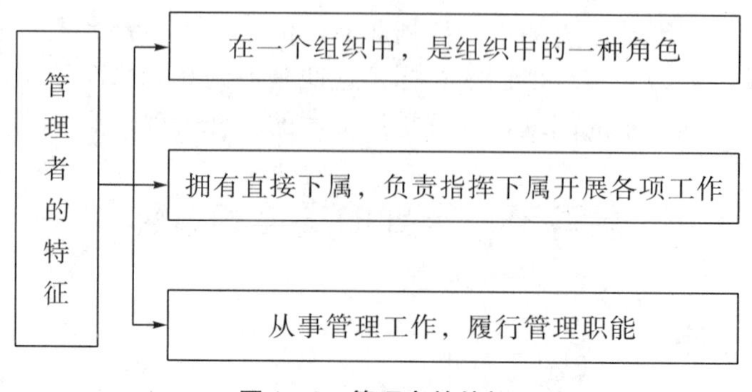

图1-2 管理者的特征

（二）管理者的分类

按照管理者在组织中所处的地位划分，管理者可分为以下三类（见图1－3）。

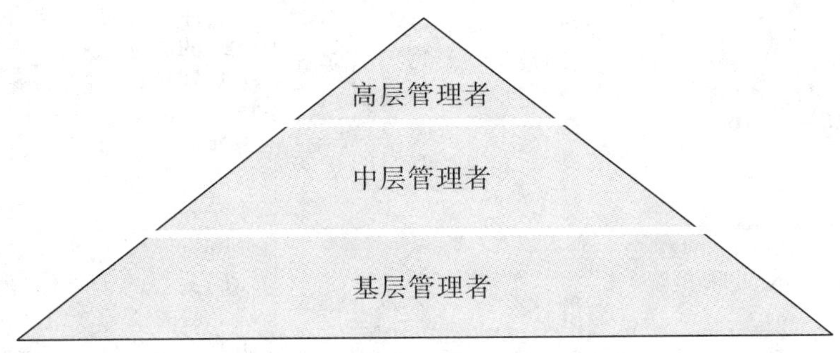

图1－3　按管理者所处地位的分类

1. 高层管理者

高层管理者指负责制订组织发展战略和行动计划，有权分配组织拥有的一切资源的管理人员。如在西方企业中的首席执行官（CEO），在我国企业中的经理、厂长，医院的院长，学校的校长等都属于高层管理者。组织的兴衰存亡很大程度上取决于他们对环境的分析和判断，以及目标的选择和资源的分配决策。他们还要代表组织协调与其他组织或个人的关系，并对组织所造成的社会影响负责。因此，高层管理者具备的知识要广、能力要强、素质要高。

2. 中层管理者

中层管理者是指根据高层管理者做出的决策和计划，结合所在部门和岗位负责制订具体的计划及有关细节和程序的人员。如大公司的区域经理、分部（事业部）负责人、生产主管、车间主任等都属于中层管理人员。中层管理者主要是将高层管理者的决策和指示传达给基层管理者，同时将基层的意见和要求反映到高层管理部门，他们是连接高层管理者和基层管理者的桥梁和纽带。中层管理者还要负责协调和控制基层生产活动，保证完成各项任务，实现组织目标。但他们一般不直接参与基层生产活动，只协调第一线管理人员的活动。

3. 基层管理者

基层管理者又称一线管理人员，如车间内的班组长、小组长等。他们的主要职责是传达上级计划、指示，直接分配每一个成员的工作任务，随时协调下属的各项活动，控制工作进度，解答下属提出的问题。一般来说，基层管理者应具有较高的技术操作能力。

不同层次管理者的职责归纳起来，如表1－3所示。

表1－3　不同层次管理者的职责

类别	实例	主要职责	关注点
高层管理者	学校的校长，医院的院长，机关行政首脑，公司总经理等	对组织负有全面责任。主要侧重于组织的大政方针，沟通组织与外界的交往联系，为组织创造良好的内外部环境	主要精力和时间放在组织全局性或战略性的问题上，他们最关心的是重大问题决策的正确性和良好的组织环境营造

续表1－3

类别	实例	主要职责	关注点
中层管理者	工厂里的车间主任，学校里的系主任，机关里的处长等	正确理解高层的指示精神，创造性地结合本部门的实际情况，贯彻落实高层所确定的大政方针，指挥各基层管理者开展工作。他们的主要管理对象是基层管理者	他们注重的是日常管理事务，根据上级的指示，把任务具体分配给各个基层单位，并了解基层管理者的要求，帮助其解决困难，检查并监督他们的工作，通过基层管理者的努力去带动第一线的操作者完成各项任务
基层管理者	工厂里的班组长，运动队里的教练，学校里的教研室主任，机关里的科长、股长等	直接指挥和监督现场作业人员，保证完成上级下达的各项计划和指令	他们关心的是具体任务的完成。明确下属的任务，组织下属开展工作，协调下属的行动，解决下属的困难，反映下属的要求

资料来源：邢以群：《管理学》，浙江大学出版社，2012 年第 3 版。

管理者的职责随着其在组织中地位的不同而不同，但这并不意味着各级管理者的工作在本质上有什么不同，不同的只是侧重点和程度，而不是管理职能。从职能角度看，随着管理者在组织中地位的上升，他（她）将从事更少的直接领导工作和更多的计划工作，如表 1－4 所示。所有管理者，不管在哪个层次上，都要从事决策。履行计划、组织、领导、控制职能，只不过各项职能的具体内容会随着管理者的地位上升而发生变化，同时他们花在每项职能上的时间也有所不同（见表 1－4）。

表 1－4　不同层次管理者的时间分布

层次 / 职能	计划	组织	领导	控制
高层管理者	28%	36%	22%	14%
中层管理者	18%	33%	36%	13%
基层管理者	15%	24%	51%	10%

资料来源：T. A. Mahoney，T. H. Jerdee，S. J. Carroll. The Jobs of Management. *Industrial Relations*. 1965，4 (2)：103.

在上述分类中，高层、中层、基层是相对而言的，如学院院长在整个学校中属于中层管理者，但在其所分管的学院中，他就是高层管理者，要履行高层管理者的职责。

按管理者的职责任务划分，管理者可以分为以下三类（见图 1－4）：

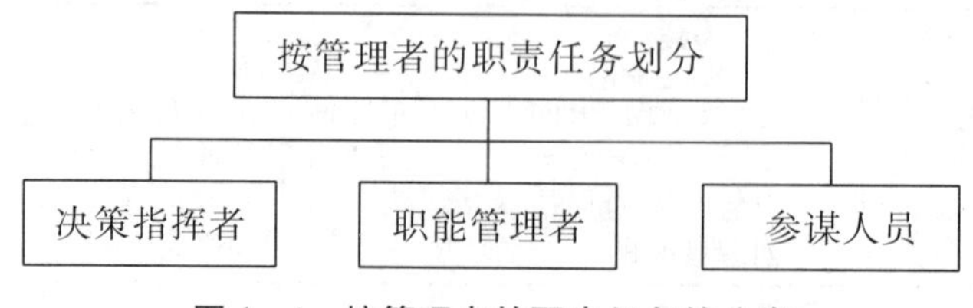

图 1－4　按管理者的职责任务的分类

1. 决策指挥者

决策指挥者指在组织各层次中拥有决策指挥权的管理者，通常指各管理层次的“一把手”。如工厂的厂长、车间主任、班组长等。他们的基本职责是负责组织或组织内所在层次的全面管理任务，拥有直接调动下级、安排各种资源的权力。

2. 职能管理者

职能管理者指负责组织中某一专门管理职能的管理人员，通常称为业务管理人员，如计划管理人员、生产管理人员、市场管理人员、财务管理人员和人事管理人员等，他们的职责是负责组织或组织内某一层次中的某一专业管理职能，以各自的专业知识对组织目标的实现做出贡献。

3. 参谋人员

参谋人员是指为各级决策指挥人员提供决策建议的智囊人员，如管理顾问、调研员等。他们的职责是收集、整理、提供与决策相关的各种信息，为决策者提供合理的建议和方案。参谋人员没有决策和指挥权，但他们以自己的知识和经验影响组织决策，而且这种影响还比较大。

二、管理的客体

管理的客体是管理活动的作用对象，即特定组织中被施以管理的各种资源。对于任何一个组织，资源的有效配置决定了该组织的成败。这里所说的组织者具有一般的意义，是一个抽象的定义，具体地说，组织可以是国家、军队、企业、学校、医院、家庭等。不同形式的组织，它所支配的内部资源也不尽相同，但一般说来，组织的内部资源都涉及人、财、物，它们是具有普遍管理意义的对象。现代社会中，对时间、信息重要性的认识日益加强，时间和信息就是管理效率的观点也愈来愈被管理者所接受。组织的社会形象、信誉度、商标、专利等无形资产作为一种重要资源的认识已较为普遍。于是，人们在提及管理客体或管理对象时，在人、财、物的基础上，加进了时间、信息和无形资产等资源。随着知识经济时代的到来，知识将日益成为组织最重要的资源。知识经济作为建立在知识和信息的生产、分配和使用基础上的经济，对管理的影响是深远的、划时代的。

综上所述，从现代管理的观点出发，可以将管理的客体归纳为组织中的各种资源，包括人、财、物、时间、信息、无形资产和知识（见图 1—5）。具体地说，对人的管理主要是指组织内部人力资源的管理，包括人员的招聘、配备、工作内容设计、工作评价、人才培训与教育、人才选拔和激励机制的建立等。对财的管理表现为对组织内部各种价值形态的管理，如财务管理、成本管理、资金使用效果分析等。对物的管理主要是指对组织所拥有的有形实物的管理，包括对原材料的管理，对产品、半成品的管理，对机器设备、工具器具、材料、能源及建筑物等的管理。对时间的管理包括管理人员的时间管理、工作时间设计、工作进度管理等。对信息的管理包括信息的收集、处理、传递、储存等，还包括管理信息系统的设计、运行和维护等。对无形资产的管理包括形象设计、公共关系、组织文化建设等。对于知识的管理包括进一步识别知识资源在组织中的地位和作用，建立有效的知识管理机制等。

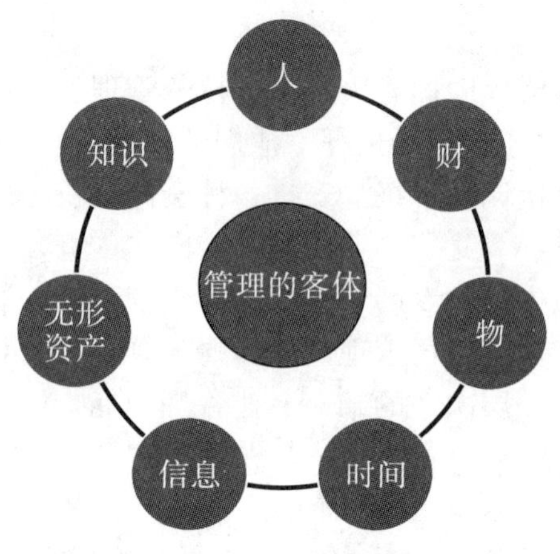

图 1-5　管理的客体

对管理客体的研究，不应只局限在单个管理对象的管理，还应注意到诸多管理对象之间的相互联系。这是因为，管理对象是由诸多要素组成的有机整体，具有系统的特征。管理对象还包括单一要素与管理对象整体之间的关系、各要素之间的关系，如人与组织的关系、人与物的关系、人与人的关系等。

第三节　管理环境和方法

一、管理环境

斯蒂芬·P. 罗宾斯将管理环境定义为对组织绩效起着潜在影响的外部机构或力量。管理的环境是组织生存发展的物质条件的综合体，它存在于组织界限之外，并可能对管理当局的行为产生直接或间接影响。

任何组织都是在一定环境中从事活动的，任何管理也都要在一定的环境中进行，这个环境就是管理环境。管理环境的特点制约和影响管理活动的内容和进行。管理环境的变化要求管理的内容、手段、方式、方法等随之调整，以达到利用机会，趋利避害，更好地实施管理的目的。尤其对于行政管理来说，管理环境的影响作用更是不可忽视，这是由行政环境的特点所决定的。

管理环境分为外部环境和内部环境，外部环境一般有政治环境、社会文化环境、经济环境、技术环境和自然环境。内部环境有人力资源环境、物力资源环境、财力资源环境以及内部文化环境。

（一）外部环境

外部环境是组织之外的客观存在的各种影响因素的总和。它是不以组织的意志为转移的，是影响组织管理的重要因素。一般来说，组织的外部环境主要包括的种类如图 1-6 所示。

对非政府组织来说，政治环境包括一个国家的政治制度，社会制度，执政党的性质，政府的方针、政策、法规法令等。文化环境包括一个国家或地区的居民文化水平、宗教信仰、风俗习惯、道德观念、价值观念等。经济环境是影响组织，特别是企业的重要环境因素，它包括宏观和微观两个方面。宏观经济环境主要指一个国家的人口数量及其增长趋势、国民收入、国民生产总值等。通过这些指标能够反映国民经济发展水平和发展速度。微观经济环境主要指消费者的收入水平、消费偏好、储蓄情况、就业程度等因素。科技环境反映了组织物质条件的科技水平。科技环境除了直接相关的技术手段外，还包括国家对科技开发的投资和重点支持，技术发展动态和研究开发费用，技术转移和技术商品化速度，专利及其保护情况等。自然环境，包括地理位置、气候条件及资源状况。地理位置是制约组织活动的一个重要因素。

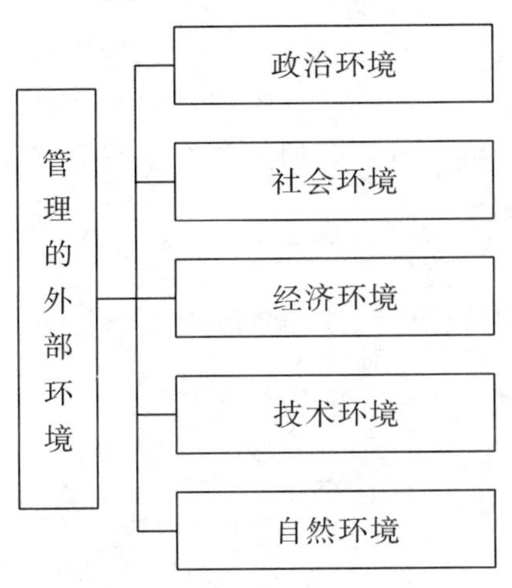

图 1-6 管理的外部环境

不同的组织有一般的共同环境，同时也要在一定的特殊领域内活动。一般环境对不同类型的组织均产生某种程度的影响，而与具体领域有关的特殊环境则直接、具体地影响着组织的活动。如企业需要面对的特殊环境包括现有竞争对手、潜在竞争对手、替代品生产情况及用户和供应商的情况。外部环境与管理相互作用，一定条件下甚至对管理有决定作用。外部环境制约管理活动的方向和内容。无论什么样的管理目的，管理活动都必须从客观实际出发。脱离现实环境的管理是不可能成功的。“靠山吃山，靠水吃水”一定程度上反映了外部环境对管理活动的决定作用，同时反映了外部环境影响管理的决策和方法。当然，管理对外部环境具有能动的反作用。

（二）内部环境

内部环境是指组织内部的各种影响因素的总和（见图 1-7）。它是随着组织产生而产生的，在一定条件下内部环境是可以控制和调节的。人力资源对于任何组织都始终是最关键和最重要的因素，人力资源的划分根据不同组织、不同标准有不同的类型。比如企业人力资源根据他们所从事的工作性质的不同，可分为生产工人、技术工人和管理人员三类。物力资源是指内部物质环境的构成内容，即在组织活动过程中需要运用的物质条件的拥有数量和利用程度。财力资源是一种能够获取和改善组织其他资源的资源，是反映组织活动条件的一项综合因素。财力资源指的是组织的资金拥有情况、构成情况、筹措渠道、利用情况。财力资源的状况决定组织业务的拓展和组织活动的进行等。文化环境是指组织的文化体系，包括组织的精神信仰、生存理念、规章制度、道德要求、行为规范等。

内部环境随着组织的诞生而产生，对组织的管理活动产生影响。内部环境决定了管理活动的可选择的方式方法，而且在很大程度上影响组织管理的成功与失败。

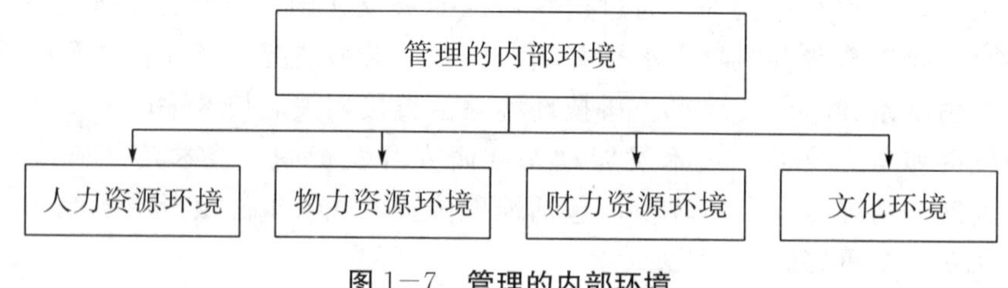

图 1—7　管理的内部环境

二、管理方法

管理学和其他许多社会科学一样，其研究方法基本上有三种：归纳法、试验法和演绎法（见图 1—8）。

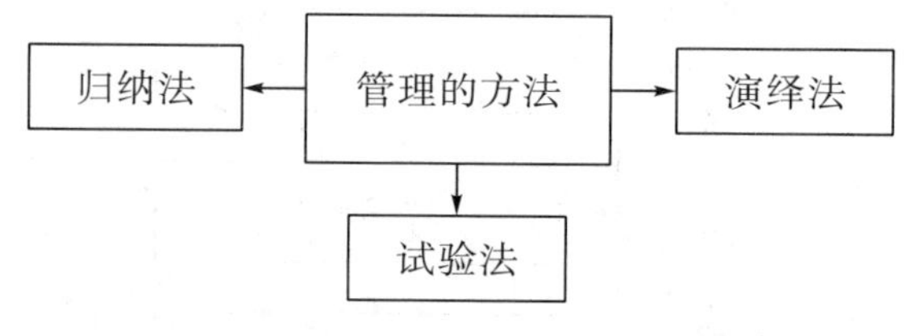

图 1—8　管理的方法

（一）归纳法

归纳法就是通过对客观存在的一系列典型事物（或经验）进行观察，掌握典型事物的典型特点、典型关系，从中找出事物变化发展的一般规律，这种从典型到一般的研究方法也称为实证研究。由于管理过程十分复杂，影响管理活动的相关因素极多，并且相互交叉，人们所能观察到的往往只是综合结果，很难把各个因素的影响程度分解出来，所以大量的管理问题都只能用归纳法进行实证研究。

在管理学研究中，归纳法应用最广，但是其局限性也十分明显。

（1）一次典型调查（或经验）只是近似于无穷大的总体中的一个样本，所以实证研究必须对足够多的对象进行研究才有价值。如果选择的研究对象没有代表性，归纳出的结论也就难以反映出事物的本质。

（2）研究事物的状态不能人为地重复。管理状态也不可能完全一样，所以研究得出的结论只是近似的。

（3）研究的结论不能通过实验加以证明，只能用过去发生的事实来证明，但将来未必就是过去的再现。

因此，在运用归纳法进行管理问题的实证研究时，应当注意以下几点：第一，要弄清与研究事物相关的因素，包括各种外部环境和内部条件，以及系统的或偶然的干扰因素，并尽可能剔除各种不相关的因素。第二，选择好典型，并分成若干类，分类标志应能反映事物的本质特征。第三，调查对象应有足够数量，即按抽样调查原理，使样本容量能保证调查结果的必要精度。第四，调查提纲或问卷的设计要力求包括较多的信息数量，并便于形成简单明确的答案。第五，对调查资料的整理，应采取历史唯物主义和辩证唯物主义的方法，去寻找事物之间的因果关系，切忌采取先有观点再搜集材料加以论证的形而上学的方法。

（二）试验法

管理中的许多问题，特别是在微观组织内部，对于生产管理、设备布置、工作程序、操作方法、现场管理、质量管理、营销方法以及工资奖励制度、劳动组织、劳动心理、组织行为、商务谈判等许多问题都可以采用试验法进行研究。即人为地为某一试验创造一定的条件，观察其实际试验结果，再与未给予这些条件的对比试验的实际结果进行比较分析，寻找外加条件与试验结果之间的因果关系。如果经过多次试验，总是得到相同的结果，那就可以得出结论，这里存在某种普遍适用的规律性。著名的霍桑研究就是采用试验法研究管理中人际关系的成功例子。

试验法可以得到接近真理的结论。但是，管理中也有许多问题，特别是高层、宏观管理的问题，由于问题的认知特别复杂，影响因素很多，不少因素又是协同作用的，所以很难对每个因素分别地进行试验。并且此类管理问题的外部环境和内部条件特别复杂，要想进行人为的重复也是不可能的。例如投资决策、生产计划、财务计划、人事管理、资源分配等许多问题几乎是不可能进行重复试验的。

（三）演绎法

对于复杂的管理问题，管理学家可以从某种定义出发，或从某种统计规律出发，也可以在实证研究的基础上，用归纳法找到一般的规律性，并加以简化，形成某种出发点，建立起能反映某种逻辑关系的经济模型（或模式）。这种模型与被观察的事物并不完全一致，它所反映的是简化了的事实，它完全合乎逻辑的推理。它是由简化了的事实前提推广得来的，所以这种方法称之为演绎法。从理论定义出发建立的模型成为解释性模型，例如投入产出模型、企业系统动力学模型等，都是建立在一定理论定义基础之上的。从统计规律出发建立的模型称为经济计量模型，例如柯普·道格拉斯的生产函数模型，以及建立在回归分析和时间序列分析基础上的各种预测模型和决策模型。建立在经济归纳法基础上的模型称为描述性模型，例如现金流量模型，生产过程中在产品变动量模型等等。

现代科学技术的发展迅速地推动着管理学研究方法的现代化。特别是由于电子计算机硬件和软件技术的迅速发展，管理中的各种模型，甚至多至具有几百个变量的线性规划模型都可以在计算机上进行迅速的运算，或者进行动态模拟。计算机的应用将大大促进管理学向更加精密的方向发展。

本章小结

管理的定义：管理就是在特定的环境下，对组织所具有的资源进行有效的计划、组织、领导、控制，以便完成组织的既定目标的过程。管理的性质是管理的二重性，管理的二重性是马克思主义关于管理问题的基本观点，即管理既具有同生产力和社会化大生产相联系的自然属性，又具有同生产关系和社会制度相联系的社会属性。

管理的具体职能　目前管理学界普遍接受的观点是管理具有五大基本职能，即计划、组织、领导、控制和协调的职能。

管理的主体是指管理活动中起能动作用的个体总和。一般来说，管理的主体就是指组织中的全体管理者，主要有三个管理层次的管理者（基层管理者、中层管理者、高层管理者)，不同的层次对管理技能有不同的要求。

管理客体也就是管理的对象，要解决的是“管什么”的问题。对于管理对象包括哪些要素，不同的学者从不同的角度或意义有不同的看法，其普遍的观点认为管理对象包括：人员、物资、资金、信息、技术、关系、时间七个方面。

任何组织都是在一定环境中从事活动的。任何管理也都要在一定的环境中进行，这个环境就是管理环境。管理环境分为外部环境和内部环境，外部环境一般有政治环境、社会文化环境、经济环境、技术环境和自然环境。内部环境有人力资源环境、物力资源环境、财力资源环境以及内部文化环境。管理学和其他许多社会科学一样，其研究方法基本上有三种：归纳法、实验法和演绎法。

本章关键词

管理　管理的职能　管理的科学性　管理的艺术性　管理的二重性　管理主体　管理客体　管理者　归纳法　试验法　演绎法

思考题

1. 什么是管理？你如何理解管理的定义？
2. 什么是管理的二重性？你怎样理解管理的二重性？
3. 管理的基本职能有哪些？它们之间有什么联系？
4. 管理的基本特点有哪些？
5. 为什么要学习管理学？你认为学习管理学对你有什么意义？

两种管理，两种结果

我国两大肉类加工企业双汇集团和春都集团在市场竞争中因为管理不同以致表现出不同的结果：双汇集团 1999 年实现利税超过亿元，比上年增长 69.5%，步入快速发展轨道；春都集团近几年连续出现巨额亏损，企业陷入困境。同是国务院确定的全国 520 家重点企业，同是中国名牌，同是地处中原的肉类加工企业，为什么一个迅速崛起，而另一个却严重滑坡呢？

双汇集团和春都集团的前身分别是漯河肉联厂和洛阳肉联厂，都是始建于 1958 年，又都是 1984 年由省下放到地方。不同的是，1984 年漯河肉联厂的资产总额是 468 万元，企业累计亏损 543 万元，而洛阳肉联厂当时的资产总额是 2300 万元，当年实现利税 200 万元。1986 年，中国第一根火腿肠在洛阳肉联厂诞生，而漯河肉联厂生产出第一根火腿肠已经是 6 年之后的 1992 年。1993 年，春都集团实现工业总产值、利税分别达到 11.599 亿元、1.082 亿元，而双汇集团仅为 8.57 亿元和 7045 万元。无论从哪方面都处于劣势的双汇集团，为什么在短短几年内成了同行业的排头兵，而春都集团却在市场竞争中败下阵来？

双汇集团紧紧围绕肉类加工主业项目扩大规模，使企业迅速形成了以肉类加工为主，养殖、屠宰、包装、彩印等紧密联系的产业群体，1998 年集团实现利税 2.95 亿元，1999 年又突破了 5 亿元大关。而春都集团在发展中盲目贪大求快，不仅收购和兼并了平顶山肉联厂、重庆万州区食品公司等十多家扭亏无望的企业，使自己背上沉重的包袱，而且在条件不成熟的情况下，投巨资在茶饮料等十多个大型项目上，最终由于缺乏流动资金，这些项目大都无法启动。

在资金管理上，双汇集团对项目精心运作，最大限度地压缩银行贷款、减少仓库存货，实行产品销售一律现款现货制度，对原料采购实行生产试用合格后付款制度。双汇集团靠严格的资金管理取得了良好的经营业绩，投资者的回报率高达35%～70%。而春都集团的12亿元贷款中，有6.6亿元被项目占用，2.3亿元用于购买或兼并亏损企业，2亿元是长期外欠货款，也就是说，有10.9亿元资金退出了市场，用于生产经营的不足1/10。

春都集团在成本管理、人事管理、营销管理、质量管理、基础管理等方面与双汇集团的差距更大。在营销管理上，双汇集团提出了"踏遍千山万水、历尽千辛万苦、走进千家万户、说尽千言万语"的市场营销策略，而春都集团则"在全国不设一兵一卒"。在基础管理上，双汇集团建立健全了财务部垂直管理、审计部日常监督的财务管理体制，使财务管理走上了规范化、制度化、法制化轨道，而春都集团财务上报数据虚假，该集团债转股情况汇报显示，1998年集团实现利润4994万元，而上报省贸易厅的数字是实现利润2055万元。

对春都集团目前的状况，集团新任总裁赵海均坦言："现在看来，春都在发展中确实是轻视了管理。"而双汇总裁万隆也不避讳，他说："管理是企业的生命，双汇赢就赢在管理上。"

（资料来源：改编自中华企管培训网 http://www.qgpx.com）

思考题

1. 春都集团为什么会从食品加工业的排头兵变成落伍者？
2. 双汇集团成功的主要经验是什么？
3. 联系两个企业的实际讨论加强企业管理的重要性。

参考资料

[1] 周三多：《管理学：原理与方法》，复旦大学出版社，2009年版。
[2] 芮明杰：《管理学：现代的观点》（第2版），上海人民出版社，2009年版。
[3] 王凤彬、李东：《管理学》（第3版），中国人民大学出版社，2007年版。
[4] 王德中：《管理学》（第3版），西南财经大学出版社，2005年版。
[5] 罗岷：《现代管理学》，西南财经大学出版社，2002年版。
[6] 周三多、陈传明、鲁明泓：《管理学原理与方法》，复旦大学出版社，2011年版。
[7] 哈罗德·孔茨等：《管理学》（第11版），郝国华等译，经济科学出版社，2004年版。
[8] 刘金方等：《现代管理理论与方法》，中国铁道出版社，2007年版。
[9] 杨杜：《现代管理理论》，经济管理出版社，2013年版。
[10] [美] H. 孔茨、H. 韦里克：《管理学》（第9版），经济科学出版社，1993年版。
[11] 芮明杰：《管理学——现代的观点》，上海人民出版社，2005年版。
[12] 彼得·德鲁克：《大变革时代的管理》，上海译文出版社，1999年版。
[13] J. P. 科特：《现代企业的领导艺术》，华夏出版社，1997年版。
[14] 陈迅：《赫伯特·西蒙》，国外社会科学出版社，1983年版。

[15] 赵娟：《世界管理大师连载之（10）管理决策理论的创始人：赫伯特·西蒙》，载于《施工企业管理》，2007年第11期。

[16] 零牌专家组首席顾问：《决策管理大师——赫伯特·西蒙》，载于《现代班组》2009年第4期。

[17] 杨春：《人本原理原则与管理》，载于《商业文化》（学术版），2008年第6期。

[18] 丁家云：《管理学：理论、方法、实践》，中国科学技术大学出版社，2010年版。

[19] 谢平楼：《管理能力基础》，北京邮电大学出版社，2008年版。

[20] 谢勇：《管理学》，华中科技大学出版社，2008年版。

[21] For further discussion of Frederick Taylor，see www. fordham. edu/halsall/mod/1911taylor. html.

[23] 海因茨·韦里克、马克·V. 坎尼斯、哈罗德·孔茨：《管理学——全球化与创业视角》（第12版），马春光译，经济科学出版社，2010年版。

[24] 孙耀君：《西方管理学名著提要》，江西人民出版社，2008年版。

[25] 邢以群：《管理学》（第3版），浙江大学出版社，2012年版。

[26] 尤利群等：《管理学》，浙江大学出版社，2009年版。

[27] Adapted from Gillian Flynn，Workforce 2000 Begins Here. *Workforce*. May 1997.

[28] Lynda Gratton. The New Rules of HR Strategy. *HR Focus*. June 1998.

[29] Richard W. Judy and Carol D'Amice. *Workforce* 2020：*Work and Workers in the 21st Century*，Indianapolis：Hudson Institute. 1997.

[30] Peter Morici. Export Our Way to Prosperity. *Foreign Policy*. Winter 1995—1996.

[31] Marc Adams. Building a Rainbow One Stripe at a Time. *HR Magazine*. August 1998.

[32] Stephen P. Robbins，*Managing Today*，Prentice—Hall，Inc.. 1997.

[33] Rick Garnitz，Aging Workforce Poses an HR challenge. *ACA News*，March 1999.

[34] Peter Morici ，DOl. Offers Advice on Eldercare Programs. *HR Policies & Practices Update*，May 30. 1998.

[35] HR's Role in Transformation of Work Debated by HR Executives. *Human Resources Report*. April 20，1998.

[36] Thomas A. Stewart，Taking On the Last Bureaucracy. *Fortune*. January 15，1996.

[37] Helmy H. Baligh，Richard M. Burton. Organizational consultant：creating a useable theory for organizational design. *Management Science*. 1996.

[38]《美国著名管理学家——欧内斯特·戴尔》，载于《现代班组》，http：//dlib. cnki. net/KNS50/Navi/Bridgeaspx? LinkType=BaseLink&DBCode=cjfd&TableName=cjfdbaseinfo&Field=BaseID&Value=CJGL&NaviLink=？F$j%20PGY.

[39] T. A. Mahoney，T. H. Jerdee，S. J. Carroll. The Jobs of Management. *Industrial Relations*. 1965.

[40] Gillian Flynn. Bank of Montreal Invests in Its Workers. *Workforce*. December 1997.

[41] Carol Patton. Golden Solutions. *Human Resource Executive*. August 1998.

第二章　管理伦理

本章结构

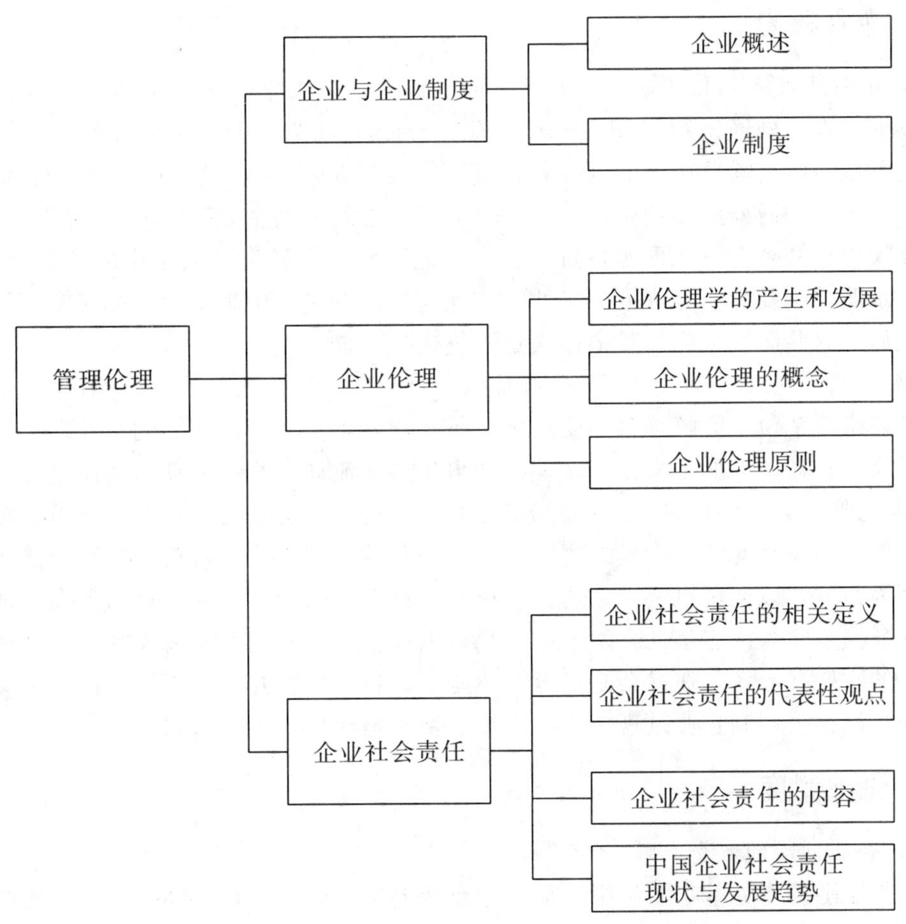

诚者，天之道也；思诚者，人之道也。

——孟子

本章学习目标

1. 理解企业伦理的概念及原则
2. 认识伦理对企业经营的重要性
3. 理解企业社会责任的内涵及对经营活动的影响

第一节　企业与企业制度

一、企业概述

1937年科斯（R. H. Coase）的《企业的性质》一书中认为企业可以作为价格机制的替代物而存在。威廉姆森（Oliver E. Williamson）认为企业的本质在于通过订立长期的契约关系以节约交易费用。而马克思在其著作《资本论》第三卷中使用了“企业”一词的概念，区分了“政府经营的企业”“公司的企业”“私人的企业”“社会企业”。

现代汉语中“企业”一词源自日语。与其他一些社会科学领域常用的基本词汇一样，它是在日本明治维新后，大规模引进西方文化与制度的过程中翻译而来的汉字词汇；而戊戌变法之后，这些汉字词汇由日语被大量引进现代汉语。

《辞海》1979年版中，“企业”的解释为“从事生产、流通或服务活动的独立核算经济单位”；“事业单位”的解释为“受国家机关领导，不实行经济核算的单位”。《中国企业管理百科全书》对企业的定义是：企业是从事生产，流通等经济活动，为满足社会需要并获取盈利，进行自主经营，实行独立经济核算，具有法人资格的基本经济单位。在商品经济范畴，作为组织单元的多种模式之一，按照一定的组织规律，有机构成的经济实体。一般以营利为目的，以实现投资人、客户、员工、社会大众的利益最大化为使命，通过提供产品或服务换取收入。它是社会发展的产物，因社会分工的发展而成长壮大。企业是市场经济活动的主要参与者，在社会主义经济体制下，各种企业并存共同构成社会主义市场经济的微观基础。公司制企业是现代企业中最主要、最典型的组织形式。

二、企业制度

（一）企业制度的概念

企业制度随着作为基本经济组织形式的企业的出现而产生，它始终作为正式的企业组织规则支配着企业的活动，并随着企业组织的不断发展而日益完善。现代意义上的企业制度是指关于企业组织、运营、管理等一系列行为的规范和模式的总称，是在一定的历史条件下所形成的企业经济关系。企业制度体系是企业全体员工在企业生产经营活动中须共同遵守的规定和准则的总称，其表现形式或组成包括法律与政策、企业组织结构（部门划分及职责分工）、岗位工作说明、专业管理制度、工作流程、管理表单等各类规范文件。企业制度的核心是产权制度，企业组织形式和经营管理制度是以产权制度为基础的，三者分别构成企业制度的不同层次。企业制度是一个动态的范畴，它是随着商品经济的发展而不断创新和演进的。

（二）企业制度的分类

从企业发展的历史来看，具有代表性的企业制度有以下三种（见图 2－1）：

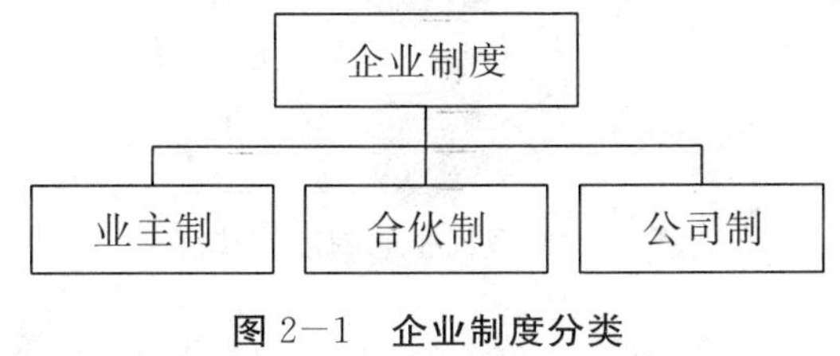

图 2－1　企业制度分类

1. 业主制

这一企业制度的物质载体是小规模的企业组织，即通常所说的独资企业。在业主制企业中，出资人既是财产的唯一所有者，又是经营者。企业主可以按照自己的意志经营，并独自获得全部经营收益。这种企业形式一般规模小，经营灵活。正是这些优点，使得业主制这一古老的企业制度一直延续至今。但业主制也有其缺陷，如资本来源有限，企业发展受限制；企业主要对企业的全部债务承担无限责任，经营风险大；企业的存在与解散完全取决于企业主，企业存续期限短等。因此业主制难以适应社会化商品经济发展和企业规模不断扩大的要求。

2. 合伙制

这是一种由两个或两个以上的人共同投资，并分享剩余、共同监督和管理的企业制度。合伙企业的资本由合伙人共同筹集，扩大了资金来源；合伙人共同对企业承担无限责任，可以分散投资风险；合伙人共同管理企业，有助于提高决策能力。但是合伙人在经营决策上也容易产生意见分歧，合伙人之间可能出现偷懒的道德风险。所以合伙制企业一般都局限于较小的合伙范围，以小规模企业居多。

3. 公司制

现代公司制企业的主要形式是有限责任公司和股份有限公司。公司制的特点是公司的资本来源广泛，使大规模生产成为可能；出资人对公司只负有限责任，投资风险相对降低；公司拥有独立的法人财产权，保证了企业决策的独立性、连续性和完整性；所有权与经营权相分离，为科学管理奠定了基础。

（三）现代企业制度的特征

现代企业制度特征主要包括了以下四方面（见图 2－2）：

1. 产权清晰

所谓“产权清晰”，包括两层含义：一是财产的归属关系是清楚的，即财产归谁所有，谁是财产的所有者或谁拥有财产的所有权是明确的；二是在财产所有权主体明确的情况下，产权实现过程中不同权利主体之间的权、责、利关系是清楚的。这两个层次的产权清晰对于我国国有企业改革和建立现代企业制度都具有极为重大的现实意义，忽视其中任何一个层次都是片面的，都不可能实现我们改革的目标。

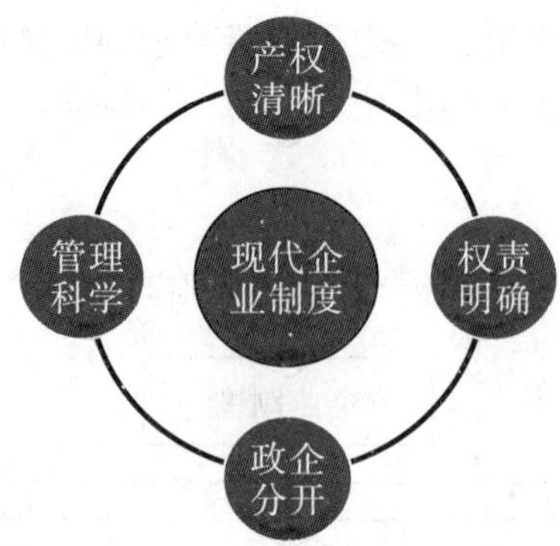

图 2-2 现代企业制度的特征

2. 权责明确

权责明确的侧重点是从两个方面来明确权利和责任：一是国家和企业关系方面，明确国家作为出资者和企业之间的权利和责任的划分。国家作为国有资产投资主体在企业中行使出资者权利，并以投入企业的资产额为限对企业的债务承担有限责任；企业则拥有包括国有资产在内的各类投资及借贷形成的法人财产，对其享有占有、使用、处置和收益的权利。二是在企业内部，通过建立科学的法人治理机构，形成规范的企业领导体制和组织制度。根据法律法规建立权力机构、决策机构、执行机构和监督机构，并界定各自的权利和责任。

3. 政企分开

确立国家与国有企业之间的正确关系，明确政府和企业在社会经济体制中的不同地位，在经济运行中实行国有资产所有权与经营权相分离，使企业成为自主经营、自负盈亏、自我发展、自我约束的法人实体和市场竞争主体。

4. 管理科学

管理科学包括广义和狭义的概念。从广义上说，它包括了企业组织合理化；从狭义上说，“管理科学”要求企业管理的各个方面，如质量管理、生产管理、供应管理、销售管理、研究开发管理、人事管理等方面的科学化。管理致力于调动人的积极性、创造性，其核心是激励、约束机制。要使管理科学化，当然要学习、创造，引入先进的管理方式，包括国际上先进的管理方式。对于管理是否科学，虽然可以从企业所采取的具体管理方式的“先进性”上来判断，但最终还要从管理的经济效益，即管理成本和管理收益的比较上做出评判。

第二节　企业伦理

一、企业伦理学的产生和发展

20 世纪 50 年代末 60 年代初，美国出现了一系列企业经营丑闻，如受贿、规定垄断价格、欺诈交易、环境污染等。公众对此反应强烈，并要求政府对此进行调查。1962 年，美国政府公布了一个报告——《对企业伦理及相应行动的声明》（*A Statemention Business Ethics and a Call for Action*），此举表达了公众对企业伦理问题的极大关注。同年，威廉·洛德（William Ruder）在美国商学院联合会成员中发起了一项关于开设企业伦理学必要性的调查，被调查者认为企业伦理学应该成为工商管理教育的一个重要部分。但当时，大多数学校没有在这个领域开设专门的课程。1963 年，加瑞特（T. M. Garrett）等人编写了《企业伦理案例》一书，搜集了形形色色的企业伦理案例，并对其进行分析研究。1968 年，美国天主教大学原校长沃尔顿（C. Walton）在其《公司的社会责任》一书中倡导公司之间的竞争要以道德目的为本。20 世纪 70 年代初期，美国企业越来越多地卷入了非法政治捐款、非法股票交易、行贿受贿、弄虚作假、窃取商业机密等活动，企业伦理问题引起了美国公司更为广泛的关注。人们感叹企业中相当一部分管理者已到了道德沦丧的地步。针对这种现状，学术界就企业的社会责任、企业伦理问题进行了热烈的讨论。1974 年 11 月，美国堪萨斯大学召开了第一届企业伦理学讨论会，这次会议不仅深化了此前人们对企业伦理问题的研讨，而且标志着企业伦理学的正式确立。从 20 世纪 70 年代初开始，学术界就企业的社会责任问题进行了广泛的探讨，并由此引发了“利润先于伦理”与“伦理先于利润”之争。此外，人们对日本的企业伦理模式也开始予以关注。第二次世界大战后，由丸山敏雄创立的日本伦理研究所大力倡导伦理实践，企业伦理就是其中的一项重要内容。日本的企业伦理模式是对日本家庭伦理传统的拓展和应用，它把日本传统的伦理观念如忠诚、仁义、感恩、爱和、喜劳等融入企业经营活动之中，并通过确立社是、社训、员工培训、做朝礼、举行庆典等方式强化这些观念，从而使伦理道德成为日本企业调节企业内外关系、处理利益冲突的主要手段。美国人对这种企业伦理模式很感兴趣，并视其为日本企业的成功之道而加以借鉴。在经验研究方面，20 世纪 70 年代的工作主要围绕对管理者的伦理道德观和企业伦理现状的了解而展开。在实践应用方面，20 世纪 70 年代中期美国部分企业和管理者兴起了“道德生成运动”。该运动倡导伦理因素和利润因素融为一体的企业活动模式，强调企业的社会责任，寻求旨在促进企业和企业中个人的道德行为的具体办法，建立企业与企业、企业与雇员、企业与顾客之间相互信赖的关系。进入 20 世纪 80 年代后，国外企业伦理学进入了全面发展阶段。企业伦理学从美国和日本扩展到了加拿大、西欧、澳大利亚、东南亚等地，并开始进入大学课堂，理论研究得到进一步深化。20 世纪 80 年代，企业伦理规范在美国大企业中得到广泛应用，英国、加拿大和澳大利亚的企业也开始引入书面的企业伦理规范。少数企业开始设立伦理委员会和负责处理企业伦理问题的经理。20 世纪 80 年代末出现了一批企业伦理与管理结合方面的有影响力的著作，如美国密执安大学拉鲁·托尼·霍斯曼（LaRue Tone Hosmer）的《管理伦理》(1987 年)，弗吉尼亚大学爱德华·弗里曼（R. Edward Freeman）和伯克奈尔大学丹尼尔·R·小吉尔伯特（Daniel R. Gilbert，Jr.）的《公司战略与企业伦理》(1988 年)。20 世纪 90 年代以后，企业伦理学领域的著作更是层出不穷，如约瑟夫·佩特里克（Joseph A. Petrick）和约翰·奎因（John F. Quinn）的《管理伦理》(1997 年)，缪尔·卡普塔（Muel Kaptein）的《道德管理：组织的道德审计和发展》(1998 年)等。截至 1993 年，美国 90%以上的管理学院开设了企业伦理学方面的课程。美国一流商学院纷纷成立企业伦理研究中心（所）。沃顿商学院于 1997 年成立了企业伦理研究中心。从 2003 年起，《商业周刊》对商学院的排名中新增了对商业道德的评价，毕业生根据学院对企业伦理学教学的重视程度，对学院进行评分。招聘人员要评出哪所学院的毕业生具有商业道德。排名时，还需对每所商学院的知识资本进行评分，评分方法是计算其在 18 种出版物上刊登的学术文章，企业伦理学刊是18种出版物之一。企业伦理学的教学与研究在商学院中的地位由此可见一斑。

二、企业伦理的概念

"伦"是指人、群体、社会、自然之间的利益关系，包括人与他人的关系、人与群体的关系、人与社会的关系、人与自然的关系、群体与群体的关系、群体与社会的关系、群体与自然的关系、社会与社会的关系、社会与自然的关系等。"理"即道理、规则和原则。"伦"与"理"合起来就是处理人、群体、社会、自然之间利益关系的行为规范。那么，什么是道德呢？"道者，路也"，"道"的本来含义是道路，引申为原则、规范、规律。"德"是指人们内心的情感和信念，是人们坚持行为准则的"道"所形成的品质或境界。东汉学者许慎《说文解字》的释义则是"惠，外得于人，内得于己也"。惠，通"德"。所谓"外得于人"就是"以善德施之他人，使众人得其益"。所谓"内得于己"，就是"以善念存诸心中，使身心互得其益"。可见，"道"是指规范，"德"则是对该种规范的认识、情感、意志、信仰以及在此基础上形成的稳定的和一贯的行为。"道"是"德"的前提，没有"人所共由"的规范，就不可能有对规范的内心感悟；而"德"则是"道"的归宿，规范只有通过"内得于心"才能接收并发挥作用，只有认识了道，内得于心，又外施于人，才能被称为"有德之人"。而要把外部的规范转化成自觉要求并体现于行动的规范，需要社会舆论、内心信念、道德教育和自身修养等活动的长期努力。所以，道德包含三方面的内容：道——（道德）规范；德——对规范有所得，表现为（道德）认识、情感、意志、信仰和习惯等；以及由"道"转化为"德"的途径与方法，即（道德）评价、教育、修养等。在西方古代文化中，"道德"一词起源于拉丁语的"mores"，意为风俗和习惯。后来，古罗马思想家西塞罗根据"mores"一词创造了一个形容词"moralis"，指社会的道德风俗和人们的道德个性。英文的道德"morality"一词便沿袭了这一含义。可见，不管是中国还是西方，道德一词都包含了社会的道德原则和个人的道德品质两方面的内容。"道德"与"伦理"这两个概念，一般并不作很严格的区分，它们经常可以互换使用，特别是作为"规范"讲时更是如此。例如，"应该讲道德"与"应该讲伦理"是同一个意思，"道德规范"与"伦理规范"也是等同的。因此，企业伦理指的是任何商业团体或机构以合法手段经营时应遵循的伦理规则。一个有道德的企业应当重视人性，不与社会发生冲突与摩擦，积极采取对社会有益的行为。

企业伦理具有以下特点：

第一，企业伦理是关于企业及其成员行为的规范。虽然企业是由个人组成的，但企业的行为却不能简单地表述为单个成员的行为之和，企业具有自己的目标、利益和行为方式。当一个人问企业应该做什么、企业的道德责任是什么时，就意味着企业本身被看成一个"道德角色"或"道德个人"。然而，具体的工作行为毕竟是由企业成员来进行的，在讨论企业应该遵守的行为规范时，实际上也提出了单个成员所应遵守的行为规范，如管理者、技术人员、生产人员、营销人员、财务人员、后勤人员等的行为规范。

第二，企业伦理是关于企业经营活动的善与恶、应该与不应该的规范。指导企业及其成员行为的规范有许多，有技术规范，如不准戴手套操作车床；有礼节规范，如对来访者以礼相待。企业伦理是关于善恶的规范，它告诉人们哪些经营活动（指以营利为目的的所有活动）是善的、应该的，哪些活动是恶的、不应该的。究竟什么是善的经营行为、什么是恶的经营行为，正是企业伦理学所要讨论的。一般而言，“人们总是把那些有利于自己、他人及社会群体的行为和事件当成是善，而把那些有害于自己、他人及社会群体的行为和事件当成是恶”。

第三，企业伦理是关于怎样正确处理企业及其成员与利益相关者关系的规范。那么，在企业经营中存在哪些利益关系呢？首先，企业从事经营活动，需要内部各层次、各部门员工的共同努力。同时，企业是个开放系统，它与外界存在着各种联系，因此，企业中的关系从大的方面讲，可分为内部关系和外部关系两类。其次，人们生活在世界上必然产生两种关系：一是人与人之间的关系，二是人与自然的关系。通常说的伦理关系是指前者，而后者也可以进行善恶评价，因而也应该包含在伦理关系中。

具体地说，企业在经营中主要存在着以下利益关系：企业与顾客的关系，企业与供应者的关系，企业与竞争者的关系，企业与社区的关系，企业与政府的关系，企业与自然环境的关系，企业与所有者的关系，企业与管理者的关系，企业与员工的关系，管理者与员工的关系，员工与员工的关系，员工与事、物的关系等（见图2—3）。

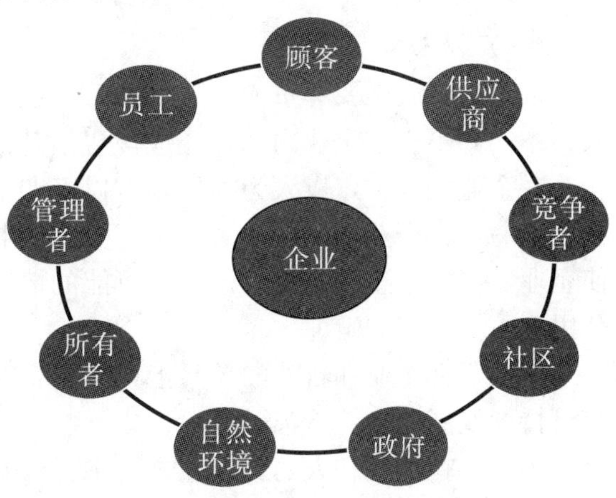

图 2—3　企业经营中的主要利益相关者

一般企业都可能面临上述关系，在实际经营活动中，还会产生一些别的关系，如企业利用专利开发新产品，就产生了企业与专利发明人之间的关系；企业与其他企业、高校、科研机构合作开发研究，就形成了企业与合作者之间的关系。与企业经营活动有关、与企业及其成员有利害关系的所有个人和组织都是企业及其成员的利益相关者。企业伦理就是调节企业及其成员与利益相关者关系的规范。

第四，企业伦理通过社会舆论、内心信念和内部规范起作用。企业伦理与法律都是调节企业及其成员行为的重要手段，但两者在调节方式上有重大的差别：法律是统治阶级依靠国家机器等强制力量执行的，体现了其强制性和外在性；而道德则依靠社会评价和自我评价起作用，体现了其自觉性和内在性。企业内部可以制定出具体的行为守则，对遵守模范守则者，予以表扬、加薪、评先进、晋升等，而对违反守则者予以批评、减薪、降级乃至除名。

企业道德与企业伦理如同道德与伦理的关系一样，作为规范，企业道德与企业伦理是相通的，但是企业道德还有“内得于心，又外施于人”这层含义。

企业是由人组成的，企业道德应该包含其成员的道德。但企业是一个有共同目标，责、权、利明确的人群集合体，企业中的成员并不是各自孤立的，因此，企业道德不是个体成员道德的简单之和或个体成员道德的平均水平。企业的道德主要由两部分组成：员工的道德品质和企业整体的道德，后者主要通过企业道德文化表现出来。

三、企业伦理原则

企业伦理原则如图 2—4 所示。

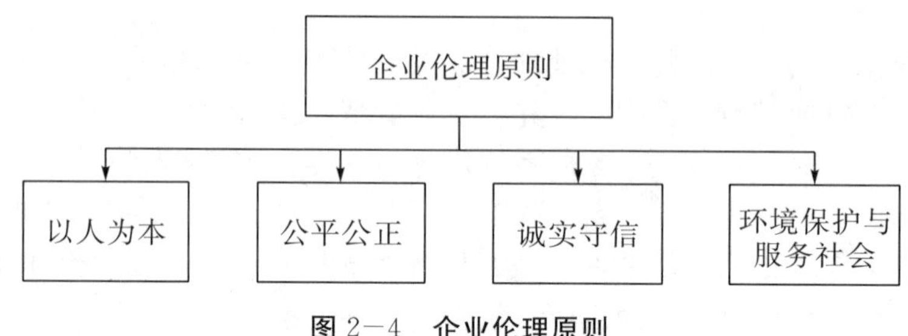

图 2—4 企业伦理原则

（一）以人为本原则

以人为本就是要尊重人、关心人，促进人自由而全面地发展。在企业经营中，坚持以人为本，并不囿于企业内部，还应该包括其他利益相关者，包括客户、供应商等。

在企业经营中，以人为本原则有以下四个方面的内涵（见表 2—1）：

第一，在企业和社会的关系上，要求企业努力开发生产出对社会有益的产品和服务，使企业发展成果惠及全体人民。在可能的情况下，支持社会福利事业，做一个好的“企业公民”。

第二，在企业和自然的关系上，要求企业注重资源合理利用和环境保护，不断增强社会可持续发展能力，造福子孙后代。

第三，在企业和人的关系上，要求企业真切关注并尽可能地满足股东、员工、顾客、供应商、公众等利益相关者的合理要求，使企业从这些利益相关者的支持与合作中得到发展，而利益相关者则从与企业的交往中得到物质和精神上的满足。

第四，在人和人的关系上，要求企业及其管理者处事公正，并在企业内部建立起既讲效率又讲团结、互助和友爱的关系。

表 2—1 企业以人为本

企业与社会	做“企业公民”
企业与自然	可持续发展
企业与人	满足利益相关者需要
人与人	公平、效率、团结、互助、友爱

（二）公正公平原则

公正公平的本质含义是一视同仁和得所当得。公正公平要求机会均等，如员工应有均等的录用、上岗、晋升、获取报酬、学习提高的机会，顾客应有均等的获得产品和服务的机会，供应者应获得均等的提供资源的机会等。任人唯亲、性别歧视、种族歧视、不按订货顺序供货、同一产品对不同的顾客实行差别待遇等行为都违反了这一原则。

公正公平要求公平竞争，这是机会均等原则的内在要求。公平竞争首先是竞争活动的公平，即每一个企业、每一个员工都有自主选择参与竞争活动的权利；其次是竞争规则的公平，对所有参与竞争的主体具有同等的效力；再次是在竞争结果面前人人平等，即参加竞争活动的主体必须承认和接受竞争的结果。

公正公平要求互利互惠。企业经营离不开利益相关者的参与，只有互利互惠，企业与利益相关者之间的合作关系才能维持下去。互利互惠原则的最低要求是“不损害他人利益”。

（三）诚实守信原则

诚者不伪，信者不欺。“人而无信，不知其可也。”“是故诚者，天之道也；思诚者，人之道也。至诚而不动者，未之有也；不诚，未有能动者也。”市场经济，是交换经济、竞争经济，又是一种契约经济。因此，如何保证契约双方履行自己的义务，是维护市场经济秩序的关键。一方面，我们强调市场经济是法治经济，用法律的手段来维护市场的秩序；另一方面，我们还必须用道德的力量，以“诚信”的道德觉悟来维护正常的经济秩序。市场经济的健康运行，不仅靠对违法者的惩处；更重要的是，要使大多数参与竞争的人能够成为竞争中的守法者。社会失去了“诚实守信”的道德基石，市场经济的正常秩序就无法建立。企业的生存与发展有赖于企业利益相关者长期、可靠的合作，因此，诚信原则是企业经营之本。

相关链接

一个顾客走进一家汽车维修店，自称是某运输公司的汽车司机。“在我的账单上多写点零件，我回公司报销后，有你一份好处。”他对店主说。但店主拒绝了这样的要求。顾客纠缠说：“我的生意不算小，会常来的，你肯定能赚很多钱”！店主告诉他，这事无论如何也不会做。顾客气急败坏地嚷道：“谁都会这么干的，我看你是太傻了！”店主火了，他要那个顾客马上离开，到别处谈这种生意。这时，顾客露出微笑并满怀敬佩地握住店主的手：“我就是那家运输公司的老板，我一直在寻找一个固定的、信得过的维修店，你还让我到哪里去谈这笔生意呢？”

（四）环境保护与服务社会原则

系统论提出，存在于整个系统之中的组织，一定与其外部环境相互作用。企业是为特定的社会需要服务的。只有当社会公众满意企业提供的服务，它才能生存下去。从这个意义上讲，企业的根本任务不是赢利，而是服务于社会，促进社会进步，利润是社会对企业贡献的回报。所谓服务社会，强调的是应该以有助于促进社会进步的方式获得自身经济利益。企业存在于一定的环境之中，社会经济的长足发展在为社会创造巨大财富、给广大消费者提供物质福利以及给企业带来巨额商业利益的同时，却严重地耗费了自然资源，破坏了自然生态平衡，污染了环境。典型的环境问题包括大气污染、温室效应与臭氧层破坏、水污染、海洋生态危机、“绿色屏障”锐减、土地沙漠化、“三废”难题、物种濒危等。环境问题从最初单纯地影响人类的生活质量，到毁灭人类的局部文明，慢慢威胁到整个人类的生存基础。因此，要求企业从实施可持续发展战略的高度来开展经营活动，努力使经营活动与自然环境、社会环境相协调，使企业活动有利于环境的良性循环发展。

第三节　企业社会责任

一、企业社会责任的相关定义

“企业社会责任”一词在近年来受到特别关注，不同机构从不同出发点对其做出了诠释。

国际标准化组织认为：所谓企业（组织）的社会责任是组织对其活动给社会和环境带来的影响承担责任的行为，这些行为要符合社会利益和可持续发展，以道德行为为基础，符合适用法律和政府间的契约，融入组织正在进行的各项活动之中。

世界银行认为企业社会责任是企业与关键利益相关方的关系、价值观、遵纪守法以及尊重人、社区和环境有关的政策和实践的集合，是企业为改善利益相关方的生活质量而致力于可持续发展的一种承诺。

欧洲共同体委员会认为企业社会责任是指企业对给所有利益相关者造成的影响承担责任，是指企业公正、负责任地经营以及改善员工及其家庭的生活质量、社区、社会的同时，促进经济发展的持续承诺。

世界经济论坛认为企业社会责任包括四个方面：一是良好的公司治理和道德标准，主要包括遵守法律、道德准则、商业伦理等；二是对人的责任，主要包括员工安全、平等就业、反对歧视等；三是对环境的责任，主要包括保护环境质量，应对气候变化和保护生物多样性等；四是对社会进步的广义贡献，如参与社会公益事业、服务、消除社会贫困等。

这些定义都认为企业在性质上要承担法律、道德和伦理责任，要对员工、环境和社会承担责任。

二、企业社会责任的代表性观点

（一）弗里德曼的企业社会责任观点

密尔顿·弗里德曼（Milton Friedman）认为：“企业有且只有一种社会责任，即在游戏规则（公开的、自由的、没有诡计与欺诈的竞争）范围内，为增加利润而运用资源、开展活动。”

其主要原因如下：

第一，股东是企业的所有者，管理者是股东的雇员，这决定了管理者必须对股东负责。

第二，促进社会福利是政治机构的事。

第三，让企业承担社会责任会损害自由社会存在的基础。

基于此，弗里德曼明确表示反对企业承担社会责任。由于弗里德曼反对企业承担社会责任，强调管理者只应对所有者负责，认为企业的社会责任就是追求利润最大化，因此，在讨论企业社会责任的文献中，他的观点常常成为被批判的靶子。但弗里德曼在 20 世纪 90 年代时对自己的理论观点进行了不断的修正和完善。

评价弗里德曼的观点时，有两点需要注意：第一，需要搞清楚弗里德曼反对的是什么样的社会责任。弗里德曼反对的是为解决社会问题而从事的活动，也就是说，他所反对的社会责任与现在对社会的理解是有区别的。第二，需要搞清楚弗里德曼是否只考虑利润最大化。从弗里德曼对社会责任的定义可以看出，他强调的是在游戏规则（公开的、自由的、没有诡计与欺诈的竞争）范围内，为增加利润而运用资源、开展活动，从而追求利润最大化。

（二）阿基·卡罗的社会责任观点

阿基·卡罗认为，企业社会责任是社会在一定时期对企业提出的经济、法律、道德和慈善期望。主要包括四方面的责任，分别是经济责任、法律责任、伦理道德责任以及慈善责任（见图2—5）。

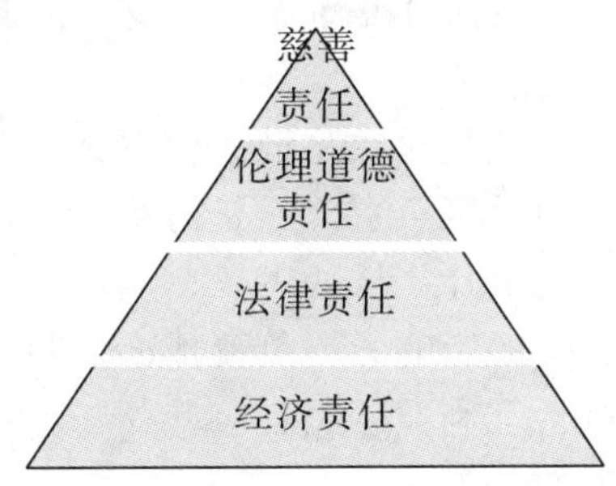

图2—5　企业社会责任

1. 经济责任

把经济责任视为社会责任似乎有点离奇，但它的确是企业的一种社会责任。社会责任要求企业首先是一个经济组织，也就是说，企业的首要任务是生产社会所需要的产品和服务，并以在社会看来反映了所提供产品和服务的真实价值的产品出售。

2. 法律责任

社会在赋予企业经济任务的同时，制定了要求企业遵守的法律。法律责任是社会要求企业做到的，如遵守所有的法律、条例、履行合同义务等。

3. 伦理道德责任

伦理道德责任涉及与尊重和保护利益相关者道德权利相一致的社会准则，包含了超越法律规定的、社会成员所期望或禁止的活动。

4. 慈善责任

慈善责任也称为自愿的或自行处理的责任，它是社会希望企业做到的，如企业捐款、志愿活动、支持教育等。

卡罗指出，四方责任模型实际上是一个利益相关者模型，每一种责任对不同利益相关者的关注各有侧重，其中经济责任影响最大的是所有者和员工，因为，如果经济效益不佳，所有者和员工的利益将直接受到影响。

卡罗以较为简单、明确的方式回答了企业社会责任的内涵问题，强调了企业不仅有经济责任，而且还有法律责任、道德责任以及慈善责任，其观点有较为广泛的影响。

值得说明的是，经济责任、法律责任、道德责任与慈善责任既不是并列的关系，也不是递进的关系，它们之间相互交叉和重叠。

（三）三重底线观点

1997年，英国约翰·埃尔顿提出了“三重底线”概念，即企业要充分考虑利益相关方与社会的期望，以及经营活动对经济、社会和环境可能产生的不良影响。

（四）三个同心圆观点

1971 年，在《商业公司的社会责任》中，美国经济发展委员会用三个同心责任圈来说明社会对企业的期望。最里圈，包括明确有效履行经济职能的基本责任；中间一圈，包括在执行这种经济职能时，对社会价值观和优先权的变化要采取一个积极态度的责任；最外圈，包括新出现的还不明确的责任。

从代表性观点中不难看出，社会责任的概念定义还存在差异，因此有必要对社会责任的三个内涵进行分析把握，从而进一步理解企业社会责任。

（1）谁负责？即企业社会责任的主体是谁。显然这个问题最容易回答，企业社会责任的主体就是企业。

（2）对谁负责？即企业社会责任的对象是谁。根据其涉及的利益相关体，可分为三个方面，一是对所有者负责，二是对社区负责，三是对所有利益相关者负责。

（3）负责什么？即主体对对象负什么样的责任。从社会角度看，企业之所以要履行社会责任，是因为它对社会有着巨大的影响力。负责什么，归根到底可概括为：企业的社会责任是合乎法律和道德地对待社会和利益相关者。

三、企业社会责任的内容

基于卡罗提出的企业社会责任金字塔模型，企业社会责任从下往上共包括四个方面的责任：经济责任、法律责任、伦理道德责任和慈善责任。可得出企业社会责任主要包括以下内容。

（一）对员工的责任

企业和员工之间是契约关系，除了相互间有支付报酬和付出劳动的法律关系以外，企业还有为员工提供安全工作环境、职业教育等保障员工利益的责任。因此世界各国无一例外地将企业对员工的责任列为企业社会责任内容的首位。

我国《公司法》第 17 条规定：“公司必须保护职工的合法权益，依法与职工签订劳动合同，参加社会保险，加强劳动保护，实现安全生产。公司应当采用多种形式，加强公司职工的职业教育和岗位培训，提高职工素质。”第 18 条规定：“公司应当为本公司工会提供必要的活动条件。公司工会代表职工就职工的劳动报酬、工作时间、福利、保险和劳动安全卫生等事项依法与公司签订集体合同。”

因此，企业对员工承担的社会责任主要有：

一是按时足额发放劳动报酬，并根据社会发展逐步提高工资水平；二是提供安全健康的工作环境，加强劳动保护，实现安全生产，积极预防职业病；三是建立公司职工的职业教育和岗位培训制度，不断提高职工的素质和能力；四是完善工会、职工董事和职工监事制度，培育良好的企业文化。

（二）对债权人的责任

债权人是与企业密切联系的重要利益相关者，主要包括银行等金融机构、民间金融公司，以及与企业进行交易的相对人。我国《公司法》第 1 条将“保护债权人合法权益”作为立法目的之一。由于各国在公司法上都设立了法人制度和有限责任制度，股东并不直接对债权人承担责任，股东只是以自己的投资来承担有限责任，这使本应由股东承担的风险转嫁给了债权人。例如，当企业由于经营不善而面临破产和清算时，企业很难向债权人足额还本付息，这样债权人利益就会受到损失。因此，债权人需要企业依据合同的约定以及法律的规定对债权人承担相应的义务，保障债权人合法权益。这种义务既是公司的民事义务，也可视为公司所承担的社会责任。

公司对债权人承担社会责任的主要表现有：（1）按照法律、法规和公司章程的规定，真实、准确、完整、及时地披露公司信息。持续而及时准确的信息披露不仅是上市公司应尽的责任，同时也是公司对债权人承担社会责任的最高表现，因为公司信息特别是财务信息决定了交易相对方是否进行交易，防范风险，更好地维护自身的相关利益。（2）诚实信用，不滥用公司人格。我国《公司法》第 20 条第 2 款规定“公司股东不得滥用公司法人独立地位和股东有限责任损害公司债权人的利益”。第 20 条第 3 款引入“公司法人人格否认（刺破法人面纱）制度”，规定“公司股东滥用公司法人独立地位和股东有限责任，逃避债务，严重损害公司债权人利益的，应当对公司债务承担连带责任”。很明显，这是在股东有限责任与债权人利益保护之间寻求某种平衡，客观上也体现着对公司债权人利益的保护。（3）积极主动偿还债务，不无故拖欠。我国《公司法》第 185 条规定“清算组应当自成立之日起十日内通知债权人，并于六十日内在报纸上公告”。（4）确保交易安全的责任。企业对债权人的该项责任要求企业无论在何种情况下，对何债权人都应当依照法律规定、善意、无过失地实施交易行为，切实履行合法订立的合同。

（三）对消费者的责任

所谓消费者，是指为生活消费需要购买、使用商品或者接受服务的公民个人和单位。公司的价值和利润能否实现，很大程度上取决于消费者的选择。“水能载舟，亦能覆舟”，例如，“三聚氰胺”问题导致了三鹿公司像泰坦尼克号一样沉沦；“瘦肉精”问题使双汇公司处于风口浪尖之上。因此，为了实现企业的利润和价值，为了增进消费者利益，企业必须积极地向消费者承担社会责任。

企业对消费者承担社会责任主要表现为：（1）确保产品货真价实，保障消费安全。消费安全是消费者最基本的权利，企业只有加强内部质量监控，确保消费者的消费安全，才能稳定消费者的消费信心，营造整个社会安全的消费环境。（2）诚实守信，提供正确的商品信息，确保消费者的知情权。诚实守信是一个企业的安身立命之本，更是一个社会和谐稳定的基础。企业从诚信出发，对商品品质不隐瞒、不夸大，对消费者不故意误导，将所有关系消费者权益的信息开诚布公，这不仅关系到自身的兴旺发达，更承载着社会的责任和希望。（3）提供完善的售后服务，及时为消费者排忧解难。服务与产品质量是一体的，服务是企业继产品质量后的第二次竞争。企业提供优质的售后服务，一方面可以在客户当中树立良好的口碑，夯实自身品牌形象，另一方面也可以为社会创造更多的财富。

（四）对社会公益的责任

随着公益事业的发展，目前已经开始出现形式多样的企业公益活动，如联想的“公益创投”，腾讯的“新乡村建设”等，不仅带动了公益事业的发展，也树立了企业的公众形象，企业在付出的同时，也有相应的收获。企业的社会公益是企业的责任，但并不仅仅是捐款捐物，主要涉及慈善、社区等。

企业对慈善事业的社会责任是承担扶贫济困和发展慈善事业，表现为企业对不确定的社会群体（尤指弱势群体）进行帮助。捐赠是其最主要的表现形式，受捐赠的对象主要有社会福利院、医疗服务机构、教育事业、贫困地区、特殊困难人群等。此外，还包括招聘残疾人、生活困难的人、缺乏就业竞争力的人到企业工作，以及举办与公司营业范围有关的各种公益性的社会教育宣传活动等。

每一个企业都要坐落于社区之中，搞好企业与社区的关系有利于提高企业的形象，促进企业的长期发展，进而实现社区经济繁荣。但企业也可能使社区成为企业污染的受害者，因此，企业应该关心社区的建设，协调好自身与社区内各方面的关系，实现企业与社区的和谐发展、共同发展。

（五）对环境和资源的责任

企业对环境和资源的社会责任可以概括为两大方面：一是承担可持续发展与节约资源的责任，二是承担保护环境和促进自然和谐的责任。环境保护是关系到所有人利益的事业，是关系到全人类可持续发展的大事，全人类都在为此付诸努力。企业要深入学习实践科学发展观，坚持走新型工业化道路，建设资源节约型、环境友好型企业，使企业的生产经营与自然生态系统和谐统一，以最小的环境代价换取企业的长久发展。

此外，企业还有义务和责任遵从政府的管理、接受政府的监督。政府依法对企业进行宏观管理与指导，为企业的运作提供了必要的制度保障和社会公共服务。因此，企业要在政府的指引下合法经营、自觉履行法律规定的义务，同时尽可能地为政府献计献策、分担社会压力、支持政府的各项事业。

四、中国企业社会责任现状与发展趋势

（一）中国企业社会责任现状

中国正面临着许多严重而紧迫的社会问题。财富分配不公平，区域之间、阶层之间、群体之间贫富差距拉大；环境恶化、资源枯竭等问题，严重威胁着经济和社会的可持续发展；卫生健康、职业安全等问题给社会造成不良影响；社会服务明显滞后于经济发展。这些严重的社会问题呼唤着中国企业积极地承担应尽的社会责任。

从客观现实来看，中国企业社会责任建设也已取得一定的进步。尽管中国企业社会责任的整体水平还比较低，但社会责任意识已有所提高；企业履行社会责任的实践发展较快，出现了一批重视社会责任的知名企业。

但是，中国企业社会责任的发展仍存在许多障碍。例如，大量的中小企业实力弱小，生命周期短，无力或无意承担社会责任；非政府组织欠发达，履行社会责任的组织力量薄弱、渠道体系、社会氛围不健全；企业内部没有形成良好的履责主体，在市场上没有形成激励履责企业的完善机制；缺少系统的规划和组织，大量的社会责任行为还处于被动、随意和零散的状态等。

进入21世纪以来，我国各项建设突飞猛进，企业的生产经营活动也取得巨大进步，但是以往企业单纯追求经济效益的做法导致了大量社会问题的产生。为了片面追求利益最大化，企业缺少劳动权益维护、环境保护、安全保护等方面的投入，甚至损害劳动者及消费者的合法权益。企业普遍缺乏诚信，恶意违约、破产逃债、虚假信息披露等问题屡见不鲜，更有甚者，一味追求高额利润，置法律于不顾，不愿投资于环境保护，甚至严重地破坏和污染环境。这反映出我国企业普遍缺乏社会责任意识，具体表现在以下几方面。

1. 企业员工劳动权益、安全保护等方面

员工是企业利润的创造者，企业有义务也有责任为员工创造安全、舒适的工作环境，提供完善的社会保障体系。但是，当前一些地方弱劳动、强资本的不公平现象仍然没有从根本上得到解决，劳动争议还时有发生，工人劳动时间长，工资待遇低，随意拖欠、克扣工资等情况还十分严重。生产安全、职业健康等问题长期得不到企业重视，生产安全事故不断出现，仅 2008 年 1—9 月份，全国就平均每月发生一起，而每一件生产安全事故的背后都有无数鲜活的生命逝去。

2. 产品质量与安全方面

为社会提供健康、安全的产品和服务是企业最基本的社会道德责任。消费者在使用产品或接受服务的过程中，不仅仅是简单地满足消费欲望，最重要的是消费者在消费产品后不能因为使用该产品而使身体或生命受到任何危害，“大头娃娃事件”“毒奶粉事件”就是最好的例子。由于个别企业将追求利润最大化作为生产经营的唯一标准，为了企业自身的品牌形象和既得利益，漠视消费者的生命和健康，在知情的情况下，给消费者造成终生痛苦，结果给自己带来灭顶之灾。几年前的“大头娃娃”事件让人们对一些杂牌奶粉产生了高度警惕，“三鹿奶粉”事件又给社会带来更为严重的负面影响，使消费者对国家名牌产品的质量产生了怀疑。引发“奶粉事件”的原因很多，但最主要的原因在于部分企业缺乏最基本的社会责任意识。这些事件都在告诉我们一个道理：一个真正负责任的企业，在考虑自身利益的同时，更应该考虑自己应承担的社会责任。

3. 资源与环境保护方面

水是人类社会赖以生存的命脉，水资源的恶化趋势要比人们的想象快得多。一些企业工业废水未经处理就直接排放，一些用水量或排污量大的工业企业规划建设在沿江、沿河地带，污染物被直接排入水中，结果导致水质严重下降。

我国许多石化、化工、印染、造纸等重污染企业多分布在河流沿岸，有的甚至建在饮用水源地附近，很多企业建厂早，设备陈旧，管理落后，治污设施不健全，并且严重缺乏环境保护责任意识。虽然这几年国家加大了污染治理力度，但这还远远不够，某些城乡接合部地下水源受污染的程度并没有减轻多少。

（二）中国企业社会责任的发展趋势

任何社会行为的变革，首先以观念变革为前提。因此，中国企业社会责任的发展趋势之一，就是要达成共识，强化企业的社会责任意识。企业社会责任是一种长期的、理性的、积极的投资；企业发展不止为自身着想，还要为他人和社会着想；不能只求短期发展，还要持续发展、合理发展、科学发展；企业不能只为当代人着想，还要为下一代人着想；企业不仅要自我约束，还要加强社会约束。趋势之二，就是在运作模式上，将形成企业与社会互利共赢的机制，构筑一个履行社会责任的共同体。在这种机制下，企业、员工和消费者将共同参与到社会责任实践中，企业社会责任在消费者和投资者心目中的透明度和可信性得到提高，履责好的企业将会得到消费者的购买激励，逐步形成正向的互动机制。趋势之三，就是在行为方式上，要达到履责终身制，社会责任是企业自始至终的事情。意思是说，企业从创立到运营，都要合法、环保，依法纳税，遵守劳工标准；社会责任意识应贯彻到企业创立、存续、发展、终结的整个生命历程中。趋势之四，就是制度化，中国企业社会责任将逐步走向系统的制度建设。这个趋势实际已经处于实施之中。

2006 年 1 月施行的新《公司法》规定，承担社会责任为公司必须履行的义务，这为企业社会责任确立了法理基础；2008 年 1 月，国务院国资委发布《关于中央企业履行社会责任的指导意见》，首先对中央企业的社会责任进行规范化建设；各行业协会发布企业社会责任指南和报告，促进企业社会责任的规范化建设。趋势之五，就是国际化，中国企业社会责任的国际化将更加明显。这个趋势体现在以下几个方面：跨国公司落户中国，更多地履行在中国的社会责任；中国企业“走出去”，要履行在东道国的社会责任；中国企业更多地采用全球公认的企业社会责任标准，纳入全球统一的标准体系中；更多地参与环保、低碳等全球行动。

在顺应国际化的同时，特色化也将是一个重要趋势，就是要体现中国文化的优势与特色，体现在：在国际市场上，代表中国企业形象的意识将加强；履行社会责任中体现中国的国家特色和文明传统；要形成与中国市场经济体制相适应的社会责任管理与运行机制。

相关链接

从汶川地震看企业的社会责任

2008 年 5 月 12 日 14 时 28 分，四川汶川发生 8 级地震，震感瞬间传遍全球。千万条生命的悲剧，犹如一面镜子，映射出了不同企业对社会责任理解的差异。大多数企业向灾区民众伸出救援之手，捐助现金、物品，一时间，我们中华儿女的团结精神得到了最好的体现。于是，我们也由衷地感觉到中国企业的进步、在利他思想上的超越；也反映了国内的企业不仅在做好目前工作的同时也在追求卓越、注重长远。他们再也不是简单地认为承担社会责任是白白地付出企业的资源，是一种浪费，得到的只是一点儿知名度而已。他们体会到企业社会责任的承担是实现各种经营目标和企业使命的机会和途径，可以在自利的同时也利他，他们希望通过公益事业的拓展获得更多的商业机会。

然而，也有一些企业由于一时的疏忽或者是没有意识到自己所应承担的社会责任，因此在这场救灾中大大受创，给企业界敲响了警钟。“王石事件”就是一个典型。

中国最具传奇色彩的企业的领袖王石，在 5 月 15 日发表博文称，中国是个灾害频发的国家，赈灾慈善活动是个常态，企业的捐赠活动应该可持续，而不应成为负担。万科对集团内部慈善的募捐活动中，有条提示：每次募捐，普通员工的捐款以 10 元为限。其意就是不要让慈善成为负担。此话一出，随即被网友选为“国内铁公鸡老总排行榜”榜首，并被冠以“王十”“王 10 元”等绰号。

5 月 22 日，王石接受媒体采访时正式公开表达歉意。王石称，自己的原意是“不提倡攀比”，但这“显然损伤了网友的赈灾热情”。但损失已经造成。6 月 2 日，世界品牌实验室发布 2008 年《中国 500 最具价值品牌排行榜》，指万科受“捐款门”事件影响，品牌价值比去年缩水 12.31 亿元。

王石事件给了众多企业家这样一个警示：作为企业家，时时刻刻要关心社会、关心国家，关心民众的情感，时时刻刻要注意责任与良心的对照。而且，当人们认为其有能力承担社会责任而又不承担时，其对公众情感的伤害将是对自己的惩罚。勇于承担责任将使企业最终能树立良好的形象，最终能够获得社会的敬重，为自己的发展开创更大的空间。最终也会由于自己品牌形象的提升促进销售额和市场额的增长。因此，对于企业来说，如何更好地承担社会责任对企业的长远发展至关重要。

资料来源于：论文网，http://www.xzbu.com/3/view-1487215.htm2016 年 6 月。

企业制度是关于企业组织、运营、管理等一系列行为的规范和模式的总称。企业制度是指在一定的历史条件下所形成的企业经济关系，包括企业经济运行和发展中的一些重要规定、规程和行动准则。我国经济体制改革中提出现代企业制度是指建立在现代生产关系的基础上，适应市场经济的产权清晰、权责明确、政企分开、管理科学的各种规定、规则和行动规程的统称。建立现代企业制度是企业改革的核心。

企业的社会责任伦理主要包括经济责任伦理、法律责任伦理和环境责任伦理三个方面，企业社会责任是企业对外部加诸其道德期望的内部认知与自觉。

作为市场经济条件下的现代企业不仅是独立的经济实体，而且是具有法人人格的伦理实体——企业，是国民经济的细胞，“责任”是伦理学的重要关注对象。加强对企业社会责任的伦理解析，有助于使我们对企业社会责任的本质、合理性及其责任内容等问题有更加深入的理解。

企业对促进我国经济社会建设的独特作用已成为社会共识，社会的发展离不开企业，也就是说企业的价值就是在履行相应责任所体现的价值，企业之所以要自觉履行社会责任，是因为：企业道德行为的主体，对社会有着巨大的影响力，是社会的一分子，应该为使社会变得更美好做出贡献；企业通过积极履行社会责任，承担相应的经济责任、法律责任、慈善责任以及道德责任，来强化竞争优势。通过履行社会责任，改善市场环境，完善市场功能，把履责的过程转化为发展的机遇；将社会责任意识渗透到企业的运营中，企业的用工中，企业的生产中。同时，企业履行社会责任的过程是个渐进的过程，该过程应注意处理好企业社会责任的三个基本问题，即“谁负责”，“对谁负责”以及“负责什么”的问题。

本章关键词

企业制度　企业伦理　原则　企业道德　企业社会责任

思考题

1. 什么是伦理?
2. 如何理解以人为本原则?
3. 思考市场经济下企业应该怎样履行社会责任?

“排放门”丑闻揭秘：德国大众汽车的失控与失信

德国大众汽车公司近日曝出的汽车尾气检测造假丑闻令人震惊。这一汽车行业近年来最大的丑闻之一不仅促使多国展开对大众汽车的调查，还波及其他汽车制造商，甚至引发人们对德国制造行业信誉以及整个清洁柴油车辆技术的信任危机。

美国环境保护署对大众公司提出指控，称其美国市场的部分柴油车存在使用操控软件躲避尾气检测的情况，涉及48.2万车辆。“排放门”事件自此浮出水面。

监管部门调查发现，大众汽车所售部分柴油车安装了专门应付尾气排放检测的软件，可以识别汽车是否处于被检测状态，继而在车检时秘密启动，调控所排放的尾气。这样一来，它们在车检时就能以“高环保标准”过关，而在平时行驶时却超标排放污染物，最大可达美国法定标准的40倍。违规排放涉及的车包括2008年之后销售的捷达、甲壳虫、高尔夫、奥迪A3以及2014至2015款帕萨特等车型。

这一消息令美国监管部门、环保组织和消费者等各界人士感到震惊。美国已暂停了大众品牌柴油汽车的新车销售。美国环境保护署和空气治理委员会宣布立即介入调查，美国司法部也宣布展开刑事调查，据称美国国会计划几周内宣布对大众的排放检测丑闻进行听证。根据美国《清洁空气法》，大众面临的罚款总额可高达180亿美元。

“排放门”丑闻不断发酵，其影响迅速在全球蔓延。德国的交通部门表示，大众汽车公司已经承认在欧洲也使用了在美国市场使用的排放检测造假软件，在德国市场涉及的汽车达280万辆。

欧盟呼吁28个成员国调查制造商的汽车排放检测是否符合环保法规，包括德国、瑞士、意大利、法国、英国和韩国在内的多个国家的监管部门都在针对大众进行相关调查。挪威、澳大利亚、印度政府宣布调查本国在售的大众汽车是否有类似问题，要求大众公司尽快“给个说法”；韩国环境部表示将考虑是否勒令大众进行召回；瑞士表示将暂停大众柴油车在该国的新车销售；西班牙政府表示，要求大众归还采用了造假软件的柴油汽车获得的高能效车辆补贴。

除了来自监管部门的调查，大众也立即成为法律公司的关注目标。法新社的报道称，有不少律师正在排队等着向大众提起诉讼，西雅图的一家律师事务所已经向大众提起了相关的集体诉讼。

大众尾气排放造假丑闻曝出后，立即令人联想其他汽车制造商是否存在类似问题。美国环境保护署25日宣布，在现有尾气检测标准上新增的测试，将开始对美国国内所有柴油汽车重新进行检测，以找出类似“作弊”软件。越来越多的制造商受到影响。首先是德系汽车制造商“人人自危”，德国戴姆勒汽车公司等制造商纷纷站出来与大众撇清关系，不断声明自己所产汽车均未使用大众柴油车安装的尾气作弊软件。

大众“排放门”的溢出效应甚至还波及了国际市场，影响到用于制造柴油车尾气过滤器的铂的需求预期，导致国际市场铂的价格23日跌至6年多来的最低点。

资料来源于：腾讯财经 http://finance.qq.com/a/20150928/002134.htm。2015年9月。

参考资料

[1] 李丹、安义中：《企业导论》，电子科技大学出版社，2008年版。
[2] 周祖城：《企业伦理学》，清华大学出版社，2009年版。
[3] 李立清、李燕凌：《企业社会责任研究》，人民出版社，2005年版。
[4] 李洪彦：《中国企业社会责任研究》，中国统计出版社，2006年版。
[5] 陈佳贵：《中国企业社会责任研究报告》，社会科学文献出版社，2009年版。
[6] 刘连煜：《公司治理与公司社会责任》，中国政法大学出版社，2001年版。
[7] 卢代富：《企业社会责任的经济学与法学分析》，法律出版社，2002年版。
[8] 周祖城：《企业伦理学》，清华大学出版社，2005年版。
[9] 张应杭：《伦理学》，浙江大学出版社，1991年版。

[10] 何怀宏:《伦理学是什么》，北京大学出版社，2002 年版。
[11] 周中之:《伦理学》，人民出版社，2004 年版。
[12]《论语》，中华书局，2006 年版。
[13]《孟子》，中华书局，2006 年版。
[14] 哈默、钱比:《改造企业》，牛顿出版股份有限公司，1994 年版。
[15] Manuel G. Velasquez. *Business Ethics*: *Concepts and Cases*. 4thed. Upper Saddle River，NJ：Prentice—Hall. 1998.
[16] *Harvard Business Review on Corporate Ethics*，Harvard Business School Press. 2003.
[17] Alan Axelrod. *My First BK of Business Ethics*. Random House. 2004.
[18] 汪异明:《新议“产权清晰”》，载于《经济学情报》，1998 年第 5 期。
[19] 陈琏:《建立现代企业制度的意义》，载于《理论与现代化》，1994 年第 4 期。
[20] 张舒华:《浅谈企业社会责任问题》，载于《管理观察》，2009 年第 9 期。
[21] 沈四宝、程华儿：《经济全球化与我国企业社会责任制度的构建》，载于《法学杂志》，2008 年第 3 期。

第三章　管理的基本原理

本章结构

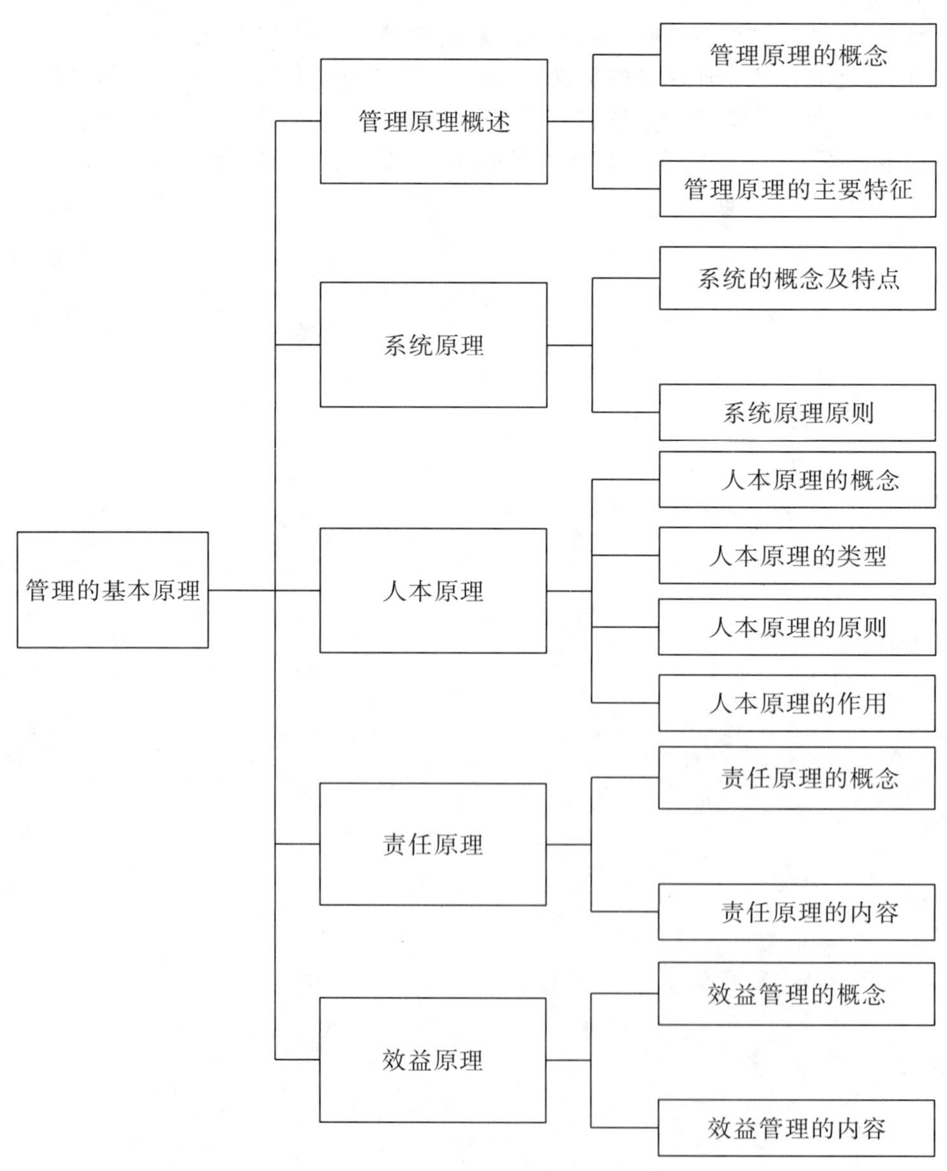

新经济时代，不是大鱼吃小鱼，而是快鱼吃慢鱼。

——美国思科公司总裁钱伯斯

本章学习目标

1. 理解管理基本原理的重要性
2. 掌握管理的系统原理及其原则
3. 掌握管理的人本原理及其原则
4. 掌握管理的责任原理及其内容
5. 掌握管理的效益原理及其内容
6. 理解管理基本原理之间的内在关系

引例

联合邮包服务公司（UPS）的科学管理

联合邮包服务公司（UPS）雇用了15万名员工，平均每天将900万个包裹发送到美国各地和世界180多个国家和地区。他们的宗旨是：在邮运业中办理最快捷的运送。UPS的管理者系统地培训他们的员工，使他们以尽可能高的效率从事工作。

让我们看一下他们的工作情况。UPS的工业工程师们对每一位司机的行驶路线进行了时间研究，对每种送货、取货和暂停活动设立了工作标准。这些工程师们记录了红灯、通行、按门铃、穿过院子、上楼梯、中间休息喝咖啡的时间，甚至上厕所的时间，将这些数据输入计算机中，从而给出每一位司机每天工作中的详细时间标准。

为了完成每天取送130件包裹的目标，司机们必须严格遵守工程师们设定的程序。当他们接近发送站时，他们松开安全带，按喇叭、关发动机、拉起紧急制动，把变速器推倒一挡上，为送货完毕后的启动离开做好准备，这一系列动作极为严格。

然后司机从驾驶室出溜到地面上，右臂夹着文件夹，左手拿着包裹，右手拿着车钥匙。他们看一眼包裹上的地址，把它记在脑子里，然后以每秒钟3英尺的速度快步走到顾客的门前，先敲一下门以免浪费时间找门铃。送货完毕，他们在回到卡车上的路途中完成登录工作。

UPS是世界上效率最高的公司之一。联邦捷运公司每人每天取运80件包裹，而UPS公司却是130件。高的效率为UPS公司带来了丰厚的利润。

问题：

1. 你如何认识UPS公司的工作程序？
2. 科学管理距今已百余年，你认为在今天的企业中仍然有效吗？
3. UPS公司这种刻板的工作时间表为什么能带来效率呢？

资料来源于：圣才学习网 http://yingyu.100xuexi.com/view/specdata/20121212/3f94fe46－5dc8－44e9－b873－5a7ebb21c5de.html2016年6月

第一节　管理原理概述

一、管理原理的概念

任何一门科学，都有它的基础理论，用以指导本学科的实践和发展。管理科学的基础理论是管理原理，研究管理科学也必须从研究其基础理论入手，并研究有关科学与管理科学的关系，为深入了解和掌握管理学其他方面的知识打下坚实的基础。管理原理是对管理工作的实质内容进行科学分析、总结并抽象形成的基本真理，它是现实管理现象的抽象，是对各项管理制度和管理方法的高度综合与概括。

二、管理原理的主要特征

管理原理的主要特征包括以下四个：客观性、概括性、稳定性和系统性。

管理原理的客观性主要体现在管理原理是对管理的实质及其客观规律的表述，管理要顺应和利用原理，从而达到事半功倍的效果。

原理和原则有一定的区别，主要表现在：原则是人们规定的行为准则，有一定的人为因素，违反了要受到组织的惩罚。原理是对管理工作客观必然性的刻画，违背了会受到客观规律的惩罚。但是二者也有一定的联系，在确定每项管理原则时，要尽量使之符合相应的原理，同时又要用原则来强化和约束。因此，在日常管理工作中，我们既要认识原理与原则的区别，又要注意两者的联系。

管理原理的概括性表现在管理原理是对包含了各种复杂因素和复杂关系的管理活动客观规律的描绘，或者说，是在总结大量管理活动经验的基础上，舍弃了各组织之间的差别，经过高度综合和概括而得出的具有普遍性、规律性的结论。

管理原理的稳定性指的是它是确定的、巩固的，具有“公理的性质”，但是稳定性是相对的，它不是一成不变僵死的教条，它也会随着科技进步而发展。随着人类对管理的不断认知和探索，管理原理也更加完善。

管理原理中的系统原理、效益原理、人本原理和责任原理，组成了一个有机体系（见图3−1）。它不是各种烦琐的概念和原则的简单堆砌，也不是相关论据、论点的机械组合，而是根据管理现象本身的有机联系，形成相互联系、相互转化的完整统一体。管理的实质，简言之，就是在系统内部，以人为本，通过确定责任，以达到一定的效益。

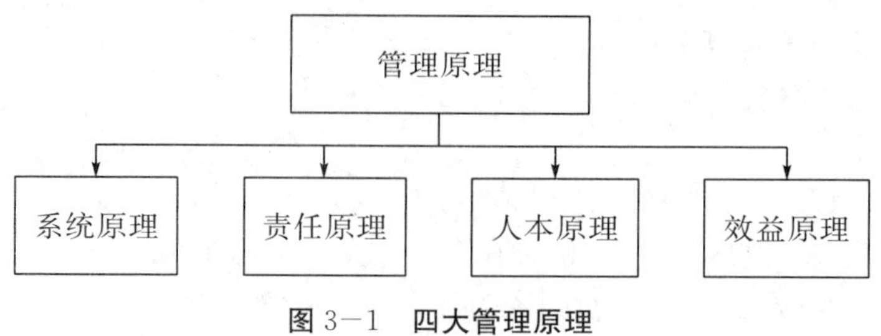

图3−1　四大管理原理

第二节　系统原理

一、系统的概念及特点

系统是指由若干相互联系、相互作用的部分（要素、子系统）结合而成的有机整体，这个整体具有其各个组成部分所没有的新的性质和功能。

> 丢了一个钉子，坏了一只蹄铁；坏了一只蹄铁，折了一匹战马；折了一匹战马，伤了一位骑士；伤了一位骑士，丢了一个口信；丢了一个口信，输了一场战斗；输了一场战斗，输了整场战役；输了整场战役，亡了一个帝国。
>
> ——富兰克林《钉子与王国》

组成系统的各个部分，被称为要素或子系统。由于系统可以划分为不同层次的要素或子系统，因此，要素或子系统具有相对性，如果对子系统的成分作一般的抽象，可以发现任何系统都是由物质、能量、信息按一定的结构与相互关系组成。

系统有集合性、层次性、相关性的特点。所谓集合性，指的是一个系统至少由两个及两个以上的子系统构成，否则就不能称之为系统，这是系统最基本的特征。系统的层次性体现在系统的结构是有层次的，构成一个系统的子系统和子子系统分别处于不同的地位。例如一个公司是集团的子系统，而相对于它的子公司，又是一个系统（见图3-2）。系统的相关性指的是系统内各要素之间相互依存，相互制约的关系。例如"三鹿奶粉"事件，影响的不仅仅是三鹿企业，还引发了医院结石患儿排队就医、奶农倒奶、豆浆机热销等一系列社会现象。

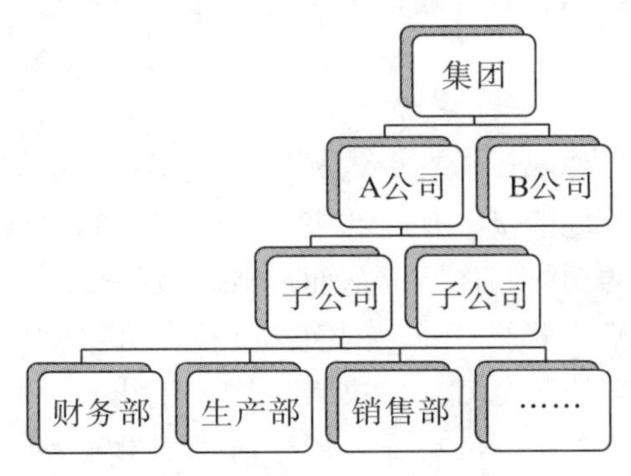

图3-2　系统层次性示意图

二、系统原理的原则

人们在从事管理工作时，运用系统的观点、理论和方法对管理活动进行充分的系统分析，以达到管理的优化目标，即从系统论的角度来认识和处理企业管理中出现的问题。在利用系统原理时，有以下几个原则（见图3-3）。

（一）整分合原则

系统原理要求对管理对象整体把握、科学分解、组织综合，这就是管理的整分合原则。具体地说，就是现代管理活动必须从系统原理出发，把任何管理对象、问题，视为一

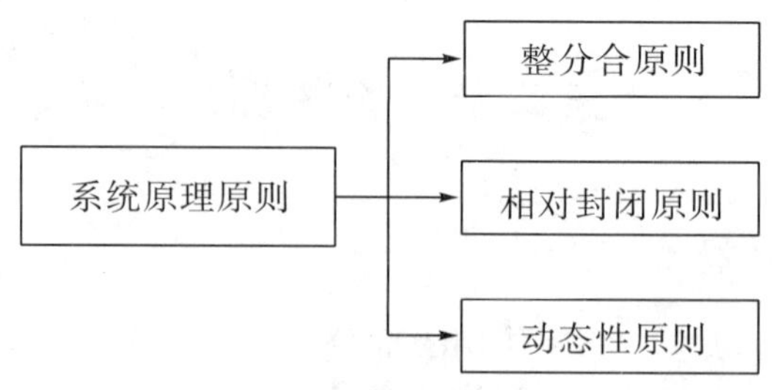

图 3—3　系统原理原则

个复杂的、具有目的性的组织系统。首先，从整体上把握系统的环境，分析系统的整体性质、功能，确定出总体目标，然后围绕着总目标，进行多方面的合理分解、分工，以构成系统的结构与体系；其次，在分解之后，要对各要素、环节、部分及活动进行系统综合，协调管理，以实现系统的总目标。由于系统的层次性，整分合也是相对的。现代管理活动形成整体上的整分合，就具体某一方面、局部的管理活动，也同样体现着许多小的、局部的整分合。

整分合原则中的整体观点是大前提，不充分了解整体及其运动规律，没有一个通盘的规划，分解、分工必然混乱而盲目。但是分解、分工是关键，没有科学的分解或分工的整体只是混沌的原体，构成不了现代有序的系统。现代企业已不再是传统意义上的工厂了，而是包括了市场预测系统、研究与发展系统、生产系统、销售系统等的新型企业。在研究与发展系统中，有纯粹基础研究、应用技术研究、产品研制、推广研究等分工；在产品研制中，又有设计、样机制造、调试和考核试验等分工。分工合理会提高效率，但分工也不是万能的。分工特别容易在时间和空间、数量和质量等方面脱节，因此，必须有强有力的组织管理，使各方面同步协调，有计划、按比例、综合平衡地发展，这样有分有合，分而后合，实现整体优化。

（二）相对封闭原则

任何管理系统虽然都与外部环境有输入和输出关系而具有开放性，但就其内部而言，则必须构成一个各个环节首尾衔接、互有约束、互相促进的连续封闭的回路，这样才能有效地发挥管理中各个环节的功能和作用，从而形成有效的管理，这就是相对封闭原则。

一个管理系统可以分解为指挥中心（决策机构）、执行机构、监督机构和反馈机构。指挥中心是决策机构，管理的起点就是由决策机构发生指令。指令一方面通向执行机构，一方面又发向监督机构，监督执行的情况。指令执行结果输入反馈机构，反馈机构进行信息处理，比较指令执行结果与指令的差距后，返回决策机构，使决策机构根据情况产生新的指令，这就形成了管理的封闭回路。

（三）动态性原则

从哲学上看，这一原理不外是说：世界是过程的集合体，而非既成事物的集合体。动态性原则就依据于这一原理。一切实际系统由于其内外部联系复杂的相互作用，总是处于无序与有序、平衡与非平衡的相互转化的运动变化之中，任何系统都要经历一个系统的发生、系统的维持、系统的消亡的不可逆的演化过程。也就是说，系统存在在本质上是一个动态过程，系统结构不过是动态过程的外部表现。而任一系统作为过程又构成更大过程的一个环节、一个阶段。系统的运动状态是绝对的，环境的变化、要素之间的联系也在不断发生变化。因此，系统及其内部要素的功能也必须适应变化，不断发展。以企业为例，1955 年，由美国《财富》杂志所列出的全球 500 强企业，今天只剩下了 1/3。任何企业面临的外部环境和内部环境都是变化的。

第三节　人本管理

一、人本管理的概念

人本管理，就是以人为本的管理思想，即在管理活动中，坚持一切以人为中心，以充分调动和激发人的积极性、主观能动性和创造性为根本手段，设法提高效率，满足人的物质需要与文化素质、精神追求等要求，使人能够全面发展，又称人本管理。

以人为本有两层含义：一是一切管理活动都是以人为本展开的，人既是管理的主体，又是管理的客体，每个人都处在一定的管理层面上，离开人就无所谓管理；二是管理活动中，作为管理对象的要素和管理系统各环节，都是需要人来掌管、运作、推动和实施。其实质就是充分肯定人在管理活动中的主体地位和作用。因此，任何一个高明的管理者都会以人为本，尊重人、依靠人、发展人和为了人。

二、人本管理的类型（见图 3－4）

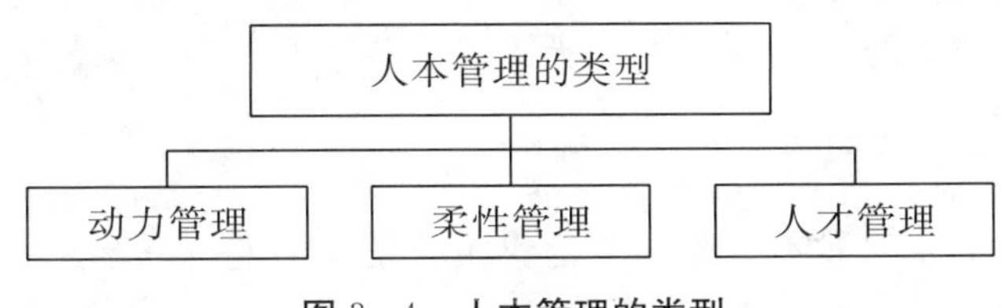

图 3－4　人本管理的类型

（一）动力管理

动力是推动工作或事业向前发展的一种力量。作为一个管理者，每当在组织中发现低效率、无秩序、积极性不高等问题时，首先需要检查的就是推动工作进行的动力是否充足。没有动力，管理就不可能进行有序运动。因此，管理必须要有强大的动力。一般来讲，管理的基本动力有以下三种类型。

1. 物质动力

它不仅是对个人的物质刺激，更重要的是组织的经济效益。经济效益是推动管理发展的动力，是检验管理实践的标准。只有将物质利益与管理活动结果结合起来，才能大大提高经济效益。也就是说只有把对组织的贡献与从组织得到的物质利益紧密结合起来，才能形成动力。

2. 精神动力

它是指组织及其成员的观念、理想、信仰等精神方面的追求所形成的管理动力，它包括理想教育、日常的思想政治工作、精神奖励等。精神动力是客观存在的，它能弥补物质动力的缺陷，而且本身就有巨大的威力，在某些特定的情况下，还可以成为决定性的力量。

3. 信息动力

它是指信息的传递所构成的反馈对组织活动发展的推动作用。从管理的角度来看，信息作为一种动力，有超越物质和精神的相对独立性。在信息化社会，信息冲击产生的压力会转变成你追我赶的竞争动力，它对组织活动起着直接的、整体的、全面的促进作用。

物质动力、精神动力和信息动力，是促使管理活动不断地持续下去的力量，管理不仅要有这些动力，更为重要的是需要管理者正确地运用这些动力，能够顺利地实现组织目标。而管理者要有效地实现动力管理，就必须从根本上重视人的需要。

（二）柔性管理

柔性管理是相对于刚性管理而言的。在刚性管理中，组织管理者是以制度和职权为条件，利用约束、监督、强制和惩罚等手段对组织成员进行管理。而柔性管理是以情感和文化为基础，运用尊重、激励、引导和启迪等方式进行管理。从本质上说，柔性管理是一种"以人为本"的管理，它是组织管理者依据组织成员的心理和行为规律，以人性化的工作方式和管理思维，在组织成员中形成一种潜在的说服力，从而把组织的意志变为组织成员的自觉行动。因此，实行柔性管理应从情感管理入手，实行民主管理、自我管理和文化管理。

相关链接

爱屋及乌——关爱员工及其家人

日本麦当劳公司在"抓住太太的心"上怪招迭出。他们把每5个月发的一次奖金称作"太太奖金"，因为这笔奖金直接拨到员工太太的银行户头上。员工的太太这时还能收到经理的一封感谢信：

"公司今天之所以能够赚钱，都是托诸位太太的福气。虽然在餐厅上班的是你们的先生，但他们的勤奋工作尚未清楚其中多大的比例是来自太太们背后的支持和帮助。兹奉上的奖金为太太们所有，不必交予先生。"

餐厅每年一度的聚餐会，员工都是被邀夫妻双双出席。经理总有对太太们的专门致辞：

"各位太太，你们的先生在餐厅里的工作都很认真。我只想向你们拜托一件事：请各位多多注意您先生的健康问题。我们有能力把您先生培养为世界一流的商业人才，对他的健康我们却无能为力。因此，拜托你们了。"

他们还细心到这一步，了解哪个员工的花钱要受太太的限制。男人总有男人花钱的地方，男人也有男人的秘密。如果受到限制，工作热情必然会受到影响。

于是，对于这部分人，"太太奖金"的一半又直接拨到了他的银行户头上。根据日本麦当劳餐厅经理的长期调查，这类需要"男士必需经费"的员工幅度保持在16%左右。

（三）人才管理

善于发现人才、培养人才和合理使用人才是人才管理的根本。将人本原理的思想落实到人才管理中去，就要求管理者在工作中实现人岗匹配、人尽其才、才尽其用的目标。如何实现这一目标呢？需要做好以下工作（见图3—5）。

图3—5　人才管理方式

1. 人才测评

人才测评是建立在心理学、管理学和人才学等学科基础上的一种综合性人才评价系统，它通过心理测试、行为观察分析、情景模拟演练等，对人才的素质、结构和兴趣等方面能够得出一个比较客观的认识，这种认识为管理者认识人才价值，挖掘人才潜能提供帮助和指导。具体来讲，人才测评能够为组织提供整体的人力资源状况和水平，为组织做好人力资源规划打下基础，在人员的招聘和员工的培养和使用等方面进行有针对性的管理。如：可以根据人才测评的结果，全面建立人才数据库。然后，根据企业发展的进程找出所缺乏的人才类型，并及时给予补充，建立起与组织发展相适应的人才梯队。再如：组织可以根据人才测评提供的员工业务能力、管理能力和性格特征等情况，组建新的团队，实现员工的优势互补，达到最优的组合，发挥最大的效能。

2. 能级管理

能级是现代物理学的概念，能是做功的本领，能量有大有小，把能量按大到小排列，犹如阶梯。在组织管理中，机构、人员等都有一个能量的问题，能量大，作用大。

现代管理的任务就是建立一种使组织的每个人都能“各尽其能”的运作机制，为组织合理地配备人才和使用人才打下坚实的基础。实行能级管理，就可以达到这个目的。因为能级管理就是要在管理系统中建立一套合理的能级，即根据每个组织和个人的能量大小安排其地位和任务，使人的职位与能力相称。它要求管理的内容能够动态地处于相应的能级中去，以此充分发挥人的能力。

3. 工作丰富化

所谓工作丰富化，是指通过改进工作设计，丰富工作内容，赋予更多的尝试机会，来增加工作本身的刺激性和挑战性，使职工获得发挥聪明才智和取得个人成就的机会。

在企业环境中，可采取以下措施促进工作丰富化：在工作方式、工作次序和作业速度方面给职工以更大的自由，使每个职工对自己的工作负有明确的责任；安排和鼓励职工定期轮换工作岗位和工种；扩大职工的工作范围，让职工参与某项业务活动的全过程，使职工明确认识到自己的工作对企业整体发展的意义及所做出的贡献等。劳动者只有看到了自我发展的可能性，才会不断提高工作的积极性、主动性和创造性。工作丰富化，使工作不再是一种烦琐的、冗长的、沉重的劳作，而是一种具有丰富意义和乐趣、讲究质量的生活方式。它能够在提高工作效率的同时，起到增加员工满足感的作用。

三、人本管理的原则（见图 3－6）

1. 激励原则

激励—保健因素理论是美国的行为科学家弗雷德里克·赫茨伯格（Fredrick Herzberg）提出来的，又称双因素理论，这是激励原则的理论根源。他告诉我们，满足人类各种需求产生的效果通常是不一样的。物质需求的满足是必要的，没有它会导致不满，但是仅仅满足物质需求又远远不够。即使获得满足，它的作用往往是很有限的，不能持久。要调动人的积极性，不仅要注意物质利益和工作条件等外部因素，更重要的是要从精神上给予鼓励，使员工从内心情感上真正得到满足。

2. 行为原则

现代管理心理学强调，需要与动机是决定人的行为之基础，人类的行为规律是需要决定动机，动机产生行为，行为指向目标，目标完成需要得到满足，于是又产生新的需要、动机、行为，以实现新的目标。掌握了这一规律，管理者就应该对自己的下属行为进行行之有效的科学管理，最大限度发掘员工的潜能。为最大限度地调动、巩固和充分发挥人们的积极性，应注意以下三点：

（1）尽量满足下属人员的正当、合理的物质和精神方面的需要。

（2）务必使每个人都有明确的，可以考核的具体责任。任何企业、事业单位都必须实行适合自身情况的责任制，任何责任制最后都必须落实到每一个人，这是行为原则的一个根本要求。

（3）一定要对每个人所负责任的履行情况进行认真的检查和验收。这就是说，对每个人的工作效率、结果必须进行严肃认真的考核和鉴定，按规定给予奖惩。

3. 能级原则

所谓能级原则是指根据人的能力大小，赋予相应的权力和责任，使组织的每一个人都各司其职，以此来保持和发挥组织的整体效用。一个组织应该有不同层次的能级，只有这样才能构成一个相互配合、有效的系统整体。能级原则也是实现资源优化配置的重要原则。在小生产时代，个人的能量具有首要意义。而在大生产条件下，大量的任务由集体完成，着眼于具有不同能量的个体的有机组合。一个总能量小但有效分级的集体，完全可以比总能量大但混乱组织的集体获得更多、更大的成果。关键在于正确地贯彻和实现能级原则：

（1）管理能级必须按层次。具有稳定的组织形态管理系统中的能级不是随便分设的，各级也不是任意组合的。稳定的管理结构应是正三角形。管理的结构形态应该体现能级原则，没有能级，便没有管理运动的“势”，极易导致管理的失败。

管理系统的正三角形结构，一般可分为四个层次：最高为经营层，使命是制定系统的大政方针；其次为管理层，职责是运用各种管理技术以实现经营方针；再次为执行层，任务是贯彻执行管理指令，直接调动和组织人、财、物等管理内容；基层为操作层，从事操作和完成一项项具体任务。四个层次，不仅使命不同，而且标志着四大能级的差异，不可混淆。管理要贯彻能级原则，必须从根本上改变小生产观念。“人多好办事”作为小生产的效率原则，乃是造成非稳定能级结构的一个重要原因。现代管理根据能级原则所形成的稳定管理结构，则以“用最少的人办最多的事”作为效率原则。

（2）不同能级应有相应的外在体现权力、物质利益和精神荣誉，是能量的外在体现，只有与能级相对应，才符合封闭原理。能级原则不仅将人或机构按能级合理地组织起来，而且规定了不同能级的不同目标。只有下一能级圆满地达到自己的目标，才能逐级地保证实现整个系统的目标。因此，上一能级对于下一能级有一定的要求、一定的制约，即表现出一定的权力和纪律约束；同样，下一能级对上一能级负有一定的责任，在完成功能方面做出相应的努力和保证。为了使整个系统各能级都能在完成自身功能方面发挥高效率，表现出高度的可靠性，就要有一定的物质利益、精神荣誉与之对应。换言之，能级原则要求管理系统中的每个元素都能在其位，谋其政，行其权，尽其责，取其酬，获其荣，失职者则要惩其误。有效的管理不是拉平或消灭这种权力、物质利益和精神荣誉上的差别，而是对应不同能级给予应有的待遇。

（3）各类能级必须动态地对应不同的岗位。各种管理岗位有不同能级，人也有各种不同的才能。现代管理要求把不同才能的人置于相应能级的岗位上，人尽其才，各尽所能。这样的管理体制才能形成稳定的结构，持续而高效地运转。

如何实现各类管理能级的动态对应？绝对的对应是不可能的，靠主观愿望和计划也不能实现。应该保证人们在各个能级中不断地自由运动。通过各个能级的实践，施展、锻炼和检验人们的才能，使之各得其位。但须指出，岗位能级是随客观情况不断变化的，人的才能也是不断变化的，只有动态地实行能级对应，才能发挥最佳的管理效能。总之，现代管理的岗位能级必须是合理的有序，人才运动又必须无序，这才是合理的管理。

4. 动力原则

没有动力，事物就不会运动，组织也不会向前发展。在组织中只有具有强大的动力，才能使管理系统得以持续、有效地运行。动力原则在很大程度上影响着其他原理、原则的效能。能级原则必须有充分的能源才能实现。没有强有力的动力制约因素，能级可能蜕化为封建等级，靠人们的良好愿望无法实现人才辈出、人尽其才，只有当某种动力因素迫使人们非用人才不可，才能真正做到不拘一格挑选人才，否则搞所谓领导“选拔”，就可能任人唯亲。如果没有一定的动力驱使，形式上搞群众选举，往往会选出无能的“老好人”。如果没有切身的动力迫使领导者反馈信息，就不可能真正建立起发挥作用的反馈系统。凡此种种，无不表明研究贯彻动力原则，对现代管理具有十分重要的意义。

现代管理认为有三类基本动力：物质动力、精神动力和信息动力。物质动力，即管理系统中员工获得的经济利益以及组织内部的分配机制和激励机制，是根本动力。精神动力，包括革命的理想、事业的追求、高尚的情操、理论或学术研究、科技或目标成果的实现等，特别是人生观、道德观的动力作用，将能够影响人的终生。在特定条件下，精神动力可以成为决定性的动力。信息动力，通过信息资料的收集、分析与整理，得出科学成果，创造社会效益，使人产生成就感，这就是信息动力的体现。

5. 纪律原则

不以规矩无以成方圆。作为现代社会的组织，没有纪律也是不可能长期生存下去的。因此，组织内部从上到下都应该制定并遵守共同认可的行为规范，违反了纪律就应该得到相应的惩罚。

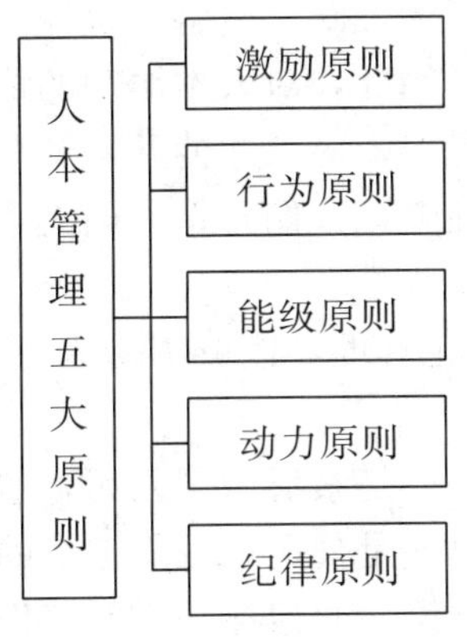

图 3-6　人本管理五大原则

四、人本管理的作用

人本管理在现代企业管理中有着不可或缺的作用。只有做到了“员工第一”，才能真正实现“顾客至上”。人本原理对于企业和员工都能产生积极的力量。

（一）对企业

1.“以人为本”是现代管理理论的基石

任何一个企业的发展都离不开人的努力工作，可以说，没有企业所有员工的努力工作，就不会有企业的生存和发展。从这个意义上说，企业的管理就是对人的管理，以人为本的管理能充分地发挥组织内部每一个人的作用。作为管理者，要管理好员工，就绝不能忽视以人为本的管理。

2.“以人为本”是企业发展的原动力

一般来说，人与人之间的智力相差不会太大。工作成效的高低取决于员工对工作的态度，勇于承担责任的精神。因此，作为一个管理者，应了解员工的特点，领导只有理智地认识下属，对每位员工的特点了然于心，才能把“棋子”放到关键位置上，形成高效的团队，企业才能得到更好的发展。

3.“以人为本”使职工充分发挥积极性

金无足赤，人无完人。任何人都有优点和缺点，都有自己的长处和短处，上至伟人，下至百姓，莫不如此。对于一个企业来说，以“矮子中间拔将军”的眼光去寻人所长，以海纳百川的心胸去宽容对方的缺点，就能真正做到“人各有所长，亦各有所短，能扬长而避短，天下无不可用之人”。

4.“以人为本”能增强企业的市场竞争力

企业要生存、要发展，就必须具备竞争力。“以人为本”，不断增强广大职工的自立意识、竞争意识、效率意识和开拓创新精神，不断提高他们的专业技术水平和管理素质，切实做到“内强素质，外树形象”，才能够在竞争中一路领先。

（二）对个人

1. 人是管理活动的中心，在现代化大生产过程中，人居于主导地位

虽然科技进步带来生产力的巨大飞跃，电脑、机器人将代替大部分人力劳动，但设计掌握它们的还是具有创造力的人。因此，对人本原理的探讨过程定然很长。现实和未来都将是寻才、爱才、选才、用才的世界，对人才的开发和利用及如何对人进行有效管理是当今以及未来管理者的主要和重大任务，人们必将利用人本原理及其他管理规律在管理实践中发挥更大的作用。

2. 企业以人为本，实施人性化管理，让员工受人尊重的需求得到满足，从而告别了等级差别

比如众所周知的索尼公司，无论是索尼中国公司，还是索尼美国公司，索尼大家庭的每一个员工都会深切地感受到：自己是公司总裁最宝贵的同事。这正是为什么索尼公司的员工可以与总裁共同工作、共同训练，同他穿一样的工作服，吃一个等级的伙食。在索尼公司，任何管理者都没有私人办公室，甚至工厂中的头目也是如此。员工从这些点滴小事中充分理解了索尼公司的一条格言：人不应该区别对待。这样的做法使得员工在企业中有归属感，能够忠诚地为企业服务，尽自己的职责。

3. 企业通过实施人性化管理，注重员工的能力，发挥了员工的潜力

当员工取得成效时，管理者要赞赏说："不错，继续努力!"当员工工作有所失误时，管理者要开导说"这次不行，下次继续努力，我相信你一定能成功"。这样，员工就会更加努力工作，为实现企业的战略目标而奋斗。

第四节　责任原理

一、责任原理的概念

责任原理是管理学的重要原理之一，它是指在管理过程中，要明确组织的责任，明确组织内各组织和成员的责任，实行各种责任制度。实行责任原理的目的是使组织工作有序化、高效化，充分调动组织及其员工的创造性和积极性。

一般来说，责任是指组织及其内部员工所应该承担并做好的事情。组织的责任包括内部责任和社会责任。

对企业而言，社会责任包含经济、法律、伦理和公益性需要等责任。具体来说，它指企业要向社会提供一定的商品或服务，在社会颁布的法令范围内合法经营和追求利益，对其经营活动所造成的生态的、环境的和社会的代价负责，并对市场需求做出反应。

同时，内部责任是指企业下属的各组织企业员工应做好的事情。管理的责任原理要求落实内部责任，在企业内部建立各层次、各部门、各岗位的责任制，任何人必须对所担负的工作负责，不允许出现职责不明、不负责或无人负责的现象。

二、责任原理的内容

（一）合理分工

一个组织中，如果没有分工，将出现责任模糊、管理混乱的局面；反之，如果分工过细，则难以调动员工的积极性和创造性，导致效率低下。因此，组织中的合理分工显得尤为重要。

（二）明确每个人的职责

责任管理要求明确组织内每个成员的职责，这也是挖掘人的潜能的最好办法。

分工，是生产力发展的必然要求。在合理分工的基础上确定每个人的职位，明确规定各职位应担负的责任，这就是职责。所以，职责是整体赋予个体的责任，也是维护整体秩序的一种约束力。它是以行政性规定来体现的客观规律的要求，绝不是随心所欲的产物。

职责不是抽象的概念，而是在数量、质量、时间、效益等方面有严格规定的行为规范。表达职责的形式主要有各种规程、条例、范围、目标、计划等。

一般来说，分工明确，职责也会明确。但实际上两者的对应关系并不是这样简单。这是因为分工一般只是对工作范围作了形式上的划分，至于工作的数量、质量、完成时间、效益等要求，分工本身还不能完全体现出来。所以，必须在分工的基础上，通过适当方式对每个人的职责做出明确规定。

1. 职责界限要清楚

在实际工作中，工作职位离实体成果越近，职责越容易明确；工作职位离实体成果越

远，职责越容易模糊。应按照与实体成果联系的密切程度，划分出直接责任与间接责任，实时责任和事后责任。例如，在生产第一线的，应负责直接责任和实时责任，而在后方部门和管理部门的，主要负间接责任和事后责任。其次，职责内容要具体，并要做出明文规定。只有这样，才便于执行与检查、考核。

2. 职责中要包括横向联系的内容

在规定某个岗位工作职责的同时，必须规定同其他单位、个人协同配合的要求，只有这样才能提高组织的整体功效。

3. 职责一定要落实到每个人

没有明确分工的集体负责，实际上是职责不清、无人负责，其结果必然导致互相扯皮，导致管理上的混乱。

（三）职位设计和权限委授要合理

列宁说："管理的基本原则是一定的人对所管的一定的工作完全负责。"问题是，怎样才能做到完全负责？一定的人对所管的一定的工作能否做到完全负责，基本取决于三个因素。

1. 权限

如果没有一定的人权、物权、财权，任何人都不可能对任何工作实行真正的管理。明确职责，就要授予相应的权力。实行任何管理都要借助于一定的权力。管理总离不开人、财、物的使用。职责和权限虽然很难从数量上画等号，但有责无权，责大权小，许多事情都得请示上级，由上级决策、上级批准，当上级过多地对下级分内的工作发指示、作批示的时候，实际上等于宣告此事下级不必完全负责。所以，明智的上级必须克服自己的权力欲，要把下级完成职责所必需的权限全部委托给下级，由他自己去决策，自己只在必要时适当给予帮助和支持。

2. 利益

权限的合理委授，只是完全负责所需的必要条件之一。完全负责就意味着责任者要承担全部的风险。而任何管理者在承担风险时，都自觉或不自觉地对风险和权益进行权衡，然后才决定是否值得去承担风险。为什么有时上级放权，下级反而不要？原因在于风险与收益的不对称，没有足够的利益可图，也包括精神上的满足感。

3. 能力

这是完全负责的关键因素。管理是一门科学也是一门艺术。管理者既要有生产、技术、经济、社会、管理、心理等方面的科学知识，又要处理人际关系的组织才能，还要有一定的实践经验。科学知识、组织才能和实践经验这三者构成了管理能力。在一定时期，每个人的时间和精力有限，管理能力也有限，并且每个人的能力各不相同，因此，每个人所能承担的职责也是不一样的。有的人能挑一百斤，有的人只能挑五十斤。硬要只能挑五十斤的人挑一百斤，其结果只能是：或者依靠上级，遇事多多请示，多多汇报；或者依赖助手，遇事就商量和研究；或者凑合应付，遇事上推下卸，让别人去干。这样，也不可能做到完全负责。

责任、权利、利益是等边三角形的三边（见图 3－7）。能力是高，根据具体情况可以略小于职责，这样工作富有挑战性，从而促使管理者更加感恩和谦虚，从而更加尊重群众，更加自觉地学习新知识，注意发挥智囊的作用，使用权力也会慎重些，获得利益时还会产生更大的动力，但能力也不能过小而挑不起。

需要注意的是权利可授予，责任不能授予。每个人都有自己的责任，该做什么，不该做什么都要明确，适当授予员工权利，可使其更加有积极性，热情投入到工作中去。

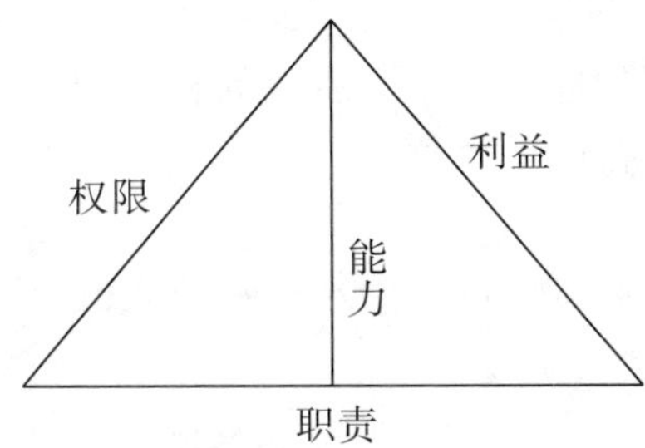

图 3-7 责、权、利和能力的关系

（四）奖惩要分明、公正而及时

1. 及时而公正的奖惩也是必不可缺的

惩罚是利用令人不喜欢的东西或取消某些为人所喜爱的东西，改变人们工作行为的一种手段。惩罚可能引致挫败，从而可能在一定程度上影响人的工作热情，但惩罚的真正意义在于“杀一儆百”，利用人们害怕惩罚的心理，通过惩罚少数人，从而强化管理的权威。惩罚也可以及时制止这些人的不良行为，以免给企业造成更大的损失。

2. 为了做到严格奖惩，要建立健全系统的奖惩制度

使奖惩工作尽可能地规范化、制度化，这是实现奖惩公正而及时的可靠保证。

综上所述，现代管理的责任原理可以简要地概括为：在其位，谋其政，行其权，尽其责，取其酬，获其荣，奖其功，惩其误。

第五节 效益原理

一、效益原理的概念

指组织的各项管理活动都要以实现有效性、追求高效益作为目标的一项管理原理。它表明现代社会中任何一种有目的的活动，都存在着效益问题，它是组织活动的一个综合体现。影响企业效益的因素是多方面的，如：科学技术水平、管理水平、资源消耗和占用的合理性等。从管理的这一具体因素来看，管理的目标就是追求高效益。有效地发挥管理功能，能够使企业的资源得到充分的利用，带来企业的高效益；反之，落后的管理就会造成资源的损失和浪费，降低企业活动的效率，影响企业的效益。向管理要效益，管理出效率，已成为人们的共识。

一般而言，企业组织所开展的诸多管理活动就是为取得经济效益而服务的，企业追求良好的经济效益，不仅是企业出于积累资金自我发展的需要，而且更为重要的是能够促进社会进步、国民经济的发展以及社会生产力的提高，因此，经济效益与社会效益从根本上说应该是一致的。但是，当有的企业从局部考虑问题，或者采取不合理、不合法的手段获得经济效益时，二者就会产生矛盾，管理的作用就在于要消除这种矛盾，力求将经济效益与社会效益有机地结合起来。

二、效益原理的内容

（一）效益原理体现的原则（见图 3－8）

1. 价值原则

即效益的核心是价值，必须通过科学而有效的管理，对人、对组织、对社会有价值的追求，实现经济效益和社会效益的最大化。

2. 投入产出原则

即效益是一个对比概念，通过以尽可能小的投入来取得尽可能大的产出的途径来实现效益的最大化。

3. 边际分析原则

即在许多情况下，通过对投入产出微小增量的比较分析来考察实际效益的大小，以做出科学决策。

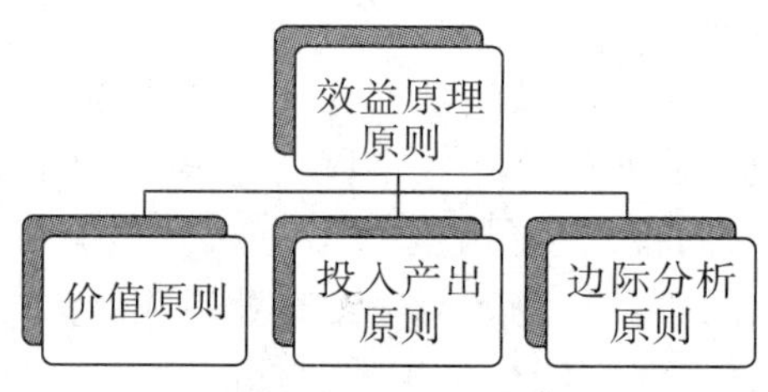

图 3－8 效益原理的原则

（二）管理活动遵循效益原理的基本途径

所有的管理都是致力于提高效益，但并不是所有的管理都是有效的。从管理的角度来看，效益的提高涉及的因素是多种多样的，如管理思想、管理制度、管理方法、管理环境和管理措施等等，这些因素对管理效益的影响十分重大，尤其是管理者的思想观念、行为方式，能够直接影响管理的决策、组织、领导和控制的一系列活动，并对管理效益产生直接的作用。因此，遵循效益原理，就要求管理者把握以下三个方面。

1. 确立可持续发展的效益观

由于自然资源的短缺与自然环境的恶化已成为整个人类社会生存和发展的重大威胁，因此，组织管理者在提高效益的过程中，必须确立可持续性的发展观。所谓可持续性的发展，就是满足目前的需要，而不危害下一代的需要。

将可持续发展与效益原理结合起来，就是要兼顾需要与可能，在讲究经济效益的同时，保持与生态环境和社会环境的协调发展，即既要注重技术的先进性、经济上的合理性，又要注重对社会的效用性和天人合一的和谐性。对那些在生产过程中排放出大量工业废气，污染周围环境的企业，或以次充好，质量掺假而高价出售产品的企业，社会必须通过经济、法律、行政和教育的手段给予严厉的制裁，创造出一种具有一定强制性约束力的激励环境，使各组织能够正确处理好经济效益和社会效益、局部效益与全局效益、短期效益和长远效益、间接效益和直接效益等方面的关系，把过程与结果、动机与效果有机地结合起来。

2. 提高管理工作的有效性

管理学家德鲁克认为，作为管理者，不论职位高低，都必须力求有效。管理的有效性，应是管理的效率、效果和效益的统一。其实现的重要途径是要确立有效管理的评价体系。一是在评价标准上要注意直接的成果和价值的实现。从组织获取的产值、利润等方面看组织目标实现的状况，以考察组织在产品或服务的质量方面所获得的效果和效益。而价值的实现则是比对直接成果的追求体现出更高水平的管理，是一种深层次的管理，像组织文化、经营哲学、组织形象的塑造、开发并向市场推出民众欢迎的产品、服务特色等等，就是大价值意义上的管理追求。二是在评价内容上应以工作绩效为主，以贡献为主，并分清主客观条件对工作绩效的影响。具体来讲，对管理者的评价主要结合德、能、勤、绩等方面的内容加以考察。对管理集体的评价，要考察其管理上的服务态度与质量，与相关管理部门的协调性等。三是在评价方法上应综合不同评价主体的评价结果。一般来说，评价主体可以是管理者（机构）本身，也可以是上级主管或职工，还可以是有相互工作往来、服务关系的其他管理者或管理部门。只有综合这些不同评价主体的结果，并做到定性与定量相结合，才能保证评价结果的全面性、客观性和公正性。

3. 处理好局部利益和全局利益的关系

全局效益是一个比局部效益更为重要的问题。如果全局效益很差，局部效益提高就难以持久。不过，局部效益是全局效益的基础，没有局部效益的提高，全局效益的提高也是难以实现的。局部效益和全局效益是统一的，有时又是矛盾的。因此，当局部效益与整体效益发生冲突时，管理必须把全局效益放在首位，做到局部效益服从整体。管理者在实践中应把握这一关系：

首先应该遵循整体优化原则，因为整体优化是决策的关键步骤。它要求经过系统的分析和综合，提出各种不同方案、途径和办法，从不同的方案中，选出符合整体优化原则要求的方案，做出科学的决策。无论在哪一类组织中，从事任何一项工作，都应该考虑两个以上的方案，并将远期和近期、直接和间接的效果进行整体分析比较，因事、因时、因地制宜做出整体而科学的评价。通过比较分析各种方案带来的影响和后果，进而考虑各种方案所需的人力、物力、财力等要素的条件，选择最优方案。在选择整体优化方案之后，有时还要进行局部试验，成功之后进行全面推广，实行由点到面的工作方法。

其次，遵循要素有效性原则。任何一个组织的管理都离不开人、财、物、时间和信息，它是由这些互为作用的要素组合而成的。为取得组织整体效益的最优化，管理者必须充分激发每个要素的作用。这一原则要求管理者用科学手段来处理系统内的矛盾，以便做到人尽其才、财尽其用、息（信息）尽其流。在现代管理中，人是管理要素中的主宰，只有充分发挥人的积极性、主动性和创造性，才能使系统内各要素各尽所能，为组织创造更多、更好的经济效益和社会效益。

4. 追求组织长期稳定的高效益

管理者要追求组织长期稳定的高效益，一方面，不仅要“正确地做事”，更为重要的是要“做正确的事”。这是因为效益与组织的目标方向紧密相连：如果目标方向正确，工作效率越高，获得的效益越大；如果目标方向完全错误，工作效益越高，反而效益会出现负值。因此，管理者在管理工作中，首要的问题是确定正确的目标方向，搞好组织的战略管理，并在此前提下讲究工作的高效率。只有这样，才能获得较高的经济效益和社会效益。另一方面，组织管理者必须具有创新精神。如企业管理者不能只满足于眼前的经济效益水平，而应该居安思危，不断地推行新产品，以高质量、低成本的优势去迎接市场的挑战。只有不断地积极进行企业的技术改造、技术开发、产品开发和人才开发，才能保证企业有长期稳定的较高的经济效益。

（三）运用效益原理应注意的问题

管理者在实际工作中运用效益原理，应做到以下四点：

（1）两种效益相统一。社会效益是前提，经济效益是根本，两个效益相统一。

（2）讲实效原则。作为管理者，在思想上必须明确，工作中不能只讲动机，更重要的是要进实效，不能当一名忙忙碌碌的事务主义者。

（3）坚持整体性原则。既要从全局效益出发，又要从局部效益着眼，以获得最佳的整体效益。

（4）长远目标与当前任务相结合。要善于把长远目标与当前任务相结合，增强工作的预见性、计划性，减少盲目性、随意性，达到事半功倍的效果。

本章小结

管理原理是对管理工作的实质内容进行科学分析、总结而形成的基本真理，它是现实管理现象的抽象，是对各项管理制度和管理方法的高度综合与概括，包括系统原理、人本原理、责任原理和效益原理。

本章关键词

系统原理　人本原理　责任原理　效益原理

思考题

1. 什么是系统？系统原理的重要性体现在什么方面？请举例说明企业与外部环境的关系。

2. 什么是“以人为本”？组织如何实现人本管理？

4. 管理活动遵循效益原理的基本途径有哪些？

5. 分工明确，职责是否也会明确？需要注意哪几点？

6. 列宁曾说：“管理的基本原则是——一定的人对所管的一定的工作完全负责。”怎样才能做到完全负责？

格力公司的管理

格力公司本着以人为本的人力资源理念，致力于通过以物质和教育为内容的人力资源规划与配置方案，从员工那里得到支持。通过利润分享计划和股利分红计划，激励员工更加努力地工作以确保公司利润最大化。

此外，格力公司每年花费大量金钱和时间用于员工的培训与福利。格力电器在迅速发展的同时，不忘回报广大员工，近年来员工人均工资收入每年保持一定的增长率，使员工分享公司的发展成果。

为满足广大员工职业发展、自我实现的需求，公司积极地与国内外权威机构进行合作，及时引入外部先进管理理念，开创了“双轨制”职业发展模式，并通过内部招聘、人才储备、竞聘上岗等方式给员工提供了更为多样的职业发展机会。

“格力电器只有一条路往前走，这种压力成为我们的动力，坚持自主创新走核心技术的道路就使我们有了行业里的核心地位，可以推动和引导我们在行业里面继续发展，也才更有生命力。”格力电器总裁董明珠说。

格力集团总裁董明珠的管理风格

（一）应该限制营销业务员的权力。格力空调畅销是公司全体员工的功劳，是技术人员、工人和公司领导的功劳，业务员拿过高的奖金是不合理的。业务员是企业的雇员，为企业工作拿的是工资和佣金；经销商虽然不是企业的雇员，但是以其销售额取得利润。从这个意义上讲，业务员和经销商在为企业服务的本质目的上并无二致。如果能采取适当的掌控策略，把经销商视为企业的延伸，让经销商替代传统观念意义上的业务员不是不可能的。

（二）为了杜绝损公肥私的行为，加速完善销售管理体制，防止企业财务出现漏洞，董明珠掌握了公司全部的对外财务。

（三）在职场工作，要勇于向上级提出要求。上级不会主动关注你的需求，不会主动为你铺好升迁之路。如果你有很强的升迁愿望，最好主动让他们知道。职场中有很多人尤其是女性往往会因为过于谦逊而错失了该有的位置，因为害怕竞争而失去发展机会，甚至受到不应有的打压。要知道，职场即战场，竞争和提要求不可避免，这时，你能倚靠的只有自己的坚强意志。职场中的弱者注定和晋升与权力无缘。

（四）工作上严格要求，不讲情面，谁做错了一定会指出来，凡是考核不合格的部门负责人，就地免职。她最痛恨别人说假话，要求员工哪怕错了也要讲真话。特别是工作中由于说假话而导致错误的决策，最不可饶恕。一旦知道谁在说假话一定不会再用他。有的业务人员赚了几百万以后觉得自己是富翁了，飘飘然之余对工作不放在心上，觉得完成不完成目标无所谓，只要自己赚钱就可以。董明珠对这种人的态度是一定要清理出队伍：“因为你不想再发财了，就让别人来发财。”

思考题：

1. 本案例中运用了哪些管理原理？试用这些管理原理分析格力公司的管理。
2. 本案例对我国国企改革有何启示？

参考资料

[1] 周三多：《管理学：原理与方法》，复旦大学出版社，2009 年版。

[2] 芮明杰：《管理学：现代的观点》（第 2 版），上海人民出版社，2009 年版。

[3] 王凤彬、李东：《管理学》（第 3 版），中国人民大学出版社，2007 年版。

[4] 王德中：《管理学》（第 3 版），西南财经大学出版社，2005 年版。

[5] 罗岷：《现代管理学》，西南财经大学出版社，2002 年版。

[6] 单凤儒：《管理学基础》，高等教育出版社，2003 年版。

[7] 王利平：《管理学原理》，中国人民大学出版社，2003 年版。

[8] 刘兴倍：《管理学原理》，清华大学出版社，2004 年版。

[9] 杨杜：《现代管理理论》，中国人民大学出版社，2001 年版。

[10] 徐华国、张德、赵平：《管理学》，清华大学出版社，1998 年版。

[11] 杨文士、张雁：《管理学原理》，中国人民大学出版社，1994 年版。

[12] R. L. 达夫特：《管理学》，机械工业出版社，2003 年版。

[13] [美] 哈罗德·孔茨、海因茨·韦里克：《管理学》（第 9 版），经济科学出版社，1993 年版。

[14] [美] 彼得·S. 潘德、罗伯特·P. 纽曼、罗兰·R. 卡瓦纳：《管理法——追求卓越的阶梯》，机械工业出版社，2001 年版。

[15] [美] 斯蒂芬·P. 罗宾斯，《管理学》（第 9 版），中国人民大学出版社，2011 年版。

[16] [美] F. X. 贝尔等：《企业管理学》，复旦大学出版社，1998 年版。

[17] [美] 斯蒂芬·P. 罗宾斯：《组织行为学》（第 7 版），中国人民大学出版社，2002 年版。

[18] [美] S. P. 罗宾斯：《管人的真理》，中信出版社，2003 年版。

[19] 席酉民：《管理之道：仙人掌集》，机械工业出版社，2000 年版。

[20] S. 乔德里：《21 世纪的管理》，云南大学出版社，2002 年版。

第二篇　古典管理理论

本篇结构

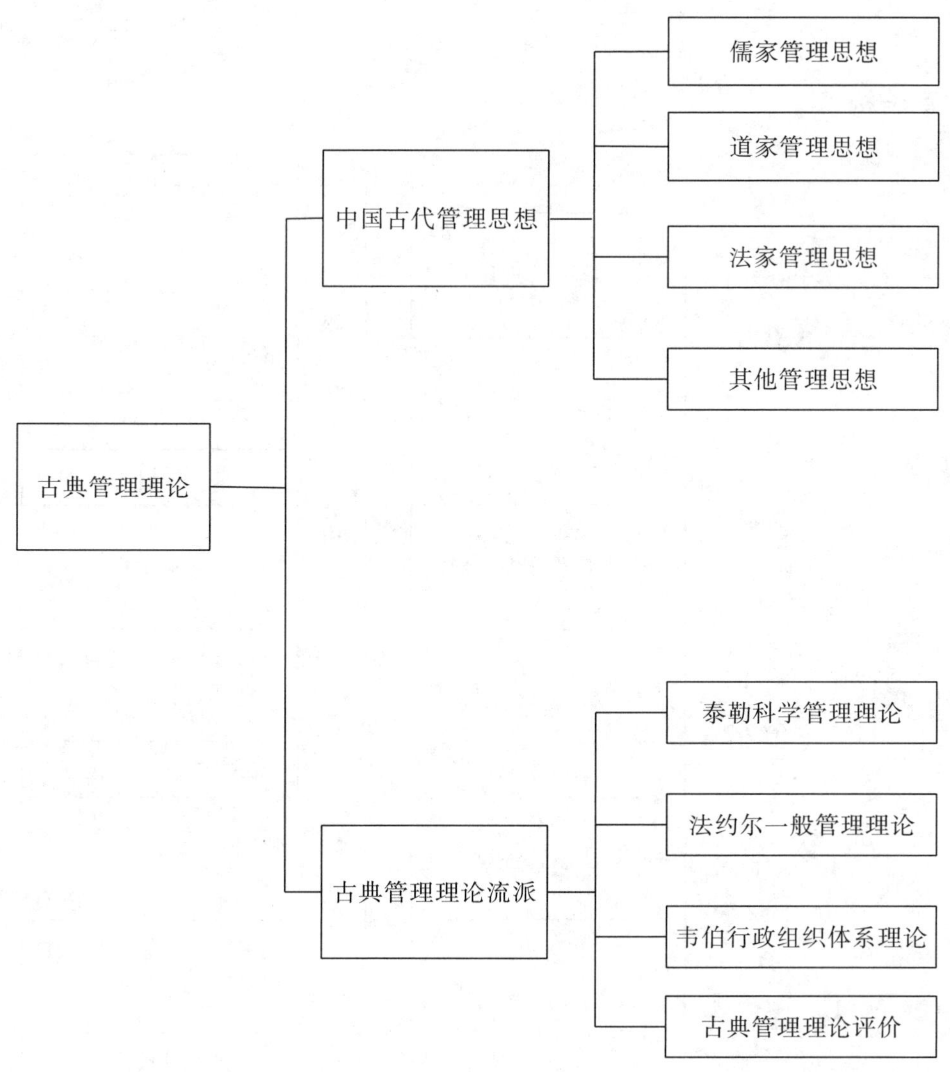

第四章　中国古代管理思想

本章结构

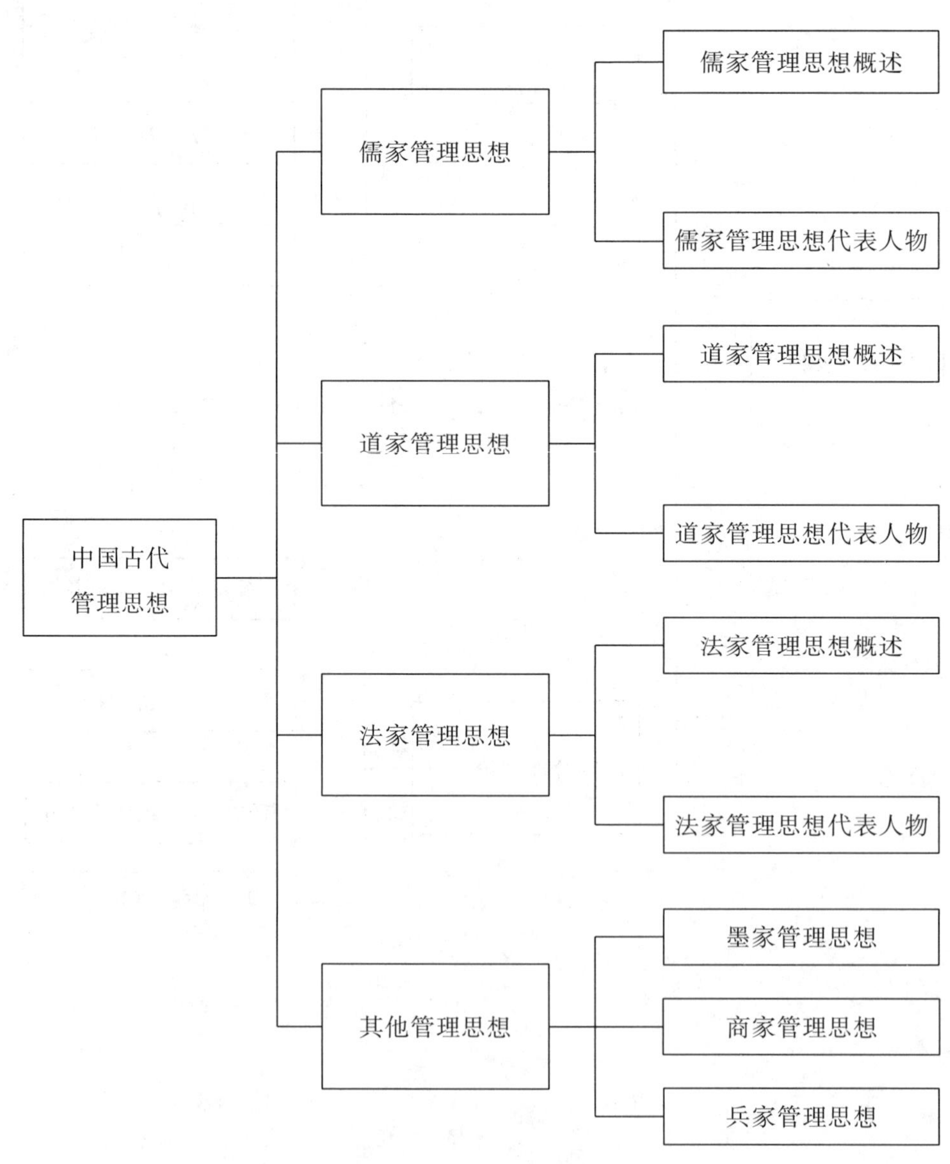

百姓之力，待之而后功。百姓之群，待之而后和。百姓之财，待之而后聚。百姓之执，待之而后安。

《荀子·富国》

本章学习目标

1. 学习和掌握儒家学派代表人物的管理思想
2. 学习和掌握道家学派代表人物的管理思想
3. 学习和掌握法家学派代表人物的管理思想
4. 了解墨家、兵家等其他管理思想
5. 正确评价中国古代管理思想

没有管理现代化，就不能实现四个现代化。具有中国特色的现代化管理，既包括管理的科学化，又包括管理的民族化。中国是古老的文明国家，有几千年的历史和光辉灿烂的文化，积累了丰富的管理经验，造就了非比寻常的管理思想。美国管理学家乔治在《管理思想史》一书中写道："我们发现，三千年前，在中国的概念里已有现代管理的轮廓：如组织、职能、合作、提高效率的程序和各种控制方式。"从中华民族悠久的文化宝库中，发掘、借鉴我们祖先在管理方面的许多宝贵文化遗产，坚持"古为今用"，对推进管理现代化，探索具有中国特色的现代化管理，促进国民经济的腾飞，无疑是十分必要的。因此，在继续吸收、消化外国先进经验的同时，要积极挖掘、研究我国古代的管理思想，取其精髓，融会贯通。

在中国，管理学的思想最早可以追溯到夏朝，迄今已经4000年了。根据《周礼》中的记载，周朝的官僚组织机构曾被设计为360职，并在此基础上予以细化，职位的级别和职数都有了明确的规定，不仅如此，职责和层次上也相当分明。可见，在公元前4世纪前后，我国的国家管理思想已经发展得相对完善。春秋战国时期，百家争鸣，各种管理学的思想流派灿然生辉，特别是出现了世界上第一部在管理战略和战术问题方面有深远影响的杰出著作《孙子兵法》，到现在在日本的企业里被广泛应用。这些凝聚着古人智慧的理论和实践，值得我们现代人认真地学习和借鉴。尽管随着历史发展，曾经用来维护封建主义制度的经济基础已然消失，但无形之中，一些伦理道德、心理形态、思维方式却保留下来，与我们的民族血液融为一体。

日本人曾经自豪地说："我们的一套管理是把美国的管理科学和东方的儒家思想结合在一起了。"当今一些发达国家，在研究我国古代诸子百家的思想后，建立起他们自己的现代管理科学并应用于经营管理方面，早已走在我们前面。我们更应当加以重视，积极开拓这个珍贵的思想宝库，从中发掘有利于管理现代化的思想，为四个现代化建设做出贡献。

第一节　儒家管理思想

一、儒家管理思想概述

儒家又称儒学、儒教，是由孔子创立的后来逐步发展以仁为核心的思想体系。作为中国古代最有影响的学派，儒家曾经是东亚地区最主流的基本文化信仰，对中国以及东方文明产生过重大影响，并一直持续至今。代表人物是孔子、孟子、荀子等。

儒学是一个非常庞大的体系，里面也包含了许多精粹的管理思想。其核心要点包括以下几点。

（一）为政在人：以人为全部管理活动的中心

儒家认为，造成天下治乱的根本原因在人。正由于人心不古、人心不仁，故乱臣贼子纷起，整个社会陷入“君不君，臣不臣，父不父，子不子”的混乱之中。既然“天下无道”的根本原因在人，那么要使整个社会恢复到“天下有道”，同样也离不开人。因此，儒家十分重视人在政治管理活动中的地位与作用，把人视为全部管理活动的中心，围绕人这个中心来展开他们的管理思想和管理实践。

（二）为政以德：以实施道德教化为管理活动的首务

“子曰：为政以德，譬如北辰，居其所，而众星共之。”在孔子看来，管理者要讲求道德，以之作为自己的治国方针，这就像将自己置放在北极星的位置上，其他的星辰都会自然而然地围绕它而运转。又说：“道之以政，齐之以刑，民免而无耻；道之以德，齐之以政，有耻且格。”在他看来，用道德教化来感动人心，要比一味地惩罚效果更好。孟子则更加明确地主张“贵王贱霸”，提倡以德服人的“王政”，反对以力服人的“霸政”。他说：“以力假仁者霸，霸必有大国；以德行仁者王，王不待大。汤以七十里，文王以百里。以力服人者，非心服也，力不赡也。以德服人者，中心悦而诚服也，如七十子之服孔子也。”

需要指出的是，儒家虽然强调“为政以德”，但并不排斥“礼治”的作用。“礼”是西周时期用以调节“君子”即贵族之间关系的一种不成文的行为规范，其作用介乎于“德”和“法”之间。儒家始终强调“礼”“法”的外在控制一定要与内在控制结合起来，并且以德治为主，辅之以礼治和法制，才能真正有效。礼与法必须通过道德教化最终“内化”为人们自觉的信念和习惯，才有长久、稳定的效果。

（三）正己正人：以“修、齐、治、平”为管理的基本途径

儒家一直对人的本性深感兴趣，分为以孟子理论为首的性善说和以荀子理论为首的性恶说。但是有一点是共通的，即人性可塑，后天的习染既可导人向善，也可导人向恶，那么在管理中如何排除可能的恶（包括先天的恶和后天的恶）？儒家认为，解决这个问题最有效也是最好的途径莫过于“正己正人”，也就是说，管理者要管好他人，首先得管好自己；要引导他人为善，则自己首先应当成为道德上的楷模。具体路径是“格物”“致知”“正心”“诚意”“修身”“齐家”“治国”“平天下”。

总之，儒家的管理思想是以人为全部管理的核心，以实施道德教化为管理活动的首务，以“修、齐、治、平”为管理的基本途径，来达到建设大同社会、恢复“先王之道”的目的。儒家的思想博大精深、影响深远，为后续的管理者提供了丰富的精神源泉。下面

来具体介绍一些儒家思想的代表人物。

二、儒家管理思想代表人物

图 4-1 为儒家管理思想的主要代表人物及其核心主张。

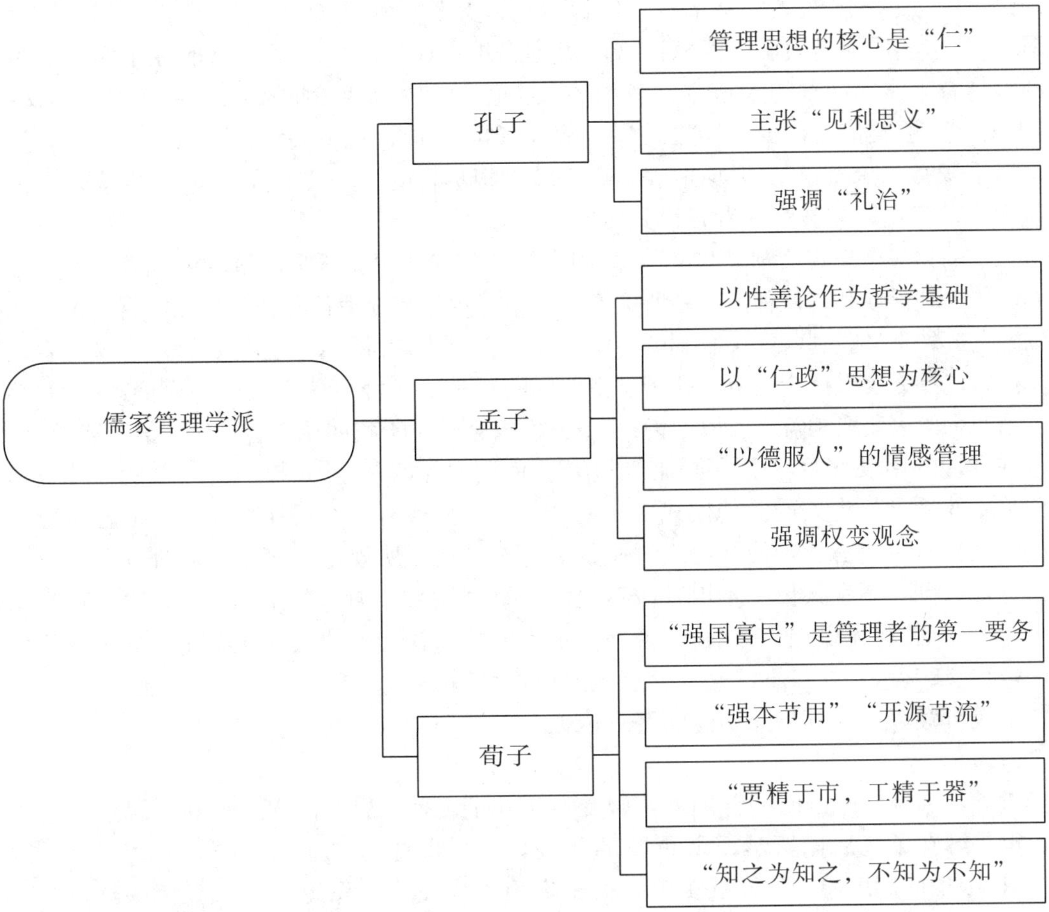

- 儒家管理学派
  - 孔子
    - 管理思想的核心是“仁”
    - 主张“见利思义”
    - 强调“礼治”
  - 孟子
    - 以性善论作为哲学基础
    - 以“仁政”思想为核心
    - “以德服人”的情感管理
    - 强调权变观念
  - 荀子
    - “强国富民”是管理者的第一要务
    - “强本节用”“开源节流”
    - “贾精于市，工精于器”
    - “知之为知之，不知为不知”

图 4-1　儒家思想主要代表人物和观点

（一）孔子

孔子，名丘，字仲尼，东周时期鲁国人，祖上为宋国（今河南商丘）贵族。春秋末期的思想家和教育家，儒家思想的创始人。孔子是当时社会上的最博学者之一，在世时已被誉为“天纵之圣”“天之木铎”，被后世统治者尊为孔圣人、至圣、至圣先师，被联合国教科文组织评选为“世界十大文化名人”之首。孔子的思想对中国和朝鲜半岛、日本、越南等东亚地区国家有深远的影响。

孔丘（春秋鲁国人，前551—前479）

孔子管理思想的重要来源是周代以前的文物典章制度，所谓“尧舜禹汤文武周文之治，集于孔子”。其管理思想的基本精神是以“人”为中心，“为政以德”“正己正人”“修己安人”，以求恢复三代圣王之治，建设和谐的大同社会。

孔子管理思想的核心是“仁”。一部《论语》有502章，论“仁”的内容，有58章，达109次。“仁”，在孔子的解说中，有很多方面的意义。“樊迟问仁。孔子曰：‘爱人’。”（《论语·颜渊》）“夫仁者，己欲立而立于人，己欲达而达于人。”（《论语·雍也》）“子张问仁于孔子，孔子曰：‘能行五者于天下为仁矣’。请问之，曰：‘恭、宽、信、敏、惠’。”（《论语·阳货》）子曰：“知者不惑，仁者不忧，勇者不惧。”（《论语·子罕》）可见，孔子所谓“仁”，实质上是发展了春秋以来的民本思想，认为管理的最终目的在于实现人民的福利，具有丰富、深刻的人道主义的内容。《论语》中有两段描述孔子社会理想的文字：“老者安之，朋友信之，少者怀之”“莫春者，春服既成，冠者五六人，童子六七人，浴乎沂，风乎舞雩，咏而归”。形象地表达出为政的根本目的——“安人”，使社会安定，百姓生活和乐，管理者和被管理者各得其所。

孔子的另一个思想命题是“义”。义利之辨是古代思想家所关注议论的问题之一。核心是人们的求利活动和在这种活动中所应遵循的道德规范和处理各种利益关系的行为准则。先秦儒家有一种贵义贱利，以义制利的传统。孔子主张“见利思义”“义然后取”。义，就是适宜、得体，行为合乎社会规范。孔子这里所说的就是要以合乎社会法律、道德规范的原则，用正当的手段去获取利益。所以他说：“不义而富且贵，于我如浮云。”（《论语·述而》）。

在管理的手段方面，孔子强调“礼治”。何谓“礼治”？就是按照“礼”的要求来建构人群关系体系和规定人群活动模式。所谓“礼者，贵贱有等，长幼有差，贫富轻重皆有称者也”，要通过“礼治”，使社会组织中的人都按“礼”所规定的名位或名分各就其位，各安其分，做到“不在其位，不谋其政”，从而保证社会组织内部结构的有序性。同时孔子又曰：“不学礼，无以立。”这就是说，一个不懂得依礼行事的人，就不能自立于社会组织之中，这意味着，“礼”不仅是社会组织赖以产生其整体功能的客观依据，也是社会组织中各个成员赖以发挥其特殊功能的客观依据。

（二）孟子

孟子，名轲，战国时期邹国人，曾受业于孔子之孙子思的门人，是孔子思想的嫡派传人，也是继孔子之后儒家学派最重要的代表，被后世尊为“亚圣”。在中华民族思想文化发展史上，孟子堪称中华民族的思想文化巨人，是伟大的思想家和教育家。其思想观点在塑造中华民族的民族性格，形成中华民族的价值观念，丰富中华民族的生存智慧等方面产生了广泛而深远的影响。

孟轲（战国时期邹国人，前372—前289）

孟子的管理思想主要有以下四个方面的特点。

1. 以性善论作为自己的哲学基础

管理科学离不开人性问题，对人性的认识和理解是企业管理的出发点和前提。美国管理学家麦格雷戈指出：“在每一个管理决策或每一项管理措施的背后，都一定有某些关于人性本质以及人性行为的假定。”孟子的管理思想正是以性善论作为自己的哲学基础的。孟子认为，人天生都有“恻隐之心”“善恶之心”“恭敬之心”“是非之心”，是为“四端”；此“四端”“非由外铄我也，我固有之也”（《孟子·告子上》），而它们正是仁、义、理、智“四德”的基础。这即是孟子的“性善论”。正是人性本善的假设，确定了孟子管理思想的价值取向。孟子认为，为实现这一取向的不懈努力，能够不断地把人天性之中的善良变为现实。

2. 以“仁政”思想为管理思想的核心

孟子的“仁政”思想来源于孔子的“仁”。但在孔子那里，“仁”主要还是指个人修身养性所应追求的一种品质，而孟子则把“仁”推广到政治领域，正式提出了“仁政”这一新概念，形成一套安邦治国的管理学说。孟子认为，人都有不忍人之心，施行于政治方面，就是不忍人之政，亦即仁政。仁政的基础是“制民之产”，让老百姓有生活上的基本保障，统治者应节用爱人，轻徭薄赋，征发徭役要不违农时。仁政的核心是政治方面的重民。孟子冒天下之大不韪，率先提出“民为贵，社稷次之，君为轻”（《孟子·尽心下》），在当时激烈的社会政治经济环境当中，看到了民心的向背对于国家政权的安稳的决定性意义，所以他特别强调“得其民，斯得天下”。孟子的仁政思想是一种早期的人本管理思想，是他整个管理思想的核心。

3. “以德服人”的情感管理方式

孟子继承了孔子的思想，主张管理者要以德服人，主张说服教育，反对压制惩罚。他说：“以力服人者，非心服也，力不赡也；以德服人者，中心悦而诚服也，如七十子之服孔子也。”（《孟子·公孙丑上》）管理者对被管理者是以权压人，单纯靠规章制度惩罚人，还是靠说服教育，靠道德感化，使被管理者做到口服心服，这是两种不同的管理方式，前者是传统的古典管理方式，后者是现代才兴起的情感管理方式。主张“以德服人”实际上就是古代的情感管理方式，是孟子管理思想的又一特点。

4. 强调“权变”观念

孟子是一位机智并灵活应变的人，他善于在处理现实生活中的棘手问题时运用“权变”的艺术，不拘泥于既定的清规戒律。他认为“权变”是人生一种很重要的智慧，说：“执中无权，犹执一也。所恶执一者，为其贼道也，举一而废百也。”（《孟子·尽心下》）权是秤砣，它的特点是通过灵活移动来反映物品的重量，永远不固定。孟子所倡导的“权变”思想，其实就是合理的变通，即办事的灵活性、策略性。孟子认为人们在遵守仁、义、礼、智、孝、悌、忠、信等伦理道德时，要做全面的权衡，根据时间、条件的变化而灵活处理，以求做到既守中庸之道，不执一端，又恰到好处。从“权变”思想出发，孟子在立身处世方面提出了“舍生取义”的取舍原则，“穷则独善其身、达则兼济天下”的仕途原则，“当受则受，当辞则辞”的受礼原则……体现了原则性与灵活性的统一、理与情的交融。

通过以上的分析，我们可以看出，孟子早在两千多年前就初步领悟并提出了现代管理学派所主张的许多思想原则和方法。作为一种对企业整体把握的智慧和艺术，即便在高度现代化的今天，孟子的管理思想仍然有着它独特的魅力与借鉴价值。

（三）荀子

荀况（战国末期赵国人，前313—前238）

荀子，名况，字卿，战国时代著名的思想家。曾长期在齐国都城临淄（今山东淄博市）稷下学宫生活，时有“年英俊”之称。对各家各派的思想精华和学说进行研究、批判和吸收，形成了自己的学术观点，是孔孟之后儒家学派的一位重要的代表人物。荀子的管理思想也非常丰富，总结起来，主要包括如下四个要点。

1. “强国富民”是管理者的第一要务

荀子作为一个进步的思想家，向往一个天下一统的政治局面，渴望建立一个强国。他始终把国家的富强、人民的幸福挂在心上，专门写了《富国》和《强国》，为建设富裕、强大的国家献计献策。他说：“国者，天下之利用也”，“巨用之，则大；小用之，则小”。国家是天下人赖以生存安息的地方，人人必须关心她，爱护她，“乱则国危，治则国安”（《荀子·王霸》）。如果国家治理得井井有条，就会天下太平安宁，富裕强盛；如果国家陷入混乱，就会民不聊生，动乱四起。因此，“强国富民”是管理者的第一要务，这是荀子国家管理思想的出发点。

2. “强本节用”“开源节流”

任何一个国家，任何一个家庭，要兴旺发达、繁荣富强，艰苦奋斗、勤俭节约的精神是不可缺少的。按荀子的说法，就是要“强本节用”“开源节流”。他说“务本节用财无极”（《荀子·成相》），“强本而节用，则天不能使之贫……本荒而用侈，则天不能使之富”（《荀子·天论》）。只要努力发展生产，节约消费，财富就会像泉水一样涌流出来，不会枯竭，即使遇到水旱灾害，也不会造成饥荒；相反，如果荒废生产，奢侈消费，即使没有水旱灾害发生，饥荒也会产生。因此，荀子认为，一个高明的管理者，如果要创业，要发展，就必须“节其流，开其源”，一方面努力生产，一方面精打细算地安排好消费，节约国家的财政支出。

3. “贾精于市，工精于器”的求精精神

质量是企业的生命，是企业的灵魂和立身之本。从古到今，干什么事，做什么工作，都须精益求精才能成功。荀子说过，“贾精于市”“工精于器”（《荀子·解蔽》），意思是说，商人在市场上做生意，要深研经商之道；工匠制作器具，要严格要求自己，求精求善。“百发失一，不足谓善射；千里跬步不至，不足谓善御。”（《荀子·劝学》）做人要“不苟”，要尽善尽美；做事要不懈追求，精益求精。企业是制造产品、提供服务的，产品和服务质量的高低，直接关系到企业的生死存亡。因此，现代管理非常强调质量管理，强调以质量立厂，在质量中求生存，在质量中求发展。荀子的求精精神，正是质量管理思想的先驱。

4. “知之为知之，不知为不知”的求实精神

严细求实，是荀子思想中一个重要的特点。荀子说：“君子行不贵苟难，说不贵苟察，名不贵苟传，唯其当之为贵。”一个高尚的人，其行为、学说名声等，不以虚假为可贵，只以真实为可贵。“物其有矣，唯其是矣”（《荀子·不苟》），事物是无所不有的，但是最重要的是实事求是。追求真实，追求真理，这是做人、做事最重要的品德和素质。求真务实，不但对人很重要，对管理企业，保证企业的生存和发展也很重要。特别在市场经济条件下，优胜劣汰的竞争规律，市场供求的价值法则，决定了管理者在管理企业时，对企业员工素质的要求，工艺技术的管理，产品质量的标准，市场销售的完善，厂纪厂风的形成等各个方面，都必须用求真务实的方法来管理，像荀子所说的“是谓是，非谓非”，真抓实干，不玩花架子。否则的话，企业缺乏科学管理，不按经济规律办事，就会在激烈的市场竞争中遭到淘汰。纵观许多企业的成长发展史，求真务实的精神正是成功的法宝。

儒家思想博大精深，派别众多，但一言以蔽之，其管理思想的核心是“治人”，重视人的管理，以管理者自身修养为核心，倡导用道德感化的方式来统治人民，借助一定的制度规范——“礼”的管理模式。儒家的理念可广泛运用于企业管理中人事协调、沟通、人

力资源的发挥及企业文化、团队精神的建立等方面，具有重要的现实意义。

第二节　道家管理思想

一、道家管理思想概述

道家是中国古代最重要的思想学派之一，道家思想起源很早，传说中，轩辕黄帝就有天人合一的思想。一般来说，公认第一个确立道家学说的是春秋时期的老子，老子在他所著的《老子》中对道家思想做了详细的阐述。其他的代表人物还有战国时期的庄周、列御寇、惠施等人。道家倡导自然的世界观和方法论，尊黄帝、老子为创始人，并称黄老。

道家思想的核心是"道"，认为"道"是宇宙的本源，也是统治宇宙中一切运动的法则。道家摆脱儒家社会哲学的套路，直接从天道运行的原理侧面切入，开展了以自然义、中性义为主的"道"的哲学，进而提出一个活泼自在的世界空间。在道家思想体系中，人与社会的关系与儒家截然不同，社会只是一方存在的客体，在其中生存的人们，应有其独立自存的自由性，而不应受到任何意识形态的束缚。道家并不否定儒家的社会理想，但对于社会责任的态度并不先占道德立场，而更加尊重人类自主的态度选择。

正因为道家的这一出发点，使得它的学说显得格外自然而通透。在道家看来，天道变化，本身就如同四季流转一般，是自然的宇宙规律，无所谓是非善恶，因而道家强调得更多的是独立的个体在社会中生存的智慧原理。正因为道家的社会哲学不以自己发展规格为主，而强调应对的智慧，因此利于人们休养生息的需求，故而让汉初的黄老之治有了实验的理论基础。同时也成了千百年来中国士大夫的思想后花园，在失意于儒家本位的官场文化之后，能有广大的心性世界以安定人生。从这个意义来说，道家思想是更深层次意义上的"人本哲学"。

二、道家管理思想代表人物

道家思想的主要代表人物及观点如图 4－2 所示。

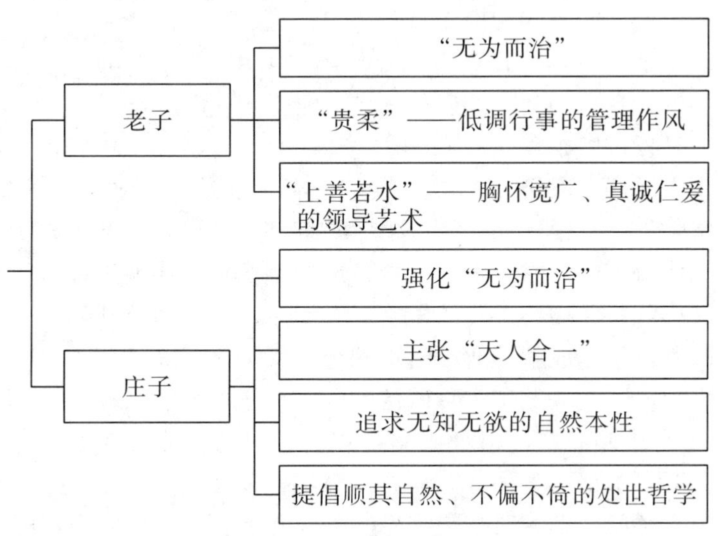

图 4－2　道家思想主要代表人物和观点

（一）老子

老子即李耳，字聃，谥伯阳。楚国苦县历乡曲仁里（今河南省鹿邑县太清宫镇）人，是我国古代伟大的哲学家和思想家、道家学派创始人。著有《道德经》（又称《老子》），其思想精华是朴素的辩证法，主张无为而治，对中国哲学发展具有深刻影响。

李耳（战国时期楚国人，前571—前471）

1. “无为而治”

信奉道家管理思想的管理者的主要特点是为政宽简，息事宁人、自奉俭约，号称“黄老之知”或“无为而治”。这正是从老子发源的。老子在《道德经》第三十七章说道：“道常无为，而无不为。侯王若能守之，万物将自化。化而欲作，吾将镇之以无名之朴。无名之朴，夫亦将不欲。不欲以静，天下将自定。”“无为”即国家对私人的活动（尤其是经济活动）采取不干预、少干预的态度。老子反对依靠才智治理国家，主张无为、清净使人民潜移默化，以无事无欲使人民富足、淳朴。老子也反对以法家思想作为治国手段，不主张法令滋彰。认为国家的法令规章越多，人们为规避、利用这些法令规章而采取的手段就越多；国家的刑罚越苛刻，人们的反抗越强烈，社会也就越乱，越不安宁。“其政闷闷，其民淳淳，其政察察，其民缺缺”，“法令滋彰，盗贼多有”，“民不畏死，奈何以死惧之”，都是这一思想的体现。

值得一提的是，“无为而治”并不是一种消极的放任自流的管理方式，而是一种顺其自然的无为，一种积极进取的管理方式。从管理的角度讲，就是让事物顺应自然本性，而不是使用强制的管理方法，从而在无为中达到治理和管理的效果。运用于企业管理中，就是说，高层管理者在制定组织规章之后，应当给予下层组织充分的自主权，减少对下层组织工作的干预，以激发其主人翁精神，从而使员工的创造力达到最大。管理，就是让人做事。管理者不要代替下属去做事情，具体工作应分配给具体的部门和个人去完成。这样自己可以抽出时间来，关注事关企业存亡的决策方面的大事。

2. “贵柔”——低调行事的管理作风

老子有朴素的辩证法思想，在《道德经》第二章中提道：“故有无相生，难易相成，长短相形，高下相倾，音声相和，前后相随。”正因为如此，老子在面临重大困难时，不主张以强对强，而是提倡以柔克刚。《道德经》第七十六章：“人之生也柔弱，其死也坚强。万物草木之生也柔脆，其死也枯槁。故坚强者死之徒，柔弱者生之徒。是以兵强则灭，木强则折。坚强处下，柔弱处上。”这其实反映了老子“低调行事”的管理作风。在中国历史上，以此成就霸业的君主不在少数，最典型的莫过于明太祖朱元璋，他采取朱昇提出的“高筑墙、广积粮、缓称王”的策略，发展生产，且耕且战，为军需奠定了雄厚基础，最后才一举战胜对手，成就霸业。运用到企业管理中，其道理也是一样。

3. “上善若水”——胸怀宽广、真诚仁爱的领导艺术

老子认为水具有种种美德，用水比喻真正的善与美，在《道德经》第八章中写道：“上善若水，水善利万物而不争，处众人之所恶，故几于道。居善地，心善渊，与善仁，言善信，政善治，事善能，动善时。夫唯不争，故无尤。”水之所以被作为善的形象比喻，是由水的性质和功能来决定的。一是水善利万物，只讲贡献不讲索取；二是水与众不同，

处众人所不愿处的恶劣环境。在“上善若水”的总纲之下，老子还讲了七条准则：居善地，心善渊，与善仁，言善信，政善治，事善能，动善时。这七条准则是从水的七种特性里引申出来的，是谓“七善”。由于水具备了这些完善的品性，所以它根本不必与人争利夺权，天下没有人能比得过它，也没有人能争得过它。而这可以被看作是老子对领导者的一种期许，希望在上位者能够学习水的这种无私、宽广、真诚、仁爱的品质，从而达到“不争而天下莫能与之争”的效果。

（二）庄子

庄子，姓庄，名周，中国先秦道家思想重要代表人物。他的文章气势磅礴，纵横恣肆；他的思想深邃宏阔，笼盖古今；他的寓言想象奇特，寓意深远；他的风格嬉笑怒骂，了无拘囿。流传至今的《庄子》文本，都是一些“谬悠之说，荒唐之言，无端崖之辞”（《杂篇·天下》第三十三），“思想文体，皆极超旷”，看起来漫无边际，但其实其中蕴含有大智慧。庄子哲学对人生和社会各方面，特别是对现代企业管理而言，都有深刻的启发和指导意义。

庄周（**战国时期宋国人，前** 369—**前** 286）

庄子继承了老子的无为而治的思想，更进一步，将“无为”的思想贯彻于其整个人生哲学中。认为人生在世“身若槁木”“心若死灰”，所以无所谓喜、怒、哀、乐。在《天地》篇里要求人们做到“寿而不悦，夭而不悲，通达不以为荣，穷困不以为丑”。《庚桑楚》中又说：“敬之而不喜，侮之而不怒者，唯同乎天和者为然。”总之要求人们要像婴儿那样无知，忘掉自身，丢掉各种欲望，茫茫然彷徨于尘世之外，逍遥在无所事事之中。

在与自然的关系方面，庄子主张“天人合一”。他在《大宗师》中写道：“天与人不相胜也。”即天则人，人则天，两者相同相合，差不太大。进而认为，天的运行，是宇宙人生的自然规律，人是不可以改变天的，所以人只能安而顺之，尽可能顺应天道地生活。这正是庄子欣赏的一种人生态度，知其无可奈何而安之若命。

基于上述观点，《庄子》提出了自己对人性的看法，“同乎无知，其德不高；同乎无欲，是为素朴；素朴而民性得矣”。因此在庄子看来，人的本性是“素朴”。而所谓“素朴”就是一种无知无欲的自然状态。在这种状态下，人是自由的。同这种无知无欲的自然状态相对立的便是社会的法度、礼义、规范，礼义法度正是对人的自然本性的桎梏，使人的天性得不到发挥，进而失去自由。因此他主张消除这些外在的干扰，恢复到无知无欲的自然本性中来。运用到企业管理中，就是要顺应人的天性，尽可能地符合人本身的需要，去进行人本管理。

除此之外，庄子还提出一种特色鲜明的处世哲学，就是顺其自然，为人做事不偏不倚。《秋水》篇中说：“是故大人之行，不出乎害人，不多仁恩；动不为利，不贱门隶；货财弗争，不多辞让。事焉不借人，不多食乎力，不贱贪污；行殊乎俗，不多辟异；为在从众，不贱佞谄。世之爵禄不足以多劝，戮耻不足以为辱；知是非之不可为分，细大之不可为倪。”意思就是要求人们做事不偏不倚，不去伤害别人，也不去施舍；不与别人争荣誉、财物，也不辞让。不凭借别人帮助，不提倡自食其力，同时也不鄙夷贪婪与污秽；行为与世人不同，也不赞扬古怪的人。这种处世哲学，就叫作“中道”。为什么采取“中道”？因为“可以保身，可以全生，可以养亲，可以尽年”。他这种低调的处世哲学，不同于儒家的积极入世，但对于调和人际关系、促进整体管理目标的实现，是有其积极意义的。

第三节　法家管理思想

一、法家管理思想概述

法家是春秋战国时代一个以法治为核心的思想学派。这个学派否定了世袭贵族天然传承的等级制度，认为“圣人苟可以强国，不法其故，苟可以利民，不循其礼”（《史记·商君列传》）。他们在政治实践中，奖励耕战，毁弃诗书，彻底与传统文化决裂，主张以法治国。法家创始人可以上溯到管仲、李悝，真正的奠基者是商鞅以及申不害，集大成者则是韩非。

法家乃是一种纯功利主义的思想体系，内容核心主要是君主如何加强统治。在战国时代那种“捐礼让而贵战争，弃仁义而用诈谲，苟以取强而已矣”的殊死竞争的情况下，法家这种思想在斗争中确是相当实用，对于今天的企业管理，也依然具有一定的参考价值。

二、法家管理思想代表人物

法家思想的主要代表人物和观点如图 4—3 所示。

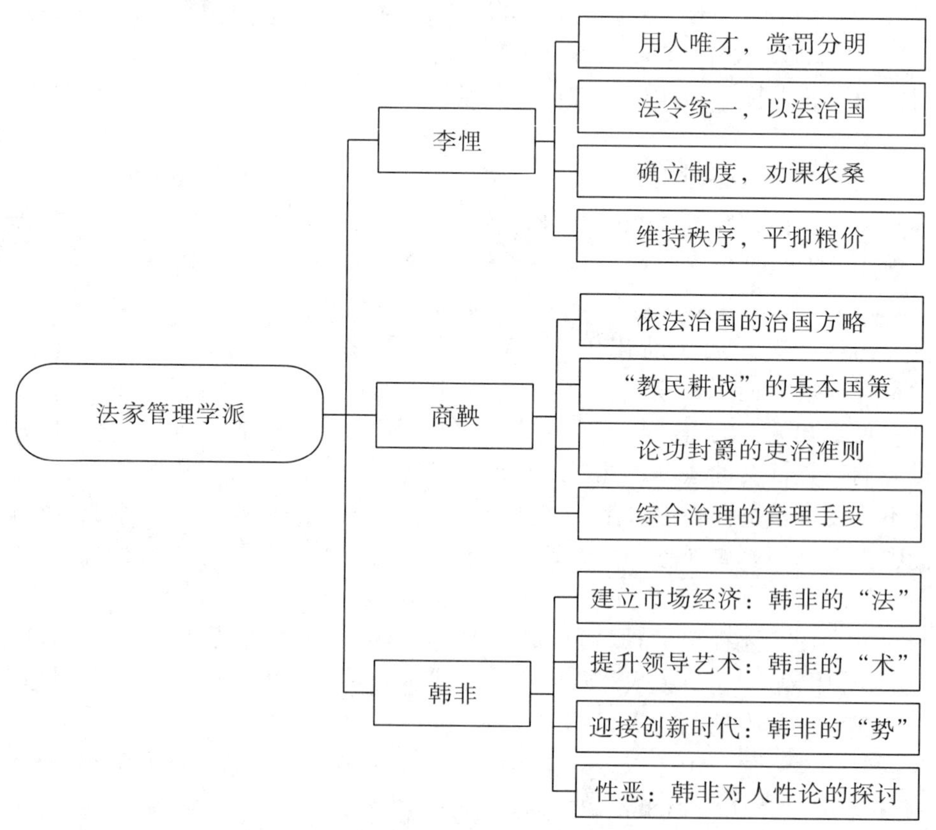

图 4—3　法家思想主要代表人物和观点

（一）李悝

李悝，又名李克，战国初期法家代表人物。曾任魏国上地守和中山君相，后任魏文侯相，在魏国进行改革变法。政治上废除世卿世禄制度，奖励功臣，实行法治。经济上推行“尽地力之教”和“平余”政策，使魏国成为战国初期的强国之一。从李悝的改革事迹推断他的管理思想，主要包括以下要点。

李悝（战国时期魏国人，前 455—前 395）

1. 用人唯才，赏罚分明

魏文侯问李悝：“怎样才能治理好国家?”李悝回答说，首先要“夺淫民之禄，以来四方之士”。要富国强兵，首先必须剥夺那些“淫民”的爵位与俸禄，然后招徕四方有才学之士，实行“食有劳而禄有功，使有能而赏必行，罚必当”的任官与奖惩政策，建立一套封建制的官僚制度。魏文侯采纳了李悝的这一改革方案，从根本上否定了世卿世禄制度，使那些无功、无才又不能适应时代潮流的奴隶主贵族因此而丧失了原来享有的政治特权。这一改革措施，为建立封建官僚制与上计制奠定了基础，也保证了李悝变法的顺利进行。

2. 法令统一，以法治国

李悝在魏文侯的授意下，总结吸收其他各国法制，结合魏国具体情况，编定了一部维护地主阶级利益的魏国法律——《法经》。《法经》是我国封建社会第一部法典，是集先秦法制的大成者，它不仅为李悝变法提供了法律保障，更成为后世法典之蓝本。

3. 确立制度，劝课农桑

明代董说在其《七国考·魏食货》中引《水利拾遗》：“李以沟悝恤为墟，自谓过于周公。”李悝认为他推行土地私有制的做法超过了完善与推行井田制的周公。李悝以法律形式宣布在魏国废除井田制，确立五口之家的个体小农家庭经济，从而使井田民变为自耕农，开创了战国时期确认土地私有制的先河。其后，“作尽地力之教”，劝课农桑。规定要利用一切可利用的耕地，发展农业生产，房前屋后、边地疆场也要求种桑、瓜果蔬菜，并努力提高单位面积产量，劝导百姓“力耕数耘”，增产者有奖，减产者受罚，并设置专门的农官进行管理督课。这一改革措施增加了国家财政收入，巩固了地主阶级的经济基础。

4. 维持秩序，平抑粮价

为了贯彻“尽地力之教”，必须创造一种相对稳定的社会秩序，使百姓安居，以保证足够的劳动力，因而，李悝提出“善平籴”的平抑粮价的主张。他说：“粟甚贵伤民，甚贱伤农。民伤则离散，农伤则国贫。故甚贵与甚贱，其伤一也。善为国者，使民不伤而农益劝，取有余以补不足。”从而抑制商人哄抬粮价，防止农民破产与城市平民的流亡。史称魏国实行平籴法后，“国以富强”，平籴法在当时来说是一项争取民心的战略措施，客观上起到了保护小农经济的作用。

（二）商鞅

商鞅，卫国国君的后裔，本名公孙鞅，又称卫鞅，后因在仕秦时主持变法与率军伐魏有功，封地商，号为商君，故而世称商鞅。商鞅的管理思想，是我国古代管理思想宝库中一份珍贵的文化遗产。只要按照古为今用的要求，密切结合我国社会主义现阶段的实际，取其精华，去其糟粕，那么这份遗产仍然可供我们借鉴、参考，并可从中得到宝贵的启发。

1. 依法治国的治国方略

商鞅（战国时期卫国人，？—前338）

商鞅对于如何管理国家这个问题，坚持不法古，不循礼，反对以“仁义”说教的儒家思想。他说：“仁义之不足以治天下也。”“圣王者，不贵义而贵法，法必明，令必行。”（《攸权》）唯有“以刑治，民则乐用；以赏战，民则轻死”（《弱民》），这样，才能达到“以刑去刑”“以战去战”（《画策》），因此，非以“法治”无以治国平天下。他在实施变法革新过程中，设置了很多严刑峻法。实行“刑无等级”，无论对任何人，即使是“有功于前”，只要“有不从王令、犯国禁、乱上制者”，便“罪死不赦”（《刑赏》），从而，建立了一套强有力的封建法制。

2. “教民耕战”的基本国策

“教民耕战”是商鞅变法时为秦国制定的一项基本国策。商鞅说：“国之所以兴者，农战也。”“国待农战而安，主待农战而尊。”（《农战》）“竟（境）内之民莫不先务耕战，而后得其所乐，故地少粟多，民少兵强，能行此二者，则霸王之道毕矣。”（《慎法》）商鞅根据当时七雄并立和相互兼并、争霸的严峻形势，在制定政策上对农、战是并重的。实际上，重视农业生产正是为了适应对外战争的需要。农民由于朴实可信，安土重迁，故而最便于听从朝廷的驱使，平日在家务农，战时应征入伍。他们既是粮秣、战马和运输工具等各种军需物资的可靠供应者，又是兵力持续补充的重要来源，因而在商鞅看来，以农养战，是一项有效的基本国策，值得长期坚持。

3. 论功封爵的吏治准则

废除世卿世禄旧制，除了从事农战以外，不得授予官爵。“凡人主之所以劝民者，官爵也。”“善为国者，其教民也，皆从壹空而得官爵。是故不以农战，则无官爵。”（《农战》）商鞅明令奖励耕织，奖励军功，规定“粟爵粟任”“武爵武任”（《去强》），即允许人们纳粟换爵，按军功大小授予二十级的不同爵位。此项改革，是与当时普遍推行的县制结合在一起进行的，旨在加强中央集权。

4. 综合治理的管理手段

为了强化国家统治，商鞅善于运用行政、法律、税收、价格等多重管理手段。为了控制商业人口，运用行政、法律手段做出了一些相应规定：根据商人家庭的人口，摊派徭役。他们的一切大小奴仆，均须在官府中注册登记，由官府轮番安排，承担徭役；通过管制粮食贸易，不让商人买卖粮食，他们无利可图，就会想着要弃商务农。为了促使农民安心从事农业生产，他还运用税收、价格等经济手段进行调控管理，诸如根据单位面积的实际粮食产量，按亩纳税，国家对任何人一视同仁，以示负担公平；通过提高粮食价格，鼓励务农；统一度量衡制，为国家赋税征收提供依据。

（三）韩非

韩非，韩国贵族，生活在战国时代的末期。他生活的时代，各国先后都进行过变法，中央集权政治制度的经济基础和以君权为核心的法制基础已经奠定，儒墨显学失去了往日的辉煌，道家小国寡民的理想早已被统一中国的兼并趋势所粉碎，法家思想成为治国理民的指导思想。韩非思想来源于战国时代错综复杂的现实斗争与社会思潮以及对前人思想的批判继承。他对于老师荀况的学说耳濡目染，对商鞅也颇为推崇。先秦诸家的人性学说，前人的求利思想和当时争权夺利的斗争，都为韩非所洞悉，成为他思想的渊源。

韩非（战国时期韩国人，前281—前233）

1. 建立市场经济：韩非的“法”

在韩非的管理思想体系中，法是治国的根本原则。他认为“道法万能，智能多失”，意思是说按客观规律和法办事是万无一失的，凭个人的智慧和才能做事容易发生失误。所以韩非主张“以道为常，以法为本”（《韩非子·饰邪》），即治国理民要按客观规律办事，以法作为治国的根本。有了既定的法律，按法律办事，就可以匡正君主的失误，制约臣僚的行为，治理混乱，整治错误，益国利民。所以“一民之轨，莫如法”（《韩非子·有度》），意思是统一人民的行为规范，最好的办法就是建立和健全法制，依法行事。

2. 提升领导艺术：韩非的“术”

韩非认为治理好国家必须兼用法与术。他说：“人主之大物，非法则术也”（《韩非子·难三》），“君无术则蔽于上，臣无法则乱于下，此不可一无，皆帝王之具也”（《韩非子·定法》）。他把法术看作是帝王统治人民的极其重要的工具，也是古今领导者驾驭部属的法宝。但是，法、术的作用和地位不同，因而二者具有不同的性质和特点。韩非说：“术者，藏之于胸中，以偶众端而潜御群臣者也。法莫如显，而术不欲见。是以明主言法，则境内卑贱莫不闻知也……用术，则亲爱近习莫之得闻也。”（《韩非子·难三》）“术者，因任而授官，循名责实，操杀生之柄，课群臣之能者也。”（《韩非子·难三》）“凡术也者，人主之所执也；法也者，官之所以师也。”（《韩非子·说疑》）

从以上言论可以看出韩非“术”的性质和特点是“藏之于胸中”而“不欲见”，即深深地藏在帝王心中不表露出来，即使是帝王身边的亲信也不让知晓；术是帝王牢固地掌握和运用的专利，人臣不得与闻，臣下只能以法为师。这样，韩非明确地界定了术与法的性质和特点，又把用法与用术密切结合起来，充实完善帝王的统治权术。从组织原理和领导方法来考察，韩非的术治思想包含着深邃的领导艺术，这不仅为后人所继承与发扬，也与现代领导科学和管理理论有相通的地方。

3. 迎接创新时代：韩非的“势”

“势”是法家政治学说的概念。势治理论始于慎到思想。广义的势指客观形势，狭义的势指权势。韩非重视客观形势，认为客观形势是研究问题，提出克敌制胜、驾驭群臣的战略和策略的依据。只有认清和把握好客观形势，才能利用和顺应客观形势，求得事业的成功；逆客观潮流而动，没有不碰壁的。狭义的势，是政治权力，指权位、权势、权威，具有绝对权威和强制效力。韩非发展了慎到的学说，按取得势位的来历不同，将来自世袭或其他形式的授权所拥有的职位及权力，称之为自然之势；不是来自世袭或授权，而是运用各种手段造就的新权势，称之为人设之势。他强调的是人设之势，说：“势必于自然，则无为言势矣。吾所言势者，言人之所设也。”（《韩非子·难势》）韩非竭力提倡的国君用立法和行术造成的人设之势，是其势治思想的精髓。对于现代的组织和企业领导人来说，一般都具有来自授权和个人造就的势去完成负有的使命。

4. 性恶：韩非对于人性论的探讨

韩非对人性论有独特的看法，他很少从抽象的角度去做理论阐析，更多的是基于人的外在行为特征而做出一种经验判断。他指出，“夫民之性，恶劳而乐佚”（《韩非子·心度》），“利之所在，则忘其所恶”（《韩非子·内储说上》），“好利恶害，夫人之所有也”（《韩非子·难二》），“夫安利者就之，危害者去之，此人之情也”（《韩非子·奸劫弑臣》）。把这些话全部翻译成白话文，都是在说一件事情，这就是人的本性都是趋利避害的，而且人很容易为了一点利益而忽视危害。韩非进而推断，每个人天生“皆挟自为之心”，即是说人人都以计算之心相待，即使是父母与子女之间也是如此。韩非这种人性恶的观点，和他所生存的社会背景有一定的关系。韩非生活在战国晚期，当时奴隶制度面临崩溃，封建势力正在悄然兴起，社会财产面临着重新分配，社会格局经历着巨大动荡。韩非清楚地看到在物质利益面前，原有的道德荡然无存，取而代之的是永无休止的明争暗斗，世人为了满足一己之欲常常不择手段，而且争斗抢夺愈演愈烈，从外部的攻城略地，到朝廷内部的尔虞我诈，无不体现了人的自私自利。同时，韩非的老师荀子虽然属于儒家，但是他却提出了“人性本恶”这一命题。这两点都对韩非的法家思想的产生起了很大的作用，影响了他对人性的思索。在这一时代背景下，他提出了人性自私的认识，由于人性的自私，人与人之间的竞争和争夺已经成为普遍的社会现象并制约着社会的发展，这也是韩非政治思想的出发点。

综上可见，韩非法治思想的特点是，主张“法”“术”“势”相结合。这里“势”所涉及的是控制系统问题，“法”所涉及的是控制标准问题，“术”所涉及的则是控制手段问题。在韩非看来，要实现对国家的有效控制，必须同时具备“法”“术”“势”三个要件。因此法家的管理学说，本质上是一种控制理论。所探讨的核心问题是关于有效控制的前提条件问题。

第四节　其他管理思想

一、墨家管理思想

墨子，姓墨名翟，战国时期墨家学派创始人。墨子早年曾“学儒者之业，受孔子之术”，但后来发现孔门仿周制而立的礼乐理论烦琐并劳民伤财，于是由师儒转而非儒，建立了自己生徒弥众的墨家学派。墨家学派有严密的组织，其总领称巨子，由信徒中的贤者担任，巨子有权选择众望所归的贤者做自己的继承人。这个集团成员多半来自社会下层，从事生产劳动，生活极其俭朴。凡墨者做官所得薪俸，须交部分以充团体经费。墨家的这一切“自矫”行为，都是为“备世之急”：改造当时“国相攻”“家相篡”“人相贼”的乱世，达到天下大治。墨家的思想在当时产生了很大的影响，如果从管理哲学的层面来理解墨家思想，那么，兼爱就是墨家管理思想的伦理基础，尚贤、尚同是其管理原则与方法，墨家的管理的目标，是力图构建一

墨翟（战国时期宋国人，前 468—前 376）

个人人相爱平等、社会安定、崇尚道义的理想社会。

（一）管理目标——民富国治

墨子认为，统治者治理国家“皆欲国家之富，人民之众，刑政之治”，即统治者治理国家的目标是政治清明，法纪井然，民富国治。他借鉴历史经验，阐述禹汤文武时代实现了民无饥寒之忧，劳者可以得息，乱者可以得治，是后世治国的楷模，所以应该把富国和消除民困的“三患”即“饥者不得食、寒者不得衣、劳者不得息”作为努力的目标。墨子认为谋划天下大事是：“亲贫，则从事乎富之；人民寡，则从事乎众之。”如何实现这一目标呢？他针对当时诸侯国的治乱情况，提出“凡入国，必择务而从事焉”；他还认为“强乎耕稼树艺”“强乎纺织纴”，即努力发展农业和家庭手工业生产，必然可以去贫致富，免饥寒之苦，有温饱之乐。农夫入税，官府又收敛关市、山林、泽梁之利，因此“官府实而财不散”“官府实则万民富”。在他看来，国家是超阶级的，政府代表全体人民的利益，官府财政充裕有利于对外与四邻诸侯交往，对内食饥息劳、将养万民，所以富国也包含着利民、裕民。这样，他把富国与富民一致起来，又说“民富国治”，把“富”与“治”联系起来，强调发展社会经济的意义。

（二）人际关系——兼相爱，交相利

《吕氏春秋·不二篇》说：“墨翟贵兼。”“兼爱”是墨家伦理思想最根本最典型的特征。“兼”是整体、全部的意思，《经上》说：“体，分于兼也。”“兼爱”也可以说是“尽爱”“俱爱”“周爱”。“兼爱”的另一层意义是“爱无差等”。可见，兼爱是一种平等的无差别的爱，无血缘、亲疏、贵贱之分。兼爱不同于儒家的仁爱。在墨家看来，儒家的“仁爱”实际上是一种“别爱”，要用“兼爱”来代替它。《兼爱上》说：“若使天下兼相爱，国与国不相攻，家与家不相乱，盗贼无有，君臣父子皆能孝慈，若此则天下治。”

墨家的兼爱思想对于我们今天处理企业内部的劳资关系，仍然有着积极的意义。在企业内部如果能够充分贯彻墨家的兼爱思想，就像《兼爱中》所说的“视人之国，若视其国；视人之家，若视其家；视人之身，若视其身”，员工视企业就像自己的家一样，企业员工的积极性与创造性就会得到充分发挥，就会实现企业内部人际关系的和谐，进而实现企业的效益。

（三）用人之道——尚贤

如何用人？墨子主张用人唯贤。“不辨贫富、贵贱、远迩、亲疏，贤者举而尚之，不肖者抑而废之。”这是“为政之本”。如何用贤？“任之以事，断予之令”，贤人一旦录用，就要使他们有职有权。爵禄以从优为原则，但优厚的程度则以功劳大小为准。要担任领导者，还须具备这样一些品质：敢于损己而利人，为己身所恶之事成他人之急；言必行，行必果，使言行之合，犹合符节。若为官不称职，则抑而废之。在墨子的理想中，官无常贵，不存在终身制。墨子的尚贤思想，如果补上人才的培养一环，则将是先秦时期最系统的人才管理思想。

（四）行政管理——尚同

尚同是与尚贤相辅而行的行政管理原则。《墨子》认为，在一个国家中，如果政令不一，只能导致社会动荡。因而，尚同与尚贤一样，是“为政之本”。《墨子》指出，贤人治理国家，应该一统天下之义，才能政令畅通，社会稳定。从组织关系讲，要做到下级服从上级，以上级的意志为意志。墨子认为的上下级关系的阶梯是：天、天子、诸侯、三公、大夫与将军、士、庶人。庶人即农夫，他们努力耕作或从事其他劳动，不能由自己随意行事，而由士领导；士、将军、大夫、诸侯、天子也不能由自己随意行事，依次由其各自的上级来领导，直至最高一层的天，这是贯彻最高层意志的组织系统与组织原则。用这样的组织关系，建立起自上而下的绝对领导与有效的逐级管理，以实现“人之有力相营，有道相教，有财相分”“上强听治，则国家治”“下强从事，则财用足”。

在先秦诸子中，墨家是最为自觉地研究目标问题的。墨子说：“天下从事者，不可以无法仪；无法仪而其事能成者，无有也。虽至士之为将相，皆有法。虽至百工从事者，亦皆有法。”“今大者治天下，其次治大国，而无法所度，此不若百工辩也。”《墨子·法仪》所谓“法仪”，乃含有标准、目标之义。墨子认为，无论做什么事，都必须首先确立一个目标，未有不立目标而能成事者。从这个意义上来说，墨家的管理思想又可以称之为一种目标管理的思想。当然，它本身也存在缺陷，比如过于强调管理活动对管理目标的从属关系，以至于将管理活动高度简约化、经济化，使之变成机械的服从和服务于管理目标的简单工具了。也正因为如此，后世评价墨子为“蔽于用而不知文”，以统一性困厄乃至扼杀了多样性。这是我们在研究墨家思想的时候，需要特别加以注意的。

二、商家管理思想

春秋战国时期商业经济的空前发展为商家学派学说理论的产生提供了现实的社会土壤，一批具有较高学术文化素养的知识分子（如管仲、弦高、子贡、计然、范蠡、白圭、吕不韦等）进入商业领域从事经商活动，并用自己的学识整理相关经商致富之学，通过汲取其他学派有益于经营管理的思想养分，总结前人经营管理方面的经验，并结合自己在经营管理上的探索和实践，创立了颇具特色的经营管理思想。以范蠡、白圭为代表，其思想的核心就是如何正确解决经营中的“取予”这一对矛盾。在商家学派的经营战略、经营策略、经营原则和方法上，都表现出了他们不同凡响的取予之道。

（一）重视经营者的素质培养

商家认识到资金之类物化资本的投入，固然是“取”（赢利）的条件，但知识之类非物化资本的投入，才是“取”的关键所在。白圭对自己的学生就极为重视这方面的教育，他说：如果你们“智不足与权变，勇不足以决断，仁不能以取予，强不能有所守”，就不可能真正掌握经营管理之学。这是白圭对经营管理者提出的基本素质要求，在他看来，若要成为一个有所作为的经营管理者，最重要的是不断丰富和提高自身的文化素质，增强自身的经营管理能力，才能在复杂多变、竞争激烈的商场上自由驰骋，决胜于商战。

（二）重视市场预测

市场预测是商业经营决策中不可缺少的一环，是商业经营成败的关键。商家是最早进行系统的市场预测的先驱。陶朱公用计然之策，“知斗则修备，时用则知物”，预先估计市场需求，按时令准备好充足适时用的商品，以达到未雨绸缪的效果。同时在市场预测的基础上及时决策和行动。白圭认为，商业经营不但要善于“乐观时变”，而且要“趋时若猛兽、鸷鸟之发”。也就是说，不但要预测市场变化，而且在看准行情之后，要能够及时决策，迅速行动，就像猛兽扑食、雄鹰搏兔一样，以迅雷不及掩耳之势，抢先于竞争者进行抢购或抛售。经商总是有风险的，白圭这种“趋时若猛兽、鸷鸟之发”的做法，当然要冒很大的风险。但是，正由于他有一套预测市场行情变化的本领，对“时变”看得较准，

"趋时"即决策和行动也较有把握，因而总能获得成功。因而，司马迁在谈到白圭敏于"趋时"的特点时称赞说：白圭这样做"非苟而已也"，意思是说他并不是轻举妄动，随意冒险，而是建立在充分的市场预测的基础之上的。

（三）掌握价格变化规律

上下波动是物价运动的基本形式。计然之策指出，商品价格变化的规律是："贵上极则反贱，贱下极则反贵。"价格上升到顶点就下降，而下降到最低限度就会上升。引起商品价格上下波动的原因是什么？计然认为是由商品供给和需求状况决定的，即"论其有余不足，则知贵贱"。在市场价格的变化面前，陶朱公总结出商人的反应应该是"贵出如粪土，贱取如珠玉"。货物价格高时，就要大量抛售，货物价格低时，就要大量买进。白圭确定商品购销的基本方针是："人弃我取，人取我与。"所谓"人弃我取"，就是对那些人们并不急需又暂时供过于求的、价格最便宜的商品，应当予以购存。所谓"人取我与"，就是对那些消费者迫切需要又暂时供不应求的、价格昂贵的商品，应当予以销售。所以，"人弃我取"是为了"人取我与"，即"人取我与"是以"人弃我取"为前提的，两者在具体经营过程中是连续运用而不可分割的。

商家的管理思想无疑可称得上是具有中国特色的传统经营管理哲学理论，是中国传统经营管理哲学的滥觞。其所倡导的审时度势、随机应变的市场预测与经营决策学说揭示了商业经营与竞争的一般规律，是古代商人实践经验的结晶，其中蕴藏着无限的机锋与睿智，值得今人学习、领会与传扬。

三、兵家管理思想

随着经济全球化趋势的不断加强和知识经济、网络经济的深入发展，企业竞争变得越来越激烈，企业所面临的环境也变得越来越难以预测，战略管理理论越来越受到工商管理学者的重视。20 世纪 60 年代三安范式的提出，宣告了战略管理理论的产生，战略管理理论得到迅速发展，各种新的理论和观点层出不穷，短短几十年内已经出现了几大学派和多个思想范式。我国一大批学者也纷纷投入到战略管理研究的热潮中来。目前，国内战略管理的研究大多数都是跟随西方的研究而进行的，很难有所超越。其实，国内战略管理研究最有可能取得突破的，是把传统兵家思想与现代战略管理理论相结合进行的研究。

孙武（春秋时期齐国人，前 535—前 470）

兵家的代表人物是孙武，而代表著作则是《孙子兵法》。它是我国现存最早的一部军事著作，是一部要言不烦、机妙神奇的传世名著，古今名将奉之为"兵经""兵学鼻祖""兵学圣典"。《孙子兵法》十三篇是孙武晋见吴王阖闾时的最早版本，后来又加上他在吴国的作战经验，至臻完善，两千多年来久负盛誉。明代茅元仪《武备志·兵诀评》说"前孙子者，孙子不能遗；后孙子者，不能遗孙子"。兵书不只言兵。《孙子兵法》的基本原则和思想，早已渗透到军事以外的社会经济、生活等多个领域，在思想理念、行政管理、企业发展、商业竞争等活动中得到了广泛的重视和应用（见图 4－4）。

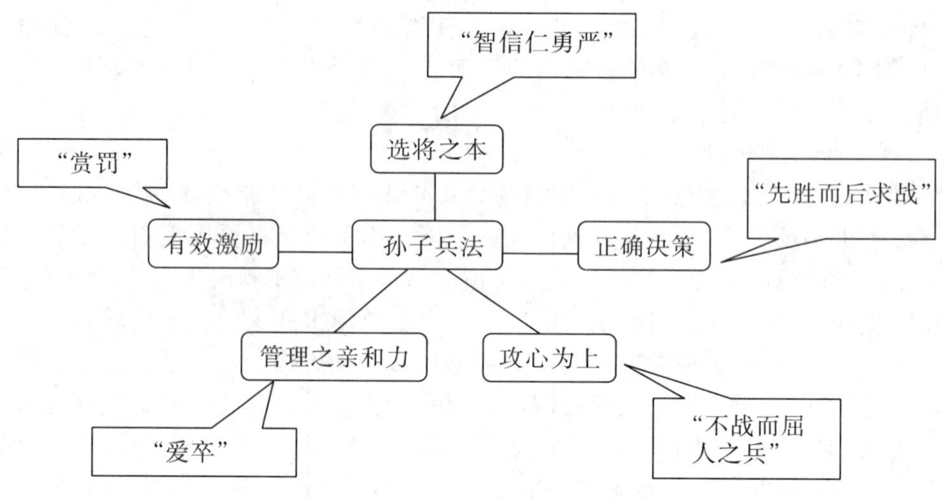

图 4-4　孙子兵法的基本思想

（一）“智信仁勇严”——选将之本

管理既是一种权力，也是一门科学。开启管理这扇大门的枢纽或钥匙是什么？是人，是管理者。遴选管理者，犹如战场选将，事关大局。孙武提出“智、信、仁、勇、严”五条标准，作为选拔将领的标杆，这是多年战争实践经验的科学总结。作为领军之人，要具备聪明才智、赏罚有信、爱抚士卒、果断勇敢、执法严明等五个方面的素质和才能。曹操说“将宜五德备也”，五个方面，缺一不可。而今，社会的各行各业的管理者，依然需要这“五德”，要善于发现培养具有“五德”之才。

（二）“先胜而后求战”——正确决策

“先战而后求胜”，即打无准备之仗，寄希望于侥幸取胜，此乃“败兵”之法。“胜兵”之法是“先胜而后求战”，即打有准备、有把握之仗。“先胜”，不仅是指创造取胜的物质条件，更是指为了取胜而进行战前的运筹、决策，所谓“谋攻”（《谋攻》）、“未战而庙算”（《计》）是也。孙武认为，战前决策对于战争胜负起到关键作用。“多算胜，少算不胜，而况于无算乎！吾以此观之，胜负见矣。”不仅要“庙算”，而且要“庙算”得周密，才能取胜。“庙算”而不周密，不能取胜；不做任何“庙算”而要取胜，绝无可能。

一般地说，决策行为是为了实现一定的目标而事先考虑多种可行的方案并从中进行选择以确定最佳方案的过程。用孙武的话来说，可行的（方案）叫“善者”，最佳的（方案）叫“善之善者”。战争决策就是在于寻求“善之善者”的“胜兵”之法。

（三）“不战而屈人之兵”——攻心为上

孙子曰：“百战百胜，非善之善者也；不战而屈人之兵，善之善者也。故上兵伐谋，其次伐交，其次伐兵，其下攻城。”意思是说，作为一个将领，百战百胜，还不算是最高明的；不经交战而能使敌人屈服，才算是最高明的。上策是挫败敌人的战略方针，其次是挫败敌人的外交，再次是打败敌人的军队，下策是攻打敌人的城池。管理者面临的“敌人”就是被管理的广大群体，而针对他们，有效的管理措施正是攻心为上。通过合理的制度设计、科学的工作安排、自身的人格魅力，达到“不战而屈人之兵”的效果。特别是管理者的人格魅力，往往能够对下属产生巨大的感召力，下级相信“进不求名，退不避罪”的领导，相信他、敬重他、拥护他，“可与之死，可与之生而不诡”。魅力既不依附于权力，也不游离于权力之外，它自然地融合于思想、品德、知识、才能、仪表、气质和性格里。因此，作为管理者，要不断丰富知识、增长才干、陶冶情操、讲究风度，适度扩展兴趣，以增加人格魅力，从而保障管理的有效性，达到“不战而屈人之兵”之目的。

（四）“爱卒”——管理之亲和力

孙子曰：“视卒如婴儿，故可与之赴深溪；视卒如爱子，故可与之俱死。”管理者和被管理者，是一条战壕里的战友，而不是你死我活的敌人。“上下同欲者胜。”日本向来推崇《孙子兵法》，而日本成功企业的经营管理理念，正是以保障职工终身就业、按工作年限和成绩提级增薪、设立工会保护权益为宗旨，发扬集体主义精神，增强向心力和凝聚力，取得了良好的经营效果。这些都值得我们去借鉴。

（五）“赏罚”——有效激励

与凡是有人群的地方都需要管理一样，凡是涉及人的管理都离不开激励，每一个人都需要激励。激励的目的，在于激发人的动机——积极性，诱导鼓励人的行为，调动人的积极性和创造性，从而实现管理的最大效益。孙子曰：“故杀敌者，怒也；取敌之利者，货也。”意思是说，要使军队勇敢杀敌，就要激励部队的士气；要夺取敌人的物资，就要奖励士兵。“车战得车十乘以上，赏其先得者”，只有采取这样的措施，才能战胜敌人强大自己。这正是激励在管理中的巨大作用。“赏不逾日，罚不还目。”该赏则赏，立即赏，不要推托，以保证奖赏激励的时效；该惩罚的则惩罚，无须转脸不忍相视而下不了手。科学的奖惩标准，适时的奖惩操作，是管理者实现管理目标的助推器。

《孙子兵法》的内容博大精深，与管理的实践结合又十分紧密，这是我们的前辈留给我们的宝贵的精神财富，值得每一位管理者去不断地学习、探索。

第五节　中国古代传统管理思想评价

中国在两千多年的封建社会中，中央集权的国家管理、财政赋税的管理、官吏的选拔与管理、人口田亩管理、市场与工商业管理、漕运驿递管理、文书与档案管理等方面，历朝历代都有新的发展，出现了许多杰出的管理人才，在军事、政治、财政、文化教育与外交等领域，显示了卓越的管理才能，积累了宝贵的管理经验。综观中国古代管理实践可以看出，管理与行政基本融为一体。由于古代中国是典型的农业经济，行政管理是社会管理最主要的模式，因此，任何一项工程，任何一项管理活动，无不以国家或官府的名义展开，管理实践也只有在和行政融合过程中才有表现的机会。实际上，我们所了解的中国古代管理实践，无一例外不是行政中的管理实践。但行政管理与企业管理，在道理上是相通的，中国古代那些精粹的管理思想，今天仍然对我们进行企业管理实践活动有着重要的启示意义。

纵观中国古代的管理思想发展，以孔孟为代表的儒家长期占据传统思想的主流，以仁为核心，以礼为准则，以和为目标的以德治国思想是其管理思想的精髓，影响了一代又一代的中国人。在老庄的道家思想体系中，不仅有着深邃的哲学思想，而且也包含着涉及政治、经济、文化、军事诸多方面的社会及国家管理思想。诸如“道法自然”“无为而治”等许多名言警句对中外管理思想的发展产生了深刻影响。而以韩非、商鞅为代表的法家，其“法、术、势”的控制理论、“与时变”的发展与创新精神、德能并举的选贤标准等许多管理思想，无不透射出永恒的智慧之光。至于传世名著《孙子兵法》，目前国外的许多大学师生和企业家们都把它作为管理著作来研读。“不战而屈人之兵”“上兵伐谋”“必以全争于天下”“出其不意，攻其不备”“唯民是保”等精粹的战略思想至今仍为管理者们所灵活运用。

纵观中国古代管理思想发展史，我们可以自豪地说，中国古代管理思想博大精深，是一个丰富的、无尽的宝库，不仅成为滋养中华民族蓬勃发展的智慧之源，而且也对世界文明进程产生了深远影响。作为华夏子孙，我们有责任发掘、利用它，使其一代代传承下去，永葆青春活力。

本章小结

儒家以“治人”为管理的核心，以“德”即管理者的自我修养为管理的前提条件，以“仁”“义”“礼”为管理的思想工具，来达到建设大同社会、恢复“先王之道”的目的。“礼”是儒家学说的标志性范畴。儒家主张以“礼治”的方式来实现国家管理，就是按照“礼”的要求来建构人群关系体系和规定人群活动模式。

道家思想的核心是“道”，认为“道”是宇宙的本源，也是统治宇宙中一切运动的法则。道家并不否定儒家的社会理想，但对于社会责任的态度并不先占道德立场，而更加尊重人类自主的态度选择。在道家看来，天道变化，本身就如同四季流转一般，是自然的宇宙规律，无所谓是非善恶，因而道家强调得更多的是独立的个体在社会中生存的智慧原理。其代表思想：“无为而治”“贵柔”“天人合一”。

法家思想以法治为核心，是一种纯功利主义的思想体系，主张“法”“术”“势”相结合，认为要实现对国家的有效控制，必须同时具备“法”“术”“势”三个要件。这里“法”所涉及的是控制标准问题，“术”所涉及的则是控制手段问题，“势”所涉及的是控制系统问题。因此法家的管理学说，本质上是一种控制理论。

墨家以兼爱为伦理基础，以尚贤、尚同为管理原则与方法，以“民富国治”为管理目标，形成一套目标管理的思想体系。但过于强调管理活动对管理目标的从属关系，以至于将管理活动高度简约化、经济化，因此本身存在一定的理论缺陷。

商家思想的核心就是如何正确解决经营中的“取予”这一对矛盾。其所倡导的审时度势、随机应变的市场预测与经营决策学说揭示了商品经济发展以及商业竞争的一般性规律，是古代商人经商致富学说及实践经验的结晶。

以孙武为代表的兵家，是出于国家生死存亡之大局的考虑来研究战争之道的，这种研究，实质上是关于国际交战状态下一个国家为了击败对手、取得胜利而制定战略战术的决策研究，其中蕴含着丰富的管理决策思想。

本章关键词

仁政　礼治义利之辨　内圣外王　无为而治　贵柔　天人合一　法　术　势　兼爱　非攻　尚贤　尚同　乐观时变　人弃我取，人取我与　攻心　知己知彼　赏罚

思考题

1. 学习了解中国古代管理思想的重要性。

2. 总结归纳各学派的管理思想。
3. 孔子的管理思想内容是什么？对当今的企业管理有什么启发？
4. 对于中国古代管理思想，谈谈你的认识和看法。

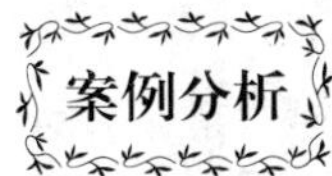

秦帝国灭亡之后，中国历史进入了楚汉争霸的阶段，在公元前202年，汉击败楚，建立了汉帝国。汉帝国新生伊始，就面临着内忧外患。

首先，在灭秦战争和楚汉战争期间形成了很多的地方利益集团，这些地方利益集团在灭秦灭楚的过程中，形成了很多的内部矛盾。秦楚未灭的时候，他们之间尚能齐心协力，在秦楚相继灭亡之后，这些矛盾便凸显出来。

其次，经过了战国时期以及秦灭亡之后总计200余年的战乱以及秦帝国苛政所带来的沉重负担，人民的承受能力已经达到了极限，对于和平的渴望也极强（春秋时期，中国人口2000万～3000万，到汉帝国建立时仅余600多万）。

最后，游牧民族匈奴在秦帝国灭亡之后重新在北方崛起，持续骚扰汉帝国的北部边疆。汉初之时，刘邦曾亲征匈奴，结果遭到匈奴包围，匈奴的实力远远超过汉帝国。

这时的汉帝国，已经是社会上满目疮痍，经济上摇摇欲坠，军事上羸弱不堪。然而，仅仅经过半个多世纪，四代皇帝（高祖邦、惠帝盈、文帝恒、景帝启）的经营，汉帝国的积累已经十分丰足，国力达到西汉帝国的巅峰，其中，到了景帝的儿子汉武帝执政初期，人口已经达到3500万，人民富庶。多年的积累，终于在汉武帝手中，转变成了对匈奴的巨大胜利，汉帝国的势力一直扩张到中亚。

是什么治国之术，造就了这点石成金的奇迹呢？答案便是黄老之学。

所谓黄老，是指黄帝与老子。黄老之学是一种以道家为主，吸收了阴阳、儒、墨、法各家观点的治国之术。

汉代践行黄老之术，具体的实例如下：

实例一：刘邦入咸阳，便废除了繁苛的秦法，而以“约法三章”代之（“与父老约，法三章耳；杀人者死，伤人及盗抵罪。”）。简化了法律，恢复了人民言论和行动自由，从而营造了一个宽松的生产生活环境。

实例二：汉初的税率为什五税一（即6.67%左右），景帝时期甚至到三十税一。不仅比秦国的税率远低（约秦税率三分之二），比后来汉武帝时期的税收也低。这种富民政策，使得汉代的商业和农业生产获得了极大发展，人口也得到了快速增长。

实例三：汉初，北部边疆受到匈奴的持续骚扰和入侵，边塞人民不能安于生产。为了给国内营造一个和平发展的环境，汉初的几位皇帝，均以公主嫁入匈奴和亲，使得汉匈之间未爆发大规模战争打断国内经济的持续增长。

实例四：为了对边远地区实行授权管理，刘邦大封同姓子弟为边镇诸侯王，给予他们对地方的管理权，也实际形成了他们对地方利益集团的代理地位，从而刘姓皇室得到了各地的支持。

实例五：汉初以黄老之学治理国家，其中最杰出的代表就是曹参，他最开始被任命为刘邦长子齐王刘肥的齐国国相（治理诸侯国辖地的相）。他自以为是武夫出身，不擅治国，便召集齐鲁之地的人才咨询，有一个叫盖公的人住在胶西，给曹参的建议是“治道贵清静而民自定”，此后曹参就以“清静无为”为自己的治理理念，终于让齐国得到大治。

实例六：在汉相萧何去世之后，时任齐相曹参受中央征调接任为全国丞相，他再三叮嘱接任的人，一定要注意监狱和市场，不可乱用刑罚，多加干涉。因为这两处包罗万象，最是藏污纳垢之所，如果管理松弛，最多是产生纠纷，需要调停而已；如果管理过严，则那些恶人可能会破坏当地的治安，甚至对当地生产造成严重的破坏，所以在这两处的用法必须慎重。曹参靠这种方法，使得齐国的人民都能在一个较为安定的环境中进行生产经营和恢复经济。

实例七：曹参担任丞相之后，开始全面负责全国的人才选拔工作。如果他发现某个中低层官吏木讷于言辞，为人忠厚，有长者之风的话，就把他召入相府，授予丞相长史等职位，仔细观察，方便日后取用。如果他发现某个中低层官吏，好以犀利的语言论事，喜欢借着国法来彰显自己的忠心名声的话，他就给以降职甚至免职处分。这样，忠厚的人便得以身居要职，全国的执法都以宽简为上。这种挑选官吏的风气一直延续到武帝初年，譬如，景帝年间的一个廷尉，名叫张区（音“欧”），他办案的一个原则是，有了死刑判决之后，要看证据和审理过程，如果有证据疑点或者有程序问题就要重审，除非证据确凿，罪无可赦，他才同意施以死刑。

思考题

1. “无为而治”是不作为吗？请用你自己的语言来阐述你对无为而治的理解。

2. 道家管理思想接近集权还是分权，请用上文中的例子说明。

3. 联系我国改革开放所取得的成就，说说道家管理思想有什么优点；就你的理解来看，道家管理思想又有哪些不足？

参考资料

[1] 潘承烈等：《中国古代管理思想之今用》，中国人民大学出版社，2001 年版。
[2] 单宝：《中国管理思想史》，立信会计出版社，1997 年版。
[3] 葛兆光：《中国思想史》，复旦大学出版社，2001 年版。
[4] 杨承辉：《中国古代经营管理思想研究》，南开大学出版社，1996 年版。
[5] 周桂钿、邓习行：《中国传统管理思想的现代价值》，中国人民大学出版社，1993 年版。
[6] 张廷伟：《国学中的管理思想》，中国言实出版社，2008 年版。
[7] 冯友兰：《中国哲学简史》，天津社会科学出版社，2005 年版。
[8] 赵志军、赵瀚清：《中外管理思想史》，吉林人民出版社，2010 年版。
[9] 彭新武：《管理哲学导论》，中国人民大学出版社，2006 年版。
[10] 田云刚、张元洁：《老子人本思想研究》，中国社会科学出版社，2005 年版。
[11] 汤一介：《和而不同》，辽宁人民出版社，2001 年版。
[12] [美] 迈克尔·波特：《竞争战略》，陈小悦译，华夏出版社，1997 年版。

[13] 苏东水、赵晓康：《论东方管理文化复兴的现代意义》，载于《复旦学报》(社会科学版)，2001 年第 6 期。
[14] 苏涛：《关于管理本质的思考——东方管理学派的探索》，载于《当代财经》，2000 年第 12 期。
[15] 钟尉：《兵家思想对现代经营管理的启示——基于战略管理视角》，人民卫生出版社，2009 年版。
[16] 孙广仁：《中国古代哲学与中医学》，人民卫生出版社，2009 年版。
[17] 李龙黄：《论李悝》，载于《黄石师院学报》，1984 年第 3 期。
[18] 尚志迈：《李悝变法的意义及启示》，载于《汉中师范学院学报·社会科学》，1997 年第 4 期。
[19] 黄益群：《战国第一法家——李悝》，载于《政协天地》，2012 年第 21 期。
[20] 朱维维：《老子的管理思想》，载于《中小企业管理与科技》(上旬刊)，2011 年第 8 期。
[21] 刘远飞：《儒家管理哲学的核心理念初探》，载于《东莞理工学院学报》，2011 年第 4 期。
[22] 王贵国：《孔子的管理思想境界》，载于《现代国企研究》2012 年第 1 期。
[23] 程梅花：《孔子管理思想述评》，载于《淮北煤师院学报》(哲学社会科学版)，1997 年第 3 期。
[24] 林若夫：《孔子的仁学思想——中国人道主义学说的渊源》，载于《中山大学学报论丛》，2004 年第 6 期。
[25] 张树礼：《孟子“人和”思想与现代企业管理》，载于《合作经济与科技》，2006 年第 10 期。
[26] 刘文瑞：《孟子的管理思想：从性善到王道，》，载于《管理学家》，2012 年第 4 期。
[27] 思齐：《孟子管理思想介绍》，载于《中外企业文化》，1996 年第 7 期。
[28] 孙娜：《孟子的仁政学说》，载于《安徽文学》(下半月)，2008 年第 8 期。
[29] 陈媛媛、贾长伟：《浅论孟子“仁政”的古今影响》，载于《青年文学家》，2009 年第 15 期。
[30] 易淑华、李久艳：《孟子“权变”思想新探》，载于《保山师专学报》，2009 年第 6 期。
[31] 周可真：《先秦诸子管理思想论纲》，载于《苏州大学学报》(哲学社会科学版)，2004 年第 5 期。
[32] 李政辉：《道家思想对中国古典园林的影响》，载于《现代园艺》，2011 年第 13 期。
[33] 郭洪刚、王成香：《道家管理思想与现代企业管理的契合》，载于《重庆科技学院学报》(社会科学版)，2011 年第 16 期。
[34] 彭磊、廖光萍、陈妍：《儒家、道家、法家、兵家思想与现代企业管理》，载于《经营管理者》，2011 年第 16 期。
[35] 邱燕翎：《墨子管理思想初探》，载于《江淮论坛》，1992 年第 6 期。
[36] 解启扬：《墨家管理思想的现代意蕴》，载于《经济与社会发展》，2008 年第 10 期。
[37] 张永科：《中国古代管理思想中非积极成分初析》，载于《西安冶金建筑学院学报》，

1988 年第 4 期。

[38] 唐耀明、吕清扬：《管理思想探讨孔子管理思想初探之一以仁为核心的人本原理》，载于《中国社会医学》，1986 年第 4 期。

[39] 黄森荣：《先秦商家学派经营管理思想中的取予之道》，载于《衡阳师范学院学报》，2000 年第 1 期。

[40] 张声：《孙子兵法在现代管理中的应用》，载于《税务纵横》，2003 年第 4 期。

[41] 曾志洪：《中国古代管理思想探究》，载于《科教导刊》（中旬刊），2011 年第 8 期。

[42] 马书彦：《儒家的管理思想及发展》，http：//manage. org. cn。

[43] Alchain，Armen A. Some Economics of Property Rights，2*Politico*（NO. 4），1965.

[44] Porter M・E. Towards a dynamic theory of strategy. *Strategic Management Journal*，1991.

[45] 亚当・斯密：《国民财富的性质和原因研究》，商务印书馆，1981 年版。

[46] Schendel D. Introduction to special Issue：Strategy，Search for new paradigms. *Strategic Management Journal*，1994.

[47] Dasgupta，P. Trust as a commodity. *Trust*，1988.

第五章　古典管理理论流派

本章结构

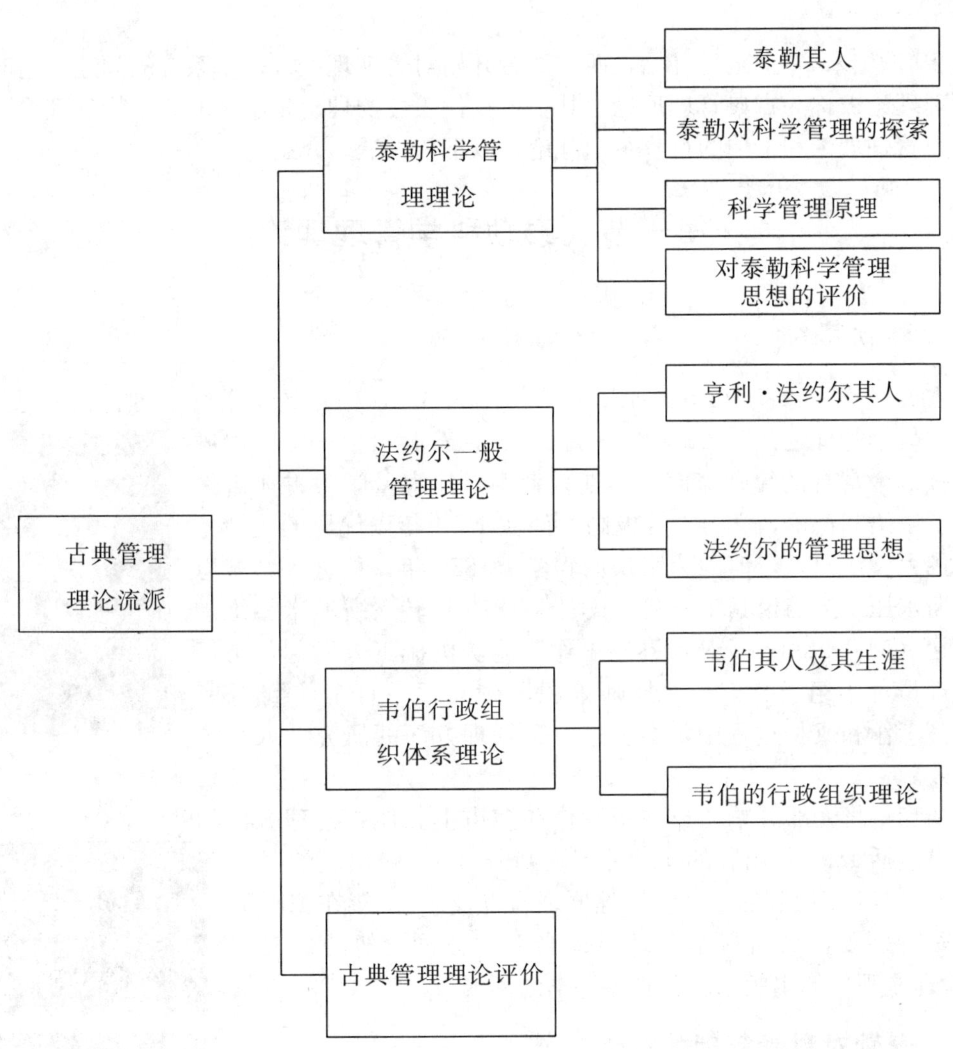

欲致鱼者先通水，欲致鸟者先树木。水积而鱼聚，木茂而鸟集。

——《淮南子·说山训》

本章学习目标

1. 了解古典管理理论产生的历史背景
2. 掌握泰勒科学管理的主要内容及贡献
3. 掌握法约尔一般管理的主要内容及贡献
4. 理解韦伯行政组织体系理论的主要内容及贡献

从 19 世纪末 20 世纪初开始，西方学者开始对管理理论进行了系统的阐述，这时所形成的管理理论被称为古典管理理论。其中最具代表性的理论是泰勒的科学管理理论、法约尔的一般管理理论和韦伯的行政组织理论，以下依次展开介绍。

第一节　泰勒科学管理理论

一、泰勒其人

弗雷德里克·泰勒（Frederick Taylor，1856—1915）是科学管理理论的代表人物，被誉为“科学管理之父”。1856 年 3 月 20 日，泰勒出生于美国费城亚杰曼顿一个富有的律师家庭。早期教育中，他大量学习古典著作并学习了法语和德语，学习天分极高的他在 1874 年以优异的成绩考入了哈佛大学法律系，但因为眼疾而辍学。1875 年，他进入费城恩特普里斯水压工厂当模具工和机工学徒。1878 年转入费城米德维尔钢铁公司（Midvale Steel Works）工作。他从机械工人做起，历任车间管理员、小组长、工长、技师等职，在该厂一直工作到 1897 年。在其工作和成长过程中，泰勒进行了管理方面的研究并取得了一定成效。

Frederick Taylor（美国，1856—1915）

泰勒晚年将大部分精力放在了写作和演讲上。他在管理方面的主要成果包括 1895 年出版的《计件工资制》、1903 年出版的《工厂管理》、1911 年出版的《科学管理原理》以及 1912 年在美国国会众议院特别委员会对科学管理听证会上的证词。他的代表作《科学管理原理》的出版标志着管理科学的形成。

《科学管理原理》

二、泰勒对科学管理的探索

在米德维尔钢铁公司的管理实践中，泰勒发现当时工人普遍存在消极怠工的现象。泰勒出生在一个清教徒家庭中，虔诚的宗教观念让他难于理解和接受工人在工作中的“磨洋工”和低效率。

泰勒对此进行了总结和分析，发现工人“磨洋工”主要有以下原因：(1) 管理问题。当时的企业缺乏科学的管理制度，管理上漏洞百出，使工人们有可能放慢工作速度而不被发现。(2) 工人的认识问题。工人认为如果他们用最快的速度干活，对全行业来说就是做了一件极不公平的事情，认为一旦工作效率提高后，会使一大批工人失业。(3) 工人的传统习惯问题。工人们使用单凭经验的代代相传的工作方法，缺少训练，工作效率极其低下。通过分析，泰勒认为主要的责任是在管理部门，只要管理部门能适当地确定工作，提供适当的激励，便能减少怠工、“磨洋工”现象。为了给工作规定一个完全公正的标准，即“合理的工作量”，他组织实施了一系列的实验。

(一) 搬运生铁块实验

1898 年，泰勒在伯利恒工厂进行了著名的搬运铁块实验。当时工人的实际日搬运量在 12～13 吨之间，工资水平是 1.15 美元。泰勒从 75 个候选人中选择了一名身材矮小的工人——施密特，他将施密持的铁块搬运过程分为四个阶段，逐个进行分析：从车上或地上将生铁搬起来，需要多少时间；带着铁块在地上走，每一英尺需要多少时间；带着铁块沿着跳板走向车厢，每一步需要多少时间；空手回到原地，每一英尺需要多少时间。通过仔细的研究，泰勒发现，采用科学的方法对工人进行训练，并把劳动时间与休息时间很好地搭配起来，工人的日搬运量可以达到 47 吨，工人的工资水平也提高到了 1.85 美元。泰勒设计的工作方法及工作强度都在工人的生理承受范围之内，而提高的收入水平对工人来说有较强的刺激作用，工人们都乐于接受新的工资水平和工作方法。

泰勒把这项实验归结为四点核心内容：一是精心挑选工人；二是启发工人使之了解这样做对他们没有损害，还可以得到利益；三是对他们进行训练和帮助，使之获得完成既定工作量的技能；四是按科学的方法去干活会节省体力。

(二) 铁砂和煤炭的挖掘实验

在泰勒的铲掘实验之前，工人铲铁砂和煤炭是自备铲子，铲子的大小不一，铲起的重量不一样。泰勒研究后发现，无论铲掘哪种物料，当一个人在操作时的平均负荷是每铲 9.5 公斤时，能达到最大工作量。泰勒根据不同物料的情况，准备了 8～10 个不同的铲子，每种铲子针对一种特性的物料，使每铲的平均重量尽量接近 9.5 公斤。结果，完成同样的工作量，需要的铲掘工人数量从 400 人减少到了 140 人，每年为企业节约了 8000 美元。

泰勒根据这项实验提出了新的管理思想：(1) 将实验的手段引进到经验管理领域；(2) 计划和执行相分离；(3) 标准化管理概念的形成；(4) 人尽其才、物尽其用是提高效率的最好办法。

(三) 金属切削实验

在米德维尔公司时，泰勒为了解决工人怠工问题，还对金属切削进行了研究（见图 5－1）。泰勒当时已经具备了相当的金属切削的作业知识，于是他对车床的效率问题进行了实验研究。他根据金属成分、工件的直径、切削深度等 12 个变量确定金属切削中的切削速度、角度等问题，提高了金属切削的效率。泰勒的金属切削实验历时 26 年，耗用 80 万吨钢材。在巴思等人的帮助下，实验取得了重大进展，泰勒同时发明了高速钢并取得专利。

图 5－1　金属切削实验

三、科学管理原理

(一）科学管理的基本假设前提

科学管理作为一种管理理论，包含着如下的科学假设作为前提：

(1）劳资矛盾日益尖锐的原因主要在于社会资源没有得到充分利用，如果能找到科学的方法提高资源的利用率，劳资双方就都能够增加收益，有利于解决双方的矛盾。

(2）“经济人”的假设，工人都是“经济人”，他们最关心的是如何提高自己的货币收入，只要能使自己得到经济利益，他们就愿意配合管理者挖掘出自身最大的潜能。

(3）个人可以取得最大效率，集体行动反而导致效率下降。科学管理就是探索使个人提高效率的有效方法。

(二）科学管理的目的

科学管理的目的是获得最高的效率，即泰勒认为管理的中心问题是提高劳动生产率。因为泰勒认为效率的提高有助于社会总体财富的增加，符合劳资双方的利益，同时可以弱化劳资矛盾。

(三）科学管理的内容

1. 作业管理

泰勒认为，通过时间研究和动作研究，可以找到最佳的作业办法，管理者的任务之一就是进行该项研究并将该方法通过文字确定下来，要求全体员工执行。作业管理，首先把每次操作分解为动作，并把动作细分为要素，然后研究每项动作及其要素的必要性和合理性，去掉不合理的动作，保留必要的动作，依据经济合理的原则对必要动作进行改进。同时，在观察和分析每项动作要素所需要的时间并考虑人的生理状况后，将动作的频率控制在适当的范围内。为了提高作业效率，作业管理还应同时研究工具、机器、材料和环境的标准化问题。

2. 工人的选择和培训

因为每个人都具有不同的才能，并不是每一个人都适合做任何一项工作，因此，为了实现高效率，挖掘人的最大潜力，就必须做到人尽其才。泰勒认为，为了最大限度地提高生产效率，就应该科学地选择工人，针对某些工作，选出最适宜干这项工作的人；为了发掘出工人的潜力，还应当对工人进行培训和教育。因此，在作业管理的方法制定出来后，应通过培训让工人掌握该方法，也只有掌握了该方法，工人才可能真正地超越传统和经验，提高效率。

3. 差别计件工资制

泰勒认为过去的工资方案存在重大缺陷，不能满足效率最高的原则，主要表现为工资标准是以经验和估计为依据，即使计件工资也是如此，因为不同工人生产的一件成品可能代表的是不同的效率，而用同样的工资标准显然不一定符合效率原则。为了克服以前工资方案的缺陷，泰勒在1895年提出了“差别工资制”，其主要内容包括：

(1）通过对工作时间的研究和分析研究，根据科学原理制定工作定额。制定定额是由管理部门完成的，并以科学为依据，从而改变过去那种以经验和估计为依据的方法。

(2）采用差别工资制度，即当工人达到工作定额时，获得100%的定额工资，当超过定额时，提高工资支付率，通常是定额工资的125%，如果没有达到工作定额，按定额工资的80%支付，并发给一张黄色的工票以示警告，如不改进就要被解雇。

（3）工资支付的对象是工人而不是职位，应该根据工人的实际工作量而不是根据工作类别来支付工资。

4. 计划职能和执行职能分开

泰勒认为，要提高劳动生产率，就要明确划分计划职能和执行职能，改变凭经验工作的方法而代之以科学的工作方法，从而确保管理任务的完成。传统的管理中，工人根据自己的习惯进行工作，从而使得工人的工作效率是由工人自己决定。这种方式不能充分发挥每个工人的潜力，且使得绩效没有一个客观的评价标准。因此，泰勒认为，需要成立计划部门对此进行控制。计划职能归管理部门负责，并设立专门的计划部门来承担。计划部门制订全部的计划并对工人发布指令，其主要任务是：

（1）进行调查研究并把它作为确定定额和操作方法的依据；

（2）制定有科学依据的定额和标准化的操作方法、工具；

（3）拟订工作计划，发布执行的批示和命令；

（4）把标准和实际情况进行比较，以便进行有效控制并完善标准。

虽然泰勒的计划职能主要还停留在作业管理阶段，但却是一个巨大的进步，体现出分工思想在管理领域内的拓展，同时也融入了控制的思想。

5. 职能工长制

职能工长制是泰勒根据工人的具体操作过程，对车间工作进行分工形成的一种管理制度。泰勒认为，在旧的制度下，一个工长为了履行他的职责，必须具备 9 种素质：职能、教养、专业技术知识、技能、精力、坚韧刚毅、诚实正直、判断力和常识、健康。但一般人不可能同时具备全部素质，为了使工长的职能得到有效发挥，需要分工，使每个工长只承担一种管理职能。泰勒设计了 8 种职能工长来代替原来的一个工长，其中，4 个在车间，4 个在计划部，每个工长按照自己的职能范围向工人发布命令。在计划部的 4 个工长分别是工作命令工长、工时成本工长、工作程序工长、纪律工长，在车间的 4 个工长分别是工作分派工长、速度工长、修理工长、检验工长。他们的任务是根据各自特定的职能，就地对工人发布命令和进行指挥。泰勒的职能工长制如图 5－2 所示：

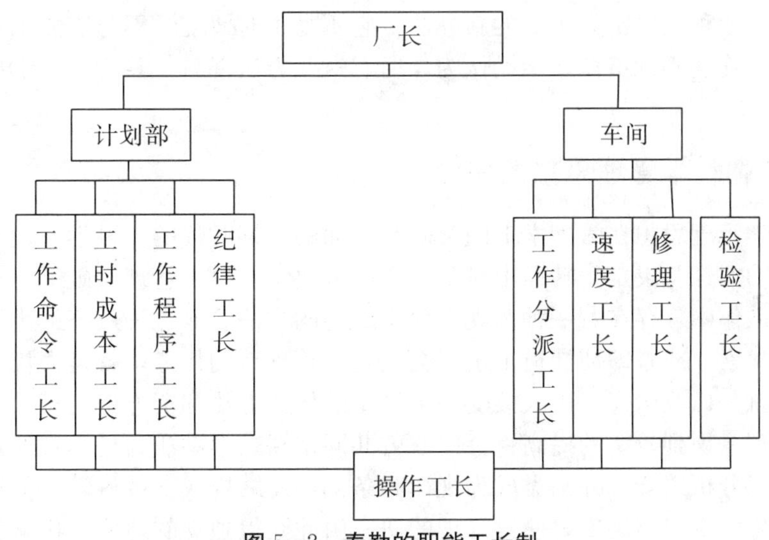

图 5－2　泰勒的职能工长制

虽然泰勒认为职能工长制分工明确，职能单一，便于培养管理人员，有利于计划部门和执行部门的协调，但由于工人受到多头领导容易引起混乱，职能工长制没能在实际工作中得到普遍推广。但是，深入分析泰勒所提出的职能工长制就会发现，这种制度所体现的分工思想为职能参谋制的组织结构提供了思路。职能参谋制的管理者无直线管理权力，避免了多头管理，并可利用分工来深化知识的运用、提高管理效率。

6. 例外原则

例外原则是指企业的管理人员把一般日常事务授权给下属人员负责处理，而自己保留对例外的事项（一般也是重要事项）的控制权和决策权，如重大的企业战略问题和重要的人员更替问题等。例外原则至今仍然是管理中极为重要的原则之一，尤其对于当今的大规模企业来说，例外原则对于高级管理人员特别重要。

7. 管理哲学

泰勒认为，传统的管理困境在于认为管理最重要的是提高工人的积极性。而工人则认为自己提高的工作效率被资方占有，提高积极性只是增加了自己被剥削的程度，因此工人以“磨洋工”的方式来消极抵抗。资方认为在积极性不能有效提高的情况下（当时这是一种较为普遍的事实），减少工资的支付就能增加自己的收益。这样，劳资双方产生了严重的心理对立。而科学管理的实质应是“一场全面的心理革命”，其结果就是在科学管理下，劳资双方“把注意力从被视为最重要的分配剩余的问题上移开，而共同把注意力转向增加剩余上，一直到剩余大大增加，以至于没有必要就如何分配剩余的问题进行争吵为止。他们会看到，当他们双方不再互相敌视，而肩并肩地向同一方向迈进时，通过他们的共同努力所创造的剩余将多得简直令人目瞪口呆。他们双方都认识到，当他们以友好合作和相互帮助来代替对抗和斗争时，他们就能共同使剩余猛增，以至工人工资有大大增加的充分余地，制造商的利润也会大大增加。这就是伟大的心理革命的开始，是实现科学管理的第一步”。

科学管理实际上是一种转变人性的管理，是将人从传统的小农思想意识转变为现代的社会化大生产的思想意识。正如泰勒在美国听证会上的声明：科学管理不是一种有效率的方法，不是一种获得效率的方法，也不是一串或一批有效率的方法；不是一种计算成本的新制度，也不是一种支付工人工资的新办法；它不是工时研究，不是职能工长制，而是一种管理哲学，是一场心理革命。泰勒认为，所有这些方法都只是其管理哲学支配下的有益的辅助手段。

四、对泰勒科学管理思想的评价

泰勒的科学管理思想在管理学上的突破是全面的、划时代的。科学管理使得工人的工作效率从过去的由经验决定，转而由科学的方法来决定。科学管理突破了小农意识，认为在现代企业的操作中，存在着一种客观上效率最优的方法。而这种效率最优的方法，工人没有主动性去探索，或者即使知道了也不会实施。管理者的任务，就是去找到这种高效的方法，其途径就是作业研究。工人接受一种科学的作业方法和资方探索科学作业方法的认识基础是双方都意识到效率的提高将会使双方共同富裕。泰勒认为科学管理是将既有的知识收集起来加以分析组合，并归类成为规律和条例，使之构成一种科学。泰勒将管理者的职能从具体的生产中分离出来，使对管理的研究由此获得独立的地位。科学管理是人类第一种较为系统的管理思想，从此，管理学正式成为一门独立的学科。

科学管理理论的产生和成功，是人类理性的强大力量在管理领域的证明，为管理学的全面发展和繁荣奠定了基础。管理活动可以科学化和理性化的思想对后来的管理学产生了深远的影响。例如，继续用更精确的理性精神——现代自然科学和技术科学的成就来寻求管理中的最优解，产生了后来的科学管理学派的理论；对科学管理的“反动”则导致了行为科学的兴起。科学管理在生产组织管理中所取得的显著成果，推动了生产力的发展，使企业的生产效率提高了很多倍，使其受到了当时欧美国家的普遍重视。泰勒从理论和实践两方面为后人开创了研究管理思想的先河，由此，才有了管理理论丛林的产生。

泰勒的科学管理理论在管理思想和管理实践中冲破了传统的经验管理方法的束缚，将科学理性引进了管理领域，它是将小农意识、小生产的思维方式转变为现代社会化大生产方式的一场革命，没有这场革命，人类就不可能真正进入现代文明社会。因此，虽然泰勒的科学管理理论还存在着一些明显的局限性，如人性假设的单一性、只关注生产问题等，但德鲁克认为，泰勒的科学管理理论“可能是联邦主义文献以后，美国对西方思想所做出的最特殊的贡献”。

第二节　法约尔一般管理理论

一、亨利·法约尔其人

亨利·法约尔（Henri Fayol，1841—1925）是西方古典管理理论在法国的杰出代表。法约尔在1841年出生于法国的一个资产阶级家庭，1860年毕业于圣艾蒂安国立矿业学院。同年进入科芒特里—富香博公司担任工程师，并显示出杰出的管理才能。1968年，他被任命为公司的总经理，当时该公司几乎濒临破产，而且其煤矿的储量近于枯竭。1892年该公司被收购成立了新的科芒博联营公司，法约尔仍然是总经理。他不仅成功地解决了这家新的联营公司的各种问题，而且使这家原先濒于破产的公司一直到他77岁退休时都发展得非常好。至今，这家公司仍然是法国著名的冶金工业公司之一。他于1981年退休后，直到去世前，一直致力于宣传他的管理理论，并对法国的邮政机构、烟草公卖机构等的管理状况进行调查研究，为其改进做出了贡献。

Henri Fayol（法国，1841—1925）

法约尔的职业生涯可以分为四个阶段：

第一阶段从1860年到1872年。法约尔作为一个等级较低的管理人员和技术人员，他的才智主要发挥在采矿工程问题上，特别是在处理矿井的火灾事故方面。1866年，法约尔被任命为科芒特里矿井矿长。

第二阶段从1872年到1888年。这时他已经被提升为领导一批矿井的总管，他的思路随之转到煤田的地质问题上来，转到他所执掌的矿井的寿命因素上来，这时他写出了大量关于地质理论的专著。另外，法约尔不仅要从技术方面考虑，更要从管理和计划方面考虑，这也促使他开始对管理进行研究。

第三阶段从 1888 年到 1918 年。在他的领导下，公司改组为科芒博联营公司，他亲任这家公司的总经理。在此期间他很少从事写作，主要负责许多实际工作，而且他极有个性，绝不允许自己无穷的学术兴趣或授予他的很多名誉职务分散他对本职工作的精力。他始终拒绝接受其他职位，除非与其总经理职责有密切的联系。在这一阶段，法约尔运用他杰出的才干和在科学管理方面的管理能力，出色地领导他所培养出来的全体干练的管理人员，使一个濒临破产的公司从困境中走出来，并取得了成功。

第四阶段从 1918 年到 1925 年。法约尔致力于普及自己的管理理论工作。在科芒特里公司工作期间，他就开始了管理的研究工作。1900 年，他向“矿业和冶金协会”的会议提交了《论行政管理》的论文，开始系统地阐述他的行政管理思想；在 1908 年的矿业学会五十周年大会上，他提交了论文《论管理的一般原则》；1916 年，他在矿业学会公报上发表了著名的管理著作《工业管理与一般管理》。

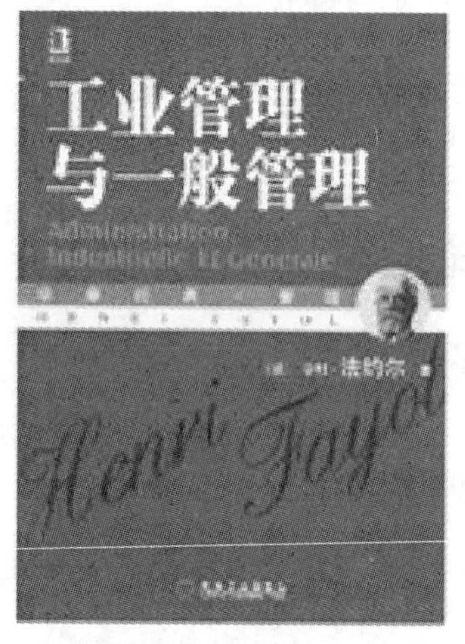

《工业管理与一般管理》

法约尔还创办过一个管理研究中心，这个中心每周都要举行一次由作家、哲学家、社会活动家、工程师、政府官员和实业界人士参加的会议。法约尔的许多权威著作都是在这里逐步形成的。他的管理研究中心在他逝世前不久就和勒夏特里埃—弗雷曼维尔组织（一个倡导泰勒的科学管理的组织）合并为“法国全国组织委员会”。按照人们当时最初的解释，法约尔的著作同泰勒的著作是相互竞争和有明显差别的。而法约尔坚持认为，情况并非如此。尽管他早期对泰勒的科学管理不以为然，但后来他认识到他们两人的著作是相互补充的，因为他们都想努力通过不同的分析方法来改进管理。泰勒是通过对车床旁边的车工实施他的方法而归纳出科学管理的一般理论，而法约尔是从总经理的办公桌旁创立了他的一般管理体系，然后再应用到下一级的组织机构中。

法约尔在管理方面的著作主要有《工业管理和一般管理》《国家在管理上的无能——邮政与电讯》《公共精神的觉醒》等。

二、法约尔的管理思想

（一）法约尔的组织管理理论

法约尔第一次明确区分了“经营”和“管理”的概念。他认为“经营”和“管理”是两个不同的概念，经营的范围大于管理，管理是整个经营活动中的组成部分。法约尔认为，企业的全部活动包括技术活动（生产、采购）、商业活动（采购、销售和交换）、财务活动（资金的取得与控制）、安全活动（商品及人员的保护）、会计活动（盘点、会计、成本及统计）和管理活动（计划、组织、指挥、协调与控制）。他认为所有的企业组织，不论规模大小，工作复杂还是简单，这 6 种活动总是存在的。而其中管理活动是企业所有活动的核心，主要协调其他 5 种活动。管理通过其各项职能的发挥来规范企业的各种活动，实现效率和效果。法约尔认为管理有 5 项职能（见图 5−3）：

计划，就是探索未来和制订行动方案；

组织，就是建立企业的物质和社会的双重结构；

指挥，就是使其人员发挥作用；

协调，就是连接、联合、调动所有的活动及力量；

控制，就是保证企业的各项工作与计划相符，其目的是指出工作中的缺点和错误，以便对他们进行纠正并避免重复犯错。

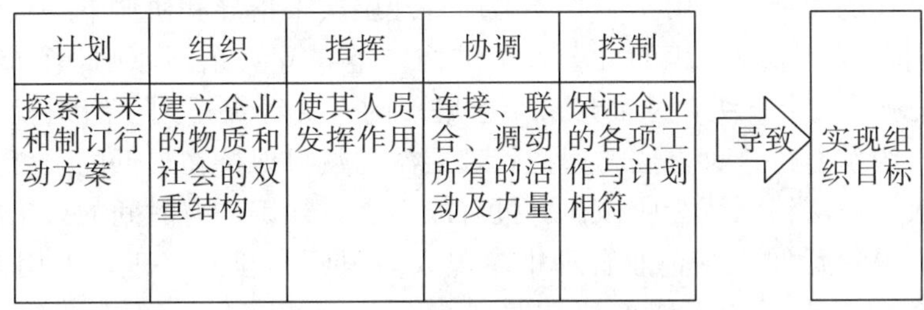

图 5—3　法约尔的管理 5 项职能

法约尔进一步解释了领导和管理的区别，认为领导就是从企业拥有的所有资源中获取尽可能大的利益以引导企业实现目标，保证 5 项基本职能的顺利完成。而管理只是 6 项活动中的一项，是由领导保证其运行，在领导人作用中占有重要位置。

1. 计划

在法约尔看来，管理即意味着考虑未来，这就使预测和计划成为主要的管理活动。作为一个管理人员要尽可能准确预测企业的各种事态，确定企业的目标和完成任务的步骤，既要有长期的指导计划，也要有短期的行动计划。任何行动计划应以以下几点为基础：(1) 企业的资源，即建筑物、工具、原料、人员、生产能力、销售渠道、公共关系等等。(2) 所经营业务的性质及重要性。(3) 公司所有的各种活动无法预料的未来发展趋势。

制订计划时要有共同参与的观念，对资源、未来的可能性以及实现目标的方法进行研究时，要求各部门的头头在他们的授权范围内做出贡献，每一个负责人都要把他的经验用于这项研究，同时也要承担在执行计划时所要负的责任。有了这种参与，就可以保证任何资源都不会无人管理，并且还可以促使管理人员关心计划，低级的管理人员会把更多的注意力放在制订计划上，因为他们将执行他们自己制订的计划。

法约尔还认为一个好计划应具有以下特点：

统一性。在大企业中，除了总计划外，还要有技术计划、商业计划、财务计划等。所有这些计划都应相互联系、结合在一起，成为一个统一的整体。

连续性。计划的指导作用应该是连续不断的。

灵活性。计划应该是相当灵活的，能顺应人们的认识而适当地调整，这些调整由于环境的压力或其他某种原因而成为必要。

精确性。计划要求在那些影响企业命运的未知因素所能允许的范围内力求最大的精确性。

要制订具有以上特点的计划，就要对每天、每周、每月、每年、5 年甚至 10 年的情况进行预测，并且随着时间的推移或情况的变化进行不断地调整或修改。制订长期计划是非常重要的，这是法约尔对当时管理思想的一个比较大的贡献。

2. 组织

管理当中的第二要素是组织，组织为企业的经营提供所有必要的原料、设备、资本、人员。大体上说，组织可以分为物质组织和社会组织两大部分。法约尔认为在获得必要的物质资源之后，就要进行社会组织活动，进行企业所有的经营活动。

法约尔认为，组织理论中组织机构的金字塔是职能增长发展的结果。职能的发展是水平方向的发展，因为随着组织所承担的工作量的增加，职能部门的人员必然增多。等级系列的发展是垂直式的发展，是由于有必要增加管理层次来指导和协调下一级管理部门的工作。法约尔特别强调，企业组织的社会人员结构应遵守等级系列原则，1 个工头管 15 名工人，1 个上级领导 4 个下级，从而形成金字塔形的人员等级系列。组织就是按这种几何级数发展的，法约尔通过这种方法希望把管理层次的数目保持在最低的限度内。

对于参谋人员，法约尔认为应该让一批有能力、有知识、有时间的人来担任，使管理人员的个人能力得到延伸。在企业管理中参谋人员只听命于总经理，不用去处理日常事务，主要任务是探索更好的工作方法，发现企业环境的变化，以及关心企业长期发展问题。

法约尔认为他的参谋职能制和泰勒的职能工长制是不一样的，职能工长制违背了统一指挥的原则。在法约尔看来职能工长制是一个非常危险的制度，命令的有效执行，只有在一个人只对另一个人明确承担责任时才能做到。他认为他的统一指挥的原则比什么都重要。

法约尔的组织理论中还强调了组织图的重要性，他认为组织图是每一个企业必须具备的管理工具。制定了正式组织图，就能使人们把组织看成一个整体，详细地规定出权力界限，提供联系的途径，防止部门重叠或侵犯部门权限的现象发生，也避免双重领导局面的发生，它可以明确地分配任务和划分责任。

对于组织中的管理人员，法约尔根据自己多年的管理经验提出了自己的看法：挑选人员是一个发现人员的品质和知识，以便填补组织中各级职位的职能的过程。产生不良挑选的原因与雇员的地位有关。法约尔认为填补的职位越高，挑选所用的时间就越长。组织中的管理人员应该具有以下能力和品质：

（1）身体条件：健康、强壮、精力充沛、谈吐清晰。

（2）智力条件：具有理解和学习能力、判断能力和适应能力。

（3）道德品质：有主动性、勇于承担责任、忠诚和遵守纪律、有尊严等。

（4）全面的教育：除了专业的教育外，接受了较为全面的教育，知识不限于所从事的工作。

（5）管理知识：与计划、组织、指挥、协调和控制等管理要素有关的知识，随着管理人员在组织层次中的上升变得越来越重要。

（6）经验：从本职工作中获得的知识，即从个人工作的成功经验和失败教训整理而得的知识。

3. 指挥

要使组织有效运行起来，就离不开指挥，即运用领导艺术以推动组织业务，减少无效耗费的功能。组织管理中的指挥就是使组织成员的各项活动得到保证，管理人员依靠其指挥能力，将尽可能地从他的下级那里获得上乘的表现。

法约尔认为合格的指挥人员应做到：（1）对自己的员工有深入的了解。（2）淘汰不能胜任的工作人员。（3）深入了解企业和雇员的协议。（4）做好榜样，以身作则。（5）对组织进行定期检查，并使用概括的图表来促进这项工作。(6) 召开会议，把主要的助手召集起来，集中力量做好工作的会议。(7) 不要在工作细节上耗费精力。(8) 要使职工保持团结一致、积极工作、勇于创新和效忠精神。

4. 协调

协调企业各部门及各个员工的活动，指导他们走向一个共同的目标。

法约尔对协调进行了多角度的界定：一是“责任”界定，即使企业的各方面工种都明白本工作对所有职能应承担的责任；二是“比例”界定，即社会组织机构与物资设备机构保持一定比例，财政收支保持一定的平衡，工厂规模与生产需要成一定的比例，材料供应和消费成一定的比例，销售与生产成一定的比例；三是“适合”界定，即工厂规模适合、工具适合、道路适合、安全适合。总之，协调就是在工作中做到先主要后次要，使事情和行动都有合适的比例，就是方法适应于目的。

他还提出了关于判断企业需要进行协调工作的依据：

(1) 各部门不了解而且也不想了解其他部门，在进行工作时好像它本身就是工作的目的和理由，不革新整个企业，也不关心毗邻的部门。

(2) 在一个部门内部的各科室之间，与不同部门之间一样存在着一堵墙，互不通气，各自最关心的就是使自己的职责置于公文、命令和通告的保护之下。

(3) 谁也不考虑企业整体利益，企业里没有勇于创新的精神和忘我的工作精神。

他认为解决这一问题的最好方法是部门领导每周的例会，这种例会的目的是根据企业工作进展情况讲明发展方向，明确各部门之间应有的协作，利用领导们出席会议的机会来解决共同关心的各种问题，例会一般不涉及制订企业的行动计划，会议要有利于领导们根据事态发展情况来完成这个计划，每次会议只涉及一个短期内的活动，一般是一周时间之内。在这一周里，要保证各部门的行动协调一致。虽然部门之间的隔阂不可能通过例会得到完全解决，但法约尔为管理者提供了一个解决部门间隔阂的很好的思路——沟通。

部门领导会议是协调工作不可缺少的方法，正如行动计划中预测工作是不可缺少的、人事一览表是社会组织工作不可缺少的一样，它是一种特有的标志，也是进行工作的一个主要方法。如果没有它，那么任务完成得不好的可能性就大。有这一标志并不是正常工作的绝对保证，还需要领导懂得很好地使用这一方法，能够使用各种工作方法是一门艺术，是管理人员应该具有的才能之一。

5. 控制

法约尔认为控制就是证实一下各项工作都与已订计划相符合，与下达的指标及已定原则相符合。其目的在于，指出工作中的缺点和错误，并对偏差进行纠正并避免重犯。从管理的角度，应确保企业计划的有效执行，需要根据各种情况的变化对其及时加以修正。控制可以确保企业社会组织的完整，人员一览表得到应用，指挥工作符合原则和协调会议定期举行。

由于控制作用于各种性质的工作和各级工作人员，所以控制有许多不同的方法，与管理的预测、组织、指挥和协调一样，控制这一要素在执行时需要有持久的工作精神和较高的艺术。

（二）法约尔的 14 项管理原则

在法约尔看来，管理只是社会组织使用的手段和工具，这种管理既是对物的管理，也是对人的管理。社会组织健康与正常的活动取决于某些条件，法约尔将这些条件称为原则。他根据自己的实践，在《工业管理和一般管理》一书中归纳出著名的管理14项原则，这是其“一般管理理论”的核心内容。

1. 劳动分工

劳动分工是各个机构和组织前进和发展的必要手段。法约尔认为劳动分工属于自然规律的范畴，其目的是通过同样的劳动得到更多的东西。分工的特点是一个人经常处理同一类事物，这样做一方面可以减少工作目标的数目，保证人们给予工作目标以充分的注意；另一方面可以使人们提高工作的熟练程度、自信心和准确性，并进而提高生产效率。这个原则不仅适用于技术工作，而且毫无例外地适用于所有涉及要求多种类型能力的工作。但是劳动分工也是有限度的，不能超过这个限度，不能分得过粗或过细，否则可能降低劳动效率。

2. 权力和责任

权力是下达命令的权力和强迫别人服从的力量。法约尔把权力分为职务权力和个人权力，前者是由职位和地位产生的，后者则与个人的个性、经验、道德品质和领导能力有关。出色的管理者能够用个人的权力来弥补职务权力的不足。责任和权力之间存在一种必然的联系，二者互为因果关系，任何一个岗位都是权力与责任的统一，为了保证权力的正确使用必须规定责任的范围，制定奖惩的标准。

3. 纪律

任何组织要有效地工作，必须有统一的纪律来规范人的行为。要发展企业，纪律是绝对必要的，没有纪律任何组织都不能兴旺发达，纪律的实质是遵守公司各方达成的协定。要维护纪律就应该做到：（1）对协议内容进行详细说明，使协议明确而公正；（2）各级领导要称职；（3）合理执行奖惩措施。

4. 统一指挥

这是法约尔组织概念中一条基本的原则，是指一个员工在任何时候都只应接受一位上级的命令。如果违背这一原则，纪律就受到危害，秩序将被破坏，稳定就受到威胁。如果组织中两位领导人向同一个人或同一件事发布不同的命令将会使得下属无所适从，组织活动就会出现混乱。然而在现实中破坏这一原则的多重领导现象非常多，其原因有4种：（1）为了争取时间或立即中止某项错误的行为，高层领导不通过中层领导就进行直接的指挥。（2）为避免给两个以上的工作人员分配小职权而造成的矛盾。（3）部门的界限不清，两个部门的主管都认为有指挥同一工作的权力。（4）部门之间在联系上、职权上固有的复杂关系。

5. 统一领导

这一条原则是表示对于达到统一目标的全部活动，只能有一个领导人和一项计划，这是统一行动，协调组织中一切力量和努力的必要条件。法约尔指出，统一领导和统一指挥的区别在于：统一领导指只有一个领导者、一个计划，而统一指挥指一下属人员只能听从一个领导者的命令。人们通过建立完善的组织来实现一个社会团体的统一领导，而统一指挥取决于人员如何发挥作用。统一指挥不能脱离统一领导而存在，但是有统一的领导，也不足以保证统一的指挥。

6．个人利益服从集体利益

法约尔认为，在一个企业中，个人或个人利益不能置于企业利益之上，但是当人们在适应整体利益的工作时，无知、贪婪、自私、懒惰、懦弱以及人类的冲动，总是使人为了个人利益而忘掉整体利益。在实际工作中要注意克服整体与个体之间的冲突情绪，要注意协调这两方面的情绪。在这个过程中，企业的目标应尽可能地包含个人的目标，使企业目标实现的同时满足个人的合理需求；企业领导人要以身作则，做出榜样，以集体利益为重；对职工进行教育和约束，努力做到当个人利益与集体利益发生冲突时，优先考虑集体利益。

7．合理的报酬

法约尔认为，报酬是人们服务的价值，应该合理，并尽量使企业和职工双方都满意。报酬率的高低不仅取决于人员的才能，而且取决于生活费用的高低、可雇佣人员的多少、业务的一般情况、企业的经济地位以及报酬的方式等因素。但报酬方式必须符合 3 个条件：(1) 确保报酬公平；(2) 奖励努力工作者以激发他人热情；(3) 报酬不应超过合理的限度。报酬制度要公平、合理，同时要和良好的管理结合起来，这样才能收到好的效果。

8．集权与分权

这条原则主要讨论了管理的集权与分权的问题，分权是提高部下作用的重要性的做法，而集权则是降低这种作用的重要性的做法。作为管理的两种制度，它们本身是无所谓好坏的。法约尔说这是一个简单的尺度问题，关键在于找到一个适合于企业的度。而影响集权与分权的主要因素是：组织规模、领导者与被领导者的个人能力和工作经验以及环境的特点。

9．等级制度

等级制度是从组织的最高权力机构直至基层管理人员的领导系列，它是组织内部传递信息和信息反馈的正常渠道。依据这条路线来传递信息对于各层统一指挥是非常重要的，但它并不是最迅速的途径。如果企业的规模较大、层次较多，利用这种方法有时会影响行动的速度，而行动的速度则往往与组织的效率相联系。因此，为解决这一矛盾，法约尔设计了著名的“法约尔跳板”，以使组织中的不同等级线路中相同层次的人员能在有关上级同意的情况下直接联系。法约尔的等级制度可以用图 5—4 进行说明。

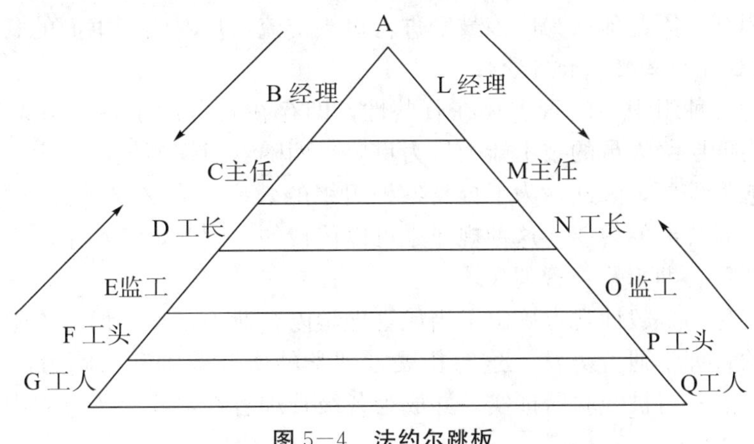

图 5—4　法约尔跳板

在一个等级制度表现为 G—A—Q 双梯形式的企业，A 代表这个组织的最高领导，按照组织系统，F 与 P 不发生联系，按常规需先从 F 到 A，A 再下到 P，这之间每一级都需停顿，然后，顺着原路，一般是返回出发点。如果通过“天桥”（跳板）直接从 F 到 P，那就简单、迅速和可靠多了。如果 F 的领导 E 和 P 的领导 O 允许他们各自的下属直接联系，等级原则就得到捍卫。法约尔认为，各级人员都应养成使用这种最短通路的习惯。等级制度是法约尔管理理论的核心。

10. 秩序

秩序是指人和物必须各尽其能，包括物的秩序和人的秩序。管理人员首先要了解每一工作岗位的性质和内容，使每个工作岗位都有称职的职工，每个职工都有适合的岗位。同时还要有条不紊地精心安排物质、设备的合适位置。

11. 公平

公平是由善意与公道产生的，公道是实现已订立的协定，为了鼓励下属忠实地执行职责，应该以善意来对待他们，然而善意不能不讲原则，公平不排除态度强硬，也不排除严格。关键是要了解下属的需要与愿望，当员工受到公平的对待后，会以忠诚和献身的精神去完成他们的任务。

12. 人员的稳定

人员的稳定对于工作的正常进行、活动效率的提高是非常重要的。一个人要适应新的工作，不仅要求具备相应的能力，而且要有一定的时间来熟悉这项工作，因为经验的积累是需要时间的，如果这个熟悉过程尚未结束便被指派从事其他的工作，其工作效率就会受到影响。因此，最高层管理人员应该采取措施，鼓励职工尤其是管理人员长期为企业服务。法约尔特别强调指出，这条原则对于企业管理人员来说尤为重要。

13. 首创精神

首创精神是指人们在工作中的主动性和创造性。法约尔认为，想出一个计划并促使其成功是一个聪明人最大的快乐，也是人类活动的最有力刺激之一，这就是人的首创精神，它对于企业来说是一股巨大的精神力量，因此应尽可能鼓励和发展员工的这种精神。

14. 人员的团结

全体人员的团结是企业的巨大力量，为了实现团结，管理人员应避免使用可能导致分裂的分而治之的方法。此外，法约尔还认识到，人员间的思想交流特别是面对面的口头交流有助于增强团结，因此他认为应该鼓励进行口头交流，反对滥用书面的联系方式。

（三）管理教育的必要性和可能性

法约尔认为各种组织中的管理存在着共性，即存在着适用于各类组织的一般管理知识；法约尔认为低层级人员的技术能力较为重要，而随着组织规模的扩大，管理层级的上升，管理能力愈发重要，因此，为了提高各种组织的效率，有必要进行管理知识的教育。同时，管理存在着普遍的规律，这种规律是可以传授的，因此，法约尔认为在高等学校开设管理方面的课程有助于培养管理人才。

法约尔的管理的一般性观点确定了当代管理学以企业为重点，但并不限于企业，探索一般管理知识的管理学研究方法，这对拓展管理学的研究范围和影响力产生了重要的影响。他的各种观点一再被经验所证实，并成为各级管理者在自我完善过程中的指路明灯。

第三节　韦伯行政组织体系理论

一、韦伯其人及其生涯

马克斯·韦伯（Max Weber，1864—1920）是德国著名的社会学家、经济学家和管理学家，是古典管理理论的代表人物。韦伯1864年4月21日出生于德国埃尔福特的一个富裕家庭，韦伯的父亲曾任普鲁士下院议员、帝国议会议员，他的家庭有着相当广泛的社会关系和政治关系。韦伯先后做过教授、政府顾问、编辑、著作家，对社会学、经济学、历史、宗教等许多问题都有自己的观点和独到的见解。由于他在行政组织理论方面的杰出贡献，他在管理思想史上被称为“组织理论之父”。

Max Weber（德国，1864—1920）

韦伯从小受到了良好的教育，对经济学、社会学、政治学、宗教学有着广泛的兴趣。他于1882年进入海德堡大学学习法律，并先后就读于柏林大学和哥丁根大学。他受过3次军事训练，1888年参与波森的军事演习，因而对德国的军事生活和组织制度有相当的了解，这对他日后建立组织理论有相当大的影响。1889年他开始撰写中世纪商业公司的博士论文，1891年在柏林大学讲授法律，1894年获得海德堡大学的教授资格，1903年开始进行新教伦理方面的研究，1905年出版了他的名著《新教伦理和资本主义精神》。在组织理论方面，除了《新教伦理和资本主义精神》外，还有《社会和经济组织理论》。而1907年获得的一笔遗产，使得他可以作为一个私人著述家从事学术研究。

二、韦伯的行政组织理论

韦伯的知识范围和学术研究事业非常广泛，从经济、政治、法律、宗教、音乐等社会生活领域到社会科学方法论都有重要建树。他是现代社会学的奠基人之一，他的观点对其后的社会学家、政治学家、经济学家和管理学家都有着深刻的影响。韦伯指出，任何组织都必须有某种形式的权力作为基础，才能实现目标。只有理性合法的权力才容易被作为理想组织体系的基础。

韦伯的行政组织理论分成以下三个部分。

（一）理想的行政组织

韦伯在《社会和经济组织的理论》一书中提出了理想的行政组织，他认为理想的行政组织是通过职务和职位来管理的，而不是通过传统的世袭地位来管理。要使得行政组织发挥作用，管理应以知识为依据进行控制，管理者应该具备胜任工作的能力，要依据客观事实而不是凭主观意志来领导。韦伯认为，理想的行政组织是一种严密的、合理的、形同机器那样的社会组织。它比传统的其他组织形式具有明显的优越性，其主要特点表现如图5—5所示：

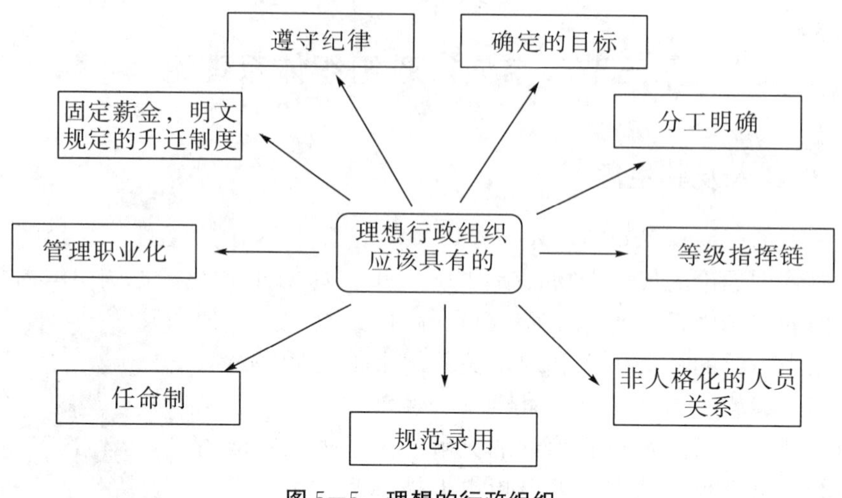

图 5—5　理想的行政组织

1. 确定的目标

每个职位的权力和责任都应有明确的规定。为了实现组织的目标，人员的一切活动，都必须遵守一定的程序。

2. 分工明确

组织为了达到目标，把实现目标的全部活动都一一进行划分，然后落实到组织中的每个成员。组织中的每个职位都有明文规定的权利和义务，这种权利和义务是合法化的，实现职责是任职者唯一的或主要的工作内容。

3. 按等级制度形成的一个指挥链

这种组织是一个井然有序且具有完整的权责对应的组织，各种职务和职位按等级制度的体系进行划分，每一级的人员都必须接受其上级的控制和监督，下级服从上级。但是他也必须对自己的行动负责，这样，作为上级来说必须对自己的下级拥有权力，发出下级必须服从的命令。

4. 非人格化的人员关系

也就是说，他们之间是一种指挥和服从的关系，这种关系是由不同的职位和职位的高低来决定的，不是由个人决定，而是由职位所赋予的权力决定，个人之间的关系不能影响到工作关系。

5. 规范录用

承担每个职位的人都是经过挑选的，必须经过考试和培训，接受一定的教育，获得一定的资格，由需要的职位来确定需要什么样的人来承担。人员必须是称职的，同时也是不能随便免职的。

6. 任命制

人员实行委任制，所有的管理人员都是任命的，而不是选举的（某些特殊的职位必须通过选举的除外）。

7. 管理职业化

管理人员管理企业或其他组织，但他不是这些企业或组织的所有者。

8. 管理人员有固定的薪金，并且有明文规定的升迁制度，有严格的考核制度

管理人员的升迁完全由他的上级来决定，下级不得表示任何意见，以防止破坏上下级的指挥系统，通过这种制度来培养组织成员的团队精神，要求他们忠于组织。

9. 遵守纪律

管理人员必须严格地遵守组织中的法规和纪律，这些规则不受个人感情的影响，适用于一切情况。组织对每个成员的职权和协作范围都有明文规定，使其能正确地行使职权，从而减少内部的冲突和矛盾。

组织对每个成员的职权和协作范围都有明文规定，使其能正常地行使职权，从而减少内部的冲突和矛盾。由于具有上述特点，行政组织就可以保证它能像一台机器那样灵活地运转，而这种理想的行政组织是最符合理性原则的，其效率是最高的，在精确性、稳定性、纪律性和可靠性等方面都优于其他组织形式。而且这种组织形式适用于各种管理形式和大型的组织，包括企业、教会、学校、国家机构、军队和各种团体。

（二）韦伯对权力的分类

韦伯指出，任何一种组织都是以某种形式的权力为基础的，没有这种形式的权力，任何组织都很难达到自己的目标。只有权力才能消除组织的混乱，使组织有序运行。可以说，人类社会行为的一切领域都受到权力的影响。韦伯把这种权力划分为三种类型（见图5－6）：

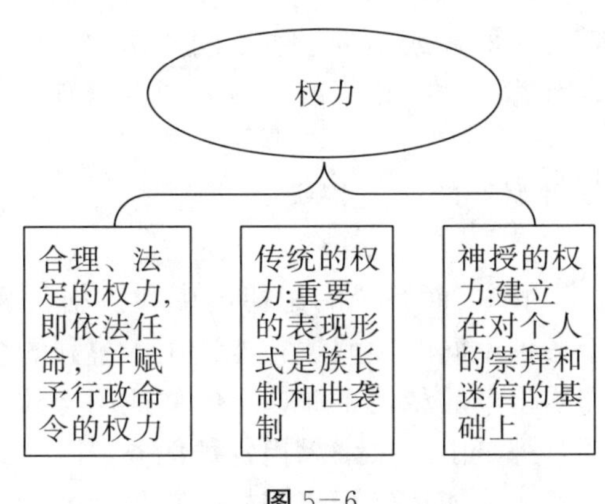

图5－6

1. 合理、法定的权力

指的是依法任命，并赋予行政命令的权力。对这种权力的服从是依法建立的一套等级制度，这是对确认职务或职位的权力的服从。

2. 传统的权力

它是以古老的、传统的、不可侵犯的和执行这种权力的人的地位的正统性为依据的，这种传统权力的重要的表现形式是族长制和世袭制。人们对这种权力的服从，是出于统治者占据的统治地位，而统治者在行使权力时则受到传统的制约。在传统权力型组织形态中，领导人是通过世袭既往的传统产生出来的，而不是凭能力挑选出来的。因此，依据这种类型的权力进行的管理效率是较低的，这种权力也不能作为行政组织的基础。

3. 神授的权力

这种权力是建立在对个人的忠诚、崇拜和迷信的基础上的。韦伯认为，这类权力也不宜作为理想。

在这三种权力当中只有合理和法定的权力是行政组织的基础，因为这种权力能保证经营管理的连续性和合理性，能按照人的才干来选拔人才，并按照法定的程序来行使权力。这是保证组织能够健康发展的最好的权力形式。

（三）理想的行政组织的管理制度

韦伯认为，管理意味着以知识为依据来进行控制，领导者应在能力上胜任其工作，要依据事实来进行领导，行政组织中除了最高领导之外的每一个官员，都应按下列准则被任命和行使职能：

（1）他们在人身上是自由的，只是在与人身无关的官方职责方面从属于上级的权力。

（2）他们按照明确规定的职务等级系列组织起来。

（3）每一职务都有明确规定的法律意义上的职权范围。

（4）职务是通过自由契约关系来承担的，因此从原则上讲存在着自由选择。

（5）候选人是以技术水平为依据挑选出来的，在最合乎理性的情况下，他们是通过考试或表明其技术训练的证件为依据来挑选的，他们是被任命而不是被选举的。

（6）他们有固定的薪金作为报酬，绝大多数有权享受养老金。雇佣当局只有在某些情况下（特别在私营组织中）才有权解雇这些官员，但这些官员始终有辞职的自由。工资等级基本上是按等级系列中的级别来确定的，但除了这个标准以外，职位的责任大小和任职者对社会地位的要求也可能予以考虑。

（7）这个职务是任职者唯一的，或至少是主要的工作。

（8）它成为一种职业，有着一种按年资或成就或两者兼有之的升迁制度。升迁由上级的判断来决定。

（9）官员在完全同所管理财产的所有权无关的情况下来进行工作，并且不能滥用其职权。

（10）他在行使职务时受到严格而系统的纪律约束和控制。这种类型的组织，从原则上讲，能以同等程度适用于各种不同的领域，它能适用于盈利的企业或慈善性组织，或其他一些类型的从事精神或物质生产的私营企业，也同样适用于政治组织和宗教组织。

在这个组织中所有的环节都是由专家来承担各种任务，因此组织规定每一个成员的职权范围和协作形式，以使得各成员能正确行使职权，减少冲突，这有利于提高组织的工作效率。

以上是韦伯的行政组织理论的主要内容，他的理论在行政管理的组织机构中具有相当大的先进性。但是由于在他提出自己的理论时，社会文化和历史条件还没有形成对行政组织理论的需求，使他的理论提出后没有受到应有的重视。直到 20 世纪 50 年代以后，由于生产力的迅速发展，社会组织日益复杂，结构更加精细，组织规模不断扩大，人们才开始注重他的行政组织理论，并将其尊称为“组织理论之父”。

第四节　古典管理理论评价

在百年管理思想发展流变中，与后继的管理理论和流派相较，古典管理理论最显著的两大特点是：

第一，效率主义是古典管理最强劲的主旋律。管理学诞生之初，所要解决的问题相当现实，就是通过寻找和运用科学的管理手段和方法，全力提高生产效率，降低企业社会必要劳动量。无论是泰勒及其追随者，还是法约尔和韦伯，尽管理论视野各有侧重，学术观点也有差异，但他们皆视科学管理为提高工作效率的方法和手段（见图5－7）。泰勒对效率的研究主要是通过现场作业的标准化和科学化而展开的。泰勒给管理下过一个不甚严密的定义："确切了解你希望工人干些什么，然后设法使他们用最好、最节约的方法完成它。"泰勒制中无论是抽象的管理原则、理论还是具体的管理方法、技术，都是直指效率这一核心。古典管理时代另一个巨擘，法国的管理学家法约尔，虽然其管理论着眼于整个企业，重点是研究管理过程中计划、组织、指挥、协调和控制等管理的职能，但仍是以提高企业的效率为目标的。韦伯的管理理论，虽然切入问题的角度、思考问题的方式迥异于泰勒和法约尔，但同样把提高组织效率作为自已的理论使命。

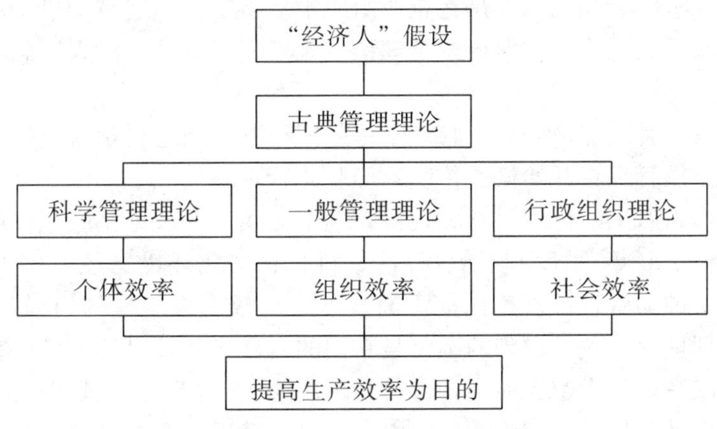

图5－7　三种理论的比较

第二，古典管理理论又有浓郁的经验论、技术论的色彩。古典管理理论乃至整个管理学，就其理论源泉来说，主要有两类：一条是通过其他学科的渗透，吸取思想资源；另一条是对实践经验的总结提升。显然，古典管理理论的形成是实践经验的结晶。其开创者们属于"打江山"的一代，大多出身于厂矿企业，对管理的理解或者来源于基层亲身实践，或者来源于长期管理具体组织的体验。泰勒和法约尔对管理的研究，总体上是一种经验总结法和不完全归纳法，这在很大程度上与他们局部地观察管理或者将组织作为一个机构看待有关。

受时代限制，古典管理理论也有它本身的局限性。

首先，客体至上的偏颇。古典管理理论的旨趣一般都在管理的客体方面。如工作条件、工作行为等标准化研究，以及组织结构的科学性探讨等。即使涉及人，也是抽剥了人的主体性，将人置于客体地位观照和对待。例如在泰勒围绕提高操作效率的一系列研究中，人只是作为提高效率的手段而存在，是利益至上而不是融物质、社会、心理等多重动机于一身的主体，因而是一种"客体性"的主体。显然，古典管理论的人性假设是"机械人"和"经济人"，其管理理论明显向管理对象和客体倾斜。以至丹尼尔·贝尔等人批评泰勒学说造成一种"社会物理学"，"把人的社会面降为纯粹的物理定律和决定要素"。

其次，整体和宏观视野的"局部性"缺陷。"局部性"缺陷是古典管理理论的一个突出问题，突出表现在两个方面：一个是在整个企业管理中偏重于作业效率和生产环节。泰勒制主要探讨作业层次的管理问题，思考的聚焦点主要在作业管理和生产活动方面，理论带有很明显的不完整性。另一个“局部性”缺陷是，专注于企业内部而未对企业外部环境进行深入的研究。法约尔对管理活动的整体思考，如提出工业活动的六大部类、管理的五大职能以及十四条管理原则，体现了其理论的现代性。然而，他的现代性是不彻底的。占部都美认为“法约尔管理论只是考察了组织的内在因素，没有考察组织同它的周围环境的关系，因此，非常缺乏具体性”。

最后，理论前提的片面。作为古典管理理论的前提，“理性经济人”是抽象和片面的。这集中表现为其仅仅停留于生理层次理解人的工作动机，所以泰勒的激励理论主要是在实行计件工资制或奖金制、分红奖励制等方面动脑筋、兜圈子，他的“精神革命说”同样是把企业中人看作“利益动物”的产物。这样的观念显然没有从工人的心理、社会因素方面寻找激励的手段。事实上职工只要是在企业组织中从事工作，经济动机就不可能是唯一动机。后来，梅奥人际关系论向古典科学管理论发难，就是拿“经济人”假设开刀，作为最初的突破口。

综上所述，古典管理理论确立了管理学是一门科学，通过科学研究的方法发现了管理学的普遍规律，使得管理者开始摆脱传统的经验式管理，建立了一整套有关管理理论的原理、原则、方法，为后来的行为科学和现代管理学派奠定了理论基础。古典管理理论从创建到现在已经整整 100 年，社会政治、经济、科技、文化环境已经发生了翻天覆地的变化，正是这些变化推动着管理理论向前不断发展，形成流派纷呈的格局。但是，站在 21 世纪回望古典管理理论，我们看到的不仅是它们的真理光辉，也清晰可见它们与现代管理理论千丝万缕的联系。作为逻辑前提，古典管理理论不仅在理论上是现代管理理论创新的基础，而且本身也是现代管理理论的构成内容，对于今天的企业管理者们，仍然有着重要的启发意义。

本章小结

科学管理理论于 19 世纪末和 20 世纪初在美国形成，其代表人物为弗雷德里克·泰勒。科学管理理论的核心为四个方面：

(1) 对工人工作的各个组成部分进行科学的分析，以科学的操作方法代替陈旧的操作方法。

(2) 科学地挑选工人，对工人进行培训教育以提高工人的技能，激发工人的进取心。

(3) 摒弃只顾自己的思想，促进工人之间的相互协作，根据科学的方法共同努力完成规定的工作内容。

(4) 管理人员和工人都必须对自己的工作负责。

法约尔认为管理有五项职能：计划、组织、指挥、协调和控制。在法约尔看来，管理只是社会组织使用的手段和工具，这种管理既是对物的管理，也是对人的管理。

法约尔的 14 项管理原则，包括劳动分工原则，权力与责任原则，纪律原则，统一指挥原则，统一领导原则，人员报酬原则，集中原则，等级原则，秩序原则，公平原则，人员稳定原则，首创精神原则和人员团结原则。

韦伯在《社会和经济组织的理论》一书中提出了理想的行政组织，他认为理想的行政组织是一种严密的、合理的、形同机器那样的社会组织。它比传统的其他组织形式具有明显的优越性，其主要特点表现为：确定的目标、分工明确、按等级制度形成的一个指挥链、非人格化的人员关系、规范录用、实行任命制、管理职业化、固定薪金、遵守纪律。

本章关键词

科学管理　差别计件工资制　参谋职能制　计划　组织　指挥　协调　控制　劳动分工　统一领导　集权　法约尔跳板　理想行政组织　指挥链　权力

思考题

1. 泰勒科学管理的主要内容有哪些?
2. 法约尔的一般管理主要包括哪些内容?
3. 法约尔的14项管理原则有哪些?
4. 韦伯理想的行政组织的特点是什么?

如何进行有效管理

在一个企业管理经验交流会上，有两个厂的厂长分别论述了他们各自对如何进行有效管理的看法。A厂长认为，企业首要的资产是员工，只有员工都把企业当成自己的家，都把个人的命运与企业的命运紧密联系在一起，才能充分发挥他们的智慧和力量为企业服务。因此，管理者有什么问题，都应该与员工商量解决；有针对性地给员工提供学习、娱乐的机会和条件；每月的黑板报上应公布出当月过生日的员工的姓名，并祝愿他们生日快乐；平时要十分注重对员工需求的分析，如果哪位员工生儿育女了，厂里应派车接送，厂长应亲自送上贺礼。在A厂长厂里，员工都普遍地把企业当作自己的家，全心全意地为企业服务，工厂日益兴旺发达。B厂长则认为，只有实行严格的管理才能保证实现企业目标所必须开展的各项活动的顺利进行。因此，企业要制定严格的规章制度和岗位责任制，建立严密的控制体系，注重上岗培训，实行计件工资制等。在B厂长厂里，员工都非常注意遵守规章制度，努力工作以完成任务，工厂发展迅速。

思考题

这两个厂长谁的观点更有道理?如何才能让一个组织协作高效?

参考资料

[1] 郭咸刚:《西方管理思想史》，经济管理出版社，2002年版。
[2] 赵志军、赵翰清:《中外管理思想史》，吉林人民出版社，2010年版。
[3] 王建军、杨智恒:《管理思想史》，四川大学出版社，2007年版。
[4] 王德清:《中外管理思想史》，重庆大学出版社，2005年版。
[5] 孙国强:《一般管理的先驱——亨利·法约尔》，河北大学出版社，2005年版。
[6] 芮明杰:《管理学：现代的观点》，上海人民出版社，2005年版。

[7] 周三多：《管理学——原理与方法》，复旦大学出版社，2011 年版。

[8] 张风海：《管理学》，大连理工大学出版社，2011 年版。

[9] 孙耀君：《西方管理学名著提要》，江西人民出版社，2009 年版。

[10] 李雪萍：《如何理解古典管理理论》，载于《文学界》（理论版），2010 年第 11 期。

[11] 刀加田：《试论古典管理理论的启示》，载于《辽宁行政学院学报》，2011 年第 2 期。

[12] 荀海鹏：《古典管理理论的现代应用》，载于《商业文化》，2011 年第 5 期。

[13] 冯菲、陈兆仓：《论人性是管理的基础——从泰勒、梅奥与麦克雷戈管理理论的比较分析视角》，载于《现代商贸工业》，2009 年第 8 期。

[14] 程淑荣：《评析泰勒的科学管理原理》，载于《安徽工业大学学报》（社会科学版），2008 年第 2 期。

[15] 裴文英、卫东：《西方古典管理理论的特点和缺憾》，载于《江汉论坛》，2005 年第 12 期。

[16] CHITTOO H. Birandranath、高洁：《“古典管理理论”评述：内容、贡献及反思》，载于《兰州学刊》，2003 年第 4 期。

[17] 陆小成：《法约尔的一般管理思想评析——兼论法约尔与泰勒思想之异同》，载于《湘潭大学社会科学学报（研究生论丛）》，2003 年第 S1 期。

[18] 《古典管理理论回归探因》，http://www.studa.net/commerce/070123/16004539.html。

[19] Denise M. Rousseau. Psychological and implied contracts in organizations，1989.

[20] M. R. Buckley，G. R. Ferris，H. J. B. Ernardin，M. G. Harvey. The Disconnect between the Science and Practice of Management. *Business Horizons*. 1998 .

第三篇　现代管理理论丛林

本篇结构

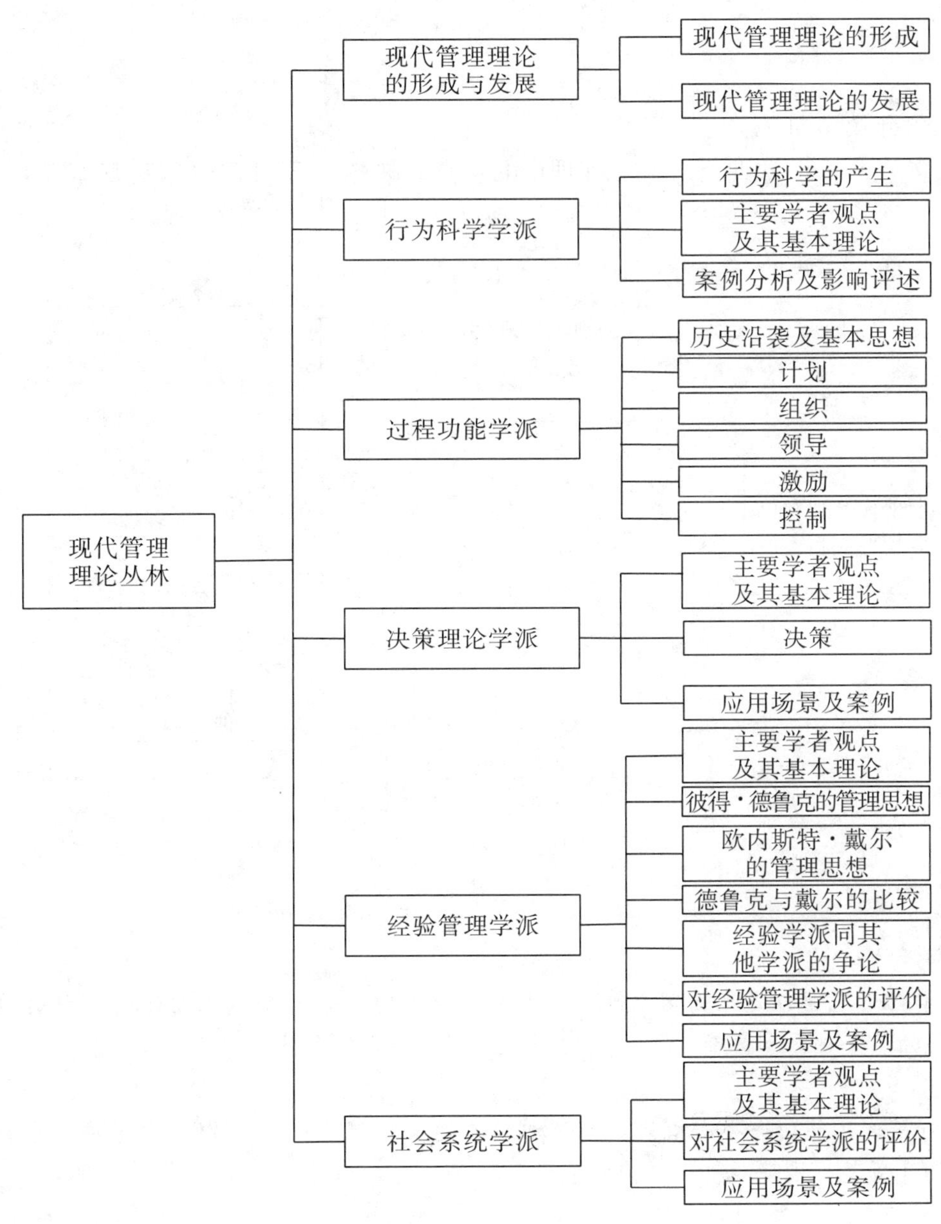

第六章　现代管理理论的形成与发展

本章结构

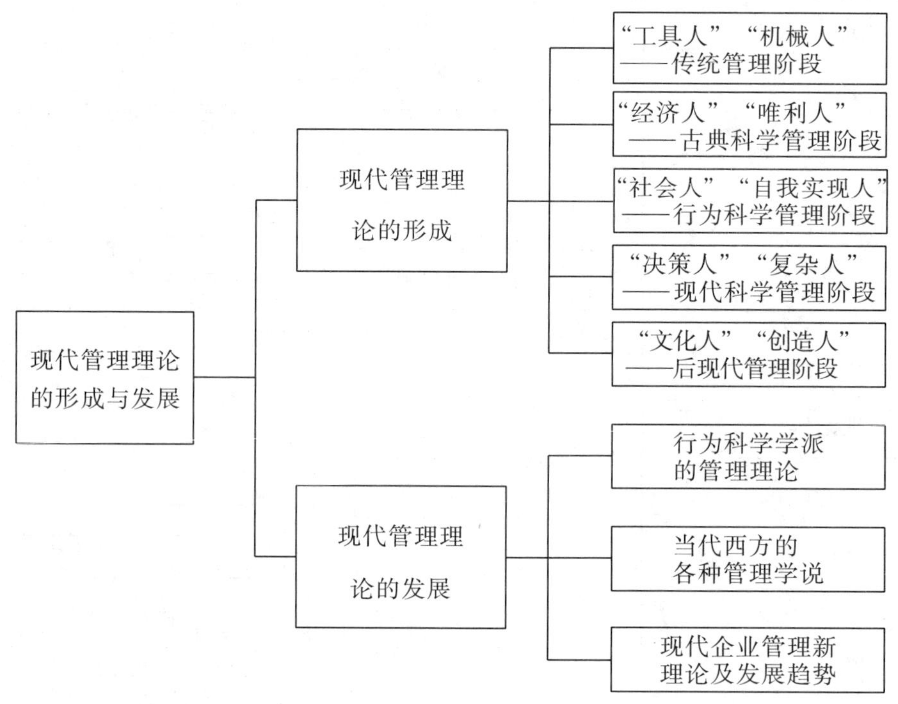

管理名言

1. 管理的艺术就是把内部平衡和外部适应和谐综合起来。各级组织都是社会这个大协作系统的某个部分和方面，每一个组织必须符合一定的条件才能生存。

——巴纳德

2. 如果我们想使一个有机体或一个机械在复杂而多变的环境中工作得更好，我们可以把它设计成适应性强的机械，使它能灵活地满足环境对它的要求。

——西蒙

本章学习目标

1. 了解管理理论的流派及主要代表人物

2. 掌握什么是现代管理理论
3. 掌握现代管理理论发展的原因
4. 掌握古典管理理论与现代管理理论的区别

第一节　现代管理理论的形成

20世纪初，大量制造企业对其组织管理方法进行了改组，这标志着制度化和科学化“管理运动”高潮的到来。其后，1910年，福特发明流水线的批量生产方式；20年代初，斯隆创立广泛适应的事业部制；尤其是泰勒的“科学管理理论”走向成熟并普遍推广，使管理理论研究走上了科学轨道，成为管理学产生的标志，也使社会化的“管理运动”圆满完成历史使命并永垂史册。

现代管理理论是继科学管理理论、行为科学理论之后，西方管理理论和思想发展的第三阶段，特指第二次世界大战以后出现的一系列学派。与前阶段相比，这一阶段最大的特点就是学派林立，新的管理理论、思想、方法不断涌现。美国著名管理学家哈罗德·孔茨认为当时林林总总的学派共有十一个：经验主义管理学派、人际关系学派、组织行为学派、社会系统学派、管理科学学派、权变理论学派、决策理论学派、系统管理理论学派、经验主义学派、经理角色学派、经营管理学派。

现代管理思想和理论的形成和发展是由以下因素作用的结果：

（1）在20世纪40年代，一方面由于工业生产的机械化、自动化水平不断提高以及电子计算机进入工业领域，在工业生产集中化、大型化、标准化的基础上，也出现了工业生产多样化、小型化、精密化的趋势。另一方面，工业生产的专业化、联合化不断发展，工业生产对连续性、均衡性的要求提高，市场竞争日趋激烈、变化莫测，即社会化大生产要求管理改变孤立的、单因素的、片面的研究方式，而形成全过程、全因素、全方位、全员式的系统化管理。

（2）第二次世界大战期间，交战双方提出了许多亟待解决的问题，如运输问题、机场和港口的调度问题、如何对大量的军火进行迅速检查的问题等等，都涉及管理的方法。

（3）科学技术发展迅猛，现代科学技术的新成果层出不穷。

（4）资本主义生产关系出现了一些新变化，由于工人运动的发展，赤裸裸的剥削方式逐渐被新的、更隐蔽、更巧妙的剥削方式所掩盖。新的剥削方式着重从人的心理需要、感情方面等着手，形成处理人际关系和人的行为问题的管理。

（5）管理理论的发展越来越借助于多学科交叉作用。经济学、数学、统计学、社会学、人类学、心理学、法学、计算机科学等各学科的研究成果越来越多地应用于企业管理。

同时，现代管理理论学派林立的原因除了技术进步、生产社会化等社会、经济背景因素外还有以下重要理论、实践以及研究者个体等方面的因素：（1）管理领域复杂性的影响；（2）管理学者知识背景不同的影响；（3）管理实践发展不同时期的影响；（4）理论发展规律的影响。

管理成为一种理论，已经走过了近一个世纪的历程。在这一历程中，管理理论得到了充足发展，形成了古典管理理论、行为科学理论及管理理论丛林论等一系列管理理论。但不管是什么样的管理理论，都是以一定的人性假设为前提的。人性假设是管理理论的基础，因为管理的中心、主客体、本质都是以人作为基本分析单位的。人性问题是一个永恒的话题，不仅哲学、社会学、人类学、心理学、文学研究它，管理学也研究它。人性假设的发展轨迹其实就是西方管理理论的发展轨迹，管理理论的发展是以人性假设作为变化前提的。

因此，要了解西方管理理论的发展轨迹，首先得了解人性假设的演变过程，不同的人性假设对应着不同的管理理论，无论是人性假设还是管理理论都反映了人当时所处的社会环境和人在社会中的地位。“人性假设”这一概念是1957年由美国学者道格拉斯·麦格雷戈在《企业中人的方面》一文中首次提出，随后，有很多的中西方学者进行了评述跟随，涉及“经济人”“社会人”“自我实现人”“复杂人”“机械人”“管理人”“决策人”等多种说法，没有一个统一的划分（见表6－1）。

表6－1 人性假设与管理理论发展阶段

人性假设	管理理论发展阶段
“工具人”“机械人”	传统管理阶段
“经济人”“唯利人”	古典科学管理阶段
“社会人”“自我实现人”	行为科学管理阶段
“决策人”“复杂人”	现代科学管理阶段
“文化人”“创造人”	后现代管理阶段

一、“工具人”“机械人”——传统管理阶段

18世纪后期到19世纪末近一个世纪，管理理论处于传统管理阶段，其特点是经验型管理，所以也称作经验管理阶段。在这一时期，人性是极端受压制的，几乎没有人身自由，不占有或占有非常少的生产资料，工厂主凭其经验和感觉进行管理，对管理的认识还停留在非理性的感性认识阶段，雇主可以按照其个人意愿想法随意支派、下达命令任务，他们把工人等同于牛马、锄头、镰刀这样的工具，可以招之即来，挥之即去，把工人当作没有任何感情的物体。在雇主眼中，工人就应该像蜜蜂那样辛勤劳动，不应有任何怨言，没有人格尊严。这一时期，工人本质上就是会说话的机器，会说话的牛马，雇主对“机器”“牛马”可以随意打骂，甚至不给粮草。在这一阶段，管理还没有形成一种科学，没有管理制度，也没有科学的操作标准和操作规程。这一时期的管理思想就是凭借管理者、统治者的经验、实践总结出来的，管理是单向的，被管理者只能服从、执行，没有任何权力，被管理者被抹杀了人性，实质上就是动物、工具、机器。因此，这一时期的管理人性假设是“工具人”“机械人”，也有人把这一阶段的管理特征比喻为“大棒式”管理。

二、“经济人”“唯利人”——古典科学管理阶段

19世纪末到20世纪30年代，是自由资本主义向垄断资本主义过渡的时期，随着社会生产力水平的逐步提高，以电力为动力的工业的出现和发展，管理理论也由经验型开始走向科学化，并上升到了一定的理论高度。其中典型的有泰勒的“科学管理理论”、法约

尔的“一般管理理论”和马克斯·韦伯的“行政管理理论”（见图6-2）。这一时期被称为古典科学管理阶段，在此阶段是人类历史上第一次正式严谨地探讨管理问题，提高了当时欧洲和美国企业的生产效率，促进了社会生产力的发展。这一阶段的管理，把人作为一种“经济人”“唯利人”，即其人性假设是以经济利益来衡量的。无论是工厂主还是工人，无不以自身利益为出发点，企业经营是为了追求利润最大化，工人工作是为了获得高的工资报酬。

图6-2　古典科学管理理论

古典科学管理理论的“经济人”假设是与道格拉斯·麦格雷戈的《企业中人的方面》一文中提及的“X理论”趋同的。道格拉斯·麦格雷戈在文中这样叙述道：在传统理论的背后，还有一些附加的信念，虽然不太明显，但却广为传播：（1）正常人生性懒惰——尽可能地少做工作；（2）他缺乏雄心壮志，不愿承担责任，宁愿被人领导；（3）他天生就以自我为中心，对组织需要漠不关心；（4）他的本性就反对变革；（5）他不太伶俐，易于受骗，易于受到骗子和野心家的蒙蔽。在这一人性假设之下，古典科学管理理论认为，要实现组织的目标，必须以经济利益来刺激，对人进行控制、指挥、监督。这一阶段更多地强调的是对物力资源的管理，对过程的管理，对人关注较少。“经济人”假设只关注人的外显行为，而不考虑人的内心世界。这一时期的管理人性假设是“经济人”“唯利人”，也有人把这一阶段比喻为“胡萝卜加大棒”管理。

三、“社会人”“自我实现人”——行为科学管理阶段

20世纪30年代初期，受资本主义经济危机的影响，资本主义国家中劳资双方的矛盾愈加尖锐，劳动生产率大幅度下降，泰勒的科学管理弊端日益显现，在这种情况下，20世纪30年代到20世纪50年代之间，行为科学便应运而生。行为科学管理理论是作为古典科学管理理论的对立面而出现的，这一阶段的早期代表人物有：人际关系学说的创始人美国哈佛大学教授梅奥和罗伯特利斯伯格。早期的人际关系学说的人性假设是“社会人”，即认为人们工作的最大动力是社会和心理需要，而不是经济需要，追求的是良好的人际关系。在管理方面的重点应是：关心人和满足人的需要，重视人际关系，培训员工的归属感和整体感。人际关系学说的“社会人”人性假设认为：人不是经济物质利益的奴隶，他们是有感情的动物，他们更需要社会和心理的安慰和满足。人们并非单纯追求经济物质，他们同样追求精神享受，需要友情、归属感、安全感等。行为科学管理理论是以“社会人”的人性假设为前提的，强调人的社会属性，人是处于一定的群体之中的，群体行为影响着个人行为，人与人之间的和谐关系、相对优越的工作环境和高报酬对工作效率的影响力更

大，人是复杂行为的混合体，理性与非理性，合乎逻辑与不合乎逻辑的结合物，不论是上层领导还是基层管理员，都要灵活对待员工，要与员工多多交流沟通，在正式组织的经济需求与非正式组织的社会需求之间寻求一个平衡。

“社会人”假设的提出是管理思想人性假设的一大进步，它不再把人简单地当作工具、机器，突出了人际关系对生产效率的影响，管理愈加趋于人性化，在当时的历史环境下，确实产生了很大的效应。但是，“社会人”过分强调了人的社会属性，剥离了人的基本的“经济人”属性，形成了另外一个极端。随着理论的不断传播深入，又出现了美国学者亚伯拉罕·马斯洛的“需要层次论”、赫茨伯格的“双因素理论”、社会心理学家道格拉斯·麦格雷戈的“X—Y 理论”等理论。这些理论在“社会人”假设的基础上进一步发展，提出“自我实现人”的人性假设（见图 6－3）。“自我实现人”是“社会人”假设的继续和发展，它继承了社会人所提出的人有社会的和心理的需要的内容，并在此基础上作了进一步的发挥。“自我实现人”假设强调人的需求是分层次的，只有最基本的生理需求得到满足之后，才会进一步追求安全需求、感情和归属需求、尊重需求及自我实现需求。在管理方面则更多地考虑让员工充分施展才能，发挥员工的积极性和创造性，主张下放权力。行为科学管理阶段因此也被称作“胡萝卜管理”。

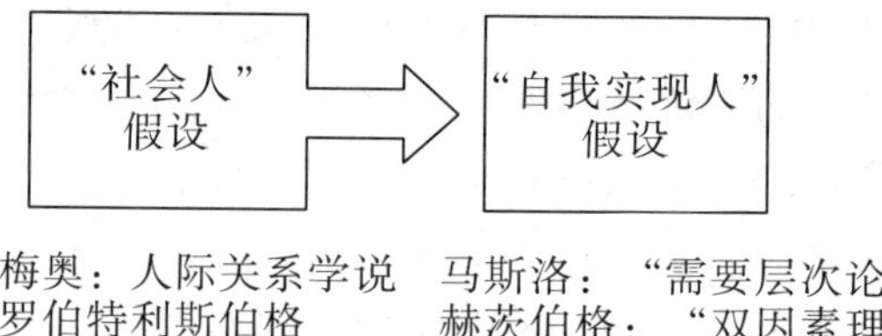

梅奥：人际关系学说
罗伯特利斯伯格

马斯洛：“需要层次论”
赫茨伯格：“双因素理论”
麦格雷戈:“X－Y理论”等

图 6－3　行为科学管理阶段的人性假设与理论

四、“决策人”“复杂人”——现代科学管理阶段

20 世纪 50 至 70 年代末，在这近 20 年的时间里，随着技术革命和产业结构的调整，技术更新周期大大缩短，市场竞争更加激烈，同时生产关系和劳资矛盾更加复杂。在这一时代环境下，以往单一的管理方式显然不能适应复杂多变的环境，许多新的管理理论与学说应运而生，不断涌现，产生了众多的管理学派。它们互相冲撞、融合，盘根错节、竞相峥嵘。哈罗德·孔茨称之为“管理理论的丛林”。其中有管理过程学派、以德鲁克为代表的经验主义（案例）学派、管理科学学派、以巴纳德为创始人的社会系统学派、以西蒙为代表的决策理论学派以及早期的行为科学学派、系统理论学派、经理角色学派、权变理论学派、群体行为学派、社会协作系统学派等。这一阶段被称作现代科学管理阶段，并不单指泰勒的科学管理体系，而是包括所有经典现代企业管理体系如行为科学学派、系统管理理论、权变理论、经验主义学派的理论等。

这一时期管理理论的人性假设，有各种各样的说法，如“复杂人”“决策人”“管理人”等，其中较有代表性的是西蒙的“管理就是决策”理论，他在与马奇合作的《组织》一书中，首次提出“决策人”假设理论。

“决策人”假设强调：人的理性是有限的；令人满意原则代替最优原则；组织仅仅是平衡杠杆。另一个具有代表性的人性假设是爱德加·薛恩于 1965 年出版的《组织心理学》

一书中首次提出的“复杂人”人性假设，“复杂人”人性假设的基本思想是：人们的需要与潜在欲望是多种多样的，而且人的需要和动机随着工作环境是不断变化的，由于人的需要不同、能力各异，对于不同的管理方式会有不同的反应，人是复杂动机的结合体，人性是动态变化的。与“复杂人”人性假设相对应的有莫尔斯和洛希在1970年发表的《超Y理论》和1974年出版的《组织及其成员：权变方式》（超Y理论，权变理论），及由美国日裔学者威廉·大内（William Ouchi）在1981年出版的《Z理论》（Z理论）。总体来说，在现代管理阶段，管理理论更加趋于实际，强调员工的参与，而且对管理者的领导管理技巧要求越来越高，要能因时、因地、因人、因境，随机应变。

赫伯特·西蒙（Herbert Alexander Simon，**美国**，1916—2001）

五、“文化人”“创造人”——后现代管理阶段

后现代管理理论思潮起源于20世纪80年代的美国。当时，日本30年的经济发展使得美国的霸主地位受到严重威胁，不仅西方国家，全世界都为之震惊。此时，美国努力探求日本经济发展迅速的奥秘，发现日本的优势并不在于它的现代化的技术，而是在于它特有的文化。由此，“文化人”这一概念被提了出来。“文化人”假设认为：人的心理与行为归根结底是由人的世界观、人生观、价值观决定的。人是企业的主体，是管理的核心，所以管理的根本任务是培育和塑造员工的价值、精神、形象。人是文化的产物，与人所在国家、民族的文化是紧密相关的。

特别是21世纪，由于计算机技术、微电子技术、信息技术、光电技术、新材料和基因工程等一大批高新技术产业的发展，市场竞争愈加激烈，外部环境愈加不稳定，使得企业的工作方式发生了重大的改变，产品更多地由有形变为无形，传统的大规模集体流水线作业变为小规模、零散的个性化办公，传统的“经济人”“社会人”“自我实现人”已无法适应竞争、知识经济环境，在后现代管理阶段迫切需要“文化人”“创造人”。在后现代管理阶段，较为著名的有“7S”模式、“3P”理论等。2004中国青年学者张羿出版的《后现代企业与管理革命》，是全球第一部后现代企业管理专著，书刚刚问世，就迅速引起经济管理界和企业界强烈的关注，他主张管理实践中“文化人”的相对理性与多元主体。后现代管理阶段还很年轻，尚处于不断发展摸索阶段，目前还没有形成一套完整成熟的理论体系。但是，对于“文化人”的人性假设目前已得到绝大多数学者的认同。“文化人”假设相对“经济人”“社会人”“自动实现人”更加人性化，是真正意义上的“以人为本”。

第二节　现代管理理论的发展

管理活动自古就存在。管理是一种社会现象或文化现象，只要有人类社会存在，就会有管理存在。然而，管理活动真正成为理论，却是在工业企业产生之后。工业企业是资本主义商品经济发展的产物，企业管理是随着资本主义工厂制度的出现而产生的。一百年来，随着资本主义生产的高度发展，企业管理已积累了丰富的经验，并逐步形成一门独立的学科。

随着企业规模的扩大、科技的发展，管理工作愈加复杂，仅仅凭借个人的经验管理企业已不能适应企业的发展与需要。企业迫切地要求提高管理水平，把多年的管理经验加以总结，使之系统化、科学化、标准化，用科学的理论代替传统的管理。最早提出科学管理理论的就是美国的泰勒，泰勒思想的出现标志着企业管理理论的形成。

一、行为科学学派的管理理论

行为科学学派是一种诞生于近代，形成于现代的管理理论学派（见图 6－4）。其早期为人际关系学派，是 20 世纪 20 年代末 30 年代初通过霍桑实验而形成的，其代表人物是梅奥。他的代表作是《工业文明的人类问题》，他运用人类学、社会学、心理学、经济学、管理学的理论和方法，来研究人的行为及产生行为的原因，指出调动人的内在积极性才是管理的最佳办法。其主要观点是：不能把工人看成是单纯的经济人，他们是复杂的社会人；创造良好的工作环境；建立正式组织与非正式组织；强调领导者的能力。

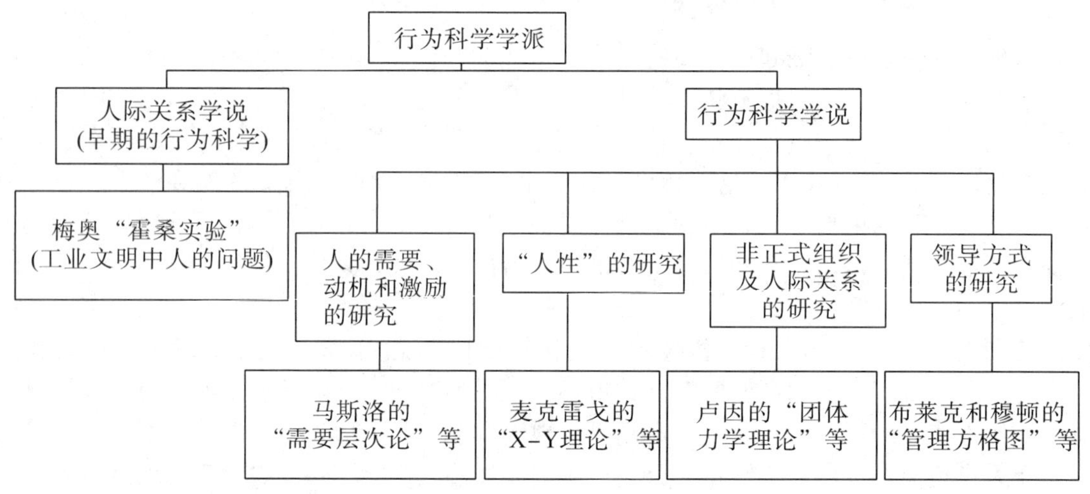

图 6－4　行为科学学派

马斯洛认为人是有需要的动物，人的需要有轻重层次，并将人的需要分为五级：生理的需要，安全的需要，感情的需要，尊重的需要，自我实现的需要。他认为应通过满足人的不同需要来达到激励人员的作用。不过，马斯洛的理论只说明了需要与激励之间的一般关系，没有考虑到不同的人对相同的需要的反映方式往往是不相同的，而且他没注意到工作和工作环境的关系。正是由于该理论的不足，美国心理学家弗雷德里克·赫茨伯格于 1959 年提出了双因素理论（激励因素和保健因素），对需要层次理论作了补充。他划分了激励因素和保健因素的界限，分析出各种激励因素主要来自工作本身，这就为激励工作指出了方向。

可见，行为科学理论重视了人在生产中的作用，侧重激发人的创造性，主要研究个体行为、团体行为和组织行为。

二、当代西方的各种管理学说

随着科学技术的飞速发展，自动化程度越来越高，专业化程度日趋提高，协作关系更为复杂，各种管理理论随之产生（见图 6—5）。

图 6—5　当代西方各种代表管理学派

孔茨等人把法约尔的行为科学理论发展成为管理过程功能学派，其基本思想仍然是每个主管人员的任务就是设计和维护一种环境，使身处其间的人们能在集体内一道工作，以求有效地完成集体的目标。

巴纳德的社会系统学派自成一家，他在分析了个人与组织后提出了组织的三要素：协作的意愿、共同的目标和信息的沟通，并给出了协作系统在共同目标下的组织的结构关系，目标是使组织有效率。

西蒙继承了巴纳德的思想而创立了决策理论学派。西蒙等人认为：组织就是作为管理者的个人所组成的系统。决策贯彻于管理的全过程，管理就是决策。在他的组织系统中使理论上决策最优和实践上的令人满意两项标准之间达到了高度的统一。

数量学派认为管理就是制定和运用数学模型与程序的系统，就是用数学符号和公式来表示计划、组织、决策、控制等合乎逻辑程序，求出最优的解答，以达到企业目标。在企业的目标下，用数学来解决管理与被管理之间的关系是该学派的特色。

德鲁克所代表的经验主义学派认为，企业的目的是创造顾客，在此目的下管理就是对人进行管理的技巧，是用技巧来解决管理和被管理的关系问题。

经理角色学派认为经理所承担的角色体现了管理与被管理的关系。角色这一概念是行为科学从舞台术语中借用到管理学来的。角色就是属于一定职责或地位的一套有条理的行为。演员、经理和其他人的角色都是事先规定好的，虽然各人可能以不同的方式来解释这些角色。

相关链接

王中是一个冷冻食品厂厂长，该厂专门生产一种奶油特别多的冰淇淋。在过去的 4 年中，每年的销售量都稳步递增。但是今年的情况发生了较大的变化，到 8 月份，累计销量比去年同期下降 17%，生产量比所计划的少 15%，缺勤率比去年高 20%，迟到早退现象也有所增加。王中认为这种情况的发生很可能与管理有关，但他不能确定发生这些问题的原因，也不知道应该怎样改变这种情境。他决定去请教管理专家。

思考题

1. 你认为，具有不同管理思想［科学管理思想、行为管理思想、数量（定量）管理思想、权变管理思想、系统管理思想］的管理专家，会认为该厂的问题出在哪里？

2. 你的观点是什么？提出你的解决办法。

三、现代企业管理新理论及发展趋势

现代西方管理理论萌芽于欧洲的文艺复兴时期，得益于西方资本主义制度的确立，形成于19世纪末和20世纪初，成熟于第二次世界大战以后的20世纪70年代末到80年代初。进入新的历史时期，现代西方管理理论对于人的研究大大地加强了，明显地向人性回归。他山之石可以攻玉，认真探索、总结西方管理思想的内在规律，对于我们的企业管理，无疑有着诸多启示和帮助（见表6—2）。

表6—2 现代管理理论发展趋势

现代管理理论发展趋势之一	把理性管理同艺术管理有机结合起来
现代管理理论发展趋势之二	把企业中正式组织和非正式组织的作用结合起来
现代管理理论发展趋势之三	把管理中的系统性、计划性、程序化等特征与灵活性、权变性、非程序化等特征相结合
现代管理理论发展趋势之四	把管理中的精确性和模糊性相结合，行政方法和经济手段相结合
现代管理理论发展趋势之五	面对信息化、全球化、经济一体化等新的形势，企业之间竞争加剧，联系增强，管理出现了深刻的变化与全新的格局。正是在这样的形势下，管理出现了一些全新的发展趋势：（1）非理性主义倾向与重视企业文化，（2）战略管理理论，（3）企业再造理论，（4）“学习型组织”理论

（一）现代管理理论发展趋势之一，是把理性管理同艺术管理有机结合起来，它给我们的重要启示是，要高度重视管理经验的价值

19世纪末20世纪初产生了以泰勒、法约尔、韦伯等人为代表的古典科学管理运动，极大地推动了生产力的发展，并第一次科学地、理性地把管理纳入了科学的轨道，使管理成为一门真正的科学。行为科学对生产力的发展和劳动生产率的提高起到了重要的促进作用，但是由于偏重非理性方面而忽略了理性方面，管理绩效同样达不到最理想的要求。要想真正使管理达到最优境界，只有把两者结合起来。

美国著名管理学家哈罗德·孔茨认为，管理就是设计和保持一种良好环境，使人在群体里高效率地完成既定目标。具体而言，管理目标和计划的实施，组织结构的设计与运作，人力、物力资源的调配和安置，以及对管理全过程的控制和调整，这些都离不开人的参与。因此，人才的优劣、好坏，人才的选拔尤其是中层以上干部的选拔至关重要，因为企业的竞争归根到底是人才的竞争。

美国人曾称IBM为“蓝色巨人”，但这位巨人在20世纪90年代曾危机四伏。1991年亏损29亿美元，1992年又亏损50亿美元。1993年3月IBM董事会选定51岁的郭士纳——原纳比斯食品烟草公司总裁出任CEO，消息传出，舆论哗然，反对之声一浪高过一浪。世界上最大的计算机公司竟聘用了一位计算机外行当了总裁，然而，郭士纳以他的管理征服了IBM，征服了管理界。这又回应了法约尔的一般管理理论对于管理者必须具有管理经验之说的正确性。

人们一般认为，不能让外行来领导内行。其实，这里混淆了管理与操作（技术）的本质。一个单位的管理者，不是某一工作的实操者，他的作用是计划、组织、指挥、协调、

控制（这也是法约尔的理论）。工作的层面、思路、执行是不一样的，这种区别就造就了不同类型的管理者或技术员，这一理论对我们选拔人才具有一定的帮助作用。

（二）现代管理理论发展趋势之二，是把企业中正式组织和非正式组织的作用结合起来

现代管理理论认为，所谓正式组织，指的是企业为了有效实现其目标，所规定的组织成员的正式的相互关系和组织体系，包括组织结构、方针政策、规划方案、规章制度、运行方式、管理模式等；所谓非正式组织，是指组织中没有经过上级或一些相关的程序而建立起来的以感情联系为主要沟通方式的组织（见表6－3）。行为科学强调了非正式组织的作用。要想达到理想的管理绩效，这两者的结合是必然的趋势。

表6－3　正式组织与非正式组织的区别

正式组织	非正式组织
有经过计划的正式的组织结构	没有正式计划的组织结构
有意创造出具有一定形式的关系	经由相互作用而自发产生
通常用组织结构图来说明	不用图表来说明
传统理论推崇正式组织	人际关系理论推崇非正式组织

在一个单位里，正式组织一般都占主导地位，日常的工作和学习活动都通过它来进行。由于非正式组织是自然形成的无形组织，不占主导地位，容易被人忽视。事实上，劳动群体中的人际关系本来就是由正式组织和非正式组织一起构成的，它们共同影响着劳动者的思想和行动。那么，非正式组织是怎样产生的呢？一般而言，它是人们为满足工作以外的某种心理需要而产生的。正式组织的目的是完成生产和工作任务，因而满足不了人们工作以外的各种各样的需要，如交朋友的需要、业余爱好的需要等，所以人们自然而然要通过一些途径来实现这些需要，于是形形色色的非正式组织便相继产生了。概括起来，非正式组织的形成原因大体有三种：一是由于利益和观点一致而形成小群体；二是由于志向、爱好、兴趣、习惯一致而形成伙伴关系；三是有相似的经历和背景。那么，在实际工作中怎样引导和利用非正式组织，充分发挥非正式组织的作用？对此，有管理专家做如下建议：

（1）利用非正式组织成员之间情感密切的特点，引导他们互帮互学，取长补短，提高生产技术和工作能力；

（2）利用他们之间互相信任，说话投机，有共同语言的特点，启发他们开展批评和自我批评，克服缺点，发扬优点；

（3）利用他们之间的信息传递灵活迅速的特点，可以及时收集职工对单位工作的意见和要求，使领导者及时掌握各方面的情况，便于改进工作；

（4）利用非正式组织凝聚力强，肯互相帮助的特点，有意识地把单位无力顾及的群众工作和适合他们去做的思想工作交给他们做，这样既能解决问题，又为领导者分了忧；

（5）利用非正式组织内群体压力大、突击性和从众性强的特点，在确定分配生产和工作任务时，给予必要的信任、鼓励和压力，使他们起到突击队的作用，促进任务的完成；

（6）利用其领袖能力强、说话灵、影响大的特点，在符合条件和情况允许时，依靠

他，并授予相应的权力，从而将其群体纳入正式组织的轨道。

（三）现代管理理论发展趋势之三，是把管理中的系统性、计划性、程序化等特征与灵活性、权变性、非程序化等特征相结合，它告诉我们要在工作中注意管理目标的一致和统一

古典管理理论和管理科学理论普遍强调管理的系统性、计划性和程序化方面的作用，而行为科学和权变学派则强调不顾外部环境的变化，把计划、系统看得一成不变，这样就会造成不应有的损失。企业本身是一个系统，一个系统要正常地运转，就必须是这两方面的有机结合，现代管理理论有把这两种理论相结合的趋势。

法约尔的管理理论强调命令的统一，每个人只有一个上级。但在现实的工作中，却难尽如人意。从行政管理的角度看，存在着命令不统一的情况。不同的行政机关管理着同一件事情，这种政出多门的情况在现实中比比皆是。对于高校毕业生就业管理工作，至少有人事部、组织部、地方人事局、教委等四方管理。人事局有进京指标，教委有留京指标，这种政出多门的现象在不同程度上限制了毕业生的就业，违背了现代管理理论中的一般管理原理。在单位的具体工作上，这种情况就更为多见，如部门领导、主管领导、一把手同时布置、调控同一件工作的事情时有发生，这种多头管理使下级无所适从。领导班子的意见不统一，导致命令的不统一，实际执行效果可想而知。由此可见，现代管理理论对行政管理工作，对于企业管理，都有着重要启迪和借鉴作用（见图6－6）。

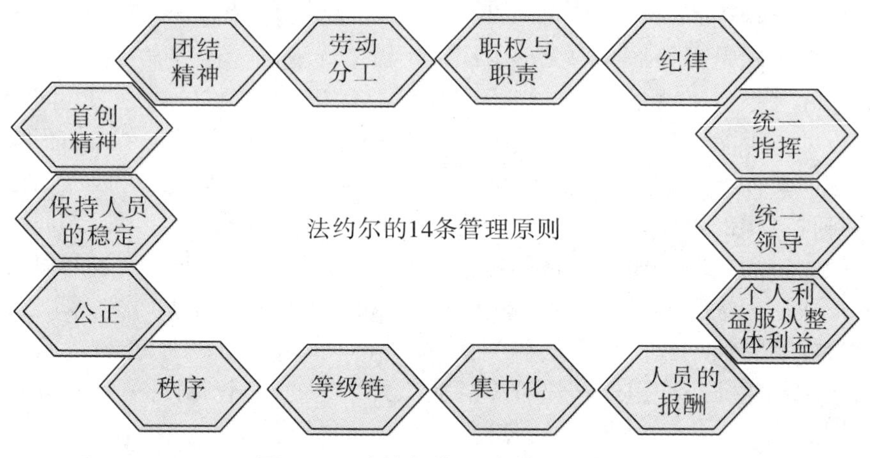

图6－6　法约尔的14条管理原则

（四）现代管理理论发展趋势之四，是把管理中的精确性和模糊性相结合，行政方法和经济手段相结合，并警示我们要特别注意行政方法的负面影响

对精确性管理的研究已逐渐成熟，但在管理过程中还存在着大量的不清晰、不确定、不完美的情况。不能只注重精确性而忽视事物发展的本质，也不能单纯用模糊的方法去管理。在管理上，只有把两者有效地结合起来，才会真正使管理活动更加可控而富有活力。现代管理理论认为，采用行政方法进行管理，比较简单、直接、有效，但由于它本身的特点，如果单纯采用行政方法或者滥用行政方法，就会产生诸多不良影响。

首先，由于行政方法具有权威性和强制性，作用和效果较直接有效，且不承担任何经济责任，容易使一些管理者过分迷信行政方法的效力，不讲客观规律，不进行调查研究而加以滥用。而被管理者由于惧怕违抗上级命令、指令会受罚，处处迎合顺从管理者的意

志，有时要做出违心的言行，这就可能助长某些领导者独断专行、官僚主义和瞎指挥的不良作风。

其次，行政方法是靠权力和服从来进行管理的，且不便于分权，因此会影响被管理者的积极性、主动性和创造性。上级有时不能全面考虑各单位、各部门和各地区的经济利益，可能会挫伤某些单位和劳动者的积极性。下级对上级的服从和合作是出于外力，而不是自愿的，因此下级在执行上级的指示、命令过程中缺乏主动性和积极性，长期下去会使下级丧失工作的主动性和责任感，形成对上级的依赖，同时也难以做到令行禁止。

马克斯·韦伯（Max Weber，**德国**，1864—1920）

最后，由于行政方法是自上而下，按照行政区域、行政系统、行政层次来进行组织与管理经济活动的，比较强调上令下行。这样，一方面当上级决策有失误时，下级不能自行根据具体情况采取相应的行动和措施进行补救，且当机构庞大、管理层次较多时，还会造成信息传递迟缓和失真；另一方面，横向沟通的困难不利于企业之间发展横向联系和进行专业化协作，易在部门、地区、企业之间造成人为的经济分割。

事实上，行政管理的目标与企业管理的目标是不完全一致的。法约尔的责权统一论、德鲁克的目标管理论，可以有效缓解行政效率低下的问题，避免“上有政策，下有对策”。

（五）现代管理理论发展趋势之五，是进入20世纪80年代以后，随着社会、经济、文化的迅速发展，特别是信息技术的发展与知识经济的出现，世界形势发生了极为深刻的变化

面对信息化、全球化、经济一体化等新的形势，企业之间竞争加剧，联系增强，管理出现了深刻的变化与全新的格局。正是在这样的形势下，管理出现了一些全新的发展趋势（见表6−3）。

1. 非理性主义倾向与重视企业文化

20世纪70年代末、80年代初，由于经营风险增大，竞争激烈，管理日趋复杂，在西方管理理论界出现了一种非理性主义倾向和重视企业文化的思潮。

2. 战略管理理论

20世纪70年代前后，世界进入到科技、信息、经济全面飞速发展时期，同时竞争加剧，风险日增。企业为了谋求长期生存发展，开始注重构建竞争优势。这样，在经历了长期规划、战略规划等阶段之后，形成了较为系统的战略管理理论。安索夫（Ansoff）的《公司战略》（1965）一书的问世，开创了战略规划的先河。1976年，安索夫的《从战略规则到战略管理》一书出版，标志着现代战略管理理论体系的形成。

3. 企业再造理论

进入20世纪七八十年代，市场竞争日趋激烈，美国企业为对抗来自日本、欧洲的威胁而展开探索。1993年，麻省理工学院教授迈克尔·哈默（M. Hammer）博士与詹姆斯·钱皮（J. Champy）提出了企业再造理论。企业再造的基本含义是指，“为了飞越地改善成本、质量、服务、速度等重大的现代企业的运营基准，对工作流程（business process）作根本的重新思考与彻底翻新”。

4．“学习型组织”理论

20世纪90年代以来，知识经济的到来，使信息与知识成为重要的战略资源，相应诞生了“学习型组织”理论。“学习型组织”理论是美国麻省理工学院教授彼得·圣吉在其著作《第五项修炼》中提出来的。“学习型组织”的基本思想是“未来真正出色的企业，将是能够设法使各阶层人员全心投入，并有能力不断学习的组织”。在学习组织中，有五项新的技能正在逐渐汇集起来，这五项技能被他称为“五项修炼”（即自我超越、改善心智模式、塑造共同愿景、团队学习和系统思考）。

表6-3　管理发展新趋势

新趋势	产生背景
非理性主义倾向与重视企业文化	20世纪70年代末、80年代初，由于经营风险增大，竞争激烈，管理日趋复杂
战略管理理论	20世纪70年代前后，世界进入到科技、信息、经济全面飞速发展时期，同时竞争加剧，风险日增，为了谋求企业的长期生存发展，开始注重构建竞争优势
企业再造理论	进入20世纪七八十年代，市场竞争日趋激烈，美国企业为对抗来自日本、欧洲的威胁而展开探索
“学习型组织”理论	20世纪90年代以来，知识经济的到来，使信息与知识成为重要的战略资源，相应诞生了学习型组织理论

随着社会的发展，管理从固定的组织系统向富有弹性的组织系统发展，这是现代管理发展的又一个重要趋势。在传统管理模式下，建立起一套完整的组织系统，长期固定不变，显得僵硬。但现在，由于社会环境的不断变化，要求组织机构应该趋于灵活而富有弹性，以求信息畅通并行动敏捷，能够具有很强的对环境的适应能力。为简化发号施令和相互沟通的渠道，组织管理者将缩小机构，减少层次。在组织各下属机构变小的同时，赋予它们更大的自主权，实行经营权和管理权下放。这既有利于发挥下属人员的专长和创造精神，又有利于领导者把主要精力集中在高层战略决策问题上。

现代管理理论是近几十年来正在迅速崛起的一个较新的研究领域。其蓬勃发展主要是受到了社会对更高领导能力需求的推动，而这种推动力又来源于社会环境的迅速变化对组织领导的更高要求。我们正在经历一个社会生活急剧变化的时代：经济体制的转型，全球化进程的加速，知识经济时代的到来以及跨文化的信息交流与价值碰撞，这些都不断在对社会中各种组织的生存与发展提出新的挑战，也对组织的领导者提出了更高的要求。任何一门科学理论都不是唯一和一成不变的，因此，我们不必过于苛求现代管理理论下领导科学的完美无缺，但我们完全可以对其未来的发展寄予厚望。只要我们遵循严格的科学方法，肯于付出辛劳，不断摸索、总结其精华，这片尚未开垦的沃土一定会在不远的将来成为一片硕果累累的绿洲。

本章小结

从西方管理理论的发展轨迹，我们可以看出，管理的人性假设是一个不断深化，由浅入深，由低级到高级的渐进过程，是一个人性化味道逐渐升华的过程。无论是政府还是企业，在管理实践中，应根据人性假设、人员全体进行相应的管理模式选择。纵观西方管理理论的发展轨迹，我们中国应予以学习、借鉴和吸收，尽快缩小与西方的差距，提高我国企业管理水平。

现代管理理论是继科学管理理论、行为科学理论之后，西方管理理论和思想发展的第三阶段，特指第二次世界大战以后出现的一系列学派。与前阶段相比，这一阶段最大的特点就是学派林立，新的管理理论、思想、方法不断涌现。美国著名管理学家哈罗德·孔茨认为当时林林总总的学派共有十一个：经验主义管理学派、人际关系学派、组织行为学派、社会系统学派、管理科学学派、权变理论学派、决策理论学派、系统管理理论学派、经验主义学派、经理角色学派、经营管理学派。

现代管理理论学派林立的原因除了技术进步、生产社会化等社会、经济背景因素外还有以下重要理论、实践以及研究者个体等方面的因素：管理领域复杂性的影响，管理学者知识背景不同的影响，管理实践发展不同时期的影响，理论发展规律的影响。

进入20世纪80年代以后，随着社会、经济、文化的迅速发展，特别是信息技术的发展与知识经济的出现，世界形势发生了极为深刻的变化。面对信息化、全球化、经济一体化等新的形势，企业之间竞争加剧、联系增强，管理出现了深刻的变化与全新的格局。正是在这样的形势下，管理出现了一些全新的发展趋势：(1) 把理性管理同艺术管理有机结合起来，它给我们的重要启示是，要高度重视管理经验的价值；(2) 把企业中正式组织和非正式组织的作用结合起来；(3) 把管理中的系统性、计划性、程序化等特征与灵活性、权变性、非程序化等特征相结合，它告诉我们要在工作中注意管理目标的一致和统一；(4) 把管理中的精确性和模糊性相结合，行政方法和经济手段相结合，并警示我们要特别注意行政方法的负面影响；(5) 非理性主义倾向与企业文化，战略管理理论，企业再造理论，"学习型组织"理论。

本章针对管理理论的由来，对各类管理理论进行阐述和分析，反映管理理论的发展过程，并针对现代管理理论的内涵进行阐述，反映现代企业管理的要求。

本章关键词

现代管理理论　现代企业管理要求　"工具人""机械人"假设　"经济人""唯利人"假设　"社会人""自我实现人"假设　"决策人""复杂人"假设　"文化人""创造人"假设　科学管理学派　过程功能学派　行为科学学派　霍桑实验　社会系统学派　决策理论学派　经验主义学派　数量学派　经理角色学派　企业再造理论　"学习型组织"理论

思考题

1. 管理思想和管理理论的发展可分为几个阶段？为什么这样划分？
2. 古典科学管理的主要内容和基本特征是什么？

3. 科学管理理论的主要内容有哪些？详述这些内容的含义。

4. 法约尔的一般管理理论主要包括哪些内容？其贡献与不足是什么？

5. 什么是现代管理理论？与古典管理理论有什么区别？

6. 现代管理理论形成的原因和过程如何？著名流派和代表人物有哪些？

7. 现代管理理论有哪些新的发展趋势？

8. 统一指挥和统一领导原则的差别是什么？

9. 为什么说古典管理理论、人际关系理论和管理科学理论这三种理论既互相矛盾、相互补充和互相联系？

10. 人性假设主要有哪些？分别对应什么管理理论学派？

西湖公司的控制系统

西湖公司是李先生靠3000元创建起来的一家化妆品公司。开始只是经营指甲油，后来逐步发展成为颇具规模的化妆品公司，资产已达6000万元。李先生于1994年发现自己患上癌症后，对公司的发展采取了两个重要措施：(1) 制定公司要向科学医疗卫生方面发展的目标；(2) 高薪聘请雷先生接替自己的职位，担任董事长。

雷先生上任后采取了一系列措施，推行李先生为公司制定的进入医疗卫生行业的计划：在特殊医疗卫生业方面开辟一个新行业，同时开设一个凭处方配药的药店，并开辟上述两个新部门所需产品的货源、运输渠道。与此同时，他在全公司内建立了一条严格的控制措施：要求各部门制定出每月的预算报告，要求每个部门在每月初都要对本部门的问题提出切实的解决方案，每月定期举行一次由各部门经理和顾客代表参加的管理会议，要求各部门经理在会上提出自己本部门在当月的主要工作目标和经济往来数目。同时他特别注意资产回收率、销售边际及生产成本等经济动向，他也注意人事、财务收入和降低成本费用方面的工作。

由于实行了上述措施，该公司获得了巨大的成功，到20世纪90年代末期，年销售量提高24%，到2000年达到20亿元。然而，进入21世纪以来，该公司逐渐出现了以下问题：2002年出现了公司有史以来第一次收入下降、产品滞销、价格下跌。主要原因有：(1) 化妆品市场的销售量已达到饱和状态；(2) 该公司制造的高级香水一直未打开市场，销售情况没有预测的那样乐观；(3) 国外公司挤占了本国市场；(4) 公司在国际市场上出现了不少问题，推销员的冒进得罪经销商，公司形象没有很好地树立，等等。

雷先生也意识到公司存在的问题，准备采取有力措施以改变公司目前的处境。他计划对国际市场方面进行总结和调整，公司开始研制新产品。他相信投入大量资金研制的医疗卫生工业品不久可以进入市场。

思考题

1. 雷先生在西湖公司采取了哪些控制方法？

2. 假设西湖公司原来没有严格的控制系统，雷先生在短期内推行这么多控制措施，其他管理人员会有什么反应？

3．就西湖公司目前的状况而言，怎样健全控制系统？

资料来源于：百度文库，http://wenku.baidu.com/link?url=FqM7_CRiuGOA64xUb2LZpiElaFfLoQY7SPDbTrutdEnGEQhDXAN3m-Z7PEZlCs13OObmrt2SEn1fhpcDk6X3auJfguQYQ_LGnXYzw7L3cjm 2016年6月。

准确决策与盲目投资

禹州市建筑卫生陶瓷厂是一家国有中型企业，由于种种原因，1995年停产近一年，亏损250万元，濒临倒闭。1996年初，郑丙坤出任厂长。面对停水、停电、停工资的严重局面，郑丙坤认真分析了厂情，果断决策：治厂先从人事制度改革入手，把课室及分厂的管理人员减掉3/4，充实到生产第一线，形成一人多用、一专多能的治厂队伍。郑丙坤还在全厂推行了“一厂多制”的经营方式：对生产主导产品的一、二分厂采取“四统一”（统一计划、统一采购、统一销售、统一财务）的管理方法，对墙地砖分厂实行股份制改造，对特种耐火材料厂实行租赁承包。

改制后的企业像开足马力的列车急速运行，逐渐显示了规模跟不上市场的劣势，从而严重束缚了企业的发展。有人贪大求洋，贷巨款上大项目；有人建议投资上千万元再建一条大规模的辊道窑生产线，显示一下新班子的政绩。郑丙坤根据职工代表大会的建议，果断决定将生产成本高、劳动强度大、产品质量差的86米明焰煤烧隧道窑扒掉，建成98米隔焰煤烧隧道，并对一分厂的两条老窑进行了技术改造，结果仅花费不足200万元，便使其生产能力提高了一倍。目前该厂已形成年产80万件卫生瓷、20万平方米墙地砖、5000吨特种耐火材料三大系列200多个品种的生产能力。1996年，国内生产厂家纷纷上高档卫生瓷，内外也有不少人建议郑丙坤赶上“潮流”。对此，郑丙坤没有盲目决策，而是冷静地分析了行情，经过认真调查论证，认为中低档次的国内市场潜力很大，一味上高档卫生瓷不符合国情。于是经过市场考察，该厂新上了20多种中低档卫生瓷产品，这些产品一投入市场便成了紧俏货。目前新产品产值占总产值的比例已提高到60%以上。

与禹州市建筑卫生陶瓷厂形成鲜明对比的是河南省洁达陶瓷公司。20世纪90年代，该公司曾是全省建材行业三面红旗之一。然而近年来在市场经济大潮的冲击下，由于盲目轻率，导致企业重大决策失误，这家原本红红火火的国有企业债台高筑。1992年，由国家计委、省计经委批准，为该公司投资1200万元建立大断面窑生产线。但该公司为赶市场潮流，不经论证就将其改建为辊道窑生产线，共投资1700万元。由于该生产线建成时市场潮流已过，因此投产后公司一直亏损。在产销无望的情况下，公司只好重新投入1000多万元再建大断面窑，这使公司元气大伤，债台高筑，仅欠银行贷款就达3000多万元。六年来该公司先后做出失误的重大经营决策6项，使国有资产损失数百万元。企业不仅将以前积累的数百万元自有资金流失得一干二净，而且成了一个“老大难”企业。

禹州市建筑卫生陶瓷厂由衰变强和河南省洁达陶瓷公司由强变衰的结果形成了强烈的反差。

思考题

1．决策包括哪些基本过程？其中的关键步骤是什么？

2. 案例中两家企业形成鲜明对比的原因是什么？

3. 科学决策需要注意哪些问题？

资料来源于：百度文库，http://wenku.baidu.com/link?url=FqM7_CRiuGOA64xUb2LZpiElaFfLoQY7SPDbTrutdEnGEQhDXAN3m-Z7PEZlCs13OObmrt2SEn1fhpcDk6X3auJfguQYQ_LGnXYzw7L3cjm 2016年6月。

参考资料

[1] 吴昊：《“创新人”——一种人性假设新理念》，载于《科学管理研究》，2000年第10期。

[2] 姚威：《从人性假设的演变看西方管理思想发展史》，载于《经济·管理》，2005年第6期。

[3] 胡坤、刘思峰：《管理理论与人性假设的对应发展关系》，载于《商业研究》，2004年第19期。

[4] 孙耀君：《管理学名著选读》，中国对外翻译出版公司，1988年版。

[5] 郭咸纲：《西方管理思想史》，经济管理出版社，2002年版。

[6] 周三多、陈传明、鲁明泓：《管理学原理与方法》，复旦大学出版社，2011年版。

[7] 全国中等职业学校财经类专业教材编写组：《企业管理基础》，高等教育出版社，2009年版。

[8] 李光：《21世纪企业管理思想的发展趋势》，载于《技术经济与管理研究》，2001年第3期。

[9] 陈晓红、李涓：《现代管理的发展趋势》，载于《中南工业大学学报》（社会科学版），第二卷（2）。

[10] 吴兆春、吴勇：《走出管理理论的丛林——基于管理哲学的视角》，载于《科技管理研究》，2011年第5期。

[11] 唐蕾：《管理理论未来跨学科融合发展趋势探析——基于对管理理论丛林现象的再思考》，载于《商业时代》，2011年第1期。

[12] 彭新武：《当代管理学研究的范式转换——走出“管理学丛林”的尝试》，载于《中国人民大学学报》，2007年第5期。

[13] 哈罗德·孔茨等：《管理学》（第10版），郝国华等译，经济科学出版社，2004年版。

[14] 刘金方等：《现代管理理论与方法》，中国铁道出版社，2007年版。

[15] 杨杜：《现代管理理论》，经济管理出版社，2013年版。

[16] 金东日著、沈亚平编：《现代组织理论与管理》（第2版），天津大学出版社，2009年版。

[17] 陈伟、陈克：《现代管理理论》，哈尔滨工程大学出版社，2001年版。

[18] 王力、赵渤编著：《管理学流派思想评注图鉴：历史、方法、趋势》，社会科学文献出版社，2011年版。

[19] [美] 理查德 L. 达夫特：《管理学原理》（第7版），机械工业出版社，2011年版。

[20] W. H. 纽曼：《管理过程》，中国社会科学出版社，1995年版。

[21]［美］S. P. 罗宾斯：《组织行为学》（第 10 版），中国人民大学出版社，2005 年版。
[22] J. G. 马奇、H. A. 西蒙：《组织》，中国社会科学出版社，1988 年版。
[23]［美］D. A. 雷恩：《管理思想的演变》，中国社会科学出版社，1995 年版。
[24]［美］D. 尼夫主编：《知识经济》，珠海出版社，1998 年版。
[25]［美］H. 孔茨、H. 韦里克：《管理学》（第 9 版），经济科学出版社，1993 年版。
[26]［美］F. 泰勒：《科学管理原理》，中国社会科学出版社，1994 年版。
[27]［美］F. 赫塞尔本等：《未来的组织》，四川人民出版社，1998 年版。
[28]［美］P. 麦耶斯主编：《知识管理与组织设计》，珠海出版社，1998 年版。
[29]［美］彼得·圣吉：《第五项修炼》，三联书店，1998 年版。

第七章 行为科学学派

本章结构

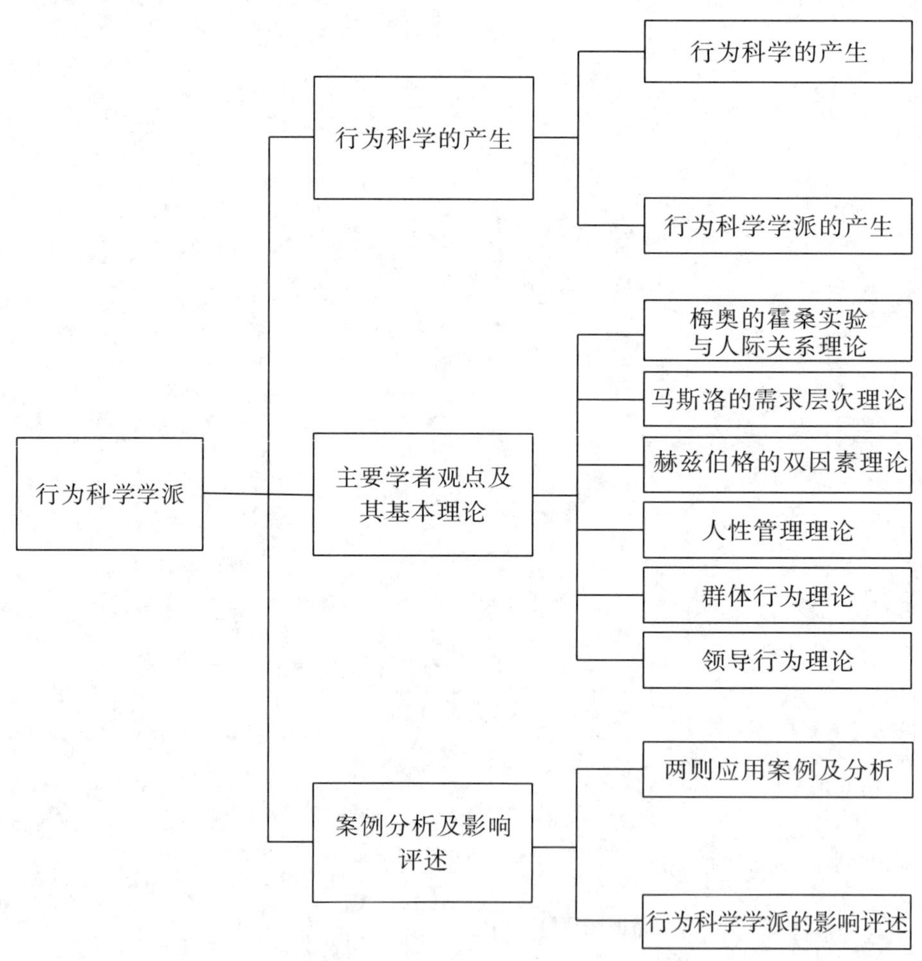

1. 一个人是不是全心全意地为组织提供他的服务，在很大程度上取决于他对他的工作、对他工作上的同伴和他的上级的感觉。

——梅奥

2. 心若改变，你的态度跟着改变；态度改变，你的习惯跟着改变；习惯改变，你的性格跟着改变；性格改变，你的人生跟着改变。

——马斯洛

本章学习目标

1. 了解行为科学的产生与发展
2. 掌握人际关系理论的主要观点、内容和重要性
3. 掌握马斯洛需求层次论的基本观点和基本内容
4. 能够对需求层次理论进行评价和应用
5. 掌握赫兹伯格双因素理论的背景，内容和管理意义
6. 理解 X—Y 理论、超 Y 理论以及 Z 理论的主要观点
7. 了解群体动力理论的主要内容
8. 掌握领导行为理论、领导特性理论、领导权变理论的代表人物及其观点
9. 掌握交换型领导行为理论和变革型领导行为理论的主要观点
10. 了解行为科学的贡献和缺陷

第一节　行为科学的产生

一、行为科学的产生

（一）行为科学的定义

行为科学是研究人的行为或人类集合体的行为，是心理学、人类学、社会学、经济学、政治学和语言学等的边缘领域协作的一门科学。其研究对象涉及思考过程、交往、消费者行为、经营行为、社会的和文化的变革、国际关系政策的拟定等广泛的课题。按照美国管理百科全书的定义：“行为科学是运用自然科学的实验和观察方法，研究自然和社会环境中人的行为以及低级动物行为的科学，已经确认的学科包括心理学、社会学、社会人类学和其他学科类似的观点和方法。”按照这一定义，行为科学的应用范围几乎涉及人类活动的一切领域，形成了众多的分支学科，如组织管理行为学、医疗行为学、犯罪行为学、政治行为学、行政行为学等。

（二）行为科学的基本内容

行为科学的基本内容如图 7—1 所示。

1. 个体行为研究

个体行为研究是行为科学分析研究企业组织中人们行为的基本单元。在个体行为这个

层次中，行为科学主要是用心理学的理论和方法研究两大类问题：一类是影响个体行为的各种心理因素，另一类是关于个性的人性假说。

2. 动机与激励理论

社会心理学家和行为科学家认为人的行为都是由动机引起的，而动机是由人们本身内在的需要而产生的，能满足人的需求活动本身就是一种奖励。

3. 群体行为研究

群体行为在组织行为学中是一个重要的问题，它主要探讨：群体是一种非正式组织、群体的特征、群体的内聚力等。

4. 组织行为研究

行为科学家认为，一个人的一生大部分时间是在组织环境中度过的。人们在组织中的行为即称为组织行为，它建立在个体行为和群体行为的基础上。通过研究人的本性和需要，行为动机及在生产组织中人与人之间的关系的研究，总结出人类在生产中行为的规律。

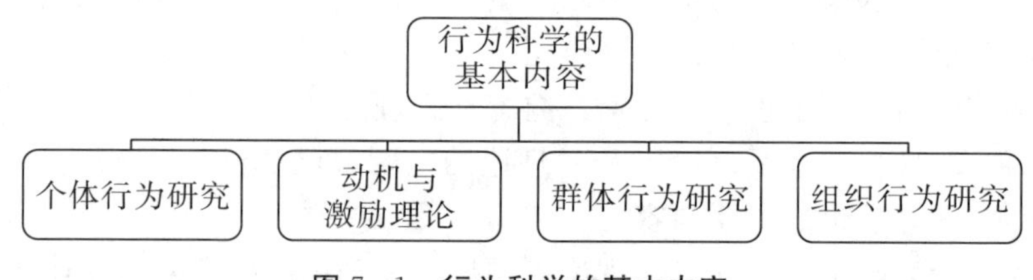

图 7－1　行为科学的基本内容

（三）行为科学的历史背景

行为科学产生于管理工作实践，它正式被命名为行为科学，是在 1949 年美国芝加哥的一次跨学科的科学会议上。20 世纪 30 年代以前，很多管理学派对管理方法的研究都是以“事”为中心，忽视了对人的研究。对行为科学的研究起源于 20 世纪 50 年代的美国，行为科学的英文原名有单复数之分，以复数表示的行为科学为广义的行为科学，是一个学科群。管理学中所讲的行为科学专指狭义的行为科学，即指应用心理学、社会学、人类学及其他相关学科的成果，来研究管理过程中的行为和人与人之间关系规律的一门科学。

行为科学的产生是生产力和社会矛盾发展到一定阶段的必然结果，也是管理思想发展的必然结果。行为科学的产生既有其政治背景，也有其经济背景和文化背景。泰勒科学管理理论建立以后，社会经济、政治、文化发展状况导致了行为科学的兴起。行为科学的研究，基本上可以分为两个时期：前期以人际关系学说（或人群关系学说）三条结论为主要内容，从 20 世纪 30 年代梅奥的霍桑实验开始，到 1949 年在美国芝加哥讨论会上第一次提出行为科学的概念为止；后期是在 1953 年美国福特基金会召开的各大学科学家参加的会议上，行为科学正式定名，这是行为科学的研究时期。

行为科学之所以成为根深叶茂的学科大树，在很大程度上得益于梅奥及其霍桑实验对人性的探索。其实在霍桑实验之前就有一些管理学家对人的心理和人的行为做了一些研究，并建立起了工业心理学，对管理学的发展起着相当大的推动作用，只不过在当时没有成为古典管理理论的主流。他们是（见表 7－1）：

（1）美国的管理学家和政治哲学家福莱特，1920 年发表《新国家》一书，被人认为是一位政治哲学家。她的主要著作有：《新国家》《动态的管理》《自由和协作》等。她的有关利益结合、形势规律的论述同泰勒的精神革命、职能管理的精神是一致的。她关于协作、相互影响等论述还同人际关系学说创始人梅奥等人的论点相似。因此可以说她把这两个时期联系了起来，成为两者之间的过渡。

（2）原籍德国的美国心理学家芒斯特伯格，是工业心理学的创始人之一。先后发表了《心理学和工业效率》《一般心理学和应用心理学》《企业心理学》等著作，是最先提出心理学能应用于工业以提高劳动生产率的心理学家，并最早确定工业心理学的范围和方法。

（3）比利时心理学家索利尔，也是工业心理学的首创人之一。他的代表作是《应用心理学：研究工作中人的因素的技术的导论》。他还发表了论文150篇以上，许多是讨论工业中人的因素的。索利尔是工业心理学在比利时的先驱者之一，对发展和传播工业心理学做出了较大贡献。

（4）美国心理学家斯科特，工业心理学的奠基人之一。他擅长对人事管理的研究，先后发表《提高人的效率》《广告心理学的理论和实际》《人事管理：理论、实务和观点》等著作。最早把心理学应用于工业中的激励和生产率提高等问题中，把心理学基本原理应用于工商业的经营管理方法中，促进了管理心理学的发展和完善。

（5）英国的心理学家迈尔斯，是工业心理学在英国的先驱者。先后于1918年发表了《心理学在今日的应用》、1925年发表了《英国的工业心理学》、1932年发表了《工商企业合理化》等著作。他在职业生涯的早期把心理学从课堂转移到实验室，在其职业生涯的后期又把心理学从实验室转移到办公室和工厂的现场。

（6）澳大利亚的心理学家穆齐西奥，在澳大利亚和英国从事研究工作，是工业心理学的先驱者之一。他的著作主要有《工业心理学报告集》《疲劳可以测定吗?》《职业指导：文献评述》等。他和其他早期的工业心理学家的研究为以后对人的因素的更深入的研究提供了某些基础和条件。

（7）英国的企业家和管理学家本杰明·西博姆·朗特里对企业中人的因素问题做了较多的研究和实践。他的著作主要有《企业中人的因素：工业民主的试验》《董事会和企业的目标》《工业中的经济条件》等。

（8）英国的管理学家谢尔顿，强调管理中人的因素，并把人的因素同科学管理相结合。他先后发表了《管理的哲学》《作为一种职业的管理》《经营和组织的职能》等著作。他在管理思想上强调了管理中人的因素和对社会的责任，强调了管理的整体性及管理作为一种独立的职业在社会上的地位。提出了管理哲学的十条基本原则。

（9）美国的企业家和管理学家亨利·丹尼森在注重人的因素和推行科学管理方面做出了较大的贡献，先后发表了《职工的利润分享和股权所有》《组织工程学》《现代竞争和企业政策》等著作。

（10）美国的管理学家和管理咨询工作者克拉克在关心人和工人的工作条件、推广甘特图等方面做出了贡献。他的著作主要有《工长技术》《甘特图》《生产手册》等。他写的《甘特图》曾在14个国家翻译出版，他曾获得甘特奖章和其他一些荣誉称号。

此外，对行为科学的早期研究比较有影响的还有甘特、哈特内斯、布卢姆菲尔德、蒂德、巴布科克、霍普夫以及刘易森等。行为科学已与管理科学并列而成为现代管理学发展的两大支柱，成为举足轻重的一大管理学派。从20世纪60年代末期开始，各种理论渗透合流，人们把企业逐渐看成是一个技术—社会—心理的多元系统。

表 7—1　早期行为科学研究代表人物

早期行为科学研究者	1. 美国的管理学家和政治哲学家福莱特
	2. 原籍德国的美国心理学家芒斯特伯格，工业心理学的创始人之一
	3. 比利时心理学家索利尔，工业心理学的首创人之一
	4. 美国心理学家斯科特，工业心理学的奠基人之一
	5. 英国的心理学家迈尔斯，工业心理学在英国的先驱者
	6. 澳大利亚的心理学家穆齐西奥，在澳大利亚和英国从事研究工作，是工业心理学的先驱者之一
	7. 英国的企业家和管理学家本杰明・西博姆・朗特里
	8. 英国的管理学家谢尔顿
	9. 美国的企业家和管理学家亨利・丹尼森
	10. 美国的管理学家和管理咨询工作者克拉克
	11. 甘特、哈特内斯、布卢姆菲尔德、蒂德、巴布科克、霍普夫以及刘易森等

（四）行为科学的产生原因

（1）人是社会的主体，行为科学是研究人的行为规律，以调节人与人的关系，并实现预测和控制人的行为为目的的一门综合性学科。人在社会中的主体地位是行为科学产生的条件之一。

（2）大生产的企业环境：工人力量增强，活动范围和规模增大，需要的劳动环境不仅不满足生存，更迫切的是需要合乎人情。

现代行为科学研究管理问题，它提出要关心人、尊重人的管理原则，它的基本论点是每个人都有自己的需要，激励人的动机就应首先满足他的合理需要，需要引起动机，动机决定行为。要研究人的行为规律，对人的需要的研究就十分重要，如需求层次理论、成就激励理论、人性四分法论、双因素理论及期望理论等。

心理学在行为科学中占有特别重要的地位。首先，人的行为既指意识与行为相互统一的、有意识的行为，也指心理、意识本身。人的心理、意识在活动、行动或行为中形成，又调节人的活动、行动或行为。这正是现代心理学所研究的重要领域。其次，在基础理论方面，心理学从认知、学习、思维、动机、需要、心理发展及个性等方面为行为科学提供了大量的线索和启发。最后，心理学还在应用方面如管理心理学、医学心理学、教育心理学及其他许多联系实际的心理学分支，不断地丰富与发展行为科学，实际上它们已是行为科学门类中的重要成员，其中管理心理学由于发展较快，有人甚至将管理心理学定义为狭义的行为科学。1973 年美国心理学家 B. B. 伍尔曼主编的《行为科学词典》，正是从上述心理学的基础理论与实际应用两大方面结合有关学科编纂而成的，它是行为科学整个领域的综合性辞书。

二、行为科学学派的产生

（一）行为科学学派的定义

行为科学学派是在梅奥（George Elton Mayo，1880—1949）开创的人际关系学说的基础上发展起来的，该学派已成为现代西方管理理论发展中的一个重要学派，代表人物当推亚伯拉罕·马斯洛（Abraham H. Maslow，1908—1970）和弗雷德里克·赫茨伯格（Frederick Herzberg）。

（二）行为科学学派相关理论（见图7—2）

行为科学作为一种管理理论，开始于20世纪20年代末30年代初的霍桑实验，而真正发展却在20世纪50年代。其代表理论有以下几项。

1. 早期的人际关系理论

这就是著名的霍桑工厂实验指导出的理论，其代表人物为美国的梅奥和罗特利斯伯格。他们认为工人是“社会人”，企业中并存着“正式组织”和“非正式组织”，必须从社会、心理方面来鼓励工人提高生产效率。乔治·埃尔顿·梅奥也成为行为科学的奠基人。

2. 人类需要层次论

其代表人物为马斯洛，他认为人的需求分为五个层次（生理需要、安全需要、社交需要、尊重需要、自我实现的需要），应针对不同的人对不同层次的需求的追求使其得到相对满足。

3. 人性管理理论

人性管理理论即研究同企业管理有关的所谓“人性”问题。其代表人物有麦格雷戈，他提出了“X—Y理论”，认为人不是被动的，只要给予一定的外界条件就能激励和诱发人的能动性；阿吉里斯提出了“不成熟—成熟理论”，认为在人的个性发展方面，有一个从不成熟到成熟的连续发展过程，这意味着人的自我表现程度的加强等。

4. 群体行为理论

群体行为理论即研究企业中非正式组织以及人与人的关系问题。其代表人物有库尔特·卢因，他提出“团体动力理论”；布雷德福，他提倡实行“敏感性训练”，通过受训者在团体学习环境中的相互影响，使其更明确自己在团体组织中的地位和责任等。

5. 领导行为理论

领导行为理论即研究企业中领导方式的问题。其代表人物有坦南鲍姆和沃伦·施密特，他们提出“领导方式连续统一体理论”；利克特，他提出了“支持关系理论”；赫茨伯格，他提出了“双因素理论”；布莱克和莫顿，他们提出了“管理方格图”。

从历史发展来看，行为科学学派是西方现代管理科学的一个学派，其研究结果证明：企业中人的因素比物的因素更重要，工人并不是只关注经济利益的“经济人”，而是有感情、有理智的“社会人”，职工劳动生产率的高低，在很大程度上取决于社会和心理因素影响的工作情绪。这种理论促进人们去研究人群关系，研究如何激励“士气”，如何创造心情舒畅的工作环境，后来发展成为行为科学。由此看来，行为科学对泰勒制来说无疑是进一步的发展。此外，行为科学的产生使企业的老板、管理者重新认识到员工的地位，员工已不是一般意义上与资本、土地等相同的生产要素，而是具有相当重要意义的主动因素，这对工人人身地位在企业中得到一定的尊重也有很大帮助，在某种程度上也缓解了企业中的劳资关系。因此从这些方面看，行为科学作为现代管理的重要组成部分也是十分恰当的。

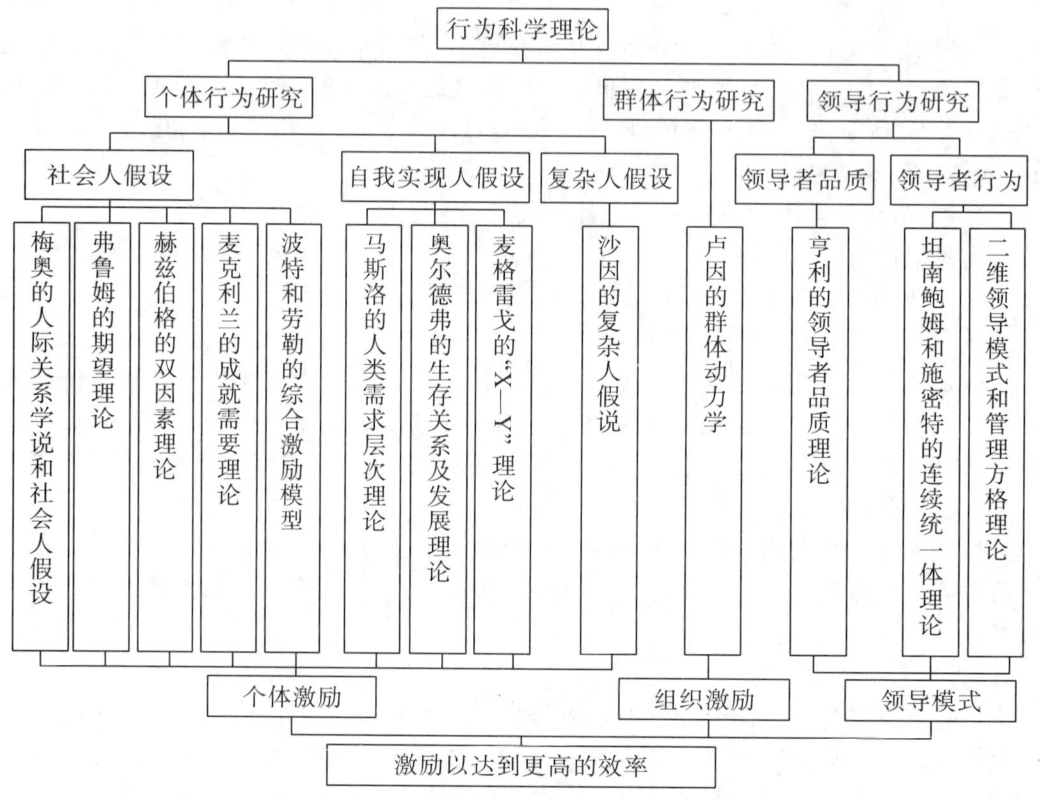

图 7—2 行为科学理论结构图

第二节 主要学者观点及其基本理论

一、梅奥的霍桑实验与人际关系理论

（一）梅奥的霍桑实验

1929 年，美国哈佛大学的心理病理学教授梅奥（G. E. Mayo）率领哈佛研究小组到美国西屋电气公司的霍桑工厂进行了一系列的实验或观察，其中比较著名的有以下几项（见表 7—2）。

（1）照明实验（1924—1927 年），目的在于调查和研究工厂的照明度与作业效率的关系。结果发现，照明度和作业效率没有单纯的直接关系，但生产效率仍与某种未知因素有关。

（2）福利实验（1927—1929 年），目的是要发现休息时间、作业时间、工资形态等作业条件的变化同作业效率的变化有什么样的关系。结果发现，生产效率的决定因素不是作业条件，而是职工的情绪。情绪是由车间的环境，即车间的人群关系决定的。

（3）访谈计划（1928—1931 年），目的是要了解如何获取职工内心真正的感受，倾听他们的诉说对解决问题的帮助，进而提高生产效率。结果是：第一，离开感情就不能理解职工的意见和不满；第二，感情容易伪装；第三，只有对照职工的个人情况和车间环境才能理解职工的感情；第四，解决职工不满的问题将有助于生产效率的提高。

（4）群体实验（1931—1932 年），车间里除了存在按照公司的编制建立的正式组织外，还存在因某种原因形成的非正式组织，这些非正式组织有时会严重地影响工作效率的发挥。

表 7－2　霍桑实验的 4 个阶段

实验	主要内容	结论
照明实验/变换照明条件实验（1924 年 11 月至 1927 年 4 月）	当时关于生产效率的理论占统治地位的是劳动医学的观点，认为影响工人生产效率的是疲劳和单调感等，于是当时的实验假设便是“提高照明度有助于减少疲劳，使生产效率提高”。可是经过两年多实验发现，照明度的改变对生产效率并无影响。具体结果是：当实验组照明度增大时，实验组和控制组都增产；当实验组照明度减弱时，两组依然都增产，甚至实验组的照明度减至 0.06 烛光时，其产量亦无明显下降；直至照明减至如月光一般、实在看不清时，产量才急剧降下来。研究人员面对此结果感到茫然，失去了信心。从 1927 年起，以梅奥教授为首的一批哈佛大学心理学工作者将实验工作接管下来，继续进行	1. 工厂的照明只是影响工人生产效率的一项微不足道的因素； 2. 照明对产量的影响无法准确测量，即工作条件的好坏与劳动生产率没有直接关系
福利实验/继电器装配室实验（1927 年 4 月至 1929 年 6 月）	实验目的总的来说是查明福利待遇的变换与生产效率的关系。但经过两年多的实验发现，不管福利待遇如何改变（包括工资支付办法的改变、优惠措施的增减、休息时间的增减等），都不影响产量的持续上升，甚至工人自己对生产效率提高的原因也说不清楚。后经进一步的分析发现，导致生产效率上升的主要原因如下：1. 参加实验的光荣感。实验开始时 6 名参加实验的女工曾被召进部长办公室谈话，她们认为这是莫大的荣誉。这说明被重视的自豪感对人的积极性有明显的促进作用。2. 成员间良好的相互关系	督导方法的改变使工人的态度有所变化，因而产量增加。在调动积极性和提高产量方面，人际关系是比福利措施更重要的因素
访谈计划/大规模的态度调查（1928—1931）	研究者在工厂中开始了访谈计划。此计划的最初想法是要工人就管理当局的规划和政策、工头的态度和工作条件等问题做出回答，但这种规定好的访谈计划在进行过程中却大出意料之外，得到意想不到的效果。工人想就工作提纲以外的事情进行交谈，工人认为重要的事情并不是公司或调查者认为意义重大的那些事。访谈者了解到这一点，及时把访谈计划改为事先不规定内容，每次访谈的平均时间从 30 分钟延长到 1～1.5 个小时，多听少说，详细记录工人的不满和意见。访谈计划持续了两年多，工人的产量大幅提高。工人们长期以来对工厂的各项管理制度和方法存在许多不满，无处发泄，访谈计划的实行恰恰为他们提供了发泄机会。发泄过后心情舒畅，士气提高，使产量得到提高	任何一位员工的工作绩效，与其在组织中的身份和地位以及与其他人的关系有密切联系

续表7—2

实验	主要内容	结论
群体实验/接线板接线工作室实验（1931—1932）	梅奥等人在这个实验中是选择14名男工人在单独的房间里从事绕线、焊接和检验工作。对这个班组实行特殊的工人计件工资制度。实验者原来设想，实行这套奖励办法会使工人更加努力工作，以便得到更多的报酬。但观察的结果发现，产量只保持在中等水平上，每个工人的日产量平均都差不多，而且工人并不如实地报告产量。深入的调查发现，这个班组为了维护他们群体的利益，自发地形成了一些规范。他们约定，谁也不能干得太多，突出自己；谁也不能干得太少，影响全组的产量，并且约法三章，不准向管理当局告密，如有人违反这些规定，轻则挖苦谩骂，重则拳打脚踢。进一步调查发现，工人们之所以维持中等水平的产量，是担心产量提高，管理当局会改变现行奖励制度，或裁减人员，使部分工人失业，或者会使干得慢的伙伴受到惩罚。这一实验表明，为了维护班组内部的团结，可以放弃物质利益的引诱。由此提出"非正式群体"的概念，认为在正式的组织中存在着自发形成的非正式群体，这种群体有自己特殊的行为规范，对人的行为起着调节和控制作用。同时，加强了内部的协作关系	人们的生产效率不仅要受到物质条件和环境的影响，更重要的是受社会因素和心理因素等方面的影响

通过调查与实验，梅奥等人发现科学管理中对人的假设有问题，把人看作一种工具更是有问题，因为工作的物质环境和福利的好坏，与工人的生产效率没有明显的因果关系；相反，职工的心理因素和社会因素对生产积极性的影响很大。梅奥教授在1933年出版了《工业文明中的人》一书，奠定了人际关系理论的基础，在书中梅奥教授提出了以下新见解：

（1）以前的管理把人假设为"经济人"，认为金钱是刺激积极性的唯一动力；霍桑实验证明人是"社会人"，是复杂的社会关系的成员，因此，要调动工人的生产积极性，还必须从社会、心理方面去努力。

图7—3　**霍桑实验**

（2）以前的管理理论认为，生产效率主要受工作方法和工作条件的制约。霍桑实验证实了工作效率主要取决于职工的积极性，取决于职工的家庭和社会生活及组织中人与人的关系。

（3）以前的管理只注意组织机构、职权划分、规章制度等，霍桑实验发现除了正式团体外，职工中还存在着非正式团体，这种无形组织有它特殊的感情和倾向，左右着成员的行为，对生产率的提高有举足轻重的影响。

（4）以前的管理把物质刺激作为唯一的激励手段，而霍桑实验发现工人所要满足的需要中，金钱只是其中一部分，大部分的需要是感情上的慰藉、安全感、和谐、归属感。因此，新型的领导者应能提高职工的满足感，善于倾听职工的意见，使正式团体的经济需要与非正式团体的社会需要取得平衡。

（5）以前的管理对工人的思想感情漠不关心，管理人员单凭自己个人的复杂性和嗜好进行工作，而霍桑实验证明，管理人员，尤其是基层管理人员应像霍桑实验人员那样重视人际关系，设身处地地关心下属，通过积极的意见交流，达到感情的上下沟通。

（二）人际关系理论

霍桑实验及梅奥的见解提出了管理中另一个值得重视的新领域，即人际关系的整合。霍桑实验之后，大批的研究者和实践者继续从心理学、社会学、人类学和管理科学的角度对人际关系进行综合研究，从而建立了关于人的行为及其调控的一般理论。1949 年，美国一些从事人际关系研究的管理学者正式采用“行为科学”一词，并成立了“行为科学高级研究中心”，进一步开展对人的行为规律、社会环境和人际关系与提高工作效率关系的研究。

人际关系学说提出了新的观念：

（1）传统管理理论把人当作“经济人”对待，认为金钱是刺激积极性的唯一动力；人际关系学说把人当作“社会人”加以尊重，认为影响人积极性的，除了物质利益因素，还有社会的、心理的因素，如交往、友谊、归属感和尊严等。

（2）传统管理理论认为生产效率单纯地受工作方法和工作条件等物质因素的制约，因而在管理上只注重工作的科学化、专业化等，即以“事”为中心；人际关系学说认为生产效率的好坏，不仅受劳动环境、工作方法的影响，而且取决于工人的工作情绪，即职工的“士气”、职工的态度。

（3）传统管理理论只注意正式组织的作用；人际关系学说不仅重视正式组织对个体行为的影响，而且通过霍桑实验证实了“非正式组织”的存在，它对个体行为的影响有不可忽视的作用。

在进行霍桑实验并提出人际关系学说的前后，正值美国陷入 20 世纪 30 年代初期的经济危机。这时，企业正忙于应付危机，因而霍桑实验的结论未能引起多大的注意。到了 30 年代中期，美国国会被迫通过了《全国劳工关系法》，有很大影响的“产联”等大工会相继成立，劳资关系发生了某些变化，这以后，人际关系的影响随之扩大，一些大学设立了相应的课程。1953 年美国福持基金会召集哈佛、斯坦福、密歇根、北卡罗来纳等大学的科学家开会，正式把这门综合性的学科定名为“行为科学”。从这时起，行为科学取代了人际关系学说。行为科学所带来的划时代的变化，就是从以技术为中心的管理转变到以人为中心的管理，越来越重视人的作用。

二、马斯洛的需求层次理论

在激励理论中，最著名的是美国心理学家亚伯拉罕·马斯洛（Abraham Harold Maslow，1908—1970）的需要层次论。他认为，人类价值体系存在两类不同的需要，一类是沿生物谱系上升方向逐渐变弱的本能或冲动，称为低级需要和生理需要；另一类是随生物进化而逐渐显现的潜能或需要，称为高级需要。

三、赫兹伯格的双因素理论

双因素理论是美国心理学家弗雷德里克·赫兹伯格于1959年提出的。20世纪50年代末期，赫茨伯格和他的助手们在美国匹兹堡地区对200名工程师、会计师进行了调查访问。访问主要围绕两个问题：在工作中，哪些事项是让他们感到满意的，并估计这种积极情绪持续多长时间；又有哪些事项是让他们感到不满意的，并估计这种消极情绪持续多长时间。赫茨伯格以对这些问题的回答为材料，着手研究哪些事情使人们在工作中快乐和满足，哪些事情造成不愉快和不满足。结果发现，使职工感到满意的都是属于工作本身或工作内容方面的；使职工感到不满的，都是属于工作环境或工作关系方面的。他将这些因素定义为双因素理论，即激励因素和保健因素。

马斯洛需求理论和双因素理论在本书第八章第五节激励相关内容中进行介绍。

相关链接

鲶鱼效应

西班牙人爱吃沙丁鱼，但沙丁鱼非常娇贵，极不适应离开大海后的环境。渔民们把刚捕捞上来的沙丁鱼放入鱼槽运回码头后，过不了多久沙丁鱼就会死去。而死掉的沙丁鱼味道不好，销量也差。倘若抵港时沙丁鱼还活着，鱼的卖价就比死鱼高出若干倍。为了延长沙丁鱼的存活期，渔民们想了许多方法。后来有渔民想出了一个法子，将几条沙丁鱼的天敌鲶鱼放在运输容器里。因为鲶鱼是食肉鱼，放进鱼槽后，鲶鱼便会四处游动寻找小鱼吃。为了躲避天敌的吞食，沙丁鱼自然加速游动，从而保证了旺盛的生命力。如此一来，沙丁鱼就一条条活蹦乱跳地回到渔港。这在经济学上被称作“鲶鱼效应”。

启示：

这个案例中包含的主要管理原理有激励手段、外部引进人才、激发冲突等：用鲶鱼作为激励手段，激活沙丁鱼使其保持活力，促进企业内部竞争；将鲶鱼效应用于企业人事管理，外部招聘管理人员，相当于企业中引进鲶鱼型人才，带给企业新鲜血液，激发企业的建设性冲突，促进企业发展。

四、人性管理理论

美国的心理学家、行为科学家道格拉斯·麦克雷戈（Douglas M. McGregor）强调了解人的本性与行为之间关系的重要性。他在1957年提出了对人的本性的认识，认为有两种截然不同的观点：一种是消极的“X理论”（Theory X），另一种是积极的“Y理论”（Theory Y）。对于这些理论，任何一位管理者都应当熟知并可以娴熟地运用。

（一）X理论

1. X理论的基本假设

(1) 大多数人是懒惰的，他们尽可能地逃避工作。工作对他们而言是一种负担，工作毫无享受可言。只要有机会，他们就尽可能地偷懒，逃避工作。

(2) 大多数人都没有什么雄心壮志，也不喜欢负什么责任，而宁可让别人领导。他们缺乏自信心，把个人的安全看得很重要。

(3) 大多数人的个人目标与组织目标都是自相矛盾的，为了达到组织目标必须靠外力严加管制。必须用强迫、指挥、控制并用处罚威胁等手段，使他们做出适当的努力去实现组织的目标。

（4）大多数人都是缺乏理智的，不能克制自己，很容易受别人影响，而且容易安于现状。

（5）大多数人都是为了满足基本的生理需要和安全需要，所以他们将选择那些在经济上获利最大的事去做，而且他们只能看到眼前的利益，看不到长远的利益。

（6）人群大致分为两类，多数人符合上述假设，少数人能克制自己，这部分人应当负起管理的责任。

2. X 理论的主要观点

人类本性懒惰，厌恶工作，尽可能逃避；绝大多数人没有雄心壮志，怕负责任，宁可被领导骂；多数人必须用强制办法乃至惩罚、威胁，使他们为达到组织目标而努力；激励只在生理和安全需要层次上起作用；绝大多数人只有极少的创造力。

因此企业管理的唯一激励办法，就是以经济报酬来激励生产，只要增加金钱奖励，便能取得更高的产量。所以这种理论特别重视满足职工生理及安全的需要，同时也很重视惩罚，认为惩罚是最有效的管理工具。

（二）Y 理论

麦克雷戈认为，泰勒的科学管理是强硬的“X 理论”，人际关系学说是温和的“X 理论”。事实证明，这两种办法都没有起到调动职工的积极性的作用。不改变对人的本性的看法，用惩罚和控制来进行管理，不能激励人的行为。要达到激励的目标，就必须探究新的管理理论，并把这种新的理论建立在对人的本性更为恰当的认识基础上。他把这种“恰当”的认识称之为“Y 理论”。

1. Y 理论的基本假设

（1）一般人并不是天性就不喜欢工作的，工作中体力和脑力的消耗就像游戏和休息一样自然。工作可能是一种满足，因而自愿去执行；也可能是一种处罚，因而只要可能就想逃避。到底怎样，要看环境而定。

（2）外来的控制和惩罚，并不是促使人们为实现组织的目标而努力的唯一方法。它甚至对人是一种威胁和阻碍，并放慢了人成熟的脚步。人们愿意实行自我管理和自我控制来完成应当完成的目标。

（3）人的自我实现的要求和组织要求的行为是没有矛盾的。如果给人提供适当的机会，就能将个人目标和组织目标统一起来。

（4）一般人在适当条件下，不仅学会了接受职责，而且还学会了谋求职责。逃避责任、缺乏抱负以及强调安全感，通常是经验的结果，而不是人的本性。

（5）大多数人，而不是少数人，在解决组织的困难问题时，都能发挥较高的想象力、聪明才智和创造性。

（6）在现代工业生活的条件下，一般人的智慧潜能只是部分地得到了发挥。

2. Y 理论的主要观点

一般人本性不是厌恶工作，如果给予适当机会，人们喜欢工作，并渴望发挥其才能；多数人愿意对工作负责，寻求发挥能力的机会；能力的限制和惩罚不是使人去为组织目标努力的唯一办法；激励在需要的各个层次上都起作用；想象力和创造力是人类广泛具有的。

因此，人是“自动人”。激励的办法是：扩大工作范围；尽可能把职工工作安排得富有意义，并具挑战性；工作之后引起自豪，满足其自尊和自我实现的需要；使职工达到自我激励。只要启发内因，实行自我控制和自我指导，在条件适合的情况下就能实现组织目标与个人需要统一起来的最理想状态。

（三）“X－Y 理论”的贡献与局限性

1. “X－Y 理论”的贡献

（1）阐述了人性假设与管理理论的内在关系，即人性假设是管理理论的哲学基础；提出了“管理理论都是以人性假设为前提的”的重要观点，这表明麦克雷戈已揭示了“人本管理原理”的实质。

（2）“X－Y 理论”关于“不同的人性假设在实践中就体现为不同的管理观念和行为”的观点，动态地分析了人性假设的变化对管理理论的影响，进而提出了管理理论的发展也是以人性假设的变化为前提的研究课题。

（3）“X－Y 理论”提出的管理活动中要充分调动人的积极性、主动性和创造性，实现个人目标与组织目标一体化等思想以及参与管理、丰富工作内容等方法，对现代管理理论的发展和管理水平的提高具有重要的借鉴意义。

2. “X－Y 理论”的局限性

（1）麦克雷戈对人性的基本估计过于绝对和偏激。X 理论过低地估计了人的能动性，Y 理论则把人完全理性化。

（2）X 理论并非一无是处，Y 理论也未必普遍适用。管理应针对不同的情况，科学地选择和综合运用科学理论。

相关链接

赏罚严明

吴起是春秋时期闻名的军事将领，在《吴子》一书中讲述了吴起是如何教魏王激励将士的。魏武侯问：假如做到严刑明赏，军队是否可以打胜仗呢？吴起回答：发号命令民众乐听，兴师动众民众乐战，交兵接刃民众乐死，这是人主要做到的境界。你要奖赏有功劳的人，对那些无功的人要激励他们。于是魏武侯下令摆宴，按功劳分座位。士大夫上功坐前行，山珍海味还有精美的饮食餐具；功劳少的坐在第二排，山珍海味但是餐具差些；无功者坐后排，山珍海味但餐具是最普通的餐具。饭后，魏武侯下诏赏赐有功者父母妻子于朝门外，以功劳大小奖赏。假如将士死于战事，就派使者送给死者父母慰劳品，表示魏王不会忘记这些人对国家的贡献。这样做了三年，秦国派军队来到魏国边境，魏国的百姓听说了，不等朝廷招兵就纷纷要求作战，人数数以万计。魏武侯对吴起说：先生教给我的励士方法现在开始有成效了。吴起回答说：我听说人都有优缺点、气有盛衰。有一个悍匪逃到旷野，有千人追赶但都害怕他，为什么？就怕悍匪忽然袭击自己。这就是一人不怕死吓死千人，今天大王给我 5 万人，就像这个悍匪，无人可敌。于是魏武侯给吴起 5 万人马，再加上战车 300 辆，骏马 3000 匹。吴起率领这些人打败了秦国 50 万军队。开战时，吴起对士兵说：你们要俘虏敌军，战车要俘获战车，骑兵要俘获骑兵，步兵要俘获步兵。假如没有俘虏，就不算军功。就这样，在交战时魏兵人人奋勇而威震天下。

（四）超 Y 理论

“超 Y 理论”，又称为“人性的权变理论”，是 1970 年由美国管理心理学家约翰·莫尔斯（J. J. Morse）和杰伊·洛希（J. W. Lorscn）根据“复杂人”的假定提出的一种新的管理理论。它主要见于1970年《哈佛商业评论》杂志上发表的《超Y理论》一文和1974年出版的《组织及其他成员：权变法》一书中。该理论认为，没有什么一成不变的、普遍适用的最佳的管理方式，必须根据组织内外环境自变量和管理思想及管理技术等因变量之间的函数关系，灵活地采取相应的管理措施，管理方式要符合工作性质、成员素质等。超Y理论在对X理论和Y理论进行实验分析比较后，提出一种既结合X理论和Y理论，又不同于是X理论和Y理论，是一种主张权宜应变的经营管理理论。实质上是要求将工作、组织、个人、环境等因素做最佳的配合。

超Y理论的主要观点：

（1）人们带着许多不同的需要和动机加入组织，但最主要的是实现其胜任感；

（2）由于人们的胜任感有不同的满足方法，所以对管理要求也不同，有人适用X理论管理方式，有人适用Y理论管理方式；

（3）组织结构、管理层次、职工培训、工作分配、工资报酬和控制水平等都要随着工作性质、工作目标及人员素质等因素而定，才能提高绩效；

（4）一个目标达成时，就会产生新的更高的目标，然后进行新的组合，以提高工作效率。

（五）Z理论

1. Z理论的背景

威廉·大内是一位日裔美国管理学家，是美国加利福尼亚大学的管理学教授。他从1973年开始专门研究日本企业管理，经过调查比较日美两国管理的经验，提出了Z理论。20世纪80年代初，日本经济持续多年的高速增长引起了全世界的瞩目，而支撑经济增长的关键是企业竞争力。因此，在日本经济高速增长的时期，日本企业的国际竞争力迅速提高，日本企业大量进入美国市场，抢走了美国企业在本土的市场份额。为了迎接日本企业的挑战，美国企业界开始研究日本企业的管理模式。Z理论由威廉·大内在其1981年出版的《Z理论》一书中提出来，其研究的内容为人与企业、人与工作的关系。

2. Z理论的内容

Z理论认为，一切企业的成功都离不开信任、敏感与亲密，因此主张以坦白、开放、沟通作为基本原则来实行“民主管理”。大内把由领导者个人决策、员工处于被动服从地位的企业称为A型组织，他认为当时研究的大部分美国机构都是A型组织。A型组织的特点为：（1）短期雇用；（2）迅速评价和升级，即绩效考核期短，员工得到回报快；（3）专业化的经历道路，造成员工过分局限于自己的专业，但对整个企业并不了解很多；（4）明确的控制；（5）个人决策过程不利于诱发员工的聪明才智和创造精神；（6）个人负责，任何事情都有明确的负责人；（7）局部关系。

他认为日本企业具有不同的特点：（1）实行长期或终身雇佣制度，使员工与企业同甘共苦；（2）对员工实行长期考核和逐步提升制度；（3）非专业化的经历道路，培养适合各种工作环境的多专多能人才；（4）管理过程既要运用统计报表、数字信息等清晰鲜明的控制手段，又注重对人的经验和潜能进行细致而积极的启发诱导；（5）采取集体研究的决策过程；（6）对一件工作集体负责；（7）人们树立牢固的整体观念，员工之间平等相待，每个人对事物均可做出判断，并能独立工作，以自我指挥代替等级指挥。他把这种组织称为

J 型组织。

威廉·大内不仅指出了 A 型和 J 型组织的各种特点，而且还分析了美国和日本各自不同的文化传统以致其典型组织分别为 A 型和 J 型，这样，就明确了日本的管理经验不能简单地照搬到美国去。为此，他提出了“Z 型组织”的观念，认为美国公司借鉴日本经验就要向 Z 型组织转化，Z 型组织符合美国文化，又学习日本管理方式的长处，比如“在 Z 型公司里，决策可能是集体做出来的，但是最终要由一个人对这个决定负责”。而这与典型的日本公司（即 J 型组织）做法是不同的，“在日本没有一个单独的个人对某种特殊事情担负责任，而是一组雇员对该组任务负有共同责任”。他认为，与市场和官僚机构相比，Z 型组织与氏族更为相似，并详细剖析了 Z 型组织的特点。

五、群体行为理论

美籍德国人库尔特·卢因（Kurt Lewin，又译为勒温，1890—1947）提出了“群体动力理论”。该理论认为，一个人的行为（B），是个体内在需要（P）和环境外力（E）相互作用的结果，可以用函数式 $B=f(P, E)$ 来表示。所谓群体动力理论，就是要论述群体中的各种力量对个体的作用和影响。

卢因，是传播学研究中守门理论的创立者，著名的社会心理学家，其代表作为《解决社会矛盾》等。他是一位美籍德国犹太人，1890 年 9 月 9 日出生于维也纳，先后在德国慕尼黑大学、柏林大学等著名学府学习。库尔特·卢因在柏林大学从师于完形心理学创始人之一的马克斯·沃特海默。1944 年，卢因首先应用“群体力学”这个术语来指小团体中人与人相互接触、影响而形成的社会效应。1945 年，卢因在麻省理工学院成立了一个群体力学研究中心，这个中心在卢因去世后的 1948 年迁移到密歇根大学。

库尔特·卢因（Kurt Lewin，**美籍德国人**，1890—1947）

1. 团体要素

同正式组织一样，团体有三个要素：一是活动，二是相互影响，三是情绪。在这三项要素中，活动是指人们在日常工作、生活中的一切行为；相互影响是指人在组织中相互发生作用的行为；情绪是人们内在的，看不见的生理活动，如态度、情感、意见、信息，但可以从人的“活动”和“相互影响”中推知其活动，相互影响和情绪不是各自孤立的，而是密切相关的，其中一项变动，会使其他要素发生改变。团体中各个成员的活动、相互影响和情绪的综合就构成团体行为。

卢因认为，连续地、过度地追求正式组织的工作目标有损于团体行为的内泵力。所以，团体领导人必须为促进一定程度的团体和谐而提供相当的时间和手段。在团体内把感情上的压力发泄出来，有利于正式组织工作目标的实现。相互依赖水平高的团体，在意见和感情的交流上比较好，团体成员的满意度、激励和内泵力都较高。

2. 领导方式

卢因及其同事 1939 年在艾奥瓦大学从事的实验表明，对团体有三种不同的领导方式（见图 7—4）：

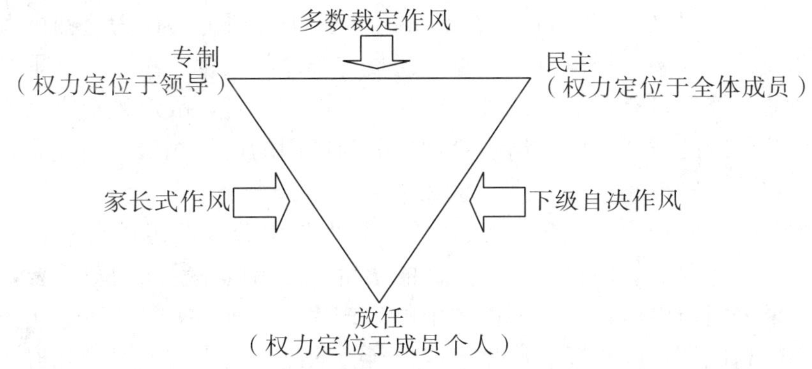

图 7－4　卢因的三种领导风格示意图

（1）专制型的领导者：只注重工作的目标，仅仅关心工作的任务和工作的效率，但他们对团体的成员不够关心，被领导者与领导者之间的社会心理距离比较大，领导者对被领导者缺乏敏感性，被领导者对领导者存有戒心和敌意，容易使团体成员产生挫折感和机械化的行为倾向。

（2）民主型的领导者：注重对团体成员的工作加以鼓励和协助，关心并满足团体成员的需要，营造一种平等的氛围，领导者与被领导者之间的社会心理距离比较近。在民主型的领导风格下，团体成员有较强的工作动机，责任心也比较强，团体成员自己决定工作的方式和进度，工作效率比较高。

（3）放任型的领导者：采取的是无政府主义的领导方式，对工作和团体成员的需要都不重视，无规章、无要求、无评估，工作效率低，人际关系淡薄。

3. 团体规范

团体规范是一切实际影响个人态度与行为的某一团体中人们共同参考原则的总和。法律、道德、价值观等都是团体规范。一个团体中的成员都依照自己团体的规范去判断问题，决定自己如何行动。

（1）团体规范的类型：①正式规范与非正式规范；②参照团体规范；③社会认可的规范与反社会规范。

（2）团体规范的功能：①树立评价标准的功能；②维持和巩固团体的功能；③团体舆论的功能；④行为导向的功能。

（3）团队规范的维持：①团体压力；②从众行为。

4. 群体动力的存在和作用

卢因及其后继者通过实验研究，发现了以下群体动力的存在和作用：

（1）群体领导方式动力。群体的领导方式不同，表现为专制型、民主型、自由放任型，其成员的行为表现也不同。对若干名 10 岁左右的男孩所做的实验表明：在专制型群体中，成员的攻击性言行、引人注目的出风头行为、使用“我”而不是“我们”的频率、推卸责任、做给领导看的行为、对群体活动缺乏满足感等，都显得很突出；在民主型群体中的表现则相反，而且同一个成员一旦从专制型群体调入民主型群体，其行为就立即起变化。

（2）群体组织形式动力。卢因及其追随者发现，在欧洲战场上被德国俘虏的美国士兵，反抗情绪和逃跑率都很高；而在朝鲜战场被中国俘虏的美国士兵，反抗情绪和逃跑率都很低。心理学家薛恩（E. Schein）于1956年对此进行研究，认为这种行为反差是由群体组织形式造成的。在中国战俘营中，看守人员与战俘的伙食、医疗条件平等，战俘经常调动而组成新的战俘群，有意识地让被俘士兵管理被俘军官，战俘被提审后不再回原来的战俘群。在纳粹德国的战俘营中，组织管理方法与中国的恰好相反。因此导致了战俘行为的不同。这一现象在管理领域也有借鉴意义。

（3）群体结构性质动力。威尔逊等人将36名大学生分成两组进行实验，甲组成员都是以安全需要为优势需要，而自尊需要较低的学生。乙组则是注重自尊需要，而安全需要较低的人。结果表明，甲组在平等型群体中的生产率低，而在层次型群体中的生产率高；乙组的生产率的高低则正好相反。可见，成员行为取决于个人需要类型和群体领导方式如何搭配。

（4）群体公约动力。卢因在40年代曾就公约改变人们行为态度的有效性做过一系列的实验，如怎样改变美国家庭主妇不喜欢用动物内脏做菜的习惯。实验结果表明，群体的公约规则，比一般性的宣传说服，更能改变群体成员的行为。

（5）群体多数动力。社会心理学家阿奇（S. E. Asch）于50年代通过多次实验证明：对于用来做实验的问题，如群体中只有一个成员故意给出错误答案，就会产生群体压力，被试者接受错误答案的次数达13.6%；若有3个成员故意答错，被试者接受错误答案的比率就上升为31.8%。另一些行为科学家在此基础上还就群体凝聚力和生产率的关系进行了研究，他们指出，群体凝聚力与生产率受控于群体目标和组织目标是否一致。如果一致，群体凝聚力高固然会使生产率有极大的提高，但即使群体凝聚力低也能提高生产率；如果不一致，则群体凝聚力高反而会使生产率下降，群体凝聚力低则对生产率不会产生明显的影响。

5. 主要意义和局限性

群体动力论的主要意义是：启发人们从内因的角度去考察和研究群体行为的产生和发展规律，从群体成员间的关系以及整个群体氛围中去把握群体行为的变化过程，使个体、群体和社会三位一体的关系得到逐渐认识，促进了小群体研究重点的转化，并在心理学和社会学之间架起了一座桥梁。

群体动力论的局限性在于：偏重强调群体内人与人之间的心理关系，忽视了其他关系；没有看到群体行为产生和变化的根本动因；研究对象、范围等方面未达到普遍意义。另外，社会惰化现象与文化背景有密切的关系。比如，像美国和加拿大这样的国家是由个人主义支配的个人主义主宰一切，社会懒惰化现象比较突出。在个人主要受团体目标激励的集体主义社会里，这种结论就不一定适用了。

六、领导行为理论

领导行为理论是研究领导有效性的理论，是管理学理论研究的热点之一。影响领导有效性的因素以及如何提高领导的有效性是领导理论研究的核心。领导理论的研究成果可分为三个方面，即领导特性理论、领导行为理论和领导权变理论。领导特性理论和领导行为理论在第八章领导部分进行详细阐述，而领导权变理论在第十四章再详细介绍。

第三节　案例分析及影响评述

一、两则应用案例及分析

案例一

小白的专业是日语，在读大学时成绩不算突出，大家都认为他不是很有自信和抱负的学生。毕业后他被一家中日合资公司招为推销员。他很满意这份工作，因为工资高，还是固定的，不用担心未受过专门训练的自己比不过别人。

刚上班的头两年，小白的工作虽然兢兢业业，但销售成绩一般。可是随着他对业务和客户越来越熟悉，他的销售额也渐渐上升了。到了第三年年底他已列入全公司几十名销售员中的头20名了。下一年他很有信心当推销员中的冠军。不过公司的政策是不公布每人的销售额，也不鼓励互相比较，所以他还不能很有把握地说自己一定会坐上第一把交椅。10月中旬，日方销售经理召他去汇报工作。听完他用日语做的汇报后，经理格外客气地祝贺他已取得的成绩。在他要走时，经理对他说："咱公司要再有几个像你一样的推销明星就好了。"小白只微微一笑，没说什么，不过他心中思忖，这不就意味着承认他在销售员队伍中出类拔萃，独占鳌头么？

可是他觉得自己的心情并不舒畅。最令他烦恼的事，莫过于公司不告诉大家每队干得好坏。他听说本市另两家也是中外合资的化妆品制造企业都搞销售竞赛和有奖活动。其中一家是总经理亲自请最佳推销员到大酒店吃一顿饭，而且人家还有内部发行的公司通讯之类小报，让人人知道每人销售情况，还表扬每季和年度最佳销售员。想到自己公司这套做法，他就特别恼火。其实一开头他并不关心排名第几的问题，如今却重视起来了。不仅如此，他开始觉得公司对推销员实行固定工资制是不公平的，一家合资企业怎么也搞大锅饭？应该按劳付酬。

不久后，他主动去找了那位日方经理，谈了他的想法，建议改行佣金制，至少按成绩给奖金制。不料那日本上司说这是既定政策，而拒绝了他的建议，并说母公司一贯就是如此，这正是本公司的文化特色。

第二天，令公司领导吃惊的是，小白辞职而去，到另一家公司了。

案例分析

从日方经理的解释可以看出，不论员工业绩如何，都会有统一的比较高的固定工资。在他们认为，这么高的基本工资已经足以吸引大部分人为此努力奋斗而不需要额外的提成激励。甚至认为，这刚好可以体现出公司一视同仁的人文关怀——纵使在你业绩最差时，你仍可以衣食无忧。这样的待遇给员工提供了一份可靠的安全感，已经是公司文化的一部分了。事实上，日方经理忽略了一个重要的问题，员工毕竟是有思想的人，每个人都希望自己的付出可以得到等同的报酬，都希望自己能够得到重视。在日常工作中会形成无意识的对比，这种对比既是他们工作的动力，也是产生不满情绪的主要原因。在此，我们根据马斯洛的需求层次对本案例进行分析。

马斯洛把人类纷繁复杂的需要进行了高度的概括和总结，按照由低到高的顺序，把人的基本需要分为五大类，即生理需要、安全需要、社交需要、尊重需要和自我实现的需要。生理需要指保证和维持个体生存的最基本需要，包括食物、水分、空气、休息、繁衍、排泄等。生理需要的满足，是维持生命的基本的、必要的条件。生理需要是人的最低层次的需要，却是至关重要的。安全需要包含的内容十分广泛，从世界和平、社会安定直到个人的安全，人们希望有一个和平、安宁、有序的社会。在现代社会中，安全需要主要表现为人们希望有一个安全和稳定的职业，医疗有保障、老有所养等。社交需要也叫爱与归属需要，这是一种比生理和安全需要更高级的社会需要。社交需要主要是指人们希望得到爱、友谊、理解、信任、支持等，形成和建立良好的人际关系，希望归属一定的群体和组织，并被接纳和认同，拥有归属感。尊重需要指社会上的人们都希望自己有稳定、牢固的地位，希望得到他人的高度评价和赞誉。自我实现需要指促使人的潜在能力得以实现的趋势，这一趋势就是希望自己越来越成为所期望的人物，完成与自己能力相称的事情。也就是说，希望充分发挥自己的聪明才智，做自己认为有意义、有价值、有贡献的事，实现自己的理想与抱负。

马斯洛需要层次理论概括了一般人在不同层次上的需要，在一定程度上反映了人类行为和心理活动的共同规律，因而获得了广泛认同，强调了人的价值和尊严，对于促进管理中对人的重视具有积极意义。从对于本案的指导意义来说，该日企或日方经理可以从以下方面进行改进，以避免人才的继续流失。

1. 转变传统管理理论思想，正视社会人的多种需求层次

传统管理理论的出发点往往是把人看作“工具”，认为人与动物并没有本质的区别，否认人的感情、价值以及尊严等特性。需要层次理论突出了人的因素，促使了资本主义企业管理重点由物到人的转变。案例一中，日方经理只是单纯地认为大家努力工作就是为了一份稳定的工资，忽略了晋级、加薪等其他需求。

2. 切实推进公平合理的绩效考核及薪酬奖励制度

每个人在工作中都会把自己的付出与收获与其他人相比较，由此判断自己所受待遇是否公正。因此，公平感将直接影响职工的工作动机和行为。日方经理应该多关注员工的行为，要多作正确的引导，使职工形成正确的公平感。同时，对职工报酬的分配要体现“多劳多得，质优多得，责重多得”的原则，坚持精神激励与物质激励相结合的办法。在物质报酬的分配上，应正确运用竞争机制的激励作用，通过合理拉开分配差距体现公平，在精神上，要采用关心、鼓励、表扬等方式，使职工感觉自己受到了重视，品尝到成功的欣慰与自我实现的快乐，自觉地将个人目标与组织目标整合一致，形成无私奉献的职业责任感。

3. 注重员工高层次需要的重要性

在该企业中，公司给予员工的固定工资是相对丰厚的，可以满足员工大部分的生理需求需要。但是，当员工的物质需求得到满足时，加大物质奖励的刺激对于激发员工工作积极性所增加的效用呈递减状态，此时，管理层就应该高度重视高层次需要的重要性，充分发挥精神利益的作用。事实上，人在低层次需求得到满足后，只有高层次需要的追求和满足才能使人产生更深刻的内在幸福感和丰富感。也就是说人应该去不断追求高层次的境界，才能充分体现人的特点，高层次需要比低层次需要更能持久地激励人去努力工作。在本案例中，小白作为优秀的推销员，很在意得到别人的尊重与认可。因此，公司可以采取设置宣传栏、开表彰大会等方式对下属优秀员工进行激励刺激，使其感到自己的努力得到

了公司的重视与认可，再加上少量的物质刺激，就可以使员工工作更加积极，归属感与荣誉感更加强烈。

案例二

前景内燃机公司最高层经理人员长期忧虑的一个问题是：生产车间的工人对他们的工作缺乏兴趣，其结果就是产品质量不得不由检验科来保证。人事经理玛丽从多方面来说明人事问题。首先，她指出由于本公司有强有力的工会，她的部门对公司雇用和留用工人很少或根本没有控制权。其次，工人很少或根本没有控制权。最后，她观察到车间的工作的的确确是单调和非常辛苦的，所以公司不应该期望工人对于这种工作除了领取工资外还会有什么兴趣。但是玛丽说，她相信公司可以想办法找途径提高工人的兴趣。如果工人承担的工作范围能够扩大的话，必然会出现丰富有趣、高质量的工作以及较低的缺勤率和流动率。当问她应怎样做时，她向公司建议做两件事：一是要工人掌握集中操作技能，而不是只做一项简单的工作；二是工人每星期轮流换班，从生产线的一个位置换到另一个位置上，这样可以为工人提供新的和更有挑战性的工作。

案例分析

从案例中我们可以看出，人事经理玛丽试图通过改变工作方式和扩大工作范围来提高工人的兴趣。这种方式属于双因素理论中的激励因素。让工作更有挑战性，因为没有人喜欢平庸，尤其对于那些年纪轻、干劲足的员工来说，富有挑战性的工作和成功的满足感，比实际拿多少薪水更有激励作用。因此，经理要根据员工的要求，适当地授权，让员工参与更复杂、难度更大的工作，一方面是对员工的培养和锻炼，另一方面可使员工在活跃的氛围中发挥自己的技能优势，充分调动员工的积极性与创造性。

二、行为科学学派的影响评述

（一）行为科学的贡献

行为科学在几十年的发展中，有一个很重要的特点，就是由理论研究逐渐转向实际应用研究。它在西方发达国家企业界的影响越来越大，行为科学的理论已逐渐渗透到西方企业的各种管理理论、管理制度和管理方法中，对企业的发展起了很大的作用。美国出版的《国际社会科学全书》把行为科学说成是“20世纪重要的智慧和文化的创造”，日本早稻田大学行为科学研究所所长名取顺一说：现在是原子时代，自动化时代，而且可以说是行为科学时代，它是把文化统一起来的顶点。行为科学既是管理理论的发展又是管理实践的总结，它的产生与发展对管理理论及管理实践都有巨大的贡献，概括地说这些贡献主要表现在以下几方面。

1. 社会人假定

泰勒的科学管理是建立在“经济人”假设基础之上的。企业投资者作为“经济人”追求最大利润，工人作为“经济人”则追求最大工资收入。行为科学认为工资、作业条件与生产效率之间没有直接的关系，因而提出了“社会人”假定以取代“经济人”假定。按照“社会人”假定，在社会上活动的员工不是各自孤立存在的，而是作为某一个群体的一员，是有所归属的“社会人”，是社会存在。“社会人”固然有追求收入的动机和需求，但并不仅仅如此，他在生活工作中还有友谊、安全、尊重和归属等需要。因此，对人的管理不应仅仅从其经济动机的一个方面去考虑，调动人的积极性有时使用非物质的方式、非经济的方法可能更为有效。行为科学的这一看法，为管理实践从另一个方面的发展开辟了新的方向，这不能不说是它的重大贡献之一。

2. 需求因素与激励

由于社会人的假定是在霍桑实验的基础上提出的，因而，使得这一假定有了现实基础，也证明了“经济人”假定的偏颇。行为科学进一步对人的需求、动机及行为的关系进行研究，从而提出对人的激励理论。根据马斯洛需求层次理论，人的需求有不同层次，因此当人处于某一需求为主的条件下，其行为动机和行为便会带有此种需求未得到满足的特征，为此管理主体可以根据该特征去满足员工的这一需求而使其得到真正的激励。

3. 行为科学引起了管理对象重心的转变

传统的古典管理理论把重点放在对事和物的管理上，它强调的是使生产操作标准化、材料标准化、工具标准化，建立合理的组织结构，有效的组织系统和明确的职责分工等，忽视了个人的需要和个人的目标，甚至把人看成是机器，从而忽视了人的主动性和创造性。行为科学与此相反，它强调要重视人这一因素的作用。它显然是认识到，一切事情都要靠人去做，一切产品的生产都要靠人去实现，一切的组织目标都需要人实现。因而，应当把管理的重点放在人及其行为的管理上。这样，管理者就可以通过对人的行为的预测、激励和引导，来实现对人的有效控制，并通过对人的行为的有效控制，达到对事和物的有效控制，从而实现管理的预期目标。

4. 行为科学引起了管理方法的转变

随着对人性的认识和管理对象重点的变化，管理的方法也发生了重大的变化。由原来的监督管理，转变到人性化的管理。传统的古典管理理论强调自上而下的严格的权力和规章制度的作用，把人看成是会说话的机器，在管理活动中施以强大的外界压力，派工头进行严格的监督，造成工人心理上的压力而产生对立情绪，忽视了人的社会关系和感情因素的作用以及人的主动性和创造性。与此相反，行为科学则强调人的欲望、感情、动机的作用，因而在管理的方法上强调满足人的需要和尊重人的个性，以及采用激励和诱导的方式来调动人的主动性和创造性，借以把人的潜力充分发挥出来。与此相对应，企业界提出了“以职工为中心的”“弹性的”管理方法，出现了“参与管理”“目标管理”“工作内容丰富化”等各种新的管理方式。

（二）行为科学的缺陷

从霍桑实验至今，半个世纪过去了。管理学者们对人际关系理论、对梅奥主义的批评却未曾间断过，很少有管理理论受到如此多的批评。管理学者对人际关系理论的研究方法，包括霍桑实验中所运用的方法和过程，都进行了批评。在他们看来，整个实验过程中，研究者一方面受到实验室中受控实验的需要束缚；另一方面受到正在进行中的实际经验的束缚，尤其是主观愿望先入为主的影响。

此外，行为科学研究的对象是人，它告诉了我们对人管理时应采取什么行为，但在管理中被管理的对象不仅仅是人，只对人进行研究的管理显然是不完善的，除了人性行为以外，还应有某些技术方面的知识。如果没有这些因素，管理人员即使有了行为知识，也将无法应用，这正是行为学派的缺陷。比如管理者往往要从整体上从系统的角度研究管理，管理者要考虑建立管理制度，还要对组织整体战略进行决策，这些经常需要的管理是行为学派没有触及的。对于行为学派存在的弱点，孔茨是这样评论的：人际行为领域并不包括管理学的全部内容。很可能一个公司的经理懂得心理学，但在管理上却并不有效。事实上，有一个相当大的公司，对各级管理者进行广泛的心理学教育，结果发现这些训练并未满足有效管理的需要。

对行为科学的贡献与缺陷总结如下（见表7—3）：

表7—3　行为科学的贡献与缺陷

<table>
<tr><td rowspan="4">贡献</td><td>1. 社会人假定</td></tr>
<tr><td>2. 需求因素与激励</td></tr>
<tr><td>3. 行为科学引起了管理对象重心的转变，把管理的重点放在人及其行为的管理上</td></tr>
<tr><td>4. 行为科学引起了管理的方法的转变，由原来的监督管理，转变到人性化的管理</td></tr>
<tr><td rowspan="2">缺陷</td><td>1. 整个实验过程中，研究者一方面受到实验室中受控实验的需要束缚；另一方面受到正在进行中的实际经验的束缚，尤其是主观愿望先入为主的影响</td></tr>
<tr><td>2. 行为科学研究的对象是人，它告诉了我们对人管理时应采取什么行为，但在管理中被管理者的对象不仅仅是人，只对人进行研究的管理显然是不完善的，除了人性行为以外，还应有某些技术方面的知识</td></tr>
</table>

本章小结

行为科学是运用自然科学的实验和观察方法，研究自然和社会环境中人的行为以及低级动物行为的科学，已经确认的学科包括心理学、社会学、社会人类学和其他学科类似的观点和方法。它的应用范围几乎涉及人类活动的一切领域，形成了众多的分支学科，如组织管理行为学、医疗行为学、犯罪行为学、政治行为学、行政行为学等等。

行为科学学派是在梅奥（George Eltom Mayo，1880—1949）开创的人际关系学说的基础上发展起来的，该学派已成为现代西方管理理论发展中的一个重要学派，代表人物当推亚伯拉罕·马斯洛（Abraham H. Maslow，1908—1970）和弗雷德里克·赫茨伯格（Fredericd Heraberg）。行为科学学派从心理学、社会学角度侧重研究个体需求、行为，团体行为、组织行为和激励、领导方式。

行为科学作为一种管理理论，开始于20世纪20年代末30年代初的霍桑实验，而真正发展却是在20世纪50年代。其代表理论有：早期的人际关系理论（梅奥的霍桑实验），人类需要层次论（马斯洛的需求层次理论），赫兹伯格双因素理论，人性管理理论（X理论，Y理论，超Y理论，威廉·大内Z理论），群体行为理论（库尔特·卢因的"群体动力理论"，布雷德福的敏感性训练理论），领导特性理论，领导行为理论（卢因的三种领导方式理论）；R. Likert的四种管理方式理论（"支持关系理论"，领导四分图理论，管理方格理论，领导连续统一体理论）；领导权变理论（费德勒权变模型，领导生命周期理论，情境领导理论，路径目标理论，领导者参与模型）等。

行为科学对管理学的贡献主要表现在以下两个方面：一是行为科学引起了管理对象重心的转变，二是行为科学引起了管理的方法的转变。同时，行为科学也存在一些缺陷与不足：过于强调人的作用，对组织的结构及其制度、规则的重要性研究不够，对人与制度、人与组织的结合问题探讨得不多等。总的来讲，行为科学理论的积极影响还是相当深远的。

本章关键词

行为科学　梅奥的霍桑实验　人际关系理论　马斯洛需要层次理论　赫兹伯格的双因素理论　麦格雷戈的X理论和Y理论　超Y理论　Z理论　群体动力理论　团体要素　领导方式　团体规范　领导行为理论　领导特性理论　四种管理方式理论　领导四分图理论　管理方格理论　领导连续统一体理论

思考题

1. 行为科学的基本内容有哪些？其产生的历史背景和原因分别是什么？
2. 梅奥的霍桑实验主要有哪几个阶段？人际关系理论的主要观点和内容有哪些？
3. 马斯洛需要层次理论的基本假设和主要观点是什么？
4. 赫兹伯格双因素理论产生的背景？其主要内容和观点是什么？
5. X理论的基本假设，主要观点，管理要点和应用要点分别有哪些？
6. Y理论的基本假设，主要观点，管理要点和应用要点分别有哪些？
7. X－Y理论的贡献与局限性。
8. 超Y理论主要观点和原则分别有哪些？
9. 威廉·大内的Z理论的主要观点？
10. 群体动力理论的主要内容是什么？
11. 领导行为理论，领导特性理论分别有哪些代表人物及观点？
12. 简述行为科学的贡献和缺陷。

沃尔玛的感情管理

拥有120万名雇员的沃尔玛（Wal－Mart）是全美第一大零售商。沃尔玛成功的原因有很多，但其创始人沃尔顿先生始终保持对员工的尊重和关心是重要原因之一。在沃尔顿先生的倡导之下，沃尔玛几乎所有经理人员都佩戴着写有“我们关心我们的员工”字样的徽章。

沃尔玛尊重每位员工，这里没有等级森严的上下级关系而是利益共享的伙伴关系。沃尔玛实行“门户开放”政策，在开放式的环境中鼓励员工多提问题，多关心公司，努力营造畅所欲言的文化环境。在沃尔玛，任何一位员工都可以直接向任何一位经理提出改进公司的建议，如果被采纳，将会得到奖励。

从沃尔顿开始，管理人员就经常倾听来自员工的声音。沃尔顿说：“关键一点就在于应该走进店里，去听听你的伙伴们有什么要说的，所有人员都应该参与进来，这一点极其重要。我们很多好主意正是来自于店员和仓库的搬运工。”

在物质待遇上，沃尔玛为全职员工和兼职员工同样提供医疗保障；兼职员工和全职员工一样也能享受诸如激励奖金、购买股票、购物折扣、带薪休假及24小时免费职业咨询热线等服务；无论沃尔玛员工是否有过个人捐赠行为，都有资格获得公司的利润分享捐赠。

在职位晋升上，以业绩和实干为标准，从创始人山姆·沃尔顿开始，公司约三分之二的经理都是从小时工干起的。山姆·沃尔顿曾解释说："如果我们把机会、奖励和鼓励给予那些平凡而普通的员工，以使他们尽最大的努力，他们的成就绝对是无可限量的。"

思考题

1. 谈谈你对激励的理解。
2. 比较马斯洛的需求层次理论和赫茨伯格的双因素理论的相似性和差异性。
3. 赫兹伯格的双因素理论对组织管理者有什么意义?
4. 思考Z理论和日本式管理模式的联系。
5. 利用马斯洛需求层次理论给自己的大学生活设计一个激励方案。

参考资料

[1] 姜英来：《30部必读的管理学经典》，北京工业大学出版社，2006年版。
[2] 周原：《管理学简明读本》，中国石化出版社，2007年版。
[3] 罗珉：《现代管理学》，西南财经大学出版社，2004年版。
[4] 关培兰：《组织行为学》(第2版)，中国人民大学出版社，2008年版。
[5] 马作宽：《组织激励》，中国经济出版社，2009年版。
[6] 郭咸钢：《西方管理思想史》，经济管理出版社，2004年版。
[7] 芮明杰：《再造流程》，浙江人民出版社，1997年版。
[8] 芮明杰：《管理学——现代的观点》，上海人民出版社，2005年版。
[9] 亨利·明茨伯格：《超越界限的管理》，载于《IT经理世界》，2006年第13、14、15期。
[10] D. A. 雷恩：《管理思想的演变》，中国社会科学出版社，1986年版。
[11] 彼得·德鲁克：《大变革时代的管理》，上海译文出版社，1999年版。
[12] E. 戴尔：《伟大的组织者》，中国社会科学出版社，1994年版。
[13] E. 梅奥：《工业文明的人类问题》，中国社会科学出版社，1994年版。
[14] H. A. 西蒙：《管理行为》，北京经济学院出版社，1988年版。
[15] J. P. 科特：《现代企业的领导艺术》，华夏出版社，1997年版。
[16] J. P. 科特、J. L. 赫斯克特：《企业文化与经营业绩》，华夏出版社，1997年版。
[17] 查尔斯·M. 萨维奇：《第5代管理》，珠海出版社，1998年版。
[18] D. 麦格雷戈：《企业的人事方面》，麦格劳-希尔图书公司，1960年版。
[19] F. X. 贝阿等：《企业管理学》，复旦大学出版社，1996年版。
[20] 罗伯特·R. 布莱克等：《管理方格》，海湾出版公司，1964年版。

第八章　过程功能学派

本章结构

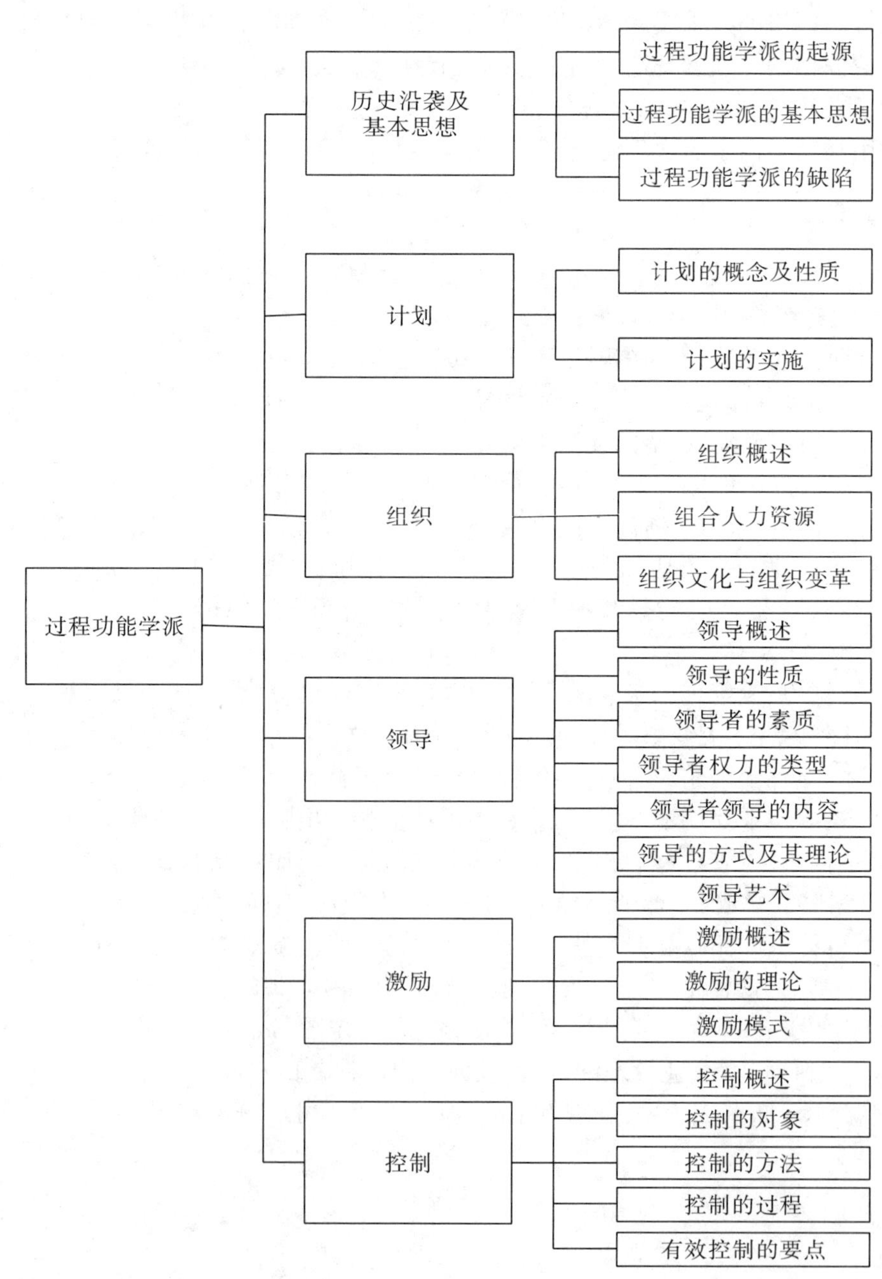

管理被人们称之为一门综合艺术——“综合”是因为管理涉及基本原理、自我认知、智慧和领导力；“艺术”是因为管理是实践和应用。

——彼得·德鲁克

本章学习目标

1. 了解过程功能学派的历史沿袭及基本思想
2. 掌握管理的基本职能
3. 掌握计划和计划工作的概念，及常见的计划方法
4. 掌握组织及组织设计的含义，程序及原则
5. 掌握组织设计的主要类型及其优缺点
6. 掌握领导的概念及管理之间的关系
7. 掌握领导特质理论及行为理论的主要观点
8. 理解管理控制的定义和重要性
9. 掌握管理控制的基本类型
10. 了解组织绩效评价的基本方式

第一节　历史沿袭及基本思想

一、过程功能学派的起源

过程功能学派，又叫管理过程学派、经营管理学派。当代管理理论的主要流派之一，主要致力于研究和说明“管理人员做些什么和如何做好这些工作”，侧重说明管理工作实务。古典管理理论的创始人之一法约尔就是这个学派的开山鼻祖。这一理论是在法约尔的一般管理理论的基础上发展而来的。这个学派后来经美国的管理学家哈罗德·孔茨等人的发扬光大，成为现代管理理论学丛林中的一个主流学派。管理过程流派吸收其他管理学家的思想和主张，不断丰富各项管理职能的内容，具有广泛的影响。

法约尔的著述很多，1916 年出版的《工业管理和一般管理》是其最主要的代表作，标志着一般管理理论的形成。他的研究是从办公桌前的总经理出发的，把办公桌前的总经理当作管理者作为研究对象。他认为，管理理论是指有关管理的、得到普遍承认的理论，是经过普遍经验检验并得到论证的一套有关原则、标准、方法、程序等内容的完整体系。法约尔将管理活动分为计划、组织、指挥、协调和控制等五大管理职能，并进行了相应的分析和讨论。法约尔认为管理的五大职能并不是企业管理者个人的责任，它同企业经营的其他五大活动一

哈罗德·孔茨（Harold Koontz，**美国**，1908—1984）

样，是一种分配于领导人与整个组织成员之间的工作。

在法约尔之后，有哈罗德·孔茨，美国管理学家，过程功能学派的主要代表人物之一。早年于美国耶鲁大学获博士学位，之后在美欧各国讲授管理学，并在美国、荷兰、日本等国的大公司中担任咨询工作，曾担任美国管理学会会长，后在美国加利福尼亚管理研究院任管理学的名誉教授。他和西里尔·奥唐奈（Cyril O. Donnell）在仔细研究这些管理职能的基础上，把管理揭示为通过别人使事情做成的各项职能，将管理职能分为计划、组织、人事、领导、控制五项，而把协调作为管理的本质。孔茨是管理过程学派的集大成者，他继承了法约尔的理论，并把法约尔的理论更加系统化、条理化，使管理过程学派成为管理各学派中最具有影响力的学派。

二、过程功能学派的基本思想

过程功能学派的研究对象就是管理的过程和职能。他们认为，无论组织的性质多么不同（如经济组织、政府组织、宗教组织和军事组织等），组织所处的环境有多么不同，管理人员所从事的管理职能都是相同的，管理活动的过程就是管理的职能逐步展开和实现的过程。因此，管理过程学派把管理的职能作为研究的对象，他们先把管理的工作划分为若干职能，然后对这些职能进行研究，阐明每项职能的性质、特点和重要性，论述实现这些职能的原则和方法。管理过程学派认为，应用这种方法就可以把管理工作的主要方面加以理论概括并有助于建立起系统的管理理论，用以指导管理的实践。

孔茨和西里尔·奥唐奈把管理看作是“通过其他人来做好工作的职能”，他们很强调管理的概念、理论原则和方法，认为管理工作是一门艺术，其理论和方法具有普遍性的意义。他们在代表作《管理学原理》一书中将管理的职能分为五项，即计划、组织、人事、指挥和控制。他们指出，有人认为这些职能在管理过程中是按顺序执行的，事实上管理人员是同时执行这些职能的。这些职能中的每一项都对组织的协调有所贡献。因此，协调本身并不是一种独立的职能，而是有效地运用了这些职能的结果。他们对这五项职能以及其中的原则都做了阐述和说明。

（一）计划

计划是五种管理职能中最基本的一项职能，它涉及的问题是要在未来的各种行为过程中做出抉择，其他四项管理职能都必须反映计划职能的要求。

（二）组织

组织职能的目的是设计和维持一种职务结构，以便人们能为实现组织的目标有效地工作。孔茨指出，为了使组织职能有效地发挥作用，必须克服组织工作中的一些常见错误和缺陷，如：不能恰当地拟定计划，不能明确划分各部分和各层次的职权关系，不向下级授权或授权没有节制，职权界限和信息界限混乱，权责不相称，参谋机构运用不当，滥用职能权力或服务部门，多头领导，组织机构重叠等。

（三）人事

人事职能包括职工的选择、雇用、考评、储备、培养以及其他与人力资源有关的开发和利用工作。关于选择雇用工人，孔茨和奥唐奈提出了四类常用的方法：智力检测、熟练和适应性测试、职业测验和性格测验。

（四）指挥

指挥与领导就是引导下级人员有效地领会和出色地实现企业的既定目标。因此，要了解领导和指挥的性质，首先要考察企业的目标和人的性质。企业的目标是生产某种产品或提供劳务。为了实现企业的目标，就要把生产中的各种要素组织起来，在这些要素中最重要的是人的因素。因此，激励就成为指挥与领导职能的一项重要内容。激励可被看作从需要出发直到需要被满足的一系列连锁反应。有关激励的理论研究和实际应用表明，必须以一种系统和权变的观点看待激励，因为激励是一个很复杂的问题，同时受很多变数的影响。此外，信息交流也是指挥与领导职能中的一项重要因素。信息交流必须明确、完整，并利用非正式的沟通补充正式渠道的信息交流。

（五）控制

控制职能就是按照计划标准衡量计划完成情况并纠正计划执行中的偏差，以确保计划目标的实现。控制职能涉及许多问题，但可归纳为如下一些重要原则。

管理职能一般是根据管理过程的内在逻辑，划分为几个相对独立的部分。划分管理的职能，并不意味着这些管理职能是互不相关、截然不同的。划分管理职能的意义在于：把管理过程划分为几个相对独立的部分，在理论研究上能更清楚地描述管理活动的整个过程，有助于实际的管理工作以及管理教学工作。划分管理职能，有助于管理者在实践中实现管理活动的专业化，使管理人员更容易从事管理工作。在管理领域中实现专业化，如同在生产中实现专业化一样，能大大提高效率。同时，管理者可以运用职能观点去建立或改革组织机构，根据管理职能规定出组织内部的职责和权力以及它们的内部结构，从而也就可以确定管理人员的人数、素质、学历、知识结构等。我国的管理理论，一般将创新列为单独的一大职能，即将管理的职能概括为计划、组织、领导、控制等四种职能。如表8－1所示，四种职能各自从不同的角度出发，相互配合，共同致力于管理效率和绩效的提高，最终达到以有限的资源实现尽可能多或高的欲望的管理目的，即它们都是管理的有效手段。

表8－1　管理的四大职能

管理职能	定义	内容	着眼点
计划工作	表现为确立目标和明确达到目标的必要步骤过程	包括估量机会、建立目标、制定实现目标的战略方案、形成协调各种资源和活动的具体行动方案等	有限资源的合理配置
组织工作	为了有效地实现计划所确定的目标而在组织中进行部门划分、人员配置、权力分配和工作协调的过程	包括组织结构的设计、组织关系的确立、人员配置以及组织模式的变革等	合理的分工协作关系的确立
领导工作	利用职权和威信施展影响，指导和激励各类人员努力去实现目标的过程	包括指导、协调、激励等	方向的把握与积极性的调动
控制工作	在动态的环境中为了实现既定的目标而进行检查和纠偏的过程	包括确立控制标准、衡量实际业绩、进行差异分析、采取纠偏措施等	纠正偏差

资料来源：邢以群：《管理学》（第3版），浙江大学出版社，2012年版。

相对于其他学派而言，管理过程学派是最为系统的学派。管理过程学派首先从确定管理人员的管理职能入手，并将此作为他们理论的核心结构。孔茨认为管理学这样分类具有内容广泛、能划分足够多的篇章、有利于进行逻辑性分析等优点。该学派对后世影响很大，许多管理学原理教科书都是按照管理的职能来写的。

管理过程学派确定的管理职能和管理原则，为训练管理人员提供了基础。把管理的任务和非管理的任务（如财务、生产以及市场交易）加以明显地区分，能使经理集中于经理人员的基本工作上。管理过程学派认为，管理存在着一些普遍运用的原则，这些原则是可以运用科学方法发现的。管理的原则如同灯塔一样，能使人们在管理活动中辨明方向。

三、过程功能学派的缺陷

（一）不能适用于所有组织

管理过程学派所归纳出的管理职能不能适用于所有的组织。所归纳出的管理职能通用性有限，对静态的、稳定的生产环境较为合适，而对动态多变的生产环境难以应用。只在工会力量不大、失业率很高、生产线稳定的情况下适用；如果在专业性组织中应用，这些原则便需要修改，其适用性须视情况而定。

（二）不包括所有管理行为

管理过程学派所归纳的职能并不包括所有的管理行为。明茨伯格在其名著《经理工作的性质》中写道：如果我们观察一位工作中的经理，然后尝试把他的特殊活动同POSDCORB的各种职能联系起来，我们很快就能对此有所感觉。设想一位总经理碰到了一批有意见的职工，他们威胁说，如果某一位高级经理不被解雇，他们就要辞职。这位总经理在以后的一些日子中必须搜集有关资料并找出一个处理这一危机的方法。或者设想一位经理授予某一位退休职工一枚荣誉奖章，或者设想一位总经理给他的下属带来一些外部董事会会议的有用信息。这些活动中的哪一项可以叫作计划呢？又有哪些可以叫作组织、协调或控制呢？事实上这四个词在经理的各项活动之间有些什么关系呢？这四个词实际上完全没有描绘出经理的实际工作，它们只不过描绘出了经理工作的某些模糊的目标。

（三）日常管理不是先有职能

在管理者日常管理中，一定是先有了目标和组织，然后进行管理，而不是先有一套典型的职能，能够运用到不同的组织中去。对此，德鲁克是这样评论的：要知道达到企业的目标需要进行什么活动的问题太显而易见，似乎用不着特别去提，但是传统理论却不曾分析这些活动。大多数传统的理论认为：企业有一套“典型的”职能，它们可以到处运用，对一切事物运用，用不着先做一番分析。制造、销售、工程、会计、采购和人事——这些就是制造业的典型职能。

本节思考题

1. 过程功能学派的主要代表人物有哪些？
2. 过程功能学派的主要思想是什么？
3. 管理的五项基本职能是什么？
4. 过程功能学派有什么缺陷？

第二节　计　划

一、计划的概念及性质

中国有句俗话“凡事预则立，不预则废”，这就深刻地揭示了有无计划的重要性。何谓计划？确切地回答，它是指建立目标并采取相应的活动及方法以完成既定目标的过程。计划过程是决策的组织落实过程，决策是计划的前提，计划是决策的逻辑延续。计划通过将组织在一定时期内的活动任务分解给组织的每个部门、环节和个人，从而不仅为这些部门、环节和个人在该时期的工作提供了具体的依据，还为决策目标的实现提供了保证。

一般来说，计划包括四个具体步骤：(1) 决定组织将要实现的目标。(2) 决定实现这些目标所要采取的行动方案。(3) 决定如何分配组织资源以实现组织目标。(4) 监控和评估，一是对通向目标的进程实行监控，以便在进展不如意的时候能够修正不正确的行动；二是对目标完成情况从其过程进行评估，为下一步目标制定提供客观依据（见图 8−1）。

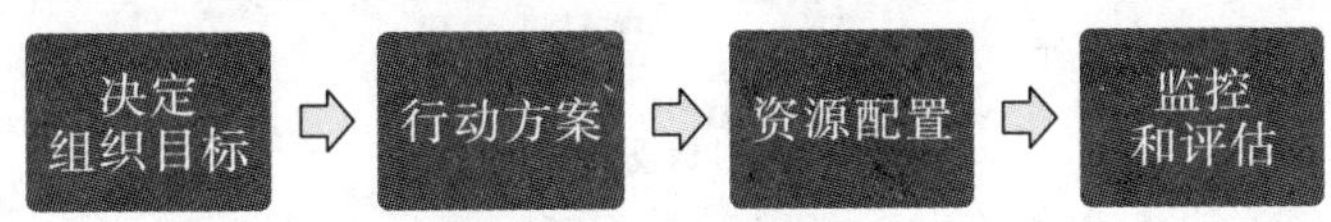

图 8−1　计划的步骤

对企业管理而言，计划是指企业根据客观经济规律和社会需要为企业的自身能力确定出一定时期内的奋斗目标，并通过组织、指挥、协调与控制，以有效的方式组织人力、物力、财力等资源取得最佳的经济效益和社会效益。计划是管理有效与否的前提，西方著名的管理学家对此有精辟的论述：

乔治・戴维说：“进行计划，今天所做的事情是为了我们有更好的明天。未来属于那些在今天做出艰苦决策的人们。”

德鲁克认为：“明天总会到来，又总会与今天不同。如果不着手于未来，最强有力的公司也会遇到麻烦。对所发生的事感到吃惊是危险的，哪怕是最大和最富有的公司，也难以承受这种危险，即使最小的企业也应警惕这种危险。”

（一）计划的概念

计划有两个词性，名词属性和动词属性。名词属性的计划是指用文字和指标等形式所表达的，组织以及组织内不同部门和不同成员在未来一定时期内关于行动方向、内容和方式安排的管理文件。动词属性的计划是指为了实现决策所确定的目标，预先进行的行动安排，亦称计划工作，即对决策所确定的任务和目标提供一种合理的实现方法。

计划还可分为广义的计划和狭义的计划，广义的计划是指管理者制订计划、执行计划和检查计划执行情况的过程。狭义的计划是指管理者事先对未来应采取的行动所做的谋划和安排。

（二）计划的性质

任何组织任何时候都必须具有生存的价值、存在的使命。组织是通过精心安排的合法性去实现目标而得以生存和发展的，而计划工作旨在促使组织目标的实现。因此，目标是计划的全部内容的核心，实现目标是计划的出发点和归宿。计划工作是对决策工作在时间和空间两个维度上进一步地展开和细化。所谓在时间维度上进一步展开和细化，是指计划工作把决策所确立的组织目标及其行动方式分解为不同时间段的目标及其行动安排；所谓在空间维度上进一步展开和细化，是指计划工作把决策所确立的组织目标及其行动方式分解为组织内不同层次、不同部门、不同成员的目标及其行动安排。组织是通过有意识的合作来达到群体的目标，从而更好地生存。因此，组织的各种计划及其各项计划工作都必须有助于完成组织的目标。

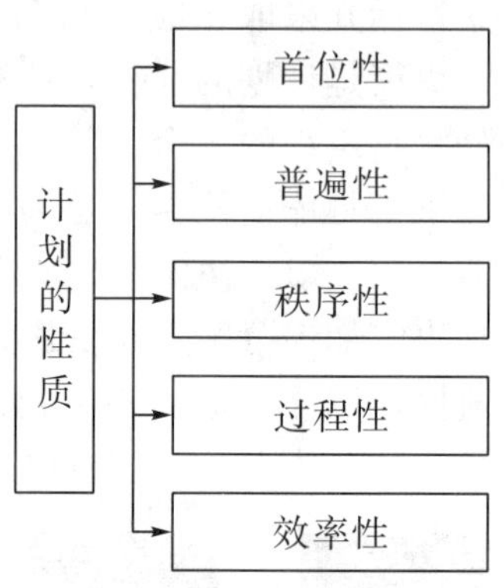

图 8—2　计划的性质

计划工作是管理活动的桥梁，是组织、领导和控制等管理活动的基础。如图 8—2 所示，计划具有以下特性：

（1）计划具有首位性，是实施其他各项管理职能的依据。由于管理的组织、领导、控制等职能都是为了支持保证组织目标的实现，它们只有在计划工作确定了目标之后才能进行，而且计划工作贯穿于整个管理过程中。

（2）计划工作具有普遍性和秩序性。无论是什么组织，也无论是组织中的哪个层次的管理者，要想实施有效管理，就必须做好计划工作。虽然计划工作的特点和广度会由于管理人员所处的部门、层级的不同而有所不同，但是计划工作是全体管理人员的一项职能。计划工作的普遍性中蕴含着一定的秩序，这种秩序随着不同组织的性质不同而有所不同。最主要的秩序表现为计划工作的纵向层次性和横向协作性。在高层管理人员计划组织总方向时，各级管理人员必须据此拟订他们的计划，从而保证总目标的实现。

（3）计划是一个创造过程，要以最少的耗费实现预定的目标，要考虑投入与产出之间的比例。计划的效率不仅体现在有形物上，还包括满意度这类无形的评价标准。

（4）计划工作要讲究效率，计划工作总是针对需要解决的新问题和可能发生的新变化、新机会而做出决定，因而它是一个创造性的管理过程。它是对管理活动的设计，这一点类似于一项产品或一项工程的设计。正如一种新产品的成功在于创新一样，成功的计划也依赖于创新。

（三）计划的作用

目前，计划工作毫无争议地成为管理的一项中心任务。组织没有计划就容易陷入混乱，就像一艘失去驱动力而四处漂泊的船。具体来讲，计划在管理工作中有以下的重要作用。

计划有利于落实一个组织的战略目标。如企业计划必须在其对各种环境因素的科学预测分析基础上制订，从而使得企业的经营管理与企业外部环境保持动态的平衡，使企业逐渐接受已制定的战略目标。因此，一个组织的计划职能能够保证其较为平稳地长期发展。

计划能预测未来，减少变化的冲击。计划促使管理者展望未来，预见变化，考虑内外环境变化给组织带来的冲击，从而制定适当的对策，减少组织活动中的种种不确定性，降低变化给组织带来的不利影响，甚至还能变不利为有利，抓住变化带来的机会。

计划有利于协调组织内所有员工的行为，使员工的行为整体化与系统化。明确目标有利于提高企业员工对企业战略的理解，从而使自己的行为与企业行为统一起来。企业计划的完成建立在企业各部门计划完成的基础之上。企业的计划目标是统一、协调各部门计划的基本标准，这样，就能使得企业整体运行系统化、目标一致化、高效化。

计划能促使资源配置最优化。在制订科学化计划的过程中，能发现企业资源配置中存在的问题。可以说，企业管理的过程就是不断调整资源优化配置的过程。主管人员应是一个“平衡高手”，企业计划必须要突出资源优化配置功能和均衡功能。

（四）计划的类型

由于计划工作的普遍性，计划的目标、内容应用情况千差万别，使计划的具体表现形式多种多样。按照不同的标准，计划可以分为不同的类别。一般来讲，主要有以下几种划分（见表8—2）。

表8—2　计划的分类

分类标准	类型
按计划的期限分类	短期计划、中期计划和长期计划
按计划所涉及的组织活动范围分类	战略计划、战术计划和作业计划
按计划的明确性程度分类	指导性计划和指令性计划
按指定计划的层次分类	高层管理计划、中层管理计划和基层管理计划
按组织的职能分类	业务计划、人事计划和财务计划
按计划的程序化程度分类	程序性计划和非程序性计划

1. 按计划的期限分类：长期、中期和短期计划

一般来说，1年以内的计划称为短期计划，2至5年的计划称为中期计划，5年以上的计划称为长期计划。当然这种划分标准也并不是绝对的。

2. 按计划范围的广度分类：战略计划、成本计划和作业（营运/操作）计划。

计划的广度指的是计划的内容牵涉到组织的面的程度。战略计划是指应用于整体组织的、为组织未来较长时期（通常为5年）设立总体目标和寻求组织在环境中的地位的计划。作业计划则指为了战略计划的实现，分阶段、分职能、分部门对组织的资源进行调配以更有效率地实施战略计划、实现战略目的的过程。战略计划与行动计划在时间框架和涉及范围上是不一致的，战略计划趋向于包含持久的时间间隔，覆盖较宽的领域和不规定具体的细节。此外，战略计划区别于战术计划与作业计划的重要一点是，战略计划的一个重要任务是设定目标，而战术计划与作业计划均是假定目标已经明确，只提供行动方案。

3. 按计划的明确性分类：指导性计划和指令性计划

指导性计划只规定了一些重大方针，而不局限于明确的特定目标或特定的活动方案。

这种计划可为组织指明方向、统一认识，但并不提供实际操作指南。指导性计划恰恰相反，要求必须具有明确的可衡量目标以及一套可操作的行动方案。指令性不存在模棱两可和引起误解的问题。指导性计划具有内在的灵活性，而指令性计划便于明确及时有效地完成特定的程序、方案和各类活动目标。组织通常面临环境的不确定性，可选择制定这两种不同类型的计划。

4. 按制订计划的层次分类：高层管理、中层管理、基层管理计划

高层管理计划是由组织中高层管理人员制订的，一般以整个组织为目标，着眼于组织整体的、长远的安排，一般属于战略规划；中层管理计划是由中层管理人员制订的，一般着眼于组织中各部门的定位及相互关系的确定，既可能包含各部门的分目标等战略性质的内容，也可能包含各部门的工作方案等作业性质的内容；基层管理计划是由基层管理人员制定的，着眼于每一个岗位、每一个员工以及每个工作时间单位的工作安排，是属于作业性内容。

5. 按组织的职能分类：业务计划、财务计划和人事计划

业务计划是组织的主要计划。长期业务计划主要涉及业务方面的调整或业务规模的发展，短期业务计划则主要涉及业务活动的具体安排。财务计划与人事计划是为业务计划服务的，也是围绕着业务计划而展开的。财务计划研究如何从资金的提供和利用上促进业务活动的有效进行，人事计划则分析如何为业务规模的维持和扩展提供人力资源的保障。

6. 按计划的程序化程度划分类：程序性计划、非程序性计划

西蒙把组织活动分为两类：一类是例行活动，指一些重复出现的工作，如报账、订货、材料的出入库等，有关这类活动的决策是经常反复的，而且具有一定的结构，因此可以建立一些决策程序。每当出现这类工作或问题时，就利用既定的程序来解决，而不需要重新研究。这类决策称为程序化决策，与此对应的计划是程序性计划。另一类是非例行活动，不重复出现，比如新产品的开发、生存规模的扩大、品种结构调整、工资制度的改革等，处理这类问题没有一成不变的方法和程序，因为这类问题或在过去未发生过，或因为其确切的性质和结构极为复杂，或因为其十分重要而需用个别方法加以处理。解决这类问题的决策叫非程序化决策，与之对应的计划是非程序性计划。

（五）计划的编制过程

计划本身也是一个过程。虽然计划的类型和表现形式各种各样，但科学地制订计划所遵循的步骤却具有普遍性。随条件的改变、目标的更新以及新方法的出现，计划成为无限的过程。即使在制订一些简单计划的时候，计划制订过程中也必须采用科学的方法。完整的计划工作程序如图 8－3 所示。

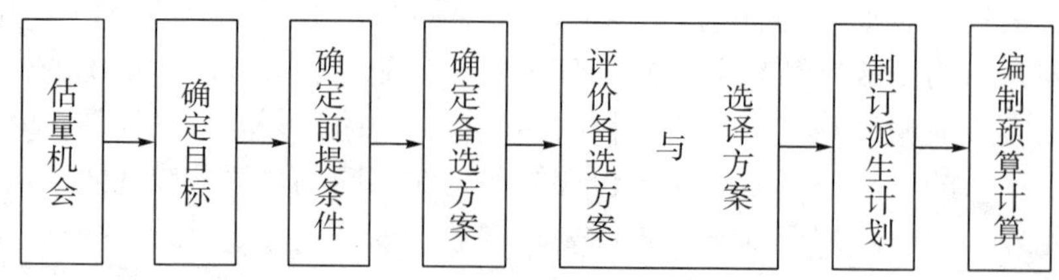

图 8－3　完整的计划工作程序

1. 估量机会

估量机会就是管理者根据环境和组织的现实情况对可能存在的机会做出判断。严格地说，估量机会不属于编制计划过程的一个组成部分，它要在编制计划之前进行。但是寻找组织外部环境中的机会和组织内部的优势是编制计划的真正起点，只有这样，管理人员才能了解将来可能出现的机会，并能清楚而全面地了解这些机会对组织的利与弊，怎样解决将要出现的问题，为什么要解决这些问题以及能得到什么期望的结果。

2. 确定目标

计划应有明确的目标，目标规定预期结果，并说明组织要做哪些工作。战略计划主要侧重于目标的制定，而作业计划主要侧重于组织目标体系中必须进行的某项活动。组织应根据在什么方向、需要实现什么目的和何时完成而确立目标。在目标的制定上，首先要注意目标的价值，各类计划设立的目标应与组织的使命和总目标有价值上的一致性，这是对计划目标的基本要求。其次要注意目标的内容及其优先顺序，不同的目标顺序将导致不同的行动内容和资源分配的先后顺序。最后，目标应有明确的衡量指标，不能含糊不清，对目标应尽可能进行量化，以便度量和控制。

3. 确定前提条件

确定前提条件是要确定整个计划活动所处的未来环境。计划是对未来条件的一种“情景模拟”，确定前提条件就是要确定这种“情景”所处的状态和环境。这种“情景模拟”能够在多大程度上贴近现实，取决于对它将来所处的环境和状态预测的准确程度，也就是取决于确定前提条件这一步骤的工作质量。

4. 确定备选方案

每一项活动（或问题）一般都有几种不同的方式和方法，编制一个计划需要集思广益，拓展思路，寻求和检查多个可供选择的方案。但有时主要的问题不是寻找可供选择的方案，而是减少可供选择的方案数量。以便从中分析最有希望的方案。因此，需要管理者进行初步检查，从中发现最有成功希望的方案。

5. 评价备选方案与选择方案

评价备选方案就是根据计划的目标和前提条件权衡利弊，对各种备选方案进行评价。在多数情况下，存在很多备选方案，而且有很多有待考虑的可变因素和限制条件，选择方案是计划的关键步骤，但做出正确的选择需要建立在前面几步工作做好的基础上。为了保持计划的灵活性，选择的结果往往可能是两个或更多的方案，并且决定首先采取哪个方案，并将其余的方案也进行细化和完善，作为后备方案。

6. 制订派生计划

选择好方案后，计划工作并没有完成。还需要为涉及计划内容的各个部门制订出支持总计划的派生计划。几乎所有的总计划都需要派生计划的支持和保证，完成派生计划是实施总计划的基础。

7. 编制预算计划

编制工作的最后一步，就是要把计划转变为预算，使计划数字化。预算是汇总组织各种计划的一种手段，将各类计划数字化后汇总，才能分配好组织的资源。预算是用数字表述计划，并把这些数字化的计划分解成与组织的职能业务相一致的各个部分。这样，预算就与计划工作相联系，将资源使用权授予组织各部门，但又对资源使用状况进行控制。管理人员只有明确了这些具体的资源使用情况，才能采取授权的方式在预算限度内去实施计划。

二、计划的实施

（一）目标管理

从管理学的角度看，组织目标具有独特的属性，通常称为SMART，即目标一定要具体明确（Specific），可以度量或测量（Measurable），可以实现（Acceptable），目标之间相互关联（Realistic），时间限定（Time-bonded）。制定目标时，必须把握好目标的这些属性。

目标管理是一种系统管理办法，它与计划和控制工作有很大的关系。目标管理是具有活力的管理办法，下级人员通过设置目标来承担自己的义务。目标管理实际上是一种许诺管理。

1. 目标的定义

目标是根据组织宗旨（社会对组织的要求）而提出的组织在一定时期内通过努力要达到的理想状态或希望获得的成果。简而言之，目标就是关于组织未来的理想状态。其宗旨规定了组织生存的目的和使命，反映了社会对组织的要求。

2. 目标的性质

目标表示最后结果，而总目标需要由子目标来支持。这样，组织及其各层次的目标就形成了一个目标网络。作为任务分配、自我管理、业绩考核和奖惩实施的目标具有如下特征（见图8—4）：层次性、网络性、多样性、可考核性、可实现性、富有挑战性、伴随信息反馈性。

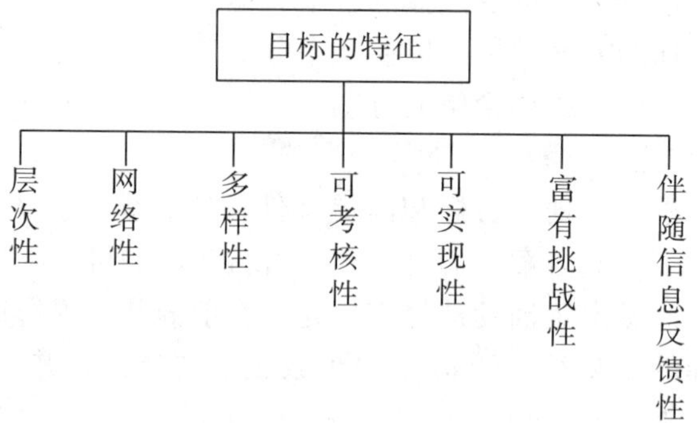

图8—4 目标的特征

（1）目标的层次性。

组织目标形成一个有层次的体系，范围从广泛的组织战略性目标到特定的个人目标。这个体系的顶层包含组织的远景和使命陈述。第二层次是组织的任务。在任何情况下，组织的使命和任务必须要转化为组织的总目标和战略，总目标和战略更多地指向较远的未来，并且为组织的未来提供行动框架。这些行动框架必须要进一步地细化为更多的具体的行动目标和行动方案，这样，在目标体系的基层，有分公司的目标，部门和单位的目标，个人目标等。

在组织的层次体系中，不同层次的主管人员参与不同类型目标的建立。董事会和最高层主管人员主要参与确定企业的使命和任务目标，也参与在关键成果领域中更多的具体的总目标。中层主管人员如副总经理、营销经理或生产经理，主要是建立关键成果领域的目标、分公司的和部门的目标。基层主管人员主要关心的是部门和单位的目标以及他们的下级人员目标的制定。

（2）目标的网络性。

如果说目标体系是从整个组织的整体观来考察组织目标的话，那么，目标网络则是从某一具体目标的实施规划的整体协调方面来进行工作。目标与计划方案，通常均形成所希望的结果和结局的一种网络。如果各种目标不互相关联，不相互协调且互不支持，则组织成员往往出于自利而采取对本部门看来可能有利，而对整个公司却不利的途径。目标网络的内涵表现为以下四点：

一是目标和计划很少是线性的，即并非一个目标实现后接着去实现另一个目标，目标和规划形成一个互相联系着的网络。

二是主管人员必须确保目标网络中的每个组成部分要相互协调。不仅对各种规划的执行要协调，而且在时间上也要协调完成。

三是组织中的各个部门在制定自己部门的目标时，必须要与其他部门协调。有人研究得出结论：一家公司的一个部门似乎很容易制定完全适合自己的目标，但这个目标却往往在经营上与另一个部门的目标相矛盾。

四是组织制定各种目标时，必须要与许多约束因素相协调。企业的各个目标互相联系构成一个庞大的网络，所以要注意各目标之间的互相协调，还要注意与制约各个目标的其他因素的协调。

（3）目标的多样性。

企业任务的主要目标通常是多种多样的，同样，在目标层次体系中的每个层次的具体目标，也可能是多种多样的。有人认为，一位主管人员不可能有效地追求过多的目标，以2～5个为宜。其理由是，过多的目标会使主管人员应接不暇从而顾此失彼，更为可怕的是，可能会使主管人员过多地注重小目标而有损于主要目标的实现。也有人认为，即使排除了日常的事务性工作，似乎也没有目标的限定数目，主管人员可能同时追求多达10～15个重要目标。但这个结论是值得怀疑的，因为如果目标的数目过多，其中无论哪一个都没有受到足够的注意，则计划工作是无效的。因此，在考虑追求多个目标的同时，必须对各目标的相对重要程度进行区分。

（4）目标的可考核性。

目标考核的途径是将目标量化。目标定量化往往会损失组织运行的一些效率，但是会给组织活动的控制、成员的奖惩带来很多方便。目标可考核表达的是这样一个意思：人们必须能够回答这样一个问题："在期末，我如何知道目标已经完成了？"比如获取合理利润的目标，可以指出公司是盈利还是亏损的，但它并不能说明应该取得多少利润。因为在不同人的思想里"合理"的解释是不同的，对于下属人员是合理的东西，可能完全不被上级领导接受。如果意见不合，下属人员一般无法争辩。如果我们将此目标明确地定量为"在本会计年度终了实现投资收益率10%"，那么它对"多少？什么？何时？"都做出了明确回答。有时要用可考核的措辞来说明结果会有更多的困难，对高层管理人员以及政府部门尤其如此。但原则是：只要有可能，我们就规定明确的、可考核的目标。

(5) 目标的可实现性。

根据美国管理心理学家维克多·弗鲁姆(Victor Vroom)的期望理论,人们在工作中的积极性或努力程度(激发力量)是效价和期望值的乘积,其中效价指一个人对某项工作及其结果(可实现的目标)能够给自己带来满足程度的评价,即对工作目标有用性(价值)的评价;期望值指人们对自己能够顺利完成这项工作可能性的估计,即对工作目标能够实现概率的估计。因此,一个目标对其接受者如果要产生激发作用的话,那么对于接受者来说,这个目标必须是可接受的,可以完成的。对一个目标完成者来说,如果目标是超过其力所能及的范围,则该目标对其是没有激励作用的。

(6) 目标的挑战性。

同样根据弗鲁姆的期望理论,如果完成一项工作所达到的目的对接受者来说没有多大意义的话,接受者也是没有动力去完成该项工作的;如果一项工作很容易完成,对接受者来说是件轻而易举的事件,那么接受者也没有动力去完成该项工作。所谓“跳一跳,摘桃子”,说的就是这个道理。

目标的可接受性和挑战性是对立统一的关系,但在实际工作中,我们必须把它们统一起来。

(7) 目标的伴随信息反馈性。

信息反馈是把目标管理过程中目标的设置、目标实施情况不断地反馈给目标设置和实施的参与者,让人员时时知道组织对自己的要求,自己的贡献情况。如果建立了目标再加上反馈,就能更进一步加强员工的工作表现。

综上所述,设置目标,一般要求目标的数量不宜太大(多样性),包括工作的主要特征,并尽可能地说明必须完成什么和何时完成;如有可能,也应明示所期望的质量和为实现目标的计划成本(可考核性)。此外,目标能促进个人和职业上的成长和发展,对员工具有挑战性(可接受性、挑战性),并适时地向员工反馈目标的完成情况(伴随信息反馈性)。

3. 目标管理的类型

(1) 业绩主导型目标管理和过程主导型目标管理,这是依据对目标的实现过程是否规定来区分的。目标管理的最终目的在于业绩,所以目标管理也称业绩管理。其实,任何管理的目的都是要提高业绩。

(2) 组织目标管理和岗位目标管理,这是从目标的最终承担主体来分的。组织目标管理是一种在组织中自上而下系统设立和开展目标,从高层到低层逐渐具体化,并对组织活动进行调节和控制,谋求高效地实现目标的管理方法。

(3) 成果目标管理和方针目标管理,这是依据目标的细分程度来分的。成果目标管理是以组织追求的最终成果的量化指标为中心的目标管理方法。

4. 目标管理的基本程序

目标管理的具体做法分三个阶段:第一阶段为目标的设置,第二阶段为实现目标过程的管理,第三阶段为测定与评价所取得的成果(见图 8-5)。

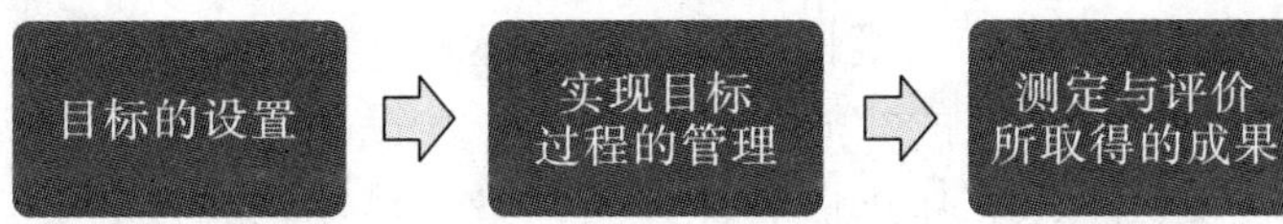

图 8－5　目标管理的基本程序

（1）目标的设置。

这是目标管理最重要的阶段，第一阶段可以细分为四个步骤：

首先，高层管理预定目标，这是一个暂时的、可以改变的目标预案。既可以由上级提出，再同下级讨论，也可以由下级提出，上级批准。无论哪种方式，都必须共同商量决定，领导必须根据企业的使命和长远战略，估计客观环境带来的机会和挑战，对本企业的优劣有清醒的认识，对组织应该完成和能够完成的目标心中有数。

其次，重新审议组织结构和职责分工。目标管理要求每一个分目标都有确定的责任主体。因此预定目标之后，需要重新审查现有组织结构，根据新的目标分解要求进行调整，明确目标责任者和协调关系。

再次，确立下级的目标。首先下级明确组织的规划和目标，然后商定下级的分目标。在讨论中上级要尊重下级，平等待人，耐心倾听下级意见，帮助下级发展一致性和支持性目标。分目标要具体量化，便于考核；分清轻重缓急，以免顾此失彼；既要有挑战性，又要有实现可能。每个员工和部门的分目标要和其他的分目标协调一致，支持本单位和组织目标的实现。

最后，上级和下级就实现各项目标所需的条件以及实现目标后的奖惩事宜达成协议。分目标制定后，要授予下级相应的资源配置的权力，实现权力、责任的统一。由下级写成书面协议，编制目标记录卡片，整个组织汇总所有资料后，绘制出目标图。

（2）实现目标过程的管理。

目标管理重视结果，强调自主、自治和自觉，并不等于领导可以放手不管；相反，由于形成了目标体系，一环失误，就会牵动全局。因此，领导在目标实施过程中的管理是不可缺少的。首先应进行定期检查，利用双方经常接触的机会和信息反馈渠道自然地进行；其次要向下级通报进度，便于互相协调；再次要帮助下级解决工作中出现的困难问题，当出现意外、不可测事件严重影响组织目标实现时，也可以通过一定的手续修改原定的目标。

（3）测定与评价所取得的成果。

达到预定的期限后，下级首先进行自我评估，提交书面报告；然后上下级一起考核目标完成情况，决定奖惩；同时讨论下一阶段目标，开始新循环。如果目标没有完成，应分析原因总结教训，切忌相互指责，以保持相互信任的气氛。

5. 目标管理的优点与不足

目标管理作为一种管理方式与其他管理方式一样有其优点与不足，这是一个组织在运用目标管理方式之前应该认识清楚的。

（1）目标管理的优点（见图 8－6）：

①形成激励。当目标成为组织的每个层次、每个部门和每个成员未来时期内欲达到的一种结果，且实现的可能性相当大时，目标就成为组织成员的内在激励。如果这种结果实现时组织还有相应的报酬，目标的激励效用就更大。成为激励因素，这种目标最好是组织

每个层次、每个部门及组织每个成员自己制定的目标。

②有效管理。目标管理方式的实施可以切切实实地提高组织管理的效率。目标管理方式比计划管理方式在推进组织工作进展、保证组织最终目标完成方面更胜一筹。因为目标管理是一种结果式管理，不仅仅是一种计划的活动式工作。这种管理迫使组织的每一层次、每个部门及每个成员首先考虑目标的实现，尽力完成任务，因为这些目标是组织总目标的分解，故当组织的每个层次、每个部门及每个成员的目标完成时，组织的总目标也就实现了。在目标管理方式中，一旦分解目标确定，且不规定各个层次、各个部门及各个组织成员完成各自目标的方式、手段，则给了大家在完成任务方面一个创新的空间，这就有效地提高了组织管理的效率。

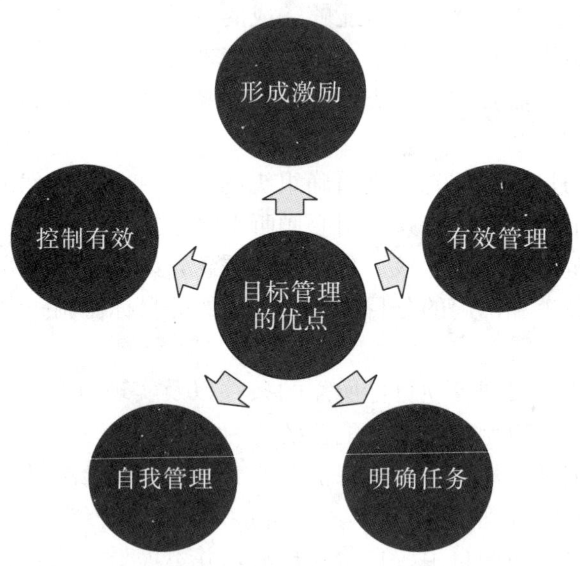

图 8—6 目标管理的优点

③明确任务。目标管理的另一个优点就是使组织各级主管及成员都明确了组织的总目标、组织的结构体系、组织的分工与合作及各自的任务。这些方面职责的明确，使得主管人员也知道，为了完成任务必须给予下级相应的权力，而不是大权独揽、小权也不分散。另一方面，许多着手实施目标管理方式的公司或其他组织，通常在目标管理实施的过程中会发现组织体系存在的缺陷，从而帮助组织对自己的体系进行改造。

④自我管理。目标管理实际上也是一种自我管理的方式，或者说是一种引导组织成员自我管理的方式。在实施目标管理的过程中，组织成员不再只是做工作、执行指示、等待指导和决策，组织成员此时已成为有明确目标的单位或个人。一方面，组织成员参与了目标的制定，并取得了组织的认可；另一方面，组织成员在努力工作实现自己的目标过程中，除目标已定以外，如何实现目标则是他们自己决定的，从这个意义上看，目标管理至少可以算作自我管理的方式，是以人为本管理的一种过渡性实验。

⑤控制有效。目标管理方式本身也是一种控制的方式，即通过目标分解后的实现最终保证组织总目标实现的过程就是一种结果控制的方式。目标管理并不是目标分解下去便没事了，事实上组织高层在目标管理过程中要经常检查、对比目标，进行评比，看谁做得好，如果有偏差就及时纠正。从另一个方面来看，一个组织如果有一套明确的可考核的目

标体系，那么其本身就是进行监督控制的最好依据。

（2）目标管理的不足。

哈罗德·孔茨教授认为目标管理尽管有许多优点，但也有许多不足，对这样的不足如果认识不清楚，那么可能导致目标管理的不成功（见图8−7）。

①强调短期目标。大多数的目标管理中的目标通常是一些短期的目标：年度的、季度的、月度的等。短期目标比较具体、易于分解，而长期目标比较抽象、难以分解；同时，短期目标易迅速见效，长期目标则不然。所以，在目标管理方式的实施中，组织似乎常常强调短期目标的实现而对长期目标不关心。这样一种概念若深入组织的各个方面、组织所有成员的脑海中和行为中，将对组织发展不利。

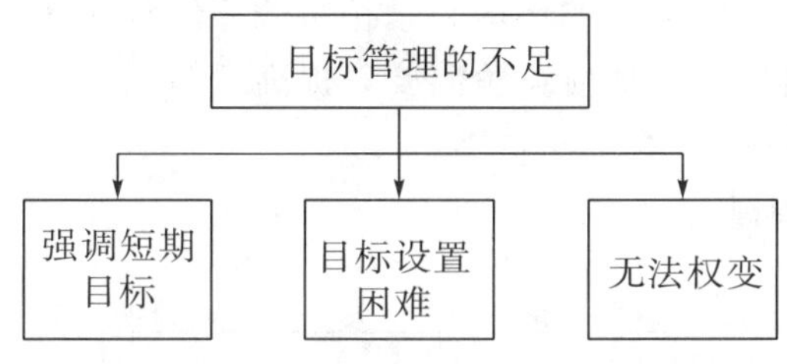

图8−7　目标管理的不足

②目标设置困难。真正可用于考核的目标很难设定，尤其组织实际上是一处产出联合体，它的产出是一种联合的、不易分解出谁的贡献大小的产出，即目标的实现是大家共同合作的成果，在这种合作中很难确定你应做多少，他应做多少，因此可度量目标的确定也就十分困难。一个组织的目标有时只能定性地描述，尽管我们希望目标可度量，但实际上定量是困难的，例如组织后勤部门要有效服务于组织成员，虽然可以采取一些量化指标来度量，但完成了这些指标，也未必达成了“有效服务于组织成员”这一目标。

③无法权变。目标管理执行过程中不可以改变目标，因为这样做会导致组织的混乱。事实上目标一旦确定就不能轻易改变，也正是如此使得组织运作缺乏弹性，无法通过权变来适应变化多端的外部环境。中国有句俗话叫作“以不变应万变”，许多人认为这是僵化的观点，非权变的观点，实际上所谓不变的不是组织本身，而是客观规律，掌握了客观规律就能应万变，这实际上是真正的更高层次的权变。

（二）滚动计划法

1. 滚动计划法的含义

滚动计划法是一种定期修订未来计划的方法。滚动计划法是按照“近细远粗”的原则制订一定时期内的计划，然后按照计划的执行情况和环境变化，调整和修订未来的计划，并逐期向后移动，把短期计划和中期计划结合起来。

这种方法是在每次编制修订计划时，要根据前期计划情况和客观条件变化，将计划期向未来延伸一段时间，使计划不断向前滚动、延伸，故称滚动计划法。

2. 滚动计划法的特点

将计划期分为若干个执行期，近期计划内容一般制订得详细、具体，是计划的具体实施部分，具有指令性；远期计划的内容则较笼统，是计划的准备实施部分，具有指导性。

计划在执行一段时间后，要对以后各期计划内容做适当修改、调整，并向未来延续一个新的执行期。

例如，某电子公司在2005年制订了2006—2010年的五年计划，采用滚动计划法。到2006年年底，该公司的管理者就要根据2006年计划的实际完成情况和客观条件的变化，对原定的五年计划进行必要的调整和修订，据此编制2007—2011年的五年计划，以此类推，如图8-8所示。

由于环境的不断变化，在计划的执行过程中现实情况和预想的情况往往会有较大的出入，这就需要定期对计划做出必要的修正。滚动计划法是一种定期修正未来计划的方法，其基本思想是：根据计划执行的情况和环境变化的情况定期调整未来的计划，并不断逐期向前推移，使短期计划和中期计划有机地结合起来。滚动计划法可使计划与实际紧密结合，提高计划的准确性，更好地发挥计划的指导作用；使长期计划、中期计划、短期计划有机结合，从而使计划与不断变化的环境因素相协调，使各期计划在协调中一致；具有相当的弹性，可以有效规避风险，适应竞争需要，提高组织应变力。

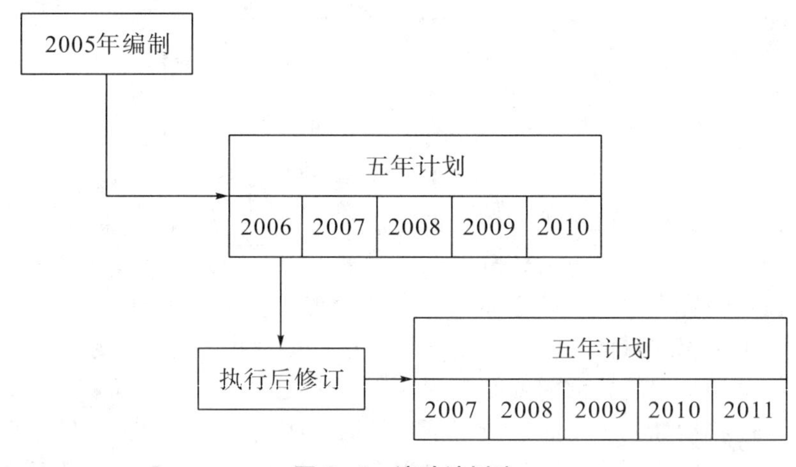

图8-8 滚动计划法

（三）网络计划法

1. 网络计划法的含义

网络计划法是根据分析技术的基本原理转化而来的，有时也称之为计划评审技术。该方法的基本原理是将一项工作分为若干作业，然后按照作业的先后顺序进行排列，应用网络图对整个工作进行总体规划和控制，以便用最少的人力、物力和财力资源以及最快的速度完成整个工作。

网络图是网络计划技术的基础，任何一项任务都可以分解成多项工作，根据工作时间上的衔接关系，注明所需时间的箭线图，这个箭线图就是网络图。

由于网络图突出了主要矛盾，明确了相互配合的关系，因而使各方面围绕主要矛盾紧密配合地工作，克服了忙乱、窝工现象，使工程有计划、有步骤地进行。网络计划法能使工程“计划分明，重点突出，心中有底，配合紧密”，是适应现代化建设需要的一种科学管理办法。自20世纪50年代以来，网络计划技术引起了世界各国的重视，在工业、农业、国防和复杂的科学研究等计划管理中，都得到广泛的应用。

2. 应用网络计划法的一般步骤（见图 8-9）

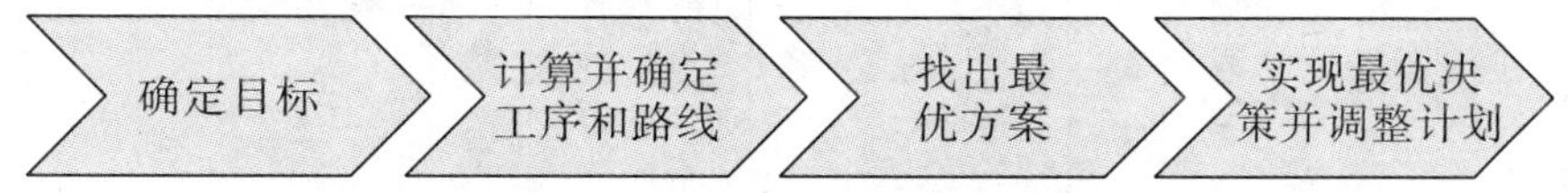

图 8-9　网络计划法的一般步骤

（1）确定目标，进行计划的准备工作；任务分解，列出全部工序逻辑关系明细表；确定各个工序的持续时间、先后顺序和相互关系，并绘制网络草图。

（2）通过计算，计算各个工序最早开始、最早结束、最迟开始、最迟结束的时间以及总时差和局部时差，并判别出关键工序和关键路线。

（3）在满足既定要求的情况下，按某一衡量指标（时间、成本、资源等）寻求最优方案，保证在计划规定的时间内，用最少的人力、物力和财力完成任务；或在人力、物力和财力限制的条件下，用最短时间完成计划。

（4）在计划执行过程中，不断收集、传送、加工、分析信息，使决策者可能实现最优抉择，及时对计划进行必要的调整。

网络计划法有如下几个特点：它能形象地把整个计划用一个网络图形式表示出来，网络中的单元对应基本的活动或工序。从网络图上可以很直观地看出各个工序的先后顺序与制约关系。网络计划的编制过程是深入调查研究，对工程对象进行认真分析综合的过程，它有利于克服计划编制工作中的主观盲目性。经过计算可以确定出自始至终对完成期限有关键性影响的工序。

网络计划容易比较优劣，容易沟通上下级的意图和思想，经过多个网络图的编制和比较，便于从多种可能方案中选择最优方案付诸实践。在执行过程中，可根据各工序实际完成情况加以调整，保证自始至终对计划进行有效的控制和监督，使总计划如期或提前完成，可与成本、资源一并加以统筹安排。它适用于各类大小工程项目，可以用电子计算机计算，也可以用手工计算，对于大型工程的复杂网络，用电子计算机进行计算、优化和调整，经济效果更加显著。

（四）运筹学法

1. 运筹学法的含义

运筹学是一种分析的、实验的和定量的科学方法，用于研究在物质条件已定的情况下，为了达到一定的目的，如何统筹兼顾各个环节之间的关系，为选择一个最好的方案提供数量上的依据，以便做出最有效的合理安排，取得最好的效果。

运筹学起源于 20 世纪初叶的科学管理运动。如 F. W. 泰勒和 F. B. 吉尔布雷斯夫妇等人创建的时间和动作研究，甘特发明的甘特图，以及丹麦数学家厄兰 1917 年对哥本哈根市电话系统排队现象的研究，应当看作是早期的运筹学。

第二次世界大战中，为了满足战争的需要，发展出了现代运筹学中一个最成熟的学科——线性规划，随后，随着计算技术的进步和计算机的普及，非线性规划、动态规划、整数规划、图论、排队论、对策论、库存论等一系列分支也逐渐发展和完善起来。

2. 运筹学法运用的步骤

在计划工作中运用运筹学的一般程序，包括如下步骤（见图 8-10）：

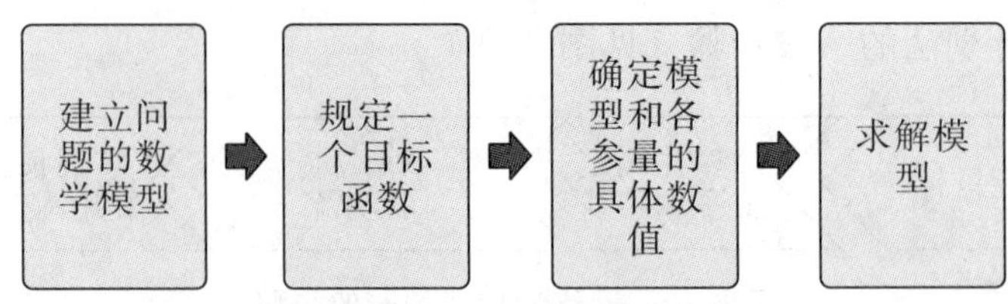

图 8—10　运筹学法运用步骤

（1）建立问题的数学模型。首先根据研究的目的对问题的范围进行界定，确定描述问题的主要变量和问题的约束条件，然后根据问题的性质确定使用哪一类运筹学方法，并按此方法将问题描述为数学模型。为使问题简化，突出主要的影响因素，需要做各种必要的假设。

（2）规定一个目标函数，作为对各种可能的行动方案进行比较的尺度。

（3）确定模型和各参量的具体数值。

（4）求解模型，找出使目标函数达到最大值（最小值）的最优解。

（五）企业资源计划

1. 企业资源计划概述

ERP（Enterprise Resources Planning）是“企业资源计划”的英文简称。要理解企业资源计划首先要明确什么是“企业资源”。简单地说，“企业资源”是指支持企业业务运作和战略运作的事物，也就是我们常说的“人”“财”“物”。可以认为，ERP 就是一个有效地计划、组织和实施企业的“人”“财”“物”管理的系统，它依靠信息技术和手段以保证其信息的集成性、实时性和统一性。ERP 的核心管理思想就是实现对整个供应链的有效管理，主要体现在以下三个方面。

（1）体现对整个供应链资源进行管理的思想。

在知识经济时代仅靠自己企业的资源不可能有效地参与市场竞争，还必须把经营过程中的有关各方如供应商、制造工厂、分销网络、客户等纳入一个紧密的供应链中，才能有效地安排企业的产、供、销活动，满足企业利用全社会一切市场资源快速高效地进行生产经营的需求，以期进一步提高效率和在市场上获得竞争优势。换句话说，现代企业竞争不是单一企业与单一企业间的竞争，而是一个企业供应链与另一个企业供应链之间的竞争。ERP 系统实现了对整个企业供应链的管理，适应了企业在知识经济时代市场竞争的要求。

（2）体现精益生产和敏捷制造的思想。

ERP 系统支持混合型生产方式的管理，其管理思想表现在两个方面：其一是“精益生产（Lean Production，简称 LP）”的思想，它是由美国麻省理工学院（MIT）提出的一种企业经营战略体系，即企业按大批量生产方式组织生产时，把客户、销售代理商、供应商和协作单位纳入生产体系。企业同其销售代理、客户和供应商的关系，已不再是简单的业务往来关系，而是利益共享的合作伙伴关系。这种合作伙伴关系组成了一个企业的供应链，这就是“精益生产”的核心思想。其二是“敏捷制造（Agile Manufacturing，简称 AM）”的思想。当市场发生变化，企业特定的市场和产品需求发生变化时，企业的基本合作伙伴不一定能满足新产品开发生产的要求。这时，企业会组织一个由特定的供应商和销售渠道构成的短期或一次性供应链，形成“虚拟工厂”，把供应和协作单位看成是企业的一个组成部分，运用“并行工程（Simultaneous Engineering，简称 SE）”组织生产，用最短的时间将新产品打入市场，时刻保持产品的高质量、多样化和灵活性，这就是“敏捷制造”的核心思想。

（3）体现事先计划与事中控制的思想。

ERP 系统中的计划体系主要包括主生产计划、物料需求计划、能力计划、采购计划、销售执行计划、利润计划、财务预算和人力资源计划等，而且这些计划功能与价值控制功能已完全集成到整个供应链系统中（见图 8－11）。

ERP 系统通过定义事务处理相关的会计核算科目与核算方式，以便在事务处理发生的同时自动生成会计核算分录，保证了资金流与物流的同步记录和数据的一致性，从而可以根据财务资金现状追溯资金的来龙去脉，并进一步追溯所发生的相关业务活动，改变了资金信息滞后于物料信息的状况，便于实现事中控制和实时做出决策。

此外，计划、事务处理、控制与决策功能都在整个供应链的业务处理流程中实现，要求在每个流程业务处理过程中最大限度地发挥每个人的工作潜能与责任心。流程与流程之间则强调人与人之间的合作精神，以便在有机组织中充分发挥每个人的主观能动性与潜能，实现企业管理从“高耸式”组织结构向“扁平式”组织机构的转变，提高企业对市场动态变化的响应速度。

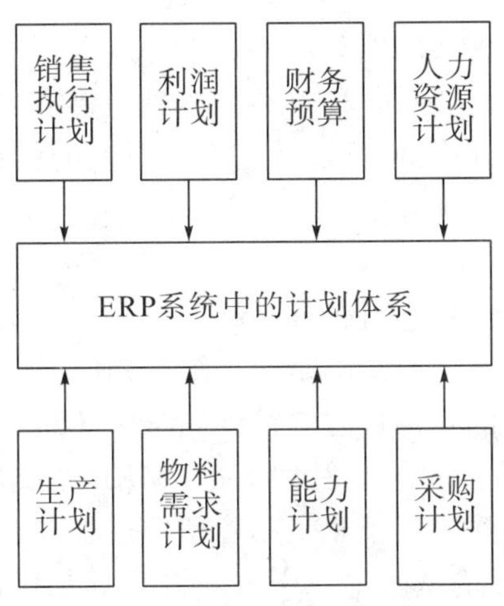

图 8－11　ERP 系统中的计划体系

总之，借助 IT 技术的飞速发展与应用，ERP 系统得以将很多先进的管理思想变成现实中可实施应用的计算机软件系统。

2. ERP 的结构原理

ERP 的发展过程反映了近 50 年来西方的管理思想和计算机技术相结合的发展史，大体上经历了订货点法、物料需求计划（MRP）、闭环 MRP、制造资源计划 MRPⅡ、ERP 等五个阶段（见图 8－12），一直发展到今天的 ERPⅡ。

（1）订货点法。

所谓订货点法就是对生产中需要的各种物料，根据生产需要量及其供应和储存条件，规定一个安全库存量和订货点库存量。各种物料的库存量在日常消耗中不得低于它的安全库存量，如果随着物料的逐渐耗用，库存量降到某个时刻的剩余库存量（订货点量），就要下达订单以补充库存。订货点法不仅适用于原辅材料的采购供应，还可应用于企业自制零部件的生产制造，因此这里的库存包括企业的储存库和生产库。

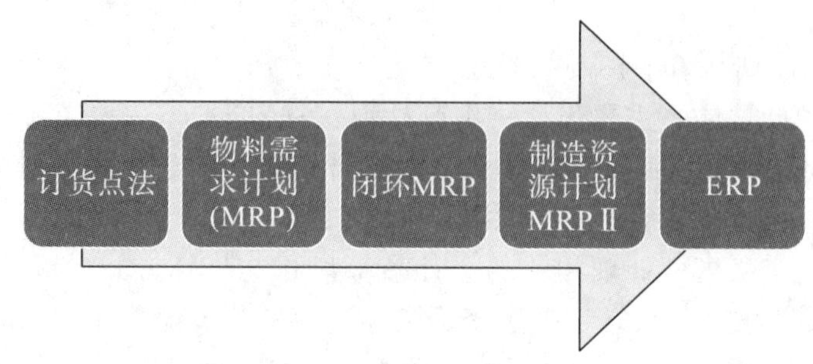

图 8-12 企业资源计划（ERP）的发展过程

订货点法主要是根据历史记录来推测未来的需求，适用于企业经常需要或消耗的物料，并且较适用于需求或消费量比较稳定的物料。

（2）物料需求计划（MRP）。

最早提出解决方案的是美国 IBM 公司的约瑟夫·奥列基博士（第一个 MRP 系统的设计者和组织者，参加过 IBM 公司 COPICS 系统的开发，并在美国生产和库存控制协会主持推广 MRP 系统的工作）。他在 20 世纪 60 年代中期提出方案：可以打破产品品种之间的界限，把企业生产过程中涉及的所有产品、零部件、原材料、中间件等在逻辑上视为相同的物料，再把企业生产中需要的各种物料分为独立需求（independent demand）和相关需求（demand）两种类型，并按时间段确定不同时期的物料需求，产生了解决库存物料订货的新方法，这就是物料需求计划——MRP。

（3）闭环 MRP。

MRP 能根据有关数据计算出相关物料需求的准确时间和数量，对制造业物资管理有重要意义。但它还不够完善，其主要缺陷是没有解决如何保证零部件生产计划成功实施的问题。它缺乏对完成计划所需的各种资源进行计划与保证的功能，也缺乏根据计划实施情况的反馈信息，对计划进行调整的功能等。因此，MRP 主要应用于订购的情况，涉及的是企业与市场的界面，而没有深入到企业生产管理的核心中去。

20 世纪 70 年代，在 MRP 的基础上，引入资源计划与保证、安排生产、执行监控与反馈等功能，形成闭环 MRP 系统。闭环 MRP 系统除物料需求计划外，还将生产能力需求计划、车间作业计划和采购作业计划也全部纳入 MRP，形成一个闭环系统。其原理是根据长期生产计划制订短期主生产计划，而这个主生产计划必须经过生产能力负荷分析，才能够真正具有可行性。然后再执行物料需求计划、能力需求计划和车间作业计划，并在计划执行过程中，将来自车间、供应商和计划人员的反馈信息进行计划的平衡调整，从而使生产计划方面的各个子系统得到协调统一。其工作过程是一个“计划—实施—评价—反馈—计划”的循环过程。它能对生产中的人力、机器和材料等各项资源进行计划与控制，这一点已大大超越了 MRP 系统的资源计划范围，从而使生产管理对市场的应变能力大大增强。

（4）制造资源计划 MRPⅡ。

闭环 MRP 系统的出现，使生产活动方面的各种子系统得到了统一。但这还不够，因为在企业的管理中，生产管理只是一个方面，它所涉及的是物流，而与物流密切相关的还有资金流。这在许多企业中是由财会人员另行管理的，因此就造成了数的重复录入与存储，甚至造成数据的不一致性。

在许多企业中，制订生产规划的人甚至不曾意识到经营规划的存在，制订经营规划的人也从不去了解生产规划。而事实上，经营规划就其基本形式来说，如果不考虑研究开发以及其他不与生产直接相关的部分，那么不过是把生产规划的总和用获利来表示而已。

于是人们想到，应该建立一个一体化的管理系统，去掉不必要的重复性工作，减少数据间的不一致现象和提高工作效率。实现资金流与物流的统一管理，要求把财务子系统与生产子系统结合到一起，形成一个系统整体，这使得闭环 MRP 向 MRPⅡ前进了一大步。

最终，人们把生产、财务、销售、工程技术、采购等各个子系统集成为一个一体化的系统，并称之为制造资源计划（Manufacturing Resource Planing）系统，英文缩写还是 MRP。为了区别于物料需求计划系统（亦缩写为 MRP）而记为 MRPⅡ。

（5）ERP。

随着市场竞争的进一步加剧，企业竞争空间与范围的进一步扩大，以及市场与客户需求变化的进一步加速，企业管理一方面要在现有基础上考虑进一步提高效率，以适应市场竞争并取得竞争优势；另一方面还要适应持续创新过程造成的市场需求的变化及其对企业生产流程不断调整的要求，以及考虑企业怎样在更广阔的竞争范围内取得竞争优势。

尽管 MRP、闭环 MRP 和 MRPⅡ理论在相应的领域都发挥了重要的作用，但是随着市场竞争的日趋激烈、企业管理模式的不断创新和科学技术的不断进步，MRPⅡ也逐渐表现出了其局限性，这些局限性主要体现在以下几个方面：

第一，企业竞争范围的扩大，对企业提出了更高的要求。例如，要求在企业的各个方面加强管理，要求企业有更高的信息化集成，要求对企业的整体资源进行集成管理（而不仅仅对制造资源进行集成管理）等。

现代企业的竞争是综合实力的竞争，要求企业有更强的资金实力，更快的市场响应速度。因此，企业管理信息系统仅停留在对制造部分的信息集成与理论研究上是远远不够的。与竞争有关的物流、信息及资金要从制造部分扩展到全面质量管理，扩展到企业的所有资源（包括分销资源、人力资源和服务资源等）及市场信息和客户资源上，并且要求能够处理工作流。这些要求是 MRPⅡ无法满足的。

第二，企业规模不断扩大，多集团、多工厂要求协同作战、统一部署，这已超出了 MRPⅡ的管理范围。

全球范围内的企业兼并和联合潮流方兴未艾，大型企业集团和跨国集团不断涌现，企业规模越来越大。这就要求集团各工厂之间统一计划、协调生产步骤、汇总信息和调配集团内部资源。这些既要独立又要统一的资源共享管理是 MRPⅡ无法解决的。

第三，信息全球化趋势的发展要求企业之间加强信息交流和信息共享。企业之间既是竞争对手，又是合作伙伴。信息管理要求扩大到整个供应链的管理，这些更是 MRPⅡ所不能解决的。

因此，ERP 面世了，ERP 系统的设计思想体现出：第一，它把客户需求和企业内部的制造活动以及供应商的制造资源整合在一起，体现了完全按用户需求制造的思想，这使得企业适应市场与客户需求快速变化的能力增强。第二，它将制造业企业的制造流程看成是一个在全社会范围内紧密连接的供应链，其中包括供应商、制造工厂、分销网络和客户等。同时，将分布在各地所属企业的内部划分成几个相互协同作业的子系统，如财务、市场营销、生产制造、质量控制、服务维护、工程技术等。ERP系统提供了可对供应链上所有环节进行有效管理的功能，这些环节包括订单、采购、库存、计划、生产制造、质量控制、运输、分销、服务与维护、财务管理、人事管理、实验室管理、项目管理、配方管理等。

ERP中的企业资源（Enterprise Resource）包括企业的“三流”资源，即物流资源、资金流资源和信息流资源。ERP实质上就是对这“三流”资源进行全面集成管理的管理信息系统。

ERP理论与系统是从MRPⅡ发展而来的，它除了集成了MRPⅡ的基本思想（制造、进销存及财务）外，还大大地扩展了管理的模块，扩大了管理的范围，更加灵活或“柔性”地开展业务活动，实时地响应市场需求。

本节思考题

1. 什么是目标管理？其特点是什么？如何利用目标管理组织计划的实施？
2. MRP与网络计划技术的基本原理是什么？
3. 滚动方式计划有何基本特点？
4. 与MRPⅡ相比，ERP有何进步？

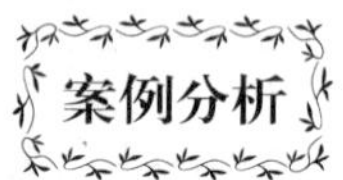

某机床厂从1981年开始推行目标管理。为了充分发挥各职能部门的作用，充分调动一千多名职能部门人员的积极性，该厂首先对厂部和科室实施了目标管理。经过一段时间的试点后，逐步推广到全厂各车间、工段和班组。多年的实践表明，目标管理改善了企业的经营管理，挖掘了企业的内部潜力，增强了企业的应变能力，提高了企业素质，取得了较好的经济效益。按照目标管理的原则，该厂把目标管理分为三个阶段进行。

（一）第一阶段：目标制定阶段

1. 总目标的制定

该厂通过对国内外市场机床需求的调查，结合长远规划的要求，并根据企业的具体生产能力提出了19××年“三提高”“三突破”的总方针。所谓“三提高”，就是提高经济效益、提高管理水平和提高竞争能力；所谓“三突破”，是指在新产品数目、创汇和增收节支方面要有较大的突破。在此基础上，该厂把总方针具体化、数量化，初步制订出总目标方案，并发动全厂员工反复讨论、不断补充，送职工代表大会研究通过，正式制定出全厂19××年的总目标。

2. 部门目标的制定

企业总目标由厂长向全厂宣布后，全厂就对总目标进行层层分解，层层落实。各部门的分目标由各部门和厂企业管理委员会共同商定，先确定项目，再制定各项目的指标标准。其制定依据是厂总目标和有关部门负责拟订、经厂部批准下达的各项计划任务，原则是各部门的工作目标值只能高于总目标中的定量目标值，同时，为了集中精力抓好目标的完成，目标的数量不可太多。为此，各部门的目标分为必考目标和参考目标两种。必考目标包括厂部明确下达的目标和部门主要的经济技术指标，参考目标包括部门的日常工作目标或主要协作项目。其中必考目标一般控制在2～4项，参考目标项目可以多一些。目标完成标准由各部门以目标卡片的形式填报厂部，通过协调和讨论最后由厂部批准。

3. 目标的进一步分解和落实

部门的目标确定了以后，接下来的工作就是目标的进一步分解和层层落实到每个人。

(1) 部门内部小组（个人）目标管理，其形式和要求与部门目标制订相类似，拟定目标也采用目标卡片，由部门自行负责实施和考核。要求各个小组（个人）努力完成各自目标值，保证部门目标的如期完成。

(2) 该厂部门目标的分解是采用流程图方式进行的。具体方法是：先把部门目标分解落实到职能组，任务再分解落实到工段，工段再下达给个人。通过层层分解，全厂的总目标就落实到了每一个人身上。

（二）第二阶段：目标实施阶段

该厂在目标实施过程中，主要抓了以下三项工作。

1. 自我检查、自我控制和自我管理

目标卡片经主管副厂长批准后，一份存企业管理委员会，一份由制定单位自存。由于每一个部门、每一个人都有了具体的、定量的明确目标，所以在目标实施过程中，人们会自觉地、努力地实现这些目标，并对照目标进行自我检查、自我控制和自我管理。这种“自我管理”能充分调动各部门及每一个人的主观能动性和工作热情，充分挖掘自己的潜力，因此，完全改变了过去那种上级只管下达任务、下级只管汇报完成情况，并由上级不断检查、监督的传统管理办法。

2. 加强经济考核

虽然该厂目标管理的循环周期为一年，但为了进一步落实经济责任制，即时纠正目标实施过程中与原目标之间的偏差。该厂打破了目标管理的一个循环周期只能考核一次、评定一次的束缚，坚持每一季度考核一次和年终总评定。这种加强经济考核的做法，进一步调动了广大职工的积极性，有力地促进了经济责任制的落实。

3. 重视信息反馈工作

为了随时了解目标实施过程中的动态情况，以便采取措施、及时协调，使目标能顺利实现，该厂十分重视目标实施过程中的信息反馈工作，并采用了两种信息反馈方法：

(1) 建立“工作质量联系单”来及时反映工作质量和服务协作方面的情况。尤其当两个部门发生工作纠纷时，厂管理部门就能从“工作质量联系单”中及时了解情况，经过深入调查，尽快加以解决，这样就大大提高了工作效率，减少了部门之间的不协调现象。

(2) 通过“修正目标方案”来调整目标。内容包括目标项目、原定目标、修正目标以及修正原因等，并规定在工作条件发生重大变化需修改目标时，责任部门必须填写“修正目标方案”提交企业管理委员会，由该委员会提出意见交主管副厂长批准后方能修正目标。

该厂在实施过程中由于狠抓了以上三项工作，因此不仅大大加强了对目标实施动态的了解，更重要的是加强了各部门的责任心和主动性，从而使全厂各部门从过去等待问题找上门的被动局面，转变为积极寻找和解决问题的主动局面。

（三）第三阶段：目标成果评定阶段

目标管理实际上就是根据成果来进行管理的，成果评定阶段也就显得十分重要。该厂采用了“自我评价”和上级主管部门评价相结合的做法，即在下一个季度第一个月的10日之前，每一部门必须把一份季度工作目标完成情况表报送企业管理委员会（在这份报表上，要求每一部门自己对上一阶段的工作作一恰如其分的评价）。企业管理委员会核实后，也给予恰当的评分。如必考目标为30分，一般目标为15分。每一项目标超过指标3%加1分，以后每增加3%再加1分。一般目标有一项未完成而不影响其他部门目标完成的，扣除一般项目中的3分，影响其他部门目标完成的则扣分增加到5分。加1分相当于增加该部门基本奖金的1%，减1分则扣除该部门奖金的1%。如果有一项必考目标未完成，则扣除至少10%的奖金。

该厂在目标成果评定工作中深深体会到：目标管理的基础是经济责任制，目标管理只有和明确的责任划分结合起来，才能深入持久，才能具有生命力，达到最终的成功。

思考题

1. 增加和减少员工奖金的发放额是实行奖惩的最佳方法吗？除此之外，你认为还有什么激励和约束措施？

2. 你认为实行目标管理时培养完整严肃的管理环境和制定自我管理的组织机制哪个更重要？

3. 在这个实行目标管理的案例中，你认为现今环境下还应该做哪些修正？

第三节 组 织

组织是某一种人群联合为了达到某种共同的目标的形式。

——詹姆斯·穆尼（James D. Mooney）

人的身体是数以亿计的细胞组合而成的组织，细胞组成各项系统及器官，如循环系统、呼吸系统、消化系统、神经系统及五官等功能器官；透过系统及器官的分工合作，使身体四肢可以相当灵活地运作。企业是由个人所组合而成的组织，要维持企业顺利地运转，基本上是靠分工及合作，企业如能像一个人的身体组织般灵活运转，就是企业组织在分工及合作上的最高境界。一个企业在计划完成，确定目标以后，为达到企业目标而把各项活动分类，将相近的专业人员编在相同部门单位，如生产、销售、人事、研发、财务等部门以完成各项活动；各层次经理人，负责与其他单位协调，执行各项行动，以实现企业目标——这就是企业组织。

一、组织概述

（一）组织的含义及作用

古往今来，大家对组织概念的理解众说纷纭。在汉语中，“组织”一词最早指将丝麻织成布帛，如《吕氏春秋·先己》高诱注“夫组织之匠，成文于手”；也指诗文的造句构辞，如唐代诗人孟郊《出东门》诗“一生自组织，千首大雅言”；也指安排、整顿，如元代姜个翁《霓裳中序第一·春晚旅寓》词“园林罢组织，树树东风翠云滴”。

在现代社会生活中，组织是人类社会中存在的一种普遍现象。组织是人们按照一定的目的、任务和形式编制起来的社会集团，组织不仅是社会的细胞、社会的基本单元，而且可以说是社会的基础。从广义上说，组织是指由诸多要素按照一定方式相互联系起来的系统；从狭义上说，组织就是指人们为实现一定的目标，互相协作结合而成的集体或团体，如党团组织、工会组织、企业、军事组织等等。狭义的组织专门指人群而言，运用于社会管理之中。从管理的角度来看，可把组织定义为一个具有明确的目标导向、有序的结构、有意识协调的活动并同外部环境保持密切联系的有机结合的统一体。这个定义可从以下四个方面（见图 8－13）来理解：

（1）组织是一个有明确目标导向的实体。战略管理就是要确立组织的目标，并决定怎样通过各种战术管理来实现目标。组织之所以能够存在，就是因为它是按照一定的特定目标而设定的，组织目标是一个目标体系，组织所有的活动都会围绕这个目标而展开，并且承担一定的社会功能。

（2）组织是一个有精心设计结构和有意识协调的活动系统。结构是组织为实施战略而设立的关于工作、工作关系、操作系统和操作过程的框架。结构管理的任务是监控和协调组织结构，使其与组织的目标相融合。而组织协调关系体现在三个层面：人际关系、人群关系、群体关系。

（3）组织是由人组成的社会实体。组织不同于群体，一个有效的组织形成一个有效的团体，发挥整体的优势，产出大于个人的力量，发挥最大的效用；组织内的人际关系是工作的需要，与群体之间亲密的关系有所不同。如果要按照一定的原则来指挥组织，需要的是管理者的聪明才智使组织中的人相互吸引，相互作用。

（4）不仅组织内部的子系统相互联系，而且组织与外部环境也必须成为有机结合的统一体。组织一直是管理学的重要理论问题，得到了管理学家和实际管理者不断深入的研究和探究。

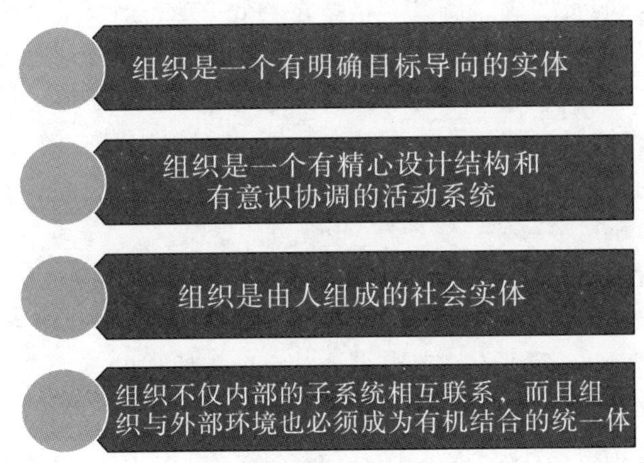

图 8－13　组织的含义

从组织潜在的和发挥出来的影响来看，组织的作用是多重性的，主要有如下五个方面（见图 8－14）：

（1）组织是高效地实现实体目标的保证。决策与计划确定了组织的目标和具体的实施方案后，如何保证方案得以顺利进行，目标得以按时实现等，这依赖于组织中全体成员的共同努力，使努力能产生“1+1>2”的效果。

（2）组织是其他管理职能发挥作用的基本条件。从管理的各项职能的相关关系看，组织要服务于决策目标和计划；同时，组织又是（新的）决策和计划得以实现的保障，领导、控制等管理的其他职能也均需要借助组织职能才能得以实现。

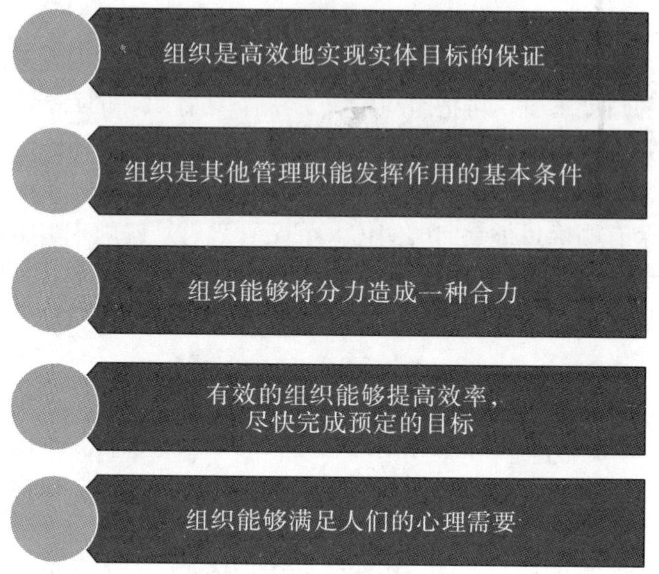

图 8—14　组织的作用

(3) 组织能够将分力造成一种合力。组织能把许多孤立的个体结合成一个能动的集体。许多单个劳动组织起来进行协作所产生的生产力必然超过同样数量的单个劳动生产力的“机械总和”。

(4) 有效的组织能够提高效率，尽快完成预定的目标。一个组织内部各环节、各部门之间，如果分工合理、职责明确、制度严格，它的效率必然大大提高。

(5) 组织能够满足人们的心理需要。组织能够使其成员的某些方面的心理需要得到满足。如：人们在组织中可以获得安全感，组织可以使人的社交需要、自尊需要等得到满足，人们在组织中可以增加自信感、力量感等。总之，组织是政治、经济、科学、教育、文化、卫生等各项事业发展，人民生活改善的必不可少的条件。

(二) 组织工作的原则

任何一个组织不管是大是小，是复杂还是简单，都需要做好两方面的基本工作：一方面需要把工作任务分解成各项具体的工作，另一方面又需要保证这些分散的工作可以结合成整体性工作。通过分解与合成使得组织成为一个分工协作的系统，最终达到组织目标。

西方的管理学者在组织工作原则方面有许多研究成果。法约尔从亲身实践中总结出“管理的一般原则”，其中的劳动分工、权利与责任、纪律、统一指挥、统一领导、集中、等级制度等组织工作的原则，至今仍然适用于各类组织。

孔茨和奥唐奈概括了建立正式组织的两条指导原则：(1) 目标一致原则，即组织工作必须以既定的明确的组织目标为依据，必须以有利于实现这些目标的有效性标准来衡量其成效。因此，也可称为有效性原则。(2) 效率原则，即组织工作应当以最小的失误或代价来实现组织目标。

现在管理理论的权变学派理论对组织结构问题的研究，批判了古典管理理论的形而上学的观点，明确提出世间根本不存在适用于一切组织和一切情况的最好的组织形式；在设计组织形式时，必须从实际出发，认真分析外部环境和自身条件，服从组织的目标和计划，正确选择某一种或几种组织形式。组织工作的基本原则：目标一致性原则、分工协作原则、信息畅通原则、责权关系原则（见图 8－15）。

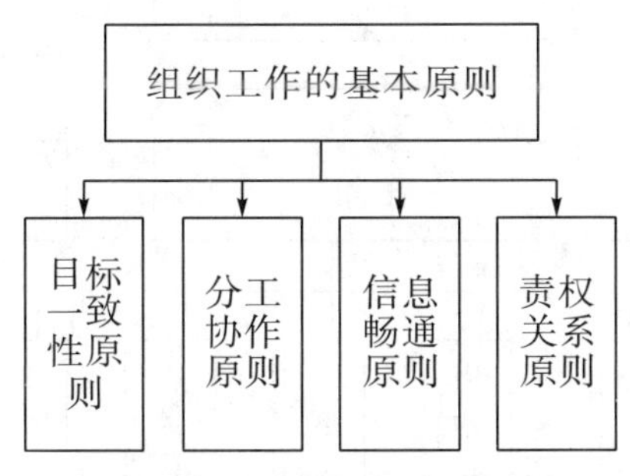

图 8－15　组织工作的原则

（三）组织结构的类型

组织结构是为了便于管理，实现组织的宗旨和目标。每个组织都要分若干管理层次和管理机构，表明组织内各部分的排列顺序、空间位置、聚散状态、联系方式以及各要素之间的相互关系。

组织结构是随着生产力和社会的发展而不断发展的。常见的组织机构类型有：直线制、职能制、直线职能制、事业部制、矩阵制、多维立体制以及委员会制组织结构等（见图 8－16）。

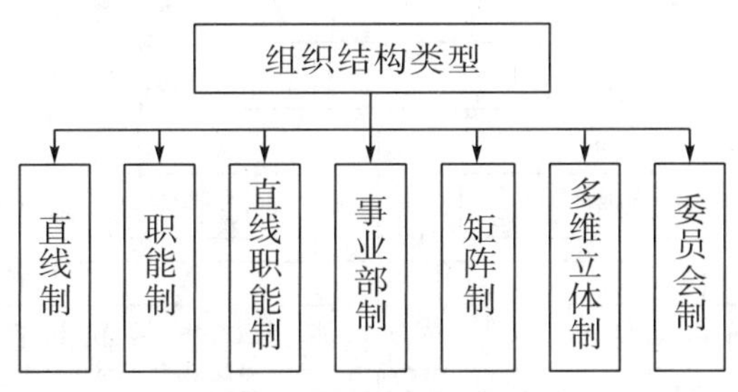

图 8－16　组织结构的类型

1. 直线制组织结构

直线制组织结构是最早使用也是最为简单的一种结构，是一种集权式的组织结构形式，又称军队式结构。其特点是：组织的高层、中层、基层各管理职位均是按垂直系统直线排列的，各级行政领导人执行统一指挥和管理职能，要亲自处理各层次的生产、销售、技术、财务、人事等各项业务工作，不设专门的职能部门和参谋人员来协调。它是高度的一元化领导组织结构。其典型组织结构如图 8－17 所示：

直线制的主要优点是：结构简单，权责明确，便于指挥统一，联系简洁，决策迅速，管理费用低，信息沟通方便。主要缺点是：（1）容易产生专制，妨碍下属发挥主动性和创造性；（2）主管容易陷入日常行政事务之中，无暇研究与思考组织生存与发展的重大问题；（3）没有专业化分工不利于管理水平的提高；（4）当组织活动涉及专业领域较多时，全能型主管会力不从心，影响组织的进一步发展。

因此，直线制只适用于技术较为简单、业务单纯、人员数量少、规模较小的组织，也可适用于中型组织现场作业管理。

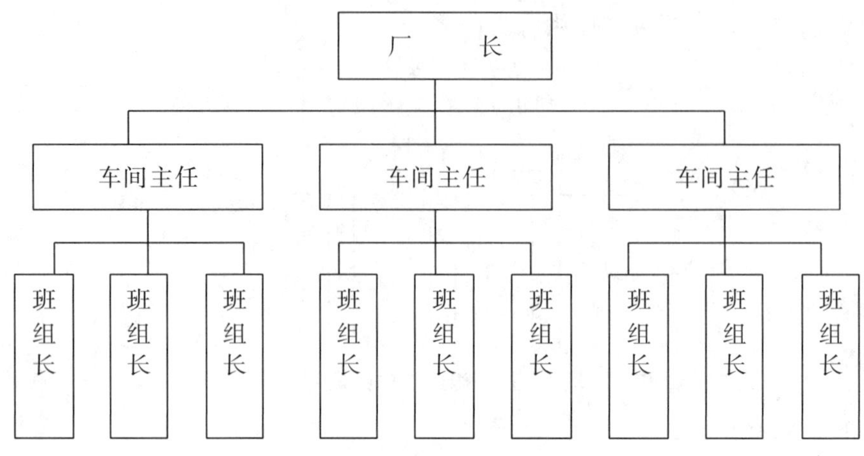

图 8—17　直线制组织结构

2. 职能制组织结构

职能制组织，又称“U 型”组织，是以工作方法和技能作为部门划分的依据，最早由“科学管理之父”泰勒提出。其特点是：在直线制基础上，再按专业分工设置职能管理部门，且各部门有权在其业务分工范围内向下级颁布命令，下属既要服从上级直线主管的指挥，又要服从上级各职能部门的指挥。其典型组织结构如图 8—18 所示。

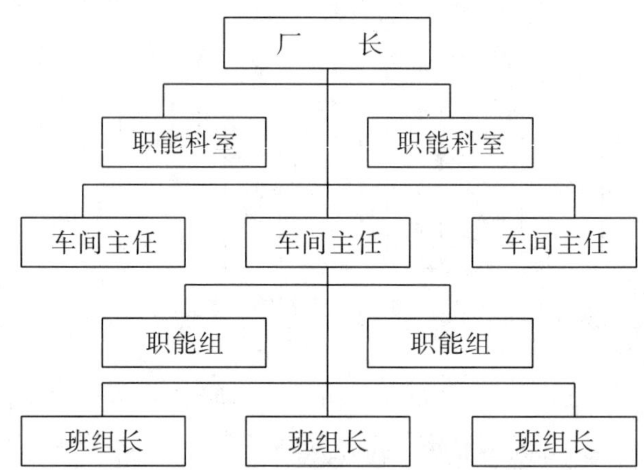

图 8—18　职能制组织结构

职能制组织设计的主要优点是：(1) 职能部门任务专业化，这可以避免人力和物质资源的重复配置。(2) 便于发挥职能专长，这点对许多职能人员颇有激发力。(3) 可以降低管理费用，这主要来自各项职能的规模经济效益。主要缺点是：(1) 狭隘的职能眼光，不利于企业满足迅速变化的顾客需要。(2) 一个部门难以理解另一部门的目标和要求。(3) 职能部门之间的协调性差。(4) 不利于在管理队伍中培养全面的管理人才，因为每个人都力图向专业的深方向发展自己。(5) 多头领导，多头指挥，下级往往无所适从。

职能制适用于规模不大但任务较复杂需要专业化职能管理的组织。

3. 直线职能制组织结构

直线职能制组织结构是把军队式的直线制和泰勒的职能制结合起来形成的，是为了发挥直线制和职能制的优点、克服两者的缺点而提出的一种组织结构形式。其主要特点是：

在组织设置两套管理系统：一是按命令统一原则建立的直线指挥系统，二是按专业分工原则建立的职能管理系统。组织活动由直线主管统一指挥和领导，并负全面的责任。职能部门则设置在各级直线主管之下，分别从事专业管理，是各级直线主管的参谋部门。职能部门所拟定的计划、方案以及有关建议均应由直线主管批准后下达执行，职能部门对下级主管和下级职能部门无权下达命令、进行指挥，他们只起提供建议、咨询以及业务指导的作用。其典型组织结构如图 8-19 所示。

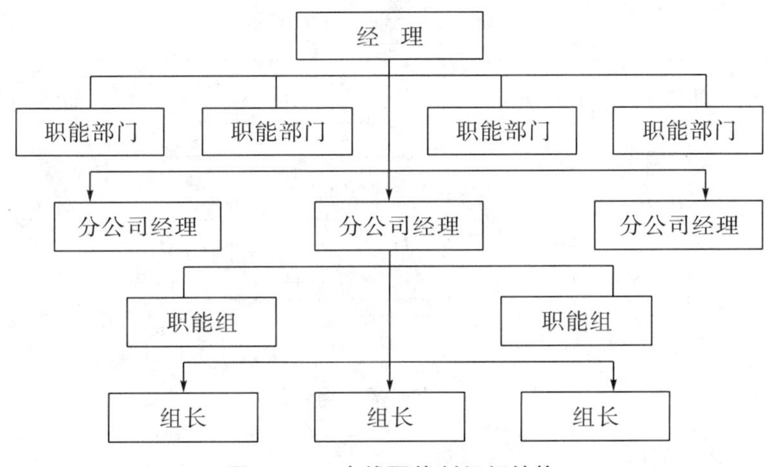

图 8-19　直线职能制组织结构

直线职能制的主要优点是：既保持了直线型结构的集中统一指挥的优点，又吸收了职能型结构的专业分工管理的长处，从而大大提高了管理的效率。它具有较高的稳定性，在外部环境变化不大的情况下，易于发挥组织的集团效率。主要缺点是：(1) 权力集中于高层管理层，下级缺乏必要的自主权。(2) 各职能部门之间的横向联系较差，容易产生脱节与矛盾。(3) 各参谋部门与指挥部门之间的目标不统一，容易产生矛盾。(4) 信息传递路线较长，反馈较慢，适应环境变化较难，实际上是典型的“集权式”管理组织结构。

直线职能制只用于业务种类比较单一、环境比较稳定的中小型组织。我国目前大多数企业，甚至机关、学校、医院等都采用直线制职能结构。

4. 事业部制组织结构

事业部制组织，又称“M 型”组织。它以产生目标和结果为基准来进行部门的划分和组合。其特点主要是：集中决策，独立核算，即在集权领导下实行分权管理。这种组织结构是在总公司领导下按产品或地区等划分许多事业部，各事业部实行相对的自主经营、独立核算。总公司只保留预算、人事任免和重大问题的决策等权力，并运用利润等指标对事业部进行控制。例如，宝洁公司是按产品类别来划分事业部，麦当劳公司则将自身划分为几大地理区域。其典型组织结构如图 8-20 所示。

事业部制的主要优点是：(1) 提高了管理的灵活性和适应性。由于各事业部单独核算、自成体系，在生产经营上具有极大的自主权，这样既有利于调动各事业部的积极性和主动性，有利于培养和训练高级管理人才，又便于各事业部之间开展竞争，从而有利于增强企业对环境条件变化的适应能力。(2) 有利于最高管理层摆脱日常行政事务，集中精神做好有关企业大政方针的决策。(3) 便于组织专业化生产，便于采用流水作业和自动线等先进的生产形式，有利于提高生产效率，保证产品质量，降低产品成本。主要缺点是：

(1) 增加了管理层次，造成机构重叠，管理人员和管理费用增加。(2) 由于各事业部独立经营，各事业部之间互换困难，相互支援较差。(3) 各事业部经常从本部门出发，容易滋长不顾公司整体利益的本位主义和分散主义倾向。事业部制组织结构一般适用于具有较复杂的产品类别或较广泛的地区分布的企业。

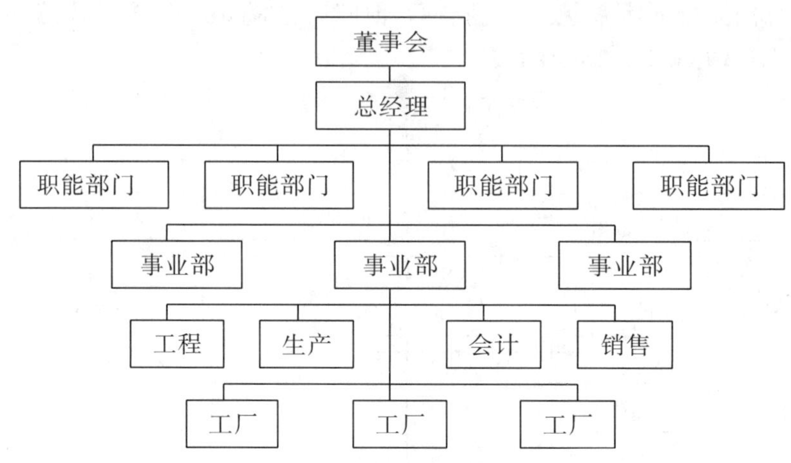

图 8-20　事业部制组织结构

5. 矩阵制组织结构

矩阵制组织结构，是由横纵两套管理系统组成的组织结构，就是既有按职能划分的垂直领导系统，又有按项目划分的横向领导系统的结构。其主要特点是：组织中的每个成员既隶属于纵向的职能部门，同时隶属于一个或几个横向的产品单位或项目单位。也就是说矩阵中的成员要接受双重领导：一方面接受项目主管领导，另一方面接受原属职能部门主管的领导。其典型组织结构如图 8-21 所示。

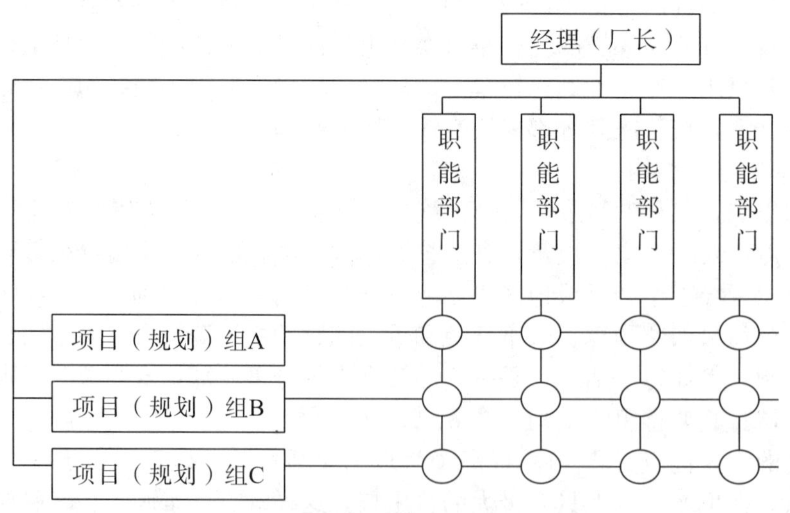

图 8-21　矩阵制组织结构

矩阵制组织结构的主要优点是：(1) 将组织的纵向联系和横向联系很好地结合起来，有利于加强各职能部门之间的协作和配合。(2) 具有较强的机动性，能根据特定需要和环境活动的变化，保持民主的适应性。(3) 把不同部门、专业、专长的人员组织在一起，互相启发，集思广益，在发挥人的才能方面具有很大的灵活性。主要缺点是：(1) 其稳定性差和权责不清，因为项目组的人员是由不同部门的人组成的，容易产生临时的感觉，使成员产生短期行为。(2) 由于实行纵向和横向的双重领导，一旦处理不当，就会引发项目主管和职能部门主管之间的权力争夺，产生相互推诿、互相扯皮、下属员工左右为难的现象。

矩阵制组织结构主要适用于某些业务中存在需要集中各方面人员参加的项目的组织。如：航天大企业，一方面必须大力发展新技术、新材料，开发新的产品；另一方面又要千方百计争取用户，拿到项目。此外，工程建设企业、大学等组织也可采用这种组织形式。

6. 多维立体制组织结构

多维立体制又称多维立体矩阵制，是由直线职能制、矩阵制、事业部制和地区、时间结合为一体的复杂机构形态。主要特点是有三类主要的管理组织机构或三个中心：一是按产品（或服务、项目等）划分的事业部，是产品利润中心；二是按职能等划分的专业参谋机构，是专业成本中心；三是按地区划分的管理机构，是地区利润中心。其典型组织结构如图 8—22 所示。

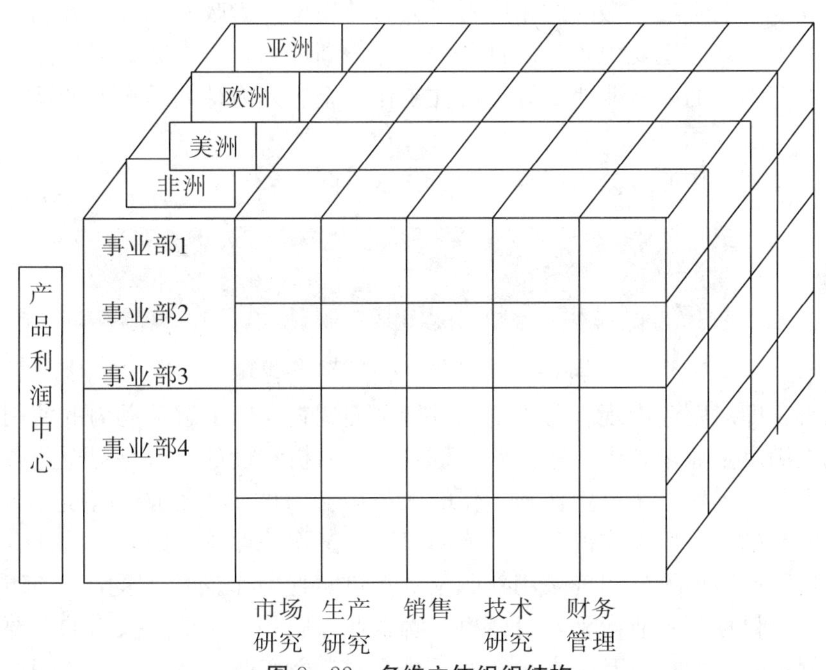

图 8—22　多维立体组织结构

多维立体制组织结构形式的主要优点是：产品事业部、地区事业部与专业参谋部门任何一方都不能单独做出决定，而必须通过共同协调才能采取统一行动，这有利于形成集思广益、信息共享、共同决策的协作关系，有利于提高经营管理效率。主要缺点是：结构形式复杂，对各机构的职责权限划分要求更严格，如果没有较高的管理水平和组织水平则难以取得实效。多维立体制组织结构形式适合于规模巨大的跨国公司或跨地区公司。

（四）组织结构的设计及影响因素分析

组织结构的设计和选择同职位类型密切相关。企业如果采用矩阵式组织，就要建立大量的协调性职位；如果采用金字塔式组织，则又要求有相应的职能性职位。设计组织结构的首要问题是把各个职位与所要建立的组织结构相对应。它强调组织的有效性和效率。组织的效率取决于两个因素：一是分权化程度，即权力分散到什么程度才能使上下之间更好地沟通；二是管理宽度，即每一个上级所能控制的下级人数。在每一个职员都称职的情况下，分权化越高，管理宽度越大，组织效率也越高。

组织设计是管理者在一定组织中建立最有效相互关系的一种合理化的、有意识的过程。这个过程既包括组织的外部要素（环境等），又包括组织的内部要素（战略、技术、人员等）。组织设计的结果是形成组织结构。组织结构的内容包括工作职务的专业化，部门的划分，以及直线指挥系统与职能参谋系统的相互关系等方面的工作任务的组合，建立职权、指挥系统，控制幅度和集权分权等人与人互相影响的机制，开发最有效的协调手段。有效的组织设计在提高组织活动绩效方面起着重大的作用。

二、组合人力资源

（一）人力资源计划概述

人力资源计划是指一个企业或事业单位保证将来拥有一定数量和质量的劳动力，而制订的劳动力计划。从宏观和微观的角度看，人力计划可分为政府的人力计划和企业的人力计划。政府人力计划的主要内容是制订各种职业培训计划，以帮助缺乏技能、教育水平低以及其他就业有困难的人就业或更好地胜任工作。企业人力计划是企业劳动力管理的一项重要工作。

企业人力计划工作通常分为以下几个步骤（见图8—23）：

图8—23　企业人力计划工作步骤

（1）调查，即对企业中现有劳力情况进行全面调查，以了解劳动力的使用是否处于最佳状态，能否满足企业未来生产的需要。（2）职务分析和设计，就是对企业各项工作的性质、目的、内容、工作方法、担任该工作的人员应必备的知识、能力等进行分析和研究。在职务分析的基础上写出工作说明书，说明每一项工作的性质、内容、责任、工作方法和工作规范。这样使管理人员明确录用新职工的条件，使每个岗位上的职工都能发挥作用。（3）确定企业的目标，企业未来的目标决定着企业今后一个时期对人力的需要。（4）进行劳力预测，根据企业的目标及未来生产的需要，并考虑职业退休、自愿离职等情况，预测出未来所需的劳动力的数量和质量。（5）制订人力计划，人力计划应包括下列内容：职工培训计划、人员录用计划、人员内部调动和提升计划等。

（二）人员的招聘

在人力资源开发和管理中，人员的招聘是一项常规性的工作。随着我国经济的发展、新型劳动用工制度的建立，人员流动成为必然。每个企业都有年老员工要退休，不合格员工要辞退，工作不满意的员工要跳槽，这对企业来说既是压力，又是机遇。人员流动有利于优化人力资源配置，也有利于企业调整人力资源结构，合理地利用人才。人员流动又使企业人员的招聘成为经常性的不可缺少的一项工作。

1. 人员招聘的准备工作

（1）根据工作需要，确定招聘人员的条件。确定招聘人员的条件，是考核录用员工的依据。合理确定招聘人员条件，关系到能否满足工作需要，也关系到招聘人员能否得到合理使用。因此在招聘工作中应当根据工作的需要，结合人力资源状况，合理确定人员招聘条件。

（2）确定招聘方式。人员招聘方式可选择以下几种：

第一，内部招聘，就是指通过内部晋升、工作调换、工作轮换、人员重聘等方法从企业内部人力资源储备中选拔出合适的人员补充到空缺或新增的岗位上去的活动。它具有以下几个方面的优点：①准确性高。由于管理者对员工的性格、工作动机以及发展潜能等方面有比较客观、准确的认识，使得对内部人员的全面了解更加可靠，提高了招聘的成功率。②适应较快。内部员工了解组织的运营模式，比从外部招聘的新员工更快适应新的工作。③激励性强。内部招聘给员工提供发展的机会，这种晋升式的招聘会带动一批人作一系列晋升，从而鼓舞员工士气。④费用较低。内部招聘能节省大量的费用，如广告费用、招聘人员与应聘人员的差旅费、部分培训费用等。

第二，外部招聘，它与内部招聘相比有以下优点：①带来新思想和新方法。外部招聘的员工对现有的组织文化有一种崭新的、大胆的视角，较少有感情的依恋，通过从外部招聘的技术人才和管理专家，可以在无形中给组织原有员工施加压力、激发斗志，从而产生“鲶鱼效应”。②有利于招聘一流人才。外部招聘的人员来源广，选择余地很大，能招聘到许多优秀人才，尤其是一些稀缺的复合型人才。③树立形象的作用。招聘是一种很有效的交流方式，组织可以借此在其员工、客户和其他外界人士中树立良好的形象。总之，应根据招聘人员的数量、招聘条件、供给情况等来选择招聘方式。

2. 人员招聘的步骤

人员招聘的步骤如图 8-24 所示：

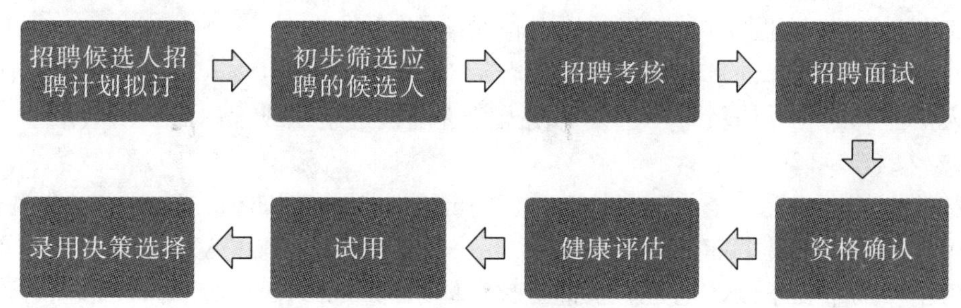

图 8-24　人员招聘的步骤

（1）招聘候选人招聘计划拟订以后，如何吸引更多的应聘人员供组织和部门挑选是人员聘用的首要任务。

①招聘资源管理部门可在组织的内部和外部招聘。内部可能是寻找人力资源的最好着手处，特别是在大的机构内部，有许多对新的工作机会有兴趣的人才，他们可能成为优秀的职位候选人。在社会需求大于人员的供给或护理单位和特殊科室面临招聘困难时，也可以通过培训内部人员来满足人员需求；为了使一个机构所需要的候选人达到一定数量、质量，招聘需寻求各种外部资源的帮助，开发一个或更多的来源。

②招聘途径包括直接申请、员工推荐、招聘广告、职业介绍机构推荐等，各种招聘途径均有其优缺点，其中招聘广告是最为常用的途径。为保证招聘宣传的有效性，招聘广告

应包括以下基本内容：招聘组织简介、工作种类及其特点、招聘的职位或工作的工资待遇、应聘者的资格条件（性别、年龄、专业、学历、工作经历、身体条件以及对特殊知识、技能的掌握等）、申请时间、地点、程序及其他有关信息。广告可刊登在报纸、期刊中或张贴在相关研讨会上，以有效地寻求专职人员。

（2）初步筛选应聘的候选人。首先要提交一份带有附件的简历，内容包括学历、知识技能水平、特长、工作经历、获奖情况、就业期望等。组织根据这些材料对职位候选人进行初步了解，并筛选出基本符合工作要求的候选人。

（3）招聘考核。为了保证所招聘员工的基本质量以及胜任工作岗位的能力，有必要进行招聘考核。不同的岗位需要的能力是不同的，因此，考核的内容要根据具体岗位的职责要求选择，明确各部门的需求。

（4）招聘面试。除了要对应聘者提交的申请表、履历表、考试执照等参考文件进行考察及进行技能考核外，面试可以让招聘单位了解及验证这些资料的正确性，更可观察到应聘者的人格、成熟程度、工作态度、兴趣动机以及才能、见解等。面试小组人员包括人事部门的有关人员、部门主管人员。面试一般根据申请人面试考核表进行。面试考核可分为结构化面试及非结构化面试。

（5）资格确认。在求职申请书和面试的基础上，人事和职位部门对应聘者的情况已有基本了解，可以以此做出哪些人员具备岗位要求的条件，哪些不具备的判断。

（6）健康评估。在应聘员工的资格认定后，下一步工作就是对应聘人员进行体格检查。体检的主要目的是确认应聘者在身体方面能否胜任工作。从组织对应聘者个人负责的角度看，进行相关项目的健康检查还是非常必要的。

（7）试用。为保证应聘人员的质量，许多组织在结束上述所有程序做出初步聘用决策后，并不急于与应聘者签订聘用合同，而是采取试用的办法。在试用过程中，应对拟聘人员进行真实工作能力的考察，以提高人员招聘的有效性。

（8）录用决策选择的过程就是对应聘者筛选的过程，通过将人员与职位要求比较，以及应聘人员之间的相互比较，筛选人员使人数逐渐接近组织或部门需要的数量。

（三）人员的培训

人员培训是指为提高企业职工的素质，有计划地从文化知识、科学技术、操作技能、经营管理和政治思想等方面对各类人员进行的教育和训练。开展人员培训，既是实现劳动力扩大再生产的重要手段，也是国家整个教育体系的重要组成部分。人员培训对于企业发展和国家发达具有重大现实意义和深远战略意义。

1. 人员培训的作用

（1）人员培训有利于提高职工的思想觉悟，增强主人翁意识；

（2）有利于提高职工的文化知识水平和操作技能，提高工作成效；

（3）有利于学习和掌握新技术、新信息，不断开发新产品、新工艺、新材料，使企业能稳定发展；

（4）有利于提高生产经营决策水平和管理水平，提高企业经济效益；

（5）有利于促进全社会精神文明建设，提高全民族的素质，促进社会进步和国家发达。

2. 人员培训是一项十分重要的工作，也是一项系统工程

要做好人员培训工作，必须坚持以下几项基本原则（见图 8－25）：

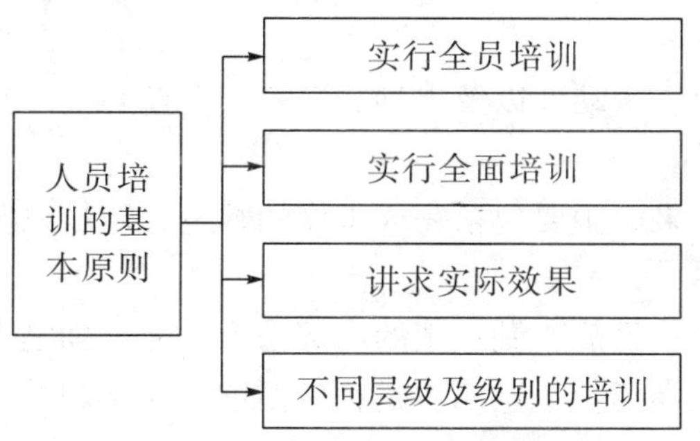

图 8－25　人员培训的基本原则

（1）实行全员培训，即贯彻国家对企业职工实行全员培训的方针，对企业所有人员，包括各级领导干部，各类经营管理人员、工程技术人员、班组长和各工种工人，都要有计划、有组织地培训。

（2）实行全面培训，即按照德智体全面发展的目标，统筹规划，合理安排培训内容。

（3）坚持从实际出发，学用一致，讲求实际效果。根据实际工作需要，制订各类人员的培训计划，精选培训内容，选派有经验的教师授课。为保证培训效果，必须制定严格的考核制度，并将培训的成绩作为任用、晋职、晋级和奖励的依据，以鼓励各类人员积极参加培训。

（4）实行普及与提高相结合的原则。即按照不同对象，开展不同层次、不同形式的培训。

（四）人员的考评

人员考评就是对使用人员的素质、行为及其绩效进行考查和评价的各项活动。对使用人员进行考评，可以增强对每个人员素质和发展潜力的全面了解，帮助人们总结工作中的经验，发扬成绩，弥补不足，并为人员使用的调整、晋升、培训等提供依据。人员考评的质量直接反映了人才管理的科学化程度。

1. 人员考评的内容

人员考评的内容应包括德、能、勤、绩的考核（见图 8－26）。

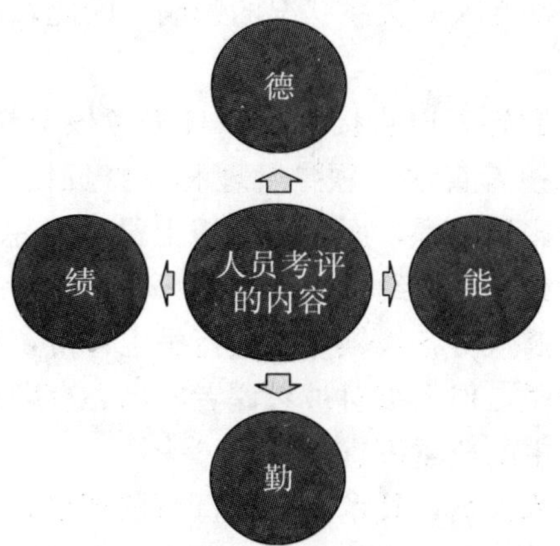

图 8－26　人员考评的内容

德：主要指政治立场、理想信念和工作作风，如政治思想、社会道德、职业道德等。

能：指掌握业务技能和从事工作的能力，如体能、学识和智能、技能等内容。能力是考评中的难点。

勤：指工作的积极性、主动性以及出勤、纪律、责任心等。它决定着人的能力的发挥程度。

绩：指工作效率及成果，主要包括完成工作的数量、质量以及其他重大贡献。绩效应作为考评的重要内容，

德是人才的政治方向，是能、勤、绩的内部动力；能、勤是人才发展和成功的基本条件；绩是组织对人才的最终期望。这四者是相互促进、相互制约、不可分割的关系。

2. 人员考评的方法

对人员考核评价的方法有很多种，一般采用如下方法（见图 8－27）：

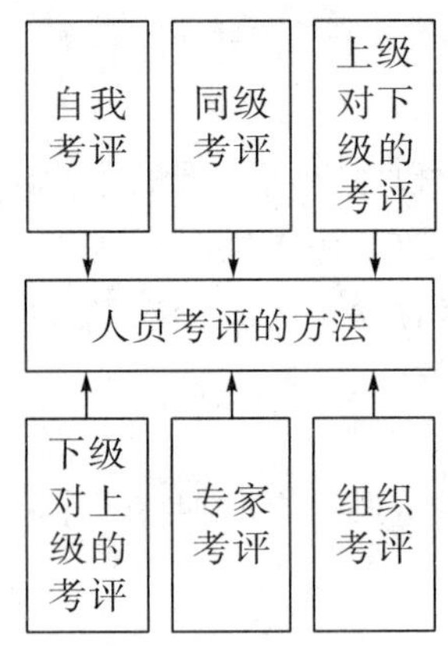

图 8－27　人员考评的方法

自我考评：让被考评人员做出自我鉴定，有利于考评对象总结经验教训，发扬成绩，克服缺点，调动其积极性，特别是对那些以“自我实现”为目标的人更重要，但自我考评容易受到多种个人的原因的影响，使其有一定的局限性。所以其评定结果在总体评价中一般控制在 10%左右。

同级考评：让组织内同事之间互相评议，有利于沟通思想，增进相互了解，达到互相帮助、增强团结的目的，但常受人际关系状况的影响。因此，同级考评在管理组织中的份额不宜过大。

上级对下级的考评：指领导者以直接观察和日常考核资料为依据，考核评价下属人员，管理人员对被考评者承担着直接的领导管理和监督责任，对下属是否完成了工作任务、达到预定的目标等情况比较熟悉，而且在思想上没有顾忌，能比较客观地进行评价，因此在管理中主要以上级考评为主（约占 60%～70%）。

下级对上级的考评：让群众对各级领导人进行民主评价，有利于加强领导与群众的联系，有利于提高领导者的素质，但下级对被考评者容易心存顾忌，致使考评的结果缺乏客观公正性，因此在管理组织中的比重不宜过多。

专家考评：有专家对技术人员、技术干部进行考核评价，主要考核技术水平、技术成果，他们能公正客观地参与考评之中，但是他们可能不太了解被考评者的能力、行为和实际工作的情况，使结果的准确性和可靠性大打折扣。

组织考评：有组织人事部门对人员进行考核评价。组织考评应以上述几种考评结果为

依据，使考评尽量达到客观、公正、合理。

3. 人员考评工作的完善

由于考评标准定性的多，定量的少，难以掌握，考评工作往往受到人际关系和感情色彩的影响而流于形式。因此要完善考评工作，应注意加强以下几方面的工作：

明确考评标准。考评标准不明确，评先进成了“轮流坐庄”，选拔干部只能在不同意见中搞平衡。完善的办法是以责任制中规定的工作职责和预定的工作目标为标准，它可以对许多目标进行定量化，这增强了考评的客观性，而且它可以同责任制和目标管理的日常控制相结合，具有广泛的实用性。

注重对考评结果的应用。认真对待考评结果以此为晋升、降职等的依据，才能消除工作中的平均主义、赏罚不明等现象，鼓励先进，鞭策后进。考评结果还可以用于检查人员任用、培训等各方面是否有失误，以便于及时改进。

建立健全考评反馈制度。把考评结果及时反馈给考评对象，增加考评工作的透明度，有利于考评对象了解自身表现与组织期望之间的差距，达到教育和帮助员工的目的。

（五）职业计划与发展的意义

职业设计是指对个体未来职业发展进行策划和准备，包括确立阶段性或长期职业目标，确定适合个体的发展道路，明确将要进行的调整和各项准备等。职业设计是对一个人未来在职业岗位上工作和发展的整体策划，目的是帮助个体更好地发挥其潜力，使职业生活更加愉快。职业设计工作是重要的：首先，它是组织结构设计的基础，是实现层次化、部门化结构的前提；其次，通过劳动分工，实现工作专业化，才能使组织的成员提高效率，各项业务活动顺利进行；最后，为职业规定出合理的工作任务，对职业的承担者有激励作用。

职位设计要做到科学合理，应满足以下要求：

（1）因事设职而不能因人设职。因事设职是指所设计的职务都来自为完成任务和计划任务所不可缺少的业务活动。因人设职是指根据现有人员的需要设置职务，有人就得有职，而不问此职是否为完成任务和计划任务所不可或缺的。如今多数企业遵从目标一致、精简高效等原则，因此我们应该选择因事设岗、因职设人。

（2）劳动分工要科学。劳动分工是组织工作的重要原则，又是职业设计的主要工作内容，它是在科学分解生产过程的基础上所实现的劳动专业化，使许多劳动者从事着不同的但又相互联系的工作。劳动分工有三个主要层次：一般分工是按社会生产的大类划分的，如农业、建筑业、交通运输业、商业等；特殊分工是一般分工的再分解、再细化，将上述各大部分分解成许多行业，如农业可分解为种植业、林业、畜牧业、渔业等；个别分工是企业范围内的分工，它是每个企业内部各部门以及每个生产者之间的分工，个别分工是把生产、服务过程分解为若干局部劳动。

（3）编制出完善的职务说明书，职业设计的成果表现为职务说明书。它是一种书面文件，其主要作用是简要说明该职务的工作内容、职责与组织的其他部门或职务之间的关系、担任此职务者需具备的条件等。

从企业整个生产过程来看，有效合理的职位设计有以下几方面的意义：

①它是企业完善劳动分工与协作的需要。

②它是企业不断提高生产效率，增加产出的需要。

③它是劳动者在安全、健康、舒适的条件下从事劳动活动在心理上、生理上的需要。

三、组织文化与组织变革

组织变革是指组织为了适应内外部环境的变化，有目的、有计划地对组织结构、组织关系、职权层次、指挥和信息系统等进行调整和改变，以期望更有效地实现组织目标的全过程。

相关链接

郑国大夫邓析到南边的楚国旅游，他在返回晋国经过汉水南边时，看到一位老人正在给菜园里的蔬菜浇水。那位老人挖了一条渠道，一直通到井边。老人抱着一个大水罐，从井里汲水。水沿着渠道一直流到菜园子里，他不停用水罐汲水，累得上气不接下气，虽然费了很大力气，但只能浇一畦。

邓析下车对老人说："老人家，你这样工作太辛苦了，你可以做一种机械，后端重，前段轻，这样可以更省力，还能浇更多的地。"老人看了看邓析说："那是什么东西?"邓析说："这东西叫桔槔，就是将木头砍凿加工，让它后面重，前面轻，用它来提水，就像把水从井里连续不断地抽吸出来一样，水流得很快。"

老人听了勃然大怒，不以为然地说："我听师傅说过，世上如果有取巧的机械，就一定有投机取巧的事情；有投机取巧的事情，就一定有投机取巧的思想。你所说的那一种机械我并不是不知道，只是因为我觉得使用它，就是在干投机取巧的事，而做投机取巧的事是可耻的。"邓析听了这个老人的一番话，哭笑不得，只好离开了。

（一）组织变革的动因

古语有云，穷则变，变则通，通则久。持续地进行变革和不懈地追求卓越是现代组织永不衰退的有效行为。活力，是创新之源，是组织实现快速发展的核心动力，缺乏活力的组织，就会形成可怕的惰性，不思进取，缺乏创新，即使有再多的资金、再好的技术、再优秀的员工，都会走向失败，因此变革是组织想长远发展所不可避免的路径。引发组织进行变革的原因有内部原因和外部原因。

1. 影响组织变革的外部环境因素

（1）整个宏观社会经济环境的变化。诸如政治、经济政策的调整、经济体制的改变以及市场需求的变化等，都会引起组织内部深层次的调整和变革。

（2）竞争观念的变化。基于全球化的市场竞争将会越来越激烈，竞争的方式也会多种多样，组织想要适应未来竞争的要求，就必须在竞争观念上顺势调整，争得主动，才能在竞争中立于不败之地。

（3）科技进步的影响。随着科学技术的不断进步，促使组织做出相应的变革：组织结构形态趋于扁平化，组织规模趋于小型化，组织权力结构走向分权化，组织信息结构走向网络化、交互化，组织管理方式趋于民主化，组织办公趋于虚拟化，组织内部技术和专家系统的功能更为突出。

2. 影响组织变革的内部因素

（1）组织目标的变化。组织目标是组织设计的基础，然而，组织目标的确立是建立在一定的价值观之上的，价值观的变化会使人们对目标的价值、目标的选择、目标的可行性等重新评估和权衡，进而引起目标的变化。组织目标一旦发生变化，组织的任务、结构、活动等都会随之发生变化，组织的变革就不可避免。

（2）人员的变动。在任何一个组织中，人都是最宝贵的资源和动力，因而，当组织中的人员发生变动的时候，往往也会引发组织的变革。无论是组织内部人员的变动还是组织新成员的加入都会引起组织结构的变化，而组织变革就是理所应当的事了。

（3）管理模式和技术的现代化。任何组织诞生以后，都不可避免地运行于自身的生命周期之中。这一周期分为创业期、成长期、成熟期、衰退期等阶段。组织在不同的生命周期阶段，采取不同的管理方式，必须适时地进行组织变革，才能消除组织的危机，促进组织的发展，延长组织寿命。

（4）组织成员的期望与实际情况的差异。

（二）组织变革的阻力

组织变革意味着改变以前不合时宜的习性、状态、模式等，面对改革，组织中的一些人必须放弃自己原有的观念、行为方式，适应新的方式。所谓变革阻力是指人们反对变革、阻挠变革甚至对抗变革的制约力。因此，组织变革不可能一帆风顺，必然会遇到各方面的阻力。主要有以下几方面（见图 8－28）：

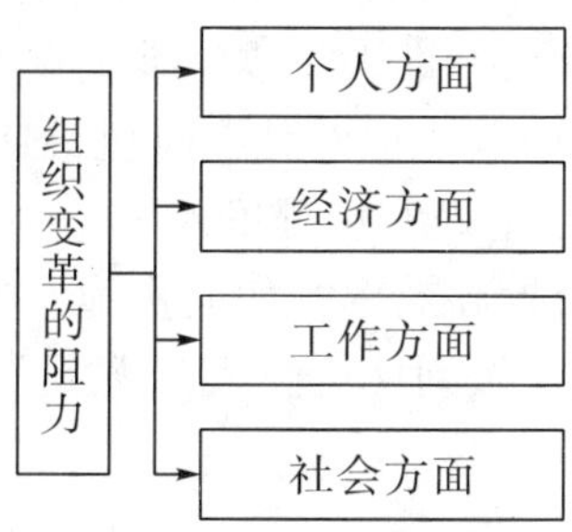

图 8－28　组织变革的阻力

1．个人方面

个人的能力、态度、性格和期望可能会导致他们反对组织变革。例如心理方面的阻力：人们一般有一种安于现状的特征，任何改变都会使他们感到是对原有安全的威胁，因而丧失原有的平衡。因此，当改革不能马上给他们带来好处时他们就会反对。

2．经济方面

收益是人们在组织工作的基本目标之一。收入基本取决于人们在组织中的地位和工作。大多数的组织变革，都会或多或少地改变组织的某些结构和某些方式。因此，被涉及的人会感到自己在经济上可能受到损失而反对组织变革。

3．工作方面

因为某个职工在熟悉了某项工作之后，当组织要求他转到另一个工作岗位或使用新方法时，他们宁愿不变革，也不愿适应新的工作，这与人们安于现状的心理是一致的。

4．社会方面

由于各种社会关系方面的原因，有的员工也会反对组织的变革，这些原因包括：人们在工作中不同的人际关系，小群体的力量，组织本身的科层结构，身为组织中的既得利益者。

（三）排除组织变革阻力的方法

组织变革就意味着要付出代价，甚至是高昂的惨重的代价，所以变革通常会遇到阻力。卢因认为，当变革遇到阻力时，如果用控制的手段压下去，可能一时风平浪静，但是反抗的因素会积聚力量，卷土重来。因此，他主张把变革的动力和阻力因素进行分析，化阻力为动力。具体步骤为以下几点（见图 8－29）：

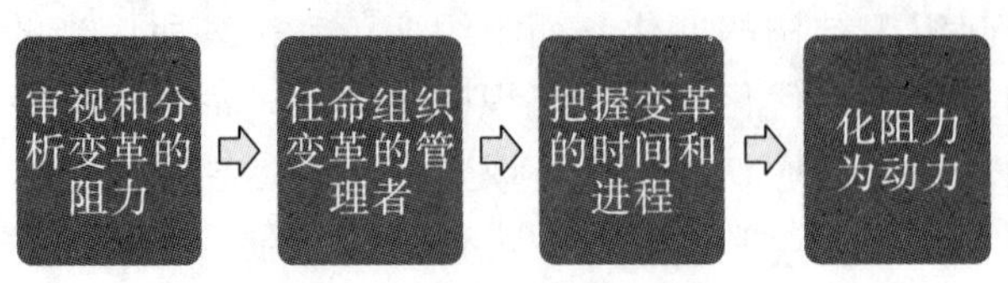

图 8－29　组织变革的步骤

1. 审视和分析变革的阻力

既然变革的阻力是不可避免的，组织在采取某种行动计划以促成变革之前，就要科学审视和分析变革的阻力，可以运行“5W2H”法，对变革中可能产生的抵制等关键问题进行调查、分析，有的放矢地解决变革的阻力。

（1）WHY——为什么？为什么要这么做？理由何在？原因是什么？

（2）WHAT——是什么？目的是什么？做什么工作？

（3）WHO——谁？由谁来承担？谁来完成？谁负责？

（4）WHEN——何时？什么时间完成？什么时机最适宜？

（5）WHERE——何处？在哪里做？从哪里入手？

（6）HOW——怎么做？如何提高效率？如何实施？方法怎样？

（7）HOW MUCH——多少？做到什么程度？数量如何？质量水平如何？费用产出如何？

2. 任命组织变革的管理者

（1）任命一个优秀的变革管理者。一个组织变革的成功，离不开一个优秀的组织变革管理的领导。变革管理者是一个比较新的概念，与一般的业务管理者既有共同之处，又有较大差别。变革管理者和一般业务管理者的区别主要体现在面临的风险、文化和权力、计划与进展、时间尺度四个方面，如表 8－3 所示。

表 8－3　变革管理者和一般业务管理者的区别

对比项目	变革管理者	业务管理者
风险	面对未知情形的大转变	安全、小规模
文化和权力	打破权力和文化变革的束缚	协调组织的文化
计划与进展	鼓励员工尝试新的解决办法	尊重规则和制度
时间尺度	过分强调最后期限可能适得其反	截止期限和时间目标是业绩标准

（2）变革管理者的任务。一般来说，变革管理者的主要任务主要包括如下几方面：以实例及解释支持正面的改变；强调稳定的价值比造成不稳定的过程更重要；允许命令式决策的不完美绩效；沟通改变所需要的事，并协调追随者发展符合要求的技能；在调整过程中表示关心，并规范拒绝调整的追随者；显露适度的幽默感；使理想变为期望。

（3）变革管理者的职责。总体上变革管理者的主要职责有如下几方面：冷静分析公司运作的缺点，对发展方向和应该采取的措施提出意见，使高级管理者接受你的建议，最终使公司员工接受你的建议。

（4）如何任用变革的管理者。由公司的高级管理者主持变革，用内部的变革经理，引入外部的变革经理；让一个职能部门的领导负责。

3. 把握变革的时间和进程

任何变革都需要时间来完成，员工需要时间去适应新的制度，排除障碍。领导必须有耐心，适时适度推进变革，否则员工就会进行抵制。首先，要考虑成果和速度的关系，变革过程必须追求阶段变革的效果，效果是成果和速度的函数；其次，变革路径的选择也需要领导人精心考量，因为这往往关系到变革的成败；最后，在企业中，常常不会让一个领导人用很长的时间来证明自己变革成功，因此，在变革初期，迅速取得一些局部的成效，对于把变革继续推行下去至关重要。

4. 化阻力为动力

变革管理者最重要的任务是：化阻力为动力，化悲伤为创造力。如何化阻力为动力呢？这就需要从以下几方面着手：

（1）变革的管理者要清晰而又极具说服力地表明变革的理由；

（2）鼓励那些反对者参与到变革中；

（3）给员工足够的精神物质支持和激励；

（4）强制实施。

（四）组织文化及其发展

1. 组织文化概念

组织文化的理念是把文化从宏观到微观层次上予以排列，可以排列为整个社会的文化，民族文化，政治、行政文化（或经济文化），政府（或企业）组织文化等。组织文化在整个文化属于最微观的层次，当然，这些文化在有些方面互相重叠、渗透。

组织文化是指组织里人们在实践中建设、共享、促进组织与人共同发展的一种文明精神准则，体现为集体价值观、思维方法和行为模式的互动；是基于组织历史优秀经验的提炼，结合他人或者组织的优秀之处，以先进理论为指导，以对人们的现实行为规范和未来引导为目标，在充分尊重人性规律的基础上，以激活每个人内心善的动力为手段，从而塑造出健全的集体人格，实现通过人的发展促进组织发展的基本目标。

2. 组织文化的发展

组织文化既是组织发展的动力，更是管理的工具。文化管理是管理的最高层次。建设优秀的组织文化必须满足四个标准：基于个性、基于战略、基于最根本的商业准则和基于人性。在这四个标准中，尊重人性是所有优秀组织文化的核心和基础。创建优秀的组织文化可从以下几方面着手：

（1）树立以人为本的理念：优秀的组织文化，应该以人为本，以服务对象为中心，摒弃“以物为中心”的传统人事管理观念，赋予员工更多的职责，尊重每一位员工，平衡相关者的利益，提倡团队精神，并鼓励创新，充分发挥人的积极性，创造出最大的人生价值。

（2）利用现代管理心理学理论：组织在进行文化建设时必须遵循文化形成的心理规律，充分考虑到人的需要复杂性及其变化性。如人有自尊感满足的需要，有成就的需要，有归属的需要等，而这些需要又随着环境的变化而变化。要根据人的心理变化规律去实施才有实效。

（3）实行科学的人力资源管理。

①文化盘点。即把企业目前现存的文化一一搞清，找出企业的文化差异。企业的文化差异包括三个层次：最深层的是具有民族特色的社会文化背景差异，中间层是具有企业特色的企业文化差异，表层的是具有个性特色的个体、文化素养的差异。

②组织文化设计。在摸清现实存在的组织文化之后，立即进行文化设计。即根据组织发展战略和历史传统、行业特点、服务对象等设计出文化建设的目标，包括观念层、制度层、形象层的完整的组织文化体系。

③文化建设实施。这是关键的环节。制造舆论，重视沟通，并进行相应的环境改造，让员工明白变革的必要性和必然性；进行制度改革创新，确立组织的规章制度和员工的行为规范；树立组织文化的典型模范人物，实现组织精神人格化，让员工学习模仿；加强员工培训，开展丰富多彩的活动，让员工在培训活动中接受新观念，形成热爱学习、不断创新、尊重知识、尊重人才的新风气；加强督促检查，建立文化建设评价制度，并把考评结果与年终考核、奖金的发放、职务的升迁结合起来。

（4）实施品牌战略。实施品牌战略是组织适应残酷竞争的手段，通过文化塑造组织的核心价值观，将组织精神和价值观目标化为领导班子和员工所认同的行为来凝聚组织的精神，打造品牌。“品牌的背后是文化”“文化是明天的经济”，不同的品牌附着不同的特定的文化。如劳斯莱斯定位为“皇家贵族间的坐骑”；金利来代表着“充满魅力的男人”；索尼永不步人后尘，成为世界闻名的“创新先锋”。

综上所述，文化是组织持续发展的原动力。组织发展到一定阶段，要保持其旺盛的生命力和竞争力，单靠制度管理是难以保证管理效率发挥，需要采用文化管理手段。21世纪是文化管理的世纪，是文化制胜的世纪，每一个组织的管理者，都必须亲近文化管理，把握文化管理，学习文化管理和实践文化管理的策略，做文化管理的能手，才能立于不败之地。

本节思考题

1. 组织的基本结构形态有哪两种类型？这两种结构形态各有何特点？
2. 管理幅度问题是如何提出来的？如何确定有效的管理幅度和合理的管理层次？
3. 组织设计的任务是什么？设计时候要考虑哪些因素的影响？要依据哪些基本原则？
4. 何谓矩阵组织？有何特点？举例说明如何运用。
5. 有效的管理要求适度的集权和分权，怎样才能使集权与分权合理地组合？请举例说明。
6. 如何理解组织文化的概念？其基本特征有哪些？
7. 组织文化有哪些重要功能？

海尔的组织结构演变

海尔集团创立于1984年，多年来持续稳定发展，已发展成为在海内外享有较高美誉的大型国际化企业集团。产品从1984年的单一冰箱发展到如今的拥有白色家电、黑色家电、米色家电在内的86大门类13000多个规格的产品群，并出口到世界160多个国家和地区，是中国家电行业的第一名牌。其首席执行官张瑞敏曾先后登上美国的哈佛大学、沃顿商学院和哥伦比亚大学讲台，纵论“海尔圣经”。

在海尔的发展进程中，其组织结构也在不断调整，大的调整一年会有一两次，小的就更不必说了。张瑞敏认为，一个企业应建立一个有序的非平衡结构，一个企业如果是有序的平衡结构，这个企业就是稳定的结构，是没有活力的，但如果一个企业是无序的非平衡结构，肯定就是混乱的。我们在建立一个新的平衡时就要打破原来的平衡，在非平衡时再建立一个平衡。

海尔最早的组织结构是直线职能式结构。直线职能制结构就像一个金字塔。下面是最普通的员工，最上面是厂长、总经理，它的好处就是容易控制到终端。直线职能制结构如前所述，在企业小的时候，“一竿子抓到底”，反应非常快。但企业大了以后，这样就不行了，最大的弱点就是对市场反应太慢。这种结构在海尔发展的初期起了很大的作用，当时海尔内部局面混乱，纪律涣散，员工素质低，如果不采用这种组织结构，张瑞敏的领导魅力就无法展现，海尔就无法发展。

到1996年，这种结构在海尔发展到了顶峰，于1996年海尔开始实行事业部制。这是一种分权结构的运作形式。在企业运作方式上，海尔集团采取“联合舰队”的运作机制。集团总部作为“旗舰”，以“计划经济”的方式协调下属企业。下属企业在集团内部是事业本部，对外则是独立法人，独立进入市场经营，发展“市场经济”，但在企业文化、人事调配、项目投资、财务预决算、技术开发、质量认证及管理、市场网络及服务等方面必须听集团统一协调。用海尔人人都熟悉的话说，各公司可以“各自为战”，不能“各自为政”。

1999年8月，海尔开始BPR流程革命，成立超事业部结构，开始了组织结构的深度变革。第一步，把原来分属于每个事业部的财务、采购、销售业务全部分离出来，整合成独立经营的商流推进本部、物流本部、资金流推进本部，实行全集团范围内统一营销、统一采购、统一结算；第二步，把集团原来的职能管理资源进行整合，如人力资源开发、技术质量管理、信息管理、设备管理等职能管理部门全部从各事业部分离出来，成立独立经营的服务公司。整合后集团形成直接面对市场的、完整的物流、商流、资金流等核心流程体系和企业基础设施、研发、人力资源等支持流程体系。第三步，把这些专业化的流程体系通过“市场链”连接起来，设计索酬、索赔、跳闸标准，经过对原来的职能结构和事业部进行重新设计，把原来的职能型组织结构转变成流程型的网络体系结构，垂直业务结构转变为水平业务流程，形成首尾相接和完整连贯的新业务流程。

思考题：

1. 从理论上来说不同组织结构形式都有哪些优势和不足，你认为这种优劣势在海尔公司的组织结构的变革过程中都有哪些体现?

2. 通过阅读案例材料你有何感受?(从组织结构变革与创新的角度)

参考资料:

[1] 陈培尧. 海尔国际化战略浅析 [J]. 经营管理者, 2011, (8).

[2] 海尔三洋建立新型竞合关系 [N]. 科技日报, 2002-01-13 (001).

第四节 领 导

管理就是界定企业的使命,并激励和组织人力资源去实现这个使命。界定使命是企业家的任务,而激励与组织人力资源是领导力的范畴,二者的结合就是管理。

——彼得·德鲁克

引例

助理工程师黄大佑,一个名牌大学高才生,毕业后工作已经8年,于4年前应聘到一家大医院负责信息技术工作。其人工作诚恳、负责,技术能力强,很快使医院信息系统运行起来并发挥效益,同时他也成为医院里有口皆碑的“四大金刚”之一。然而,工资却同助理医生不相上下,夫妻小孩三口尚住在刚来医院时住的那间平房。对此,他心中时常有些不平。

周院长,一个有名的识才的老院长,“人能尽其才,物能尽其用,货能畅其流”的孙中山先生名言,在各种公开场合被他引述了无数遍,实际上他也是这样做的。4年前,黄大佑来报到时,门口用红纸写的“热烈欢迎黄大佑工程师到我院工作”几个大字是周院长亲自吩咐人事部主任落实的,并且交代要把“助理工程师”的“助理”两字去掉。这确实使黄大佑当时工作很卖力。

两年前,医院有指标申报工程师,黄大佑具备申报条件,但名额却让给一个没有文凭、工作平平的老同志。他想问一下院长,谁知,他未去找院长,院长却先来找他了:“黄工,你年轻,机会有的是。”

去年,他想反映一下工资问题,这问题确实重要,来这里目的之一不就是想得到高一点的工资,提高一下生活待遇吗?但是几次想开口,都没有勇气讲出来。因为院长不仅在办公会上大夸他的成绩,而且,曾记得有几次外地人来取经,周院长当着客人的面赞扬他:“黄工程师是我们医院的技术骨干,是一个有创新的……”哪怕院长再忙,路上相见时,总会拍拍他的肩膀说两句,诸如“黄工程师,干得不错”“黄工程师,你很有前途”。这的确让黄大佑兴奋。“周院长确实是一个伯乐”,此言不假,前段时间,周院长还把一项开发物资集中采购管理教件的重任交给他呢,大胆起用年轻人,然而……

最近,医院新建好了一批宿舍楼,听说数量比较多,黄大佑决心反映一下住房问题。谁知这次周院长又先找他,还是像以前一样,笑着拍拍他的肩膀:“黄工程师,医院有意培养你入党,我当你的介绍人。”他又不好开口了,结果家没有搬成。

深夜,黄大佑对着一张报纸的招聘栏出神。第二天一早,周院长办公台面上放着一张小纸条。

周院长:

您是一个懂得使用人才的好领导,我十分敬佩您,但我决定走了。

思考题：

你认为什么样的领导才是好领导？

一、领导概述

所谓领导，就是设定目标，率领和引导组织或个人在一定的环境以及其他条件下，按照一定的计划或方法实现该目标的行为过程。有分工协作就必须要有领导。领导的本质是一种影响力，即领导通过其影响力来影响追随者的行为以达到组织目标。

领导是一种方法，更是一种艺术，需要不断地顺势而变，需要不断创新。领导艺术应该是管理心理学的研究重点。特别是在当今中国，企业的朝气、活力，甚至生死存亡都和领导层是否得力密切相关。对于一个亏损企业，领导班子的更换往往会使企业起死回生。

领导艺术是指领导者具有创造性的领导才能、技巧、艺术和方法。主要包括：决策的艺术、创新的艺术、应变的艺术、指挥的艺术、抓总的艺术、统筹的艺术、协调的艺术、授权的艺术、用人的艺术、激励的艺术。领导艺术在履行领导职能、恰当分工、协调管理、提高工作有效性、拓展联系等弹性（可塑性）较大的方面能够体现得很明显。

二、领导的性质

领导职能是指领导者运用组织赋予的权力，组织、指挥、协调和监督下属人员，完成领导任务的职责和功能。它包括决策、选人用人、指挥协调、激励和思想政治工作等。领导职能的“职”代表职责，“能”代表能力。作为一个领导其主要的责任是激发下属人员的潜能，让每一个下属工作人员的潜力发挥到百分之百，甚至是百分之二百。领导，是引领指导的意思，不单纯是“管人”这么简单。领导职能专指其在某一个职位上的能力，所谓在其位，则专其能，不在其位，不谋其政。在某一领导岗位上，拥有驾驭这个岗位的能力以及能够很好地执行相应的权责，对于一个领导的个人能力以及其所领导的团队都有相当重要的意义。领导的性质（见图 8－30）：

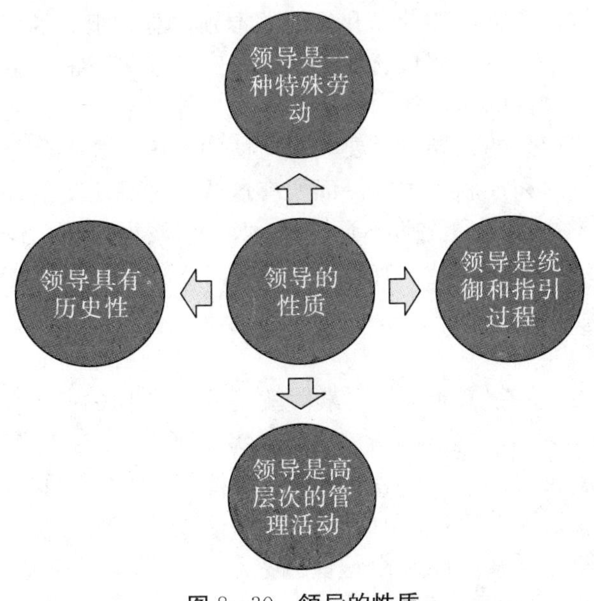

图 8－30　领导的性质

（一）领导是一种特殊劳动

人类的劳动具有社会性和群体性，并且多以一定的社会组织或团体为载体。而任何一个组织或团体，又都要有一定的目标和实现目标的途径和步骤。由于组织目标的构成要素是多方面的，实践过程又是动态的，所以作为领导者必须总揽全局，协调关系，因势利导，控制过程，以保证领导实践沿着既定方向发展。这种目标的确立、全局的总揽、过程的控制、关系的协调以及组织指挥等，相对于一般的社会劳动来说，具有明显的特殊性，是特殊劳动。没有这种特殊劳动，即没有领导主体和领导实践活动，任何组织或团体也就不可能存在和发展。

（二）领导是统御和指引过程

群体活动需要统御和指引，这种统御和指引行为表现为推动力和引发力。推动力一般说来带有强制性，需要用领导权威去推动。引发力一般来说带有非强制性，需要用领导威信去带动。在领导活动中，仅用推动力是远远不够的，应该更多地使用非强制性的引发力，即通过一定的方式方法，去激发人们的自觉性、积极性和创造性，以求团结奋斗，实现组织目标。

（三）领导是高层次的管理活动

在生产力低下，社会活动比较简单的情况下，领导与管理二位一体。随着生产力的发展，现代化大生产的兴起，社会活动日趋复杂，领导与管理发生了分化，领导成了一项相对独立的活动，进行着战略指导的综合性工作，而一般管理则注重的是对具体现实任务的组织及协调。领导是对人和事的统御，而事在人为，所以，它主要是对人的思想和行为的激励和指导，使人们自觉地服从和追随，领导是管理的灵魂。

（四）领导具有历史性

领导是历史性概念，它的内涵是随着社会的发展而不断深化的。早期领导的含义更强调职权的运用，而现代的领导的含义，则更侧重于引导，施加影响；同时还注重领导与职权的联系，认为影响的产生，只有在具有一定职权的情况下才能实现。在原始社会，领导的基础主要是体魄强健，有突出的劳动和作战的本领，具有很高的威望和经验。现代领导者能够实现领导的主要条件包括职权、品德、知识和才能等方面。职权是指领导者所处的一定领导职位，以及所掌握的相应权力；品德是指领导者要品德优秀，在人们的心目中形成威望；知识是指现代社会的领导者需要具有广博的知识；才能是指领导者必备的组织能力、决断能力、协调能力和控制能力等。而所有这些，都是历史的、变化的，如在知识结构方面，古代的领导者往往都是无所不通的全才，现代社会却做不到，只要是个善于学习、不断创新的人就可以被认为是个有知识的领导者。

三、领导者的素质

何谓领导者的素质？从字义上说，“素”就是构成事物的基本成分，如元素、因素；“质”就是性质、本质。所谓“领导者的素质”，就是领导者在一定禀赋的基础上，通过后天实践锻炼和学习所形成的，在领导活动中经常发挥作用的本质要素。具体来说，它有双重含义：首先是指构成领导者的各种内在要素，即使领导者成为领导者的生理、心理、文化、思想、政治、道德等因素，以及由这些因素综合而形成的本质性能力，亦即领导能力。它们是领导者任职的内在根据和条件，统称为领导者素质。其次还指这些要素和能力的现实状态，即发展程度或实际水平。也就是说，领导者的素质同时又是一个发展的动态概念，用以描述和揭示现实领导者的实际状态、水平和差距。领导者的素质与先天遗传生理、心理特点有关，并受它们的影响与制约，但主要还是后天社会实践中自身努力的结果。领导者的素质还具有时代性、综合性、层次性的特点，主要包括以下几点（见图 8－31）。

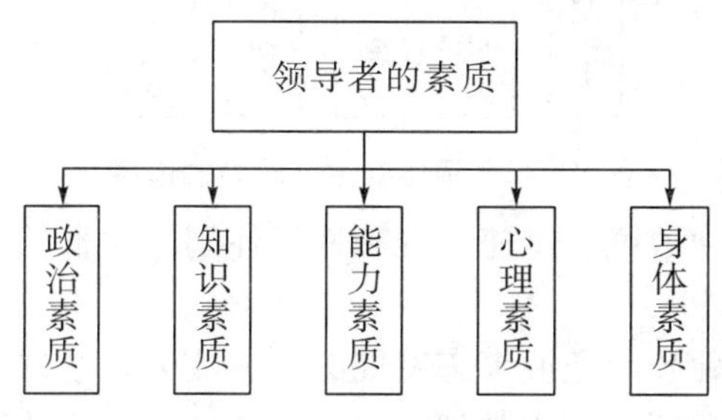

图 8－31　领导者的素质

（一）政治素质

政治素质是领导者的灵魂，是领导者素质中最重要的。每个国家、不同社会都有自己鲜明、具体的政治素质标准和内容，包括理论水平、政治信仰、世界观、人生观和价值观以及道德修养等。无论是行政领导者，还是工商企业领导者，都必须要在自己的管理活动中，正确处理国家、集体和个人三者间的利益关系；以提高和发展社会生产力为根本，坚持社会主义方向，坚定政治立场，遵守国家的法律法规，敢于同违法乱纪行为做斗争；要有强烈的事业心、责任感和创业精神；有良好的思想作风和工作作风，廉洁奉公，不谋私利，实事求是，不搞特殊化，不图虚名，与群众同甘共苦，模范地坚持群众路线，相信群众，依靠群众，以群众的利益为重，诚心诚意为人民服务，关心群众疾苦，为群众排忧解难，办实事、办好事。

（二）知识素质

合理优化的知识结构，是行政领导者必备的基本条件，也是提高行政领导水平的重要环节。现代行政领导者既要具有较宽的知识面，懂得和运用马克思主义基本理论、一般基础科学文化知识、社会主义市场经济理论知识、现代科学技术知识和法律知识，同时也要具有从事本职工作所必需的业务知识和现代领导与管理知识，成为掌握业务知识与领导知识的“双内行”，从而适应整个知识系统既高度分化又高度综合的发展趋势及客观要求，做到博与专的统一。具有丰富的社会科学知识，这是一个现代领导者必须具备的知识的重要组成部分，如果没有这种知识，领导者就很难适应社会管理的客观需要。这些知识主要包括政治学、法学、心理学、社会学、经济学等方面的专业知识。一个现代领导者，还应当掌握自己从事的管理工作的相关专业的知识和技能。现代领导者必须是本部门的内行和专家。现代领导者要掌握现代管理科学和现代领导科学的知识，要对行政管理学、企业管理学、决策科学、金融、国际贸易、公共关系学、行为科学、计算机技术等知识有基本的掌握。缺乏这方面的知识，会给领导工作带来不利的影响。

（三）能力素质

能力是知识的发挥和运用。能力素质主要包括创新能力与综合能力。

1. 创新能力的具体要求

行政领导者多从事非规范的面向未来的工作，创新能力是最基本的素质要求。其具体内容如图 8－32 所示：

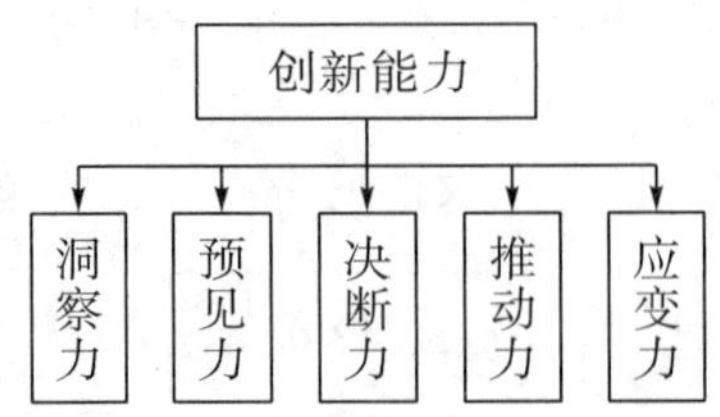

图 8－32　领导者创新能力的内容

（1）洞察力。这是一种敏锐、迅速、准确地抓住问题要害的直觉能力。勤于实践和思考，有助于锻炼这种能力。

（2）预见力。这是一种超前把握事态发展的预测能力，它以对事物发展的正确认识和对现实性与可能性关系的辩证分析为基础。

（3）决断力。这是一种能迅速做出选择并形成方案的意志力。缺乏果断的意志就不可能有任何创新。

（4）推动力。这是一种激励下级实现创新意图的能力。通常表现为领导者的感染力、吸引力、凝聚力、号召力、影响力以及个人魅力。

（5）应变力。这是一种在事物发展的偶然性面前善于随机处置的快速反应力，是创新能力的一个重要表现。

2. 综合能力的具体要求

综合能力是行政领导者的又一基本能力要素。因为领导工作是一种“统领各方”的工作。“各方”既包括各组织机构、系统、各种利益和力量，也包括各种知识、信息、情况等。综合能力包括以下内容：

（1）信息获取能力。在信息社会中，信息占有量的多少，成为领导行为成败的决定性因素之一。领导者必须充分掌握有关信息，才能做出正确的决策。

（2）知识综合能力。从科学发展来看，现代科学的一个重要发展趋势是学科的高度分化和高度综合。行政领导者不仅应掌握多学科的知识，而且要对各门学科的相互联系有所认识，这样才能管理好高度专业化的各种组织机构及其活动。

（3）利益整合能力。随着现代化程序的提高，利益多元化是一个值得注意的发展趋势。行政领导都要把分散的甚至有冲突的利益要求整合为利益共识，并据此制定政策。

（4）组织协调能力。领导的重要工作是要保证系统内的各要素处于良好的配合状态，以获得高一层次的整体合力，这就要求领导者要具备组织协调能力。它在本质上是一种将各种分散的积极性综合在一起的能力。

（四）心理素质

从个体心理品质角度来看，心理素质主要包括气质、性格、意志等几个主要方面。因此，作为一个行政领导者，更应具备这些心理素质。具体表现为：

1. 敢于决断的气质

任何决策都是有时效性要求的，在对客观事物充分调查的基础上，行政领导者应有不失时机地、勇敢果断地处置问题的热情与气魄。

2. 竞争开放型的性格

竞争在某种意义上说就是奋力争先。领导者应有敢为天下先、善于争先的品格。领导者要与各种人打交道，要随时处理各种矛盾。这决定了行政领导者要有开放的心态、宽阔的胸襟、公道正派的作风，团结众人一起去不懈地竞争。

3. 坚忍不拔的意志

开拓创新，难免遭受挫折、失败，只有具备不怕挫折与失败而百折不挠的毅力，才能经得起各种风浪的考验。因此，意志坚强是行政领导者必备的基本素质之一。

（五）身体素质

身体素质在不同的领域有不同的含义和指标。领导者的身体素质，是指健康的体魄。从公共领导者的角度而言，就犹如登山，越处在领导的高层和肩负繁重的职务，越需要优良的身体素质。没有优良的身体素质，一旦担任更高的领导职务，只能是力不从心，半途而废。健康的体魄是事业之本，是从事繁重的领导工作及提高自身其他素质的基础。周恩来在《我的修养要则》中写道："健全身体，保持合理规律的生活，这是自我修养的物质基础。"反之，若是上班坐不长，下去走不动，应急挺不住，病魔常缠身，这就不能适应领导工作的要求。

四、领导者权力的类型

弗伦奇和瑞文（French&Raven）于1959年提出了权力的五项来源和基础，人们由此可以具备影响他人的潜力。理解这些权力基础，能使领导实践者更好地洞察其行为的各种影响，尝试可能带来的积极或消极的后果。领导者权力的类型如图8－33所示：

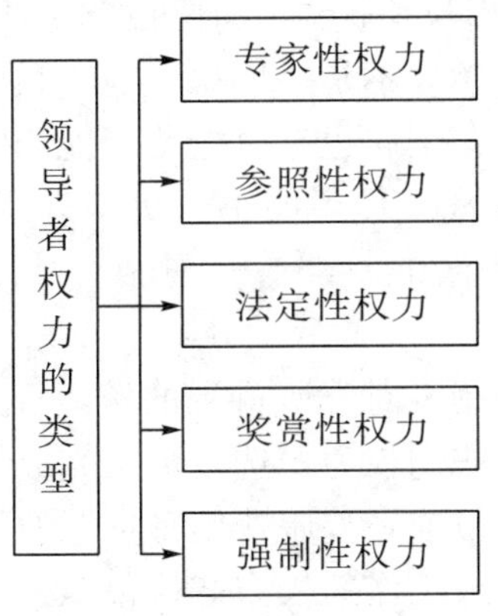

图8－33　领导者权力的类型

（一）专家性权力

专家性权力是知识的权力。有些人能通过他们在特殊领域的专长来影响他人。正如人们所知，医生在其行业和领域中有权威性，为什么呢？因为他有很强的专家性权力，医生所说的话不能不听，所以大多数的人都愿意遵从医嘱。还有一些职业，如计算机方面的专家、会计师、培训师等，他们都是因为在某一领域中的特殊影响力而获得了专家性权力。

由于专家性权力是一个人与群体其他成员相比所拥有的知识总量的函数，因此在特定情况下，下属很有可能拥有比领导者多得多的专家性权力。例如，新任领导者对特定工作单元中的工作和任务的了解往往比不上他的下属，因此，下属有可能在工作程序、新设备或聘用新工人方面的决策中发挥相当大的潜在影响。在这种情况下，对领导者的最佳建议就是，多学多问，寻求附加培训来填补这一知识缺口。今天的企业发展越来越依赖技术因素，因此，专门的知识技能也成为权力的主要来源之一。随着工作的细分，专业化越来越强，企业的目标越来越依靠不同部门和岗位的专家。

（二）参照性权力

参照性权力是指由于领导者与下属之间的关系强度而产生的潜在影响。如果你对某个人有一种崇拜的心理，并且希望自己成为像他那样的人的时候，被你崇拜的这个人就获得了参照性的权力。学生可能对受到广泛欢迎和尊重的教师的建议和要求做出积极反应，而对不受欢迎的教师做出消极反应。这种反应程度上的差异主要是学生与不同教师之间关系强度的函数。当巴迪·瑞恩从费城之鹰美式足球队总教练一职上被解雇时，很多球员对他表达了强烈的忠诚感。一位球员说道："有些事我们只会为巴迪而做，不会为其他教练做。"形成参照性权力往往需要花费时间。此外，它也有负面效应，即在特定情境下，维持参照性权利的愿望可能会限制领导者的行动。例如，若领导者与下属形成了牢固的关系，他会不愿意惩罚该下属不良的工作表现或长期缓慢行事，因为这种做法会破坏领导者与下属间关系的性质。所以，参照权力是一条双向通道：关系越牢固，领导者和下属能向对方施加的影响力也就越大。

（三）法定性权力

法定性权力决定于个人在组织中的职位。它可以被看作是一个人的正式或官方明确规定的权威地位。有些人能使事情发生，是因为他们有这么做的权力或权威。上司可以分配项目，教练能决定谁上场比赛，上校能按统一标准命令他人服从，教师能布置家庭作业并给出分数。拥有法定性权力的个人凭借与其职位、岗位相当的要求或主张，来施加其影响。

值得注意的是，法定权威和领导不是一回事。有效的领导者往往凭直觉就会意识到，要想成功不能仅仅拥有法定权力。下属也有可能使用他们的法定性权力来影响领导者。在这类情况之下，下属能通过只完成工作说明书、机构规章或工会政策事先具体规定的工作，来主动地抵制领导者的影响企图。

（四）奖赏性权力

奖赏性权力是指某人由于控制着对方所重视的资源而对其施加影响，包括给予加薪、额外津贴和晋升的权力，授予官职的权力，选拔员工完成特别任务或有利可图的活动的权力，分配计算机、办公室、停车位或者差旅费用等资源的权力，做出对某人有利的仲裁决定的权力，以奖励、表扬认可某人工作的权力等。很多公司广泛地运用奖赏激励其员工。

通过运用奖赏方式来获得影响他人的权力，是领导者、下属和情境三者共同作用的函数。外在奖赏，如表扬、经济补偿、晋升、各项特权和工休等对行为的影响，可能无法等同于内在奖赏，如成就感、个人成长和开发对行为的影响力。过分强调外在奖赏方式，可能会逐渐灌输一种上下级之间本质上是合同关系或经济关系的想法，这会冲淡其他重要的方面，如相互间的忠诚感、对更高理想的共同归属感等。

（五）强制性权力

与奖赏性权力相反，强制性权力是指通过负面处罚或剥夺积极事项来影响他人的权力。从某种程度上说，强制性权力是领导者的部分职责，但情境往往也会限制领导者可利用的强制性措施。强制性权力的例子包括：警察开出超速罚单，军队里对擅离职守的士兵进行军事审判，教师将捣乱的学生留堂，雇主解雇懒惰的员工，父母体罚孩子。

有效的领导者总是会运用他们所有的权力来源。有效的领导者了解不同权力来源的相对优缺点，他们会基于其在特定情境下的具体目标，有选择性地强调某一种权力来源。优秀的领导者不仅对其下属有很强的影响力，也欢迎来自下属的影响。领导者与下属之间存在高度的相互影响是最有效组织的特征。

五、领导者领导的内容

领导者领导的内容一般包括引导、组织、协调和控制（见图 8−34）。

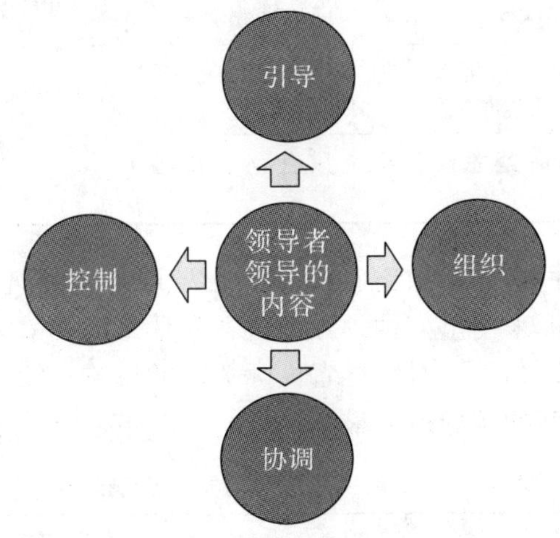

图 8−34　**领导者领导的内容**

引导：领导从根本上来说就是规定活动方向，主要体现在正确地规划目标、提出任务和制定实施任务的方法。

组织：就是按照目标合理地设置机构、建立体制、分配权力、使用人员等，其基本是人、财、物的调度，其核心是使组织内部人员的积极性充分发挥，以保证组织目标的实现。

协调：就是通过及时地调整，使组织内部的各个部分、组织与环境的各种联系更为和谐一致，更有效地实现组织的发展目标。

控制：就是从外部对组织系统和人员的活动和运行状况进行宏观把握，对其偏离发展目标的行为进行及时监控、校正，使组织的发展在稳定、有序中进行。从以上分析可以看到，领导与统治、领导与管理在内容上有一定的重合或交叉，但是领导与统治、领导与管理又有重要区别。把握这种区别，在于宏观与微观、手段与方法、目标与方向等多方面，这样才能深刻认识领导的特殊内容和要求。

六、领导的方式及其理论

（一）三种领导方式

德国心理学家库尔特·卢因（Kurt Levin）把领导行为分成三种类型：第一种叫作专制型领导，第二种叫作民主型领导，第三种叫作放任型领导。三种类型各有优点，哪一种类型的有效性最高呢？根据卢因的研究，应该是第二种：民主型。卢因的分类有四个参数：第一个是组织方针的决定，第二个是工作的分担与同伴的选择，第三个是工作的参与及工作的评估，第四个是团体活动的了解。我们就以这四个参数来分析各类领导类型的行为模式（见表8−4）。

表8−4　三种类型领导方式的比较

	民主型	专制型	放任型
组织方针的决定	所有方针经由集体讨论后决定	一切由领导一人决定	任由集体或个人决定，领导不参与
工作分担与同伴选择	成员可以自由结合协商决定	由领导决定后通知成员	领导很少参与人物的确定
工作参与及工作评估	与成员一起工作，但不做太多具体工作	领导亲自表扬或者批评	不主动提供意见，对成果不做评价
团体活动的了解	每人都清楚总体目标和个人责任	只有领导自己清楚	成员不清楚团队的最终目标

这三种类型当中哪一种最为有效呢？卢因就此设计了问卷进行调查，表8−5是卢因调查的结果。他用四个指标来衡量三种领导方式各有什么样的效果。第一，对任务量的影响；第二，对士气的影响；第三，对领导者人际关系的影响；第四，对领导者指导员工有效性的影响。其中，民主型的领导得分最高。

表8−5　三种类型领导方式的影响效果

领导类型	任务量	士气	领导者人际关系	领导者指导员工有效性
民主型	0.82	0.86	0.86	0.62
专制型	−0.53	−0.73	−0.12	−0.37
放任型	−0.84	−0.85	−0.67	−0.558

从卢因的结论来看，作为领导者，应该倾向于民主型。例如：当领导者要做决策的时候，应该广泛征求大家的意见，然后再做决定。这种领导行为将会对工作和员工产生许多正面影响。

（二）两种领导风格

西方学者在研究领导学时经常用两种领导风格进行对比。一个是人员导向型：领导者在领导过程中比较注重人，比较注重人的感受和对人的管理。另一个就是任务导向型：领导者在领导过程中比较注意事，比较注重目标的达成（见表8−6）。

在现实管理中，我们很难找到100%的任务导向型，也很难找到100%的人员导向型，领导者基本上都会在这两个方面做出平衡。假定我们的员工比较差，员工的能力不足，事情比较紧急，要很快解决问题，我们可能偏向于任务导向；如果我们的员工能力很强，而且能够自动自发，那我们的领导风格可能偏向于人员导向。因此，我们要根据具体情况，在人员导向和任务导向之间做出平衡。

表 8-6　两种类型领导风格的对比

人员导向型	任务导向型
把注意力集中在人身上	把注意力集中在任务方面
决策的时候喜欢别人参与	喜欢独自做出决策
注重员工的福利和员工自身的发展及潜力的发掘	比较注重任务、产品质量和生产效率
强调授权和员工的自由	强调控制和组织结构

（三）领导风格理论

管理方格理论的贡献在于把领导的风格整体划分成了五种不同的类型，缺点是不同类型没有针对具体的情景因素。于是有一个学者对此做了简单的改良，他就是雷顿（W. J. Redlin）。雷顿的领导风格理论比布莱克和莫顿稍微进步一点，他只用了两个纬度，一个是任务，一个是关系。任务导向和关系导向形成了四个可能的情形：如果领导风格属于高任务和高关系导向，就称之为整合型的风格；如果是低任务而高关系，就叫关系型的风格；如果是高任务低关系，就叫作尽职型的风格；如果两者皆低，就叫作分立型的风格（见表 8-7）。

表 8-7 雷顿的领导风格理论

整合型风格 高任务导向，高关系导向 有效风格：执行者 无效风格：折中者	关系型风格 低任务导向，高关系导向 有效风格：开发、培育者 无效风格：传授者
尽职型风格 高任务导向，低关系导向 有效风格：温和的专制者 无效风格：专制者	分立型风格 低任务导向，低关系导向 有效风格：官僚者 无效风格：冷漠者

整合型的领导者，采用高任务高关系。他对任务很关心，对人也很关心。有效的风格是对两者都比较关心，非常强调执行力，是一个执行者；无效的风格是做了很多不需要花很多时间和关系去做的事，浪费了大量的时间和精力。

关系型的领导者，采用低任务高关系。有效的风格是他作为开发者和培育者，注重加强与员工的关系，给他们信心和支持，让他们把工作做好；无效的风格是他变成了一个传授者，只是要跟对方搞好关系，完不成任务也不去理会。

尽职型的领导者，采用高任务低关系。如果他是一个温和的专制者，那就是有效的风格；如果他是一个全方位的专制者，那就是无效的风格。

分立型的领导者，采用低任务低关系。有效的风格是你是一个官僚者，你只做分内的事；无效的风格是你可能是一个冷漠者，即事不关己高高挂起的那种人。

雷顿比布莱克更进步之处在于他认为两者皆高并不代表就是好的，两者皆高有其有效的部分，也有其无效的部分。雷顿列出了每种风格的有效的和无效的部分（见表 8-8，表 8-9）。

表 8-8 四种有效的风格

执行者 对任务和人都相当关注，建立高标准，认识到个体的差异并进行团队管理	开发、培育者 极度关心人，但对任务却不太重视，信任他人，关心他人的发展
温和的专制者 极度关注任务，对人漠不关心，清楚地知道自己的目标	官僚者 对任务和人都不关心，主要关心规则，控制情景，看起来相当尽力

表 8-9 四种无效的风格

折中者 在不需要对任务和人进行取舍时两者都能照顾到，但难以选择，受压力的影响	传授者 属于行善者，极度关心人的感受，对任务漠不关心
专制者 极度关注任务却不关注人，对别人没有信心，只对眼前工作感兴趣	冷漠者 对人和任务都不关心，被动参与，消极等待

(四) 领导方式的连续统一体理论

美国学者坦南鲍姆（R. Tannenbaum）和施米特（W. H. Schmidt）提出了另外一个著名的理论——连续统一体理论。这一理论以领导和下属为中心，构成连续体的两个极端，这两个极端分别代表了不同的领导风格和领导作风。他们又创造了另外一个维度：以领导为中心，属于专注型；以下属为中心，属于民主型。所以，又有了专制型领导和民主型领导的区分。

图 8-35 为连续统一体理论，左边是以领导为中心，右边是以下属为中心。建立在以领导为中心理论基础上的就是 X 理论，建立在以下属为基础上的就是 Y 理论。其实 X 理论和 Y 理论是学者麦格雷戈提出的。X 理论就是假定人是消极的、偷懒的、不思进取的，是需要鞭策才能够前进的，那就应该以领导为中心来管理他们。Y 理论就是假定人是想要发展的、主动的、勤劳的，是想进步的，那就应该以下属为中心来管理他们，叫作 Y 理论。

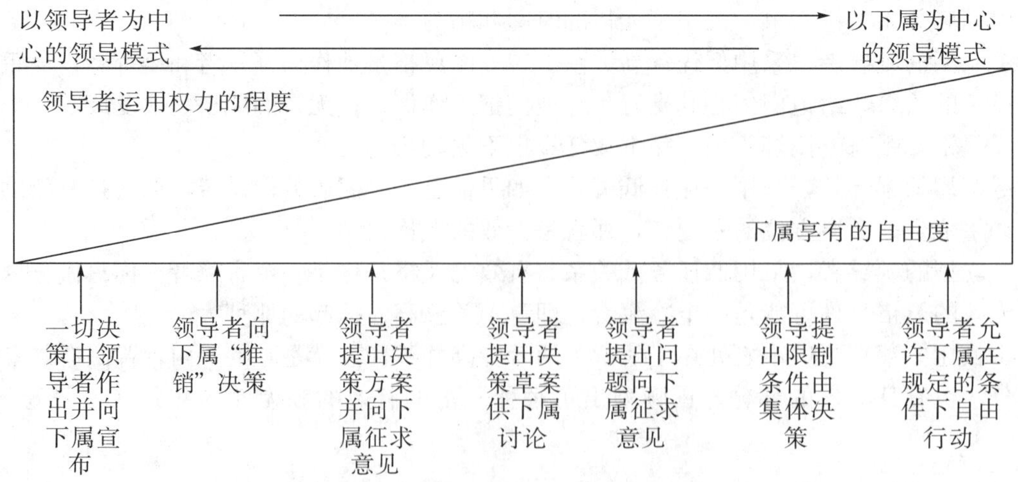

图 8-35 领导方式 连续统一体理论

坦南鲍姆认为，要专制还是要授权，要看下属到底是什么样的人，这是一个很大的进步。当布莱克和莫顿在讲工作和人的关系时，没有考虑下属的成熟度，而坦南鲍姆已经开始考虑这些了。

图 8—36 把坦南鲍姆的连续体分成了 7 个区，这 7 个区又被分成了上下两个区域。如果在 1、2、3 区，则代表领导使用的权力比较大，是比较专制的；如果是在 5、6、7 区，就代表员工的自由度比较高，我们可以采取授权式的领导方式。如果连续体从左端向右端移动，下级参加的机会就会增加，而领导的职权将会相应下降；如果从右端往左端移动，员工的参与度会越来越低，领导的参与度则会越来越高。

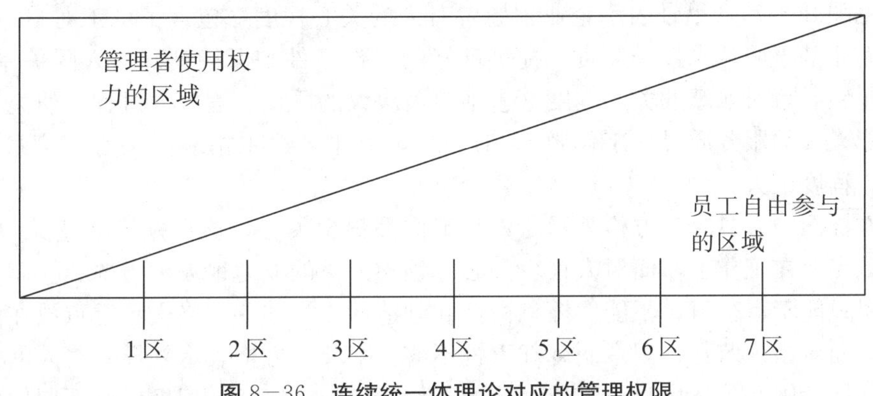

图 8—36　连续统一体理论对应的管理权限

坦南鲍姆认为，用什么样的领导行为和领导风格，主要是看我们到底处在哪一区。如果处在第一区，领导者所用的权力很大，员工的参与就比较少，领导者的行为是领导者做出决策并且宣布决策，基本上不与员工商量。第二区领导者的行为是出售决策，即做了决策之后向大家解释这个决策为什么好，并且说服大家接受，也就是把这个决策“卖”给员工，员工基本上还是没有多大的参与程度。第三区是领导表达思想，提出主张，然后征求下属的意见，已经是比较民主的了。再往右移动，来到第四区，领导提出初步方案，但不做决策，只讲一个初步的思路，然后说明一些变化的不确定因素，让大家群策群力来帮他做决策。第五区就是领导阐明问题，征求建议，然后做出决策，员工的参与度很高，领导只是把问题阐明，员工可以提出很多建议，最后再由领导做出决策。第六区是领导界定范围，请求群体做决策，也就是让员工自己做决策。来到第七区，领导允许员工在上级划定的界限内行动，换句话讲，只有在这个大前提下，才可以对员工说，你们自己干吧——这时候员工的权力是最大的。这就是坦南鲍姆的连续体理论。这一理论的重要突破就是提出了被领导者的参与度问题。

相关链接

罗伯特·坦南鲍姆（Robert Tannenbaum）是美国著名企业管理学家。毕业于美国芝加哥大学并获得博士学位，长期在洛杉矶加利福尼亚大学工商管理学院执教，担任人才系统开发教授，从事“人事制度的发展”研究，并为美国及其他国家的企业进行范围广泛的咨询顾问工作。坦南鲍姆在领导理论方面提出了富有创意的连续分析方法，并在敏感性训练和组织发展方面进行了卓有成效的研

罗伯特·坦南鲍姆

究工作。

沃伦·施密特

沃伦·施密特（Warren H. Schmidt）：领导行为连续体理论的提出者。施密特多才多艺，除了在人际关系、领导及会议计划等议题上著述颇丰，还曾当过牧师、心理学家，写过电影剧本《做正确的事总是对的吗?》，并于1970年获得学院奖。（资料来源于百度百科）

（五）管理方格理论

“管理方格理论（Management Grid Theory）”的提出者是美国学者罗伯特·布莱克（Robert Blake）和简·莫顿（Jane Mouton）。管理方格图是一张纵轴和横轴各9等分的方格图（见图8－37），纵轴表示企业领导者对人的关心程度（包含了员工对自尊的维护，基于信任而非基于服从来授予职责，提供良好的工作条件和保持良好的人际关系等），横轴表示企业领导者对业绩的关心程度（包括政策决议的质量、程序与过程、研究工作的创造性、职能人员的服务质量、工作效率和产量），其中，第1格表示关心程度最小，第9格表示关心程度最大。

管理方格图中，“1.1”方格表示对人和工作都很少关心，这种领导必然失败。“9.1”方格表示重点放在工作上，而对人很少关心。领导人员的权力很大，指挥和控制下属的活动，而下属只能奉命行事，不能发挥积极性和创造性。“1.9”方格表示重点放在满足职工的需要上，而对指挥监督、规章制度却重视不够。“5.5”方格表示领导者对人的关心和对工作的关心保持中间状态，只求维持一般的工作效率与士气，不积极促使下属发扬创造革新的精神。只有“9.9”方格表示对人和工作都很关心，能使员工和生产两个方面最理想、最有效地结合起来。这种领导方式要求创造出这样一种管理状况：职工能了解组织的目标并关心其结果，从而自我控制，自我指挥，充分发挥生产积极性，为实现组织的目标而努力工作。

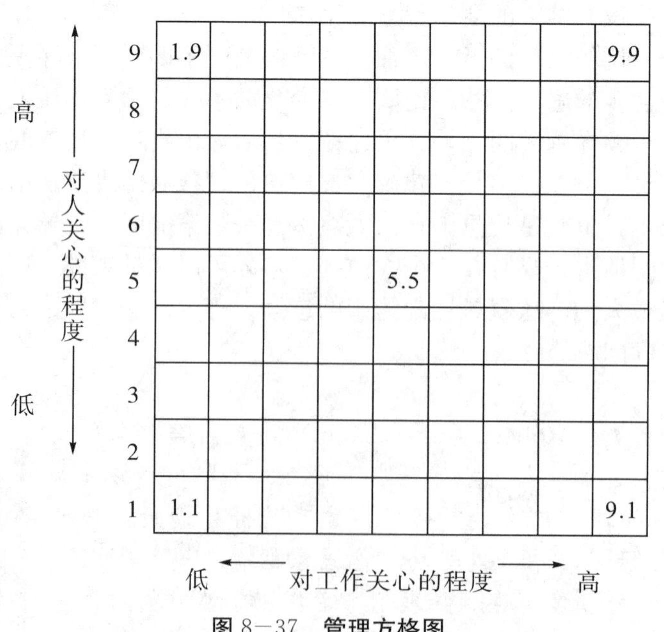

图8－37　管理方格图

除那些基本的定向外，还可以找出一些组合。比如，5.1方格表示准生产中心型管理，比较关心生产，不大关心人；1.5 方格表示准人中心型管理，比较关心人，不大关心生产；9.5 方格表示以生产为中心的准理想型管理，重点抓生产，也比较关心人；5.9 方格表示以人为中心的准理想型管理，重点在于关心人，也比较关心生产。还有，如果一个管理人员与其部属关系会有 9.1 定向和 1.9 体谅，就是家长作风；当一个管理人员以 9.1 定向方式追赶生产，而在这样做的时候激起了怨恨和反抗时，又到了 1.9 定向，这就是大弧度钟摆；还有平衡方法、双帽方法、统计的 5.5 方法等。

布莱克和莫顿就是用这两个纬度总结出了领导的五种行为类型，下面是这五种领导类型的不同行为表现：

1. 乡村俱乐部型“1.9”

注意人们之间建立友好关系的需要，形成愉快友好的组织气氛。这种类型的领导对生产最不关心，对人最关心。对这样的领导来说，首要的任务是增进同事和下级对自己的良好感情。

2. 贫乏型“1.1”

为保持组织成员地位而以最少的努力去完成相应的工作，对生产和人都不关心。他们只做那些在组织中继续存在下去所要求的最低限度的工作。

3. 任务型“9.1”

通过安排工作条件和工作程序来保证工作的顺利进行，采用使人的因素干扰最小的方法来提高工作效率。最关心生产，最不关心人。他们靠行使职权来有效地控制别人以服从自己的领导，以回避复杂的人际关系和其他不必要的麻烦。

4. 中庸之道“5.5”

兼顾必须完成的工作和员工的士气，来创造适当的组织成绩。对生产和人都是中等程度的关心，他们更关注工作中的平衡，以求得和谐发展。

5. 团队型“9.9”

工作成就来源于献身精神，在组织中目的利益一致、互相依存，从而导致信任和尊敬的关系。既关心人又关心生产，重视目标，力求通过大家的参与、介入、承担义务和解决矛盾来取得高产量、高质量的成果。

一般大家都会认为“9.9”是比较理想的，其实不一定。如果我们的员工都很强的话，其实我们用不着对工作也关心、对人也关心，我们可以放心地去做“1.1”领导——让他们自己去干好了。如果工作很简单，我们也可以做“1.9”型领导，让大家开开心心去工作有什么不可以呢？为什么一定要板着脸呢？所以布莱克和莫顿的理论有其片面性，他们只考虑了这两个维度，而没有考虑情景因素——没有考虑工作到底重要不重要、合适不合适，员工能不能独立把工作做好——容易使人走入误区。

尽管布莱克和莫顿信心十足，但是管理方格理论仍存在局限性。他们的最优化设计能否在理论上把权变理论排挤出管理学阵地，结果似乎并不乐观。在《新管理方格》的论述中，布莱克和莫顿虽然不承认权变理论的合理性，但却不得不在一定程度上承认权变理论的现实性。在他们的理论推导中，也小心翼翼地避开了西蒙的有限理性学说。既然他们强调自己提出的（9.9）型团队管理具有最优性，那就必须证明这一模式已经克服或战胜了对人类理性的各种限制。这种回避，显露出了他们的理论软肋所在。有一个例子，能够说明他们的理论局限。布莱克和莫顿曾经仿照智商、情商的测验方式，提出了一个“管理成就商数”（MAQ）的公式。这个公式并不具有普遍意义，因为他们采用的数据过于简单，仅仅用职务提升来表示管理成就，忽略了其他因素的复杂作用。所以，“管理成就商数”并不被学界认可。

管理方格法问世后便受到了管理学家的高度重视。它启示我们在实际管理工作中，一方面要高度重视手中的工作，要布置足够的工作任务，向下属提出严格的要求，并且要有纪律规章作保障；另一方面又要十分关心下属个人，包括关心他们的利益，创造良好的工作条件和工作环境，给予适度的物质和精神的鼓励等。从而使下级机械及其工作人员在责、权、利等方面高度统一起来，以提高下属的积极性和工作效率。

相关链接

罗伯特·布莱克（Robert R. Blake，1918—2004），美国应用心理学家，是一名在管理和组织发展领域开展应用行为科学研究的倡导者，生于马萨诸塞州的布鲁克林，逝于得克萨斯州奥斯汀。他 1941 年从弗吉尼亚大学获得心理学硕士学位，1947 年在得克萨斯大学获得哲学博士学位，随后成为该校的心理学教授。1949—1950 年间，他作为一名学者担任英国阅读大学讲师和伦敦塔维斯托克诊所名誉临床心理学家，并成为哈佛大学的一名讲师和研究人员。布莱克的主要成就是他在行政管理领域所从事的工作。1964 年他出版了《管理方格》一书，该书提出了管理方格理论（Management Grid Theory）和管理方格图，醒目地表示出主管人员对生产关心程度和对人的关心程度。

罗伯特·布莱克

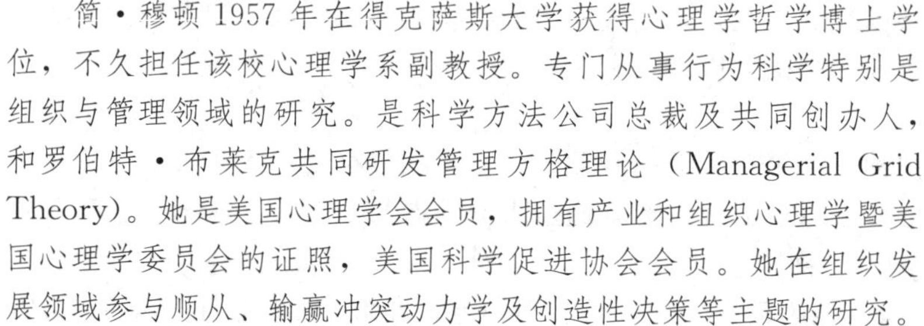

简·穆顿 1957 年在得克萨斯大学获得心理学哲学博士学位，不久担任该校心理学系副教授。专门从事行为科学特别是组织与管理领域的研究。是科学方法公司总裁及共同创办人，和罗伯特·布莱克共同研发管理方格理论（Managerial Grid Theory）。她是美国心理学会会员，拥有产业和组织心理学暨美国心理学委员会的证照，美国科学促进协会会员。她在组织发展领域参与顺从、输赢冲突动力学及创造性决策等主题的研究。

简·穆顿

七、领导艺术

（一）领导艺术的含义

领导艺术就是富有创造性的领导方法的体现。在履行指导与领导职能的过程中，科学是与艺术相互结合、彼此交织在一起的。主管人员要具备灵活运用各种领导方法和原则的能力与技巧，才能率领和引导人们克服前进道路上的障碍，顺利实现预定的目标。领导艺术的含义，主要包括以下几层意思：

1. 领导艺术是领导科学的一个重要组成部分

领导艺术本身就具有科学性，因而把它包含在领导科学范围之内是理所当然的。领导艺术和领导科学的理论之间的不同之处，就在于领导艺术是运用领导原理、原则、方式、方法时的一种领导技巧或诀窍，而不是领导原理、原则、方式和方法本身。所以，认为领导艺术是领导科学之外的，不成熟的，还有待于科学化的经验形态的领导方式，这显然是对领导艺术的一种误解。如果领导艺术本身没有科学性的话，那么它就不可能成为运用领导科学的原理、原则、方式和方法的技巧，也就不会作为领导艺术而存在。领导艺术是在人们认识领导活动的客观规律的基础上形成并发挥作用的。我们说领导艺术是领导科学的一个组成部分，它本身就具有科学性，正是以此作为根据的。认为领导艺术是非规律性的、随机性的领导方法，实际上就是割断或者否定领导艺术同领导活动的客观规律之间的联系。可以设想，如果领导艺术不按客观规律的要求办事，不是建立在认识客观规律的作用的基础上，也就谈不上是对领导科学的原理、原则的巧妙运用。在这种条件下，其随机性也就是不受客观规律约束的一种主观任意性，既不能正确地说明领导艺术本身所具有的某种不确定性，也不能很好地说明人们在运用领导艺术时所表现出来的主观能动性。

2. 领导艺术是以一定的领导经验和必要的领导能力为前提条件的

没有一定的经验积累，不掌握必要的领导能力，是谈不上运用领导艺术的。但领导艺术也不仅仅是领导经验和领导能力的一般表现，而是领导经验的进一步上升，是发挥领导能力时表现出的“高招”“窍门”。如果只停留在原有经验的基础上，在进行领导活动时没有任何创造性，也是不可能掌握和运用好领导艺术的，因而也很难成为一个有效的领导者。

3. 领导艺术是以创造性的思维活动和科学的辩证方法及现代的系统观念为指导的

如果说领导艺术同领导经验、领导能力之间有区别的话，那么其中的主要区别就在于领导者在运用领导经验和发挥领导能力时，首先必须进行创造性的思维活动，不能局限于过去已经积累的经验，要面对新的形势，研究新的问题，敢于打破常规，想常人之不敢想，为常人所不敢为，根据新的需要，创造新的经验；必须深刻地理解和熟练地运用唯物辩证法，防止主观、武断、孤立、静止、片面地看问题和处理问题，避免思想僵化；必须掌握和树立现代科学的系统观念，以便处理好系统的内部与外部，全局与局部，各层次、各因素、各环节之间的相互关系，实现整体优化。要防止只见树木不见森林，只追求局部的、眼前的和暂时的利益，而忽略和丢掉全局的、长远的和根本的利益。

（二）决策艺术

在非程序化（或非常规化）的决策过程中，主管人员的主观决策技能起着重要的作用。人们在一定经验的基础上，对未来事件的判断具有远见和洞察力，主要表现在及早察觉对组织发展的有利与不利条件，依靠自己的周密考虑和集中群众的正确意见，做出既有事实根据又先于别人的不寻常的战略决策，促使组织取得重大的成就与改进。

（三）用人艺术

在充分了解和发挥职工长处的基础上，把工作的需要和个人的能力很好地结合起来，使每个职工在各自的工作岗位上兢兢业业、积极进取；把发挥每个人的长处与组织目标很好地结合起来，使每个职工的长处同集体和别人的长处相得益彰，使每个人的短处同集体和别人的长处结合起来而不至于有损于组织；在组织中创造一种气氛，凡能做出显著成绩的人，都会受到应有的尊重和提拔；能顺利履行职责，依靠和运用平凡人的聪明才智做出不平凡的业绩，促使组织的目标实现。这些就是用人艺术。

思考题

1. 领导的实质和作用是什么？如何去实现这种作用？

2. 领导的权力来源是什么？如何正确使用这些权力？领导和管理是一回事吗？

3. 作为一名领导应该具备哪些素质？

4. 从所学的领导方式及理论中，你得到哪些启发？

某制剂厂拥有300多名职工，连续4年利润超百万元。从初创的艰难起步，到现在达到并保持了同行业中的领先水平。这一成绩主要应归功于副厂长兼党委书记王展志的努力，因为厂长身体长期不佳，基本上不管事。王展志现年50岁，年富力强，在制药行业工作了20多年，在领导和同事中间留下了踏实肯干的印象。

2002年年初，他被调任为制剂厂副厂长，实际上挑起了发展全厂的重任。上任之初，他狠抓产品质量，勇创品牌，很快就打开了局面。在当时国有企业普遍不景气的情况下，他意识到设备落后是本厂发展的最大障碍，遂四处筹集资金500万元，准备引进新的生产设备。与此同时，他还采取措施完善职工的生产、生活设施，改善职工的劳动条件。

2008年年初，厂长去世。主管单位认为制剂厂的基础较好，王厂长又在业内影响较大，决定在制剂厂试点民选厂长。经过征询厂领导的意见，并在车间和班组进行了摸底，总公司又于3月14日招标答辩前，特地选择了一位声望一般的工会主席和另一名副厂长作为“陪选”的候选人。3月14日，总公司领导信心十足，邀请了同行业各试点的企业进行观摩，还通知几家新闻媒体进行采访，以扩大试点影响。

进行完竞选演说之后，王展志的心情是舒坦而平静的。对这次选举他十分有把握，认为这是板上钉钉的，在场的总公司领导也满意地和他握手致意。然而，宣布民主投票的结果时，却是非常出人意料：250名职工参加投票，三名候选人人均不足20票，其余均为外国明星、国内名人的废票。竞选委员会宣布本次投票暂停。事后了解得知，青年职工几乎全是弃权或乱投。是王厂长真的不胜任工作，还是职工中另有其他的选择？总公司领导高度重视这个情况。第二天下午，总公司党委书记张得胜同公司干部处长等几位同志一齐前往制剂厂。

王展志受到的打击是沉重的，他准备拟写辞职报告。车间的工作基本上都停了，轮班的工人坐着小声议论，一些女工则干脆拿出了毛线织毛衣，工人都在等这件事的最终结果。张得胜等人去职工宿舍打牌，边打牌边与轮休的工人聊天，很快就把事情的来龙去脉弄清楚了。

青年职工说，王厂长的确不容易，每天总是最早到厂，最迟离开，真正是一心扑在事业上，把厂子当作自己的家。但他工作方法简单，态度生硬，主观武断，发现员工有错误的地方就大发脾气。他一天到晚都在忙着厂务，从不与下属沟通，不去了解员工的需要，职工虽然也知道王厂长是一心为了厂子，但在情感上很难与王厂长产生共鸣。有些职工由于受过王厂长的过火批评，意见很大，经常背地里发牢骚，这种人在青年职工中有一定影响。而且王厂长在企业界由基层干到高层，对管理工厂很有自己的一套，各种规章制度、计划组织都严格而合理。职工的牢骚只能在私下场合引起喝彩，他们也不敢消极怠工。职工认为这次选举是一个绝好的发表意见的机会，能引起总公司的关注，并希望能换一个工作作风不一样的厂长。

这样一个勤勤恳恳的优秀厂长，却得到这样的评价。张得胜认为在当前的形势下，这样的同志也不再适合当厂长。经过研究，初步定下将其平调到总公司担任行政职务。

思考题

1. 你怎样评价王展志的领导作风?
2. 为什么王展志会在干部与职工中得到两种截然不同的评价?
3. 如果你是王展志，并继续担任厂长，你会采取什么样的行动?

第五节　激　励

凡将举事，令必先出。曰事将为，其赏罚之数，必先明之。

——《管子·立政》

引例

油漆工人为什么闹事

钱兵是某名牌大学企业管理专业毕业的大学生，分配到宜昌某集团公司人力资源部。前不久，总公司下属的某油漆厂出现工人集体闹事现象，钱兵被总公司委派下去调查了解情况，并协助油漆厂高厂长理顺管理工作。

到油漆厂上班的第一周，钱兵就深入“民间”，体察“民情”，了解“民怨”。一周后，他不仅清楚地了解到油漆厂的生产流程，同时也发现工厂的生产效率极其低下，工人们怨声载道。他们认为工作场所又脏又吵，条件极其恶劣，冬天车间内的气温−8℃，比外面还冷，而夏天最高气温可达40℃，而且他们的报酬也少得可怜。工人们曾不止一次地向厂领导提过，要改善工作条件，提高工资待遇，但厂里一直未予以重视。

钱兵还了解了工人的年龄、学历等情况。工厂以男性职工为主，约占全体员工的92%。年龄在25～35岁之间的占50%，25岁以下的占36%，35岁以上的占14%。工人们的文化程度普遍较低，初高中毕业的占32%，中专及其以上的仅占2%，其余的全是小学毕业。钱兵在调查中还发现，工人的流动率非常高，50%的工人仅在厂里工作1年或更短的时间，能工作5年以上的不到20%，这对生产效率的提高和产品的质量非常不利。

于是，钱兵决定将连日来的调查结果与高厂长做沟通，他提出了自己的一些看法：“高厂长，经过调查，我发现工人某些起码的需要没有得到满足，我们厂要想把生产效率搞上去，要想提高产品的质量，首先得想办法解决工人们提出的一些最基本的要求。”可是高厂长却不这么认为，他恨铁不成钢地说：“他们有什么需要？他们关心的就是能拿多少工资，拿多少奖金，除此之外，他们什么也不关心，更别说想办法去提高自我。你也看到了，他们很懒，逃避责任，不好好合作，工作是好是坏他们一点也不在乎。”

但钱兵不认同高厂长对工人的这种评价，他认为工人们不像高厂长所说的这样。为进一步弄清情况，钱兵采取发放问题调查问卷的方式，确定工人们到底有什么样的需要，哪些需要还未得到满足。他也希望通过调查结果来说服厂长，重新找到提高士气的因素。于是他设计了包括15个因素在内的问卷，每个因素都与工人的工作有关，包括报酬、员工之间的关系、上下级之间的关系、工作环境条件、工作的安全性、工厂制度、监督体系、工作的挑战性、工作的成就感、个人发展的空间、工作得到认可的情况、升职机会等。

调查结果表明，工人并不认为他们懒惰，也不在乎多做额外的工作，他们希望工作能多样化一点，能让他们多动动脑筋，能有较合理的报酬。他们还希望工作多一点挑战性，能有机会发挥自身的潜能。此外，他们还表达了希望多一点与其他人交流感情的机会，他们希望能在友好的氛围中工作，也希望领导经常告诉他们怎样才能把工作做得更好。

一、激励概述

20世纪50年代形成的激励理论是现代管理中对员工激励的最著名的经典学说。这三种理论分别是需要层次理论、XY理论、双因素理论。此外，成就需要理论、目标设置理论和公平理论也是现代组织管理中经常运用的理论。它们都是激励中的思想基础。领导面临的核心问题主要是对“人”的有效管理问题，如何激发和鼓励员工的创造力和积极性，将来自于组织中每一个成员的热忱持续下去，保持组织的生命力，是管理人员必须了解和解决的问题。

激励是激发和鼓励人朝着所期望的目标而采取行动的心理过程，只有激发员工的内在动机，充分调动员工的积极性、主动性和首创精神，才能更好地实现组织的目标，这需要发挥激励的作用。本节就激励做出说明，并讨论如何将此理论运用到实际组织管理当中。

（一）激励的含义

20世纪80年代，是我国激励理论形成的分水岭。1985年之前，我国许多著作都没有出现“激励”这个词，也没有对激励进行具体的说明，而是通过一些激励的方法来表现出它的这一作用。1985年以后，《劳动人事管理辞典》首次以词条的形式介绍“激励”：

激励，激励鼓励。组织行为学中指通过刺激激发人的动机、增强人的内在动力，促使个体有效地达到目标的心理过程，亦即通常所说的调动人的积极性。需要是激励的基础，未满足的需要是激励的起点。通过激励，使人始终处于一种兴奋状态之中，以增强或保持所期望的行为。

激励，主要是指激发人的动机，使人有一股内在的动力，朝着所期望的目标而努力。

激励，就是系统的组织者采用有计划的措施，设置一定的外部环境，对系统成员施以正强化或负强化的信息反馈（借助于一定的信息载体），引起其内部的心理和思想的变化，使之产生组织者所期望的行为反应，正确、高效、持续地达到组织预定的目标。

激励，就其心理学的意义来说是指激发人的动机的心理过程。运用到管理上，则是指领导根据组织的战略目标，对成员的行为加以强化，采取领导、引导的方式鼓励组织成员自我管理，使其行为加速达到组织预定目标的心理过程。

对于激励的解释，是多种多样的，并没有统一的定义。虽然如此，但都有着相同之处，也就是努力、组织目标和需要这三个要素。从激励字面上的解释，就是简单地激发鼓励的意思，也就是激发和鼓励组织成员积极性的过程。在管理意义上，“激励”往往与心理学和行为科学领域结合起来。在这里，将激励定义为：通过不同需求动因的推动，激发、引导和维持组织成员的有效行为，使之朝着所期望的目标前进，进而达到组织目标的心理行为过程。

（二）管理中的激励本质

组织既定目标的实现及长远发展都离不开人在组织中所起到的作用。对人的管理是通过运用科学、系统的技术和方法，进行相关的计划、组织、领导和控制活动，以实现组织既定目标的管理过程。无论是管理还是激励等一系列活动，其直接对象都是人。所以对人的激励，同时也是对人更好的管理，从心理动因来管理和约束人的行为，减轻组织不必要的管理压力。

管理中的激励也就是对人性特点进行把握，进而调动其能动性、积极性和创造性的一种心理行为。

从整体上来区分，激励分为内部激励行为和外部激励行为，这些激励行为会涉及需要理论、期望理论、公平理论等。这两种激励，最重要最长久的是内在激励行为，它是存在于信仰、价值观上的，这需要企业文化对组织成员有足够的吸引力。而外在激励行为就是一种对欲望、需要的渴求，是一种表面上的激励作用，很短暂，不能深入员工的内心。

从管理学的角度，将激励的本质归为以下两点：

1. 激励的基本出发点：对管理中人性的理解和把握

管理中的人性假设，即管理中的人性观。它是指领导对被领导的需求、工作目标、工作态度的基本估计或基本看法，是领导对被领导的人性的认识和判断。

现代管理的核心思想就是“以人为本”，其基本的人性假设的内涵和管理学意义是：(1) 人们是他们自身利益和行为合理性的最为知情者和最佳判断者，他们各自有不同的目标和追求，其需要是复杂多变的；(2) 人不仅是复杂的，而且是随时间、环境的不同而高度可变的；(3) 人能够对各种不同的管理手段、策略和挑战做出自己的反应；(4) 人是管理的目的而非手段，任何组织的达成都必须通过满足组织成员的需要和利益才能够真正实现。管理的核心问题在于人的积极性的调动及员工潜力和能力的最大限度的发挥。

从管理中人性的复杂性角度看，激励实质上就是领导认识人性、理解人性以及不断地影响和塑造人性的过程：(1) 只有对组织成员不同的人格属性有了比较清楚的了解，领导才能真正知道被领导者在想什么、需要什么，以及他们的追求是什么；(2) 员工在组织环境中所做出的具体行为和行动只是其心理属性及其变化的外在表现形式，激励的有效性就在于通过作用于员工人性方面的深层因素来影响其行为的内在驱动力，从而真正激发其工作的积极性；(3) 成功激励的最本质特征就在于它可以通过创造一种良好的组织氛围，在这种组织中组织成员复杂多变的人性能够得到不断的完善、发展和升华。

激励会使组织成员的行为受到一种强大的精神力量的支配，只有如此，个体的努力才是发自内心的、自觉的，从而才能使个体的潜力和能力得到最大限度的发挥，并且在追求组织目标的过程中实现自己的需要。

2. 激励的过程：需要、动机和目标导向的行为

激励的实质就是通过设计一定的机制，对组织成员的需要和动机施加影响，从而强化、引导或改变人的行为，使个人与组织目标最大限度地一致起来。激励可以看作是这样一个过程，即从满足人的多层次、多元化“需要”出发，针对不同个体设定绩效标准和奖酬值，以引发组织成员的工作“动机”和最大限度地激发热情，调动个人的精神动力，使他们按照组织所要求的“行为”方式去积极、能动、创造性地运用其人力资源，从而最大化地实现组织的预期目标。对于个体在激励过程中的行为周期性过程，可参照图 8-38。

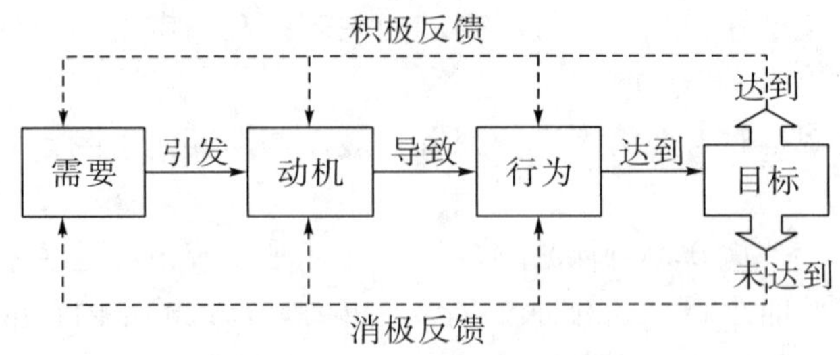

图 8-38　个体的基本行为模型

（三）激励的目的

激励是为辅助管理活动更好地进行，以达到组织既定目标而存在的。在现实管理中，个人的需求与组织的目标时而一致，时而背离，员工的行为也不是简单地观察就能够了解到的，其行为与思想是不受组织控制的，这就需要激励工具来调节，使个人目标与组织目标协调一致，在调动员工积极性的同时实现组织的既定目标。

激励的目的在于从组织既定目标出发，寻求组织目标与个人目标的协调一致，以及体现在行为上的内在一致性，从而达到两者之间在行为及其效果上的良性循环。

二、激励的理论

管理学中激励的理论主要是基于心理学、行为科学、社会学等领域对人的需要、动机及行为比较丰富的研究成果，迄今已形成了相对完整的理论体系。从理论研究的侧重点看，可以划分为几种不同类型：（1）内容型激励理论，着重探讨决定激励效果的各种基本要素，研究人的需要的复杂性及其构成，包括需要层次理论、双因素理论等；（2）过程型激励理论，侧重于研究激励实现的基本过程和机制，包括期望理论、公平理论等；（3）结果反馈型理论，主要研究对一个人行为评价所产生的激励作用，有强化理论等（见表 8-10）。

表 8-10　不同的激励理论

类型	主要观点	代表理论
内容型激励理论	侧重于探讨决定激励效果的各种基本要素，研究人的需要的复杂性及其构成	需要层次理论、双因素理论
过程型激励理论	侧重于研究激励实现的基本过程和机制	期望理论、公平理论
结果反馈型理论	主要研究对一个人行为评价所产生的激励作用	强化理论

（一）内容型激励理论

1. 马斯洛的需要层次理论（Maslow's Hierarchy of Needs）

马斯洛是美国人本主义心理学家和行为科学家。在 20 世纪 40 年代，他发表了《人的动机理论》，论述了作为人的动机基础的需要层次理论。马斯洛通过对各种人物的观察和对不少重要人物传记的考察，把人类行为的动力从理论上和原则上做了系统的整理，提出了需要的层次学说。他用“需要层”（hierarchy of needs）来表示个人在精神发展过程中占支配地位的需要。他认为人的需要可分为五类，即生理需要、安全需要、社会交往（归属和爱的）需要、尊重需要和自我实现需要。这五类需要从低级向高级依次发展，形成金字塔形的层次。

马斯洛认为，这五种需要是按次序逐级上升的，当下一级需要获得基本满足后，追求上一级的需要就成了驱动行为的动力。五种需要也可看成是阶梯一样从低到高。但这不是完全固定的，可以变化，也有种种例外情况。五种需要不可能完全满足，愈到上层，满足的百分比愈小。在同一时期内，可能同时存在几种需要，但总有一种是占支配地位的需要，需要满足了就不再是一股激励力量。

（1）马斯洛需要层次理论的基本假设。

马斯洛的这一理论的构成根据三个基本假设：

①人要生存，他的需要能够影响他的行为。只有未满足的需要能够影响行为，满足了的需要不能充当激励工具。

②人的需要按重要性和层次性排成一定的次序，从基本（如食物和住房）到复杂（如自我实现）。

③当人的某一级需要得到最低限度的满足后，才会追求高一级的需要，如此逐级上升，成为推动继续努力的内在动力。

（2）马斯洛需要层次的基本内容。

①生理的需要，是人们最原始、最基本的需要，如吃饭、穿衣、住宿、医疗等。若不满足，则有生命危险。也就是说，它是最强烈的不可避免的最底层需要，也是推动人们行动的强大动力。显然，这种生理需要具有自我和种族保护的意义，是人类个体为了生存而必不可少的需要。当一个人存在多种需要时，例如同时缺乏食物、安全和爱情，总是食物需要占突出地位，这说明当一个人为生理需要所控制时，其他一切需要都会被推到幕后。

②安全的需要，要求劳动安全、职业安全、生活稳定，希望免于灾难和未来有保障等。具体表现在：物质上的，如操作安全、劳动保护和保健待遇等；经济上的，如失业、意外事故、养老等；心理上的，希望解除严酷监督的威胁，免受不公正待遇，工作有应付能力和信心。安全需要比生理需要高一级，当生理需要得到满足以后就要保障这种需要。每一个在现实中生活的人，都会产生安全感的欲望、自由的欲望、具有防御实力的欲望。

③社交的需要，也叫情感和亲密的需要，是指个人渴望得到家庭、团体、朋友、同事的关怀、爱护、理解，是对友情、信任、温暖、爱情的需要。社交的需要比生理和安全需要更细微、更难捉摸。它包括：社交欲，希望和同事保持友谊与忠诚的伙伴关系，希望得到互爱等。归属感，希望有所归属，成为团体的一员，在个人有困难时能互相帮助；希望有熟识的友人能倾吐心里话，说说意见甚至发发牢骚。爱不单是指两性间的爱，而是广义的，体现在互相信任、深深理解和相互给予上，包括给予和接受爱。社交的需要与个人性格、经历、生活区域、民族、生活习惯、宗教信仰等都有关系，这种需要是难以察悟，无法度量的。

④尊重的需要，可分为自尊、他尊和权力欲三类，包括自我尊重、自我评价以及尊重别人。与自尊有关的，如自尊心、自信心，对独立、知识、成就、能力的需要等。尊重的需要也可以如此划分：一是渴望实力、成就、适应性和面向世界的自信心，以及渴望独立与自由。二是渴望名誉与声望。声望为来自别人的尊重，受人赏识、注意或欣赏。满足自我尊重的需要导致自信、价值与能力体验、力量及适应性增强等多方面的感觉，而阻挠这

些需要将产生自卑感、虚弱感和无能感。基于这种需要，人们愿意把工作做得更好，希望受到别人重视，借以自我炫耀，指望有成长的机会、有出头的可能。显然，尊重的需要很少能够得到完全的满足，但基本上的满足就可产生推动力。这种需要一旦成为推动力，就会让人具有持久的干劲。

⑤自我实现的需要，是最高等级的需要。满足这种需要，就要求完成与自己能力相称的工作，充分地发挥自己的潜在能力，成为自己所期望的人物。这是一种创造的需要。有自我实现需要的人，似乎在竭尽所能，使自己趋于完美。自我实现意味着充分地、活跃地、忘我地、集中全力和全神贯注地体验生活。成就感与成长欲不同，成就感追求一定的理想，往往废寝忘食地工作，把工作当作是一种创作活动，希望为人们解决重大问题，从而完全实现自己的抱负。

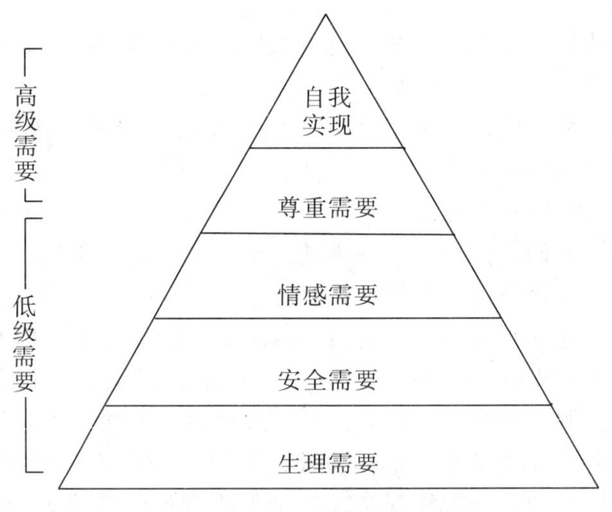

图 8－39　马斯洛的需要层次论

上述五个需要层次，构成一个由宽到窄的金字塔结构（见图 8－39）。马斯洛认为某一层次的需要得到满足以后，下一层次的需要就会产生，而已经得到满足的某种需要也就不再成为行为的诱因。所有的基本需要仅仅是部分得到满足，部分得不到满足。

马斯洛还提出“优势需要”的概念，即指那些在需要结构中处于主导地位的，对人行为的积极性影响最大的需要。人在某一时刻的行为往往是由其优势需要决定的，人的需要结构及优势需要的形成，是由其所处的具体的社会、生活环境和其个性等多个方面综合决定的。因而，同一时期不同的人往往具有不同的需要结构和优势需要。即使是同一个人，在不同的时期、不同的环境条件下，也会具有不同的需要结构和优势需要。这一点，在现代管理工作中，对我们深入了解被领导者的需要结构，掌握其优势需要，科学地激励组织成员都有重要的意义。

当然，马斯洛的需要层次理论是建立在美国文化价值观的基础之上，其理论介绍到中国后，人们在运用的同时，指出该理论也存在一些问题，主要有以下两点：

首先，马斯洛没提出衡量各层次需要的满意度的具体标准。每一层次的需要达到什么程度算满足呢？每阶段满足需要所需的时间又如何划分？马斯洛对这些问题都未能展开讨论。

其次，马斯洛提出人类在生理上的需要得到满足后，另一较高层次的需要就会起着主要的推动和激励作用。这里，他没有具体指明对哪一种人，对哪一年龄段的人。很明显，在生理上的需要得到满足以后，一个小孩与一个中年人或一个老年人是会随年龄的不同而有不同的需要的。就是同一年龄的人，也会因其文化知识水平的不同，需要也有所不同，如图 8－40 所示。

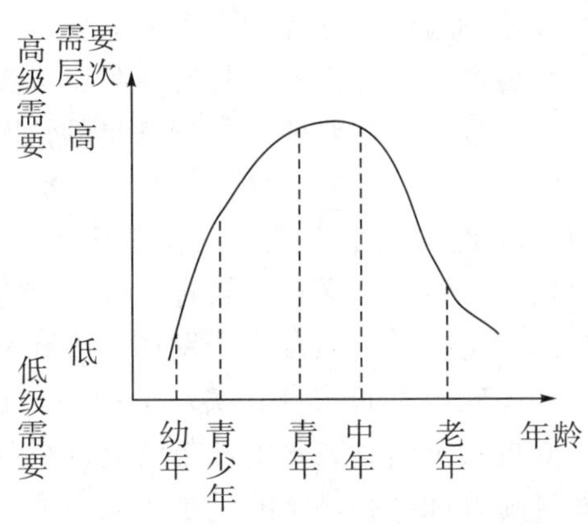

图 8－40　**不同年龄的需求差异**

（3）对需要层次理论的评价和应用。

马斯洛的需要层次理论在一定程度上反映了人类行为和心理活动的共同规律。马斯洛从人的需要出发探索人的激励和研究人的行为，抓住了问题的关键。马斯洛指出人的需要是由低到高不断发展的，这一趋势基本符合需要发展的规律。

马斯洛的需要层次理论对于管理学和管理心理学的发展都有很多影响。特别是对美国的行为管理科学起到了多方面的积极作用，当前西方各国的管理学和管理心理学几乎都把这个理论作为重要的基础理论。我们采取科学的态度去评析，认为马斯洛的需要层次理论依然具有两重性，当然他的积极的正面影响是主要的。作为其科学的一面，他的理论是一种激励理论，在一定程度上反映了人类行为和心理活动共同的规律，具体表现在：

①他对人的需要的分类比较细致，符合人的需要的多样性这个特点。同时指出低级和高级需要的差别，有利于把动物的需要同人类的需要科学区别开来。

②他指出人的需要是有层次的，不是固定不变的，它有一个发展的过程。我们也应当研究这个发生发展的过程，并且能按照客观实际的发展过程，培养和促进人的需要的形成与发展。

③他指出需要具有递进式发展的性质，每个时期有一个主导的需要出现，表明人在一定的时期里，他的行动受这个主导需要的调节与支配，这也是比较符合实际的。了解人在某个时期的主导需要，可以使我们了解和预测人的行为表现，便于在管理工作中进行有效的动机诱导。

但是，马斯洛的观点是属于人本主义心理学观点，哲学其理论基础主要是存在主义。同时，他的研究是在西方社会的政治、历史和教育条件下进行的，其研究结果无不带有资本主义社会的烙印，当然也表现出其局限、不足、瑕疵和欠科学的一面，具体体现在：

①人本主义思想的核心是要使人人都成为自我实现的人，而这种自我实现在他看来完全是一个自然成熟的过程，可以脱离社会生活条件，只需要靠个人改善其认知，认识到自

我的内在价值，就可以实行。这样说来，他的自我实现是脱离社会实践的自我实现，是以个人主义为中心的自我实现。

②他的需要层次发展的模式是不符合客观实际的，因为如果一个人的需要的发生发展过程是按这个模式进行的话，那么，就应当是低级需要得不到满足，高级需要就不能发生发展。可是事实上，高级需要是可以在社会生活实践中，在教育的影响下得以形成发展的，而且其一旦形成，则可以能动地调节和控制自己的需要，比如说雷锋精神和许许多多的先进人物的大公无私、忘我劳动、不计报酬、甘愿奉献、见义勇为等行为，就是最好的说明。他们许多人都是在生理、爱情等需要并非得到满足的情况下，照样得到了高级阶段的自我实现。

③马斯洛认为能达到自我实现的人是少数，仅仅占10%左右，这也要看社会环境、时代环境和教育环境而论。在一个经济、文化、教育、政治、人文和心理不发达或发展的低级阶段，人的自我实现的比例比较少，但在一个发达程度和文明程度较高的国度，特别是人文与心理环境好的国家和民族，人们的自我实现会很高。在那种理想的社会环境里，人们有充分的自由民主，人人得到全面发展，个性与潜能都得到比较自由充分的发展，自我实现的比例自然会高。而且随着社会和科学的进步、人类文明的发展，终究人人都有可能实现自我。

相关链接

葛朗台的需求

葛朗台是一个狡诈、贪婪、吝啬的资产阶级暴发户。他本来是一个普通的箍桶匠，因在大革命中大捞一把而起家，复辟时期又采用投机倒卖、重利盘剥等手段一跃成为索漠地区的首富。对金钱的贪欲是他唯一的生活目的。他克扣家人的食物、用度，省而又省。当他得知他的兄弟——巴黎的葛朗台已经破产之后，就把远道来投奔他的侄儿赶出了家门。而此时他的女儿欧也妮已深深地爱上堂兄弟——查理·葛朗台，她拿出自己6000法郎的金洋送给查理，让他去印度发财，查理留给欧也妮一个金的梳妆匣。葛朗台知道后，暴跳如雷，把欧也妮关进屋里不许她出来，只给清水和面包。可怜的葛朗台太太受了惊吓，从此一病不起。这使得葛朗台烦恼不已，不是因为担心妻子的病，而是担心妻子死后，女儿有权继承母亲的遗产，这样他的财产就会被分走一半。他是如何用花言巧语骗女儿放弃了继承权呢?

这是很典型的极端需要的案例，可能这种特殊情况是马斯洛所没有想到的，这类在某一层次上的需要永远无法满足的情况是无法上升到另一个层次的，他将永远停留在最底层的需求上，没法得到提升。

马斯洛需要层次理论对于企业的管理有着不可忽视的借鉴作用，具体作用如下：

①企业可以通过提高薪水和激励性报酬满足员工的生理需要。马斯洛的需要层次理论中，生理的需要是人类的最原始、最基本的需要。体现在企业管理中，就是要向员工提供物质激励，来达到激励职工工作的目的。常见的物质激励主要有薪资激励、福利激励和股权激励。

②企业要通过工作保障来满足员工的安全需要。安全需要，是生理需要的延伸，也是人的基本需要。它可以分为两方面：一方面是指现在与未来生活安全需要都有所保障，另一方面是身体和心理的安全保障。

③企业要通过赢得人心来满足员工的社会交往需要。哈佛大学教授梅奥主持的著名的

霍桑实验，也证明了人们重视友谊、尊重、温情、关怀等社会交往需要的满足，实验验证了“满足了的工人是出活的”的论点。这类需要体现在企业管理中，首先要求企业领导通过各种手段建立和谐的工作氛围。比如，可以建立职工之家，通过组织旅游或娱乐活动等来增加团队的友谊和凝聚力。

④企业要通过沟通来满足员工渴望受到尊重的需要。对于体现在企业管理中的这类需要我们要搞清楚两个问题，一是企业中哪些员工值得尊重，二是应该怎样尊重。清代龚自珍说：“我劝天公重抖擞，不拘一格降人才。”我们尊重人才应该是不拘一格的。

⑤企业的领导要通过授权来满足员工自我实现的需要。美国管理学家韦伯说：称职的领导应该“只做自己该做的事，不做部属该做的事”。首先，通过有效授权可以提供自我展示的舞台，可以满足员工建功立业的理想和抱负。很多人才跳槽并非是为了个人收入，能否发挥最大潜能才是真正原因。美国哈佛大学詹姆斯教授在对员工激励的研究中发现，按时计酬的分配制度仅发挥 20%～30%的能力，如果受到充分激励的话，员工的潜能可以发挥 80%～90%。其次，通过有效授权扩大企业民主决策范围，让更多的成员参与到决策过程中，改变员工被动机械听指挥的地位，使他们能够最大限度地发挥个人潜能。最后，有效授权体现在对员工实施权变管理，对特殊的人才要破格提拔，为其潜在能力转化提供平台，推动企业发展。

正因为人的需要是不同的，所以要调动人的积极性，就必须针对不同的人，引导其满足不同层次的需求。对大多数人的共同需求，可以采用共同的方法来激励，而对不同的需要则要采取不同的方法，切忌“一刀切”。表 8－11 是国外行为科学家根据马斯洛的需求层次理论所提出的相应的激励措施。

表 8－11　根据马斯洛的需求层次理论提出的激励措施

需要的层次	追求的目标	管理策略
生理需要	工作 健康的工作环境 各种福利	待遇、奖金 医疗保健制度 工作时间多少 住房等福利设施
安全需要	职业保障 意外事故的防止	雇佣保证 劳保制度 退休金制度
社交需要	友谊（良好的人际关系） 团体的接纳 组织的认同	团体活动计划 互助金制度 群众组织 利润分享计划 教育培训计划
尊重需要	地位、名次 荣誉 权力、责任 与他人收入的比较	人事考核制度 晋升制度 表彰制度 选拔进修制度 参与制度 奖励制度

续表8—11

需要的层次	追求的目标	管理策略
自我实现需要	能发挥个人特长的环境 具有挑战性的工作	决策参与制度 提案制度 革新小组

资料来源：邢以群：《管理学》（第 3 版），浙江大学出版社，2012 年版。

2. 赫兹伯格的双因素理论（Herzberg's Motivation—Two Factor Theories）

（1）双因素理论的基本内容。

20 世纪 50 年代末，美国心理学家赫兹伯格（F. Herzberg）对 9 个企业中的 203 名工程师和会计师进行了 1844 人次的调查，发现使受访人员不满意的因素多与他们的工作环境有关，而使他们感到满意的因素通常是由工作本身所产生的。依据实验成果，赫兹伯格在《工作的激励因素》和《工作与人生》两部著作中提出了“保健—激励因素理论”，简称“双因素理论”。保健因素是指人们从不满意的状态转化到消除不满意状态的过程。没有不满意的状态一般称为零状态，即没有主观的想法。而激励因素则是指让人们从一般状态转化为满意状态的过程。

表 8—12　赫兹伯格保健—激励双因素统计分析

所有导致工作不满意因素中的保健因素（占 69%）	所有导致工作满意感因素中的激励因素（占 81%）
政策与行政因素	成就
监管	获得认可
与主管关系	工作挑战性
薪酬	责任
同事间的人际关系	晋升机会
个人生活	成长
与下属关系	
地位	
安全保障	

资料来源：F. Herzberg. One More Time，How Do You Motivate Employees? *Harvard Business Review*，September—October，1989.

表 8—12 左半部分表示，在 1844 件使被调查者感到非常不满意的事件里，导致他们产生工作不满意（消极的工作态度）的因素（按出现的频率由高到低排列）；右半部分表示在 1753 件让被调查者感到非常满意的事件中，导致他们产生积极的工作态度的因素（按出现频率由高到低排列）。在所有导致工作不满意感（消极工作态度）的因素中，69%是保健因素，31%是激励因素；在所有导致工作满意感（积极的工作态度）的因素中，81%是激励因素，19%是保健因素。

①保健因素。

所谓保健因素，是指一个组织的成员所面对的管理政策和管理方式、上下级关系、工作条件和工资等因素。它包括公司的政策和管理、监督、工作条件、人际关系、薪水、地位、职业安定及个人生活等。这些因素涉及工作的消极因素，与工作的环境氛围有关。这些因素如果得到满足，可以消除员工的不满意，起到安抚员工的作用，减少冲突，带来管理上的平静，但不能对员工起到激励作用；但如果没有满足这些因素，就会给组织带来一些不稳定行为。与激励因素对比起来，属于外在的因素。提供充足的保健因素，是进行组织建设与管理的必要前提。

②激励因素。

所谓激励因素，是指对工作成就的公认、提升和责任等。组织成员的工作富有挑战性、自主性、责任和成就感，工作成绩能够得到认可和弘扬，在工作中能够得到个人的发展等方面的因素。这些因素与对工作的积极性相联系，又与工作本身的内容有关。激励因素的增加会带来人们工作积极性的增加和工作业绩的增加，而且增加的本身就是工作生活质量的提高。激励因素也是与工作本身的性质有关的因素，多与工作内容联系在一起，包括成就感、得到认可和赞赏、工作本身的挑战性和趣味性、个人的成长与发展、责任、晋升等。这些因素如果得到满足会极大地激发员工的工作热情，而且具有持久性和稳定性。

激励的确要以满足需要为前提，但并不是满足需要就一定能产生激励作用。不过激励因素的满足，才能真正激发人的积极性，与保健因素相比较，属于内在的因素。显然，激励对于人的发展意义更大，因而对团队的影响也就更大。

（2）对双因素理论的评价和应用。

双因素理论作为一种内容型激励理论，研究的是什么样的需求会引起激励，以及如何以此激发、引导、维持和组织人们的行为。

保健因素所带来的激励是来自于工作环境而非工作本身，人们对工作中的保健因素不满意是经常的，并对因素改善极为敏感，其满足是短期的。在组织管理中要注意保健因素，创建良好的外部环境；要注意减少工作时间、增加工资、提供福利待遇、尽量消除职工不满意的情绪和态度；要注意按有效劳动进行分配；要注意员工基本需求及需求的强度；要注意对影响个人行为的周围环境的分析；要注意兼顾组织、个人的利益；要注意保障职工的身体健康和安全。

激励因素一定要在保健因素得以满足的基础上进行。调整激励因素的方法来激励员工，并为其提供精神满足和成长机会。

国外研究表明：满意度与员工是否决定离开组织存在强烈而稳定的负相关。另外，工作满意度对社会存在附带效应，满意员工可能是满意公民，其对生活持有更积极的态度，使社会拥有更多心理健康的公民。

双因素理论也有一些缺陷：（1）其理论在运用程序上受到方法论的限制，满意时人们把成绩归于自己，失败时则归于外部环境；（2）其研究方法的信度值得怀疑，被调查者可能用一种方法回答问题，对相似问题却可能用不同方法回答，使调查结果失真；（3）该理论只在一定范围内有效；（4）没有对满足程度进行整体测量；（5）该理论忽视对环境的变量；（6）其研究假设满意与生产率之间有一定的关系，但其研究方法只考虑工作满意度，没有考虑生产率。

3．麦克利兰的成就—交往—权力三种需要理论（McClelland's Needs For Achievement，Affiliation，and Power）

麦克利兰，美国著名心理学教授，致力于研究人的需要、动机和如何激发人的潜力，曾归结出三大类社会需要：对成就的需要、对（社会）交往的需要和对权力的需要。

（1）成就需要（need for achievement）。成就需要就是指人们追求卓越、实现目标、争取成功的内部驱动力，以及对成就的强烈愿望和对成功、出类拔萃和目标实现的执着。具有挑战性的工作完成以后的成就感会使人愉快，增加人奋斗的精神，这类人渴望把事情做得更好并成功，但对失败有深深的恐惧。他们愿意接受挑战，给自己树立具有难度的目标；对待风险采取一定的现实主义的态度，愿意承担所做工作的个人责任。实际上，大多数的领导和企业家都有高水平的成就需要。

麦克利兰侧重于成就需要的社会起因方面的研究。他在《促使取得成就的事物》一文中曾指出，世界上的人大致可分为两类。少数人愿意接受工作和环境的挑战，从事艰苦的工作，以便有所成就，大多数人则对取得成就的愿望不是那么强烈。

（2）交往需要（need for affiliation）。交往需要就是指人们希望建立友好亲密的人际关系。这类人希望从友爱的社交关系中得到快乐，并总是设法避免因被某个团体拒之门外而带来痛苦。他们希望和每个人相处融洽甚至关系亲密，喜欢参加各种社会活动，希望被他人喜欢，喜欢加入一些组织和团体，喜欢合作而不是竞争的工作环境，希望彼此之间沟通与理解。他们要求的是一种合作而非竞争性的工作环境。负有全局责任的领导往往把情谊看得比权力更为重要。

（3）权力需要（need for power）。权力需要是指影响和控制指挥别人行为的需要。权力具有两面性：一种是个人化的权力，另一种是社会化的权力。前者以实现个人统治为核心，后者以影响他人为核心，但出发点在于为他人着想。个人权力在不同阶段的表现不同，有一个发展过程，一般的发展变化是：依赖别人⟶相信自己⟶控制别人⟶自我隐退而为全社会追求权力。一般人看到的只是权力的消极面，这样看不全面、不完整。权力还有积极的一面。毕竟人们不可能不互相影响，组织内不可能不建立某种权力关系。总得有人来操心管理，操心集体的目标，操心影响和控制的渠道。

4．奥尔德弗的ERG理论（Alderfer's ERG Theory）

（1）ERG理论的基本内容。

ERG理论是美国耶鲁大学的克雷顿·奥尔德弗（Clayton Alderfer）在马斯洛提出的需要层次理论的基础上，进行更接近实际经验的研究后，于1969年在《人类需要新理论的经验测试》一文中修正马斯洛需要层次论的论点，提出的一种新的人本主义需要理论。奥尔德弗认为，人们共存在3种核心的需要，即生存（Existence）的需要、相互关系（Relatedness）的需要和成长发展（Growth）的需要，因而这一理论被称为ERG理论。

ERG理论认为，生存、关系、成长这三个层次需要中任何一个的缺少，不仅会促使人们去追求该层次的需要，也会促进人们转而追求高一层次的需要，还会使人进而更多地追求第一层次的需要。任何时候，人们追求需要的层次顺序并不那么严格，有时需要也不一定那么突出，因而激励措施应多样化。

奥尔德弗还指出，各个职工的需要结构和强度是各不相同的。有的职工是生存需要占主导地位，有的职工是关系需要或发展需要占主导地位。管理人员应该了解每个职工的起初需要，然后采取措施来满足职工的不同需要，以便激励和控制职工的行为，以实现组织和职工个人的目标。

①生存需要。它指的是关系到人的机体存在或生存的基本物质性要求，即生存的需要

与人们基本的物质生存需要有关，它包括马斯洛提出的生理和安全需要，即指衣、食、住以及工作组织为使其得到这些因素而提供的手段。

②关系需要。这是指人保持和发展人际关系的需要。这种需要通过工作中或工作以外与其他人的接触和交往得到满足，如信任、尊重、归属感等。它相当于马斯洛理论中的感情（归属）需要和一部分尊重需要。

③成长需要。这是个人固有的、内在的自我发展和自我完善的需要。这种需要通过发展个人的潜力和才能方可得到满足，如培训、教育、职业发展等。这相当于马斯洛理论中的自我实现的需要和一部分尊重需要的内在部分。

与马斯洛需要层次理论相比较，奥尔德弗的ERG理论在需要的分类上并不比马斯洛的理论更完善，对需要的解释也并未超出马斯洛需要理论的范围。如果认为马斯洛的需要层次理论是带有普遍意义的一般规律，那么，ERG理论则偏重于带有特殊性的个体差异，这表现在ERG理论对不同需要之间联系的限制较少。与马斯洛需要层次理论相类似的是，ERG理论认为较低层次的需要满足之后，会引发出对更高层次需要的愿望。不同于需要层次理论的是，马斯洛的需要层次是一种刚性的阶梯式上升结构，即认为较低层次的需要必须在较高层次的需要满足之前得到充分的满足，二者具有不可逆性。而ERG理论并不认为各类需要层次是刚性结构，比如说，即使一个人的生存和相互关系需要尚未得到完全满足，他仍然可以为满足成长发展的需要工作，而且这三种需要可以同时起作用。

ERG理论提出了一种叫作“受挫——回归”的思想。ERG理论还认为多种需要可以同时作为激励因素而起作用，并且当满足较高层次需要的企图受挫时，会导致人们向较低层次的需要回归。

（2）对ERG理论的评价和应用。

与马斯洛需要层次理论相比，奥尔德弗的ERG理论更进一步。因为它吸收了前者的精华，同时局限性较小。特别是在解释工作行为中的激励问题时，ERG理论更具说服力。

ERG理论毕竟属于内容型激励理论，因此始终摆脱不了内容型激励理论的局限性。该类理论总是试图确定与激励密切相关的具体需要及其层次结构。

ERG理论所陈述的观点对现代的管理工作有很大的启发性。在现代的企业管理过程的很多方面都折射出ERG理论的思想。企业人力资源开发，约束与激励问题，代理人问题，企业内契约关系问题等等，都隐含着ERG理论对人的需要层次划分的思想。

相关链接

克雷顿·奥尔德弗（Clayton Alderfer）是一位著名的管理学家，是美国耶鲁大学行为学教授、心理学家。ERG需要理论的创始人。克雷顿·奥尔德弗的贡献是在马斯洛需要层次理论的基础上，进行了更接近实际经验的研究，提出了一种新的人本主义需要理论。ERG理论指出，各个职工的需要结构和强度是各不相同的。有的职工是生存需要占主导地位，有的职工是关系需要或发展需要占主导地位。管理人员应该了解每个职工的起初需要，然后采取适当措施来满足职工的不同需要，以便激励和控制职工的行为，来实现组织和职工个人的目标。

克雷顿·奥尔德弗

（二）过程型激励理论

1. 期望理论（Expectancy Theory）

（1）期望理论的基本内容。

期望理论是美国心理学家维克多·弗罗姆（V. H. Vroom）于 1964 年提出的过程型激励理论。期望理论假定，个体是有思想、有理性的人。对于他们生活和事业的发展，他们有既定的信仰和基本的预测。因此，在分析激励雇员的因素时，我们必须考察人们希望从组织中获得什么以及他们如何能够实现自己的愿望。它是迄今对激励做出最全面解释的理论，这一理论充分研究了激励过程中的各种变量因素，并具体分析了激励力量的大小与各因素之间的函数关系，用公式表示为：

$$M=V\times E$$

M 表示激励力量，是指调动一个人的积极性，激发人内部潜力的强度。

V 表示目标价值（效价），指达到目标对于满足个人需要的价值。具体地说，某人向往取得某种结果的程度体现为目标效价，它是一个由+1 到−1 之间的值。结果对某人越重要，数值就越接近于+1；如果结果对某人无足轻重，其数值就接近于零；如果某人害怕这一结果出现，那么效价就为负值。

E 表示期望值，即人们根据过去经验判断自己达到某种目标的可能性是大还是小，即能够达到目标的概率，数值在 0 到 1 之间。

若效价 V 很高，期望值 E 很小，则激励力量 M 会很弱；若效价 V 和期望值 E 一样很小，则激励力量 M 也会很弱；若效价 V 和期望值 E 处在中间水平，则激励力量 M 不强不弱；若效价 V 和期望值 E 都很高，则激励力量也会很强。它们之间的关系如图 8−41 所示。

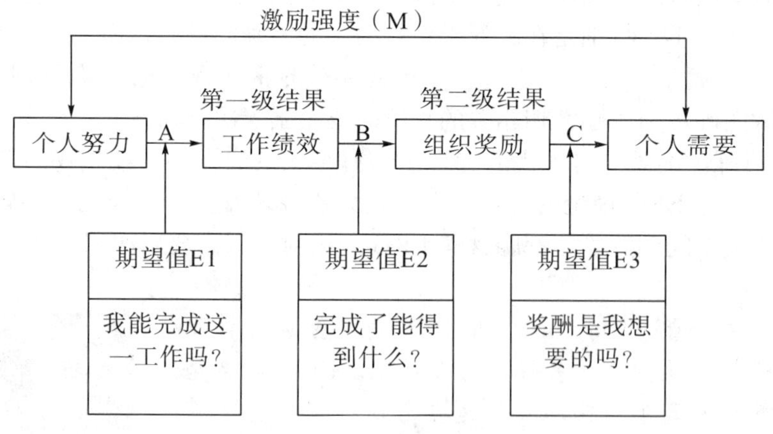

图 8−41　激励—期望理论模型

资料来源：芮明杰主编：《管理学：现代的观点》（第 2 版），上海人民出版社，2005 年版。

由图 8−41 我们可以看出，期望理论着眼于 3 种关系：①A 表示努力—绩效关系；②B表示绩效—奖励关系；③C 表示奖励—个人目标关系。从整个行为过程来看，它表现为：个人努力──►工作绩效──►组织奖励──►个人需要。

第一个关系表明个人认为通过一定努力后是否能达到一定的绩效，达到该绩效的可能性有多大。只有当组织成员相信通过努力能够带来高绩效时，他们才会去努力。也就是说，只有在人们有高的期望水平时，他们才能受到高水平的激励。因此，领导在激励员工时，要使员工相信，只要他们真正努力了，就一定能成功。

第二个关系表明个人相信一定水平的绩效会带来所希望的奖励结果的程度。只有员工认为自己的高绩效能带来所希望的结果时，他们才会受到激励，从而高水平地完成工作。

第三个关系表明组织奖励满足个人目标或需要的程度以及这些潜在的奖励对个人的吸引力。领导应该明确什么样的结果或奖励对员工来说是最重要的、最想要的，或者是最吸引人的，然后确保员工在取得高水平的工作绩效后能够得到他们想要的结果或奖励。

然而这一理论在我国的管理实践中并未得到应有的重视。特别是企业在进行决策时常常不重视职工对企业目标的评价，不重视实现目标的客观条件的变化，使得企业目标与职工期望目标不相一致，导致企业内部力量分散，效益下降。完整理解和客观评价期望理论，对提高企业管理水平和企业决策水平具有重要意义。

（2）期望理论的应用和评价。

期望理论非常关注绩效变量，它为员工生产率较低、缺勤和流动提供了相对有力的解释，因而对领导也提供了相当重要的启示：

①从努力—绩效关系来看，工作培训、业务指导、了解或参与相关工作的决策等能够全面地帮助员工弄清努力—绩效的相互关系；反之，这些具体的方法又是努力—行动期望理论的具体运用。它们使员工能够清楚地看到，较高的工作业绩水平实际上是在他们力所能及的范围内的事。而这会引导他们努力去获得较高的工作业绩水平。在努力—行动期望（绩效）关系中，期望概率显然是非常关键的因素。关于期望概率，心理学家认为它主要是一个环境变数，即它主要由客观环境决定。目标期望很高而客观条件不允许则难以实现。而难以实现的目标对员工的激励力量就很小。但客观环境并不是直接作用于人的行为的，而是通过人的感受即知觉影响人的行为。期望概率的判断实际上与个人的判断力有密切联系，因此，通过培训提高员工素质，提高员工对客观事物规律的认识就显得十分重要。

②就行动—结果期望（效价）来说，让员工熟知报酬系统是根据实际的工作业绩制定的这一做法，实质上是行动—结果期望理论的具体运用。员工为实现报酬目标所做的努力，不仅强化了工作业绩与个人报酬之间的相互联系，而且有助于领导处理好公平问题，强化个人业绩与报酬之间的联系，有利于形成良好的企业内部竞争环境和竞争氛围。同时，这也是对资历、职务及不正当人际关系的淡化。这要求领导制定完善的管理制度并规范执行程序，即要求领导在分配过程中坚持用客观标准实行分配公平和程序公平。

③目标是期望理论中不可缺少的关键因素，因此，领导在设置目标时必须充分认识到目标的导向作用。不同的人往往有不同的目标追求，同一目标对不同的人有不同的效价。即使是同一目标的内容和形式的改变也会改变人的效价判断。因而在管理实践中设置目标不能单一化，而必须从实际出发，制定切实可行的目标体系。在这个目标体系中不同的人都能找到自己相应的目标定位，并根据目标定位调适自己的行为方向和行为强度。同时，领导在制定目标时必须充分考虑员工的切身利益，从某种意义上说，员工的利益应成为制定管理目标的出发点，否则会严重削弱员工的激励力量。

④媒介也是期望理论的关键概念。媒介也可理解为努力是绩效关系中的变量因素，包括机会、环境等。一般认为，绩效=能力×激励力量，但要准确解释或预测员工的绩效状

况，除上述两个因素外，还要加上表现机会这一变量，即绩效=能力×激励力量×机会。机会在这里可理解为环境支持，包括是否拥有足够的工具、设备、材料和供应；是否有愉快的工作环境，并能得到同事帮助及环境支持的规则和程序；是否有工作所需的充分信息和充裕时间等。这些因素不仅对组织内的技术环境提出很高的要求，而且在实践中显得尤为重要的是对组织环境提出了更高的要求。加强组织文化建设，倡导良好的人际关系氛围和企业精神，提高员工的表现机会，对员工提高工作绩效也是十分重要的。

2. 公平理论（Equity Theory）

美国心理学家约翰·斯塔西·亚当斯（John Stacey Adams）于1967年提出的公平理论把激励过程和社会比较直接联系在一起，侧重研究组织中工资报酬分配的合理性、公平性对员工生产积极性的影响，从而产生激励意义。

亚当斯的公平理论从微观上分析了公平分配问题。公平理论集中研究了个人与组织之间贡献与奖励的交换，也就是产生了收入与报酬的关系，其研究揭示了工资、报酬、分配的合理性、公平性与职工产生积极性的关系。

亚当斯认为，一个人不仅关心本人的结果与支出，而且还关心别人的结果与支出。也就是说，他不仅关心个人努力所得到的绝对报酬量，而且还关心与别人的报酬量之间的关系，即相对报酬量。在这个基础上，他提出了一个关于公平关系的方程式：个人结果/投入=他人结果/投入。

公平理论认为，一个职工对自己报酬问题上的公平感能对他产生激励作用，而这种公平感反映在他的投入对报酬的比率同他所了解的其他职工的投入对报酬的比率的相互关系上。如果用公式来表示，这种相互关系有着不同的三种情况：

$$(1)\ \frac{O_P}{L_P}=\frac{O_a}{L_a} \qquad (2)\ \frac{O_P}{L_P}>\frac{O_a}{L_a} \qquad (3)\ \frac{O_P}{L_P}<\frac{O_a}{L_a}$$

其中，O_P 代表一个职工对他自己所获报酬的感觉。报酬中包括物质上的金钱和福利等，也包括精神上的被人赏识、受人尊敬等。

L_P 代表该职工对他自己所作投入的感觉。投入中包括自己的教育程度和文化水平、所付出的努力程度、用于工作的时间、所耗的精力和其他无形损耗等。

O_a 代表该职工对作为比较对象的其他职工所获报酬的感觉。

L_a 代表该职工对作为比较对象的其他职工所作投入的感觉。

对这种相互关系比较后的结果有三种不同的情况，如上面的公式所示。其中只有（1）式表示两者的比率相等，即职工感到公平，（2）（3）式都不相等，使人感到不公平，其中（2）式表示该职工的收支比率高于其他职工，（3）式表示该职工的收支比率低于其他职工。

公平理论还指出，职工的激励程度不仅受到他自己所得报酬的绝对额的影响，而且受到他的报酬的相对比较的影响。每个职工会自觉或不自觉地把自己付出的投入和所获报酬的收支比率，既同其他职工在这方面的收支比率做社会比较，又同自己过去在这方面的收支比率作历史比较。上面提到的三个公式是做社会比较的公式。至于作历史比较的公式则为：

$$(1)\ \frac{O_P}{L_P}=\frac{O_h}{L_h} \qquad (2)\ \frac{O_P}{L_P}>\frac{O_h}{L_h} \qquad (3)\ \frac{O_P}{L_P}<\frac{O_h}{L_h}$$

O_h 表示该职工对作为比较基准的自己在历史上某一时期所获报酬的感觉。

L_h 表示该职工对作为比较基准的自己在历史上某一时期所作投入的感觉。

其中（1）式表示两者的比率相等，即职工感到公平，（2）（3）式都不相等，职工感到不公平，其中（2）式表示该职工目前的收支比率较历史上为高，（3）式表示该职工目前的收支比率较历史上为低。

无论是社会比较或历史比较，在（1）式的情况下，由于双方的收支比率相等，职工会感到自己受到了公平的待遇，因而心情舒畅，努力工作。如果双方的收支比率不等，职工会感到自己受到了不公平的待遇，影响自己的情绪和工作。这里又分为两种情况：在（2）式的情况下，即当职工感到自己目前的收支比率高于其他职工或超过自己的历史纪录时，有些职工会有内疚感，设法努力工作，增加自己的劳动投入，有的甚至会要求减少自己的报酬，以便维持收支比率和自己心理上的平衡；在（3）式的情况下，即当职工感到自己目前的收支比率低于其他职工或自己的历史纪录时，他会感到自己吃了亏，怨愤不平。

亚当斯指出，如果这个等式成立，即当一个人感到自己的结果（包括金钱、工作安排以及获得的赏识等）和投入（包括教育程度、所做努力、用于工作的时间、精力和其他无形损耗等）之比和作为比较对象的他人的这项比值相等时，就有了公平感。如果等式不成立，即两者比值不相等时，就会产生不公平感。不同程度的不公平感会造成相应程度的不满情绪，于是就要改正这种不公平。这种不公平感不仅影响个人的行为，还会作用于群体的行为。

在管理的情境中存在两种类型的公平感：分配公平与程序公平。分配公平是指员工所感觉到的薪酬数额分配的公平性，程序公平则指所感觉到的薪酬或其他结果的决定方式的公平性。可见，分配公平强调决定导致结果，程序公平则是研究形成决策过程的影响。研究表明，员工对于加薪的反应主要取决于其对于加薪程序公正与否的认知判断。如果员工们认为加薪程序是公平的，那么员工们对于这次加薪会更满意，即员工对于加薪的满意度主要取决于其对程序公平的认知判断而非其金额的大小。

组织成员心中还存在内部公平和外部公平。与同一企业的员工的投入和产出相比后得到的公平叫内部公平，与其他企业的员工投入和产出相比后得到的公平叫外部公平。

相关链接

约翰·斯塔西·亚当斯（John Stacey Adams）：美国管理心理学家、行为科学家，公平理论的创始人，北卡罗来纳大学著名的行为学教授。他通过社会比较来探讨个人所做的贡献与所得奖酬之间的平衡关系，着重研究工资报酬分配的合理性、公正性及其对员工士气的影响。

1963 年亚当斯发表了《工人关于公司工资的内心冲突同其生产率的关系》（与罗森鲍姆合写）、《工资不公平对工作质量的影响》（与雅各布森合写）、《社会交换中的不公平》等著作，在著作中提出了公平理论的观点。亚当斯的公平理论从微观上分析了公平分配问题。公平理论集中研究了个人与组织之间贡献与奖励的交换，即收入与报酬的关系，其研究揭示了工资、报酬、分配的合理性、公平性及职工产生积极性的关系。（资料来源：百度百科）

（三）结果反馈型理论

1. 强化理论（Reinforcement Theory）的内容及类型

强化（reinforcement）是伯尔赫斯・弗雷德里克・斯金纳（Burrhus Frederic Skinner）从巴甫洛夫那里借用来的一个概念，但是内涵发生了变化，在巴甫洛夫经典条件反射中，强化指伴随于条件刺激物之后的无条件刺激的呈现；在斯金纳的操作条件反射中，强化是指伴随于行为之后且有助于该行为重复出现的概率增加的事件。在他的理论体系中，强化是主要的自变量，他认为行为之所以发生变化就是因为强化的作用，对强化的控制就是对行为的控制。因此，强化理论是斯金纳学习理论中最重要的部分和基础。

在斯金纳的强化理论中，根据不同标准可将其分为不同类型：

按照强化物的性质来分，可以把强化分为积极强化和消极强化（阳性强化和阴性强化或者正强化和负强化）。积极强化是指由于一刺激物在个体做出某种反应（行为）后出现从而增强了该行为（反应）发生的概率，该刺激物称为积极强化物。消极强化是指由于一刺激物在个体做出某种反应（行为）后而予以排除从而增强了该行为发生的概率，该刺激物称为消极强化物。

根据人类行为受强化影响的程度，把强化分为一级强化和二级强化。一级强化是指满足人和动物生存、繁衍等基本生理需要的强化。一级强化物如食物、水、安全、温暖、性等。二级强化是指任何一个中性刺激如果与一级强化物反复联合，它就能获得自身的强化性质。二级强化物如金钱、学历、关注、赞同等，这些二级强化物初时并不具有强化的作用，而是由于它们同诸如食物、性欲之类的一级强化物相匹配而具有了强化的作用。

按照行为和强化时间来分，将强化分为连续式强化（也称即时强化）和间隔性强化（也称延缓强化）。连续式强化是指对每一次或每一阶段的正确反应予以强化，就是说当个体做出一次或一段时间的正确反应后，强化物即时到来或撤去。间隔式强化是指行为发生与强化物的出现或撤去之间有一定的时间间隔，或按比率出现或撤去。间隔式强化分为时间式和比率式，时间式又分为定时距式强化和变时距式强化，比率式又分为定比率式强化和变比率式强化。定时距式强化就是每次过一定时间间隔之后给予强化。

2. 对斯金纳强化理论的评价和应用

（1）强化现象是人类行为中的一种普遍现象，斯金纳在对此进行系统研究的基础上，提出了强化理论，这是对人类学系理论研究的创造性贡献。

（2）斯金纳的强化理论中所揭示出的有关强化的规律，对我们的教育教学工作具有重要的启示作用。

（3）现代认知心理学，20 世纪 70 年代兴起的环境心理学，人工智能研究，临床收效较大的新行为疗法等，都受到了他的强化理论和实践的影响。

（4）斯金纳的强化理论还丰富了现代管理科学，行为科学的内容，被广泛地运用于社会的各项管理中且取得了巨大的成就。

相关链接

伯尔赫斯・弗雷德里克・斯金纳（Burrhus Frederic Skinner，1904—1990），美国行为主义心理学家，新行为主义的代表人物，操作性条件反射理论的奠基者。他创制了研究动物学

伯尔赫斯・弗雷德里克・斯金纳（美国，1904—1990）

习活动的仪器——斯金纳箱。1950年当选为国家科学院院士，1958年获美国心理学会颁发的杰出科学贡献奖，1968年获美国总统颁发的最高科学荣誉——国家科学奖。1904年3月20日出生于美国宾夕法尼亚州萨斯奎汉纳，1990年8月18日逝世于马萨诸塞州坎布里奇。著有《沃尔登第二》(*Walden Two*，也译《桃源二村》)、《超越自由与尊严》等。

三、激励模式

（一）股票期权激励（Stock Option Incentive）

股票期权（ESO，Executive Stock Option）为一种长期激励机制，始于20世纪70年代的美国，是众多激励手段中的一种。90年代以来，以期权计划为代表的长期激励机制在美国等发达国家得到了广泛的推行，经理人股票期权激励在世界大企业中应用得越来越广泛，并被认为取得了较大的成功。股票期权激励的效果与很多因素有关，包括企业和领导自身的特点、外部资本市场、股票期权激励制度本身的设计等。在不同条件下，股票期权激励得出的效果不同。

近年来，随着我国企业制度的完善，越来越多的企业引进股票期权作为对高层经理人的激励，然而在应用过程中带来正效应的同时也出现了各种负效应，如何应对负效应是本书的研究重点。

相关链接

魏刚（2000）利用沪深股市813家上市公司1998年年报的数据，考察了公司经营绩效与高级管理人员激励的关系，研究结果表明上市公司高管人员年度货币收入偏低，报酬结构不合理，形式单一，收入水平存在明显的行业差异。此外，“零报酬”现象严重，高管人员持股水平偏低，“零持股”现象比较普遍，高管人员的年度报酬与上市公司的经营业绩并不存在显著的正相关关系，高管人员的持股也没有达到预期的激励效果，仅仅是一种福利制度安排。

黄惠馨、代冰彬（2005）采用1997年以前所有的上市高科技公司在1997到2001年的数据分析，得出实施了管理层持股政策的高科技公司的平均净利润和平均ROA都高于不实施的公司，且两组的长期业绩存在显著差异，因此认为管理层持股将影响高科技企业的长期业绩。作者进一步分析发现虽然当前我国管理层持股比例低（平均为0.0091%），但管理层持股比例能显著影响高科技公司的长期业绩。

不同时期、不同国家的学者对股权激励的激励效果的研究结果各有不同，其重要原因是企业的内部和外部环境同时影响着股票期权激励的效果。因此，不同的企业需要根据具体的情况来设计股票期权激励制度。

股票期权激励是一把“双刃剑”，不同时期、不同环境下，股票期权激励所发挥的作用不尽相同，就出现了正负效应。

1. 正面效应

在特定的内外部环境下，可以使得经理人自己的个人利益趋同于企业股东的利益，同时可以激励风险厌恶的经理人积极接受、选择风险和回报水平更高的投资项目和融资机会，其激励的动力机理如图8－42所示：

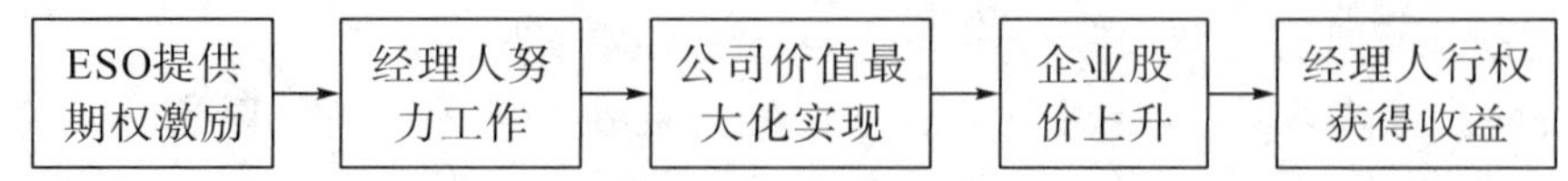

图 8－42　股权激励动力机理

从图 8－42 可以看出，在所有权和经营权分离的情况下，企业所有者通过股票期权计划给予经营者一定的所有权，建立起两者之间的资本纽带，经营者拥有剩余索取权，从而使自身的效用和公司的利益紧密联系在一起。

2．负面效应

由于股票价格受许多因素的影响，并不一定是企业业绩的真正体现，这就使得股票期权激励不一定产生正效应，在缺乏透明度和有效监督的前提下，很可能产生负效应。有关学者认为现行的以股票为基础的激励机制导致普遍的股价高估，会计造假最终使得公司毁灭，投资者已经意识到股票期权被滥用所导致的负面影响。

（二）年薪制

年薪制是以年度为单位，根据经营者的生产经营成果和承担的责任、风险等确定其工资收入的工资分配制度。年薪制一般分基薪和加薪两大部分，还分了基本年薪、效益年薪和奖励年薪。基本年薪是指以本地区、本企业当年度职工平均工资为基础，按企业规模和经济效益分类确定的经营者年度基本收入。效益年薪是指依据经营者实际生产经营管理业绩，以基本年薪为基数，按一定办法计核的经营者年度效益收入，主要依据销售收入和利润总额的增长幅度，国有资产增值率和职工年均工资增长率等多项指标加权确定。奖励年薪是指少数经营业绩特别突出或有特别贡献的经营者所获得的奖励性报酬年薪。年薪的兑现形式以货币为主，并辅之以期权（期股）形式。

例如，美国企业的工资由市场机制决定，工人一般实行小时工资制，管理人员实行年薪制。美国年薪制模式：年薪＝基本工资＋奖金＋津贴＋红利。其中，基本工资仅占较小的份额，约占总额的 45％左右。同公司的经营效益挂钩的奖金是一种短期奖励，一般占 25％左右。美国年薪制还特别注重对经营者实施长期奖励计划，最常见的长期奖励计划是股票期权制。

借鉴国外的经验，结合我国年薪制的实际情况，可以得出以下几条启示：

（1）把短期激励和长期激励结合起来。

（2）建立客观、科学的薪酬评价体系。

（3）合理确定年薪标准。

（4）把物质激励和精神激励结合起来。

（5）对达到一定级别的公务员实行年薪制。

（6）加强经营者年薪制的综合配套改革。

（三）绩效工资

岗位绩效工资制是企业创新型的工资制度。它以岗位责任为重点，以绩效考核为核心，把职工工资收入与工作岗位、职工业绩、企业效益紧密联系在一起，激励作用明显，具有较强的生命力。

绩效工资是通过对员工的综合考评，确立员工的绩效工资增长幅度。绩效工资要达到最佳激励效果，就应该考虑通过激励获得的额外经济收益来判断是否起到了激励员工努力工作的作用。绩效就是构成员工职位的任务被完成的程度，反映了员工能在多大程度上实现职位要求。决定绩效的因素是员工的努力、能力、角色理解力三者之间相互作用下的结果。一个有效的激励机制对员工绩效的提高起着非常重要的作用，绩效工资就是激励的手段之一。绩效工资是指通过对员工的工作业绩、工作态度、工作技能等方面的综合考核评估，确立员工的绩效工资增长幅度，以科学的绩效考核制度为基础的一种工资制度。

绩效工资的制定是一个系统工程，它是把报酬与绩效进行结合从而做到准确衡量绩效，这就要求必须确定衡量绩效的标准，而这些衡量标准是否客观尤为重要，使得绩效工资的制定及实施有超乎想象的难度。绩效工资的制定关键在于使员工在工作中得到满足感，如果员工都得到相同的加薪，就个体员工而言很难体会到成就感。

绩效工资是激励员工努力工作的一种薪酬模式，在制定和实施过程中不仅要考虑其合理性和效益性，更要考虑其公平性。要想达到激励这一组织的预期目的，就要做好成本会计工作。除按成本这一经济指标衡量绩效工资的制定和实施是否科学合理的同时，一些相关因素也对绩效工资的制定和实施产生影响，直接影响激励的效果，甚至关系到组织运行成本的高低，影响到组织的经济效益和社会效益。

（四）技能工资

技能工资制是以按劳分配为原则，以加强宏观调控为前提，以劳动技能、劳动责任、劳动强度、劳动条件等四大劳动要素评价和计量为基础，以岗位技能工资为主要内容，按职工实际劳动贡献（劳动质量和数量）确定劳动报酬的企业基本工资制度。岗位技能工资分设岗位（职务）工资、技能工资、年功工资（即工龄工资）、特殊工资、效益工资五个单元，其中岗位（职务）工资和技能工资构成国家确认的职工基本工资，年功工资、特殊工资（有毒害等工种津贴）和效益工资构成企业内部的辅助工资。图 8－43 为技能工资的构成：

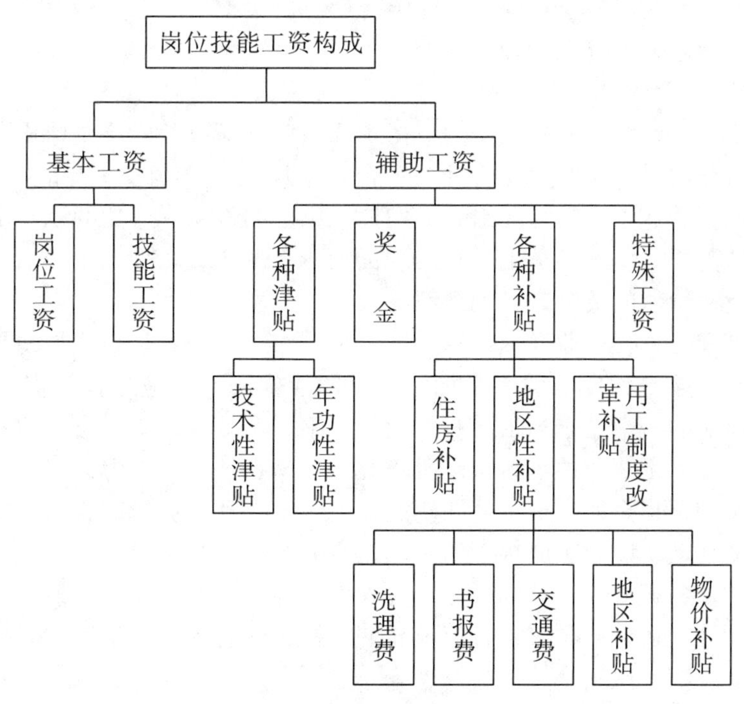

图 8－43　岗位技能工资的构成

由图 8-43 可知，与企业商品生产的人工成本有差异，企业商品生产成本是市场竞争中必须考虑和评价的重要指标之一。现行岗位技能工资的构成与职工实际收入有一定的差异，不能全部反映企业人工成本，给企业在市场竞争中带来了人为的不必要麻烦。

绩效工资与技能工资的区别：绩效工资制或称为业绩挂钩工资制，是一种根据员工个人工作绩效而发放工资的工资制度。绩效工资制是建立在对员工进行有效的绩效评估基础上的，它按员工绩效的高低划分出不同的工资级别档次。绩效工资制关注的焦点主要是工作的“产出”，如产量、质量、利润额及实际工作效果等。在绩效工资制下，整个组织的注意力主要放在对员工现实绩效的奖励上，并以此达到使绩效高的员工继续保持高水平的绩效，并达到激励低水平的员工更加努力或促使其离开公司的目的。总的来说，绩效工资制是与硬性人力资源管理相适应的。绩效工资制的假设前提是经济利益对人具有激励作用，而硬性人力资源管理或称为控制型的人力资源管理的价值基础也正是“工作及财富累积的价值”。因而绩效工资制是符合硬性人力资源管理要求的。

技能工资制是一种根据技能或知识确定员工工资的工资制度。技能工资制是建立在对员工的技能进行评估的基础上的。它按照员工技能水平的高低划分出不同的工资级别标准。技能工资制关注的焦点主要是工作的“投入”方面，主要包括员工为完成岗位工作投入的知识、技能和能力等。在技能工资制下，由于整个组织的注意力主要放在提高员工的技能上，因而随着其自身技能的提高，员工可以灵活地从一个岗位流动到另一个岗位。这样技能工资制就大大提高了组织内部员工的流动性，并为员工提供了很多的发展机会。总的来说，技能工资制是与软性人力资源管理相适应的。软性人力资源管理的价值基础是“分享主义、双胜双赢、感同身受”。它与人力资源管理投资人力资源的目标一致，而且它试图提高灵活性，因为它要求的就是员工应使自己具有从事多种工作的技能。这中间还涉及信任因素：员工们在掌握了正确的技能组合后，就会促使自己更好地完成工作。可见技能工资制是符合软性人力资源管理要求的。

（五）职业生涯管理

激烈的升职竞争、沉重的就业压力、持续的技术革新以及经济全球化、企业的优化与重组等诸多因素，促进了职业生涯管理——人力资源管理工作的一个重要环节——越来越受到企业的关注。职业生涯管理在组织中发挥着重要的作用。成功的职业生涯管理既能满足组织对人才的需要又能满足员工自我实现的要求，从而更好地发挥员工的知识、技能，留住那些对企业有价值的员工，实现组织与员工的双赢。

职业生涯管理是现代企业人力资源管理的重要内容之一，是企业帮助员工制定职业生涯规划和帮助其职业生涯发展的一系列活动。职业生涯管理应看作是竭力满足领导、员工、企业三者需要的一个动态过程。在现代企业中，个人最终要对自己的职业发展计划负责，这就需要每个人都清楚地了解自己所掌握的知识、技能、能力、兴趣、价值观等。

职业生涯规划是指企业与员工共同制定、基于个人和企业组织方面需要的个人发展目标与发展道路的活动。职业生涯规划的主体是企业组织与员工个人。职业生涯规划的内容主要包括职业选择、职业生涯目标（可分为人生目标、长期目标、短期目标）的确立、职业生涯路径的设计，还包括与人生目标及长期目标相配套的职业生涯发展战略，与短期目标相配套的职业生涯发展策略。

职业生涯发展是职业生涯规划的实施，其本质是使员工个人得到全面发展。在实施职业生涯设计的过程中，员工将沿着原来设计的发展通道，不断地从一个岗位转移到另一个岗位，从比较低的层次上升到比较高的层次，直至实现职业生涯目标。

本节思考题

1. 如何理解激励，以及激励的本质是什么？
2. 马斯洛需求层次理论对员工的激励有何作用？
3. 工资和技能工资有何不同？
4. 结合实际，谈谈你对未来职业生涯的规划是怎样的？
5. 结合实际，谈一下我国实行股票期权激励的利弊？

丰田英二的“动脑筋创新”建议制度

日本汽车巨子，曾任丰田汽车公司总经理和社长一职达40余年的丰田英二于1951年在丰田公司实施了“动脑筋创新”建议制度，收到了很好的效果。

丰田公司的做法是首先建立“动脑筋创新”委员会，决定了建议规章、审查方法、奖金等。其范围是，机械仪器的发明改进、作业程序的新方法、材料消耗的节减，并且围绕着车间作业程序方面的问题征集了新的办法。车间到处都设有建议箱，不论谁都可以自由地、轻松愉快地提建议。各部门（工厂）也分别设立了建议委员会、事务局，把提建议的方针贯彻到工厂的各个角落。同时各车间组成了“动脑筋创新”小组，组长对提建议的人，一定要有计划地给予协助，因此，也设有建议商谈室。一个有经验的老工人曾经说过：“开始实行动脑筋创新，我们就对车间眼前接触到的所有事情、东西、工作以及机器，总是抱着追求‘更好’的态度。不管见到什么，总是在探求有没有更好的方法、更上乘的做法、节省时间和工时的方法、消除使用材料等方面的担心和使之更便宜的方法。”

该制度实施不久，根据斋藤尚一的建议，征集了对全公司有代表性的口号。结果，“好产品好主意”这一条当选了。从1954年起，公司就把这条口号在全工厂用横写的荧光揭示牌悬挂起来。看到这种情况的一位外国人说道：“在芝加哥机场，向导牌都是挂在越过人头的上空，使人们看得清楚。所有的机场也都采用这个方式。你们厂的荧光揭示牌也类似这种做法。”

提建议的人，就自己的建议可以和上司商谈。通过提建议，领导能够听到生产现场生气勃勃的声音，也能了解到员工掌握技术能力的程度。由于这样不断地反复，个人和小组都被发动起来了。提建议所得的奖金，在大部分时候都作为亲睦会、进修和研究会的基金；同时也成为同事之间相互谈心，以产生新的动脑筋创新所需要的食粮。该制度的建立，既提高了员工的思想和团结的气氛，也加强了上下级之间的联系。员工们利用这个制度找到了创新的乐趣，从而充分发挥自己的能力，看到自己的提议得到承认而感到满足。

丰田公司的建议制度，并不单纯地作为管理手段，而是和企业以及个人的不断成长紧密联系起来。该制度的审查标准划分为有形效果、无形效果、利用的程度、独创性、构想性、努力的程度、职务减分（专业务的减分）等7个项目，每个项目是以5到20分的评分等级来评定分数。满分为100分。当然，从技师方面来说，分数没有上限。奖金最高的为 20 万日元，最低的则为 500 日元。对于优秀的建议要向科学技术厅上报，每月的建议件数按车间分别发表。同时，还按各车间、工厂、全厂等单位，举办大小不同规模的展览会，在展览会大会上，企业最高层领导出席并进行评议。

“动脑筋创新”建议制度实施的第一年，征集建议 183 件，而到了 1955 年，则达到 1000 件，到了 1970 年，达到了 5 万件。可见员工的参与程度呈现上升趋势，促使企业不断发展。

思考题

结合所学知识，谈谈丰田英二的激励方法。

第六节　控　制

通其变，天下无弊法；执其方，天下无善教。

——王通《文中子・周公》

引例

七人分粥的故事

七人小团体，各人私利但相互平等。要在没有称量用具的情况下分食一桶粥，以解决每天的吃饭问题，而且更要命的是，粥显然每天都是不够的。

问题：应该怎么办？

可能方案一：七人轮流。可能结果：一天饱，六天饥。

可能方案二：推选好人。可能结果：权力导致腐败，绝对权力导致绝对腐败。

可能方案三：委员会制度。可能结果：公平了，粥凉了。

可能方案四：大家参与，抓阄决定。可能结果：机会均等，结果不一定公平（这是我国民间最常采用的分配方式）。

可能方案五：大家轮值，分者最后取。可能结果：结果公平，机会均等。

课堂讨论

1. 以上几个备选方案中，你认为哪一个是最佳方案，为什么？
2. 这个故事说明了什么道理？

一、控制概述

（一）控制的定义

“控制”这个词在我们日常生活中的使用频率很高，不同的场合有不同的内涵。我们这里要谈的控制是管理的基本职能之一，是监督。检查工作是否按既定的计划、标准和方法进行，发现偏差，分析原因，进行纠正，以保证组织目标实现的过程。这个定义至少包含三个方面的含义：（1）控制的目的是保证组织中的各项活动按既定的计划或标准进行，控制具有很强的目的性，控制和计划密不可分；（2）控制是通过监督和纠偏来实现的，这要求控制系统具有良好的信息系统，一方面可以预警，一方面可以发现探查出偏差产生的原因；（3）控制是一个过程。不难看出，计划为控制提供依据，控制是计划实现的保证。

（二）控制的基本原则

控制和其他管理职能一样，要发挥出有效的作用，必须在执行过程中遵循一些基本的原则，具体包括如下几项（见图 8－44）：

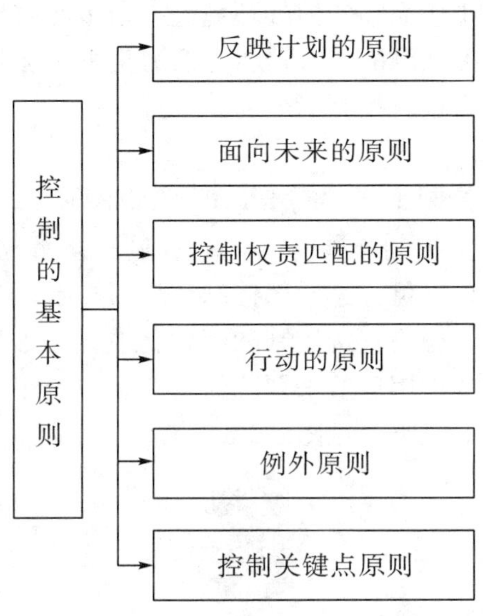

图 8－44　**控制的基本原则**

1. 反映计划的原则

控制是实现计划的保证，控制的任务是保证计划能够如预期的那样执行，所以一个控制系统不能在无计划的情况下去设计。毋庸置疑，这些计划越是明确、全面和完整，控制技术就越能按计划的程序来设计，因而也就越有效。

2. 面向未来的原则

管理人员一般依靠历史数据，这些数据也许对税收和确定股东的收益足够了，但对最有效的控制就不够好了。在缺乏向前看的手段和看不清“把过去的什么作为开端”的情况下，参照历史资料，要比完全不参照的好。但由于管理控制系统中有时间滞后的问题，所以必须做出更大的努力，使针对未来的控制成为现实。

3. 控制权责匹配的原则

权力应该与责任相匹配。实行控制的首要责任，应该让与计划执行有关的领导来承担。由于授权、委派职责以及各项目标的责任承担都应由一个领导来负责落实，所以将来对这些工作的控制权也应由他来实施。一个组织，结构越是明确、全面和完整，设计的控制技术就越能反映负责的单位或个人，也就越有利于纠正偏差。

4. 行动的原则

控制只有在对已表明或发生的偏差采取措施，通过适当的计划、组织、人事和领导措施加以纠正的情况下，才能证明它是正确的。在实践中领导却常常忘记这一简单的道理。如果控制不随之采取行动，就会浪费领导和参谋人员的时间。如果在已有的或预计的业绩中发现偏差，那就要采取行动，以重新制定补充计划的方式，使之回到正确的行程中来。

5. 例外原则

领导越是集中精力对例外情况进行控制，那么控制效果就会越好。这个原则认为，领导应该只关心一些主要偏差，这个原则常与控制关键点原则相混淆。他们确实有类似之处，但关键点控制与识别观察点有关，而从逻辑上讲，例外情况的原则在于观察这些点偏差的大小。

6. 控制关键点原则

如前所述，领导在控制中所面临的内外环境是复杂多变的，影响控制系统的变量多如牛毛。这就要求领导善于把握问题的关键，将注意力集中在计划执行中的一些主要因素上来。事实上，控制了关键点，也就控制了全局。

（三）控制的类型

控制工作的类型，根据控制工作的需要，可按照不同的划分标准分为许多类别。例如，按照控制对象或范围可把控制工作分为生产控制、质量控制、成本控制和资金控制等；按照控制对象的全面性，又可分为局部控制和全面控制；按照主管人员改进他们将来工作的方式则又可将控制工作分为直接控制和间接控制。下面重点介绍的控制工作类型，是按照控制过程中控制措施的作用环节来划分的。按照这个标准，控制工作可以分为前馈控制、同期控制和反馈控制等三类（见图 8－45）。

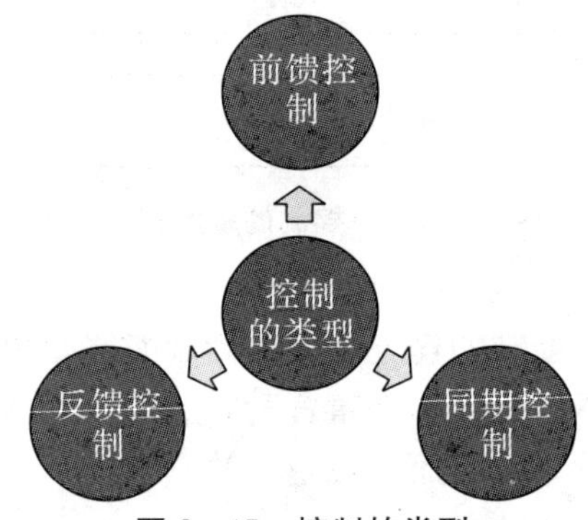

图 8－45　控制的类型

1. 前馈控制——控制原因的控制

所谓的前馈控制，就是观察那些作用于系统的各种可以测量的输入量和主要扰动量，分析他们对系统输出的影响关系，在这些可测量的输入量和主要扰动量的不利影响产生以前，通过及时采取措施来消除它们的不利影响。“防患于未然”是领导追求的目标，但是该目标要求领导：（1）必须对计划和控制系统做出透彻、仔细的分析，确定重要的输入变量。（2）建立前馈控制系统的模式。（3）要注意保持该模式的动态特征，也就是说应该经常检查模式以了解所确定的输入变量及其相关关系是否仍然反映实际情况。（4）必须定期地收集输入变量的数据，并把它们输入控制系统。（5）必须定期地估计实际输入的数据和计划输入的数据之间的偏差，并评价其对预期的最终成果的影响。（6）必须有措施保证。只有这样，领导才能有效实施前馈控制，因为它不仅要输入各种影响计划执行的变量，还要输入影响这些变量的各种因素，同时还必须注意干扰因素，可见前馈控制一定是相当复杂的。这无疑对领导提出很高的要求，事实上正如管理决策学派的大师西蒙所指出，相对于复杂多变的世界而言，人的理性是有限的，往往获得决策上的只能是满意解，次优解。因此，在管理实践当中我们不能完全依赖前馈控制，还需要另外两种控制手段加以补充。

2. 同期控制——控制过程的控制

同期控制即学者们所称的现场控制，它是发生在活动进行当中的控制，也叫即时控制。这种控制是同期导向的，控制作用发生于行动之时。从维持组织的动态平衡观点来看，及时控制比等结果产生后进行行为调整的反馈控制更令人满意，当微小的偏差发生时即时进行调整，比稍后改正较大的偏差来得容易。因此，及时控制对在组织继续进行时把各种活动过程维持在期望限度之内是十分重要的。

对下属的工作进行同期监督的作用有两个：首先，可以指导下属以正确的方法进行工作。指导下属的工作，培养下属的能力。这是每一个领导的重要职能。现场指导可以使上级有机会当面解释工作的要领和技巧，纠正下属错误的作业方法和过程，从而可以提高他们的工作能力。其次，可以保证计划的执行和计划目标的实现，通过同期检查，使领导随时发现下属在活动中与计划要求相偏离的现象，从而可以将问题消灭在萌芽状态，或者避免已经产生的问题对企业不利影响的扩散。

3. 反馈控制——控制结果的控制

这种控制是过去导向的，控制作用发生于行动之后，属于一种亡羊补牢式的控制。这种控制是领导在获得信息时行为结果已成事实，需要对其做出评价并决定是否采取行动以改正或调整未来可能出现的同类行为。如对超速驾驶的车辆司机给予罚款，就是一种反馈控制。反馈控制是一种传统且最常用的控制类型，控制时间滞后是其重要特征，控制的主要目的是为下一循环的工作积累经验。反馈控制主要包括财务分析、成本分析、质量分析以及职工成绩评定等内容。

三种控制类型各有特点，前馈控制是建立在能测量资源的特征和属性的信息基础上的，其纠正行动的核心是调整与配置即将投入的资源，以求影响未来的行动。同期控制的信息来源于执行计划的过程，其纠正的对象也正是这一活动过程。反馈控制是建立在表明计划执行的最终结果的信息的基础上的，其所要纠正的不是测量出的各种结果，而是执行计划的下一个过程的资源配置与活动过程。

二、控制的对象

控制的对象或者说控制的内容实际上反映了控制过程中领导控制的焦点和重心所在。一般来说可以分为以下几类：对人员的控制、对财务的控制、对作业的控制、对信息的控制及对组织绩效的控制（见图 8－46）。

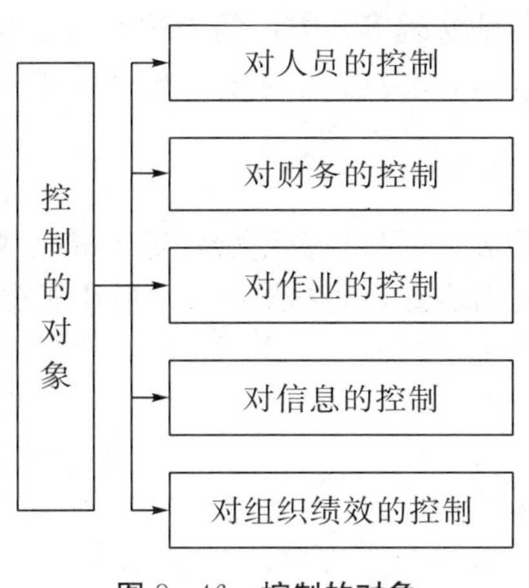

图 8－46　控制的对象

（一）对人员的控制

掌握对人员的控制方法、技巧是领导最基本的素质之一。方法包括两类：一是直接巡视、观察，发现问题，现场解决；二是对员工进行系统评估，找出原因，寻求系统解决方案。对人员的控制手段具体如图 8－47 所示：

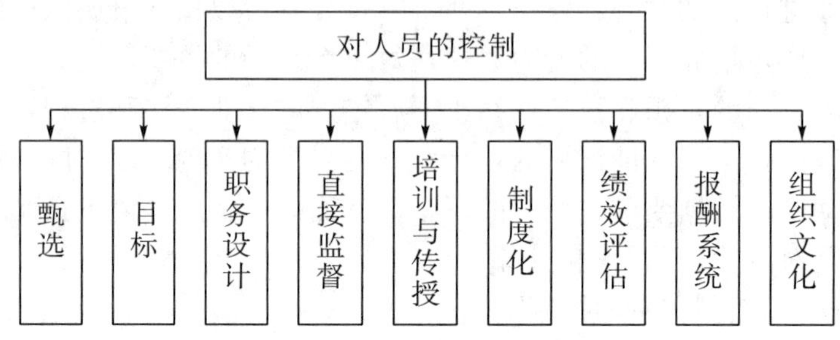

图 8－47　对人员的控制手段

甄选：识别和雇用那些价值观、态度和个性符合管理当局期望的人。

目标：为员工设定工作目标，用目标指导和限制他们的行为。

职务设计：通过职务设计决定人们的工作内容、节奏、权责范围，从而影响其行为。

直接监督：监督人员现场限制员工的行为。

培训与传授：通过正规的培训制度以及员工间非正式的交流，向员工传递期望的工作知识和方式。

制度化：利用组织正式的规章制度来规定允许的行为和禁止的行为。

绩效评估：动态保证组织员工行为方式与组织目标相一致。

报酬系统：利用奖勤罚懒的报酬机制来强化和鼓励期望行为，弱化甚至消除非期望行为的发生。

组织文化：通过组织的故事、仪式和高层的表率作用，影响员工的价值观和行为模式。

（二）对财务的控制

任何组织要生存发展，投入和产出之间要实现一种平衡关系，而这种投入和产出的平衡关系的实现要依赖对组织财务的控制。主要包括控制会计记录信息的准确性，定期审核财务会计报告，保证财务目标的实现等几方面的工作。当然财务会计不仅仅局限于营利组织，对非营利组织同样适用，如预算控制对于学校、医院和政府也是极为重要的控制手段。

（三）对作业的控制

所谓作业，就是指从劳动力、原材料等原始资源到成品或服务的转换过程。组织的作业效率和效果很大程度上决定着企业是否能够成功，作业控制为此提供了保证。典型的作业控制包括以下几项（见图 8－48）：

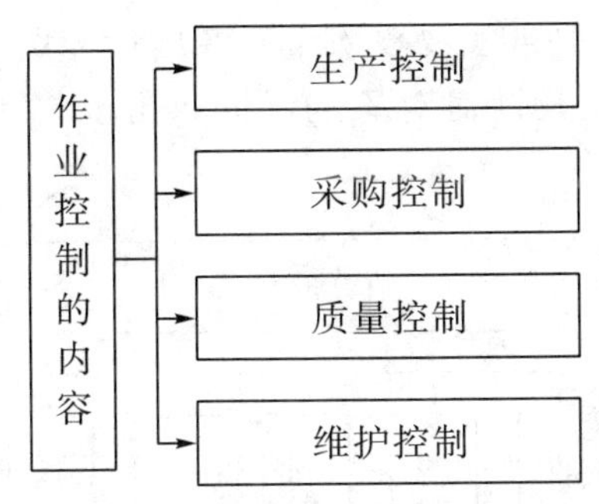

图 8－48　作业控制的内容

生产控制：监督生产活动以保证其按计划进行。

采购控制：评价购买能力，以尽可能低的价格提供所需的质量和数量的原材料。

质量控制：监督组织所提供的产品或服务的质量，以满足预定的标准。

维护控制：对组织生产所使用的设备质量加以控制，保证生产的顺利进行。

（四）对信息的控制

以往对信息的控制，强调的往往是财务会计信息的控制，但随着人类进入信息时代，信息在组织中发挥着越来越大的作用。对信息的控制就是要建立一整套运转有效的管理信息系统，解决组织内部对各类信息的获取、加工、传递和存储的要求，信息管理系统转化为知识管理系统是每一个学习型组织的必由之路。有很多学者的研究表明，对信息的有效控制和利用是形成企业核心能力的重要保障。

（五）对组织绩效的控制

组织绩效是组织效能的一系列指标体系，但是如何衡量，进而更好地促进组织目标的实现，始终是组织上层领导所遇到的一个难题。显然，单一的利润指标、生产率、产量指标、员工士气指标都不足以全面衡量组织的绩效，合理的方法是通过一套完整的指标体系加以衡量。如所谓的平衡计分法，它主要是通过三方面来构建衡量企业绩效的指标：一是从股东的角度，二是从顾客的角度，三是从员工的角度。这种方法的原理是，从生产成本、周期时间、营销成本、零售价格等领域中，找出一些明确的衡量标准和项目，然后将公司在这些项目中的表现与主要竞争对手进行排名比较，用组织所在行业中最好组织的各项绩效指标来作为控制的标准，争取做到行业中的最好。

三、控制的方法

控制方法的形式也因人而异。例如，在美国，管理人员努力确定引起偏差的原因；而在许多亚洲国家，上司往往给不够格的下属留面子。此外，标准也可能是不可量化的。那么，又该如何控制呢？在日本这样一个注重团体精神的国家，来自同事的压力可能是进行控制的有效方法。针对控制对象的不同，控制的方式可以有多种划分，但一般而言可以分为：预算控制、非预算控制、成本控制和其他控制方法。

（一）预算控制

预算是以数字表述计划，并把这些计划分解成与组织相一致的各个部分，使预算与计划工作相联系，并授权于各部门而不致失去控制。换言之，预算就是把计划紧缩成一些数字以实现条理化，使主管清楚地看到，哪些资本将由谁来使用，将在哪些地方使用，并由此涉及哪些费用计划、收入计划或实物投入量和产出量计划。预算在形式上是一整套预计的财务报表和其他附表。按照其针对对象的不同，可以将预算分为以下几种（见图 8-49）：

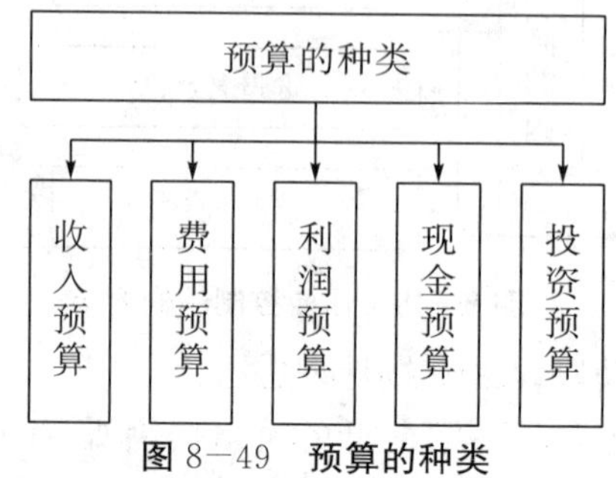

图 8-49 预算的种类

1. 收入预算（revenue budgets）

收入预算是收入的一种特殊形式，是对组织未来收入的预算与规划。例如，对于企业而言表现为收入预算，而对于政府而言则表现为各种税收预算。收入预算为组织从事各项活动提供了基本框架。

2. 费用预算（expense budgets）

费用预算是将组织单位从事的各项活动列出，并将费用额度对应分配。对于一定数量和质量的产出，较低的费用意味着较高的效率。费用预算为组织活动的成本控制提供了依据。

3. 利润预算（profit budgets）

利润预算将收入与费用合二为一，常常应用于整个组织或是大型组织的“利润中心”，是考虑组织投入与产出综合型的控制手段。

4. 现金预算（cash budgets）

现金预算用于预测组织还有多少库存现金，以及在不同时间点上对现金支出的需求量。不管是否称之为预算，也许这是企业最重要的一项控制，因为把可用的现金去偿付到期债务乃是企业生存的首要条件。一旦出现库存、机器以及其他非现金资产上的积压，那么，有了可观的经营利润也并不能给企业带来什么好处。现金预算编制还能表明可使用的超额现金量，因此，可以为盈余资金制订营利性投资计划，从而为优化配置组织的现金提供帮助。

5. 投资预算（investment budgets）

投资预算是在对企业的固定资产的购置、扩张、改造、更新等可行性研究的基础上编制的预算。它具体反映在何时进行投资、投资多少、资金从何处得、何时可获得收益、每年的现金净流量为多少、需要多少时间回收全部投资等项目上。该预算使领导可以预测未来的资本需求，区分出最重要的投资项目，以及保证有适当数量的库存现金可以满足到期由投资引发的现金支出。

预算作为一种控制手段，其最大价值在于对改进协调和控制的贡献。一旦为组织的各个部门编制了预算，就为协调组织的活动提供了基础。同时，由于对于其结果的偏离更容易被查明和评定，预算也为控制工作中的纠正措施奠定了基础。当然，由于控制需要投入相当的人力、物力和财力，同时它的实施往往会影响到组织内部一些既得利益者的权利，招致他们的反对和阻碍，所以是否实行预算控制往往需要领导（尤其是高级领导）的谨慎、决心和魄力。

（二）非预算控制

非预算控制，顾名思义，是不利用预算进行控制的控制手段。一般而言，许多传统的控制方法都与预算无关，但仍有一些运用了控制手段或是同预算控制有关的方法，其中最重要的一些方法如图 8－50 所示：

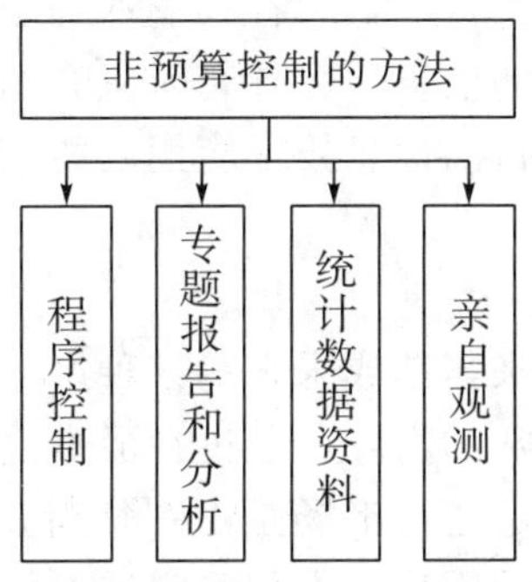

图 8－50　非预算控制的方法

1. 程序控制

程序是对操作或事务处理流程的一种描述、计划和规定。它通过文字说明、格式说明和流程图等方式，把一项业务的处理方法规定得一清二楚，这也就是我们常说的标准化，从而既便于执行者遵守，也便于管理人员进行检查和控制。组织中常见的程序很多，例如决策程序、投资审批程序、主要管理活动计划与控制程序、会计核算程序、操作程序、工作程序等。凡是连续进行的、由多道工序组成的管理活动或生产技术活动，只要它具有重复发生的性质，就应当为其制定程序。

2. 专题报告和分析

如果说程序控制是对常规例行的作业或活动的控制，那么专题报告则恰恰相反，它更着眼于非常规的具体问题。例行的会计和统计报表虽然能提供不少必要的信息，但有关某些业务的信息往往还是不足的。一名从事复杂业务经营且富有成就的主管，聘用数名训练有素的分析人员组成一个参谋小组，只让他们在自己的控制下从事调查研究和分析，而不委派其他任务，这个小组就能培养出一种令人惊奇的辨别力，但却并不是正常的工作情况。

3. 统计数据资料

当组织规模不断扩大，组织外部环境的不确定性和复杂性日益增加，各种因素相互交织在一起时，仅仅凭领导经验有时很难发现导致偏差的原因。如果能使用一些统计学知识，建立分析模型，对把握控制关键点会有很大的帮助。例如，当月的销售有所下降，可能是季节变化、新的竞争对手的出现、消费者偏好的变化等各种因素的影响，如果能够依据相应的数据资料，采用统计学相关的分析、假设经验技术等，就能较快地发现什么因素是显著影响销售的，各因素与销售之间的数量关系如何等，这一切显然对领导的经营决策有很大帮助。因此，对企业经营管理的各个方面所做的统计分析和明确提出的统计数据资料，对于控制来说都是十分重要的。

4. 亲自观测

有人把这种方式称为“走动管理”。无论凭借上述哪一种方式，领导面临的一个最大的问题都是信息真实性的问题。因为有可能下属人员投其所好，将领导不愿意见到的信息加以过滤；或者是采集信息时，由于采集人员的主观判断力而误解了信息，从而产生记录上的偏差。因此，领导绝不应忽视亲自观察的重要性。预算、图解、报表、比率、审计人员的建议以及其他计划方法对控制是很重要的，但是领导如果完全依赖这些控制方法，比如只是坐在办公室里看看报表和打打电话，往往就很难做好控制工作。对于员工的态度、士气、工作环境等一些难以量化的信息，领导有时只有通过自己现场的观察，才能得到丰富、准确的信息。因此，即使在目前信息技术应用已相当普遍的时代，很多公司也依然强调这种管理方式。

（三）成本控制

成本是为取得可为某组织带来当期或未来的某种产品和服务而付出的现金或现金等价物。最初它主要用于满足一种特殊的需要：通过在成本之上加上一定的利润来确定销售价格。当然这种定价决策的基本假定是：市场是由销售者控制的。自20世纪20年代开始，成本概念在美国开始有了一些新的用途：人们确定成本的目的是为了降低成本、方便销售行动。但是在生产者主权的市场中，成本核算仍以“保证生产者收回生产费用”为基本职能。完全成本的概念受到高度重视，在向客户提供的成本资料中，详细地列出所有的成本事项。20世纪50年代后，随着物质不断丰富、市场竞争日益激烈，许多商品市场由买方市场转向卖方市场，成本核算中的直接成本、平均变动成本、边际成本等概念日益重要。

做好企业成本控制工作，不断降低企业经营成本，是提高企业竞争力从而提高企业经济效益的最直接有效的手段。控制成本，减少企业价值活动过程中的一切浪费，是精益生产的精髓。丰田公司的大野耐一曾经提出两个简单的公式来说明企业的经营观。公式一：价格＝成本＋利润，称之为成本主义，以这个观点经营企业肯定要失败。公式二：利润＝价格－成本，它的经济含义是价格由市场决定，企业要获得利润只有靠降低成本。丰田公司以公式二作为经营观，创造出独特的丰田生产方式，成为经营效益最好的汽车公司。丰田的精益生产方式成为世界生产方式之新典范。

成本分析在于计量各项成本并将之分配到每个实体或成本对象。这是成本控制的基础工作。成本对象是指需要对其进行成本计量和分配项目，如产品、顾客、部门、工程和作业等等。例如，需要知道生产一辆汽车花多少钱，那么成本对象就是汽车；如果想确定一辆汽车在组装中需要花多少成本，那么成本对象就是组装作业。这些年来，作业开始成为重要的成本对象。作业是一个组织内部工作的基本单元，在成本分配中，作业扮演着重要的角色。

1. 直接成本分配方法

直接成本是指能够容易和准确地归属到成本对象，可采用追溯法来分配的成本。成本分配的追溯法有两种：直接追溯法、动因追溯法。直接追溯法指将某一成本对象存在特定或实物联系的成本直接确认分配至该成本对象的过程，这一过程通常可以通过实地观察来实现。但在实际工作中，采用实际观察方式得出某一成本所消耗资源的准确数量常常既不现实也不可能，所以需要动因追溯。但动因追溯不如直接追溯法准确。动因追溯使用动因类型来追溯成本：资源动因和作业动因。资源动因计量各成本对象对作业的需求，并被占用来分配作业成本。

2. 间接成本分配法

间接成本是指不能容易和准确地归属于成本对象的成本。间接成本不能追溯到成本对象，即在成本与成本对象间没有因果联系或追溯不具有经济可行性。把间接成本分配到各成本对象的过程称之为分摊。由于不存在因果关系，分摊间接成本就建立在简便原则或假定联系基础上。比如一家工厂生产数种产品，照明成本需分摊到各产品，这很难找到因果关系，一种简便的方式是按各产品消耗的人工时数的比例来分摊。任意分摊间接成本会降低成本分配的准确性。在实际工作中，最好的成本计算策略可能是直接分配（即可追溯的）成本。如果满足某些要求，需要分摊间接成本，至少应当分开报告直接成本和间接成本的分配结果。

（四）其他控制方法

其他常用的控制方法有：市场控制与社群控制、比率分析、审计、价值工程和目标管理以及网络计划技术等。

下面介绍一下市场控制与社群控制方法。前面两种主要方法（预算控制与非预算控制）总体来说，属于以权威为核心，以程序化、规范化为特征的传统控制。伴随着社会的发展、管理日趋复杂，这些传统的控制方法在应用上受到一定程度的限制。重视市场机制与文化机制的现代新型控制方法则应运而生。主要包括市场控制和社群控制。

1. 市场控制

市场控制是指在企业内部管理的过程中，借用市场机制与市场价值体系评估与控制的方法。主要有公司层的市场控制、事业部层次上的市场控制及个人层次上的市场控制。

（1）公司层的市场控制：现代大公司大多进行多元化经营，设置独立面向不同市场的事业部，公司高层不可能进行传统意义上的控制。通常采用盈利率、市场占有率等市场指标进行控制与评价。这既有利于激励事业部的独立经营，又保证了公司高层的有效控制。

（2）事业部层次上的市场控制：为了有效控制事业部内部各部门与职能的高效运行，可以模拟市场交易机制的运行，为内部各部门之间提供产品和服务，参照市场价格制定内部转移价格或内部结算价格。

（3）个人层次上的市场控制，即通过人才市场的价格与绩效挂钩的奖酬体系衡量员工价值来加以控制的方式。

①招聘薪金衡量员工价值。不同水平的领导和不同技能的员工，其在招聘过程中的薪金水平会有明显的不同。这就会通过新进员工来控制人才的质量，进而激励原有的企业员工培训提高。

②建立与绩效挂钩的奖酬体系。通过这一体系，将员工数量、质量同奖酬紧密挂钩，就会有效地控制员工的工作状况与效果。

③董事会对经营者的控制。经营者对企业绩效起着至关重要的作用，因此，董事会对经营者的激励与控制也就显得尤为重要。其对经营者的市场控制主要表现为：一是通过职业经理人市场，挑选与淘汰经营者；二是建立与绩效挂钩的奖酬体系来加以控制。一般有两种典型激励方法：短期激励，即经营者的奖金与短期利润直接挂钩；长期激励，即经营者奖酬的相当部分取决于他所管理的公司的长期绩效，通常是股票期权。

2. 社群控制

社群控制是指以一定文化为基础，一定的群体依靠共同的价值和群体规范导向、规范和约束其成员的一种社会控制方法。

组织文化是社群控制的基础。组织文化是组织全体成员共同创造并共同信奉的信念与价值观。组织文化对其组织成员具有巨大的导向和规范作用。而且，这种导向与规范作用是内在的，远比传统控制的外在作用的力度要大得多，持续时间要长得多。这就是建立在组织文化基础上的控制具有其他控制所不具备的优势。不同组织文化有强有弱，进而对组织控制产生不同的影响。

控权赋能是社群控制的必要条件。实行社群控制，就必须充分信任员工，对员工进行授权赋能，给予员工必要的决策权，相信他们会从组织的利益出发来处理问题。在价值指导框架中，激励员工培养和运用判断能力，自主地、负责地、灵活地处理工作。在社群控制下，对传统控制手段，如监督、检查、干预以自我指导性团队取而代之。即在组织内，重建激励机制，强化责任感和团队精神，实行建立在相互尊重、高度自觉基础上的自我控制。

由于社群控制是一种充分授权与高度自觉的控制，每个成员都能独立自主地随时处理各种问题，因此，完全可以实行真正的实时控制，而不必再进行事后控制。社群控制对于解决紧急而复杂的经营管理问题，具有得天独厚的优势。

四、控制的过程

在某些情况下，控制职能可能导致确立新的目标，提出新的计划，改变组织机构，改变人员配备或在指挥和领导方法上做出重大的改变。控制职能在很大程度上使管理工作成为一个闭环系统。

控制是根据计划要求，设立衡量绩效的标准，然后把实际的工作结果与预定标准相比较，以确定组织活动中出现的偏差及其严重程度。在此基础上，有针对性地采取必要的纠正措施，以确保组织资源的有效利用和组织目标圆满实现。不论控制的对象是新技术研究与开发，还是产品的加工制造，或是市场营销宣传，是企业的人力条件，还是物质要素，或是财务资源，控制的过程都包括四个步骤，见图 8−51：

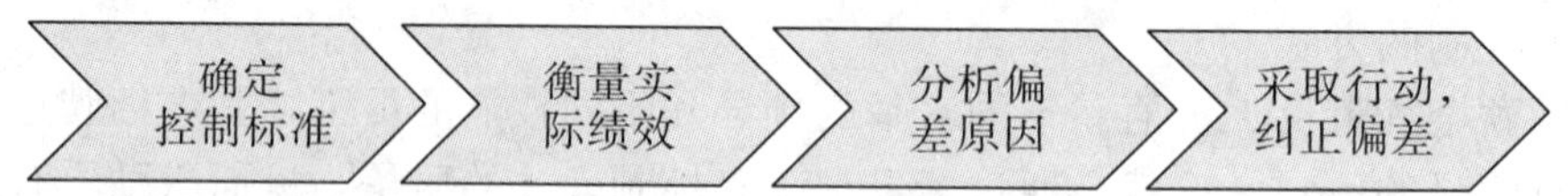

图 8−51　控制的过程

（一）确定控制标准

所谓标准，就是评定成效的尺度和准绳，标准来自组织计划，但又不等于组织计划。在组织制订计划时，由于计划详细程度和复杂程度不一，它的标准不一定适合控制工作的要求，控制工作需要的不是计划中的全部指标和标准，而常常是用来衡量工作业绩的几个关键点。根据标准，领导可以获得工作进行如何的信号，领导就不需要在实施计划过程中对每一步亲自加以过问。

现实当中，不同性质的组织通常要结合单位所在地区特点、行业属性、作业特征等多方面的因素来设置标准。标准因此可能有许多种类比，如在工商企业中，经常使用的标准类型包括生产率标准、消耗标准、质量标准和行为标准。例如，摩托罗拉、通用电气等多家大型制造企业所提出的“六西格玛”就是对产品质量控制的一个标准，这个标准的实施可以使产品的瑕疵率大大下降。标准可以是定量的，如成本、利润、单位产品的消耗定额等等，定量的标准更容易理解和控制。著名的历史学家黄仁宇就曾指出，资本主义的一个重要特征就是实现了“数字管理”，它极大地推动了社会的发展。当然现实中很多标准是无法量化的，因此，标准也可以定性描述，如工作作风、道德标准、企业价值等。但有一点需要注意，无论什么样的标准都应该是客观的、可以核实的。

（二）衡量实际绩效

衡量实际绩效就是将实际的工作效果与上个阶段制定的标准相比较，标准有了，那么这个阶段的重点工作就是采集实际工作的数据，了解和掌握工作的实际情况，整理为信息，并传递到对某项目负责而有权采取纠正措施的主管人员手中。现实中，此阶段信息的载体主要有以下几种形式：

1. 个人观察与讨论

个人观察与讨论即领导通过现场观察控制对象或者与控制人员进行面对面的接触与讨论。它为领导提供了最直接、深刻和具体的信息，避免了接受二手信息再加工、整理和传递过程中的信息消耗。例如，人力资源部经理主持招聘工作，如果仅仅是依靠简历来控制招聘对象的质量，偏差一定很大，因为简历上的信息经过应聘者的加工，而且往往是单一平面的，不能反映一个人的综合素质，比如气质、沟通能力等等。这样就需要补充面试程序，以保证招聘对象的质量。当然这种方法也有其局限性，如费时、费力，以点带面、缺乏一般性，领导可能会被某些表面的现象所蒙蔽。

2. 统计报告

随着组织规模的扩张，组织内部信息流量也变得越来越大，加上信息技术的普及与应用，领导面对的不再是信息匮乏而是信息爆炸。利用现代统计技术，无疑有助于领导对信息的管理。但这种方法不仅要求领导具有一点统计知识，而且对于原始数据的精确性提出了很高的要求，大大提高了控制的成本。

3. 口头汇报

口头汇报的形式有很多种，比如各种会议、一对一的谈话或远程电视、电话会议等，其优点是信息直接、全面，缺点是信息不易存储和保留，为日后的使用带来了一定障碍。但随着信息技术的发展，口头汇报形式将成为组织内衡量工作的重要形式。

4. 书面报告

书面报告通常是经过较为仔细的信息加工处理，并以正式的书面报告形式来提交的，因此信息更为精确和全面。其缺点是传递速度较慢，往往是造成控制停滞的主要原因。

（三）分析偏差原因

由于我们仅仅是在关键环节设置控制点，而控制点发现问题很可能是前某个（或几个）工作环节造成的，这就要求我们必须通过理性分析找出偏差的根本原因所在，并加以解决。例如在企业里，经理在控制企业经营状况时通常会将企业季度的利润水平作为控制点，一旦发现某季度的利润水平低于设定的浮动范围，就会分析其原因是销售收入的下降还是生产成本的升高。经检验后发现其成本并未有太大的变化，原因主要是季度销售收入下降，而收入的下降可能是外部出现了竞争性产品，或者是由于产品质量的降低导致消费者购买量下降。通过事实与假设之间反复验证、考量，最终确定造成该季度利润水平过低的原因。分析偏差的过程实际是归纳法与演绎法的结合，即通过所谓的双轨思考法则（double movement of reflective thinking）来实现对外部世界理性的认识。这个过程可以说是最难也是最需要领导经验、智慧的环节，组织领导的能力水平由此显现出来。伴随计算机、通信技术的发展，借助决策支持系统（DSS）、数据挖掘（dat mining）系统，很多企业已经实现了这个阶段工作的自动化、电子化，无疑对提高领导分析的准确性和有效性带来很大的帮助。

（四）采取行动，纠正偏差

控制过程的最后一项工作就是采取管理行动，纠正偏差。从管理的角度看，只有采取了必要的纠正行动之后，控制才是有效的。偏差的产生来源于标准与实际的工作绩效，因此，基于分析报告，纠正偏差的方法可以从两方面入手：一是改进工作绩效，二是修订标准。

1. 改进工作绩效

如果分析过程表明，计划和标准不存在问题，问题在于工作本身，那么领导就需要采取纠正行动。比如说由于港口装卸工人罢工耽误了原料供应或者是生产设备出现故障，就要采取方法使工作条件恢复正常；如果不是下属工作效能不足，就要向他们澄清指令，必要时给予额外培训，甚至可以考虑是否调换人员重新分配工作等等。按照行动效果不同，可以把改进工作绩效的行为分成两种模式：立即纠偏模式和彻底纠偏模式。前者是指发现问题后，领导立即采取行动，在最短时间内纠正偏差，此模式讲求结果的时效性。后者是指发现问题后，不是马上而是经过深思熟虑后，找出问题的本质，提出较为系统的办法，彻底解决问题。显然两者之间互有利弊，对于时间紧迫的问题，前者为宜，而对于反复出现、涉及范围广的问题则需要借助后一种模式的指导。实践中，两种模式共存，但在此我们想强调的是，作为组织的领导，不应该仅仅满足于“救火队长”的角色，而更应当成为组织中的“系统思考者”，善于以后一种模式来解决问题，纠正偏差。

2. 修订标准

偏差的主要原因在于标准设计的不甚合理，脱离了实际。例如，为了实现提高国家男子足球队的水平这一目标，国家体育总局给教练和球队设定了考核目标——在下届世界杯的比赛中，争取进入前八强。显然，无论是教练还是球员都不可能认同此项目标，因为它大大超出了球队的能力而显得不现实，最终不仅无法实现，甚至会影响队员们的积极性。因此，只有当标准是“跳起来”可以够得着的“葡萄”时，才是有效标准。

综上所述，控制实际是一个连续的过程，它使管理工作成为一个闭路系统。在大多数情况下，实施控制既是一个管理过程的终结，又是一个新的管理过程的开始。控制绝不是仅限于衡量计划执行中出现的偏差，控制的目的在于通过采取纠正措施，把那些不符合要求的管理活动引回正常的轨道上来，使管理系统稳步地实现既定目标。纠正偏差的措施可能涉及需要重新拟订计划、修订标准、改变组织机构、调整人员配备，并对指导或领导方式做出重大的改变等等。这实际是开始了一个新的管理过程。因此，控制不仅是实现计划的保证，而且可以积极地影响计划的制订。正是由于这个原因，控制活动成为一条贯穿于整个管理活动始终的主线，只要有管理，就意味着控制，随着管理活动的发生、管理系统的运行，控制过程也不断地、周而复始地连续展开。

五、有效控制的要点

在管理实践中，要使控制工作发挥作用，取得预期的成效，领导在设计控制制度或实行控制过程当中，除了遵守文中曾提及的几条基本原则，按照控制基本流程并采取一些控制技术之外，还要特别注意满足以下几方面的要求。

（一）控制工作应确立客观标准

管理难免有许多主观因素在内，但是对于下属工作的评价，不应仅凭主观来决定。在需要凭主观来控制的那些方面，主管人员或下级的个性也许会影响对工作的准确判断。但是，如能定期地检查过去所拟定的标准和计量规范，并使之符合现实的要求，那么人们客观地去控制他们的实际执行情况就不会很难。当然，客观标准可以是定量的，例如每一个预防对象的费用，或每日诊病人数，或工作完成的日期；也可以是定性的，例如一项专门的训练计划，或者是旨在提高人员质量的专门培训计划。问题的关键在于，在每一种情况下，标准都应该尽可能地可以测量和可以考核。

（二）控制工作应具有灵活性

控制工作即使在计划发生了变动、出现了未预见到的情况或计划全盘错误的情况下，也应当能发挥它的作用。也就是说，在某种特殊情况下，一个复杂的管理计划可能失常，控制系统应当报告这种失常的情况。它还应包含足够灵活的要素，以便在出现任何失常情况下都能保持对运行过程的管理控制。一般来说，灵活的计划有利于灵活地控制。但要注意的是，这一要求仅仅适用于计划失常的情况，而不适用于在正确计划指导下人们工作不当的情况。

（三）控制工作要具有全局观点

在组织结构中，各个部门及其成员都在为实现其个别的或局部的目标而活着。许多主管人员在进行控制时，就往往从本部门的利益出发，只要求能正确实现自己局部的目标而忽视组织目标的实现，因为他们忘记了组织的总目标是要靠各部门及其成员协调一致的活动才能实现的。因此，对于一个合格的主管人员来说，进行控制工作时，不能没有全局观念，要从整体利益出发来实施控制，将各个局部的目标协调一致。

（四）控制工作应讲究经济效益

领导在设计控制制度的时候，通常希望控制制度滴水不漏，非常完善，但却往往忽视了控制制度或控制工作本身的运行与实施都要花费成本，当控制工作所支付的费用与控制所取得的经济效益之间不符合投入产出效益时，该控制是无效率的，因此，控制工作也必须讲究经济效益。所谓经济效益是相对而言的，它与经营业务的重要性及其规模有关，也与缺乏控制时的耗费情况和一个控制系统能够做出的贡献有关。

（五）控制的信息系统应该具有针对性

控制系统和信息是为了协助每个主管人员行使其控制职能的，如果所建立的控制系统不为主管人员所了解、信任和使用，那么它就没多大用处。因此，建立控制系统必须符合每个主管人员的情况及其个性，使他们能够理解它，进而能信任并自觉地运用它。对于主管人员来说，由于知识水平有限，不可能样样精通。因此，提供的信息就要针对他们的特点，要采取那些能够为他们所理解和接受的信息形式。人们对不容易理解的东西，就不容易产生信任，而对于不信任的东西就不会去使用。

（六）控制工作要掌握人性

管理控制与电子、机械系统控制的最大区别就在于，其系统中除了其他的要素，还有人群的参与和互动，这使管理控制系统比其他系统控制都要复杂很多。要达到有效实施组织管理控制的目的，必须掌握相当的个体和集体心理学知识，善于分析人们对各项控制程序、手段的心理反应。一般而言，人们对控制产生厌恶情绪的因素包括：不能接受目标，感觉考核标准不合理，认为测度不恰当，控制总是报道负面消息，下级员工对领导的控制行为有观念上的排斥等。管理人员应该根据实际情况，仔细分析是什么原因导致了下级员工对控制产生负面情绪，并设法诱发对控制的积极反应。这些措施包括：保持一种不带偏见的控制观；鼓励下属参与制定标准；实事求是，而不是主观地、权威地控制；使控制制度具有一定弹性；在实施控制中应对个人需求和社会压力具有敏感性。

（七）控制过程要强调组织学习

前面谈到，控制是一个动态过程。事前工作的重点是确立科学合理的控制标准、程序以及设计相应的组织架构，事中则更多强调信息系统的信息传递以及纠偏行动的贯彻落实，事后则偏重对该活动控制的经验总结，而这种经验的总结，或者说知识的提炼为下个阶段的类似活动的控制提供了直接智力支持。应该认识到，控制过程从另一个侧面看也是组织学习和知识积累的过程。认识到这一点，就要求组织的领导着力于使组织向学习型、知识型转变。

本章小结

管理过程功能学派，又叫管理职能学派、经营管理学派。当代管理理论的主要流派之一，主要致力于研究和说明“管理人员做些什么和如何做好这些工作”，侧重说明管理工作实务。创始人是法约尔，代表人物有哈罗德·孔茨、亚历山大·丘奇、詹姆斯·穆尼等。

过程功能学派是以管理的职能及其发挥作用的过程为研究对象，认为管理就是通过别人或同别人一起完成工作的过程。管理过程与管理职能是分不开的，管理的过程也就是管理的诸职能发挥作用的过程。以这一认识为出发点，管理过程学派试图通过对管理过程或管理职能的研究，把管理的概念、原则、理论和方法加以理性概括，从而形成一种“一般性”的管理理论。在研究方法上，这一学派一般是首先把管理人员的工作划分为各种职能，然后对这些职能进行分析研究，并结合管理实践探索及管理的基本规律和原则。管理过程学派认为，运用这种研究方法，可把管理工作的一切主要方面加以理论地概括，从而建立起可指导管理实践的管理理论，认为管理是一个过程，一个由不同管理职能组成的循环过程。把管理人员的工作划分为一些职能：计划、组织、用人、领导和控制。对管理的职能进行了研究，在丰富的管理实践中探求管理的基本规律，在分析基本职能的基础上对每项职能提出了一些基本问题：职能的特点和目的，职能的基本结构，职能过程、技术、方法及其优缺点，有效实施职能的障碍以及排除这些障碍的手段和方法。

管理过程功能学派通过对管理职能和管理过程的分析，为经营管理实践的理解和理论的研究提供了一个概括的框架。组织的经营管理事务纷繁，头绪众多，对其理解和探究颇具棘手之感。有了这种框架以后，就可以对管理从几个主要方面进行深刻的理解和做有条不紊的分析；而在发展中新增的一切概念均可被分门别类地安置于这个框架之中。这便是一种持续不尽的框架。管理过程功能学派确定的管理职能和管理原则，为训练管理人员提供了基础。把管理的任务和非管理的任务（如财务、生产以及市场交易）加以明显地区分，能使经理集中于经理人员的基本工作上。管理过程学派认为，管理存在着一些普通运用的原则，这些原则是可以运用科学方法发现的。管理的原则如同灯塔一样，能使人们在管理活动中辨明方向。

本章关键词

过程功能学派　管理过程　管理职能　管理原则　计划　组织　领导　控制　激励

思考题

1. 什么是控制？在管理中控制的作用是什么？
2. 描述控制的过程。
3. 比较不同控制的优缺点。
4. 解释预算控制的内容，并说明如何进行预算控制。
5. 解释成本控制的内容，并说明如何进行成本控制。

案例分析

美国某信用卡公司的卡片分部认识到高质量客户服务是多么重要。客户服务不仅影响公司信誉，也和公司利润息息相关。比如，一张信用卡每早到客户手中一天，公司可获得33美分的额外销售收入，这样一年下来，公司将有140万美元的净利润，及时地将新办理的和更换的信用卡送到客户手中是客户服务质量的一个重要方面，但这远远不够。

对客户服务质量进行控制来反映其重要性的想法，最初是由卡片分部的一个地区副总裁凯西·帕克提出来的。她说："一段时间以来，我们对传统的评价客户服务的方法不大满意。向管理部门提交的报告有偏差，因为它们很少包括有问题但没有抱怨的客户，或那些只是勉强满意公司服务的客户。"她相信，真正衡量客户服务的标准必须基于和反映持卡人的见解。这就意味着要对公司控制程序进行彻底检查。第一项工作就是确定用户对公司的期望。对抱怨信件的分析指出了客户服务的三个重要特点：及时性、准确性和反应灵敏性。持卡者希望准时收到账单、快速处理地址变动、采取行动解决抱怨。

了解了客户期望，公司质量保证人员开始建立控制客户服务质量的标准。所建立的180多个标准反映了诸如申请处理、信用卡发行、账单查询反应及账户服务费代理等服务项目的可接受的服务质量。这些标准都基于用户所期望的服务的及时性、准确性和反应灵敏性，同时也考虑了其他一些因素。

除了客户见解，服务质量标准还反映了公司竞争性、能力和一些经济因素。比如：一些标准因竞争引入，一些标准受组织现行处理能力影响，另一些标准反映了经济上的能力。考虑了每一个因素后，适当的标准就成型了，所以开始实施控制服务质量的计划。

计划实施效果很好，比如处理信用卡申请的时间由35天降到15天，更换信用卡从

15 天降到 2 天，回答用户查询时间从 16 天降到 10 天。这些改进给公司带来的潜在利润是巨大的。例如，办理新卡和更换旧卡节省的时间会给公司带来 1750 万美元的额外收入。另外，如果用户能及时收到信用卡，他们就不会使用竞争者的信用卡了。

该质量控制计划潜在的收入和利润对公司还有其他的益处，该计划使整个公司都注重客户期望。各部门都以自己的客户服务记录为骄傲。而且每个雇员都对改进客户服务做出了贡献，使员工士气大增。每个雇员在为客户服务时，都认为自己是公司的一部分，是公司的代表。

信用卡部客户服务质量控制计划的成功，使公司其他部门纷纷效仿。无疑，它对该公司的贡献将是巨大的。

思考题

1. 该公司控制客户服务质量的计划是前馈控制、反馈控制还是现场控制?
2. 找出该公司对计划进行有效控制的三个因素。
3. 为什么该公司将标准设立在经济可行的水平上，而不是最高可能的水平上?

参考资料

[1] [美] 乔治·戴维:《高层管理基础》，中国社会科学出版社，1987 年版。
[2] [美] 彼得·德鲁克:《管理的实践》，中国物理出版社，1992 年版。
[3] 周三多:《管理学——原理与方法》，复旦大学出版社，2003 年版。
[5] 谢勇:《管理学》，华中科技大学出版社，2008 年版。
[6] 张根东:《管理学原理》，甘肃人民出版社，2008 年版。
[7] 谢平楼:《管理能力基础》，北京邮电大学出版社，2008 年版。
[8] 丁家云:《管理学：理论、方法、实践》，中国科学技术大学出版社，2010 年版.
[9] 刘勇:《ERP 沙盘模拟实训教程》，经济管理出版社，2011 年版。
[10] 陈立富:《管理学：理论与方法》，第二军医大学出版社，2010 年版。
[11] 张晋等:《劳动人事管理辞典》，四川科学技术出版社，1987 年版。
[12] 苏东水:《管理心理学》(修订版)，复旦大学出版社，1992 年版。
[13] 赵振宇等:《送你一把钥匙：企业激励方略》，山西经济出版社，1996 年版。
[14] 彭四平、恒庆：《激励心理学——人类前进的推动器》，湖北人民出版社，2006 年版。
[15] 芮明杰:《管理学：现代的观点》(第 2 版)，上海人民出版社，2005 年版。
[16] 戈布尔：《第三思潮：马斯洛心理学》，吕明、陈红雯译，上海译文出版社，1987 年版。
[17] 何一帆:《对马斯洛需要理论的再思考》，载于《视线》，第 119 期。
[18] 雷戈:《企业人性的一面》，希尔图书公司，2003 年版。
[20] 马作宽:《组织激励》，中国经济出版社，2009 年版。
[21] 王祖成:《世界上最有效的管理：激励》，中国统计出版社，2002 年版。
[22] 支晓强、蒋顺才:《企业激励制度》，中国人民大学出版社，2004 年版。
[23] 刘伟:《激励理论在企业管理中的应用》，载于《企业管理》，2005 年第 5 期。

[24] [美] 斯蒂芬·P. 罗宾斯：《组织行为学》，中国人民大学出版社，1997 年版。
[25] [美] 唐·赫尔雷格尔，小约翰·瓦·斯洛克姆：《组织行为学》，中国社会科学出版社，1988 年版。
[26] 俞克纯、沈迎选：《激励·活力·凝聚力》，中国经济出版社，1988 年版。
[27] [美] S. 阿尔特曼、E. 瓦伦齐、R. 霍德·盖茨：《管理科学与行为科学》，北京航空航天大学出版社，1990 年版。
[28] 卢盛忠：《管理心理学》，人民教育出版社，1988 年版。
[29] 王重鸣：《管理心理学》，人民教育出版社，2002 年版。
[30] 陈泽民：《B. F. 斯金纳描述行为主义及学习理论简介》，载于《心理探新》，1980 年第 1 期。
[31] 高觉敷：《西方近代心理学史》，人民教育出版社，1982 年版。
[32] 李汉松：《西方心理学史》，北京师范大学出版社，1988 年版。
[33] [美] Robert D. Nyel：《（三种心理学）弗洛伊德、斯金纳和罗杰斯的心理学理论》，石林、袁坤译，中国轻工业出版社，2000 年版。
[34] Skinner B. F. Teaching machines. *Scientific American*. November，1961.
[35] Skinner B. F. *The technology of teaching*. New York：Appleton－Century－Crofts. 1968.
[36] 于小结：《再析美国期权制度的负效应》，载于《财政研究》，2009 年第 4 期。
[37] 常兴华：《美国、日本、德国企业年薪制介绍》，载于《中国劳动》，1998 年第 2 期。
[38] 高良谋：《试行企业经营者年薪制存在的主要问题》，载于《中国工业经济》，1997 年第 4 期。
[39] 金范烈：《年薪制的现状与未来》，载于《LG 经济周刊》，2003 年第 5 期。
[40] 张建国：《实务导航：绩效工资制定中的成本会计及经济分析》，载于《1994－2012 攀枝花钢铁（ 集团）公司工资管理标准 1QG/ PG18》，1996 年。
[41] E. 麦克纳、N. 比奇：《人力资源管理》，中信出版社，1998 年版。
[42] 劳伦斯·S. 克雷曼：《人力资源管理：获取竞争优势的工具》，机械工业出版社，1999 年版。
[43] Kanter，R. M. The attack on pay. *Harvard Business Review*. March－April，1987.
[44] 郭咸纲：《西方管理思想史》，世界图书出版公司北京公司 o 后浪出版咨询（北京）有限责任公司 ，2010 年版。
[45] 朱江、穆尼、戴维斯等：《人与管理过程理论》，载于《管理现代化》，1992 年第 3 期。
[46] 方振邦：《管理思想百年脉络：影响世界管理进程的百名大师》（第 3 版），中国人民大学出版社，2012 年版。
[47] 谭和平：《美国著名管理学家——哈罗德·孔茨》，载于《现代班组》，2011 年第 09 期。
[48] 孟德泉、刘思正：《管理学原理新编》，西南交通大学出版社，2009 年版。
[49] 王德中：《管理学》（第 4 版），西南财经大学出版社，2008 年版。

[50] 沈波：《管理学概论》，东南大学出版社，2008 年版。
[51] 马作宽：《组织变革》，中国经济出版社，2009 年版。
[52] 梁明波：《管理学》，社会科学文献出版社，2006 年版。
[53] 安东：《中国管理寓言》，湖北人民出版社，2006 年版。
[54] 石伟：《组织文化》（第 2 版），复旦大学出版社，2010 年版。
[55] 王今舜：《组织文化》，湖南师范大学出版社，2007 年版。
[56] Sandral I，Erwin. Experimental Battle－Planning Software Rushed to Iraq. *National Defence*，2003.
[57] 许玉林：《组织设计与管理》，复旦大学出版社，2010 年版。

第九章　决策理论学派

本章结构

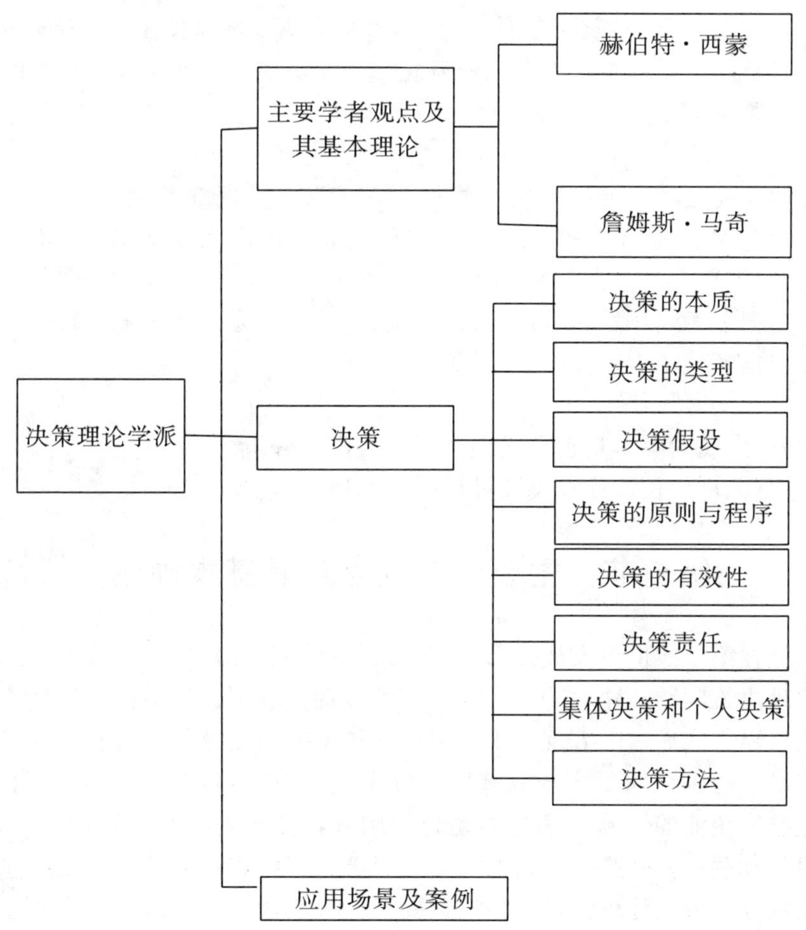

管理名言

1. 决策是管理的心脏，管理是由一系列决策组成的，管理就是决策。

——美国著名管理学家 赫伯特·西蒙

2. 一个成功的决策，等于90%的信息加上10%的直觉。

——美国企业家 S. M. 沃尔森

本章学习目标

1. 掌握赫伯特·西蒙的基本思想和主要内容
2. 掌握詹姆斯·马奇的基本思想和主要内容
3. 理解弗洛伊德、帕累托等的基本思想及其主要内容
4. 学会运用决策理论学派知识解决实际问题

引例

新任厂长的产品决策

某工具厂从1990年以来一直生产经营A产品，虽然产品品种单一，但是市场销路一直很好。后来由于经济政策暂时调整及客观条件的变化，A产品滞销，企业职工连续半年只能拿50%的工资，更谈不上奖金，企业职工怨声载道，积极性受到极大的影响。

新厂长上任后，决心一年改变工厂的面貌。他发现该厂与其他部门合作的环保产品B产品很成功，于是决定放弃A产品，改产B产品。一年过去，企业总算没有亏损，但工厂日子仍然不好过。

后来市场形势发生了巨大的变化。原来的A产品在市场上卖到脱销，用户纷纷来函来电希望该厂能尽快恢复A产品的生产。与此同时，B产品销路不好。在这种情况下，厂长又回过头来抓A产品，但一时又无法搞上去，无论数量和质量都不能恢复到原来的水平。为此，集团公司领导对该厂厂长很不满意，甚至认为改产是错误的决策，厂长感到很委屈，总是想不通。

问题

1. 你认为该厂长的决策是否有错误？请你做详细分析。
2. 如果你是该厂厂长，你在决策过程中会如何去做？

第一节　主要学者观点及其基本理论

决策理论是在第二次世界大战以后发展起来的，将系统理论、运筹学、计算机科学等综合运用于管理决策问题，建立了一个有关决策过程、准则、类型、方法的较完整的理论体系。第二次世界大战后，随着现代生产和科学技术的高度分化与高度综合，企业的规模越来越大，特别是跨国公司不断地发展，这种企业不仅经济规模庞大，而且管理十分复杂。同时，这些大企业的经营活动范围超越了国界，使企业的外部环境发生了很大的变化，面临着更加动荡不安和难以预料的政治、经济、文化和社会环境。在这种情况下，对企业整体的活动进行统一管理就显得格外重要了。决策理论学派认为：管理过程就是决策的过程，管理的核心就是决策。

决策理论学派的主要代表人物是曾获1978年度诺贝尔经济学奖金的赫伯特·西蒙。西蒙虽然是决策学派的代表人物，但他的许多思想是从巴纳德的理论中吸取来的，他发展了巴纳德的社会系统学派，并提出了决策理论，建立了决策理论学派，建立了一个有关决策过程、准则、类型及方法的较完整的理论体系，主要著作有《管理行为》《组织》《管理决策的新科学》等。

决策理论是有关决策概念、原理、学说等的总称。“决策”一词通常指从多种可能中

做出选择和决定。行政决策理论是用以指导和阐释行政决策的理论依据。

一、赫伯特·西蒙

赫伯特·西蒙，美国著名经济学家，决策理论学派的主要代表。他提出了管理的决策职能，并提出了系统的决策理论。这一理论被公认为是关于公司企业实际决策的独创见解。

西蒙提出管理决策理论的核心概念和根本前提是“有限理性”原则，也就是说，个人或企业的决策都是在有限度的理性条件下进行的，这是西蒙决策理论的重要基石之一，也是他对经济学的一项重大贡献。西蒙强调决策职能在管理中的重要地位，以有限理性的人代替绝对理性的人，用“满意原则”代替“最优原则”。

从管理职能的角度来说，决策理论提出了一条新的管理职能。针对管理过程理论的管理职能，西蒙提出决策是管理的职能，决策贯穿于组织活动的全部过程，进而提出了“管理的核心是决策”的命题，而传统的管理学派是把决策职能纳入计划职能当中的。由于决策理论不但适用于企业组织，而且适用于其他各种组织的管理，具有普遍的适用意义，因此，“决策是管理的职能”现在已普遍得到管理学家承认。

决策理论还首次强调了管理行为执行前分析的必要性和重要性。在决策理论之前的管理理论，管理学家的研究重点集中在管理行为本身的研究中，而忽略了管理行为的分析。西蒙把管理行为分为“决策制定过程”和“决策执行过程”，并把对管理的研究重点集中在对“决策制定过程”的分析上。正如西蒙所指出的那样：“但是，所有这类讨论，却都没有充分注意任何行动开始之前的抉择——关于要干什么事情的决定，而不是决定的执行……任何实践活动，无不包含着‘决策制定过程’和‘决策执行过程’。然而，管理理论既要研究后者也要研究前者这一点，却还没有得到普遍承认。”

（一）决策理论在组织中的重要作用，认为管理就是决策

传统的管理将组织活动分为高层决策、中层管理和基层作业，认为决策只是组织中高层管理的事，与下面的其他人员无关。但是西蒙认为，决策不仅仅是高层管理的事，组织内的各个层级都要做出决策，组织就是由作为决策者的个人所组成的系统。西蒙的决策理论归纳如下：

1. 决策贯穿管理的全过程，决策是管理的核心，管理就是决策

组织中经理人员的重要职能就是做决策。他认为，任何作业开始之前都要先做决策，制订计划就是决策，组织、领导和控制也都离不开决策。制订计划以及在两个以上的备选计划中选择一个，都是决策。组织的设计、部门化方式的选择、决策权限的分配等是组织上的决策问题，计划的比较、控制手段的选择等是控制上的决策问题。所以，决策是贯彻于管理的各个方面和全过程，管理就是决策。一个组织的任何一个成员的第一个决策是参加或者不参加这个组织。组织的成员在做出了参加该组织的决策以后，他的个人目标就逐渐退居第二位而从属于组织目标。组织把其成员的某些决策权接收过来而代之以组织的决策，于是决策就成为组织中许多集团参与的结果，成为一种“混合的”决策。所以，要了解一个组织的结构和职能，就必须分析其成员的决策和行为及其受组织的影响大小，必须研究影响群体行为的复杂的决策网状结构（如图 9−1 所示）。

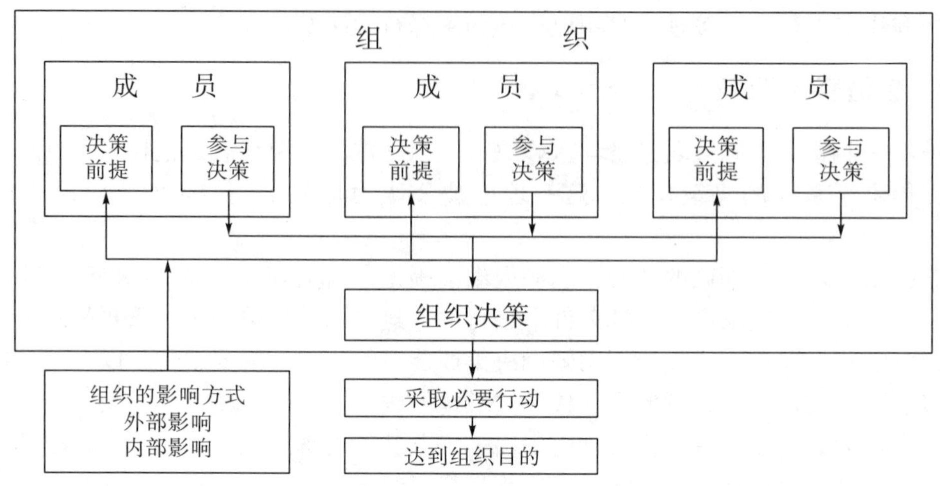

图 9－1　组织决策的网状结构

2. 系统阐述了决策原理

西蒙对决策的程序、准则、程序化决策和非程序化决策的异同及其决策技术等做了分析。西蒙提出决策过程包括 4 个阶段：搜集情报阶段，拟定计划阶段，选定计划阶段，评价计划阶段。这四个阶段中的每一个阶段本身就是一个复杂的决策过程。

3. 在决策标准上，用满意原则代替“最优原则”

以往的管理学家往往把人看成是以“绝对的理性”为指导，按最优化准则行动的理性人。西蒙认为事实上这是做不到的，应该用“管理人”假设代替“理性人”假设，“管理人”不考虑一切可能的复杂情况，只考虑与问题有关的情况，采用“令人满意”的决策准则，从而可以做出令人满意的决策。组织的全部管理活动都是集团活动，其中心过程就是决策。

4. 一个组织的决策根据其活动是否反复出现可分为程序化决策和非程序决策

经常性活动的决策应程序化以降低决策过程的成本，只有非经常性的活动，才需要进行非程序化的决策。

（二）决策的四个阶段

在传统的思维中，人们一般认为决策是从几个被选方案中选出一个最优的行动方案。但是西蒙等人认为，决策包括一开始的调查、分析、选择方案等一系列的活动。它是一个分阶段，涉及很多方面的复杂的活动。西蒙的决策划分包括 4 个阶段：

1. 搜集情报阶段

搜集企业所处环境中有关经济、技术、社会等方面的情报并加以分析，同时对企业内部的有关情报也要搜集并加以分析，以便为拟定和选定计划提供依据——可以称之为“情报活动”。通过搜集情况发现问题，并对问题的性质、发展趋势做出正确的评估，找出问题的关键。情报的搜集应该尽可能全面，而且要真实，否则对以后的决策会有误导作用，极有可能做出错误的决策。

2. 拟定计划阶段

以企业所需解决的问题为目标，依据第一阶段所搜集到的情报，拟定出各种可能的备选方案——可以称之为“设计活动”。拟定计划即在确定目标的基础上，依据所搜集到的信息，编制可能采取的行动方案。这时可能会有几个候选方案，决策的根本在于选择，备选方案的数量和质量对于决策的合理性有很大的影响，因此要尽可能多提出方案，避免漏掉好的方案。

3. 选定计划阶段

根据当时的情况和对未来发展的预测，从备选方案中选定一个行动方案——可以称之为“抉择活动”。这时要根据当时的情况和对未来的预测，从中选择最合适的一种方案。在选择方案时，要确定选择的标准，而且对各种方案应该保持清醒的估计，使决策保持一定的伸缩性和灵活性。计划选好了以后就要制订实施方案，方案的实施也是很重要的一个环节。制订一个合理的实施计划，这个计划要清晰且具体，对时间有一个合理的分配，对人、财、物也要做一个清晰的分配。在执行决策中，还要做好决策的宣传工作，使组织成员能够正确理解决策，同时形成一种有利于实现决策的气氛。

4. 评价计划阶段

评价计划即在决策执行过程中，对过去所做的抉择进行评价，可以称之为“审查活动”。通过评估和审查，可以把决策的具体实行情况反馈给决策者。如果出现了偏差，及时地纠正，以保证决策能够顺利实施，或者直接修改决策本身，以使决策更加科学合理。而且，通过执行决策的审查使上级了解本组织、本部门的决策执行情况，为他们以后作决策提供信息。

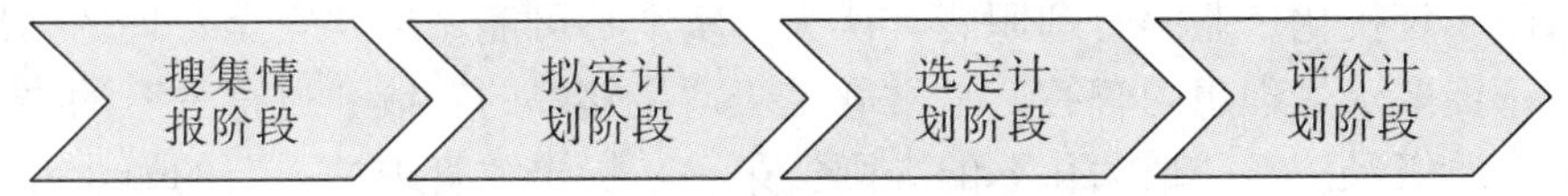

图 9－2　决策的四个阶段

图 9－2 中的每一个阶段都是一个复杂的决策过程。例如在第一阶段，面对大量的情报，就要加以分析，决定取舍，其中就有决策。在第二阶段，决策的性质更为明显。所以，不是只有第三阶段才有决策。只有把前面两个阶段的工作做好了，才能在第三阶段做出正确的抉择。至于第四阶段的审查和评价，当然也是离不开决策的。

这四个阶段一般是按上述顺序排列的，即先搜集情报，再拟定计划，然后选定计划，最后评价和审查计划。但是，实际情况要复杂得多。例如，设计阶段可能需要新的情报，而任何阶段中的问题又会产生出若干次要问题。这些次要问题又有各自的情报、设计、抉择等阶段，也就是大圈套小圈，小圈之中还有圈。一般来说，决策要遵守这样的程序，但是也不能完全机械地用上面的过程来一步步地做。比如，在拟订方案阶段出现了新的问题，这就需要重新返回第一个阶段来搜集情报，结果又回到了第一个阶段。按说决策应该是充分地搜集信息，然后做一个最好的决策，但有时候没有足够的时间来收集信息。例如在经营中出现了突发事件，需要立刻解决，这时的决策就在很大程度上要依据管理者的经验和直觉来决定。

在决策过程中，西蒙特别强调信息联系的作用。他给信息联系下的定义是：把做出决策所必需的情报资料，从一个组织成员传递给另一个成员的过程。他还指出，信息联系是一种双向过程，包括从组织的各个部分向决策中心传递，也包括从决策中心向各个部分传递。也就是说，决策传递过程是向上、向下和“水平地”贯彻于整个组织，同巴纳德的观点不同，西蒙更加重视信息传递的非正式渠道，而把权力机构的“正式网络”放到次要的地位。

（三）决策的准则

基于对决策人的理性和非理性的分析，西蒙提出了他对于决策准则的看法：既然所谓的“客观理性”事实上并不存在，我们就不应该把建立在“客观理性”基础之上的“最优原则”作为决策的准则；相反，应该用“满意原则”取代“最优原则”。

1．经济人的“绝对的理性”准则

经济学自从亚当·斯密开始都把在进行决策时的个人或企业看成是“理性的人”或“经济的人”。决策时，他们的行为是受“最大化”的行为准则支配的，即进行最优的选择。现代资产阶级经济学家也遵守这个原则。

2．组织中人的行为是为实现一定目的，具有有限理性的以任务为中心的合理选择手段的“管理人”的行为

西蒙认为要做到“理性的人”就要有三个前提：（1）决策者对于所有可能的选择方案及其未来后果要“无所不知”；（2）决策者要具有无限的估算能力；（3）决策者的头脑中对于各种可能的后果有个“完全而一贯的优先顺序”。如果考虑到决策者所处的环境，寻找各种替代办法的活动必然受到寻找费用和寻找时间的限制，因而得不到全部信息，也不可能具备这些条件。

3．有限度的理性导致管理人寻求“符合要求的”或“令人满意的”方案

西蒙着眼于现代化企业的管理职能，认为事实上不可能做出“完全合理的”决策。人们在决策时不能要求最理想的解答，常常满足于“足够好的”或“过得去”的决策。所以西蒙否定资产阶级经济学“最大化”的准则：第一，提出“管理的人”的概念和“令人满意的”行为准则；第二，不考虑一切可能的复杂情况，只考虑与问题有关的特定情况。对工商企业来说，这种“足够好的”准则就是“适当的市场份额”“适度的利润”“公平价格”等。瑞典皇家科学院认为这是西蒙提出的关于公司企业实际决策的新见识。

（四）例行活动和非例行活动的决策技术

西蒙决策理论的重要组成部分之一，就是把一个组织的活动分为两类：一类是例行活动，是重复出现的例行公事，如订货、材料出入等。这类活动的决策是经常反复的，而且有一定的结构，因此可以建立一定的程序，这类活动出现时予以应用，不必每次做新的决策。这类决策叫作程序化的决策。另一类是非例行活动，不是重复出现的，也不能用对待例行公事的办法来处理，如新产品的研究发展、企业经营多样化的决定、新工厂的扩建等。这类活动有许多是特别重要的，其决策是新出现的，不能程序化的。这类决策叫作非程序化的决策。

西蒙指出，程序化的决策和非程序化的决策，并非真是截然不同的两类决策，而是像一个光谱一样的连续统一体：其一端为高度程序化的决策，而另一端为高度非程序化的决策。沿着这个光谱式的统一体可以找到不同灰色梯度的各种决策。

关于程序化决策和非程序化的技术处理，西蒙曾列表如下（见表9－1）：

表 9－1 程序化决策和非程序化的技术处理

决策类型	传统的决策技术	现代的决策技术
程序化决策： 重复的、例行的决策，由组织制定其决策的具体程序	（1）习惯 （2）标准的业务程序 （3）组织结构：共同的目标、分目标系统、信息联系的渠道	（1）运筹学：数理分析、模型、电子计算机模拟 （2）电子数据处理
非程序化决策： 一次的、非例行的新决策，按一般决策过程来处理	（1）判断、直觉、创造性 （2）经验 （3）经理人员选拔和训练	启发式解题技术之应用： （1）决策者之培训 （2）启发式电子计算机程序之设计

从表 9－1 可以看出，传统的决策技术和现代的决策技术在处理这两种类型的决策时是不同的。传统的决策技术在处理程序化决策时，或者是按照合理的习惯或依据习惯而制定的标准业务程序，或者是按照一定的组织结构，总之都是例行公事的办法。处理非程序化的决策时则按一般决策过程来处理：它从确定企业目标开始，制订达到这个目标的各种备选方案，从这些方案中选定一个，把这个选定的方案付诸实施，在实施的过程中进行检查和控制，以便保证实现企业的目标。这些，一般都是依靠经理人员的直觉、判断和经验来进行。为了提高经理人员在这方面的能力，提高决策水平，一般采取两种措施：一是选拔并培训从事非程序化决策的经理人员；二是设立专门从事非程序化决策的部门，以免一般经理人员忙于程序化决策而忽视非程序化决策。

（五）决策和组织机构、集权和分权的关系

西蒙指出一个组织划分为各个单位必须以所要做出的决策类型为依据，而评价一个机构的有效性的主要标准就是它对行为的影响。一个组织一般有三层机构：基层机构从事基本生产，中层机构从事程序化决策，上层机构从事非程序化决策。西蒙认为，决策过程中电子计算机技术等的运用并不会改变上述三层机构的划分，而会使之更加明确、清楚。所以，未来的组织将仍然是等级制的，虽然其具体形态可能同现在有巨大的差别。

关于集权和分权的问题，西蒙指出不能脱离决策过程而孤立存在。有关整个组织的决策必须是集权的。因为，由于个人的认识、情报的来源、能力、知识经验等方面的限制，下级人员可能不如高层领导能做出更适合整个系统的决策。由于一个组织内决策过程本身的性质，分权也是必需的。因为个人的认识能力是有限的，所以在做出重大的新决策时，必须实行适当的分权，由各个单位和各个层级的人员来参与决策。

西蒙的决策理论是他在行为科学的基础上，从心理学中“人类具有判断能力，但又受认识事物的局限性限制”这一命题出发，为了满足现代化大企业在处理日常业务和创新活动等管理方面的需要所概括出的一套比较科学、比较切实可行的行为准则和工作程序，它说明了现代管理科学的一个侧面。西蒙的理论现在已经成为资本主义企业经济学、组织行为理论和组织发展理论的组成部分，资本主义世界的公司企业在不同程度上也是根据西蒙的理论进行组织管理的。

（六）西蒙决策理论的贡献及局限性

从管理职能的角度来说，决策理论提出了一条新的管理职能。针对管理过程理论的管理职能，西蒙提出决策是管理的职能，决策贯穿于组织活动的全部过程，进而提出了“管理的核心是决策”的命题，而传统的管理学派是把决策职能纳入计划职能中的。由于决策理论不仅适用于企业组织，而且适用于其他各种组织的管理，具有普遍的适用意义。因此，“决策是管理的职能”已普遍得到管理学家们的承认。决策理论具有如下贡献：

首先，决策理论对复杂的管理活动进行了高度的理论概括，并充分考虑经营管理的整个领域及其环境，使管理理论围绕着决策这个中心来发展。

其次，决策理论的系统结构可以向管理者提供一种分析、解决问题的系统方法。它鼓励管理者去发现和探寻各种潜在性的对策和可能发生的自然状态，并能充分运用各种科学知识和技术手段，形成比较全面系统的管理方法和技术，使管理具有一定的可操作性。

最后，管理人（或决策人）有限度的理性准则对于工商企业经营管理决策具有相当的客观性、可行性和较强的现实意义。

决策理论也存在以下局限性：

（1）决策理论如果作为一种主流的一般管理理论，显然未能全面反映管理活动的规律性，缺乏对一般管理关系和环节的分析，忽视了管理工作要比决策工作多得多、复杂得多这个事实。所以，从根本上说，它还属于管理方法、手段或技术方面的管理理论。

（2）西蒙的决策理论从本质上说是管理决策理论，而未包括根据生产、销售资本运营等企业组织的工作内容而进行的业务（或经营）决策内容。从这个角度来看，它如同其他管理理论一样，没有同企业的经营活动紧密结合起来，不能成为企业管理理论的主流理论。

相关链接

赫伯特·西蒙（Herbert Alexander Simon，1916—2001），经济组织决策管理大师，第十届诺贝尔经济学奖获奖者。1978年瑞典皇家科学院贺词说，他的科学成就远超过他所教的任何一门学科——政治学、管理学、心理学和信息科学。他的研究成果涉及科学理论、应用数学、统计学、运筹学、经济学和企业管理等方面，在所有的这些领域中西蒙都发挥了重要的作用，人们完全可以以他的思想为框架来对该领域的问题进行实证研究。但西蒙首先是一位经济学家，因终生从事经济组织的管理行为和决策的研究而获诺贝尔经济学奖。

赫伯特·西蒙（Herbert Alexander Simon，1916—2001）

西蒙不仅执教于著名大学，也活跃于企业界、行政机构及多种顾问公司。他对管理学上组织理论的研究有独特的见地，不但是专业研究的先锋，更是行为科学的代表学者。西蒙的博学足以让世人折服，他获得过9个博士头衔。瑞典皇家科学院总结性地指出：“就经济学最广泛的意义上来说，西蒙首先是一名经济学家，他的名字主要是与经济组织中的结构和决策这一相当新的经济研究领域联系在一起的。”

二、詹姆斯·马奇

（一）理性选择的决策

从最为普遍的意义上讲，决策就是选择。决策的过程，也就是理性选择的过程。理性选择是按照个人的偏好对备选方案的预期结果进行比较，从而选出最符合个人偏好的备选方案。对此，马奇进行了严密的逻辑梳理，一步步得出推论，进而得出出乎常人意料的结论，即理性决策的根本不在选择，而在注意力和搜寻。他认为，在具体进行理性选择的过程中，决策者必须回答以下四个问题：

（1）有关备选方案的问题：哪些行为是可能的？

（2）有关结果期望的问题：每个备选方案的可能结果是什么？假定已选定备选方案，每个可能的结果所产生的概率是多少？

（3）有关个人偏好的问题：每个备选方案所产生的结果对决策者来说有多大价值？

（4）有关决策规则的问题：就不同备选方案结果的价值而言，如何在不同备选方案中进行选择？

詹姆斯·马奇提出，搜寻理论的满意化有三个重要特征：

（1）搜寻是恒定的，目标决定着搜寻的开始和结束。

（2）按顺序考虑目标，在某个时间只考虑某一个问题。特定时间进入脑海的只有一个目标、一个备选方案。顺序的不同，会影响到注意力的分布差别，后出现的更加可行的备选方案可能会被忽略。

（3）搜寻在面对逆境时是主动的。满意化的决策者通常都会主动行动以扭转不利的局面，他们会改变问题的约束条件以寻找更好的备选方案。然而，要使业绩能够达到目标，实现决策者的愿望，决策者也要考虑愿望和目标的适应性，即决策者应该知道他们的期望目标是什么。

马奇的结论是：理性的决策者总是会根据对结果的偏好来评估各个备选方案，并在此基础上进行决策。但是人的理性有限以及人对注意力的配置，决定了并不是所有的备选方案都是已知的，需要进行搜寻；所有备选方案的后果也不都是已知的，需要进行分析总结；个人或组织的偏好也不是完整的、一致的、一成不变的，决策者不会考虑所有的备选方案及其后果。所以，理性的决策者要在分析其偏好的基础上搜寻备选方案并对备选方案的结果进行分析，并通过对未来事件的结果进行预测和风险评估，从而做出满意化的决策。这一结论看起来平淡无奇，却有着无懈可击的逻辑力量，而且把决策的研究着力点由选择方案转移到信息和方案的搜寻上。

（二）遵循规则的决策

西蒙提出了程序化决策和非程序化决策两种决策方式，在决策心理模式中提出了“犹豫—抉择”和“刺激—反应”两种方式。其中，理性分析和计算，在“犹豫-抉择”的行为方式中占据重要地位；条件反射式的直觉在“刺激-反应”的行为方式中占据重要地位。但是，西蒙的这一区分，在管理学领域存在着或多或少的误解，其他人容易将二者对立起来。马奇则进一步把程序化决策扩展并改造为遵循规则的决策。马奇根据组织实践指出，个人或组织在为了实现自己身份的决策中，总会遵循一定的规则和程序，这些规则和程序是与他们自己认同的身份情境相适合的。当人们遵循规则或程序进行决策时，他们不会考虑个人的偏好，也不会赋予未来的期望，而是通过识别熟悉的常见情境并使其与相应的规则相适应。这种遵从规则的决策者，就是管理学中所说的“组织人”假设。

在进行决策时，决策者要考虑以下几个问题：

（1）识别问题：处于什么样的决策情境？

（2）身份问题：决策者是什么样的人或组织？

（3）规则问题：像决策者一样的人或组织，在这样的情景下会如何行动？

以遵循规则为基础的决策过程，实际上是一个确定身份，并使规则与已识别的情境相符合的推理过程。遵循规则的决策在社会生活中非常普遍。个体在一定的社会制度中接受教育并社会化，在社会中生存，人们就要遵循与其年龄、性别、社会身份和地位等相联系的规则。个体通过学习都知道母亲、女人、医生、学生等不同的身份意味着不同的规则，这些身份和规则是生活中的个人进行决策的基础。

马奇认为，以规则为基础的行为，仍然具有不确定性。因为决策者的身份及其所遵循的规则，还有所处的情境都有可能是模糊的。所以，遵循规则的决策有三点相当重要：一是决策者要运用自我认识来分辨身份类型；二是用识别过程来分辨情境的类型；；三是用搜寻和回忆使恰当的规则与情境和身份相符合。所以，注意力在这种决策中仍然至关重要。马奇还强调，动机、认知和组织因素在唤起身份和规则中有着非常重要的作用。

（三）多重行动者的决策

决策的理性选择模型和遵循规则模型是马奇建立多重行动者模型的基础，他把多重行动者这一复杂概念引入决策体系，建立了多重行动者决策的模型。只要存在组织，肯定就存在着矛盾和冲突。任何组织理论，都必须解释这一问题。以往的组织学者多数是从结构角度或者权威角度来解释的，马奇则是从决策团队的角度来解释的。

在现实生活中，几乎很难找到完全具有内在一致性的团队。对此，马奇划分了三种团队：

（1）近似型团队。在一些多重决策者的情境中，各决策者之间的偏好和身份非常接近，几乎一致。从合理性角度而言，这种团队的冲突最少。

（2）简化型团队。在一些多重决策者的情境中，个体被组织分成多个团体（如一些大型组织）。当人们观察这种团体之间的不一致时，会采取简化方式，忽略大团体之下的小团体，尽管这些小团体内部也存在不一致，但仍然被人们视为具有一致性的团队。

（3）合约型团队。有些多重决策者，可以通过合约方式化解冲突，形成一致性团队。这一团队形成过程可分为两个阶段：第一阶段通过讨价还价、补偿性支付以及达成协议等多种形式消除不一致性，第二阶段即在合约基础上组成团队开始行动。

马奇认为，多重行动者决策可以分为两种：一种是以权力争夺为基础的决策，另一种是通过结成联盟而进行的决策。前者被马奇称为“政治性的”决策，后者被马奇称为“冲突性的”决策。在以权力争夺为基础的决策中，要关注的是：谁得到了什么？什么时候得到的？如何得到的？在通过结成联盟而进行的决策中，如何建立合伙关系？怎样达成协议？如何使协议得以实施？

马奇提出了一个著名的比喻——垃圾桶决策模型：荷兰有一个城市为解决垃圾问题而购置了垃圾桶，但由于人们不愿意使用垃圾桶，乱扔垃圾现象仍十分严重。该市卫生机关为此提出了许多解决办法。第一个方法是：把对乱扔垃圾的人的罚金从 25 元提高到 50 元。实施后，收效甚微。第二个方法是：增加街道巡逻人员的人数，成效亦不显著。后来，有人在垃圾桶上出主意：设计了一个电动垃圾桶，桶上装有一个感应器，每当垃圾丢进桶内，感应器就有反应而启动录音机，播出一则故事或笑话，其内容还每两周换一次。这个设计大受欢迎，结果所有的人不论距离远近，都把垃圾丢进垃圾桶里，城市因而变得清洁起来。

垃圾桶模型是企业内部的一种决策制定模式。简单地说，该模型认为，企业员工面对一项决策时，会不断提出问题并给出相应的解决方案。这些方案实际上都被扔进了垃圾桶，只有极少数能够成为最终决策的组成部分。在马奇眼里，环境、决策者、要解决的问题、解决方法、选择机会等有着复杂相互作用的情况下的决策，就好像一个垃圾桶。决策的投入，是由“不相干”（即偏好与身份不同）的人们抛入组织垃圾桶的；垃圾桶里的内容，又是同周围的情境紧密关联的；垃圾桶的处理结果，则同取走垃圾桶的时间相联系。而造成这种垃圾桶的原因，主要是三种不确定性：一是偏好的不确定性（包括个人偏好的不断转移），二是技术与方法的不明确性（包括组织的生产过程不一定被其成员所理解），三是参与者的流动性（不断有人加入或者退出）。

马奇认为，在这种复杂情况下，最简单的秩序就是时间。在垃圾桶决策过程中，假定存在一些外生的、依赖于时间的需要解决的问题、不同的解决方案、不同的决策参与者、不同的选择机会，那么，只有在问题、解决方案、决策者、选择机会四个因素均出现时，决策才可能出现。

（四）组织与决策

每个人的一生都要在组织中度过，组织的重要性不言而喻。20 世纪初，管理学家们就对组织问题进行过研究，尤其是马克斯·韦伯的“理解社会学”，奠定了组织原理的基石。但是，直到 1937 年，古立克在《组织理论笔记》中提出组织理论一词之后，各种有关组织的研究才有了统一的名称。

在当代组织理论中，马奇的组织理论占据了学术鳌头，它建立在三个命题基础之上：

命题一：组织成员天生是消极被动的工具，能够完成工作和接受命令，但不能主动行动和发挥影响（这一命题是对古典理论的继承和扩展）。

命题二：组织成员的态度、价值观与目标会影响组织，只有受到激励和诱导他们才会参与组织行为，组织目标与成员的个人目标并不完全一致，所以会产生冲突。这些冲突使权力支配、态度和士气成为理解组织行为的关键因素（这一命题是对人际关系理论的继承和扩展）。

命题三：组织成员是决策者，也是问题解决者。他们的决策方式和问题解决方式是理解组织行为的关键因素。

马奇认为，组织成员是决策者，也是问题解决者。贯穿马奇组织行为学说的核心概念就是决策，组织过程就是进行决策的过程。对于组织而言，有两个层次的决策至关重要：一是个体（如雇员、成员、支持者、经理、顾客、所有者）参与或离开组织的决策，以及他们决定参与的程度和投入多少干劲和热情的决策；二是如何管理组织业务，如何进行组织，设定的目标是什么，如何协调任务以实现目标，以及何时改变组织方向和结构的决策。可以说，组织行为的过程是个体决策和群体决策的交织。在组织行为模型中，马奇更强调因果逻辑，即个体或群体根据其偏好对备选方案的后果进行比较，从而选择更符合其偏好的决策。

在理论分析和经验观察相结合的基础上，马奇通过建立丰富的模型，以及用数学化的表达方式分析讨论了各种关键因素与组织的关系，描述了促进组织及其成员共同生存的协作冲突、资源调度和行动协调之间的微妙变化。由此，形成了一个试图把人文因素和数理分析有机结合起来、把抽象推理和经验描述有机结合起来的组织理论框架。世界经过了几十年的发展变化，马奇提出的组织理论模型依然稳固，而且可以不断吸纳新的经验材料，这正是马奇组织理论的价值所在。

相关链接

詹姆斯·马奇（James G. March），美国多领域管理大师，组织决策研究领域最有贡献的学者之一。2003 年两位管理学者罗伦斯·普赛克与托马斯·戴文波特制作了一张 200 位管理大师的排行榜发表在《哈佛商业评论》上，然后他们问上榜的大师们一个问题：谁是你心目中的大师？排在第一位的是 20 世纪最伟大的管理思想家德鲁克，排在第三位的是诺贝尔经济学奖获得者赫伯特·西蒙，而排在德鲁克之后，西蒙之前的则是几乎没有公众知名度的詹姆斯·马奇。马奇 1953 年获得耶鲁大学博士学位，以后在卡耐基工艺学院任教。1964 年担任加州大学社会科学院的首任院长，1970 年成为斯坦福大学的管理学教授，也担任政治学、社会学、教育学教授，是名副其实的多领域大师。马奇被公认为是过去 50 年来，在组织决策研究领域最有贡献的学者之一，他在组织、决策和领导力等领域都颇有建树。詹姆斯·马奇博学多才，曾经讲授的课程包括组织心理学、行为经济学、领导、计算机仿真、统计学等等。他还制作过纪录片、出过诗集，是一个兴趣广泛的学者。

詹姆斯·马奇（美国，1916—）

第二节　决　策

孙子在《孙子兵法》中提道："知己知彼，百战不殆；不知彼而知己，一胜一负；不知彼，不知己，每战必殆。"这些 2500 年前的论述，闪烁着朴素的决策思想。在现代生活中，更是充满形形色色的决策。每天都有许多人做出各种各样的决策，却对决策的本质不甚了解。因此，本节先介绍决策的本质。

一、决策的本质

巴纳斯最早在组织研究中提出决策的概念："个人行为从原则上可以分为有意思的、经过计算和思考的行为，以及无意识的、自动的、反应的、有限制或者过去的内外情况产生的行为。一般讲来，前面一类行为的先导过程，不管是什么过程，到最后都可以归结为'决策'。同决策相关的有两点：要达到的目的和采用的方法。"西蒙则明确指出，决策的特征是"在任何时候，都有可能有大量的备选方案；一个人可能选取其中任何一个方案；通过某种过程，这些大量的备选方案，被缩减为实际采用的一个方案"。西蒙还强调："组织行为乃是众多决策过程所构成的一个错综复杂的网络。"我们认为，所谓决策，就是为了实现一定目标，提出解决问题和实现目标的各种可行方案，依据评定准则和标准，在众多备选方案中选择一个案例进行分析、判断并付诸实施的管理过程。决策的含义实际包括以下内容：

（一）决策针对明确的目标

目标必须明确、详细。决策前必须明确所达到的目标，并仔细辨清组织的整体目标体系中所包含的多个具体小目标，也应明确所要解决的问题。如果一开始就缺乏明确的目标，将导致整个决策过程偏离方向，最终导致不正确的决策结果。

（二）决策有多个可行方案

决策必须在两个及以上可以备选的方案中选择。如果只有一个方案，就不用选择，也不存在决策。这些方案应该是平行的或者互补的，能解决设想的问题或预定的目标，并且可以定量或定性分析。

（三）决策是对多个方案的分析、判断

决策面临多个可行方案，每个方案都具有独特的优点和缺点，有些还有巨大的风险。决策过程就是对每个可行方案进行分析、评判，从中选出较好的方案。管理者必须掌握充分的信息，进行逻辑分析，才能在多个备选方案中选择一个较为理想的合理方案。

决定采用哪个方案的决策过程，不是短暂的时段，而是一个连续统一的整体性过程。从初期收集信息到分析、判断，再到实施、反馈活动，没有完整的过程，就很难有合理的决策。实际上，经过执行活动的反馈又进入了下一轮的决策。决策是一个循环过程，贯穿整个始终。在整个决策过程中，应时刻重视决策的有效性，随时纠正偏差，以保证决策质量。

二、决策的类型

按照不同的标准，可以把决策分成以下几类，见图9－3：

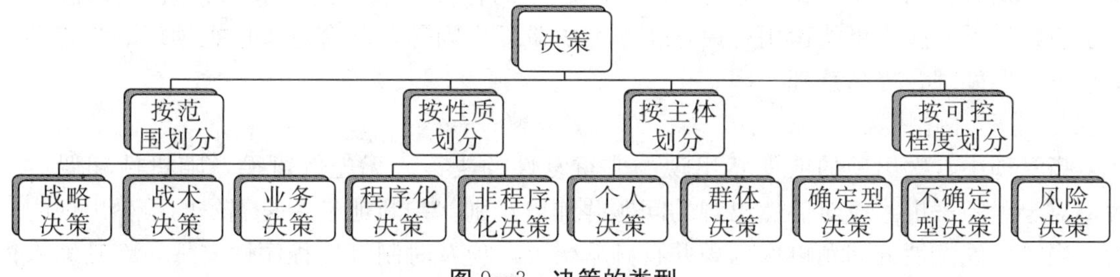

图9－3　决策的类型

（一）按决策范围划分

可分为战略决策、战术决策和业务决策。三者相辅相成，构成紧密联系，是不可分割的整体，是指导与被指导的关系，地位不同，特点不同。

1. 战略决策

指直接关系到组织的生存和发展，涉及组织全局的、长远性的、方向性的决策。风险大，一般需要长时间才可看出决策结果，所需解决问题复杂，环境变动较大，并不过分依赖数学模式和技术，定性定量并重，对决策者的洞察力和判断力要求高。

2. 战术决策

又称管理决策，是组织内部范围贯彻执行的决策，属于战略决策过程的具体决策。不直接决定组织命运，但会影响组织决策的实现和工作销量的高低。

3. 业务决策

又称执行性决策，是日常工作中为了提高生产效率、工作效率所做的决策，涉及范围小，只对局部产生影响。在不同类型的企业组织中，一般管理和处理日常业务的具体决策活动都具有琐细性、短期性与日常性的特点。如果许多业务决策都考虑不同，很难想象决策能够顺利执行。例如，设备修理、文件整理，产品销售服务、职工休假等。业务决策是组织中最小的决策，是所有决策的基础，也是组织运行的基础，业务决策是否有效很大程度上取决于决策者的经验与常识。

不同类型的企业决策活动中，不同管理层面对的问题和所拥有的权限不同。基层管理者主要作业务决策，中层主要做管理决策，高层作战略决策，这不是说基层管理者对战略决策和管理决策漠不关心。实践证明，基层管理者必须了解战略决策和管理决策，时刻将业务目标与管理目标、战略目标结合起来，才能做出合理的业务决策。在民主性企业中，基层管理者常参与战略决策和管理决策，是全体员工接受决策的结果。职工参与战略决策来示范引导管理决策和业务决策，从而促进战略决策的贯彻实施。此外，高层管理者往往具有丰富的经验和超人的洞察力，当下属制定管理决策或业务决策遇到困难时，他们能给予有力帮助。

（二）按决策性质划分

1. 程序化决策

是指经常重复发生，能按原已规定的程序、处理方法和标准进行的决策。组织中面临的问题极其繁多，但是许多管理者在日常管理活动中经常遇到同样的问题。在处理这类问题时，管理者往往凭借以往的经验就能找到问题的症结，并提出解决问题的方法。很多组织把这些经验和解决问题的过程记录下来，用程序、规范等规定下来，作为指导以后类似问题的依据和准则。程序化决策使管理工作趋于简化和便利，能够节约大量的管理成本。对于组织来说，应尽可能运用程序化决策解决重复性问题，并有意识地把烦琐的管理事项交给下一层处理，提高管理效率。

2. 非程序化决策

指管理中首次出现的或偶然出现的非重复性的决策。无先例可循，随机性和偶然性大。对于组织来讲，应对偶然出现的问题并加以辨别，判断他是否是偶然的很少出现的问题。当这类偶然性的问题再次出现并且频率增加，应及时制订出程序性文件，将其纳入程序化决策范围内。管理者必须依据非程序化决策给企业找到独特的解决办法。决定是否和其他企业合并，资产如何重组等都是非程序化的例子。当管理者面临突发性或是新出现的问题时，并没有经验性、常规性的解决方法可循，需要一种应变式的反应。

现代社会极少有管理决策是完全程序化或完全非程序化的，绝大多数是在二者之间。程序化处理方式由上级授权下级处理，而非程序化是下级递送给上级处理。程序化是处理烦琐的重复性问题，非程序化决策能帮助决策者找到独特的突发性问题解决方案。

（三）按决策主体划分

1. 个人决策

最后选定决策方案是由最高领导最终做出决定的。这种决策迅速，责任明确，充分发挥领导个人的主观能动性。

2. 群体决策

两个或以上的决策群体所做出的决策。这种决策耗时、复杂，但可集思广益，弥补个人不足。

（四）按决策问题的可控程度划分

1. 确定型决策

指决策所需的各种情报资料在已完全掌握的条件下做出的决策。在组织中确定性决策并不多，特别是战略性决策，这是一种理想型的决策活动。一般来说确定性决策可以用数学模式求最优解，如库存决策、成本—利润—产销量决策等。

2. 不确定型决策

资料无法加以具体测定，而客观形式又必须要求做出决定的决策。决策过程中充满了不确定性，大多数决策都属于不确定型。不确定型关键在于掌握了多少有关资料，然后决策者凭直觉、经验和判断行事。

3. 风险型决策

决策方案未来的自然状态不能预先肯定，可能有几种状态，对每种自然状态发生的概率可以做出客观估计，但不管哪种方案都有风险的决策。对于这类决策，决策者应该在计量化的基础上进行筛选。如企业产品开发、扩大投入等都是风险型决策。

三、决策假设

不同的决策理论，对决策的假设都有不同的阐述，目前，主要有完全理性决策与有限理性决策两种基本观点（见图 9—4）。

图 9—4　决策假设的两种基本观点

（一）完全理性决策

“经济人”假设认为，人类从事经济活动的目的是追求利润最大化，它忽视了人所具有的情感态度及价值观。在“经济人”假设的基础上，形成了完全理性决策理论。

这一理论假定决策者具备完全的理性知识，追求效用最大，通过冷静客观的思考进行决策，完全客观，合乎逻辑。他认真确定一个问题开始会有一个明确的、具体的目标，而且，决策制定过程的步骤会始终导向选择使目标最大化的方案。在理性决策中，问题清楚，决策者被视为拥有与决策情境有关的完整信息，能确定所有相关的标准，并能列出所有可行的方案；而且，决策者还能意识到每一方案的所有可能的结果。决策者总是选择那些能产生最大经济报酬的方案，为了取得最佳的组织经济利益，决策者首先要取得最大化的经济利益。

大多数学者认为，这种模型仅是描述了一种理想状态，对现代决策行为的描述不够真实。管理既是科学，又是艺术。决策包含相当大的艺术成分，不可能像规范决策那样，对全部已知的效用函数求解，用解析的办法找出最大值，这样的做法只是对纷繁复杂的现实的一种简化，因而简单地用它来进行实际决策往往会行不通。但是，由于该模型对“最优”的追求和采用定量方法，一些管理者仍用此模型进行推测，不过他们往往对该模型用自己的知识、经验和分析进行一定的修正。

（二）有限理性决策

20 世纪 50 年代之后，人们认识到建立在“经济人”假设之上的完全理性决策理论只是一种理想模式，不一定能指导实际中的决策。诺贝尔经济学奖获得者西蒙提出了满意标准和有限理性标准，用“社会人”取代“经济人”，大大拓展了决策理论的研究领域，产生了新的理论——有限理性决策理论。有限理性模式又称西蒙模型或西蒙“满意”模型。它是一个比较现实的模型，它认为人的理性是处于完全理性和完全非理性之间的一种有限理性。它的主要观点如下：

1. 手段—目标链的内涵有一定的矛盾，简单的手段－目标链分析会导致不准确的结论

西蒙认为，手段—目标链的次序系统很少是一个系统的、全面联系的链。组织活动和基本目的之间的联系常常是模糊不清的，这些基本目的也是个不完全系统，这些基本目的的内部和达到这些目的所选择的各种手段内部，也存在着冲突和矛盾。

2. 决策者追求理想，但又不是最大限度地追求理性，他只要求有限理性

这是因为人的知识有限，决策者既不可能掌握全部信息，也无法认识决策的详尽规律。比如说，人的计算能力有限，即使借助计算机，也没有办法处理数量巨大的变量方程组；人的想象力和设计能力有限，不可能把所有备择方案全部列出；人的价值取向并非一成不变，目的时常改变；人的目的往往是多元的，而且相互抵触，没有统一的标准。因此，作为决策者的个体，其有限理性限制他做出完全理性的决策，他只能尽力追求在能力范围以内的有限理性。

3. 决策者在决策中追求“满意”标准，而非最优标准

在决策过程中，决策者确定一个最基本的要求，然后考察现有的备择方案。如果有一个备择方案能较好地满足定下的最基本的要求，决策者就实现了满意标准，他就不愿意再去研究或寻找更好的备择方案了。这是因为一方面，人们往往不愿发挥继续研究的积极性，仅满足于已有的备择方案；另一方面，由于种种条件的约束，决策者本身也缺乏这方面的能力。在现实生活中，往往可以得到较满意的方案，而非最优的方案。

根据以上几点，决策者承认自己感觉到的世界只是纷繁复杂的真实世界的极端简化，他们满意的标准不是最大值，所以不必去确定所有可能的备择方案，由于真实世界是无法把握的，他们往往满足于用简单的方法，凭经验、习惯和惯例去办事。因此，导致的决策结果也各有不同。

对于西蒙的有限理性模型，皮特斯和渥特迈通过调查许多成功的工商企业证实，这些工商企业并不遵守理性模型，它们有自己的成功管理模型，又称为皮特斯—渥特迈模型。这一模型具有以下特点：

决策者流动于各个部门之间，以掌握真实的正在发生的情况；

决策者尽可能在一段时间只做一件事，完成有限的目标；

决策者重视行动，经常实验，不惧怕失败，而理性模型是不承认实验价值的；

决策者注重速度和数量，提倡立刻就干，事情做得越多，策略就越完善，他们不怕实践，也知道什么时候该放弃；

拥有一个无形的有漏洞的体系，企业的重大突破来自对漏洞的改革。

四、决策的原则与程序

（一）决策的基本原则

决策所要遵循的基本原则有以下几条：

1. 差距、紧迫和“力及”原则（在确定决策目标时运用）

差距：现实与需要之间的差距问题。

紧迫：决策目标不但是需要解决的差距性问题，而且具有紧迫性，是影响工作的主要矛盾。

力及：决策目标是力所能及的、主客观条件允许的，有解决的可实现性。

2. 瞄准和差异原则（准备备选方案时需要运用的原则）

瞄准：方案必须瞄准决策目标。

差异：备选方案所采取的路线、途径和实施方法必须是互不相同的。

3. “两最”、预后和时机原则（方案选优时运用）

两最：利益最大、弊失最小和可靠性最大、风险最小。

预后：有应变性的预防措施，对可能出现威胁的预测和对策。

时机：决策应该在信息充分或根据充足时做出。

4. 跟踪和反馈原则（在决策实施过程中运用）

跟踪：决策实施后要随时检验查证。

反馈：决策与客观情况一旦有不适应，要及时采取措施，进行必要的修改和调整。

5. 外脑和经济原则（在决策的全过程中运用）

外脑：在决策过程中必须重视利用参谋、顾问、智囊团等。发挥集体智慧，防止个人专断，把决策建立在科学的基础上。

经济原则：决策过程要求节约人、财、物力。

（二）决策流程

管理者为提高决策水平，避免冒险性经济：决策过程要注节约人、财、物力的决策，必须了解决策的流程，按照科学化、合理化的要求进行有效的决策。决策流程可分为八个步骤，如图 9—5 所示。

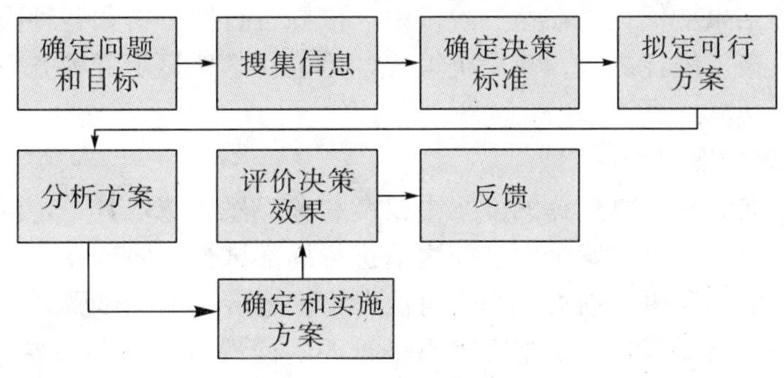

图 9—5　决策的流程

1. 确定问题和目标

决策的第一步是发现问题，这些问题应分清主次，是战略决策还是一般业务决策，由哪些决策者承担等。必须马上了解关键问题在哪里、何时解决以及解决这一问题的利弊如何。在确定问题的同时，确定目标。合理的目标是有效决策的前提，是决策活动的出发点，也是评价决策效果的依据。分清长期与短期目标、主要和次要目标，并注意目标间的衔接，明确目标间的优先顺序，保证资源分配的重点，尽量排除可能的偶然性和主观因素的影响。

2. 搜集信息

确定了问题和目标后，必须着手调查研究，搜集信息，并加以整理和分析。根据既定的目标，积极地搜集和整理情报，建立数据库，进行比较，找出差距，发现问题。信息是决策的基础，是有效决策的保证。对于组织内外部的相关信息，都应加以搜集、整理，尤其对于一些核心关键信息，应着重注意。

3. 确定决策标准

确定决策标准，即运用一套合适的标准分析和评价每一个方案。按照确定的目标和问题，把目标分解为若干层次的确定的价值指标，同时指明实现这些目标的约束条件，这些指标实现的程度就是衡量达到决策目标的程度。在决策时，可按照确定的评判方法和标准，给每一个可行方案进行打分评比，并按每一方案的得分高低进行排列，这样就为决策工作的顺利进行奠定了基础。

4. 拟定可行方案

确定了问题的目标，并且搜集和分析信息的过程已顺利完成，就应开始拟定可行方案。拟定可行方案主要是寻找达到目标的有效途径，因此必须制定多种可供选择的方案，反复比较。每个方案必须有原则性的差异，有关企业发展战略性的重大决策，必须通过各种相互冲突的意见争辩、各种可行方案的评判，才能做出满意的决策。拟定各种类型的可行方案，可运用头脑风暴法，或采用数学模型，也可建立随机模型和模糊模型。

无论用何种方法拟定可行方案，都应同时给出这些方案实施后可能产生的结果，包括有利的和有害的结果及这些结果出现的概率，指出其发展演变的趋势及利弊比较。

5. 分析方案

决策者必须认真地对待每一个方案，仔细地加以分析和评价。根据决策所需的时间和其他限制性条件，层层筛选。可进行重要性程度的评分加权，也可对其中某些关键处的缺点加以修改、补充，更可对一些各有利弊的备择方案优势互补、融会贯通，取其精华，去其不足，使最终的结果更优化。在这一阶段中，依靠可行性分析和各种决策技术，如决策树法、矩阵汇总决策、统计决策、模糊决策等，尽量科学地显示各种方案的利弊，并加以相互比较。

6. 确定和实施方案

确定方案时，在各种可供选择的方案中权衡利弊，然后选取其一，或综合成一，是决策者的重要工作。有时会在方案全面实施之前进行局部试行，验证在真实条件下是否真正可行。若不可行，为避免更大损失，则需再次考察上述各个活动步骤，修正或重新拟订方案。当方案确定后，就要实施。实施方案是最重要的阶段，实施阶段花费的时间和成本，远大于前几个阶段的总和。

方案实施前，需要做好各种必需的准备工作，如果是重大决策，应制定出具体责任决策者对落实部门、人员监督的实施措施。相应的决策者应担负起监督实施的责任，掌握新方案的实施情况，尤其在关键阶段、关键时点，要加强控制与监督，以保证组织内实施决策方案的及时性和可操作性。

7. 评价决策效果

方案的评价必须是全方位的，在方案实施过程中要不断进行追踪。若在新方案运行过程中发现重大差异，在反馈、上报的同时，决策者应查明原因、具体分析，根据具体情况区别对待；若是执行有误，应采取措施加以调整，以保证决策的效果；若方案本身有误，应会同有关部门和人员修改方案；若方案有根本性错误或运行环境发生不可预计的变化，使得执行方案产生不良后果，则应立即停止方案的执行，待重新分析、评价方案及环境后，再考虑执行。

8. 反馈

反馈也是决策过程中的一个重要环节。通过反馈可对原方案不停地再审查和再改进。当原有决策实施活动中发生意外时，或者环境突然发生重大变化时，需要将方案推倒重来。实施了一个时段后，需要对方案运行及预测的结果作评价，评价可以由个人或专家组负责，目的是审核方案是否达到了预定目标或解决了某些问题，随时指出偏差的程度并检查原因。值得注意的是，评价和反馈应体现在每一个阶段的工作上，而不仅仅是在方案的实施阶段。特别是重大的决策，必须时刻注意信息的反馈和工作评价，以便迅速解决突发问题，避免造成重大损失。

五、决策的有效性

决策有效性是指整个决策过程有效。首先，决策结果必须有效。这个要求在整个决策过程中，目标明确，问题清楚，信息情报搜集完整、充分，有合理的、决策评判准则。不同的决策者看问题的角度不同，会对决策结果的好坏有不同的结论，因此，必须制定合理的、与目标相吻合的评判准则（必要时可以按各种特征给这些准则打分），用评判准则对选定方案进行验证和对决策结果进行判断，只有这样，才能保证有效决策。其次，决策过程必须有效。拟定和分析方案、确定和实施方案，以及贯穿整个决策过程的追踪和反馈，都需要保证落到实处，这涉及决策的成本和经济性。

在追求有效化决策时，值得注意的是，利润最大化并不是有效决策的唯一目标。企业作为一个营利组织，追求利润最大化，其决策以一定的利润为目标是无可非议的。但除此之外，企业还有维持社会稳定、协调和发展以及其他目标、职能，如企业战略发展、提高市场占有量等。作为企业，还需要保证短期与长期利益相协调，一味强调短期利润最大化，忽视技术投入和人力资源，忽视企业发展后劲，将给企业带来致命危害。利润只是有效决策的一个目标，而不是唯一目的。

同时，合理的决策是有限的。按照西蒙的“满意”模型，在现实生活中，人的理性是介于完全理性和完全非理性之间的有限理性。决策的结果要求合理、圆满，但不能绝对化。一个正确合理的决策至少要考虑各种因素，如掌握相关的信息、正确预测各种变化、决策者训练有素、在时间和成本上有较大余地等。显然，对于现实的决策而言，不能要求面面俱到。根据有限性决策理论，决策者永远只能达到一个较优的方案，而不可能得到最优方案。有效合理的决策评定思路，是选择一个相对而言最好的可行方案。

六、决策责任

决策责任是为决策者提供较好、较合理的方案以解决现有问题的过程，其责任重大。决策的责任体现在决策者完成组织任务、解决问题的有效性上。应该说，决策责任关键在于承担责任的决策者。优秀的决策者是有效决策的基本前提。一个组织内部的所有员工，都有可能成为决策者。在很多情况下，如集体决策，特别是涉及重大问题的战略决策，其责任往往是一个决策群。一个优秀的决策群，需要一批有事业心的人员构成。优秀的决策者必须具备较强决策能力，包括预测能力、创新能力、协调能力、判断能力、组织能力、应变能力及专门知识。必要时，可设立专家咨询机构，由各类专家学者组成智囊团，提供各种可行方案。组织要给他们充分的独立性、自由性。其提供的是供选择的可行方案及逾期的方案结果，最后的决定权在于有责任的决策者。目前流行的是利用 ERP 等先进的管理咨询软件及网络系统，为决策者提供信息服务库。

七、集体决策和个人决策

（一）集体决策和个人决策概述

集体决策是由多个人共同做出的决策，是充分发挥集体的智慧，由多人共同参与、分析并制定决策的整体过程。常用的集体决策的形式有头脑风暴法、德尔菲名义小组法。

只有一个决策者的决策活动称为个人决策。个人决策和集体决策都各具优缺点，但两者都不能适用于所有情况。相对于个人决策，集体决策的优点是：

（1）提供更大范围的信息，提高决策的科学性。“三个臭皮匠抵一个诸葛亮”“智者千虑必有一失，愚者千虑必有一得”……这些格言说的就是这个道理。

（2）产生更多的方案。例如，一个由工程、会计、生产、促销和人事代表组成的组织，会制定出反映他们不同背景的方案。

（3）容易得到普遍的认同，有助于决策的顺利实施。

（4）提高合法性。集体决策制定过程是与民主思想相一致的，因此人们往往觉得集体制定的决策比个人制定的决策更合法。

但集体决策也存在以下缺点，主要表现在消耗时间，速度、效率可能低下，一个组织的成员永远不会完全平等。组织成员可能会因组织职位、经验、对有关问题的知识、受他人影响的程度、语言技巧、自信心等因素而不同，这就为单个或少数成员创造了发挥其优势、驾驭组织中其他人的机会。因此，很可能出现以个人或小群体为主发表意见、进行决策的情况；组织成员往往在组织中要屈从社会压力，从而导致所谓的群体思维；在集体决策中，组织成员分担责任，但实际上谁对最后的结果负责却不清楚。

（二）集体与个人决策的比较与选择

在当今世界上，越来越多的重要问题采用集体决策的方式，个人决策占的比重正在不断下降。但是在许多时间紧迫的关键时刻，一些不值得花费很大代价的次要问题，常常采用个人决策方式。集体决策与个人决策各有各的特点与优势，也各有各的不足，在不同场合发挥各自无法替代的作用。表 9－2 从七个方面对集体决策与个人决策进行了比较。

表 9－2　集体决策与个人决策比较

	集体决策	个人决策
果断性	差	佳
责任明确	差	佳
决策成本	高	低
决策质量	佳	一般
一贯性	佳	差
可实施性	佳	一般
开放性	佳	差

1. 果断性

集体决策时，往往需要有足够的时间来进行沟通与讨论，因此，难以迅速做出决策。当决策的紧迫程度非常高时，必须采用个人决策，由一个决策者果断拍板。

2. 责任明确

集体决策常会造成责任分散，在决策过程中大家都愿意分析情况、提出方案，但又不愿承担最后抉择的责任，有时会滥用表决的方式，将责任推给大家，造成无人对决策结果负全责的情况。而在个人决策的情况下，决策者的责任明确，无从推诿。

3. 决策成本

集体决策耗费的时间与经费都很多，个人决策相比较而言成本要低得多。因此，在考虑采用集体决策时，必须比较成本与收益，一般只有重要决策才采用集体决策。

4. 决策质量

集体决策可以汇集更多的信息情报和广泛的知识、经验与创造性，可以得到更精确的诊断和更丰富的备择方案，进行抉择时考虑更全面，产生漏洞的可能性就会比较小，因此决策质量相对较高。由于一个人的信息、知识、经验、创造性一般比不上集体，有时容易片面，除非决策者有极其丰富的经验和敏锐的直觉。一般情况下，个人决策的质量比不上集体决策。

5. 一贯性

个人目标取向是动态的，处在不断的变化中，个人决策常是一种下意识的自然的思维活动，不一定依照科学的决策程序。因此，个人决策可能反复无常，前后矛盾。集体中虽然各个人的目标取向也是动态的，但多元目标综合起来就会稳定得多，加上集体决策一般采用合理的科学决策程序，比较理性。所以集体决策的一贯性较佳。

6. 可实施性

集体决策过程中，参与者较好地了解所制定的决策，增加了对决策实施的认同感和责任感，参与者获得了较多的信息与信任，满足了人们受尊重的需要。因此，更易接受集体做出的决策，执行过程中积极性较高。个人决策后，向组织成员解释决策时会耗费时间与精力，组织成员有时还会产生误解，实施决策时也可能因为利益关系等种种原因而遇到阻力。

7. 开放性

开放性指不受个人偏见支配的程度。集体中各成员由于不同的背景地位，他们会从不同角度思考问题，对决策过程有着多方面的信息输入，因此集体决策开放性较强。而开放性越强，越有利于提高决策水平。

和个体相比，群体有其特有的心理现象，如果说个体心理是头脑的机能，是外部世界的主观印象，那么群体心理则是普遍存在于各个群体成员头脑中反映群体社会关系的共同心理状态与心理倾向。由于群体心理的特殊性，造成集体决策的如下特有现象，值得管理者注意，以便在集体决策过程中扬长避短。

在集体决策中，往往会出现两种负面的现象：一是群体空想症，一是风险转移。在群体决策中，群体成员把保持群体和谐一致作为目的，往往不能理智地分析各种备择方案，而表现出群体空想症，从而使决策质量降低。群体空想症的特征如下（见图 9—6）：

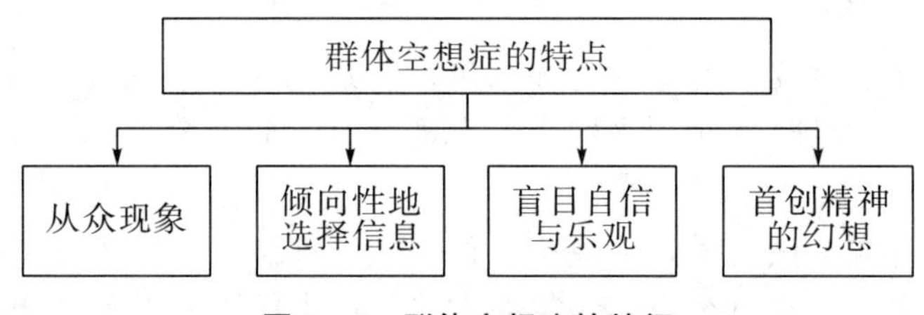

图 9—6　群体空想症的特征

（1）从众现象。上下级关系导致下级并非真正参与决策，下级为迎合上级，宁愿顺着上级的意图而不提出自己的真正意见；个体担心表示异议，会受到多数人的孤立与嘲笑，即使有怀疑也不敢公开发表意见。

（2）倾向性地选择信息。群体成员往往封锁外界和内部对决策的怀疑信息，尤其对领导更不敢报告坏消息。

（3）盲目自信与乐观。群体过高地估计自己的判断能力，对外部的影响和力量缺乏清醒认识。群体成员往往对决策的成功率估计过高，对失败可能性估计不足，相信群体无所不能。

（4）首创精神的幻想。群体自认为在解决问题上有首创精神，人类或工商企业的命运取决于他们的决策。

事实上，“群体空想症”是可以避免的，关键在于领导者广开言路，善于纳谏，鼓励群体成员在决策过程中大胆发表不同意见。

传统观念认为，集体决策会倾向于谨慎和保守，但“风险转移”现象却揭示集体决策较个人决策具有更大的冒险性，其原因主要有以下几点（见图 9—7）：

（1）失去个性化。个人决策时，决策者顾虑自己的决策后果，不敢贸然采取有风险的决策；但集体决策时，成员们共同分担责任，他们就不像个人决策那样具有强烈的责任感，能够做出风险较大的决策。

（2）领导者的作用。群体中较具影响力的领导，常常为了显示自己的才能，而采取风险水平较高的决策。领导个人的冒险意愿，很可能被群体接受。

（3）社会比较。因害怕别人认为自己懦弱，群体成员常常会提出较个人决策时更具冒险性的方案。

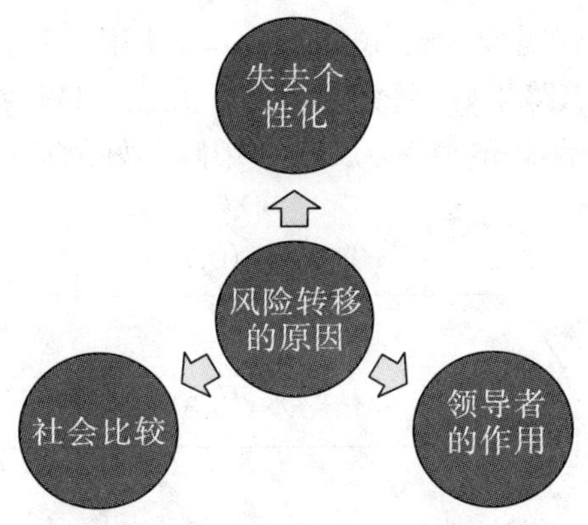

图 9−7　风险转移的原因

尽管在很多情况下，群体中会出现“风险转移”现象，但这不是绝对的规律，有的群体甚至会存在向保守转移的倾向。但是在集体决策中，注意可能出现的“风险转移”是十分必要的。

八、决策方法

决策的科学性主要体现在决策过程的理性化和决策方法的科学化上，管理者应为进行正确的决策而学会一套专门的方法。主要的决策方法如下（见图 9−8）：

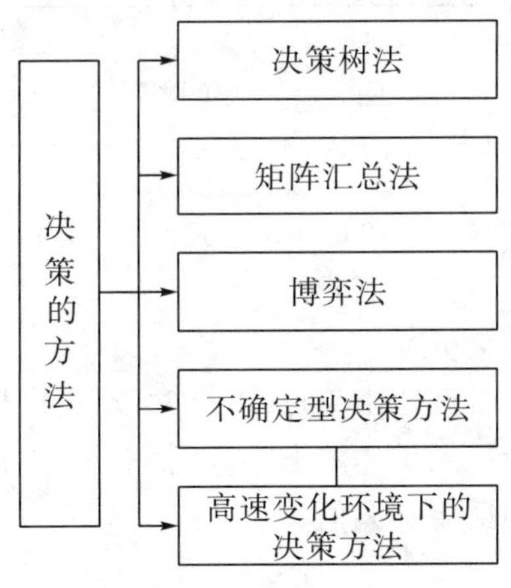

图 9−8　决策的方法

（一）决策树法

风险决策是指在不确定情况下的决策。在工商企业经营中经常需要进行风险决策，决策树法是风险决策中应用最广、效果最显著的方法。

决策树是决策问题的图形表达，对分析多阶段的决策问题十分有效，它指明了未来的决策点和可能发生的偶然事件，并用记号标明各种不确定事件可能发生的概率，它把可行方案、所冒风险及可能的结果直观地表达出来。

举例说明：为了适应市场的需要，某地提出了扩大电视机生产的两个方案。第一个方案是建设大工厂，第二个方案是建设小工厂。建设大工厂需要投资 600 万元，可使用 10 年。销路好的话每年赢利 200 万元，销路不好则亏损 40 万元。建设小工厂投资 280 万元，如销路好，3 年后扩建，扩建需要投资 400 万元，可使用 7 年，每年赢利 190 万元。不扩建则每年赢利 80 万元。如销路不好则每年赢利 60 万元。试用决策树法选出合理的决策方案。经过市场调查，市场销路好的概率为 0.7，销路不好的概率为 0.3。

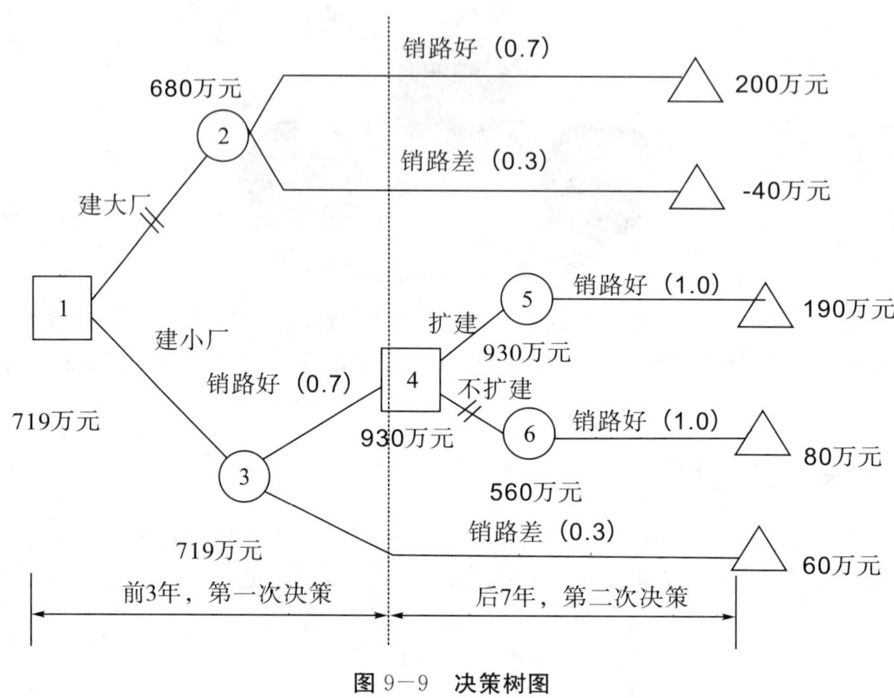

图 9—9 决策树图

计算各点的期望值：

点②：0.7×200×10+0.3×（−40）×10−600（投资）=680（万元）

点⑤：1.0×190×7−400=930（万元）

点⑥：1.0×80×7=560（万元）

比较决策点 4 的情况可以看到，由于点⑤（930 万元）与点⑥（560 万元）相比，点⑤的期望利润值较大，因此应采用扩建的方案，而舍弃不扩建的方案。把点⑤的 930 万元移到点④来，可计算出点③的期望利润值：点③：0.7×80×3+0.7×930+0.3×60×（3+7）−280=719（万元）

最后比较决策点①的情况：由于点③（719 万元）与点②（680 万元）相比，点③的期望利润值较大，因此取点③而舍点②。这样，相比之下，建设大工厂的方案不是最优方案，合理的策略应采用前 3 年建小工厂，如销路好，后 7 年进行扩建的方案。

（二）矩阵汇总法

许多决策者希望能把抉择中所必须考虑的各种因素集中到一个焦点，通过给各种因素一个重要性权数，就可以作通盘考虑。矩阵汇总法就是基于这种思路。

举个例子：某公司有四种产品可以发展，其明年的预计利润与市场占有率各不相同，具体情况如表 9−4 所示。公司因为资金有限，只能全力发展其中一种产品。公司既不希望只考虑近期利润而忽视长期考虑——市场占有率，也不希望过分重视市场占有率而置眼前利润于不顾。因此，打算综合权衡利润与市场占有率。公司觉得财务报表必须让股东满意，因此，利润的重要性大于市场占有率，但又深知不可过分忽视市场占有率，因此给利润的重要性权数为0.6，而市场占有率的重要性权数为0.4。

表9—4　四种产品的预计利润与市场占有率

	A	B	C	D
利润（万元）	200	250	100	180
市场占有率	9%	7%	5%	15%

把利润最高的B产品250万元利润算作利润指数100，按比例计算出其他各产品的利润指数，再计算出利润指数加权值。把市场占有率最高的D产品的市场占有率作为100，按比例计算出其他各产品的市场占有率指数，再计算出市场占有率指数的加权值。将利润指数加权值与市场占有率指数加权值加起来得到总分，如表9—5所示，D产品总分83为最高，因此决策发展D产品。

表9—5　四种产品的矩阵汇总表

	利润指数	利润指数加权值（利润指数×0.6）	市场占有率指数	市场占有率指数加权值（市场占有率×0.4）	总分
A	80	48	60	24	72
B	100	60	47	19	79
C	40	24	33	13	37
D	72	43	100	40	83

（三）博弈法

目前，博弈论的发展广受关注，尤其是最近几年，博弈论的应用范围不断扩大，成为当今经济管理界和决策理论界的热门话题之一。博弈论的问题是具有策略依存性（即不同博弈方的策略之间相互影响和互相作用）的决策问题，博弈论就是研究决策主题的行为及其相互决策和这种决策的均衡问题的理论。

一个完整的博弈应当包括五个方面的内容：第一，博弈的参加者，即博弈过程中独立决策、独立承担后果的个人和组织；第二，博弈信息，即博弈者所掌握的对选择策略有帮助的情报资料；第三，博弈方可选择的全部行为或策略的集合；第四，博弈的次序，即博弈参加者做出策略选择的先后；第五，博弈方的收益，即各博弈方做出决策选择后的所得和所失。

例如电信价格竞争，根据我国电信业的实际情况，来构造电信业价格战的博弈模型。假设此博弈的参加者为电信运营商A与B，他们在电信的某一领域展开竞争，一开始的价格都是P0。A（中国电信）是老牌企业，实力雄厚，占据了绝大多数的市场份额；B（中国联通）则刚刚成立不久，翅膀还没有长硬，是政府为了打破垄断鼓励竞争而筹建起来的。

正因为B是政府扶植起来鼓励竞争的，所以B得到了政府的一些优惠，其中就有B的价格可以比P0低10%。这一举动，还不会对A产生多大的影响，因为A的根基实在是太牢固了。在这样的市场分配下，A、B可以达到平衡，但由于B在价格方面的优势，市场份额逐步壮大，到了一定程度，对A造成了影响。这时候，A该怎么做？不妨假定：

A降价而B维持，则A获利15，B损失5，整体获利10；

A维持且B也维持，则A获利5，B获利10，整体获利15；

A维持而B降价，则A损失10，B获利15，整体获利5；

A降价且B也降价，则A损失5，B损失5，整体损失10。

从A角度看，显然降价要比维持好，降价至少可以保证比B好，在概率均等的情况下，A降价的收益为15×50%－5×50%＝5，维持的收益为5×50%－10×50%＝－2.5，为了自身利益的最大化，A就不可避免地选择了降价。从B角度看，效果也一样，降价同样比维持好，其降价收益为5，维持收益为2.5，它也同样会选择降价。在这轮博弈中，A、B都将降价作为策略，因此各损失5，整体损失10，整体收益是最差的。这就是此博弈最终所出现的纳什均衡。我们构造的这一电信业价格战博弈模型是典型的囚徒困境现象，各个局部都寻求利益的最大化，而整体利益却不是最优，甚至是最差。

许多其他行业的价格竞争都是典型的囚徒困境现象，如可口可乐公司和百事可乐公司之间的竞争，各大航空公司之间的价格竞争等等。

（四）不确定型决策方法

不确定型决策是指方案实施可能会出现的自然状态或者所带来的后果不能做出预计的决策。不确定型决策：（1）有一个决策者希望达到的决策目标（收益最大或损失最小）；（2）存在两个或两个以上可供选择的行动方案；（3）存在两个或两个以上的自然状态，但是既不能确定未来何种自然状态必然发生，又无法得到各种自然状态在未来发生的概率；（4）每个行动方案在各个自然状态下的损益值可以计算得到。可见，不确定型决策问题就是风险型决策中缺少了状态概率条件的决策问题。主要应采取如下原则（见图9－10）：

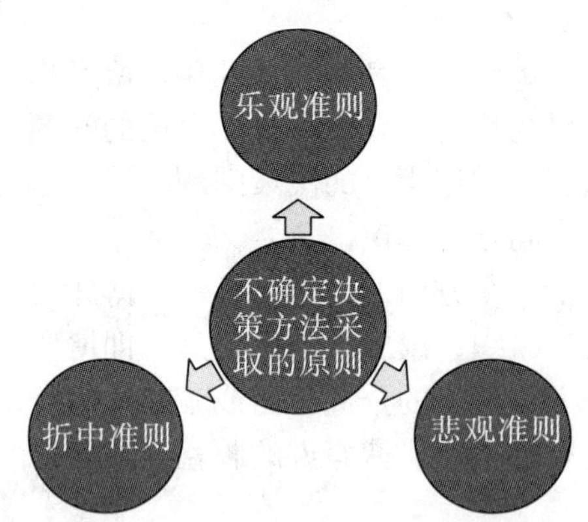

图9－10　不确定决策方法采取的原则

1. 乐观准则，亦称“大中取大”或“好中求好”决策法

持这种准则的决策者是一个乐观者，认为未来总会出现最好的自然状态，因此他对方案的比较和选择就会倾向于选取那个在最好状态下能带来最大效果的方案。

2. 悲观准则，亦称“小中取大”或“坏中求好”决策法

与乐观准则正好相反，悲观的决策者认为未来会出现最差的自然状态，因而为避免风险起见，决策时只能以各方案的最小收益值进行比较，从中选取相对收益为大的方案。所以，依据悲观准则进行的决策也叫作“小中取大”法，或称“坏中求好”法。

3. 折中准则

乐观法和悲观法都以各方案不同状态下的最大或最小极端值为标准。但在多数场合下，决策者既非完全的保守者，亦非极端的冒险者，而是在乐观与悲观两种极端中求得平衡。即决策时既不把未来想象得非常光明，也不将之看得过于黑暗，而认为最好和最差的自然状态均有出现的可能，即采用折中法。当用折中法评价方案时：首先，找出各方案在所有状态下的最大值和最小值；其次，根据自己的冒险偏好程度，给定最大值一个乐观系数 α（$0<\alpha<1$），那么，最小值的系数就是 $1-\alpha$；再次，用给定的系数和对应的各方案最大值和最小值计算各方案的加权平均值；最后，与加权平均值的最大值对应的方案就是最佳方案。

（五）高速变化环境下的决策方法

当前，在一些行业中，竞争和技术变化的速度是如此之快，以致市场数据不是不可获得就是过时的。战略窗口迅速打开并关闭，也许仅存续短短几个月。决策失误的代价就是企业经营失败。一项探索成功的企业如何在高速变化的环境中进行决策的研究有助于人们理解现实中企业决策的做法。该研究对高速变化的环境中做出的成功与失败决策的比较提出以下指导原则：

（1）成功的决策者实时跟踪信息，以增进对所处行业的深入、直觉性把握。决策失败的企业通常更多地关注未来的计划和前瞻的信息，而非密切关注现实中的情况。

（2）在重要的决策中，成功的企业一开始就迅速规划多个备择方案。

（3）成功的决策者从所有人那里寻求建议并倚重一到两个有专业声望、值得信任的同事。

快速决策的企业在决策中能够涵纳每一个决策相关者，努力在他们之间达成共识。成功决策的企业能够将快速、成功的选择同其他的决策、企业整体战略方向相结合。

第三节　应用场景及案例

在棋界有句话：“一着不慎，满盘皆输；一着占先，全盘皆活。”它喻示一个道理：无论做什么事情，成功与失败取决于决策的正确与否。科学的企业经营决策能使企业充满活力，兴旺发达，而错误的经营决策会使企业陷入被动，濒临险境。纵观世界各国，经营决策失败的有之，当然，也不乏成功的案例。从以下的案例中我们会得到许多有益的启示。

企业经营决策案例一

1985 年，由马来西亚国营重工业公司和日本“三菱”汽车公司合资 2.8 亿美元生产的新款汽车“沙格型”隆重推出市场。马来西亚政府视之为马来西亚工业的“光荣产品”，产品在推出后，销售量很快跌至谷底。经济学家们经过研究，认为“沙格型”汽车的一切配件都从日本运来，由于日元升值，使它的生产成本急涨，再加上马来西亚本身的经济不景气，所以汽车的销售量很少。此外，最重要的因素是政府在决定引进这种车型时，主要考虑到满足国内的需要，因此，技术上未达到发达国家的标准，无法出口。由于在目标市场决策中出现失误，“沙格型”汽车为马来西亚工业带来的好梦也只是昙花一现。

此企业经营决策案例说明，科学经营决策的前提是确定决策目标。它作为评价和监测整个决策行动的准则，不断地影响、调整和控制着决策活动的过程，一旦目标错了，就会导致决策失败。

企业经营决策案例二

1962年，英法航空公司开始合作研制“协和”式超音速民航客机，其特点是快速、豪华、舒适。经过10多年的研制，耗资上亿英镑，终于在1975年研制成功。但在这十几年间，情况发生了很大变化。能源危机、生态危机威胁着西方世界，乘客和许多航空公司都因此而改变了对在航客机的要求。乘客的要求是票价不要太贵，航空公司的要求是节省能源，多载乘客，噪音小。但“协和”式飞机却不能满足消费者的这些要求。首先是噪音大，飞行时会产生极大的声响，有时甚至会震碎建筑物上的玻璃。再者，由于燃料价格增长快，运行费用也相应大大提高。这些情况表明，消费者对这种飞机需求量不会很大。因此，不应大批量投入生产。但是，由于公司没有决策运行控制计划，也没有重新进行评审，而且，飞机是由两国合作研制的，雇用了大量人员参加这项工作，如果中途下马，就要解雇大量人员。上述情况使得飞机的研制生产决策不易中断，后来两国对是否要继续协作研制、生产这种飞机发生了争论，但由于缺乏决策运行控制机制，只能勉强将决策继续实施下去。结果，飞机生产出来后卖不出去，原来的宠儿变成了弃儿。

此企业经营决策案例说明，企业决策运行控制与企业的命运息息相关。一项决策在确定后，能否最后取得成功，除了决策本身性质的优劣外，还要依靠对企业经营决策运行的控制与调整，包括在决策执行过程中的控制，以及在决策确定过程中各阶段的控制。

企业经营决策案例三

美国国际商用机器公司为了从规模上占领市场，大胆决策购买股权。先是于1982年用2.5亿美元从美国英特尔公司手中买下了12%的股权，用以对付国内外电脑界的挑战；另一次是1983年，又以2.28亿美元收购了美国一家专门生产电讯设备的企业罗姆公司15%的股权，从而维持了办公室自动化设备方面的“霸主”地位。又如，早在1956年，美国的一家公司发明了盒式电视录像装置。可是美国公司只用它来生产一种非常昂贵的广播电台专用设备。而日本索尼的经营者通过分析论证，看到了电视录像装置一旦形成大批量生产，其价格势必降低，许多家庭也可以购买得起。这样一来，家用电子产品这个市场就会扩大，如果马上开发研究家用电视录像装置，肯定会获得很好的经济效益和社会效益。由于这一决策的成功，家用电视录像装置的市场一度被日本占去了90%多，而美国公司则在这一市场长期处于劣势。

此企业经营决策案例说明，经营决策正确，可以使企业在风雨变幻的市场上独居领先地位，并可使企业立于不败之地。

企业经营决策案例四

1960年，爱奥库卡升为美国福特公司副总裁兼总经理，他观察到20世纪60年代一股以青年人为代表的社会革新力量正在形成，它将对美国社会、经济产生难以估量的影响。爱奥库卡认为，设计新车型时，应该把青年人的需求放在第一位。在他的精心组织下，经过多次改进，1962年底这种新车最后定型。它看起来像一部运动车，鼻子长、尾部短，满足了青年人喜欢运动和刺激的心理。更重要的是，这种车的售价相当便宜，只需要2500美元左右，一般青年人都能买得起。最后这种车还取了一个令青年人遐想的名字——“野马”。1964年4月纽约世界博览会期间，“野马”正式在市场上露面。在此之前，福特公司为此大造了一番舆论，掀起了一股“野马”热。在头一年的销售活动中，顾客买走了41.9万辆“野马”，创下全美汽车制造业的最高纪录。“野马”的问世和巨大成功显示了爱奥库卡杰出的经营决策才能。从此，他便扬名美国企业界，并荣任福特汽车公司总裁。

此企业经营决策案例说明，决策成功，可以扩大销售额，降低成本，提高利润，进而占领市场。

企业经营决策案例五

日本尼西奇公司在第二次世界大战后初期，仅有30余名职工，生产雨衣、游泳帽、卫生带、尿布等橡胶制品，订货不足，经营不稳，企业有朝不保夕之感。公司董事长多川博从人口普查中得知，日本每年大约出生250万婴儿，如果每个婴儿用两条尿布，一年就需要500万条，这是一个相当可观的尿布市场。多川博决心放弃尿布以外的产品，把尼西奇公司变成尿布专业公司，集中力量，创立名牌，成为“尿布大王”。资本仅1亿日元的尼西奈公司，年销售额却高达70亿日元。

企业经营决策成功，还可以使企业避免倒闭的危险，转败为胜。如果企业长期只靠一种产品去打天下，势必潜藏着停产倒闭的危险，因为市场是多变的，人们的需要也是多变的，这就要求企业家经常为了适应市场的需要而决策新产品的开发。这种决策一旦成功，会使处于“山穷水尽”状况的企业顿感“柳暗花明”。（来源：《领导力资讯》）

本章小结

1. 西蒙提出管理决策理论的核心概念和根本前提是“有限理性”原则，也就是说，个人或企业的决策都是在有限度的理性条件下进行的。决策贯穿于管理的全过程，管理就是决策。西蒙强调决策职能在管理中的重要地位，以有限理性的人代替有绝对理性的人，用“满意原则”代替“最优原则”。

决策的四个阶段包括：搜集情报阶段，拟定计划阶段，选定计划阶段，评价计划阶段。

决策的准则有：（1）经济人的“绝对的理性”准则；（2）组织中人的行为是为实现一定目的，具有有限度理性的以任务为中心的合理地选择手段的“管理人”的行为；（3）有限度的理性导致管理人寻求“符合要求的”或“令人满意的”措施。

西蒙决策理论的贡献主要有：（1）对复杂的管理活动进行了高度的理论概括，并充分考虑经营管理的整个领域及其环境，使管理理论围绕着决策这个中心来发展。（2）决策理论的系统结构可以向管理者提供一种分析、解决问题的系统方法。（3）管理人（或决策人）的有限度的理性准则对于工商企业经营管理决策具有相当的客观性、可行性和较强的现实意义。

西蒙决策理论的局限性表现为：（1）决策理论如果作为一种主流的一般管理理论，显然未能全面反映管理活动的规律性，缺乏对一般管理关系和环节的分析，忽视了管理工作要比决策工作多得多、复杂得多这个事实。所以，从根本上说，它还属于管理方法、手段或技术方面的管理理论。（2）西蒙的决策理论从本质上说，是管理决策理论，而未包括根据生产、销售资本运营等企业组织的工作内容而进行的业务（或经营）决策内容。从这个角度来看，它如同其他管理理论一样，没有同企业的经营活动紧密结合起来，不能成为企业管理理论的主流理论。

2. 詹姆斯·马奇的理论主旨是心理学和行为科学，同西蒙的决策理论在逻辑上紧密衔接。但是，马奇又与西蒙有所不同，他虽然也以“有限理性”和“满意决策”为基础，但他的关注焦点，不是在决策的选择方面，而是在决策的搜寻方面。从决策搜寻出发，马奇对个人、组织、团体的决策产生过程进行了深入的研究，提出了著名的“垃圾桶决策模型”。

马奇提出，搜寻理论的满意化有三个重要特征：(1) 搜寻是恒定的，目标决定着搜寻的开始和结束；(2) 按顺序考虑目标，在某个时间只考虑某一个问题；(3) 搜寻在面对逆境时是主动的。

马奇的结论是：理性的决策者要在分析其偏好的基础上搜寻备选方案并对备选方案的结果进行分析，并通过对未来事件的结果进行预测和风险评估，从而做出满意化的决策。

关于多重行动者的决策，马奇划分了三种团队：近似型团队，简化型团队，合约型团队。同时把多重行动者决策分为两种：以权力争夺为基础的决策，通过结成联盟而进行的决策。

关于组织与决策，贯穿马奇组织行为学说的核心概念就是决策，组织过程就是进行决策的过程。对于组织而言，有两个层次的决策至关重要：(1) 个体（如雇员、成员、支持者、经理、顾客、所有者）参与或离开组织的决策，以及他们决定参与的程度及投入多少干劲和热情的决策；(2) 如何管理组织业务，如何进行组织，设定的目标是什么，如何协调任务以实现目标，以及何时改变组织方向和结构的决策。

3. 决策理论给我们的启示：(1) 从管理职能的角度来说，决策理论提出了一条新的管理职能。(2) 首次强调了管理行为执行前分析的必要性和重要性。

决策理论也存在一些缺陷：(1) 管理是一种复杂的社会现象，仅靠决策也无法给管理者有效的指导，实用性不大。(2) 决策学派没有把管理决策和人们的其他决策行为区别开来。

本章关键词

决策理论　西蒙　詹姆斯·马奇　决策的本质　决策的准则　决策的前提　决策与组织机构　集权　分权　决策方法

思考题

1. 简要说明决策的准则有哪些。
2. 为了提高经理人员在这方面的能力，提高决策水平，一般采取的措施是什么？
3. 西蒙认为要做到“理性的人”的三个前提是什么？
4. 詹姆斯·马奇认为在具体进行理性选择的过程中，决策者必须回答哪四个问题？
5. 在当代组织理论中，马奇的组织理论建立在哪三个命题基础之上？
6. 西蒙有关决策的基本理论有哪些？管理者可以从西蒙决策中得到哪些启示？
7. 决策和组织机构、集权和分权的关系是什么？
8. 马奇提出，搜寻理论的满意化有三个重要特征，分别是什么？
9. 简述垃圾桶决策模型，并分析管理者可以从此决策模型中得到哪些启示。
10. 决策有些什么方法？

联想是如何决定收购 IBM PC 的？

从 2005 年 5 月 1 日，联想正式宣布完成收购 IBM 全球 PC 业务后，就陷入了质疑和期待的目光中，联想上下也陷入了沉默。直到 2005 年 8 月 10 日财务报表出炉，联想人悬了几个月的心才安然回落。20 多天之后，在清华大学举办的首届亚太管理学院联合会年会上，联想控股董事局主席柳传志出现在 90 多位中外管理学院院长面前，详细披露决定收购的幕后故事。

8 月 9 日，联想公布了一份不错的成绩单：将 IBM PC 首次计入公司业绩后，联想集团 2005 财年第一季度实现净利润 3.57 亿港元，同比增长 6%，集团营业额比去年同期增长 234%，达 196 亿港元。以下为柳传志所披露的联想收购 IBM 的详细内容：

利益权衡

2004 年 12 月 8 日，联想宣布并购 IBM PC 事业部，这件事引起了全球相当大的关注和反响。当时，对并购不看好的占绝大多数，中国的 IT 界、经济界的朋友对我们的勇气给予了足够的肯定，但是对于结果基本持怀疑态度。

联想不少骨干员工分散在世界各地有名的商学院学习，我问他们，你们的教授怎么看这件事？他们回答，多数都是不看好。我很理解这样的答案，因为在全球并购中成功的也就占 25%～35%，更何况一个来自中国这样的第三世界国家的企业去并购代表美国精神的 IBM。

我又问这些员工，你们参加 MBA 的班上，教授们谈他们不看好的理由是什么？听了很多答案之后，我就放心多了，基本上他们所有的担心都没有超过当初我们思考的范围。我们做这个事情绝不是为让世界轰动。这个企业是我们的命，我们要靠它吃饭，所以会把很多问题想得清楚又清楚。

第一个问题就是 IBM 为什么要出卖这块业务。

20 世纪 80 年代以前，IBM 是个软硬件全都自己设计和制造的企业。到了 90 年代，开始调整战略，逐渐想把自己变成一个软件、服务型企业。因此 IBM 连续出售了他们的生产制造部门，包括大容量硬盘、打印机等几大块业务。

1984 年我开始办企业的时候，IBM 的营业额就是 800 多亿美元，到了现在 IBM 的营业额是 900 多亿美元，但是他们的毛利润率、净利润率都有了非常大的提高，这就是 IBM 在 20 世纪 90 年代初改革的结果。而 IBM 卖出的几部分硬件业务，之后的业绩也都很好，真正实现了双赢。因此这次出售 PC 业务，是 IBM 原定战略的继续。

第二个问题是，为什么 IBM 本身亏损的 PC 业务卖到我们这里就可以盈利。

尽管是亏损，但是 IBM PC 业务的毛利实际是相当高的，达到 24%，联想本身毛利才 14%。但是，联想在 14%的毛利之中实现了 5%的净利，而 IBM 24%的毛利却是亏损，原因非常简单，就是 IBM PC 部门的费用成本太高，而有些费用是因为 IBM PC 部分处在 IBM 整个体系中所无法避免的。

比如说 IBM 总部的摊销。IBM 总部要花钱，按照各个事业部的营业额大小摊销，IBM PC 部分营业额有 100 多亿美元，占了 IBM 全部营业额的九分之一左右。于是就按九分之一做摊销。PC部分的毛利24%比其他同行要高，但是和IBM其他的诸如软件服务等事业部来比就低很多，禁不住大幅度的费用摊销。

联想认为，制造业本身就是一个毛巾拧水的行业，钱要一点一滴地通过管理挤出来。而IBM公司提倡的是高投入、高产出。在调查的时候，我们就发现他们从生产、研发到服务每个环节都有大幅度降低成本的可能。另外，采购也会产生巨大效益。

把这几项综合起来，我们认为，双方合作以后，仅仅从节流角度讲就会产生大幅的效益。所以从长远来看，收购IBM PC不是亏损不亏损的问题，而是盈利规模多大的问题。

当时我在决定做不做这件事的时候，再三要求我们的顾问和管理班子一定要保守再保守，评估的每个数字绝不可以有任何浮夸。从现在的业绩看来，他们估计是过于保守了。

风险规避

除了并购的好处，我们最关心的还是并购以后的风险。

第一个风险是市场风险，新公司成立后原来的客户是否承认你的产品，以前买IBM产品的客户是否会流失?

我们采取了下面这些措施。一是产品品牌不变。按照协议，并购五年之内IBM的品牌归我们使用，ThinkPad这个品牌永远归联想使用。二是跟客户打交道的业务人员不变。三是我们专门把总部设在纽约，说明这是一间真正的国际公司。本来我们是考虑设两个总部，一个在美国，一个在中国，后来考虑市场反应，就只在纽约设一个总部。收购之后，新联想派出2000多个销售人员做市场工作，IBM也调动了一些人和这2000人一起做大客户工作。事实证明这个措施是有力的，把风险控制住了。

第二个风险是员工流失的风险。现在看来，IBM PC的员工几乎没有流失。主要原因是我们做了两方面的工作。一是对IBM的高层骨干员工讲述新公司的愿景。原来IBM PC部门并不占主导地位，公司的战略是控制发展，所以骨干员工的能力得不到充分的发展。而这间新公司主要做的就是PC，他们的能力有一个充分的发展空间。另外新联想的文化将完全是一个国际企业的文化，而不是一个他们认为的固执的中国公司，这家公司会让高层骨干员工感到非常愉快。二是人员待遇不变，而且部分高层骨干还比原来的待遇有大幅增长。这项措施实施之后，使得军心安定。

第三个风险也是最大的风险，就是业务怎么整合，人员、文化怎么磨合。商学院的老师给他们的学生讲课谈到这个案例时更多的担心都在这方面。

我们是怎么考虑的呢?

第一，当我作为联想集团董事局的主席真正下决心批准方案向前推进的时候，主要是了解了这个基本情况以后才做的。就是在调查和谈判深入之后，发现双方的工作语言是共同的，管理模式基本上是一个层次。他们做的事我们全懂，我们做的事他们也全懂，这就给我们奠定了业务整合的基础。如果联想之前没有经过ERP的业务整合，没有一系列重大的改革措施，还是一个比较老旧的企业，那不管我们怎么努力双方都是没法磨合的。

第二，双方的业务是互补的，这减少了碰撞的机会。这点非常重要，大家知道HP和康柏整合，非常大的困难是双方有冲突的业务如何协调。两家原本都在欧洲市场做，合并之后欧洲原有市场人员马上要裁一半，如何进行，是个很大的麻烦。但这个问题在联想和IBM就不存在。IBM PC部门的发展受到总部的战略限制，总部的战略是发展软件和服务业，要PC为这个战略服务，因此它的PC只卖给大客户。这跟联想的发展战略正好是互补的，联想在中国消费类市场绝对占第一位。IBM 的主要客户在欧美，联想的主要客户在中国，从这个角度讲是互补的。另外 IBM 最擅长的是高档笔记本，联想最擅长的是台式机。这样总的看来，双方从业务关系上也是互补居多。

第三，联想以前的 CEO 杨元庆，在合并以后将要担当主席，由 IBM 原有人员选拔一名做 CEO。习惯了做 CEO 的杨元庆是否习惯做主席是我们要考虑的问题之一。杨元庆有很多优点，做事情的感觉非常好，但人比较固执，他能否和新 CEO 进行很好的配合？现在两个人配合得非常好。两个人提出三个词作为合作的指导思想：坦诚、尊重、妥协。双方都有各自的习惯，坦诚地亮出各自的观点，总要有一方妥协。头几个月妥协起了非常好的作用，如果一开始大家产生碰撞，别人就会认为不是工作上的碰撞，而是中国人和美国人的碰撞，这样就会引起队伍分化。

整合以后到现在已有四个月了，整合以后第一季度的业绩已在香港股市有所公布，业绩大大出乎投资人的意料。到目前为止，这个并购案基本是按照预定步骤来实现的。总结我们的经验，首先是预先想清楚事情，再动手。并购前要把并购目的、战略步骤、出了问题如何应对等一步步一层层地想清楚。尽管不可能想的和实际完全一样，但是差不了太多，到真的动起手来，情况就会好了很多。

（资料来源：《中国经营报》，2005 年 9 月 10 日）

思考题

1. 在 IBM 的 PC 问题上，联想是如何决策的？其决策基础有哪些？
2. 你是如何评价联想收购 IBM PC 业务的？

参考资料

[1] 周三多：《管理学：原理与方法》，复旦大学出版社，2009 年版。
[2] 芮明杰：《管理学：现代的观点》（第 2 版），上海人民出版社，2009 年版。
[3] 陈迅：《赫伯特·西蒙》，载于《国外社会科学》，1983 年第 12 期。
[4] 赵娟：《世界管理大师连载之（10）管理决策理论的创始人：赫伯特·西蒙》，载于《施工企业管理》，2007 年第 11 期。
[5] 零牌专家组首席顾问：《决策管理大师——赫伯特·西蒙》，载于《现代班组》，2009 年第 4 期。
[6] 孙耀君：《西方企业管理中的系统管理学派》，载于《经济管理》，1981 年第 2 期。
[7] 刘艳萍：《分数布朗运动下带跳的信用违约互换定价模型研究》，载于《管理学家》，2010 年第 7 期。
[8] [美] 赫伯特·西蒙：《诺贝尔经济学奖获奖者著作丛书·管理行为——管理组织决策过程的研究》，北京经济学院出版社，1988 年版。
[9] 孙耀君：《西方管理学名著摘要》，江西人民出版社，2008 年版。
[10] [日] 占部都美：《现代管理论》，蒋道鼎译，新华出版社，1984 年版。
[11] [美] 波洛玛：《当代社会学理论》，孙立平译，华夏出版社，1989 年版。
[12] 张贯一、任慧军：《组织行为学》，科学出版社，2007 年版。
[13] 梅世强、丁春维：《基于平衡计分卡的政府传统行政模式的转型》，载于《江西农业

大学学报》，第 4 卷第 1 期。
[14] 杨吉：《经理人员的职能》，载于《财会信报》，2008 年第 C07 期。
[15] 谢勇：《管理学》，华中科技大学出版社，2008 年版。
[16] 张根东：《管理学原理》，甘肃人民出版社，2008 年版。
[17] 谢平楼：《管理能力基础》，北京邮电大学出版社，2008 年版。
[18] 丁家云：《管理学：理论、方法、实践》，中国科学技术大学出版社，2010 年版。
[19] [美] S. 阿尔特曼、E. 瓦伦齐、R. 霍德·盖茨：《管理科学与行为科学》，北京航空航天大学出版社，1990 年版。
[20] 卢盛忠：《管理心理学》，人民教育出版社，1988 年版。
[21] 王重鸣：《管理心理学》，人民教育出版社，2002 年版。
[22] 王德中：《管理学》（第 4 版），西南财经大学出版社，2008 年版。
[23] 沈波：《管理学概论》，东南大学出版社，2008 年版。

第十章　经验管理学派

本章结构

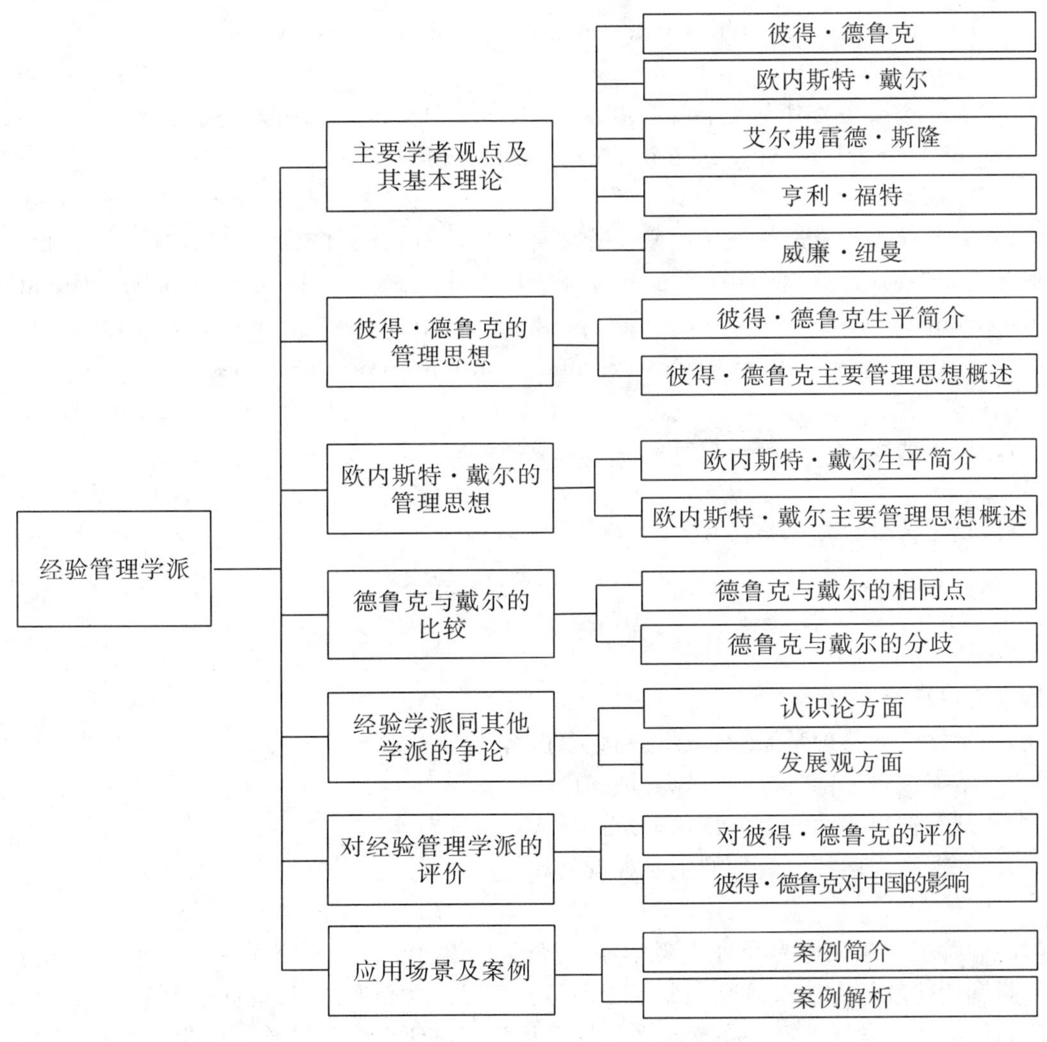

管理名言

1. 把你需要的所有时间花在做出那些能够影响人们的决定上。做正确的事比正确地做事更重要。(You should put all your time on things which can effect people. Doing the

right thing is more important than doing the thing right.）

——彼得·德鲁克（Peter F. Drucker）

2. 卓有成效是一种习惯，是不断训练出来的综合体。（Effectiveness is a habit，that is a complex of practices.）

——彼得·德鲁克（Peter F. Drucker）

3. 管理者的一项具体任务就是要把今天的资源投入到创造未来中去。（To commit today's resources to the future.）

——彼得·德鲁克（Peter F. Drucker）

4. 每走一步都走向一个终于要达到的目标，这并不够，应该每步就是一个目标，每一步都自有价值。（Every step comes to a final destination，it's not enough，the ideal situation should be every step is a destination，and has its own value.）

——歌德（Goethe）

5. 在一个崇高的目标支持下，不停地工作，即使慢，也一定会获得成功。（Keep working under a lofty goal，even if slowly，you will succeed certainly.）

——爱因斯坦（Albert Einstein）

6. 目标管理的最大好处是，它使管理者能够控制他们自己的成绩。这种自我控制可以成为更强烈的动力，推动他尽最大的力量把工作做好。（The biggest advantage about management by objectives is that managers can control their performance. This kind of self-control can generate more power，and push him to do things best.）

——美国管理学家巴纳德（Barnard）

7. 昨天的成功经验与辉煌可能是明天成功的阻碍。

——海尔集团董事长张瑞敏

8. 以古为镜，可以知兴替。

——唐太宗李世民

本章学习目标

1. 掌握经验管理学派学者观点和主要内容
2. 掌握彼得·德鲁克的目标管理理论
3. 理解彼得·德鲁克的管理理论：任务，责任，实践
4. 掌握欧内斯特·戴尔的主要观点及其著作

经验管理学派又称为经理主义学派、经验主义学派，是研究企业管理的实际经验教训，强调用比较的方法来研究和概括管理经验，以向大企业的经理提供管理经验和科学方法为目标的管理学派。经验主义学派认为管理学就是研究管理经验，认为通过对管理人员在个别情况下成功的和失败的经验教训的研究，会使人们懂得在将来相应的情况下如何运用有效的方法解决管理问题。因此，这个学派的学者把对管理理论的研究放在对实际管理工作者的管理经验教训的研究上，强调从企业管理的实际经验而不是从一般原理出发来进行研究，用比较的方法来研究和概括管理经验。经验或案例学派主张通过分析经验（通常

是一些案例）来研究管理问题。最早提出这一见解的是美国的德鲁克、戴尔、纽曼、斯隆等人。他们认为应该从企业管理的实际出发，以大企业的管理经验为主要研究对象，通过研究各种各样成功和失败的案例，就可以了解怎样进行管理。

这一学派的主要观点如下：

（1）作为企业主要领导的经理，其工作任务着重于两方面：①形成一个“生产的统一体”，有效调动企业各种资源，尤其是人力资源作用的发挥；②经理做出每一项决策或采取某一行动时，一定要把眼前利益与长远利益协调起来。

（2）对建立合理组织结构问题普遍重视。德鲁克认为，当今的管理组织的新模式可以概括为以下五种：①集权的职能性结构；②分权的联邦制结构；③矩阵结构；④模拟性分散管理结构；⑤系统结构。他还强调，各类组织要根据自己的工作性质、特殊条件以及管理人员的特点来确定本组织的管理结构。

（3）对科学管理和行为科学理论重新评价。这一学派的许多人认为，科学管理和行为科学理论都不能完全适应企业实际需要，只有从实际情况出发，以大企业的管理经验为主要研究对象，在一定的情况下把这些经验加以概括和理论化，将科学管理和行为科学结合起来，才真正实用。

（4）提倡实行目标管理。

第一节　主要学者观点及其基本理论

经验管理学派的创始人是彼得·德鲁克，代表人物有欧内斯特·戴尔、艾尔弗雷德·斯隆等。

一、彼得·德鲁克（Peter F. Drucker，1909—2005）

著名管理学家，被誉为“现代管理学之父”。于1909年生于维也纳，祖籍为荷兰，后移居美国，终身以教书、著书和咨询为业。一生共著书39本，在《哈佛商业评论》上发表文章30余篇。最初任职于由若干家美国银行和保险公司组成的商业集团，其后担任美国通用汽车公司、克莱斯勒汽车公司、国际商用机器公司等大企业的顾问，从1971年起任克拉蒙研究院的社会科学克拉克讲座教授，1945年创办了德鲁克管理咨询公司，自任董事长。德鲁克一生笔耕不辍，主要作品有《经济人的目的》（1939）、《管理的实践》（1954）、《有效的管理者》（1966）等，是经验主义学派中最有名的代表人物，《纽约时报》赞誉他为“当代最具启发性的思想家”。

二、欧内斯特·戴尔（Ernest Dale，1914—1996）

Ernest Dale（美国，1914—1996）

经验主义学派的代表人物之一，美国著名的管理学家，曾任欧内斯特·戴尔协会主席，同时在美国和其他一些国家的公司中任管理顾问，并在一些跨国公司中任董事。他认为不存在适用于任何组织的普遍管理原则，主张用比较的方法对大企业的管理经验进行研究。代表作是《伟大的组织者》，在该书中他重点研究了美国杜邦公司、通用汽车公司、国民钢铁公司和威斯汀豪斯电气公司等四家大公司的一些“伟大的组织者”（皮埃尔·杜邦、艾尔弗雷德·斯隆等人）以及他们成功的管理经验。

三、艾尔弗雷德·斯隆（Alfred P. Sloan，1875—1966）

第一位成功的职业经理人，20世纪最伟大CEO，通用汽车公司的第八任总裁，事业部管理体制的创始人之一。

艾尔弗雷德·斯隆
（美国，1875—1966）

斯隆是经验主义学派的又一代表人物，他在1923年任通用汽车公司总经理时，美国企业界有两种截然不同的领导方式，一种是高度的集权。企业的所有权都集中在最高层的手中。这种领导方式效率高、决断快，但随着企业的扩大和外界环境变化的加速，已逐渐不能适应需要。另一种方式是高度分权，几乎没有集中的控制和领导，但这种极端分散的领导方式也不可能使企业得到健康的发展。斯隆的最大贡献就是设计出了一种组织模式，使集权和分权在当时的条件下得到较好的平衡。他把通用汽车公司按产品划分为21个事业部，分属4个副总经理领导。有关全公司的大政方针，如财务控制、重要领导人员的任免、长期计划、重要研究项目的决定等，由公司总部掌握，其他具体业务则完全由各事业部负责。斯隆认为，这种管理体制贯彻了“政策决定与行政管理分开”的基本原则，因而能使集权和分权得到较好的平衡。经过斯隆的改革和整顿以后，通用汽车公司迅速发展成为世界上最大的汽车公司。

四、亨利·福特（Henry Ford，1863—1947）

20世纪最伟大的企业家，福特汽车公司创始人，汽车大王，流水线大量生产管理技术的倡导者。

他是世界上第一位使用流水线大批量生产汽车的人。1913年，福特汽车公司开发出了世界上第一条流水线，这一创举使T型车一共达到了1500万辆，将人类社会带入汽车时代。他不但革新了工业生产方式，而且对后期的社会和文化发展产生了巨大的影响。因此有一些社会理论学家将这一段历史称为“福特主义”。福特也为此被尊称为“为世界装上轮子”的人。

五、威廉·纽曼（William H. Newman，1909—2002）

美国管理学会前主席，美国哥伦比亚大学商业研究生院管理学教授。从20世纪50年代起就开始从事企业战略管理方面的研究和著述，1998年与彼德·德鲁克一起获得“美国管理学会终身服务奖”。主要著作有《经济管理活动：组织和管理的技术》（1951）。

经验管理学派理论的研究内容主要涉及以下几方面的管理问题：

（1）管理应侧重于实际应用，而不是纯理论的研究。管理学如同医学、法律学和工程学一样，是一种应用学科，而不是纯知识的学科。但管理又不是单纯的常识、领导能力或财务技巧的应用，管理的实际应用是以知识和责任为依据的。

（2）管理者的任务是了解本机构的特殊目的和使命，使工作富有活力并使职工有成就感；处理本机构对社会的影响，承担对社会的责任。德鲁克认为，作为企业主要的管理者，有两项别人无法替代的职责。第一项职责是创造出一个大于其各组成部分的总和的真正的整体，也就是一个富有活力的整体，把投入于其中的各项资源转化为较各项资源的总和更多的东西；第二项特殊职责是在其每一项决定和行动中，协调当前的和长期的要求。为此，每一个经理都必须：制定目标和采取措施并传达给有关的人员；进行组织工作；进行鼓励和联系工作；对工作和成果进行评价；使员工得到成长和发展。

（3）实行目标管理的管理方法。德鲁克对管理学的最大贡献是他提出任务（或目标）决定管理，并据此提出目标管理法。德鲁克认为传统管理学派偏于以工作为中心，忽视人的一面，而行为科学又偏于以人为中心，忽视了同工作相结合。目标管理则结合以工作为中心和以人为中心的管理方法，使职工发现工作的兴趣和价值，从工作中满足其自我实现的需要，同时，企业的目标也因职工的自我实现而实现，这样就把工作和人性二者统一起来了。目标管理在当今仍是运用最多最普遍的管理方法。

第二节　彼得·德鲁克的管理思想

彼得·德鲁克，美国著名管理学家，经验管理学派的主要创始人之一。由于他在管理学上的伟大成就，被尊称为“现代管理学之父”，并被推举为“不朽的管理思想大师”。他的理论是世界公认的条理最清晰、最具体可行的管理经典。他的一系列管理观念和思想被世界许多大型企业和公司奉为“一张决定前景的底牌”。

传统管理理论是以管理技巧为中心、以原则为中心或者以职能为中心的，它形成的结果仿佛是先天存在一整套管理职能，并能够运用到各种组织中。德鲁克首先意识到任务对管理行为的影响，认为有任务才有管理，任务决定管理。他在书中说：工商企业以及公共服务机构都是社会的器官。它们并不是为着自身的目的，而是为着实现某种特别的社会目的并满足社会、社区或个人的某种特别需要而存在的。它们本身并不是目的，而是手段。对它们提出的正确的问题不应该是“它们是什么”，而应该是“它们应该做些什么以及它们的任务是什么”。管理转而又是机构的器官。就管理本身而言，无所谓什么职能也无所谓什么存在，管理如果脱离了它所服务的机构就不是管理了。人们所谴责的官僚主义就是那种误认为自己是目的，而机构是手段的管理。这是管理当局、特别是那些不受市场考验约束的管理当局容易犯的一种退化性毛病。预防、制止、并在可能的情况下治疗这种毛病，应该是任何一个有效的管理者以及任何一本有效的管理书的首要目标。

一、彼得·德鲁克生平简介

彼得·德鲁克于1909年生于奥匈帝国的维也纳，祖籍为荷兰。德鲁克家族的先人在17世纪时从事书籍出版工作，他的父亲是奥国负责文化事务的官员，曾创办萨尔斯堡音乐节；母亲则是率先学习医学的妇女之一。德鲁克成长为一名作家、管理顾问、大学教授，他专注于写作有关管理学范畴的文章，“知识工作者”一词经由彼得·德鲁克的作品变得广为人知。他同时预测了知识经济时代的到来。他的言论和政治立场一直属于保守派。德鲁克的生平见表10－1。

表 10—1　彼得·德鲁克生平大事年表

1931 年	获法兰克福大学法学博士学位
1937 年	移居美国，曾在银行、保险公司和跨国公司任经济学家与管理顾问
1942 年	受聘成为通用汽车公司的顾问，对公司的内部管理结构进行研究
1946 年	出版《公司概念》，讲述“拥有不同技能和知识的人在一个大型组织里怎样分工合作”，首次提出“组织”的概念，并且奠定了组织学的基础
1954 年	出版《管理的实践》，提出了目标管理的概念。从此将管理学开创为一门学科
1966 年	出版《卓有成效的管理者》，成为高级管理者必读的经典之作
1973 年	出版巨著《管理：任务、责任、实践》，告诉管理人员付诸实践的是管理学而不是经济学，不是计量方法，不是行为科学。该书被誉为“管理学”的“圣经”
1985 年	出版《创新与企业家精神》，强调目前的经济已由“管理经济”转变为“创新经济”
1999 年	出版《21 世纪的管理挑战》，将“新经济”的挑战清楚地定义为：提高知识工作的生产力
2002 年	美国总统乔治·W·布什宣布彼得·德鲁克成为当年的“总统自由勋章”获得者，这是美国公民所能获得的最高荣誉
2005 年	德鲁克在加州家中逝世，享年 95 岁

二、彼得·德鲁克主要管理思想概述

德鲁克的伟大成就在于把管理确定为一种永恒的课题。“管理是任务，管理是纪律，但管理也是人。”他说：“每一次管理的成功都是管理者的成功，每一次管理的失败都是管理者的失败。进行管理的是人，而不是武力或事实。管理者的眼光、奉献精神和诚实决定管理是否恰当或不善。”德鲁克对管理问题的思考呈现出两个明显的特征：其一，从社会、历史的高度去俯瞰、分析组织和组织管理的变迁；其二，运用经验主义分析法，使得其管理著作通俗易懂，实践性很强。他的第一部影响全球的书是《管理的实践》(1954)，在此书中他提出了一个具有划时代意义的概念——目标管理（Management By Objectives，简称为 MBO），它是德鲁克所发明的最重要、最有影响的概念，并已成为当代管理学的重要组成部分。此书被哈佛大学等著名学府比喻为“管理学圣经”。第二部深化管理理念的书是《管理：任务、责任和实践》(1973)，这部著作从任务、范围和方法等方面完善了管理作为一门学科的知识结构，并且对每项内容又都做了深入展现，就如何进行有效的决策、管理的信息交流、管理职务的设计和内容、管理人员的培训等方面进行了探讨。它既可作为企业经营者的系统化管理手册，也可作为管理学学生的系统化教科书，被称为“管理的利器”。

德鲁克毕生都以其杰出的宏观思维方式追求着管理学的新境界，推动着管理者的思想变革。半个多世纪以来，德鲁克对管理学理论的突出贡献是他人无法比拟的。首先，德鲁克是将管理的所有功能有机整合起来的第一人，他全面综合了会计学、营销学、劳资关系等管理学知识，以其开阔的视野拓展了人类在管理学上的认识。其次，德鲁克是以其深刻的远见透视管理学最前沿、最迫切的问题。他的管理思想特别强调对现实的把握和对发展机遇、变动机遇的把握。最后，德鲁克所开创的管理学体系对推动 20 世纪生产力的快速发展起到了重要作用，同时也推动了管理实践的极大发展。

（一）管理的性质和任务

1. 管理的职能界定

德鲁克认为，管理只同生产商品和提供各种经济服务的工商企业有关。管理侧重于实际应用，而不是纯理论的研究。管理学如同医学、法律学、工程学一样，是一种应用学科，而不是纯知识的学科。但它又不是单纯的常识、领导能力或财务技巧的应用。他认为管理学由管理一个工商企业的理论和实际的各种原则组成。管理的技巧、能力、经验不能移植并应用到其他机构中去。

2. 管理的任务

德鲁克认为，“管理是一种实践，其本质不在于知而在于行；其验证不在于逻辑，而在于成果；其唯一的权威就是成就”。管理的任务主要有以下三项：

第一，取得经济效果。企业是为了取得经济效果才存在的，经济效果对企业机构而言是合理的，本身就是它的目的。企业经理在每一项决策和行动中都必须首先考虑经济效果。不论社会经济制度或社会意识形态怎样，企业都有提供利润的责任，这是企业与医院、教堂、大学、武装部队等的区别。社会中的教育、保健、防卫和科学研究等工作，都以经济资源的剩余为基础，也就是以企业的利润和其他形式的积蓄为基础。人们对社会中其他工作的评价越高，对它们的要求越多，则对企业的经济效果的依赖也就越大。

但是，企业的利润不是愈高愈好，追求利润固然是企业第一位的任务，却并非是其目的或理想。任何企业只应赚取足够的或合理的利润，而不应以追求最大利润为目的。因为企业的目的不仅是赚取利润，而且要服务顾客。顾客是企业存在的基础，顾客创造了就业机会。正是为了供应顾客的需要，社会才把一些资源交付给企业使用。

第二，使工作具有生产性，使工作人员有成就。工商企业的资源主要有资本、人力和时间三类，但真正的资源只有一项——人。企业以及其他组织都是通过使人力资源更具生产性来执行其工作，通过更具生产性的工作来取得成绩。能直接有助于企业成长的工作就是有生产性的工作。使工作具有生产性，需要依照事物本身的逻辑来组织工作，还需要使工作能够适合人们，因为人的逻辑同工作的逻辑是根本不同的。要使工作人员有成就感，就必须了解人的特殊生理心理特质、能力与限制、不同的行为方式等。对人的管理，最大的困难可能在于“人们心理上的多变反应”。同样一种管理方式，在不同的时间、不同的环境，会产生截然不同的效果。管理绝不能忽视人们的心理因素，要从各个不同的角度去设法满足职工对责任、诱导、参与、激励、报酬、领导、地位及职能等方面的要求。

第三，处理好企业对社会的影响和承担企业对社会的责任。每一个机构都是社会的器官，都是为了社会而存在的。企业的好坏不能由企业本身来评定，而只能由它对社会的作用来评定。企业对社会的主要责任就是对社会产生积极的效果，企业为了承担它对社会的责任，提供商品和劳务，就必须对人们、对群体、对社会有所影响。在多元化社会中，企业必须日益关心它所提供的商品和服务的数量与质量，关心人们的生活质量和社会环境等方面的问题。

管理的三项任务是在同一时间、同一管理行动中执行的，取得经济效果具有重要意义；企业是一个经济机构，要使工作具有生产性，使工作人员具有成就感；社会不是一个经济机构，需要把管理看成是一种基本信仰和价值观的实现，妥善处理企业对社会的影响和承担企业的社会责任；企业是社会大系统中的组成部分，如果大系统受到损害或消失，作为其组成部分的企业也无法生存。

3. 管理者的职责

德鲁克认为，企业管理者有两项别人无法替代的职责。

一是他必须形成一个“生产的统一体”。这个生产统一体的生产力，要比它的各个组成部分的生产力的总和更大。管理者好比是一个乐队指挥，把各种乐器的演奏组织成为统一的乐队。但乐队指挥只是作曲家的解释者，而企业管理者是作曲家兼指挥，他要克服企业的弱点，使各种资源、特别是人力资源得到充分发挥。为了使企业的各项活动能协调地进行，他必须既考虑到作为整体的企业，又照顾到市场研究、开发新产品等各种特殊问题。

二是他在做出每一决策和采取每一行动时，要把当前利益和长远利益协调起来。每一个管理者都有一些共同的、必须执行的职能，这些职能包括：树立目标并决定做什么，然后把它传达给有关人员；进行组织工作，对工作分类并划分成一些较小的活动，以便进行管理，建立组织机构，选拔人员；进行激励和联系工作等。要利用表扬、奖金、报酬、提拔等手段来激励人们做好工作。他通过自上而下和自下而上的信息传递来协调整个企业的活动；对企业的成果进行分析，确定标准，并对企业所有人员的工作进行评价。

德鲁克认为，每一个管理者不论是否意识到，都始终在做这些事。他的工作就是激励、指挥和组织人们去做他们的工作。不论管理者所从事的是哪一种工作，其工作效果取决于他的听、读、说、写能力，他需要把自己的思想传达给别人并得出别人在想些什么。

（二）管理的技能

管理是特殊的工作，要求一些特殊的技能，其中包括做出有效的决策，在组织内部和外部进行信息联系，正确运用控制与衡量等。

1. 有效的决策

管理的第一项技能就是做出有效的决策，这需要考虑以下五个问题：

第一，决策的实质是什么。

要回答这一问题可以研究日本人的决策方式，日本的各种机构在决策中都采取协商的方式，他们在整个组织中对一项拟议中的决策进行讨论，直到全体一致同意，才做出决策。日本人在做出一项决策时虽然要比西方人花费多得多的时间，但却能做出非常有效的决策。在做出决策以后，能很好地贯彻执行。尤其重要的是，决策方式迫使他们作重大的决策而不作小的决策，因为他们的决策方式要很多人花很长的时间，如果不是用于真正重要的事情，那就是一种浪费。

日本人的决策方法具有独特之处：其一，他们把注意力放在确定要做的决策是关于什么事情上，而不是把注意力放在提供答案上；他们注意的中心是确定问题和对问题的理解，他们可能对问题做出错误的答案，但很少对错误的问题做出正确的答案。而所有的决策者都知道后者才是最危险的，是无可挽救的决策。其二，他们把各种不同的看法都提出来。他们在协商一致以前，并不对答案进行讨论，不允许任何人做出承诺，而是鼓励大家提出各种不同的看法和方案，进行探讨。他们把注意力集中在各种可供选择的方案上，而不是放在“正确的答案”上。他们的决策过程进一步表明，应该在哪一阶层以及由什么人来做出某项决策。其三，他们在做出决策以后，无须再去向职工推销该项决策，因为在决策过程中就逐步实现了思想统一和协商一致。

第二，从假设出发，用事实来检验。

与传统的决策程序不同，德鲁克认为，决策的第一步不是搜集事实，而是提出假设即看法。如果一开始就搜集事实，人们就会寻找那些符合他们已做出结论的事实，而每一个人都能找到他所需要的事实。人们在某一领域中有了经验，就会有自己的看法。因此，必须从假设出发，鼓励人们提出各种不同的看法，同时要求提出看法的人仔细考虑用现实来检验其看法的正确性。

在决策中，一个人如果不考虑可供选择的各种方案，他的思想就是闭塞的。决策的首要规则是：在没有不同意见之前，不要做出决策。之所以需要有不同的意见，在于保证决策者不受组织中各种人对决策者的恳求和先入为主的影响；只有不同意见，才能为一项决策提供各种可供选择的方案；一项没有其他可供选择方案的决策，无论经过了怎样仔细的思考，都是一种赌徒式的孤注一掷；不同意见是激发想象力所必需的。

管理者处理的各种事务往往是非确定的。这就需要有想象力，能领悟和理解新的、不同的方法。高效的决策者绝不能陷入“自以为是”的陷阱，他必须从找出人们意见不同的原因这点出发，以便仔细考察一件重要事情的所有方面。高效的决策者不应该以个人情绪或个人成见来影响对别人意见的考虑，而必须把别人的反对看成是他仔细考虑各种可供选择的方案的机会。

第三，认真思考决策的必要性。

在某些情况下，人们必须做出决策；也有些时候，不必采取任何行动，事情也会正常地发展下去，那就不要做什么决策去干预；还有些情况，虽然使人烦恼，却并不重要，也不会有很大的变化，也不需要做什么决策去干预。但是，绝大多数情况处于这两种极端之间，问题不会自行消除，但也不会变得严重恶化，机会只是使情况得到改进。在这种情况下是否要做出决策采取行动，需要决策者对采取行动的利弊与不采取行动的利弊进行比较以后再确定。

第四，让有关的人参加决策讨论。

一项有效的决策就是对采取行动和取得成果的一种承诺。如果在做出决策以后才去“推销”决策，那就不会有行动和成果，或至少会延误时机，使决策在真正有效之前就过时了。所以，要让执行决策和可能抵制该决策的人认真地参加讨论，并在协商一致的基础上，从一开始就把行动的承诺包含在决策之中。

第五，健全的决策反馈机制。建立健全的决策反馈制度，以便对照实际情况持续检查与预期结果的差距，及时采取必要的补救措施以保证达到预期结果。

2. 有效地进行信息联系

有效地进行信息联系，应把握信息联系的四项原则。其一，信息联系是知觉，这意味着进行信息联系的决定方是信息的接收者。信息的发出者只是发出信息，但如果信息的接收者没有知觉，那就没有信息联系。所以，无论采取什么媒介手段，信息联系的第一个问题应该是：“这项信息在接收者的知觉范围以内吗？他能接受吗？”其二，信息联系是期待。人们知觉到的是他们期待着去知觉的，在能够进行信息联系以前，必须先知道接收信息的人所期望的信息是什么。只有在知道了这些以后，才能知道是否可以利用他的期望来进行信息联系。其三，信息联系是提出要求。信息联系要求信息接收者成为某样的人、做某种事、相信某种事。它始终求助于动机。如果信息联系符合接收者的愿望、价值观和目的，它就能够被接收；如果不符合于他的愿望、价值观和目的，它很可能根本不被接收，甚至被抵制。最强有力的信息联系能起“改造作用”，即改变人们的个性、价值观、信念和愿望。要进行信息联系，信息必须能适合于接收者的愿望和价值观。其四，信息联系和信息是不同的。信息联系是知觉，而信息则是逻辑，信息是纯粹形式上的，不是人与人之间的。但信息联系和信息又是互相依存的，信息联系以信息为先决条件，信息是编码，为了接收信息，接收者必须知道这种代码。这就要求有事先的协议，即要求有某种形式的信息联系。

有效地进行信息联系，需要管理者具有沟通的技巧。组织中的信息联系不应该是组织的一种手段，而应该是组织的风格。单纯的从上向下的信息联系是行不通的，因为那意味着上级在向下级发命令，不了解下级（信息接收者）的知觉和期望当然不能取得好效果。注意“倾听”下级的意见是必要的，但仍不够，因为上级不一定就能理解他所倾听的信息。信息联系必须把重点放在能被接收者和发出者双方都知觉到的东西上，放在预定的信息接收者已有动机的东西上。必须从一开始就了解到预定的信息接收者的价值观、信念和期望，只有从“咱们”的一个成员到另一个成员，信息联系才能行得通。

3. 正确运用控制和评价

德鲁克认为，组织成员的抱负和需要的满足是通过他们的个人能力来实现的，又是通过组织的报酬和惩罚、激励、制裁来实现的，这是组织的真正控制，即人们行为的依据和行动的原因。一种核查制度，如果同组织的这种真正的、唯一有效的最终控制不一致，那么它将是无效的，甚至会造成无休止的冲突并使组织失去控制。

管理者应注意核查与控制的区别。做较多的核查不一定能够给予更多的控制。核查的相关词是衡量和信息，而控制的相关词是方向；核查是关于方法的，控制则是关于目的的。核查讲的是事实，即过去的事件；控制讲的是期待，即同未来有关。核查是分析的，涉及过去和现在的情况；控制是描述的，涉及应该是怎样的情况。在工商业中应注意把握核查的三个主要特点：其一，在复杂的知觉情况之下，在企业所在的社会情境之下，核查行为可能既不是客观的，也不是中立的，而是有倾向性的，它使事件和观察者两者都发生变化。其二，核查必须把重点放在成果上。企业之所以存在，是为了对社会、经济和人们做出贡献。只有顾客才创造利润，企业内部的所有事物（制造、销售、研究等）只形成成本，是一种“成本中心”。因此，企业的成果只存在于外部（经济、社会、顾客）。企业外部表现企业成果的领域，要比企业内部的领域难于接触得多。目前的组织所需要的是对外界综合感觉的器官，而这正是核查可能做出贡献的地方。其三，对可衡量事件和不可衡量事件都需要核查。可衡量的事件主要是企业内部的事件，不可衡量而有重要影响的事件主要是企业外部的事件。在可以衡量的事件和不可衡量的事件之间取得平衡是企业管理者的中心问题。

为了使管理人员能进行控制，核查必须符合以下规范：

其一，经济性原则。为达到控制目的所需的努力愈少，则控制的设计愈好。所需的核查愈少，则核查的效果愈好。

其二，核查必须是有意义的。被衡量的事件必须本身是有意义的，或者至少标志着有意义的发展趋势。

其三，核查必须适合被衡量现象的特点和性质，即核查必须在结构上提供被衡量事件的真实面貌。

其四，衡量的尺度必须同被衡量的事件相称。管理者必须避免“虚假的具体性”，即看起来似乎精确，事实上却不精确，反而使人误解。所以，有时“近似值”比起“似乎很确切”的详细数字更为确切。

其五，核查的时间必须恰当。经常的衡量不一定能提供更好的控制，有时反而使控制受到影响，因此，核查的时间必须适合被衡量事件的时间幅度。

其六，核查必须简单。复杂的核查制度是行不通的，只会造成混乱，它使人们的注意力不是集中在要核查的对象上，而是集中在核查的机制和方法上。

其七，核查必须是能被实际应用的。核查的目的是为了达到合理行为的自我控制，而不是控制别人，是行动，而不是提供信息。

（三）高层管理

高层管理是对整个企业进行指挥，确定视野，制定标准。它担负着特殊的任务，而且在规模和复杂性、多样性和多角经营、发展、变革和创新等方面，面临着组织结构和战略上的各种特殊挑战。因此，高层管理是企业管理中必须高度重视的问题。

1. 高层管理的任务

对工商企业或公共服务机构而言，高层管理的任务主要有以下几方面：

第一，要认真思考企业的使命，首先提出并回答“我们的企业是什么以及应该是什么”的问题，然后确定企业的目标，制定战略和计划。为了取得未来的成果而在目前必须做出的决策，只有高层管理者才能承担；因为只有高层管理者才能纵览全貌，做出影响整个企业的决策，平衡目前和未来的目标和需要，并把人力资源和资本资源投入能取得关键成果的项目中去。

第二，建构管理的标准和榜样，衡量应该做到和实际做到之间的差距，树立关键领域中的标准和价值观。

第三，确定企业的组织结构和组织设计，培养人力资源，教育员工确立正确的价值观、行为法则和信念。

第四，制定有关的政策，建立和维持同顾客、主要供货者、职工、金融界、政府和其他外部机构的融洽关系。

第五，代表企业参加礼节性和社会性的活动。

第六，处理重大危机和紧急事件。

高层管理的每一项任务大多是例外性且很少是连续性的，因此应当具有各种不同的能力，特别是各种不同的气质。既要有分析、思考、权衡各种方案，协调不同意见的能力；又要有迅速而坚决的行动、勇敢而直觉地判断的能力，同时还要求既擅长诠释抽象的观点、概念，计算和处理数字，又能了解、体谅和尊重他人。

2. 高层管理的组织

高层管理工作需要一个班子来胜任，原因是高层管理所要求的不同能力、气质、工作量等不可能由一个人同时具备。当企业较大、情况较复杂时，需要一个结构明确的高层管理班子，每个人有一个分工负责和具有最后决定权的领域，这可能是最好的一种结构。联邦德国的西门子公司就是采用这种结构形式的。另外一种相当普遍的结构形式是，其中一个人全面负责，另有三四个高层人物分别承担分工明确的某些职责。如美国通用汽车公司多年来就是采用这种结构。在较大的公司中，凡承担任何一项高层管理职责的人，都不应再承担不属于高层管理职务的任何职责。

高层管理要有效地进行工作，就必须严格地满足以下条件。

一是权力上，高层管理中的某一成员如果在某一领域中负主要责任，就应拥有在该领域中的最终决定权。

二是责任上，高层管理中的任何成员对不是由他主要负责的事务不应该做出决定，而应该交由对该事主要负责的成员去处理。

三是协作上，高层管理班子中的各个成员不一定要互相喜欢，或者不一定要互相尊重，但绝不可互相拆台。在公众场合，他们不应该互相批评对方、贬低对方，最好也不要互相赞扬对方。

四是集中上，高层管理班子不是一个委员会，而是一个班子，因而需要一个班长。但班长不是“老板”，而是领导者。他主要依靠自己的影响力来起领导作用，当危机极为严峻时，他必须愿意而且能够（并有法定权力）接管整个事务，统一指挥。

五是决定上，重大的方针政策和关键人员的任命等应由整个班子讨论后再作决定。

六是沟通上，高层管理的任务要求在班子的各个成员中进行系统而密切的信息联系，以便在互相了解情况的基础上能分工明确地承担起高层管理的任务。

3. 高层管理的战略

高层管理的战略比财务战略、产品发展战略、市场销售战略等都更为重要，它涉及企业的规模、多元化、复杂性、成长和创新等，这些都同企业的基本结构有关。

第一，战略与企业规模。规模本身对战略有重大的影响，而战略又对规模有重大的影响。企业的规模同结构和战略密切相关，不同的企业规模要求不同的结构、不同的政策、不同的战略、不同的行为。不同的企业各有其适当的规模。一个组织的规模有一定的限度，超过了这个限度，其生产率就会下降并最终导致无法进行管理。企业规模的变化不是连续的而是在达到成长的一定程度后有一个“进化的跳跃”和变迁。

适应不同的规模制定战略，对高层管理来说是极为重要的。小企业能够做一些大企业不能做的事：迅速地做出反应，灵活而集中地使用其资源。但是，大企业也能做一些小企业不能做的事：它能把资源投入到小企业无法支持的长期研究规划等项目中去。大企业必须恰当地组织正式的组织结构，防止对外隔绝和近亲繁殖的危险，经常从外界吸引人才来担任中高层管理职位，让管理人员同专业人员在一起成长并在工作中互相了解。这样，他们就能在公司的各个领域中认识足够多的人，在必须通过非正式渠道紧急处理某些事情时可以与“恰当的人”商谈，从而提高灵活性和管理效率。中等企业不论特色如何，其成功的秘诀在于集中力量，高层管理者有很高的自律性，自觉地以全部资源投入企业成功所必需的关键领域而压缩其他领域。小企业的管理要仔细拟定出一种能使它显出特色的战略来，认真确定实现本企业目标所必需的关键活动，集中使用其资源尤其是优秀人才的资源，建立有效的控制和信息系统以适应内外部情况。

第二，推进企业的成长。判定企业成长的一个重要标准，是看它对经济和社会做出的贡献，由各种资源的生产率和利润率来衡量的经济成就。一个企业如果在经济成就上有所增长，它就是成长了，而不一定表现在资金多少或规模大小上。成长是一个企业所必需的，但并不是愈高愈好。企业的成长至少应该达到成长的最低限度，但一般不应该超过最适当的限度。最适当的限度就是能在风险和各种资源的报酬之间取得最佳平衡的点，就是市场地位的提高能使每种主要资源的生产率同时提高的点。超过这一点，利润率的提高将使风险大大增加；低于这一点，风险的减少又会使生产率和利润率急剧下降，并危及企业在市场中的地位。

企业的成长是企业发展到一定阶段而出现的一场变革，并非自动实现，也不是随着企业成功而必然出现。为了实现企业成长的变革，高层管理者应确定各项关键活动，并准备一个高层管理班子来关心这些关键活动；应了解变革在基本政策、结构、行为等方面表现出来的征兆，以便在变革的时机到来时就能即时知道；同时，应让自己和员工在思想上做好准备以应对变革的挑战。

第三，正确理解多元化。在企业运作的实践中，许多人认为，企业愈是在多个领域中多元化经营就愈好。这种看法源于人们受到的内外压力。企业内部的压力有：心理上的压力，对重复同样的事感到厌倦，想做一些不同的事；由于企业规模不恰当，因而想用多元化来予以弥补，如实行后向或前向的一体化；想把企业内部的一个成本中心转变为一个收益中心。企业外部的压力有：由于当地的经济规模较小且范围有限，只能通过多元化来谋求企业的成长；由于市场扩展而实行多元化，如多国公司；技术的发展；为了避免课税而把资金投入多角经营；新的投资和资本市场以及工作和职业市场的出现。

许多公司的失利说明，不顾条件追求多元化的做法是错误的。追求多元化的压力中，有些可能是公司的机会，有些可能是威胁。也就是说，有的多元化经营是正确的，有的多元化经营是错误的，不宜一概而论。事实证明，一个企业的复杂程度愈小，就愈不容易出错；复杂程度愈大，就愈容易出错，并难以发现和予以纠正。可见，多元化不一定是好事。而取得成就的多元化公司，都有一个共同的统一的核心，这个核心可以是共同的市场，也可以是共同的技术。

第四，企业的创新。一个不会创新的公司只会在创新的时代中衰落和灭亡，一个不知或不能创新的高层管理是无力的。今天，各种创新组织虽然在结构、业务、特点甚至在组织和管理哲学方面都各有特色，但都有一些共同特点，比如都了解“创新”的本质含义。创新不是一种技术用语，而是一种经济和社会用语。创新不是科学或技术，而是价值。创新不是发生于组织之内的某种事，而是组织以外的一种变革，是消费者、生产者、管理者等行为中的一种变革，创新应以它对外在环境的影响来衡量。企业创新要有一个独立地从事创新工作的组织结构，并把创新工作当作“事业”而非“职能”；创新应当确立创新的战略，有计划、有系统地淘汰旧的、正在死亡的陈旧东西，代之以新的、更有生命力的东西；创新要树立高目标，不是改进旧的东西，而是创造出新的东西；工商企业中的创新必须以市场为中心，而不能以产品为中心，否则可能产生“技术上的奇迹”却失去市场的报酬；创新必须了解创新的动态过程，创新是按概率分布的，要去寻找有“创新倾向”的事物，去发现其改变和创新能带来很高报酬的生产程序、产品、分配渠道等；创新要建立适合创新的动态过程的衡量方法、预算和预算控制；高层管理者要积极支持创新，并把粗略而不成熟的想法转变为具体的创新实践。

（四）管理组织结构

1. 组织设计规范

自法约尔以来的管理经验表明，组织结构是企业管理的运作平台，德鲁克、戴尔等人认为，应在组织结构问题上确立正确的指导思想。这些指导思想须是经过管理实践检验的，在此基础上，才可能提出组织结构设计的操作规范。

德鲁克关于组织结构的指导思想主要有：

其一，结构的非自发性。组织结构不是“自发演变”的，自发演变的结果只能是混乱、摩擦、后果不良的。组织的设计和结构需要思考、分析和系统的研究。

其二，组织功能决定结构。设计一个组织结构并不是第一步，而是最后一步。第一步是确定和组织一个组织结构的基本构造单位，即那些必须包含在最后结构之内并承担已建成大厦的“结构负荷”的业务活动。

其三，战略决定结构。组织不是机械的，不是“装配件”，不能“预制”。组织是有机的，并且每一个企业或机构各有其特点。结构是实现一个机构的各种目标的一种手段。因此，有关结构的任何工作都必须从目标和战略出发。战略就是“我们的企业是什么？应该是什么？将是什么？”这些问题的答案。它决定着组织结构的宗旨，因而决定着某一企业或服务机构中哪些是最关键的活动。有效的组织结构就是使得这些关键活动能够进行工作并取得成就的那种组织设计。而这些关键活动又反过来成为一个能进行工作的组织结构的“承受负荷的要素”，组织设计所应关心的，主要就是这些关键活动或关键工作。

根据上述指导思想，德鲁克提出组织设计的以下规范：

（1）职能的明确性。组织中的每一个管理部门，每一个人，都应该了解他在组织中处于什么位置，归谁领导，应该到哪里去取得所需要的信息，同谁进行协作。明确性同简单绝不是一回事。有些看来简单的组织结构却缺乏明确性，而有些似乎复杂的组织结构却有高度的明确性。

（2）管理的经济性。用于控制、监督、引导人们取得成绩的力量应该保持在最低限度。组织结构应该使人们能够自我控制与自我激励。

（3）远景的吸引力。组织结构应该把每个管理部门和每个人的远景指引向取得整个企业的成绩的方向。

（4）个体融入整体。一个组织应该使每个部门和每个人理解本身的任务，同时又理解共同的任务，了解如何使自己的任务适应整体的任务。因此，组织结构必须促进而不是阻碍信息联系。

（5）正确决策操作。组织设计必须有利于在正确的课题上由恰当的组织层次来做出决策，并使决策转化为工作和成就。

（6）稳定和适应性。一个组织需要有充分的稳定性，能在动乱的环境中进行工作，能有连续性并规划未来。但是，稳定性并不是僵硬性。相反，组织结构要求有高度的适应性，能适应新的情况、新的需求、新的条件，才能继续存在。僵化的组织结构是脆弱而不稳定的。

（7）骨干自我更新。这要求一个组织结构不仅能够从内部产生未来的领导者，能够在每一个层次上培养和考察每一个人担任更高一级职位的能力，还必须能够接受新思想并愿意和能够做新事情。

2. 企业组织设计

德鲁克等人提出了企业组织结构的五种类型，即职能制结构、规划—目标结构（矩阵式结构）、联邦分权制结构、模拟分权制结构和系统结构。按企业组织设计所依据的准则来划分，可分为三类：以工作和任务为中心的组织设计有职能制结构和矩阵式结构，以成果为中心的组织设计有联邦分权制结构和模拟分权制结构，以关系为中心的组织设计主要是系统结构。

（1）职能制结构。职能制结构是亨利·法约尔在20世纪早期提出来的，并在许多企业组织中得到应用。在最理想的情况下，职能制能高度经济地进行工作。只要很少的人在高层从事组织、信息联系、协调、调解等就可以使组织运转，其他人可以做他们自己的工作（见图10－1)。职能制结构的最大优点是具有明确性和高度的稳定性：每一个人都有一个工作“据点”，都了解自己的工作且保持相对不变。但是，职能制结构却常常处于一种不理想的、极不经济的状况。只要职能制一达到中等规模或复杂程度，就会产生摩擦、误会、派系、“独立王国”，需要各种复杂、费钱、笨拙的调解和处理纠纷的管理手段。由于职能划分的原因，包括高层职能人员在内的每一个人都很难理解整体的任务并把它同自己的工作联系起来。这种组织结构虽然稳定，但僵硬不能适应变化。它不能为未来培养、锻炼和考验人员，易使人们只想对自己的工作略加改进，不愿接受新思想和新工作方法。

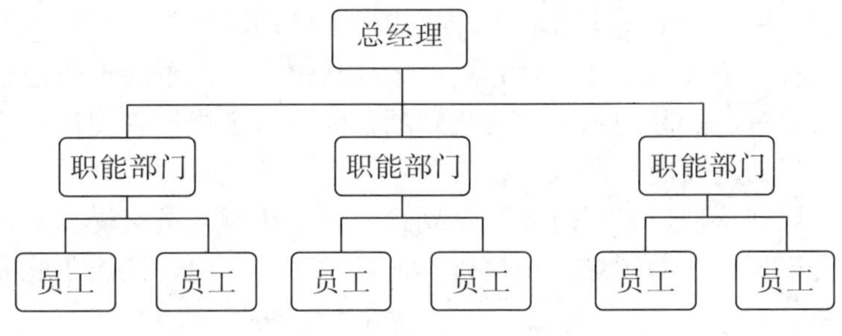

图10－1　职能制结构图

职能制组织是以工作为中心来进行组织设计的。这既是优点又是缺点，一般而言，职能制只有在总经理一级才能使生产、研究和发展、销售等活动取得协调，故它只适用于作业工作，而不适用于高层管理和创新工作。所以，职能制设计应作为组织设计的一种形式而非唯一形式。

（2）矩阵式结构。矩阵式结构是企业为了加强各职能部门之间以及职能部门同规划部门之间的协作，把管理中的垂直联系和水平联系、集权化和分权化结合起来而建立的一种组织结构。矩阵式结构也是以工作和任务为中心的，它最初被美国洛克希德飞机公司等用来执行巨大的军事生产计划，以后逐渐被推广应用到各个领域和其他国家。

建立矩阵式结构的组织（见图10－2)，其办法是在企业的垂直领导系统中，从各单位抽调人员，组成临时的或长期的任务小组或委员会。这种任务小组或委员会以完成一定的工作任务为目标。

这种工作任务一般较为复杂，所以叫作“规划”，而这种组织结构就叫作“规划—目标结构”或“任务小组结构”。由于在这种结构中，各职能部门的垂直系统同各规划项目的水平系统组成一个矩阵，所以又叫作“矩阵式结构”。

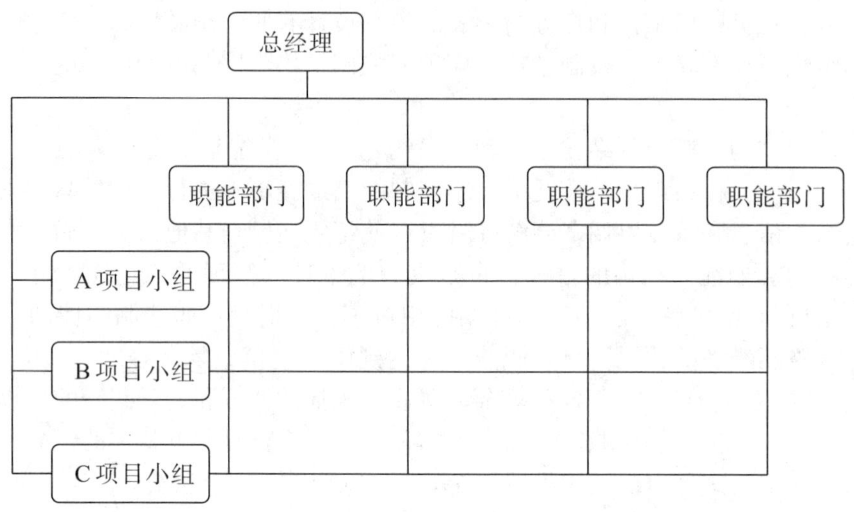

图 10—2 矩阵式结构图

从职能关系看，矩阵式结构中既有指挥—职能型的领导关系，又有规划—目标型的领导关系。每项规划有一位规划主任负责，这位主任从水平方向不断地监控着自己负责的规划项目的进展，而每一职能部门则为每一规划项目配备一名规划管理员，协助该项规划的主任，在该职能部门的范围内协调规划中的各项活动。涉及几项规划的问题则在各规划主任和各职能部门的规划管理员之间解决。规划管理员、执行人员接受双重领导，在执行规划项目方面，接受规划主任的领导；在执行其他日常工作方面，接受各职能部门负责人的领导。

采用矩阵式结构的组织可以提高中层和基层管理人员的主动性和责任心，使高层管理者摆脱日常事务工作，使职能部门和规划项目更好地配合起来，提高管理效率。但由于领导关系上的双重性，这种组织结构容易导致多头指挥和控制的矛盾。

(3) 联邦分权制结构。联邦分权制结构又叫“事业部制”，这是以成果为中心的组织设计，主要用于大的集团型企业，其原则同样地可用来组织自治单位内部的小单位。同时，它也适用于工商业以外的各种服务机构，如医院等。联邦分权制最初是由皮埃尔·杜邦于 1920 年改组杜邦公司时提出的，1921—1922 年斯隆在美国通用汽车公司推行了更为完善的联邦分权制。以后有许多企业加以模仿和改进，美国通用电气公司于 1950—1952 年期间进行改组时提出的一种已成为在大企业组织结构的标准模式。

联邦分权制在分权的原则下，使总部和各个单位（事业部）都有真正的职权，企业的最高领导决定企业的主要目标，组织人力资源，选拔、培养和考核未来的领导人员，制定对工作效率进行评价的标准等。总部下属的各个单位（事业部）本身也是一个自治性的事业单位，其负责人要对本单位的生产、工程、销售、采购、会计、人事等方面负责（见图 10—3）。企业最高领导的决策同各个自治单位领导人在其本身业务范围内的决策有密切的关系。

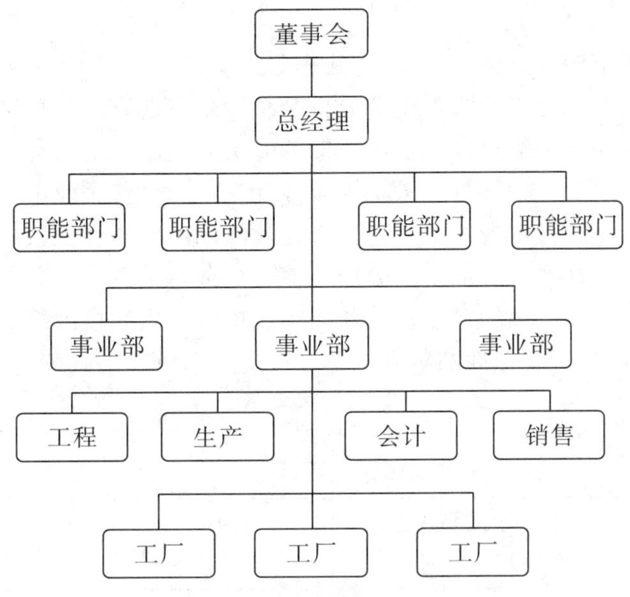

图 10—3　联邦分权制结构图

联邦分权制原则上要求自治单位承担较大的责任：这些单位既然被赋予最大限度的自治权，就应该担起最大限度的责任——比如为高层管理者提供有关本单位的市场、产品、潜力、机会、问题等方面的情况，有利于高层管理者做好高层管理的工作。联邦分权向下的下属单位虽然是自治性的，但并不是独立的，而是整个企业的一个组成部分，同整个企业有共同的视野。从规模上讲，联邦分权制中的自治单位不能过大，如果超过了中等规模，就不能有效地进行运转了；同时，也不能过小，必须具有一定的规模，使它的管理班子要能够充分地发挥自己的才能。

联邦分权制具有较多的优点：它具有高度的明确性和相当的经济性，把管理人员的视野和努力直接集中于企业的成就和成果上，使自治单位的每一个成员都易于了解他自己的任务和整个企业的任务；它有高度的稳定性和适应性，促进管理层把注意力集中于熟悉、陈旧的事物上而不是集中于困难、新颖和发展的事物上；它使整个管理集团有着共同的视野和理解，易于进行信息联系；在各种不同工作的人员之间也能充分地进行信息联系，这有利于做出较为客观和满意的决策；它使管理层把注意力集中在正确的而不是错误的课题上，集中在重要的而不是枝节的决策上；由于目标管理和严格的自我控制能有效地进行，在一个管理人员领导下的人员和单位就不必再受控制幅度的限制，而只受管理责任幅度的限制；它有利于培养管理人员，在早期就为高层管理职位准备和考核接班人员。这些优点使它成为各大公司优先采用的一种组织设计。

联邦分权制的应用范围较广。作业工作和创新工作都可以按分权的自治单位来组织。高层领导虽然不能作为一个自治单位，但是如果企业按联邦分权制来组织，就能使高层管理从企业管理日常工作中摆脱出来，使高层管理更为坚强和有效。

联邦分权制对管理层有相当高的要求。管理人员特别是高层管理人员必须具有高度的责任心和自我纪律，不必被迫对作业工作进行监督、协调和支撑。为了保持一个企业的完整性，高层管理者必须在以下三个领域保留其最高权力。这三个领域分别是：企业的重大战略决策；企业关键的资本资源分配、资本的供应和投资；企业高层管理人员的任命和调动。

(4)模拟分权制结构(见图10—4)。当一个大型企业的各个组成部分必须在一起工作而又必须各自承担自己的责任时，模拟分权制结构是较适宜的一种组织形式，如铁路公司和航空公司等庞大而复杂的整体企业，类似的非工商业服务机构和政府机构，以及一些大型的化学工业、原料工业、银行、医院等服务性企业。这些企业由于规模庞大，不宜采用集权的职能式结构；而其本身的生产过程或经营活动的整体性又较强，不宜采用联邦分权制，于是就按地区或其他标准把企业分成许多“组织单位”。这些“组织单位”被看成是独立的事业单位，有相当大的自治权。各“组织单位”之间按内部的转移价格进行产品交换并计算“利润”，进行模拟性的独立核算，促进经营管理的改善。

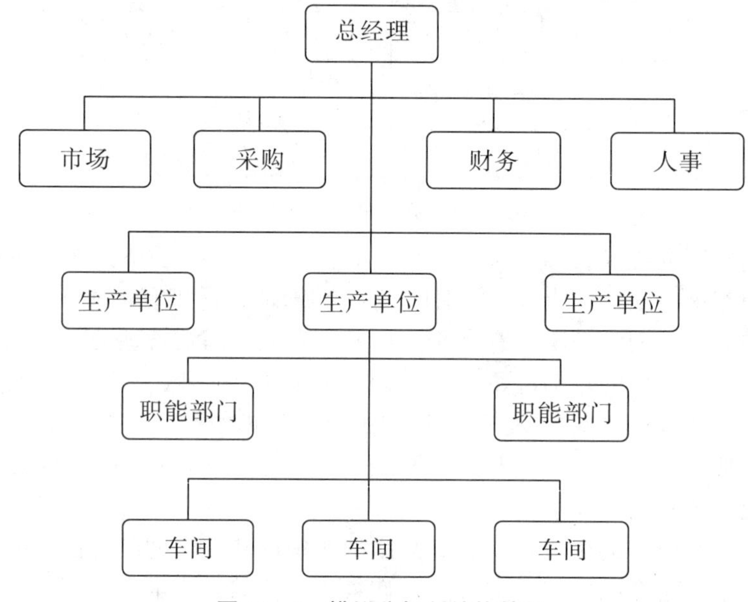

图10—4　模拟分权制结构简图

实际上，模拟分权制结构是为达到改善经营管理而模拟联邦分权制独立经营、单独核算性能的一种企业组织模式。虽然有较好的效果，但模拟分权制也存在一些限制条件、缺陷和风险：首先，它缺乏明确性，不易做到以成绩为中心，很难使每个人了解自己的任务和整体的任务。因为模拟分权制中的“组织单位”并不是真正的事业单位。它的成果并不是真的由市场成绩决定的，而在很大程度上是内部管理决策的结果。而这些决策属于“转移价格”和“成本分配”的决策，并没有经受市场的考验。其次，它的信息联系较差，它所传递的有许多是“杂音”而不是信息。管理人员的大量时间和精力被迫用在“组织单位”之间划界限、搞协作、解决争端和安排优先权等方面。再次，模拟分权制对人提出了很高的要求，要求他们有自我纪律，能互相忍让，能把自己的利益交给上级去处置，所有这些都比联邦分权制对人提出的要求更高，也更难以做到。最后，模拟分权制只适用于作业工作而不适宜于高层管理工作和创新工作。凡是可以采用职能制结构或联邦分权制结构的企业，都不宜采用模拟分权制结构。

(5)系统结构。系统结构是以关系为中心的组织设计，其代表为美国的“阿波罗”计划(见图10—5)。这是一项人类登上月球的计划，其中所用的零部件共有700多万个，参加的有两万多家企业、120多个大学和研究机构的42万人，花费近300亿美元，历时十余年。它所采用的组织结构就是系统结构。系统结构是矩阵式结构的发展和扩大，它不是由若干个人或几个部门所组成，而是围绕一个共同目标，把范围很广的各种完全独立的单位（如企业、政府机构、大学、科研单位等）连成一个整体的系统，及时了解全面情况并有效地解决出现的问题。这种组织结构以系统概念为基础，从整体观点来组织全部工作。“阿波罗”计划管理主任罗科·佩特龙把系统结构的特点归结为“通过解决难题来进行管理”。

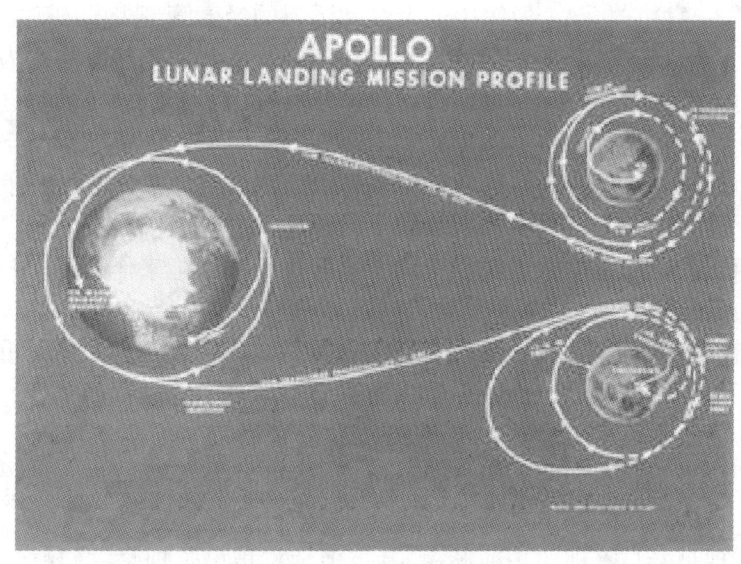

图10—5　阿波罗计划

建立系统结构需要一定的条件。首先，必须目标明确。系统中的每一个成员的工作目标必须以整体目标为依据，并与之发生直接的联系。其次，要求人人承担起信息联系的责任。再次，要求系统中的每一个成员承担远远超过分配给他的工作和责任，实际上是承担起高层管理的责任。每一个成员要有高度的负责精神，努力创新，并了解整个系统在干些什么，具备这些必要条件，系统结构才能正常运转。系统结构在组织大型项目中有其优势，但也存在不足之处。它缺乏明确性和稳定性：人们既不容易了解自己的工作任务，又不容易了解整体的工作任务以及自己同它的关系；信息联系始终是一个难题，而且无法寻求一个持久的解决方案；灵活性过大，对新思想的接受能力有可能影响到稳定性；系统结构的协调难题影响内部经济性，组织中的重要主管人员几乎要用三分之二的时间参加各种会议，用来协调各方面的关系以解决矛盾和冲突。

（五）德鲁克的目标管理理论

目标管理理论最早是由彼特·德鲁克于1954年提出的。1954年，德鲁克提出了一个具有划时代意义的概念——目标管理（Management By Objectives，简称MBO），这是德鲁克所提出的最重要、最有影响的概念，已经成为当代管理学的重要组成部分，它是将管理过程学派及行为学派的理论有机地结合于一体的一种民主管理的理论。目标管理是一种过程型激励理论，强调通过目标的设置来激发动机，指导行为，使员工需要与企业目标挂钩，以激发其积极性。德鲁克指出，在生产发展的现阶段，由于重复性的例行工作都由自动化工具和半自动化工具来做，工人的活动有了很大的变化，主要从事机器的安装、维修和控制等。工业生产的进步要求扩大管理的范围，把工人也吸引来参加管理，使管理人员和广大职工在工作中实行自我控制并达到工作目标。

MBO由五项要素构成，即确立组织目标，确立个人目标，下级参与，自主完成，工作检查。其中下级在目标确立和工作检查、评价等过程中的参与是至关重要的一环。因为它将决定MBO是否有激励性，目标成果能否实现。美国密歇根大学教授乔治·奥迪奥恩（George S. Odiorne）在其所著《目标管理》一书中说："简单地说，目标管理的制度可以说是一种程序，通过它，一个组织中的上级和下属的经营管理者共同确立他们的共同目标，并根据各人应达到的成果来确定各人的责任范围，以及用这些方法作为该单位的业务和评估各成员的贡献的指导方针。"目前目标管理理论已为世界各国普遍采用。

1. 基本理论

什么是目标管理？德鲁克之后的沃迪恩曾作以下定义："简言之，目标管理制度可以描述为如下一个过程：一个组织中的上级和下级管理人员一起制定共同的目标；同每一个人的应有成果相联系，规定他的主要职责范围；并用这些措施来作为经营一个单位和评价其每一个成员的贡献的指导。"

德鲁克曾指出："做正确的事比正确地做事更重要。"古典管理学派偏重于以工作为中心，忽视人的一面；行为科学又偏重于以人为中心，忽视了同工作相结合。目标管理则是综合了以工作为中心和以人为中心的管理技能和管理制度，使职工发现工作的兴趣和价值，从工作中满足其自我实现的需要，企业目标也同时实现，这样就把工作和人的需要两者统一了起来。目标管理的基本要点如下：

（1）目标管理是参与管理的一种形式。《管理学》指出管理是一门科学，也是一门艺术，它包括五大功能，而目标管理包含于控制功能。

（2）强调"自我控制"。任何员工都喜欢被看作"领导"，而不是一台永不停止的机器，目标管理的主旨在于"用自我控制"的管理代替"压制性的管理"。

（3）经理权力下放。经理不是一位体育教练，而是一位实干家。经理权力下放，有利于为职工创造一个宽广的工作舞台，而不是家长式的管理的氛围，现代文明时代任何人都主张推崇民主而拒绝独裁。

（4）效益优先。目标管理的目的就是体现效益。

2. 目标的性质

企业中的目标可分为战略性目标、策略性目标以及方案和任务，分别由企业中的各级管理人员和一般职工来制定。

战略目标是企业取得成功的关键，主要由企业的高层管理人员来制定，战略目标可以让企业职工了解企业取得成功的意义。与战略目标比较，策略目标是次一级的目标，是为实现战略目标服务的。方案和任务指一般职工为他们本身的工作制定的目标。

企业目标涉及企业的使命，正如德鲁克所说："绝大多数企业都是在处于困境时才提出'我们的企业是什么'这一问题，但这是一种不负责任的管理行为。应该在一个企业的初创时期就提出这一问题。此外，还必须提出'我们的企业将会成为什么样子'，以及'我们的企业应该是什么'的问题。"

3. 目标管理的要求

搞好目标管理，需要注意以下方面：

（1）高层管理人员的参与。总经理和其他高层领导人员必须积极参加制定和实现公司的战略目标和高级策略目标。

（2）下级参加目标的制定。目标管理计划之所以能起到激励作用并改善人际关系，就因为它能吸引各级管理人员和广大职工参加制定目标，并为目标的实现承担责任。

（3）充分的情报资料。各级管理者必须掌握有关成本、可用资源、同事及其他人的协作意愿、市场条件、自己的行为对企业内其他单位的影响等情报资料。

（4）有相应的控制权。要使目标管理成功，管理者应该对实现目标的手段，如生产过程、人员、物资、资金等有一定程度的控制权。否则目标即使制定了，也并不能影响管理行为并取得成果。

（5）有效的激励。实行目标管理以后，每个人都要为实现一定的目标而承担责任。所以，必须为此而予以激励。

（6）对职工要有信心。目标管理要求以 Y 理论来看待职工，相信人的本性愿意承担责任、能够自治、愿意上进和发展，相信职工能制定目标并承担实现目标的责任。如果有高层管理者用 X 理论来看待职工，而未按目标管理要求转变对职工的态度，目标管理可能难以实现；由于职工习惯于在 X 理论的环境中工作，不能迅速适应目标管理的要求，也会影响目标管理的实施。所以，搞好目标管理应转变管理者和职工两方面的态度。

4. 目标管理的阶段

目标管理共分为三个阶段，每个阶段各有不同的内容和重点。

（1）第一阶段是制定目标。整个企业制定一年或一个时期的战略目标，各级管理部门制定本部门要实现的策略目标，每个职工制定自己的目标（方案和任务），由此形成目标体系。目标愈是明确、具体、量化，则实现目标的过程管理和对成果的检查与评估也愈容易。这一阶段可分为五步：

一是准备，对各级管理人员和准备参加目标管理的人员系统地提供有关目标管理的性质和利益的情报，尽可能地使参加者了解自己在目标管理制度中的个人利益和职能，并消除他们的顾虑。

二是由企业的高层领导制定战略目标。这一步要注意战略目标要足够广泛，以便在情况复杂时有足够的回旋余地。战略目标要表述为企业准备达到的各种标准，如在道德和法律的限度内取得最大的利润，通过向企业成员提供生产率、补偿、挑战等方面的机会来激励他们等。

三是在各管理阶层制定试探性的策略目标。这些策略目标是试探性的，可予以改变。

四是提出各种建议、讨论并修改。各级管理人员提出的建议，有时要经过反复的讨论和修改才能定下来。这样能使大家把意见都讲出来，使每个人都感到是他自己制订的计划，从而提高实现计划的积极性。

五是对各项目标和评价标准达成协议。通过各级管理人员对建议的讨论和修改，就各项目标和评价标准达成协议，形成一个完整的目标体系。

（2）第二阶段是实现目标的过程。这一步是在监督下为实现目标而进行的过程管理。这种过程管理主要由职工自主管理或自我控制，上级只是根据例外原则对重大问题才过问和干预。因为每个职工都有由他自己制定的目标，他就能充分发挥自己的积极性、创造性和主动性来实现他自己的目标。上级只需加以支持和诱导，鼓励职工为实现自己的目标而努力。

为了使目标管理计划贯彻于日常活动中，必须以目标管理计划为依据，做出逐日的安排。各级人员需要自我提问：我今天应该做些什么才能推进目标的实现？对这个问题的回答可围绕六个题目：

一是工作开始。今天有什么项目应该开始？

二是项目继续。今天有什么项目应该继续进行？

三是完成项目。今天有什么项目应该完成？

四是先后次序。今天的工作应该按什么次序来安排，以便有效地利用资源并在规定的时间内完成？

五是工作检查。今天有什么项目应该检查进行情况，以便如期完成？

六是时间安排。除上面提到的活动以外，今天的时间应该怎样最好地予以利用？此外，还要考虑，有哪些工作本来是自己做的，现在可以授权给别人去做？如何防止干扰？有哪些特别耗费时间的活动可以减除？

(3) 第三阶段是对成果的检查和评价。把实现的结果同原来制定的目标相比较，对做得好的肯定成绩予以奖励。对做得不好的，一般并不予以惩罚，但要总结教训。通过总结经验教训，进一步推进目标管理工作。

5. 目标管理实施过程

目标管理实施过程应包括制定目标与计划、实施计划、检查执行结果、反馈及重新修订目标等环节，如图 10-6 所示。

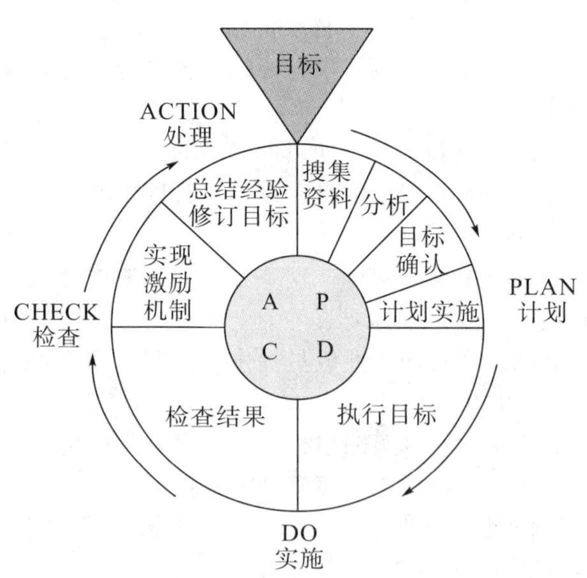

图 10-6 目标管理实施过程图

(1) 确立组织的整体目标。公司在制定组织的战略，要分为长期发展目标和短期发展计划。这将有利于公司的发展，战略过于远大，可能会使员工失去信心，要根据环境、竞争对手的情况，量力而行。一个好的目标会给公司带来竞争力。公司在制定组织整体目标时，要有创意，有活动的余地，因为环境是一个不可控制的因素，整体目标的确定要有前瞻性。

（2）责任明确，分工合理，制定企业各部门员工的目标。责任明确、分工合理，是制定企业各部门、员工目标的前提。在制定目标时，一线员工和领导要畅所欲言，各抒己见，充分体现民主，这样才能使下面的目标与公司总体目标相协调，促进总体目标的实现。为此，领导在确定目标时，必须遵循下列原则：

①这个目标是否与组织的整体目标相配合？

②此目标的实现是否能促进组织整体目标的实现？

③此目标是否与组织内其他部门的目标相互协调？

④此目标的实现是否有利于组织长远利益的实现？

⑤此目标是否切实可行，而又体现了努力工作的愿望？

总之，通过将组织的整体目标层层展开和具体落实以及正确确定下属人员的工作目标，就形成了组织目标体系。

（3）目标实施的准备工作。较高层次的管理者通过与其下属共同确定目标，对下属完成目标所需的资源情况、组织内部确定并协调对各种资源的需求量，将组织可支配的各种资源与组织目标联系起来。在企业组织中，为实现目标所需做的准备工作包括：对经费的分配、人员的配备、技术资料、工艺装备、原材料、燃料、动力、劳动定额、设备检修以及技术组织措施和生产调度工作等。

（4）制定衡量目标的标准。衡量目标的标准包括：

①目标是否概括了该项职务的主要特点？

②所定目标的数目是否太多？如果这样，能否把有些目标合并起来？

③目标能否考核？即人们能否在计划期末知道他们是否实现了目标？

④目标是否明确？包括数量（多少），质量（多好，或具体的规格要求），时间（何时），费用（耗用多少）。如果是属于定性目标，它们是否仍然可以考核？

⑤目标是否能激励人们去争取完成，是否切实可行？

⑥是否规定了各个目标的主次轻重（顺序、重要程度等）？

⑦这套目标是否还包括：改进工作的目标，个人发展的目标？

⑧这些目标是否与别的经理和组织所订的目标相协调？是否与上级主管人员的、部门的、公司的目标相吻合？

⑨这些目标是否已向需要知道的所有人传达了？

⑩短期目标是否与长期目标相吻合？

⑪据以拟定目标的一些设想是否都已清楚指明了？

⑫这些目标是否清楚地以文字表明了？

⑬目标是否适时地提供反馈信息，从而能够采取一切必要的纠正措施？

⑭现有的资源和职权是否足以去实现这些目标？

⑮是否提供了机会，期望人们去实现这些目标，让他们提出自己的目标来？

⑯人们是否掌握了委派给他们负责的那些方面的工作？

6. 目标管理与组织管理理论

德鲁克认为目标管理和组织管理必须同时进行，相辅相成。当管理人员将发展的重点置于效能的改善、问题的解决、目标的达成、管理组织系统的过程和组织行为时，组织发展的运用应该以下列任何形态的活动来开始：(1) 工作小组的建立；(2) 工作设计和工作丰富化；(3) 目标的制定；(4) 问题的解决；(5) 工作气候和工作环境的改进；(6) 决策的制定；(7) 个别差异和冲突的管理；(8) 咨询过程的建立；(9) 对可能会遇到的困难等加以初步的了解，作为进行准备工作的依据；(10) 组织结构和员工结构的改组；(11) 人际沟通技巧的改善；(12) 价值（指组织的价值与员工个人的价值）的分类；(13) 交易分析；(14) 员工责任的管理；(15) 人际关系的辅导。

7. 管理人员的工作和职务

德鲁克认为管理人员必须明白自己的职责，虽然有些事情对公司来说是必要的，但必须要界定自己职务范围，把主要时间放在管理工作上，提高工作效率。在《管理：任务责任和实践》一书中，他认为管理人员的职责主要有以下几点：

(1) 设定目标。管理人员应负责决策目标是什么，制定衡量目标的标准以及达到目标的方法，应向执行者传达他的意思以使目标得以实现。

(2) 组织。管理者应分析业务活动、决策及相互之间的联系，对工作进行分类。管理者应对管理活动进行分类，再进一步细分具体的工作。同时，管理者也要把组织划分成不同的部门，选拔合适的人选负责各个部门，使位得其人，人尽其才。

(3) 激励和信息沟通。管理者将负责各种工作的人组织起来，激励他们为达成组织的目标而努力，同时处理好人员配置、待遇、晋升等工作，与上级、下属及同事经常联系沟通。

(4) 业绩考核。管理者应建立考核的标准，这些标准对于考核工作人员的业绩是很重要的。每一个人员都有业绩考核的标准，利用这些标准考核每一个员工的工作业绩，并使上级、下属及同事及时了解考核的结果。

（六）有效管理者的五项主要习惯

德鲁克还指出，有效的管理者具有不同的类型，缺少有效性的管理者也同样有不同类型。因此，有效的管理者与无效的管理者之间，在类型、性格及才智方面，是很难加以区别的。有效性是一种后天的习惯，既然是一种习惯，便可以学会，而且必须靠学习才能获得。他认为一个优秀的管理者必须具备以下五项主要习惯。

1. 善于利用有限的时间

德鲁克认为，时间是最稀有的资源，丝毫没有弹性，无法调节、贮存、替代。时间一去不复返，因而永远是最短缺的。而任何工作又都要耗费时间，因此，一个有效的管理者最显著的特点就在于珍惜并善于利用有限的时间。这包括三个步骤：记录自己的时间、管理自己的时间、集中自己的时间，减少非生产性工作所占用的时间。这是管理的有效性的基础。

2. 注重贡献和工作绩效

重视贡献是有效性的关键。“贡献”是指对外界、社会和服务对象的贡献。一个单位，无论是工商企业、政府部门，还是医疗卫生单位，只有重视贡献，才会凡事想到顾客、想到服务对象、想到患者，其所作所为都考虑是否为服务对象尽了最大的努力。有效的管理者重视组织成员的贡献，并以取得整体的绩效为己任。

每一个组织都必须有三个主要方面的绩效：直接成果、价值的实现和未来的人才开发。企业的直接成果是销售额和利润，医院的直接成果是治好病人；价值的实现指的是社会效益，如企业应为社会提供最好的商品和服务；未来的人才开发可以保证企业后继有人。一个组织如果仅能维持今天的成就，而忽视明天，那它必将丧失其适应能力，不能在变动的明天生存，因此，还必须重视未来的人才开发，这也是绩效的一部分。

3. 善于发挥人之所长

德鲁克认为，有效的管理者应注重用人之长处，而不介意其缺点。对人从来不问“他能跟我合得来吗?”而问“他贡献了些什么?”，也不问“他不能做什么?”而问“他能做些什么?”。有效的管理者择人任事和升迁，都以一个人能做些什么为基础。

4. 集中精力于少数关键领域，建立有效的工作次序

德鲁克认为，有效性的秘诀在于“专心”，有效的管理者做事必“先其所当先”，而且“专一不二”。因为要做的事很多，而时间毕竟有限，而且总有许多时间非本人所能控制。因此，有效的管理者要善于设计有效的工作秩序，为自己设计优先秩序，并集中精力坚持这种秩序。

5. 有效的决策

德鲁克认为，管理者的任务繁多，“决策”是管理者特有的任务。有效的管理者，做的是有效的决策。决策是一套系统化的程序，有明确的要素和一定的步骤。一项有效的决策必然是在“议论纷纷”的基础上做成的，而不是在“众口一词”的基础上做成的。有效的管理者并不作太多的决策，而做出的决策都是重大的决策。

第三节　欧内斯特·戴尔的管理思想

欧内斯特·戴尔（Ernest Dale，1914—1996），美国著名管理学家，是经验主义学派的代表人物之一，代表作有《伟大的组织者》。主张用比较的方法对大企业的管理经验进行研究，开创了比较管理经验研究的先河，为人们探寻管理新知开辟了一条崭新的途径。

一、欧内斯特·戴尔生平简介

1917 年，欧内斯特·戴尔出生于德国北部的海港城市汉堡。20 世纪 30 年代，他在英国的剑桥大学攻读经济学，获得工商管理学士学位。之后他又继续研究生学习，获得文科硕士学位。不久，戴尔来到传统色彩更为浓厚的美国耶鲁大学（Yale University），继续攻读经济学硕士。此后，戴尔开始了自己对管理学的研究。从他这一时期的成果看，此时他的主要精力放在劳工关系和企业经营方面，奠定了经验学派的基本方法。1950 年，戴尔获得耶鲁大学的哲学博士学位，在获得博士学位前后，戴尔的管理研究课题主要来自美国管理协会（American Management Association，AMA）。AMA 不大看重纯粹的学术，却强调实践中的改良，以从事管理咨询为主。戴尔在美国管理协会完成了一系列关于工会的调查报告。1950 到 1964 年间，戴尔先后去康奈尔大学（Cornell University）和哥伦比亚大学（Columbia University）任教，同时担任杜邦公司（Du Pont）、国际商业机器公司（IBM）、好利获得公司（Olivetti）、雷诺公司（Renault）和联合利华公司（Unilever）的顾问，并且是普强药厂（Upjohn）和托尔斯泰基金会（Tolstoy Foundation）的董事会成员。正是基于大型公司的实践经验总结，1960 年，戴尔出版了他的两本成名作：独著的

《伟大的组织者》(*The Great Organizers*) 和与厄威克 (Lyndall F. Urwick) 合著的《组织中的参谋工作》(*Staff in Organization*)。《伟大的组织者》这本书，耗费了戴尔十年时间，渗透着戴尔的真知灼见，随着《伟大的组织者》出版，经验学派的影响大增，戴尔也一跃成为经验学派最有名的人物。

1962 年，戴尔受邀参加了在加州大学洛杉矶分校召开的学术讨论会，在会上，来自各方的学者展开了关于管理学性质与学派的大争论。这一争论的主角是孔茨，而戴尔作为孔茨的对立面，在会议上大放异彩。孔茨想用管理过程学派来统一管理学理论，戴尔则在大会刚开始的时候就对管理的普遍性问题提出质疑，他认为，管理理论的来源只能是而且也必须是管理经验，不存在普适性的管理法则，不同时期、不同管理目标、不同环境因素，造就了那些伟大的组织者。所有伟大的组织者，都是凭借他们在最重要的业务领域中的广泛经验积累才走到了公司管理层。他们的经验是不可照搬的。然而，人们在可以比较的情况下，能够把他人的经验应用于自己的实际需要。通过观察伟大的组织者就可以看出，他们不是天才。任何公司，一旦发展到一定规模，就必须用某种系统的组织管理来替代“天才管理”。由此，戴尔又同天才论划清了界限，主张管理知识的可习得性。既反对普适，又反对先验，使戴尔的理论形成了自己的特色。戴尔同孔茨的争论，既彰显了孔茨的贡献，又传播了戴尔的学说。

1964 年，戴尔跳槽到享有现代 MBA 发源地之誉的宾夕法尼亚大学沃顿商学院 (Wharton School) 任教，著名学院和优秀学者相得益彰。在宾大，戴尔任管理学教授，讲授的依然是工商管理。沃顿商学院成为戴尔的最后归宿，直至退休。

1965 年，他出版了《管理学：理论与实践》(*Management: Theory and Practice*)。从 1965 年到 1987 年，该书出了 12 版，由此可见这部教科书的经久不衰。在编撰教科书的同时，戴尔还编辑出版了《管理读本：里程碑与新领域》(*Readings in Management: Landmarks and New Frontiers*)，给人们讲述了引人入胜的管理故事。在这本书中，戴尔翻译了德国汉斯·多米茨拉夫 (Hans Domizlaff) 的《国王与他们的顾问》(*Kings and Their Counselors*) 一文，以“国王”的形象解构大型公司的领导。1966 年，戴尔与 Michelon，Leno Ceno 合作出版《现代管理方法》(*Modern Management Methods*) 一书。1967 年，又出版《组织》一书。同年，由欧内斯特·戴尔协会出版《长远规划》(*Long Range Planning*) 一书。

1969 年，正值戴尔人生事业的高峰期时，他中风了。凭借着刚强的意志和乐观的精神，他开始了恢复健康之路的探索。他来到巴黎，用中国的针灸疗法治疗濒临崩溃边缘的身体。在治疗的日子里，他恢复得非常好，好到超出了人们的想象。1992 年，这位 75 岁高龄的老先生去了南美洲。在那里，戴尔继续开展充满活力的工作和社会事务。1996 年 8 月 16 日，79 岁的戴尔因脑动脉瘤在曼哈顿去世。

二、欧内斯特·戴尔主要管理思想概述

(一) 对管理过程学派的批判

1960 年，戴尔出版了《伟大的组织者》一书。时光如梭，半个世纪匆匆而过，这本书的观点不仅没有过时，反而越发显示出它在管理思想上的价值。如今，该书已被公认为是研究戴尔甚至整个经验学派管理思想的必读书。1991 年，《伟大的组织者》跨越大洋，

收入中国社会科学出版社的“国外经济管理名著丛书”，从此与中国读者结缘。

戴尔在管理学研究方面引人瞩目的地方，是他与法约尔开创的管理过程学派（戴尔称之为“普遍主义者学派”）的不同。在《伟大的组织者》中，戴尔的眼光不是盯着计划、组织、指挥、控制等几乎所有管理学书籍都离不开的词汇，而是盯着皮埃尔·杜邦、艾尔弗雷德·斯隆、欧内斯特·韦尔、罗伯逊等人活生生的经历。之所以如此，是因为戴尔相信“把注意力集中于实际问题能导致理论上的巨大进展”。因此，戴尔首先对管理过程学派展开了批判。

《伟大的组织者》

从管理学诞生起，就一直有人试图构建起一种普遍适用的管理知识体系。泰勒在20世纪初期就提出，科学管理不但适用于工厂，而且适用于农场、家庭、学校和国家。20世纪60年代，哈罗德·孔茨作为管理过程学派的代表人物，信心十足地提出了管理学的普适性概念。在1959年出版的《管理学原理：管理职能分析》中，孔茨指出：“现在已有可能提出一种能应用于各种职业适用于所有经理人员的管理理论。这就意味着，管理知识和经验是能够在部门之间和企业之间互相转移的。销售方面的经理人员可能转而从事制造，军事指挥员可能转而从事和平的事务，面粉厂的工长可能转到仓库去工作，而制造经理又可能成为销售经理。他们的工作是管理性的而不是技术性的，并且有恰当的激励，经理人员无论在哪一个行业，都将如同在其他行业一样地运用他们的技术。”可见，孔茨认为管理工作具有“可转移性”。应该说，这种对普适性的追求，在管理学的发展中起了极大的推动作用。

但是，戴尔对此提出了针锋相对的意见。根据丹尼尔·雷恩在《管理思想的演变》中的记载，戴尔认为，在20世纪50年代，按照一定的标准衡量，管理得最好的三个组织是新泽西的标准石油公司、罗马教会和共产党。如果采用孔茨式的普适性学说，那就意味着这三个组织的主要管理人员有可能互换并且在新的岗位上管理得同样出色。由于这一点显而易见不能成立，因此“管理的综合性和可转移性”实际上是不成立的。戴尔直截了当地断言：不存在“能应用于各种职业的所有经理人员的管理理论”，所以，管理学研究应该老老实实地去追踪具体的“伟大的组织者”，而不是忙于概括出普遍真理。

戴尔这样做，有他的时代背景。管理学发展到在20世纪中叶，已经枝繁叶茂，成为炙手可热的“显学”，各大高校纷纷设立商学院或管理学院，学者们建构的管理学理论犹如一座包罗万象的教堂，日益辉煌，这在一定程度上促进了现代管理学的系统化和理论化，但同时也导致了日益严重的理论自洽倾向。即研究者仅仅追求自己如何把管理现象解释得更为严密，更具有逻辑性，力图建立以抽象和推理为基础的“想象之知”，而不注重以直接经验为依据的“熟知之知”。戴尔认为，哪怕理论推理再严密，一旦不能解决管理中的实际问题，那么，这种理论就大可质疑。就像医生，尽管他可能掌握了最先进的医疗理论，但是，治不好病人也是白搭。所以，戴尔推崇梅奥主持“霍桑实验”式的亲历方法，甚至提倡介入式研究，而对纯粹理论建构颇有微词。他不但从法约尔的管理原则开始清算，而且对现代管理学中众多名头极大的理论构建者都提出质疑。在戴尔的笔下，巴纳德的《经理人员的职能》、西蒙的《管理行为》、博尔丁（Kenneth Ewart Boulding）的《组织革命》这些经典名作都有不足。戴尔认为：“他们全都对组织理论做出了很大的贡献，但是，他们都是以‘想象之知’为依据，而不是像梅奥所主张的那样以直接经验为依据。”为了校正这种偏差，戴尔特别推崇英国心理学家埃里奥特·雅克（Elliott Jaques）的《一个工厂变化中的文化》和《职责的衡量》，以及以雅克为代表的塔维斯托克研究所（Tavistock Institute of Human Relations）案例研究，还有爱德华兹和汤森的《工商企业》。他认为，这种对直接经验的观察和研究，才是促进管理学知识积累的不二法门。

针对备受管理过程学派推崇的“管理原则”，戴尔也提出了不同意见。管理过程学派可以追溯到古典管理时期的法国工程师亨利·法约尔，他的代表作《工业管理与一般管理》总结出的“十四条原则”，是后来各种管理原则的典范，至今还在管理学教科书中占据重要位置。例如专业化原则、权责一致原则、统一指挥和统一命令原则、控制幅度原则等，都在各种文献中不断出现。到了戴尔的时代，这些原则被精细化和逻辑化，内涵已经比法约尔时期大大丰富和完整，然而法约尔式的洞见和灵活性也渐渐失去。于是，管理原则的僵化，就成为戴尔批判的靶子。

戴尔认为：“组织理论的‘原则’——如果它们是名副其实的——应该提供相当精确的预见，它们应该起作用。”为了使自己的批评更具说服力，戴尔借用了米尔顿·弗里德曼（Milton Friedman）在《实证经济学的方法论》（*The Methodology of Positive Economics*）一文中关于衡量理论是否完美的观点。弗里德曼强调实证研究，说：“作为一种实证假说体系，理论应该通过其对它意在加以‘解释’的那一类现象的预测能力来检验。对一种假说的有效性的唯一检验是预测和实际情况的比较。”由此出发，弗里德曼反对那种只求理论自洽而不求现实检验的所谓实证研究。这一批评，正中实证研究的时弊。在戴尔看来，管理过程学派坚信的管理原则既不符合实证研究的标准，也不符合案例研究的标准。以著名的控制幅度和管理层次原则为例，他认为这两条原则在某种程度上是互相矛盾的。一个特定的组织中，扩大控制幅度，意味着将会减少管理层次；减少控制幅度，则不得不增加管理层次。虽然管理学者们对合理的控制幅度有过深入系统的研究（例如格兰库纳斯，V. A. Graicunas，他对控制幅度进行过严密的数学论证），然而，英国将军伊恩·哈密尔顿和美国将军艾森豪威尔的例子却说明了僵化地遵循控制幅度原则不仅不能对管理实践进行有效指导，反而会阻碍管理事务的有效开展。戴尔指出，汉密尔顿强调控制幅度为3～6人才有效，然而，恰恰正是汉密尔顿的控制幅度在第一次世界大战中导致了英军在加里波利的作战中指挥严重混乱。艾森豪威尔在准备担任哥伦比亚大学校长时，咨询公司的报告建议要把校长的控制幅度由132人限制到3个人。艾森豪威尔对此大加疑虑，干脆把咨询报告束之高阁。在第二次世界大战中，艾森豪威尔作为盟军统帅坚持更宽的管理幅度，而且收到了良好的效果。所以，控制幅度没有一个确定的标准，而应取决于个人和组织两方面的因素。

需要指出的是，戴尔对管理原则的批判，实际上并不完全冲着法约尔；恰恰相反，戴尔的批判，同法约尔在提出管理原则时强调的“没有什么死板和绝对的东西”，“原则是灵活的，它要求智慧、经验、判断和注意尺度”不谋而合。对于从经验中总结出来的原则，戴尔还是比较尊重的，不过他不主张把经验总结叫作原则而已。另一方面，尽管戴尔引用了弗里德曼，但他实际对经济学的那种书面作业式的实证研究深恶痛绝。他引用弗里德曼，正是要说明那种“想象之知”的不可靠性。

（二）从经验中概括有限度的管理准则

以对管理过程学派的批判为基础，戴尔强调真正的管理知识来源于管理者的成功经验。要从不同管理者的个人经验中概括出具有一定限度的管理“准则”，只能运用比较法。戴尔认为：“这种方法就是认识和描述不同组织结构中的基本相同点。对这些相同点的搜集和分析可以产生一些能够作为预测未来发展的工具而应用于其他类似或可比较情景的一般结论。……比较方法并不打算像哥白尼或爱因斯坦那样囊括一切，用少数简要公式解释所有的组织，而至多只是在一些有限的组织问题上得出一些一般结论。”出处也就是说，戴尔旗帜鲜明地反对事先画出高楼大厦图纸的管理理论建构，仅仅强调一砖一瓦的知识积累。

戴尔对比较方法的运用，从他自己的研究经历中概括出了相应的要求。他强调，要想让比较方法符合“应该提供相当精确的预见、应该起作用”的标准，需要注意下述事项：

第一，要形成一个概念的框架。即在“小心求证”之前要有相应的“大胆假设”，类型学是比较研究的前提。“研究者必须选择在不同情景中要考察的各种变数，而这些变数可以有多种类型。”换言之，研究者必须选择特定的分析角度。例如，对组织的分析可以采取角色分析，并进一步划分为不同的亚角色，以此研究管理者的行为。

第二，注意可比较性。运用比较法研究的组织，必须要有比较的价值和意义。两个差别很大的组织进行比较，其意义显然不大。如比较中国的小学和美国的乡村俱乐部，显然，这两个组织差别很大，甚至没有任何共同之处，所以，中国小学面临的问题，美国的乡村俱乐部不可能理解；而美国乡村俱乐部的情况，中国的小学校长自然也难以搞懂。所以，比较必须有基本的相似性。

第三，以组织目标为基准。对组织进行研究，势必会涉及评价问题。戴尔认为，如果忽视组织自身的目标，那么对组织的评价工作将无法展开。以乡村俱乐部和通用汽车公司为例，乡村俱乐部的目标可能更多的在于使成员之间互相了解，增进感情和友谊；而通用汽车公司的财务目标则必然定位于获取更高的利润。如果我们在对组织的分析评价中忽视了它们自身的目标，以通用的财务目标去衡量乡村俱乐部，显然会使结果趋于偏颇。

第四，注意比较结论的恰当性。戴尔认为，比较分析的结果，并不要求得出放之四海而皆准的真理或理论，而是要求得出的结论在特定的条件之下适用于特定的情况，从而为“准则”的进一步完善预留空间。戴尔特别强调，运用比较方法要防止把某一特定成功经验扩大到其他背景和情境不同的公司的倾向，一旦走到这种盲目扩大比较结论适用范围的地步，就不再是经验主义者而是普适主义者。

运用比较法，戴尔对杜邦公司、通用汽车公司、国民钢铁公司和威斯汀豪斯电气公司的主要领导人的管理实践进行了研究。虽然这四家公司分属于不同的行业，但都是美国甚至全球的著名企业。杜邦公司是化学、化工领域的“百年老店”，历经两个多世纪（杜邦公司创立于1802年）的风雨依然活力充沛；通用汽车公司则在很长一段时间内占据着美国乃至世界企业排行榜的头把交椅，成为美国自由企业制度成功的重要象征；国民钢铁公司则是当年美国数一数二的钢铁企业，在1929年爆发的经济大萧条中逆流而上，奇迹般地发展壮大；至于威斯汀豪斯电气公司，则是少数几家能够同通用电气展开百年抗争的美国公司。

在20世纪，这四家公司都取得了重大成功，所以，研究它们成功的经验，自然意义非凡。诚然，导致上述四家公司成功的因素很多，但是在戴尔的研究中，他更多地归因于公司领导人的个人因素以及系统管理的及时建立。通过对这些公司的比较，戴尔总结出了大型企业的如下几条管理“准则”：

第一，“通过责任会计制可以达到有盈利的控制”。为了克服当时面临的控制成本、沟通不畅等困难，责任会计制首先由杜邦公司的唐纳森·布朗、皮埃尔·杜邦等人创立，后来被通用汽车公司借鉴，随着杜邦和通用汽车的成功逐渐普及全美甚至全世界。

第二，“使作业分权化，并在控制上进行协调，也许可能提供一种利用大企业和小企业两者长处的手段”。实质上，戴尔在这里指的是艾尔弗雷德·钱德勒、彼得·德鲁克总结的“联邦分权制”（又称事业部制、M型组织结构），它既能充分发挥各事业部的优势和积极性，又能使总部的职能充分发挥，有效协调各事业部的工作，使之向着共同的目标迈进。

第三，“由集团控制代替一人控制，在集团成员见解相同、能力不等、地位平等时能取得最好的效果”。戴尔在这里实际上是要求及时建立有效的高层管理团队，以代替企业发展初期创始人大权独揽、事无巨细的“恺撒式管理”。

第四，所有者与管理者的制衡，有助于发挥股东的“抗辩权”，做出更好的决策。英国的阿克顿勋爵曾说：“权力导致腐败，绝对权力导致绝对腐败。”对此，孟德斯鸠曾指出：“要防止滥用权力，就必须以权力约束权力。”公司所有权与管理权的互相制衡，有利于维护成员的自由，避免专断权力导致的决策失误。

第五，可以为企业制定一个长远的发展规划。戴尔认为，尤其当企业处于转型阶段时，长远规划有利于避免过于重视眼前利益而忽视长远利益。

上述管理“准则”来自经理人员的实际经验，所以，戴尔非常强调这些准则适用的环境和条件，一旦环境、条件发生变化，准则势必要进行相应调整。因此，他坚持认为，目前尚不存在普适的管理理论，仅存在着“当前有用而最终普遍适用的理论的某些部分”。

对于这些伟大的组织者有什么共同表现，戴尔也通过比较做出了归纳。他指出，这些人取得成功的方法，可以概括为以下几点：

第一，他们都有经过概括衡量的目标。诚然，不同公司面对的环境和任务是不一样的，所以，目标也大不相同。但是，他们都能够以高度的理性来确定本公司的目标，恰当安排他们的资源。而这种目标的衡量，必须注意相应的社会、法律环境，人员情况以及公共习俗等差异。

第二，分工只是一种手段，而且不是事先就能计划确定的。分工从属于组织目标。对于伟大的组织者，组织工作是通向市场的道路，是打造业绩的工具。

第三，组织和管理工作是一种艺术，而不是科学。伟大的组织者有自己的“准则”，但这种准则不是公式或者教条，而是以工艺技术、环境条件、人员情况为依据的，是随着各种因素的变化而不断调整修正的。

由此，戴尔奠定了经验学派的基本面貌。显然，这种对直接经验的重视和对建构主义的警惕，对于管理学科的发展来说，是一种有益的提醒。尤其是在学术界沿着逻辑理性不断发展“想象之知”的热潮中，戴尔的告诫，无疑是一种回到现实的清醒剂。

（三）对公司治理结构的改革研究

值得注意的是，戴尔并不反对理论，他反对的仅仅是那种夸大适用范围、缺乏经验支持和验证的理论。他自己以身作则，在经验总结中也有自己的理论思考。比如，在《伟大的组织者》中，戴尔通过对四个公司成功经验的总结，提出了一个更深刻的理论问题：企业的经营管理者应该向谁负责？并由对这一问题的经验解答，对企业的所有权与经营权关系进行了深刻的理论反思。

戴尔认为，“伟大的组织者”之所以能够取得巨大成功，是因为他们“几乎全都在他们所组织或改组的公司中有着大量的投资，因而他们自己的利益同股东的利益是密切相关的”。换句话说，企业中所有者同经营者之间有效的权力制衡，是这些伟大企业成功的共同因素。正是企业所有者同经营者之间潜在的或者现实的利益冲突，使企业的经营决策和运行能够实现利益均衡。然而，企业发展的实际趋势是经营管理者的权力日益增大，所有者逐渐淡出，对企业的影响日微，这将对企业的发展带来巨大影响。

戴尔依据大量的事实指出，在20世纪中期，企业的所有者已经部分消失，或者把财富和权力转移给基金会经理人员。那种资本家主宰企业的风光早已不再，所有者就像生物进化史上的恐龙那样灭绝了，只给后人留下了庞大的骨架（杜邦家族和梅隆家族在美国是个例外）。对于这种已经消失的资本家，戴尔称其为“公司恐龙”。

戴尔指出，美国的继承法，是“公司恐龙”绝后的重要根源，即便是“富二代”和“富三代”，能够继续“富一代”的公司事业者也越来越少。而且财产越多，后代越会倾向于从事工商业以外的事业。第二次世界大战之后，企业股权的日益分散化，以及1959年美国联邦法院对“通用汽车公司—杜邦公司关系法案”的反垄断判决，决定了公司通过投资获得对其他公司的控制权也受到极大阻碍。“公司恐龙”的逐渐消亡，导致所有权对经营权的控制名存实亡，管理者只对自己负责而不再对其他任何人负责，管理权的坐大，会带来一系列恶劣后果，经理的报酬过高只是最明显的恶果之一。政府加强管制和独立董事的设立，并不能使情况有所改善。企业责任的缺失会导致更为激烈的管制措施，不幸的是，这些措施往往没有改善企业责任，反而增大了“寻租”可能。因此，戴尔预言，如何有效地控制和审核企业管理活动，将是未来伟大的组织者面临的主要问题。在某种意义上，后来的各种经济和社会问题，如通货膨胀，同这种公司责任缺失密切相关。美国爆发的次贷危机，从另一角度验证了戴尔的预言。看看戴尔关于管理权坐大造成种种问题的描述，就能感受到他在罗列事实的背后隐含的深刻洞见。

管理者权力失去所有者权力的制约，企业绩效不佳，更严重的是道德和社会责任缺失，为政府权力侵入企业内部提供了动力和借口。小股东对控制经营无能为力，当小股东对经营不满意时，除了抛售股票，就剩下跳河一条出路。所以，理论上企业由股东控制，实际上是由高管控制。独立董事也会被融化于高管群体之中。而政府的介入，将摧毁西方文明赖以繁荣昌盛的自由企业制度。因此，如何避免政府的介入，维护美国甚至西方世界的自由市场经济体制，就成为戴尔进行管理学研究的归宿和目标。然而，“公司恐龙”的灭绝无法阻止，拒绝政府的介入又势在必行，在这种情况下，唯一的解决办法就是填补“公司恐龙”灭绝留下的权力真空，从而维持组织内的“权力制衡”局面。那么，如何才能够有效填补这个权力真空呢？戴尔最终的结论是“进行独立审核的情况将会盛行”。所以，经验学派的真正闪光之处，是对公司治理结构的改革研究。这一研究，正是弥补那种认定“管理是一种职业”的普适主义者理论缺陷的一个重要方面。

第四节　德鲁克与戴尔的比较

在中国，一谈到管理学中经验学派的代表人物，往往首推德鲁克和戴尔。细究起来，这两位的情况多有不同：德鲁克始终自认为是一名“社会生态学家”，事实上，他同其他经验主义者之间确实存在不少根本性的分歧。而戴尔的经验学派代表身份则毫无疑问。两者的比较如表 10－2 所示。

表 10－2　德鲁克与戴尔的比较

		彼得·德鲁克	欧内斯特·戴尔
相同点		在研究起点上，都始于企业的实际管理经验	
		在研究的侧重点上，都重视管理者的实践	
		在管理研究的目标定位上，都是为了维护自由企业制度	
不同点	理论逻辑	德鲁克的管理研究，以社会为平台。	戴尔的管理研究，以公司组织为平台。
	研究方法	运用“社会生态分析法”研究管理学	以比较方法作为传授和描述管理学的方法
	主要内容	研究的范围涵盖所有现代组织（政府、企业和非营利组织）	限于“工商管理”的范畴

一、德鲁克与戴尔的相同点

首先，在研究起点上，双方对管理学的研究都始于企业的实际管理经验。如前所述，戴尔对管理经验的强调，构成了经验学派的主要特色和理论倾向。同样，德鲁克的管理理论也是来自企业的管理实践。事实上，德鲁克对管理学进行研究的开端，始自 1943 年秋他对通用汽车公司展开的长达一年半的实际调研。

其次，在研究的侧重点上，德鲁克同经验学派都重视管理者（尤其是高层管理者）的实践。在德鲁克看来，管理是一种实践，更是一种人文艺术，而不是一条条空洞的理论原则。正如雷恩所言：“他的贡献主要在于管理实践领域。”正因如此，德鲁克将 1954 年出版的书定名为《管理的实践》，而抛弃了当时最流行的“管理原则”。而戴尔对管理实践和经验的强调，我们可以从《伟大的组织者》中窥见一斑。

最后，在管理研究的目标定位上，他们具有一致性，都是为了维护自由企业制度。所谓自由企业制度，指的是企业作为市场主体，独立做出自身所有决策的制度。在这种体制下，政府和企业井水不犯河水，政府作为仲裁者，不能干预企业内部决策。在德鲁克、戴尔、斯隆看来，自由企业制度是美国甚至西方文明强盛的关键，一旦企业绩效不佳，就会为政府管制和介入提供机会。政府对企业的干预，是一条“通往奴役之路”，长远来看，必将摧毁自由企业制度。所以，为了拒绝政府管制，更为了维护自由企业制度和企业已取得的成果，必须提高企业的管理绩效，所以才有了研究管理学的必要。

二、德鲁克与戴尔的分歧

第一，双方理论的逻辑思路不同。德鲁克的第一部专著是《经济人的末日》，他认为，第一次世界大战之后，欧洲社会的秩序崩溃是极权主义兴起的根源。为了避免重蹈极权主义覆辙，需要重建社会组织，恢复人们在社区中的地位，发挥人们在社会中的功能。而现代组织（以企业为代表，后来以非营利组织为代表）的兴起，恰恰为社会的重建提供了平台，有望最终形成政府、企业、非营利组织三足鼎立的稳定格局。所以，为了维护社会的持续稳定和发展，必然要求上述三个部门有绩效，否则就会造成社会不稳，重蹈极权主义的覆辙。提高组织的绩效，唯一的办法就是研究管理，而这正是德鲁克管理学的起点和目标。也只有从这个角度，我们才能够理解德鲁克后来提出的一系列管理学概念，包括成果管理、绩效管理、目标管理、非营利组织管理、知识社会等等。归纳起来，德鲁克的管理研究是以社会为平台的。

不同于德鲁克，我们可以从《伟大的组织者》一书中发现，戴尔对管理学的研究，始于伟大的组织者的管理经验。通过运用比较法，戴尔对不同组织者的管理经验进行总结，找出其中的共同之处，并将其概括为供经理人参考的管理“准则”。纵然戴尔也强调成功的企业对于社会的重要作用，但是，戴尔的出发点并不是社会，而是管理者的经验。在这一点上，戴尔更接近于斯隆。斯隆基于自己多年在通用汽车公司的管理经验撰写的自传，同戴尔是一条道路。归纳起来，戴尔的管理研究，是以公司组织为平台。

第二，双方的研究方法不同。德鲁克作为一名“社会生态学家”，对管理学的研究采取的是他特有的“社会生态分析法”。具体而言，他总是从社会、经济、政治的情况出发，研究社会、经济和政治的现状及其变化，尤其是人口结构的变化，从而找出具有启示性的“明日地标（Landmarks of Tomorrow)”，据此分析组织面临的管理问题，提出管理建议。早期德鲁克的著作，多数是对社会的分析，正因为有这些专著作为基础，德鲁克才能够撰写出具有重大影响力的《管理实践》，从而确立了他一代管理宗师的地位。同样，德鲁克晚年的作品，依然坚持这种思路，在《管理前沿》(*Frontiers of Management*)、《管理未来》(*Managing for the Future*)、《管理新现实》(*The New Realities*)、《功能社会》(*A Functioning Society*) 等著作中，对社会、经济、政治的分析，均放在全书的前半部分，之后才是关于组织和管理的内容。可以说，德鲁克运用“社会生态分析法”研究管理学，并将其贯穿于自己研究生涯的始终。

与之相对应，经验主义学派认为管理是“经验的研究”，他们采用案例分析或欧内斯特·戴尔的比较方法作为传授和描述管理学总体的方法。在《伟大的组织者》中，对四家著名企业的成功经验的分析，构成了该书的主体。同时，一般被认为是管理过程学派的英国管理学家林德尔·厄威克上校，1956 年出版了《管理备要》，总结了 70 位管理先驱的思想及其对管理学做出的贡献。这同戴尔的《伟大的组织者》可谓“姊妹篇”，一个是总结管理先驱的经验，一个是总结现实经理人的经验，二者交相辉映，相得益彰。正是从这个意义上讲，有人也将厄威克划归经验主义学派的阵营。

第三，双方研究的主要内容不同。德鲁克自通用汽车公司始，研究企业组织的管理问题，但他也自始至终都关注政府管理。在其晚年，德鲁克将关注的目光放到了非营利组织的管理方面。纵观德鲁克长达半个多世纪的学术生涯，他试图将其管理学研究的范围涵盖到所有现代组织（政府、企业和非营利组织），提出一系列不同于以往的理论假设，从而创建管理学新范式。正因为如此，德鲁克管理学始于对社会、经济和政治的洞察，更多的是对社会的分析，而不是仅仅限于管理的范畴。如德鲁克自己所言："作为一个作者，我最为人熟知的是管理方面的著作，在美国尤其是这样。但是，我最初和最首要的关注并非管理，我对管理的兴趣始自我对社区和社会的研究。事实上，我更多的著作不是关于管理，而是有关社区、社会和政体。而且，在我撰写的15本管理书籍中，只有两本与'工商管理'有关：一本是1964年的《成果管理》——这本书所探讨的问题在数年后被称为'战略'，另一本是我在1985年所著的《创新与企业家精神》。"德鲁克在不平凡的一生中，共有39本书出版发行，包括15本管理书籍、2本小说、1本关于日本艺术的书，其余21本全部是关于社会、社区和政体的。由此，我们不得不承认德鲁克自己的说法，他是公认的管理大师，但首先是一名优秀的"社会生态学家"。正因为德鲁克的管理学始于社会生态分析，这犹如医生看病之前先给病人把脉，所以，他提出的管理观点和建议才能够切中要害，而不至于随着时间的流逝迅速过时。

以戴尔、斯隆、福特为代表的经验主义学派，他们的视野远没有德鲁克开阔，仅限于"工商管理"的范畴。戴尔曾在剑桥大学和耶鲁大学学习经济学，并获得工商管理学士学位，在以后的研究生涯中，他始终没有超出工商管理的范围。研究领域的"专"，一定程度上有利于"精"。同德鲁克相比，戴尔更加"精深"，而德鲁克则更加富有"远见"。

通过对德鲁克同戴尔的比较分析，我们可以发现，德鲁克同戴尔的管理思想虽然存在理论上的共同点，但双方的差别更加不容忽视。

第五节　经验学派同其他学派的争论

经验学派同其他学派的方法论之争，可以追溯到19世纪末20世纪初欧洲知识分子在社会科学领域的方法论论战。20世纪初的欧洲大陆，处在一个风云变幻的时代。针对工业化带来的种种社会问题，形形色色的理论和流派提出了自己的主张和见解。刚刚统一不久的德国，继承了普鲁士深厚的国家主义思想传统。然而，由于国家主义存在着束缚个人自由的弊端，所以，出现了一批与之针锋相对的学者，他们倡导个人主义，与国家主义抗衡，人称奥地利学派。这一思想后来发展为对全世界有着重大影响的新奥地利学派，一批坚定的自由主义者云集于奥匈帝国的首都维也纳，米塞斯（Ludwig E. von Mises）、哈耶克（Friedrich August Hayek）、波普尔（Karl Popper）就是其中的杰出代表，他们高举自由主义大旗，引领着20世纪的学术潮流。

这些自由主义者的观点主要表现在两个方面：在发展观上，是演化的而不是建构的；在认识论上，是经验的而不是唯理的。以波普尔为例，他系统考察了历史决定论，毅然决然地站到了这种建构理论的对立面，坚定地主张"零星社会工程"。这种社会观，同哈耶克主张的"自发秩序"具有很多相同点。对他们珍视的个人自由而言，因为社会工程是"零星"的和"自发"的，所以，在社会进化过程中，个人自由才不会被抹杀，人性才有自由伸张的空间。而国家主义者和集体主义者则与之针锋相对，他们在发展观上主张建构论，在认识论上主张理性主义。国家主义者大多同黑格尔哲学有着一定的继承关系，认为历史存在着不以人的意志为转移的规律，个人的作用就是"帮助实现不可避免的事"（波普尔语)，在实践中，这种认识必然会抹杀个人的作用，极端一点，则必将扼杀个人自由。

管理学中经验学派同其他学派在方法论上的争论，其实质就是经验主义同理性主义、演化主义同建构主义之间的争论在管理学领域的继续。以戴尔为代表的经验主义管理学者，主张经验主义的认识论和演化主义的发展观，他们同其他学派在方法论上的争论，主要有以下表现。

一、认识论方面

经验学派注重企业经理人的管理经验，关注他们的管理实践和管理行为，认为决定组织绩效的关键在于“组织者”。戴尔对管理者个人的关注，可以从《伟大的组织者》中窥其全貌，在此不再赘述。这种方法论的核心在于坚信经验知识的可靠性，小心翼翼地一点一滴地推进知识的增长，以归纳法作为增进知识的基本方法，而对演绎法保持足够的警惕。具体说来，就是要学伽利略，而不是学牛顿。学牛顿的危险在于，有了一个宏大的体系，当现实与这个体系不符合时，就会强迫现实向理论屈服，一旦经验不足以满足理论假设，就会向经验靠拢。戴尔在推崇经验比较方法时特别强调：“比较方法并不打算像哥白尼或爱因斯坦那样囊括一切，用少数简要公式解释所有的组织，而至多只是在一些有限的组织问题上得出一般结论。”

然而，这种强调归纳的经验主义方法论，遭到了理性主义者的无情奚落，有人曾经尖刻地讽刺归纳方法说：“一只每天都被喂饱的猪，绝对不可能由此经验归纳出终有一天会被宰杀。”这个批评虽然不雅，却一针见血地指出了经验本身的局限性以及经验主义者在认识论上的缺憾。

二、发展观方面

经验学派坚持演化主义。哈耶克在《致命的自负》中认为，社会发展是“人之行动而非设计”的结果。同样，戴尔主张，管理学理论也是来源于经理人的实际管理行为，即针对不规范、不成文、不正式的经验，通过运用一定的方法，总结出在特定环境下成功者的共同经验。这样总结出来的管理理论，虽然可能不如建构主义者的原则符合逻辑，可能没有美感，但却更加切中实际，有利于解决管理中面临的问题。戴尔在《伟大的组织者》中认为，通过这种途径得出的管理理论，虽然“不会立即建立起一种普遍适用的理论，但也许可以建立起当前有用而最终普遍适用的理论的某些部分”。

在管理学中具有广泛影响力的管理过程学派，既不同于经验学派，又不同于数理学派。与前者的区别在于过程学派采取的是明显的建构主义方法，与后者的区别在于过程学派特别注重现实经验总结而反对纯粹数理分析。管理过程学派的创始人法约尔创立的宏观管理学体系，立足于自己几十年的管理经验，其构建理论的做法显然属于建构主义。这个学派发展到第二次世界大战之后，建构色彩日益浓厚，经验色彩逐渐变淡。由此，管理过程学派在体系日益完善和精微化的同时，也与经理人的管理实际渐行渐远。

正是在这一背景下，经验学派否定普遍主义、否定建构主义的做法，貌似偏激，实属必要。经验学派面对其他学派的不妥协态度，有力地校正着数理学派的“机械化”偏失，打挫着过程学派的普适化扩张，使这些学派不得不正视来自经验学派的挑战而收敛自己的理论阵地，使其更为切合实际。而数理学派和过程学派对经验学派的反驳，也在时时提醒着经验归纳的局限性，促使经验学派发展出具有一定普适性的准则。

一般认为，管理学诞生于泰勒时期的科学管理运动。正因为泰勒把管理由经验变为了科学，管理学作为一门学科，才有了坚实的基础。正如钱德勒在《看得见的手》中所言，19 世纪末 20 世纪初的企业管理者，大都是工程师出身，这其中包括泰勒、法约尔、皮埃尔·杜邦、斯隆等人，在某种意义上，工程师教育训练了他们的逻辑理性思维，而这种思维恰恰满足了当时大型工商企业组织对管理进行系统化改革的现实需要。

工程师的专业训练，使得他们自然而然地倾向于把企业管理中面临的问题有序化、合理化，使之符合"科学"的标准。既然管理是科学，那么就有自身的体系和结构，正是从这一点出发，法约尔构建了管理过程学派的理论体系。需要注意的是，法约尔对管理学体系的建构并不排斥经验方式，或者说，法约尔坚持的是经验建构主义，这就为后来该体系的完善预留了空间。同法约尔的经验建构主义不同，马克斯·韦伯的体系显然是理性建构主义的，这种理论由于坚持"工具理性"，容易演变为日益封闭的系统。

在管理学诞生时期，建构主义发展观，有利于管理学体系的及时建立，从而建立该学科的理论基础，这对一门学科的发展是至关重要的。实际上，时至今天，古典管理时期建构起来的管理学学科体系（无论是法约尔的体系还是韦伯的官僚制）尚未被完全超越，在一定意义上，后人所做的只是对法约尔、韦伯等人体系的完善和补充。

如果说建构主义者一开始就追求建立宏伟的管理学大厦，那么反建构主义者追求的则是一点一滴的改进和完善。反建构主义同经验主义相结合，产生的就是柏克（Edmund Burke）式的保守主义，即重视一个社会的宗教和传统，反对激烈的变革。

由于反建构主义者往往只关注经验，反对盲目"推广"经验，所以，就有可能囿于经验而在知识领域难以迅速打开局面，创立新体系。与之相对应，建构主义往往由于片面相信人的理性，而将个人不可能完全脱离的传统和习俗丢弃，所以往往导致建立的理论成为"想象之知"，而不能成为和现实紧密联系的"熟知之知"。所以，反建构主义的贡献不在于自身的理论体系，因为反建构主义者本身就反对逻辑体系的构建；相反，他们的贡献在于对建构主义的有力矫正。建构主义同反建构主义，恰好构成理论发展中相辅相成的"不是冤家不聚头"局面。正因为有了反建构主义（包括戴尔代表的经验学派）的批判，管理学才逐渐矫正了过于理论化的倾向；同样，正因为有了建构主义（包括经验理性的建构主义和数理逻辑的建构主义），管理学才能形成自己的体系。

正如孔茨所言，管理学各学派犹如一个理论的"丛林"，研究方法、理论倾向、关注侧重点以至研究结论，方方面面都存在着很大不同。如果将认识论和发展观分别作为纵横坐标轴，那么就可以大致勾画出二维坐标系，各个主要学派在这个平面直角坐标系中的位置大致如图 10－7 所示。

由孔茨在 1960 年划分的六大学派在该坐标系中的位置，我们不难理解，正是因为不同学派秉持不同的认识论和发展观，所以才导致了在具体的学术观点上的截然不同甚至对立。随着时代的发展，管理学派还会发展变化，按照孔茨的说法，20 世纪 80 年代，六大学派已经变成了十一个学派，然而，我们不妨这样说，无论学派有多少，任何学派都可以在这个坐标系中找到适合自己的位置。从宏观上鸟瞰不同学派的方法论，有利于我们看清相关争论的来龙去脉及其实质，也有助于我们把握管理学发展的总体趋势。

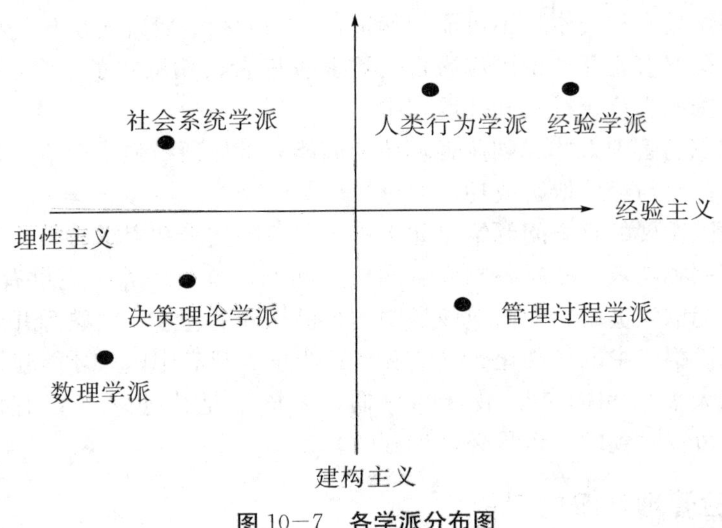

图 10－7　各学派分布图

第六节　对经验管理学派的评价

一、对彼得·德鲁克的评价

众多学者和企业家对彼得·德鲁克有很高的评价，比如，南京大学商学院院长赵曙明说："德鲁克先生的渊博知识、深刻思想不仅影响了学术界，也影响了企业界。可以说，没有一个著名学者和成功的商界领袖不从他那里汲取养分。"

通用电气前首席执行官杰克·韦尔奇评价说："全世界的管理者都应该感谢这个人，因为他贡献了毕生的精力，来理清我们社会中人的角色和组织机构的角色，我认为彼得·德鲁克比任何其他人都更有效地做到了这一点。"

微软总裁比尔·盖茨说："在所有的管理学书籍中，德鲁克的著作对我影响最深。"

英特尔公司主席安迪·格鲁夫称赞："德鲁克是我心中的英雄。他的著作和思想非常清晰，在那些狂热追求时髦思想的人群中独树一帜。"

二、彼得·德鲁克对中国的影响

德鲁克对中国的改革开放十分关注，他曾对自己的学生赵曙明说："80 年代我曾经到过中国，中国经过 20 多年的改革开放，经济社会发展发生了翻天覆地的变化。中国经济能够取得成功应该也有很多特有的东西值得总结。我很想再去中国看一看，但现在已经是心有余而力不足了。"

德鲁克对中国管理者说，目前无论是中国的工商业、通讯和交通行业，还是政府和教育机构，以及医院都急需大批卓有成效的管理者。发展中国家可以很容易地得到国外的技术，也容易吸引外资。但是，技术和资本仅仅是工具而已。它们必须通过有能力的管理者才能发挥作用和功效。

中国发展的核心问题，是要培养一批卓有成效的管理者。他们应该懂得如何管理，知道如何去领导企业并促进它的发展，也知道如何去激励员工和让他们的工作卓有成效。

管理者不同于技术和资本，不可能依赖进口。即便引进管理者也只是权宜之计，而且引进的人数也将是寥寥无几。中国应该自己培养管理者，熟悉并了解自己的国家和人民，并深深植根于中国的文化、社会和环境当中。

迅速培养称职的管理人才和创业者，使他们能与世界顶级强手竞争，显然是中国最需要的，也是中国社会与经济取得成功的关键。

德鲁克对中国发展的核心问题给出如下提示：(1) 技术和资本必须通过卓有成效的管理者才能发挥作用和功效。(2) 中国发展的核心问题，是要培养一批卓有成效的管理者。(3) 管理者不可能依赖进口。他们应该是中国自己培养的管理者，熟悉并了解自己的国家和人民，并深深植根于中国的文化、社会和环境当中。只有中国人才能建设中国。(4) 目前中国面临的最大需求和面临的最好的机遇，应该说是快速培养卓有成效的管理者。(5) 卓有成效是可以学到的，也是必须学到的。

三、对经验管理学派的评价

管理学中的经验学派，往往为初学者所轻视。因为按照经验学派的逻辑，很难有大的理论建树，按照经验学派的思路治学，到头来总会发现，费了很大的劲，结果不过是说点常识而已。但是，正是对常识的忽视或者轻视，才导致我们不断重犯曾经犯过的错误。阿克顿勋爵有言："历史的教训就是所有人都不会从历史的教训中真正学到教训。"这是值得铭记的至理名言。经验学派的最大贡献，就是要我们学会小心谨慎，学会辨识情境，学会踏稳每一步。

管理学领域，尤其是中国管理学领域，从宏观研究而言，醉心于体系建构的人太多，而埋头于具体情境的人太少；从微观研究而言，热衷于数理模型以验证自己的假设正确者太多，而透过案例洞察模型减少产生的偏差以增进管理者的智慧者太少。可以说，我们缺乏真正有价值的经验研究。经验研究的本质，是一种智性研究，而不是规范研究。所以，戴尔对于我们，依然是有重大意义的。我们期盼着中国的管理学界，也能出现可以同《伟大的组织者》相媲美的经验主义巨著。

经验管理学派的方法可以说在管理理论丛林中较具特色，但他们受到了许多管理学家的批评。经验管理学派由于强调经验而无法形成有效的原理和原则，无法形成统一完整的管理理论，管理者可以依靠自己的经验，而无经验的初学者则无所适从。而且，过去所依赖的经验未必能运用到将来的管理中。孔茨在他的书中指出："没有人能否认对过去的管理经验或过去的管理工作'是怎样做的'进行分析的重要性。未来情况与过去完全相同是不可能的。所以，过多地依赖于过去的经验，依赖历史上已经解决的那些问题的原始素材，肯定是危险的。其理由很简单，一种在过去认为是'正确'的方法，可能远不适合未来情况。"这段话说明，组织环境一直处于变化之中，过分地依赖未经提炼的实践经验和历史来解决管理问题是无法满足需要的。这正是经验管理学派的不足之处。

第七节　应用场景及案例

一、案例简介

东芝公司的目标管理

东芝原名东京芝浦电气株式会社，1939年由株式会社芝浦制作所和东京电气株式会社合并而成；从1875年开创至今，已经走过了130多年的漫长历程。20世纪80年代以来，东芝从一个以家用电器、重型电机为主体的企业转变为包括通讯、电子在内的综合电子电器企业。进入90年代，东芝在数字技术、移动通信技术和网络技术等领域取得了飞速发展，东芝已成功地从电行业的巨人转变为IT行业的先锋。2000年，东芝半导体的销售额在INTEL之后，位居世界第二位。笔记本电脑的市场占有率连续7年保持世界第一。至2000年年底，IT产值在东芝总产值中所占的比例已经达到了74%。2001年，东芝与Orion电子签约，这家公司是全世界最大的影像相关电子产品的代工厂与元件供应商。东芝请他们代为制造消费性的电视及录放影机产品，以应付北美市场的需求。2004年12月，东芝宣布停止生产传统的映像管电视。2006年，东芝结束等离子电视的生产。Orion身为东芝的最大代工厂，顺势接手东芝的映像管电视和等离子电视的技术规格，改以自有品牌（Orion）贩售。东芝为了强化未来在数位薄型化电视上的竞争力，已经在SED显像技术上投入可观的经费。第二次世界大战之前，东芝是三井财阀的成员之一。今天的东芝则是属于三井系列（松散的集团组织），东芝与系列中的企业保有优先的合作关系，例如三井银行。不过相较于三菱集团中公司的紧密联系，东芝与三井系列中另一大企业——丰田汽车却保有相当的自由。

2005年7月，BNFL公司决定将西屋出售，预估售价达18亿美金。这一出售方案引起许多厂商的关注，包括东芝、奇异电器以及三菱重工。最终结果是东芝在2006年1月以50亿美金买下西屋。这一项出售案引起多方的讨论。许多专家认为在世界能源需求持续增加之时，尤其像中国、美国及英国等大国都预期会加码核能发电的投资，BNFL却将全球最大的核子反应炉制造商卖出，这并非明智之举。东芝是世界上芯片制造商中的重要成员。在20世纪80年代，东芝与NEC是世界上最大的两家半导体制造商。自20世纪90年代至今，东芝一直是世界排名前5的芯片厂。2005年，东芝排名第4，仅次于英特尔、三星、德州仪器，但排在意法半导体之前。

谈到土光敏夫的时代，不能不涉及东芝公司独具特色的目标管理方式。目标管理作为一种先进的管理方式，并非由日本人首创，但是东芝公司接受和借鉴了德鲁克的“目标管理”的管理理念，并应用到实践，有效地提升了企业的绩效。本案例中对东芝公司目标管理的介绍主要包括以下四个部分。

（一）制定目标

在目标管理实施中，东芝公司把目标的制定放在首位。在制定目标时要求两点：员工的目标和企业的目标保持一致，每个人都要制定切实的目标。同时在制定目标时还遵循了以下原则，如目标数量不宜过多，目标的内容具体明确，目标难度以略高于本人能力为准、不能失去长远的观点等。

（二）东芝目标管理的特征

东芝目标管理的特征主要包括两点：直接结合经营需要的一贯性，即目标管理必须从企业的整个经营体制出发，保持完整的一贯性；以个人为中心提高能力，具体来说，每个人的目标是按照本人的能力、适应性和性格等特点个别确定的。

（三）目标管理的结构

东芝公司的目标管理，重要的前提就是相信每个人的能力和积极性，恰如其分地明确每个人的工作和任务，然后通过权力下放和自我控制，确立好整体的目标体系以及每个人的目标。在目标管理的最后阶段，实施成果评价，并与绩效考核挂钩，给予相应的奖惩措施，提高员工的积极性。

（四）目标管理的实施

在东芝目标管理的实施过程中，坚持少而精主义和能力主义。此外在实施过程中还坚持“信任下级”原则，适当下放权限，上下级之间相互信任；最后，依据实现程度、困难程度、努力程度三个要素进行成果评价，进行相应的奖励，保证目标管理的有效性。

二、案例解析

下面从员工激励和目标管理的角度，分析东芝目标管理的成功之处。

（一）成功经验

1. 具备一套完善的管理流程

东芝公司的目标管理之所以成功，离不开与之相匹配的一整套管理流程。首先高层管理人员确定公司未来的战略和目标。其次由上至下，逐级确立各级的任务和目标。其中下级的目标也是多次和上级进行沟通，双方一致商定之后，最终确立下来，保证了最终目标的制定是下级员工接受和认可的。在执行过程中，东芝组织的高层领导密切关注和参与，同时让所有员工都参与到目标管理体系中，达到了全员认可、全员参与的效果。最后将绩效与目标管理的成果评价结合起来，确保员工能从中受到激励，员工更有积极性。

2. 对细节的注意

东芝公司严格遵循了目标管理的四个要素：设置的目标明确；让员工参与决策；规定了目标管理的一定时限，通常是半年或者一年；最后将成果评价与人事安排结合起来。此外，东芝还特别注意营造平等的氛围，让上下级之间多沟通，建立深厚的信任。通过实行目标卡片制，并以此作为直属上下级之间订立的合同，让员工做出承诺，提高员工实现目标的可能性。

3. 高层管理人员和基层员工共同参与

东芝公司的目标管理，就是高层人员亲自关注和参与，从而提高了目标管理被重视的程度，扫清了一些不必要的障碍。员工参与决策，让他们产生了主人翁意识。日本东芝公司编写的《目标管理实践》中指出：每一个职工，由于亲自参与制定目标，无疑会感到自己为达到目标负有责任，并以极大的热情投入工作。

4. 基于Y理论，充分信任员工

东芝公司的目标管理基于Y理论，认为“人，就其本性而言，有劳动的欲望、自我提高的欲望和承担责任的能力”。本着这种思想，东芝公司形成了信任员工的氛围，对他们抱有积极的期望，激发员工的工作热情，同时上级下放权力，不过分干涉员工达到目标的具体措施。甚至一定程度上为这种员工自主承担风险，允许员工失败，认为这是对员工的教育投资。

5. 以员工为中心，提高员工能力

东芝公司的目标管理的一个重要特点就是，以员工为核心，提高员工能力。东芝公司把重点放在“提高能力”上，就是要使目标连锁体系中不能充分展开的下级也能实行目标管理。东芝让员工制定略高于自己能力的目标，保证了员工能力的提高。从目标管理的心理功能解析来看，目标管理对人的心理具有定向、控制、激励、凝聚、反馈五个功能，一旦完成目标，还有助于提高个人的自信心，使员工获得成长。另外，为了保证每个人的努力方向与企业的总目标相一致，又采取了“自上而下有组织地展开”和“以联合讨论为中心展开”这两项措施。组织中常常出现个人利益与集体利益相冲突的情况，这时员工就不得不同时牺牲个人兴趣和利益，来被迫服务组织目标。要想使员工从“要我做”变为“我要做”，就必须借助目标管理这种管理方法。东芝公司通过让个人目标与集体目标相一致，促使员工自觉自愿地为了集体目标而努力。

6. 与人事管理结合，评价成果并适当奖惩

东芝公司的目标管理，最后的一个环节就是依照制定的标准对成果进行评价。有了激励制度，才能保证员工有动力更好地完成自己的目标。最后的成果评价，保证了员工的努力有一个被认可的流程，对员工的奖励可以成为下一阶段员工实现目标的巨大动力，从制度上形成了良性的循环。

（二）不足之处

东芝公司的目标管理尽管取得了巨大成效，但是仍有一些不足之处。有些可能是东芝目标管理过程中所固有的不足，还有些可能是目标管理本身的缺陷，如某些职位的人员目标难以设定，目标设定效率低浪费了很多不必要的时间，目标管理与人事管理的联系不适度等。

（三）结论

激励一直是组织行为学理论中最为热门的话题之一。目标管理也是将目标设置的激励理论应用到实践的有效方法。自从管理学大师德鲁克提出之后，已经被欧美、日本等企业广泛采纳，成为一种常用的企业管理方法。本案例通过对东芝公司目标管理的分析，明确了目标管理的四个要素，一些注意事项以及其自身存在的问题。

本章小结

1. 经验管理学派又称为经理主义学派、经验主义学派，以向大企业的经理提供管理企业当代的经验和科学方法为目标。经验主义学派认为管理学就是研究管理经验，认为通过对管理人员在个别情况下成功和失败的经验教训的研究，会使人们懂得在将来相应的情况下如何运用有效的方法解决管理问题。因此，这个学派把对管理理论研究的重点放在对实际管理工作者的管理经验教训的研究上，强调从企业管理的实际经验而不是一般原理出发来进行研究，强调用比较的方法来研究和概括管理经验。

经验管理学派主要代表人物有：（1）彼得·德鲁克，主要作品有《管理实践》《管理——任务、责任、实践》等；（2）欧内斯特·戴尔，代表作是《伟大的组织者》；

(3) 艾尔弗雷德·斯隆，事业部管理体制的首创人之一；(4) 亨利·福特，流水线大量生产管理技术的倡导者；(5) 威廉·纽曼，美国管理学家，哥伦比亚大学教授，主要著作是《经济管理活动：组织和管理的技术》。

2. 彼得·德鲁克，美国著名管理学家，是经验管理学派的主要创始人之一。由于他在管理学上的伟大成就，被尊称为“现代管理之父”，并被推举为“不朽的管理思想大师”。他提出了“目标管理”的概念，管理学的真谛，管理要解决的问题有90%是共同的以及培养经理人的重要性。

德鲁克的目标管理理论基本要点有：(1) 目标管理是参与管理的一种形式；(2) 强调“自我控制”；(3) 经理权力下放；(4) 效益优先。

目标管理共分为三个阶段，每个阶段各有不同的内容和重点。第一阶段是制定目标；第二阶段是实现目标的过程；第三阶段是对成果的检查和评价。

目标管理实施过程主要是：(1) 确立组织的整体目标；(2) 合理分工、明确权责并制定企业各部门员工的目标；(3) 目标实施的准备工作；(4) 制定衡量目标的标准。

德鲁克认为管理人员的职责有：设定目标；组织；激励和信息沟通；业绩考核。

3. 欧内斯特·戴尔 (Ernest Dale)，出生于1914年，美国著名管理学家，是经验主义学派的代表人物之一，他的代表作《伟大的组织者》充分体现了经验学派的宗旨，即强调管理知识的演化而反对建构主义，强调经验知识的可靠而反对纯粹理性。在方法论上，他把比较研究运用到出神入化的程度。

1960年，戴尔出版了《伟大的组织者》一书。对于伟大的组织者有什么共同表现，戴尔也通过比较做出了归纳。他指出，这些人取得成功的方法，可以概括为以下几点：第一，他们都有经过概略衡量的目标，能够以高度的理性方式来确定本公司的目标，恰当安排资源。第二，分工只是一种手段，而且不是事先就能计划确定的。分工从属于组织目标。第三，组织和管理工作是一种艺术，而不是科学。

4. 经验管理学派的方法可以说在管理理论丛林中较具特色，但他们受到了许多管理学家的批评。经验管理学派由于强调经验而无法形成有效的原理和原则，无法形成统一完整的管理理论，管理者可以依靠自己的经验，而无经验的初学者则无所适从。而且，过去所依赖的经验未必能运用到将来的管理中，由于组织环境一直处于变化之中，过分地依赖未经提炼的实践经验和历史来解决管理问题是无法满足需要的。

本章关键词

经验管理学派　彼得·德鲁克　欧内斯特·戴尔　目标管理理论　组织目标　管理的经验　管理的实践　伟大的组织者　比较分析法

思考题

1. 经验管理学派的主要观点有哪些？
2. 什么是目标管理理论？
3. 论述目标管理的阶段和过程。
4. 彼得·德鲁克认为管理的任务有哪三项？
5. 高层管理人员的任务是什么？
6. 戴尔认为伟大的组织者有什么共同表现？

7. 试论述比较德鲁克与戴尔作为经验管理学派的代表人物的异同。

案例分析

某机床厂从1981年开始推行目标管理。为了充分发挥各职能部门的作用，充分调动一千多名职能部门人员的积极性，该厂首先对厂部和科室实施了目标管理。经过一段时间的试点后，逐步推广到全厂各车间、工段和班组。多年的实践表明，目标管理改善了企业经营管理，挖掘了企业的内部潜力，增强了企业的应变能力，提高了企业素质，取得了较好的经济效益。

按照目标管理的原则，该厂把目标管理分为三个阶段进行。

第一阶段：目标制定阶段

1. 总目标的制定

该厂通过对国内外市场机床需求的调查，结合长远规划的要求，并根据企业的具体生产能力，提出了19××年"三提高""三突破"的总方针。"三提高"就是提高经济效益、提高管理水平和提高竞争能力，"三突破"是指在新产品数目、创汇和增收节支方面要有较大的突破。在此基础上，该厂把总方针具体化、数量化，初步制订出总目标方案，并发动全厂员工反复讨论、不断补充，送职工代表大会研究通过，正式制定出全厂19××年的总目标。

2. 部门目标的制定

企业总目标由厂长向全厂宣布后，全厂就对总目标进行层层分解，层层落实。各部门的分目标由各部门和厂企业管理委员会共同商定，先确定项目，再制定各项目的指标标准。其制定依据是厂总目标和有关部门负责拟定、经厂部批准下达的各项计划任务，原则是各部门的工作目标值只能高于总目标中的定量目标值，同时，为了集中精力抓好目标的完成，目标的数量不可太多。为此，各部门的目标分为必考目标和参考目标两种。必考目标包括厂部明确下达目标和部门主要的经济技术指标；参考目标包括部门的日常工作目标或主要协作项目。其中必考目标一般控制在2～4项，参考目标项目可以多一些。目标完成标准由各部门以目标卡片的形式填报厂部，通过协调和讨论最后由厂部批准。

3. 目标的进一步分解和落实

部门的目标确定了以后，接下来的工作就是目标的进一步分解和层层落实到每个人。

(1) 部门内部小组（个人）目标管理，其形式和要求与部门目标制定相类似，拟定目标也采用目标卡片，由部门自行负责实施和考核。要求各个小组（个人）努力完成各自目标值，保证部门目标的如期完成。

(2) 该厂部门目标的分解是采用流程图方式进行的。具体方法是：先把部门目标分解落实到职能组，任务级再分解落实到工段，工段再下达给个人。通过层层分解，全厂的总目标就落实到了每一个人身上。

第二阶段：目标实施阶段

该厂在目标实施过程中，主要抓了以下三项工作。

1. 自我检查、自我控制和自我管理

目标卡片经主管副厂长批准后，一份存企业管理委员会，一份由制定单位自存。由于每一个部门、每一个人都有了具体的、定量的明确目标，所以在目标实施过程中，人们会自觉地、努力地实现这些目标，并对照目标进行自我检查、自我控制和自我管理。这种“自我管理”，能充分调动各部门及每一个人的主观能动性和工作热情，充分挖掘自己的潜力，因此，完全改变了过去那种上级只管下达任务、下级只管汇报完成情况，并由上级不断检查、监督的传统管理办法。

2. 加强经济考核

虽然该厂目标管理的循环周期为一年，但为了进一步落实经济责任制，即时纠正目标实施过程中与原目标之间的偏差，该厂打破了目标管理的一个循环周期只能考核一次、评定一次的束缚，坚持每一季度考核一次和年终总评定。这种加强经济考核的做法，进一步调动了广大职工的积极性，有力地促进了经济责任制的落实。

3. 重视信息反馈工作

为了随时了解目标实施过程中的动态情况，以便采取措施、及时协调，使目标能顺利实现，该厂十分重视目标实施过程中的信息反馈工作，并采用了两种信息反馈方法：

(1) 建立“工作质量联系单”来及时反映工作质量和服务协作方面的情况。尤其当两个部门发生工作纠纷时，厂管理部门就能从“工作质量联系单”中及时了解情况，经过深入调查，尽快加以解决，这样就大大提高了工作效率，减少了部门之间的不协调现象。

(2) 通过“修正目标方案”来调整目标。内容包括目标项目、原定目标、修正目标以及修正原因等，并规定在工作条件发生重大变化需修改目标时，责任部门必须填写“修正目标方案”提交企业管理委员会，由该委员会提出意见交主管副厂长批准后方能修正目标。

该厂在实施过程中由于狠抓了以上三项工作，因此，不仅大大加强了对目标实施动态的了解，更重要的是加强了各部门的责任心和主动性，从而使全厂各部门从过去等待问题找上门的被动局面，转变为积极寻找和解决问题的主动局面。

第三阶段：目标成果评定阶段

目标管理实际上就是根据成果来进行管理的，故成果评定阶段显得十分重要。该厂采用了“自我评价”和上级主管部门评价相结合的做法，即在下一个季度第一个月的10日之前，每一部门必须把一份季度工作目标完成情况表报送企业管理委员会（在这份报表上，要求每一部门自己对上一阶段的工作做一恰如其分的评价）。企业管理委员会核实后，也给予恰当的评分。如必考目标为30分，一般目标为15分。每一项目标超过指标3%加1分，以后每增加3%再加1分。一般目标有一项未完成而不影响其他部门目标完成的，扣一般项目中的3分，影响其他部门目标完成的则扣分增加到5分。加1分相当于增加该部门基本奖金的1%，减1分则扣该部门奖金的1%。如果有一项必考目标未完成则扣至少10%的奖金。

该厂在目标成果评定工作中深深体会到：目标管理的基础是经济责任制，目标管理只有同明确的责任划分结合起来，才能深入持久，才能具有生命力，达到最终的成功。

思考题

1. 在目标管理过程中应注意一些什么问题？
2. 目标管理有什么优缺点？
3. 增加和减少员工奖金的发放额是实行奖惩的最佳方法吗？除此之外，你认为还有什么激励和约束措施?

4. 你认为实行目标管理时营造严肃的管理环境和形成自我管理的组织机制哪个更重要?

参考资料

[1] 叶国祯:《追寻大师的踪迹—读德鲁克回忆录有感》,载于《金山企业管理》,2006 年。

[2]《美国著名管理学家——欧内斯特·戴尔》,载于《现代班组》,http://dlib.cnki.net/KNS50/Navi/Bridge. aspx? LinkType=BaseLink&DBCode=cjfd&TableName=cjfdbaseinfo&Field=BaseID&Value=CJGL&NaviLink=? F$j%20PGY,2012.

[3] 楼升凯:《现代管理学经验主义学派简介》,载于《中国集体经济》,2009 年第 3 期。

[4] 胡代光、高鸿业:《西方经济学大辞典》,北京经济科学出版社,2000 年。

[5] 欧内斯特·戴尔:《伟大的组织者》,中国社会科学出版社,1991 年版。

[6] 孙耀君:《西方管理学名著摘要》,江西人民出版社,2008 年版。

[7] 马晓晗:《世界管理大师名言妙语 1000 条》,新世界出版社,2007 年版。

[8] 王圆圆:《经验学派的大师欧内斯特·戴尔》,载于《管理学家》实践版,2010 年版。

[9] 杨文士、张雁:《管理学原理》,中国人民大学出版社,2003 年版。

[10] 彼得·德鲁克:《管理实践》(*The Practice of Management*),兰登书屋出版社,1954 年版。

[11] 彼得·德鲁克:《卓有成效的管理者》(*The Effective Executive*),机械工业出版社,2003 年版。

[12] 彼得·德鲁克:《技术、管理与社会》(*Technology, Management and Society*),机械工业出版社,1970 年版。

[13] 彼得·德鲁克:《管理:任务、责任、实践》(*Management: Tasks, Responsibilities, Practices*),东方出版社,1973 年版。

[14] 彼得·德鲁克:《人与绩效:德鲁论管理精华》(*People and Performance: The Best of Peter Drucker on Management*),东方出版社,1977 年版。

[15] 彼得·德鲁克《卓有成效管理者的实践》(*The Effective Executive in Action*),机械工业出版社,2006 年版。

[16] [美] 杰克·贝蒂:《管理大师德鲁克》,吴勇等译,上海交通大学出版社,1999 年版。

[17] 罗珉:《德鲁克管理学方法论述评——兼悼念管理大师彼得·F. 德鲁克》,载于《外国经济与管理》,2005 年第 12 期。

[18] 奚红华:《德鲁克管理思想回顾及简评》,载于《现代管理科学》,2005 年第 1 期。

[19] 李睿祎:《德鲁克目标管理体系初探》,载于《北华大学学报》(社会科学版),2007 年第 2 期。

[20] 韩睿玺:《德鲁克管理思想评析》,载于《中共中央党校学报》,2009 年第 1 期。

[21] 许一:《目标管理理论述评》,载于《外国经济与管理》,2006 年第 9 期。

[22] 罗宾斯:《组织行为学笔记和课后练习题详解》,中国石化出版社,2006 年版。

[23] 斯蒂芬·P. 罗宾斯：《组织行为学精要》，柯江华译，机械工业出版社，2006年版。
[24] 斯蒂芬·P. 罗宾斯、蒂莫西·贾奇：《组织行为学精要》，吴培冠、高永端、张璐斐等译，机械工业出版社，2008年版。
[25] 程杰元、谷振红、张海燕：《组织行为学案例》，伊犁人民出版社，2000年版。
[26] 王春莉：《对东芝公司目标管理的案例分析》，载于《中国市场》，2011年第22期。
[27] 李玉萍、许伟波、彭于彪：《绩效·剑》，清华大学出版社，2008年版。
[28] 林志扬：《管理学原理》，厦门大学出版社，2009年版。
[29] 沈娜：《SMART原则在绩效目标管理中的启示》，载于《中国审计报》，2009年。
[30] Peter L, Bergerand Thomas Luckmann. *The social construction of reality: A treatise in the sociology of knowledge*. 1966.
[31] Georg Simmel. How is society possible. *The American Journal of Sociology*. 1910.
[32] Simon H. A. *The Scientific of the Artificial*. 1981.
[33] Richard. H Buskirk. *Handbook of managerial tactics*. 1976.
[34] Arie Rip. Science and Technology as DancinaPartners. *Technological Development and Science in The Industrial Age*. 1992.
[35] Wren A. Daniel. *The Evolution of Management Thought*. 1994.
[36] Woodrow Wilson. *The Study of Administration*. *Classics of Public Administration*. 1997.
[37] Zhao Wenming, Huang Chengru. *Essentials of Centennial Management Thought*. 2003

第十一章　社会系统学派

本章结构

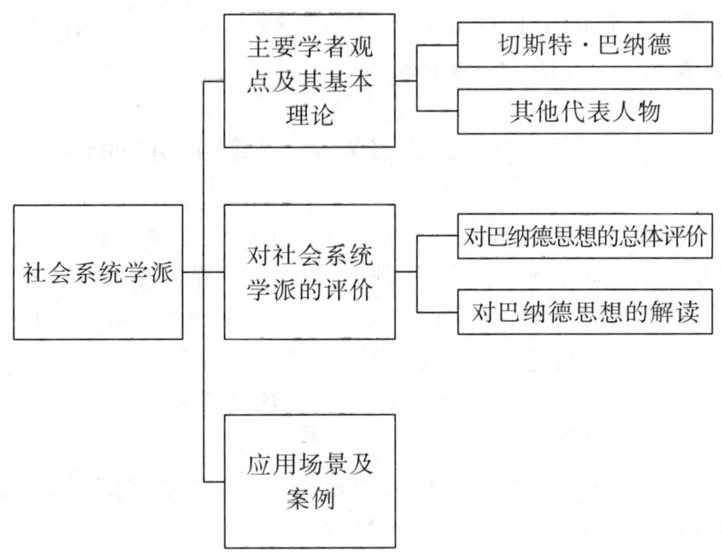

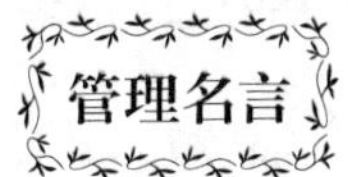

1. 组织是一个协作的系统。(Organization is a collaborative system.)

——切斯特·巴纳德(Chester Barnard)

2. 提出目标是管理人员的责任，实际上这是他的主要责任。(Setting a goal is manager's responsibility, actually it is his primary responsibility.)

——切斯特·巴纳德(Chester Barnard)

3. 管理者的最基本功能是发展与维系一个畅通的沟通管道。(The most basic function of a manager is developing and sustaining an open communication channel.)

——切斯特·巴纳德(Chester Barnard)

4. 领导能力是那种把良好的意图转变为积极地行动的品质：它能够将一群散漫的个体组织成一个强大的团队。(Leadership is a quality that can make good intention into positive action, and can organize discursive individuals into a powerful team.)

——台地石油公司的创始人之一 布勒·皮肯斯(Blur Pickens)

5. 把你的注意力集中在组织目标上，而不是组织规模上。你不能用规模来衡量一个地方，除非它是一个露天足球场。（Put your attention on your organization goal，rather than organization size. You can't measure a place by its size，except for it is an open stadium.）

——台地石油公司的创始人之一 布勒·皮肯斯（Blur Pickens）

6. 天时不如地利，地利不如人和。

——孟轲

本章学习目标

1. 理解什么是社会系统学派
2. 掌握社会系统学派主要学者及观点
3. 了解社会系统学派的主要内容
4. 认识社会系统学派与其他学派的区别

第一节 主要学者观点及其基本理论

社会系统学派认为，人与人的相互关系就是一个社会系统，它是人们在意见、力量、愿望以及思想等方面的一种合作关系。管理人员的作用就是要围绕着物质的（材料与机器）、生物的（作为一个呼吸空气和需要空间的抽象存在的人）和社会的（群体的相互作用、态度与信息）因素去适应总的合作系统。

任何一种组织本身即为一个社会系统，而这个社会系统之中又包含许多的小社会系统。任何社会系统都具备四项基本功能：

（1）适应（adaptation）：当内外环境变动的时候，系统需要准备妥当和具备相当的弹性，以适应新的变化来减轻紧张、摩擦的不良后果。

（2）达成目标（goal－attainment）：所有社会系统皆拥有界定其目标的功能，并会动员所有能力、资料来完成目标。

（3）模式维持（pattern maintenance or latency）：一面补充新成员，另一面又以社会化使成员接受系统的特殊模式。

（4）整合（integration）：维持系统之中各部分之间的协调、团结，来确保系统运转正常以对抗外来重大变故。

这个学派从社会学的角度来分析各类组织。它的特点是将组织看作一种社会系统，一种人的相互关系的协作体系，是社会大系统中的一部分，受到社会环境各方面因素的影响。该学派主要以组织理论为研究重点。组织理论对其他学派的形成（如社会技术系统学派、决策理论学派、系统理论学派）也有很大影响。

一、切斯特·巴纳德

切斯特·巴纳德，美国著名的管理学家，西方现代管理理论中社会系统学派的创始人，社会系统学派的代表人物。1938 年，他出版了《经理人员的职能》一书，在这本著作中，他在组织和管理理论的一系列基本问题上都提出了与传统组织和管理理论完全不同的观点。他认为组织是一个复杂的社会系统，应从社会学的观点来分析和研究管理的问题。由于他把各类组织都作为协作的社会系统来研究，后人把由他开创的管理理论体系称作社会系统学派。

（一）巴纳德生平简介

切斯特·巴纳德（Chester Barnard，1886—1961），出生于美国马萨诸塞州一个贫困的机械工人家庭，自幼患有遗传性疾病，高度近视。五岁丧母，由经营铁匠铺子的外祖父收养。他从小受到喜欢音乐的外祖父的影响，对音乐情有独钟。他 15 岁辍学，很快学会了钢琴调音的技术，作为谋生手段。同时又自学了希腊语。后来在教会牧师的帮助下，进入宗教学校学习。1906—1909 年在哈佛大学攻读经济学，先后研读了意大利社会学家维尔弗雷多·帕累托、德国管理学家马克斯·韦伯、美国管理学家库尔特·卢因的著作，并首先把这些理论以及艾尔弗雷德·诺思·怀特黑德的哲学用于对组织问题的深入分析中，为其后来创建社会系统学派奠定了理论基础。

Chester Barnard（美国，1886－1961）

由于拿不到一项实验学科的学分，巴纳德未拿到学位就离开哈佛大学，进入美国电话电报公司，开始了他的职业生涯。他曾经担任过巴赫音乐学会的主席，帮助美国原子能委员会制定政策，在 20 世纪 30 年代大萧条时期担任新泽西州减灾委员会总监，1942 年巴纳德创立了联合服务组织公司并出任总裁；1948—1952 年担任美国洛克菲勒基金会董事长。在漫长的工作实践中，他积累了丰富的企业组织的经营管理经验，写出了许多重要的著作。其中最有名的是他在 1938 年出版的《经理人员的职能》一书，该书被誉为美国现代管理科学的经典性著作。这本书连同他 10 年后写成的另一部重要著作《组织与管理》，是巴纳德管理学理论的代表作。巴纳德的这些著作为建立和发展现代管理科学做出了重要贡献，也使他成为社会系统学派的创始人。巴纳德的生平大事年表见表 11－1。

表 11－1　巴纳德的生平大事年表

1886 年 11 月	生于美国马萨诸塞州的一个平民家庭
1891 年	母亲因病去世
1904 年	进入蒙特赫蒙学校学习
1906—1909 年	在哈佛大学读完了全部经济学课程，因缺少自然科学学分未能得到学位
1909 年	进入美国电话电报公司（AT&T）统计部工作
1915 年	被晋升为 AT&T 商业工程师
1922 年	担任 AT&T 所属宾夕法尼亚贝尔电话公司副总裁助理
1926 年	担任宾夕法尼亚贝尔电话公司总裁
1927 年	担任新泽西贝尔电话公司总裁，这时他 41 岁。巴纳德担任这个职位长达 20 年，直到退休
1938 年	代表作《经理人员的职能》由哈佛大学出版
1942 年	创立联合服务组织（USO），并出任总裁
1948—1952 年	担任洛克菲勒基金会董事长

续表11－1

1952—1954 年	担任美国国家科学基金会主席
1961 年	去世

切斯特·巴纳德在组织理论研究方面做出了很大贡献。他认为，组织是一个由人们有意识地加以协调的各种活动的系统，其中最关键的因素是经理人员。每个人在克服其生理、心理、物质和社会的限制时，必须自觉地进行协作。组织就是这种自觉协作活动的一个系统，这种系统能否长期存在、发展，取决于系统的效率和效果。个人的协作固然可以通过命令和指挥形式来实现，但只有具备以下四个条件，个人才会承认这种命令的权威而接受命令：（1）个人理解这个命令。（2）个人认为这个命令同组织的目标是一致的。（3）个人认为这个命令同自己的个人利益是符合的。（4）个人有执行这个命令的能力。他还把组织分为正式组织和非正式组织，指出正式组织作为一个协作系统，无论级别的高低和规模的大小，都包含三个基本要素，即协作的意愿、共同的目标、信息的联系。同时，巴纳德还指出，在正式组织中还存在着一种产生于同工作有关的联系并从而形成一定的看法、习惯和准则的无形的组织，即非正式组织。它的活动对正式组织有双重作用，既有不利的影响，但又可能促使组织的效率得到提高。巴纳德的这一理论为后来称之为社会系统学派的理论奠定了基础。

（二）巴纳德的思想渊源

1909 年，巴纳德进入美国电报电话公司，在统计部门任职，专门研究欧洲一些国家的电话、电报收费问题。由于巴纳德能用多种欧洲语言查找并研究欧洲电信市场上的价格与成本，便很快被任命为公司的商业工程师。1915 年，他被提升为美国电话、电报公司的商业公司经理。1922 年，他又被提升为宾夕法尼亚贝尔公司助理副总经理。1926 年，任该公司总经理。1927 年，任规模庞大的新泽西贝尔电话公司的总经理，时间长达二十年之久。由于他前十多年担任参谋人员职务，此后长期担任领导职务。丰富的工作经验，为他创建社会系统学派奠定了实践基础。

不少学者认为，巴纳德的社会系统管理思想是来源于梅奥的霍桑实验，日本学者饭野春树还亲自向巴纳德问过这个问题。巴纳德在给他的回信中说："我知道从事霍桑实验的埃尔顿·梅奥、罗特利斯伯格和哈佛团队的其他人，尽管事实上从事霍桑实验的西方电气公司是我所在的贝尔电话公司的分公司，但是我对霍桑实验一无所知，也根本不认识与梅奥研究团队直接相关的任何西方电气的职员。"他还说："霍桑实验对我的书没有丝毫影响。我的书几乎都是我以往工作经历的产物，也在相当大的程度上受到经济学、社会学、社会心理学、法学学科的影响。然而，任何合理的组织理论都必然与某种合理的人际关系理论相一致。正是这个原因，我的这本书得到梅奥集团的首肯和极为广泛的应用，几乎在梅奥此后的所有著作中，都借鉴参考了这本书，并对此书给予了高度的评价。"（参见饭野春树《巴纳德组织理论研究》，三联书店，2004 年，第 19 页注 2 原文英文。转引刘文瑞、邹治平：《现代管理理论之父：巴纳德》一文，见 2006 年 6 月 28 日《管理学家》）巴纳德承认知道进行霍桑实验的一些人，因为霍桑实验就是在他们的分公司进行的，也承认它的组织理论与某些合理的人际关系理论相一致。但否认他写的书是受到霍桑实验的影响，只是承认梅奥对他的著作的评价和借鉴。对巴纳德的组织理论建设有影响的学科，除了他自己承认的经济学、社会学、社会心理学、法学外，还值得一提的是曾为社会学引进系统论的生物化学家亨德森，他与巴纳德交往甚密。日本管理学家占部都美曾指出说："巴纳德受亨德森的影响是值得大书特书的。巴纳德以最高经营者的经验为基础，反复对组织及管理问题进行思索，通过引进社会学和系统论，创立了综合性的管理理论——现代管理论。"

（三）《经理人员的职能》主要观点

《经理人员的职能》是一本不易读懂但却非常引人入胜的书。这本书成为巴纳德的成名之作绝非偶然，因为实际上这是他毕生从事企业管理工作的经验总结。书中的观点可以总结如下：

1. 经理人员的职能

在巴纳德看来，经理人员的作用就是在一个正式组织中充当系统运转的中心，并对组织成员的活动进行协调，指导组织的运转，实现组织的目标。据此，他认为经理人员的主要职能有以下三个方面：

（1）维持沟通体系。组织是由一个个独立的个体组成的，每个个体都有自己的自由意志、价值主张和心理动机。要把这些心理健全的个体组织起来，按照共同的目标进行持续的合作，就必须建立经理人阶层。经理人员首要的管理职能，就是建立和维持沟通体系。经理人阶层本身的存在价值和理由，就是成为组织内部信息沟通的纽带或桥梁。

经理人员从事的是管理协调工作，有别于市场协调方式。成败的关键在于确立或获取自身在"权力、责任和威望"上的"合法性基础"。因此，经理人员必须不断地采集、处理和传递一手信息，必须立足于企业的宗旨，对信息做出权威性或正当性解释并承担相应的责任；否则，信息的沟通或传递是无效的或不被接受的，经理人员也难以确立自身的支配力和影响力，难以做好管理协调工作。经理人员在行使权力或发布命令的过程中必须清楚，命令必须以服从为前提，发布命令本质上是一种信息沟通。过去大家认定的"权力体系"，本质上是一种"沟通体系"。维持组织内部正常的信息沟通渠道和秩序，是经理人员从事管理协调、促进相互合作的基础。在这一点上，经理人员必须彻底放弃长官意志、强加于人的做法，以免适得其反，反招其辱。

（2）促进合作意愿。组织起来的本意，就是要把人及其工作行为协调起来。组织是一个矛盾的综合体，组织成员之间充满着思想、情感和私欲上的对立。组织内部的各种对立，本身就是一种能量，协调不好就是内耗，协调好了就是力量。经理人员必须在充分沟通的基础上，对各种潜在的对立关系及其能量进行协调，实现组织内部的对立统一。经理人员在促进组织内部对立统一或相互合作的过程中，主要的管理方式就是"服务"。具体而言，经理人员应该本着"成就他人、成就自己"的精神，把自己当作一个专业人士，当作下属的一个同僚或合作伙伴，指导、帮助、约束和激励下属成长、做好工作、完成任务、取得成果和成就、获得报酬。可以说，经理人员的这些服务，构成了一个组织的实质。

个体基于组织的合作关系不是静态的。合作作为一种社会化的过程，必然会对个体产生新影响，引发个体的心理变化。合作迫使个人的动机发生原本不会发生的变化。只要这些变化朝着有利于合作关系的方向发展，就会成为组织的资源；反之，就会成为组织的障碍或限制。这涉及经理人员的公正性，以及经理人员职能发挥的充分程度。可以说，现代组织持续有效地运行，取决于经理人员的沟通能力或管理才干、道德水平，包括良知和良心。

(3) 确立组织目标。个体之间的动态合作关系，还涉及外部环境的改变，以及这种改变对组织目标实现和个体心理预期的影响。因此，需要经理人员制定或重新界定组织的目的与目标，以适应外部环境的变化，并改变组织成员的心理预期，激发组织成员的合作意愿，也称“目标激励和约束”。经理人员的职责就是使组织成员始终对组织的未来和前途保持信心和热忱。组织没有前途，树倒猢狲散，或组织成员对前途没有信心，经理人员无论怎样努力都无济于事。在这方面，经理人员的胆略或远见卓识是至关重要的，组织的命运系于经理阶层的胆略，舍此别无他途。

经理人员在制定或重新界定总体目标时，必须基于对未来后果的估计，必须弄清楚当前情势中的行为可能带来的后果。在这方面，经理人员只能以经验为依据，根据所观察到的现实情况做出判断，判断事态演变的可能趋势，并使现实的决策具有未来意义。组织的共同目标，只是联系“过去”和“未来”之间的桥梁，要想使组织的目标发挥作用，只有从“现在”开始，任何目标都必须立足于现实。任何组织都不可能放下手中的活去做未来的事情，任何组织只会去做现实见利见效的事情，并使现实的事情具有未来意义，从而使组织的未来之路越走越宽。在这方面，经理人员需要更多地依靠自己的直觉思维能力，以及由此产生的提炼高层次概念能力。

2. 经理的决策

关于经理人的决策，巴纳德认为，决策包含两个方面：一是分析，即寻找能使组织目标得以实现的“战略因素”；二是综合，即认识到组成一个完整系统的各个要素或部分之间的相互关系。

影响决策的客观要素主要有两点，即目的和环境。经理人决策中一方面存在着要实现的目的，另一方面又存在着对实现目的起限制或促进作用的政治、经济和社会的环境。决策的机能就是制约这两个要素的相互关系。目的在这里之所以作为客观要素，是由于现在的目的是过去依据当时的条件进行决策的结果。所以，现在的目的对新的决策来说，就成了客观的事实。尤其在不是为了个人目的而作个人决定，而是进行组织决定时，组织目的对新作决策的人来说就是客观的事实。

有了目的，才能识别环境中限制或促进目的实现的因素和中立的因素；反过来说，只有认识了环境以后，才能确定目的。如果对环境的认识很模糊，那就只能确定为笼统的目的。有了一般的目的，再对环境做较具体的分析。如果对环境的认识比较具体，就能确定较为具体的目的。然后再从具体目的出发，对环境进行更具体的分析。详细的具体目的就可转化为实现目的的行动，目的的具体化是通过依次渐进的决策使目的和环境相互反应的过程，如图 11—1 所示。

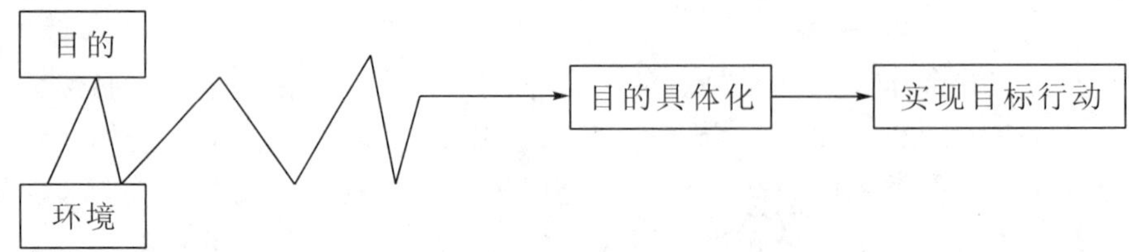

图 11—1　目的的具体化

组织的决策包括心理因素和事实因素。心理因素是在决定组织目的时必须考虑的道德因素，即以“好”或“不好”这种价值判断为基础的指导思想。事实因素是在一定的目的和一定的环境下必须进行决策的客观存在。合理决策的客观存在本质上是通过分析过程即上述目的和环境相互反应依次体现的。

以决策的客观性为依据，可以提出战略因素和补充因素的概念。战略因素就是实现某种目的所必需而当时又不存在的制约因素，补充因素是除战略因素外的其他因素。战略因素（制约因素）和补充因素是变化的。制约因素若被控制，就变成补充因素，而其他因素可能成为战略因素。根据在一定的时刻实现一定的目的来决定什么是战略因素，就规定了为了实现目的而需要采取什么样的行动。

3. 经营管理与道德

经营管理的效果离不开领导。领导就是对员工进行激励，使员工相信组织的共同目标能够实现，相信个人目标能得到满足，相信管理当局的正直可靠，通过激励使员工产生协作性的努力。领导过程离不开技术和道德两个方面。领导的技术方面是由个人、社会关系等特定条件决定的，同从事具体工作的能力有关，因时因地而异。领导的技术方面取决于当地环境，决定于某一环境中的当前需要，以及个人的训练、技术、教育和生理条件，所以很难从一般的意义上来进行探讨。领导的道德方面涉及果断性、坚持性、耐久性、勇气等较为一般和稳定的因素，较少随环境条件而改变。因此，管理理论应着重探讨道德方面。

（1）道德的含义。道德是指导个人行动的行动准则。个人会从周围环境中学到或吸收这种行动准则。个人一般会从不同的社会环境中学到不同的行动准则。巴纳德把道德定义为个人的具有一般性和持久性的个性力量和倾向，它会约束、控制或修正那些与这种倾向不一致的当前的具体愿望、冲动或爱好，而加强那些与这种倾向一致的愿望、冲动或爱好。这种倾向涉及的不是理性过程和深思熟虑，而是情绪、感觉、感情和内心冲动。当这种倾向强烈而持久时，责任感就会产生。由于行动或正确行为的准则涉及感觉和感情，一般存在于下意识状态，所以，一个人的道德状况往往通过行动而不是言词表现出来。领导的实质就是为其他人提供道德准则。为了实现这一点，经理人必须真诚，并且有坚定的信念，坚信自己的行为是正确的。不真诚是很容易被下级所发现而导致人心涣散的。

（2）道德与责任心。经理人的道德准则就是他在某些具体情况下按某种方式行事的倾向。它代表着经理人的道德状况。道德状况同责任心是不同的。责任心是一个人的这样一种品质：不论他的道德准则是什么，他都要在行动中把它付诸实施。责任心表示一个人坚持其准则的程度。当处于不利的环境之中，一个人可能放弃他的道德准则，而另一个人可能坚持其道德准则。坚持其道德准则的人就是责任心强的人。由于一个人有许多个人道德准则，他可能对某些道德准则的责任心较强，而对另一些道德准则的责任心较弱。但一般来讲，责任心是一种普遍性的品德。在某些方面责任心强的人往往在其他方面的责任心也较强。

经理人要在道德上发挥创造性，就需要有高度的责任心、诚实和正直。高度的责任心产生于自己的行动有益于组织这一坚定信念。经理人必须对自己的行动有信心，而不是出于恐惧、义务或督促才这样做。如果没有信心，经理人和组织成员的责任心就会减退，这就会使协作组织受到损失。

（3）道德准则的冲突。一个人通常有多种个人的道德行为准则，在某些情况下可能会碰到什么是“正确的行为”这种矛盾。道德准则之间的冲突是每一个组织成员都会碰到的，但组织中地位愈高的经理人则其冲突愈是复杂而难以解决。如果一个人在组织中的地位以算术级数提高，则其道德准则的冲突将以几何级数增加。各种道德准则之间的冲突如果不予以恰当的解决，将会降低个人和组织的行动效果。经理人应该在道德准则问题上发挥创造性，培养员工忠于组织和权威的道德准则，并通过禁令、榜样、教育、说服、任命、制裁等来影响组织成员的道德准则，以便有利于协作系统的工作。

针对各种道德准则之间的冲突，巴纳德提出了三种处理方式：一是下意识地按照一种优先次序来处理（如把组织利益置于朋友利益之上）而并不去注意道德准则之间的冲突，以免自陷困境；二是制定出一种优先次序作为处理道德准则之间冲突的标准，例如，在直线人员和参谋人员之间发生冲突时，一般应支持直线人员；三是当发生冲突时，重新分析情况和提出问题，以便避免冲突。

（4）道德准则的制裁。区分道德准则与责任心极为重要。一个责任心不强的人，由于害怕道德制裁，可能会负责地采取某些行动。某些道德准则并没有特别的制裁措施，其遵守只有依赖于责任心；其他一些道德准则，通常是同正式组织中的行为有关的准则，包含着制裁。对惩罚的恐惧指引着组织行为中的某些方面，使它们更多地受着诱导（即害怕受惩罚）的影响，而不是受道德因素的影响。只有高度的信念才会产生高度的责任心，而高度的责任心是组织有效力和有效率的必要条件。

实践证明，一个组织如果没有道德因素就会缺乏活力而趋于解体。道德是经营组织的一个重要因素，组织的道德反映在组织成员的道德及其责任心之中。道德和责任心是同刺激、权威、决策等密切相关的。组织要通过教育、训练、人员选择、非正式组织、禁令、榜样等向组织成员灌输各种道德力量，使组织成员尊重权威、支持上级、实现组织目标、忠于组织、接受作为决策准则的政策等。经理人承担的一个极为重要的责任就是在组织成员中传播和灌输道德准则并培养其责任心。

（5）组织成员的组织人格。从组织目标看，对组织成员有直接影响的是因为组织目标而承担的责任和利益，从这个意义上看，可以认为组织成员具有双重人格——个人人格和组织人格。这两种人格可以是不同的。因此，当个人受组织人格的支配时，他的行为可能同他的个人动机相矛盾。也就是说，他的个人行为同官方行为可能不一致。个人的组织人格产生于他对正式组织的依附。个人对组织道德的遵循决定于他负责任地行事的能力，同时也反映了组织道德准则在他的个人道德准则中的地位。对于责任心弱的人必须用制裁来制约他，而对责任心强的人则可以不必太多地应用制裁和刺激的手段。

4. 正式组织及组织要素

巴纳德对组织问题的研究在管理学中独树一帜，主要是对正式组织及组织要素的探讨。

（1）对组织的界定。巴纳德把组织定义为“两个或两个以上的人的有意识协调的活动或效力的系统”，此定义适用于军事的、宗教的、学术的、工商业的、互助会的以及其他各种类型的组织。各种类型组织之间的差异在于物质的和社会的环境、所包含成员的数量和种类、成员向组织提供贡献的基础等。系统有各种级别，一个企业内部的各个部门或子系统是较低级的系统，由许多系统组成的整个“社会”是一个高级的系统。

巴纳德在给组织下定义时，首先把组织概念抽象化，然后再进行逻辑分析，找出组织的特征。因此，他把物质手段系统从组织的概念中排出去（而法约尔和人际关系学说的组织概念中都包含物质手段系统）。其次又指出组织不是人的集团，而是人们的有意识协调的活动或效力的系统。组织由相互协调的人组成，构成一个系统，其应被作为一个整体来对待。把握组织要注意以下几点：其一，复杂组织的效力界限是其信息联系的一个函数。组织中的各个部分同整体之间的信息联系，对协调至关重要。其二，复杂组织中信息联系的必要性几乎总是导致形成一个经理人体系，由他在组织内外维持信息联系。其三，复杂组织中的成员必须生活于各种相互对抗的力量之中，如对整个组织的忠诚和对其组成部分的忠诚。其四，组织的有机性质或整体性的形成是由于组织成员的活动，既是对他所在部门做出的贡献，同时又是对整个组织做出的贡献。同一活动的这种双重贡献导致了复杂组织形成一个有机的整体。

在巴纳德关于组织的定义中，包括以下一些基本概念：

其一，组织是由人的活动或效力即人的行为构成的系统。巴纳德的组织概念不是探讨组织的形式部分（用组织系统表或部门化原理表现出来的部分），而是探讨组织的实质即人的行为。

其二，组织是一个系统，即按一定的方法进行调整的人的活动和行为的相互关系。

其三，组织是动态和发展的。当系统中的一个部分同其他部分的关系发生变化时，作为整体的系统也要发生变化，即组织是动态的。

其四，组织是协作系统（如企业）的一个组成部分，但两者糅合在一起，有时界限不太明确。协作系统包括以下四个部分：组织子系统、物质子系统、人员子系统、社会子系统。其中，组织是其一个组成部分，是一个子系统，但起着核心的作用。物质子系统是机械设备、材料等物质手段的系统，如企业中的生产系统。人员子系统指由管理者和工人组成的人的集团，如企业中的人事系统。社会子系统指一个协作系统同其他协作系统交换效用的系统，即交换系统，如企业中的采购系统或市场系统。协作系统以组织为核心，把物质子系统、人员子系统、社会子系统联结成为一个统一的整体。

上述组织的定义中包含了“系统”、人的有意识协调的活动和目的、时间的连续性等概念，其中信息系统、动机和激励、目的和意向等范畴具有重要的地位。巴纳德在这里指的是正式组织。他认为对正式组织进行考察，可达到三个基本目标：其一，在一个经常变动的环境中，通过对一个组织内部的物质的、生物的、社会的各种因素的复杂性质的平衡来保障组织的生存；其二，检验必须适应的各种外部力量；其三，对管理和控制正式组织的各级经理人的职能予以分析。

巴纳德关于一个组织必须包括内部平衡和外部适应的思想是具独创性的。他的这一思想受到那些信奉传统管理理论的人的反对，他们认为只要对组织内部的情况予以分析就够了。巴纳德反对那种认为组织是由有限成员组成的一个有界限的孤立系统的传统看法，他认为组织的概念中应包含投资者、供货者、顾客和其他虽然没有包括在公司本身的“成员”之中但对公司做出贡献的各种人。

从系统论的观点来考察组织，可以发现以下三点：

其一，组织是复杂的。组织由各个部分组成，其中每一个部分受组织中的其他因素或力量的影响，同时又影响着其他因素或力量。

其二，在组织中不能应用简单的因果关系来说明问题。因为，改变组织中的某一个部分或因素，就会改变它同其他部分或因素的关系，事实上也就改变了整个系统的性质。因此，要对整个系统进行控制和调整，必须对系统中具有战略意义的部分和因素进行调节。应该认识到，一个整体的系统绝不只是其各个组成部分的简单总和。

其三，作为一个系统的某种组织存在于更广泛的系统（如社会这个系统）之中。因此，必须把这个组织看作是另一更广泛系统的一个组成部分，并且把它同周围环境联系起来进行考察。但是，为了便于进行研究，我们可以有意地把某一组织分离开来进行考察和研究。

以上三点是从巴纳德关于组织的定义直接推导出来的。如果再从协作系统是由人组成的这点来进行考察，则可得出以下推论：人的性质中包含着自由意志和决定论的关系问题；个人作为组织的成员（在组织中扮演一定的角色）和个人作为有独立个性的人的关系问题。

基于上述考虑就产生了关于组织中非计划方面的问题，即巴纳德提出的非正式组织的问题。非正式组织是正式组织中强大的社会控制力量之一。

诱因和刺激的问题同诱发组织成员的协作意愿有关。

组织中权威的性质及其职能的问题，关系到维持组织成员的协作意愿，使之做出贡献，以及维持协作活动所必需的信息联系。

决策是决定或重新规定目标，以及运用有效手段达到既定的目标。在这里具有极大重要性的是战略性因素的作用问题。由于组织是一个动态的完整系统，决策者在做出决定时既要考虑到当前和未来，又要考虑到系统的整体性。

由于组织是由具有不同的能力和特长的人组成的，为了实现组织的共同目标，必须在组织中建立一种等级制度，使不同的人从事不同性质和不同重要性的工作，并在组织的各个部分之间维持有效的信息联系。同时，还要注意能够把组织的各个部分结合起来和维持信息联系的方式方法。这包括，对作为维持权威的手段的等级制度进行分析，制定出一套刺激手段，拟定出便于信息联系的方法，贯彻个人负责制等。

由于在组织中存在着个人目标和组织目标的冲突，就产生了组织道德的问题。这个问题对理解组织生活的动态非常重要。

（2）组织的环境。要有效地实施管理，经理人必须把握组织所处的环境，了解影响组织的物质、生物、社会等各种外部力量。对此，巴纳德做了深入的分析。组织所处的周围环境对组织施加各种压力、约束和限制。周围环境包括两个方面：自然的、物质的环境以及由人、政府、宗教、许多其他组织所组成的社会环境。

物质环境方面的限制表现为固定不变的物理和化学规律，如气候、地震、洪水、干旱、太阳照射、生物现象等的约束。对这些自然规律一般不能加以改变，只能适应。而这种适应所必需的科学、技术、艺术一般是在组织之外发展起来的。自然条件和适应环境所需的技术条件对组织都是长期存在的约束和限制，组织一般都受到它们的控制。

虽然人们对社会环境具有较大的可控制性，但是，人们也受到社会环境方面的限制和约束。例如，政府、税收、法律、许可证、特许权、规定、命令、禁令、特权等，这既是组织赖以存在的条件，同时又是组织的限制条件；还有其他的组织（竞争性或敌对的、协作的或互为条件的）也是组织的外部环境之一；此外，各种机构、惯例、经济周期、习惯，是社会中所固有的，也限制或约束着组织；社会的各种资源（教育、公共秩序、公共卫生、国防保卫），以及个人和组织之间在经济上的相互作用，也对组织产生巨大的影响。

组织环境中的各种限制和约束条件由于组织内部的各种限制和约束条件而加强。组织内部的各种限制和约束条件有的是因为人的生物学特性而产生的，有的是由于外部环境对个人的影响而产生的，还有的是组织本身所固有的。经理人对组织外部环境和组织内部的许多限制和约束条件，不能自由地选择，而只能在有限的范围内做出抉择。

（3）正式组织。正式组织是由个人组成的协作系统。个人只有在相互作用的社会关系中，同其他人进行协作才能发挥作用。正式组织不论级别高低和规模大小，都包含有三个基本要素，即协作的意愿、共同的目标和信息联系（见图 11－2）。

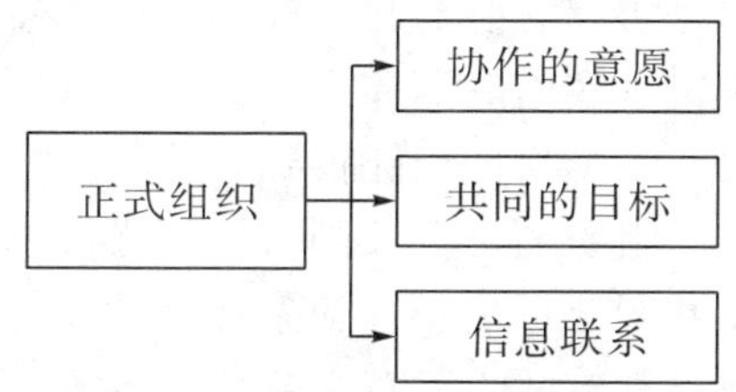

图 11－2　正式组织的三个基本要素

①协作的意愿。人构成了组织，实际上真正构成组织（协作系统）的不是人，而是人的服务、动作、活动或影响。人们向协作系统提供服务的意愿是必不可少的。在日常用语中，有许多都是指个人对组织的协作意愿，如“忠诚”“团结”“集体精神”、组织的“力量”等，表现了个人对“事业”的依恋程度。所以，“忠诚”被认为是组织的一个必要条件。

对任何一个正式组织来讲，具有服务的积极意愿的人数，以及具有中性或没有协作意愿的人数是经常变动的。其结果是，对于任何一个正式的协作系统来讲，可能贡献者的协作意愿是不稳定的，这已由众多正式组织的实践所证明。上述结论的根据有两点：其一，个人协作意愿强度的变化范围是无限的。如果把一个组织的全部可能贡献者按其服务意愿强度的次序来排列一下，其等级从强烈的愿意，逐渐下降到中性直到零，再下降到强烈的不愿意，或反对，或仇视。在现代社会中，对任何一个现存的或可能的组织来讲，大多数人是持消极态度的。所以，在可能的贡献者之中，实际上只有一小部分具有积极的意愿。其二，任何一个人的协作意愿的强度不可能是固定的。它必然是断续而变动的。当一个人睡眠时很难说有什么协作意愿，而在疲倦、不愉快时，协作意愿显著地减少甚至消失。

对一个组织成员而言，协作意愿就是个人由于协作而得到的“诱因”同协作所做出的“牺牲”两者相比较后诱因的净效果，同时又是个人参加这一组织与不参加这一组织（或参加其他组织）两者相比较后诱因的净效果。这里所讲的“诱因”，指的是组织为了补偿个人的牺牲而提供的各种刺激，其中包括物质的（金钱等）、社会的（威望、权力、参与决策等）。“牺牲”指的是个人为实现组织的目标而提供服务、时间等。一个组织的成员是按照能最大限度地满足其个人目标的原则来行动的。所以，他把参加协作后所带来的“牺牲”和“诱因”相比较，所得的净效果就是他的协作意愿。诱因的净效果愈大，他的协作意愿也愈大；诱因的净效果趋于零甚至成为负数时，他的协作意愿也将趋于零，甚至将退出这一组织。同时，参加这一组织所造成的诱因的净效果还可以同参加其他组织或个人单干时所造成的净效果相比较，从而决定他是继续参加这一组织，或改而参加其他组织，或单干。衡量“牺牲”“诱因”和“净效果”的尺度不全是由客观决定而大都是由个人主观决定的。对金钱和威望，不同的人选择各异。

关于“诱因”和“牺牲”的论述，实际是组织平衡论即诱因和牺牲的平衡。组织向成员提供的诱因必须大于或等于成员所做的牺牲或贡献，组织才能得到存续和发展。巴纳德以此说明了组织存续的条件。

为了获得其成员的协作意愿，组织可以采取的措施是：一方面是通过说服来影响成员的主观态度，包括培养成员的协作精神、忠诚度，发扬集体主义精神，相信组织的目标等；另一方面就是为成员提供金钱、威望、权力等各种客观的刺激。

②共同的目标。共同目标是协作意愿的必要前提。协作意愿不是指一种想同别人联合的模糊感觉或愿望，而是准备付诸实施的具体意愿。没有共同的目标，组织成员不知道要做出什么样的努力，以及从协作的结果他们能得到一些怎样的满足，这样就无法从组织成员那里诱导出协作的意愿来。对组织而言，共同目标的必要性不证自明。组织建立起来以后要存在和发展下去，组织的共同目标也必须随着环境的变化而改变。

协作目标对每一个协作成员都有两方面意义：协作的方面和主观的方面。每一个组织成员都具有组织人格和个人人格这样的双重人格。组织人格是指个人为了实现组织的共同目标而做合乎理性的行动的一面；个人人格是指个人为了实现个人目标而做的行动的一面。对组织成员来讲，组织的共同目标是外在的、非个性的、客观的目标，而个人目标是内在的、个性化的、主观的目标。个人之所以对组织共同的目标做出贡献，并不是因为组织的共同目标就是他的个人目标，而是因为他觉得实现了组织的共同目标有助于实现他的个人目标。

组织成员对组织的共同目标的理解，有协作性的理解和个人性的理解的区别。协作性的理解指组织成员脱离个人立场而站在组织的整体利益的立场上客观地理解组织的共同目标；个人性的理解指组织成员站在个人立场上主观地理解组织的共同目标。这两种理解往往会发生矛盾。当组织的共同目标单纯、具体时，发生矛盾的机会较少；而当组织的共同目标复杂、抽象时，发生矛盾的机会较多。因此，组织中经理人的重要任务就是要克服组织目标和个人目标的背离程度，克服组织成员对共同目标的协作性理解和个人性理解之间的矛盾。

当组织的共同目标单纯、具体时，组织中每个成员的协作性理解和个人性理解的差异性较小，也无关紧要。但是，即使在这种情况下，也可能有导致争论、行动错误的理解上的差异。而在共同目标较为复杂、抽象（如宗教性或哲理性的）时，这种差异最终常会导致分裂。

因此，只有在协作系统的成员并不认为他们之间的理解有严重分歧时，目标才能作为协作系统的一个因素。只有当系统的提供贡献者相信共同目标是组织的坚定目标时，这个目标才能成为协作系统的基础。经理人的重要职能之一就是向系统的成员灌输共同目标的存在和坚决实现的信念。由此看，在许多政治的、工业的和宗教的组织中，进行的鼓舞士气的工作大有必要。

③信息联系。组织作为协作系统，协作和目标这两个基本要素只有通过信息联系才能沟通起来，成为动态的运作过程。组织的一切活动都以信息联系为基础，只有良好的信息

联系，才能使组织的成员有协作的意愿，合理地行动。为此，巴纳德制定了组织中信息联系的几条原则。

第一，让组织成员了解信息联系的渠道。要精确地规定管理人员的权力和责任，并公布他们所处的位置。要运用组织图并对组织成员进行教育，使信息联系的渠道惯例化，即尽可能使之固定化。让组织成员了解信息联系的渠道，主要放在职位或人上，一般是少强调人而多强调职位。

第二，信息联系路线尽可能直接并简捷。信息联系的路线愈短则传递速度愈快，传递内容发生的差错愈少。信息传递经过的层次愈多，速度就愈慢。因此应尽可能让信息传递直接并简捷。

第三，给每一个组织成员确定信息联系的正式渠道。每一个人必须同组织有明确的正式关系，每一个职工只能有一个上级以便向他报告并接受其命令。

第四，建构完整的信息联系路线以避免矛盾和误解。在一个组织机构建立后，就应该运用完整的信息联系路线，从一个组织的最高层到基层的信息联系，应该通过信息联系的每一个层次。如果信息传递中跳过某些层次，就可能产生信息传递的互相冲突。这是因为在信息传递过程中，每一管理层次要做必要的解释，要维持每一层次的威信和职责。

第五，信息联系中心的各级管理人员必须称职。组织的规模愈大、信息联系机构愈是处在整个组织工作的中心位置，就愈要求管理人员具有综合的能力。组织中信息联系中心的职能是把输入的有关外部条件、工作进度、成功、失败、困难、危险的信息，按最终目标和当前目标的要求，转化成当前要进行的新工作和准备步骤。这就要求管理人员或多或少地具备以下的能力：了解辅助机构的性质和状况，掌握同目标有关的行动原则，对环境因素做出解释，以及区别信息是否具有权威性。

第六，信息联系必须是权威的。其权威性需要三个条件：一是从事信息联系的人必须是公认的实际上占据着有关的“权力位置”的人；二是这个位置包含相关的信息联系类型，即在其职权范围之内；三是这个信息又是由这个机构发出的经过授权的信息。一个信息成为权威信息的过程，在这三个方面会由于组织、条件和位置不同而发生变化。为了使大家都知道谁担任了什么职务以及这个职务包含哪些职权，必须采取以下一些措施，如授权仪式、就职典礼、宣誓就职、任职命令、到任、介绍等。为了使一项“职位”能行使职能，常常需要利用一些戏剧性的场面，造成一种“组织感”。抬高高级职位的权威是提高组织所有信息联系权威的一种重要手段，宗教组织和政治组织都常用这种方式。

第七，当组织在执行职能时，信息联系的路线不能中断。有些组织（工厂、商店）是间断地执行职能的，在夜晚、星期日、假日是休息的。另有些组织，如警察、军队、铁路系统、电话系统等，则从不停止作业。原则上，在组织进行工作的期间，权力路线不能中断，而实际上也几乎都没有中断。许多组织都规定，当任职者不能行使职权或缺位时，由其他人自动地临时代理其职务。这就更证明了权力的重点应放在职位上，而不是放在人上。

(4) 非正式组织。巴纳德认为，非正式组织是不属于正式组织且不受其管辖的个人联系和相互作用形成的人们集团的总和。非正式组织没有正式的组织机构，通常也并不具有自觉的共同目标。非正式组织产生于同工作有关的联系，并形成一定的看法、习惯和准则。当个人和组织之间发生冲突时，非正式组织对维持一个组织的机能起着重要的作用。

例如，一个人如果不能维持他有关个人人格和能自由做出抉择的感觉，就不能在一个协作系统中有效地起作用。

非正式组织可能对正式组织起某些不利的影响，但它对正式组织至少起着三种积极的影响：一是就一些易于引起争论、不便于在正式渠道提出的、难以确定的事情、意见、建议、怀疑等，在成员间交换意见；二是通过对协作意愿的调节，维持正式组织内部的团结；三是维持个人品德、自尊心，并抵制正式组织的不利影响，以维持个人人格的感觉。因此，经理人要善于发挥非正式组织的积极作用。

总之，切斯特·巴纳德作为西方现代管理理论中社会系统学派的创始人，在人群组织这一复杂问题上的贡献和影响，可能比管理思想发展过程中的任何人都重要。《经理人员的职能》从它出版以来一直是专业经理人员写出的有关组织和管理的最能启发人的思想的著作。

（四）《组织与管理》主要观点

《组织与管理》是巴纳德的另一部重要著作，1948 年由哈佛大学出版社出版。巴纳德在书中再次突出强调了经理人员在企业组织和管理中的重要领导作用，精辟地论述了“领导的性质”这一关系到企业生存和发展的带有根本性的问题。他一针见血地指出：关于领导问题，著述繁多，莫衷一是。有的人自身没有领导经验，写出来的东西难免“无的放矢”。但许多人都有丰富的领导经验，只是不善于或不会总结，词不达意，容易落入俗套；或者罗列一大堆空洞的原则，使人费解。作者在批评了社会上关于领导问题的各种错误见解之后，根据自己几十年从事大企业领导工作的实践经验，从 5 个方面阐述了“领导的性质”问题，其中不乏独到的见解。

（1）构成领导行为的四要素：确定目标，运用手段，控制组织，进行协调。

（2）领导人具备的条件：平时要冷静、审慎、深思熟虑、瞻前顾后、讲究工作的方式方法；紧急关头则要当机立断，刚柔相济，富有独创精神。

（3）领导人的品质：活力和忍耐力、当机立断、循循善诱、责任心以及智力。巴纳德通过对自身管理经验的总结认为：“领导者是由环境、组织、下属以及他们自身的资质共同造就的。”领导者必须具备的素质和特点如图 11−3 所示：

①活力和忍耐力。首先，旺盛的精力和忍耐力可以使人不断地汲取知识和经验，这种不断地学习对于领导者来说是必不可少的；其次，一个充满活力的人本身就富有魅力和说服力，有时，活力本身就令人信服；最后，领导者常常要顶着压力毫不间断地工作，不能体力不支。

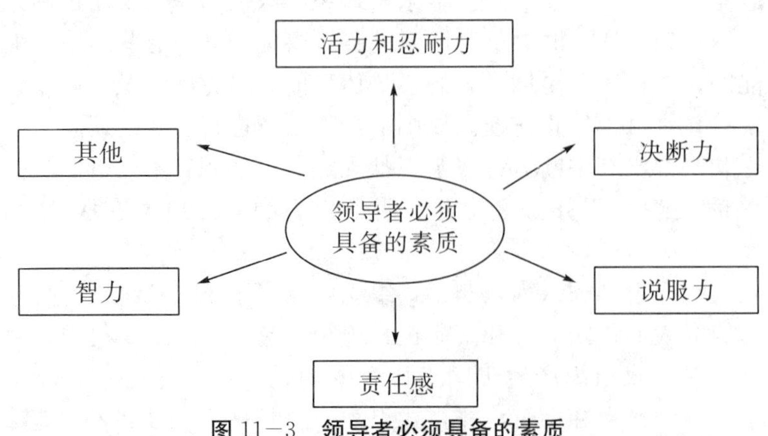

图 11−3　领导者必须具备的素质

②决断力。决断力是所有领导力中至关重要的一个因素。领导者要能够当机立断，这种素质取决于领导者的脾性或者决定的意愿。

③说服力。循循善诱是一种让人信服的能力和气质。说服力常常需要运用其他才能，比如公众演讲技巧，肢体语言的运用等。

④责任感。巴纳德把责任感看成是一种情感状态，这种状态使个人在不能完成他从道义上应该做到的事，或者做了他不应该做的事情的时候，感到深深的自责。巴纳德认为，领导者要对自己的行为负责，并且领导者的行为应该具有稳定性，下属对这一品质尤为看重。变化无常或者不负责任的人是无法成为合格的领导人的。

⑤智力。巴纳德认为相比前面的能力而言，智力就显得不那么重要了，前面的相关素质才是更重要的。

在这5种素质之外，巴纳德还提到其他的一些领导者素质，如诚实、勇气，还有主动性。

(4) 领导人的培养和训练：通过培训增强领导人的一般性和专业性知识，在工作实践中锻炼平衡感和洞察力，积累经验。

(5) 领导人的选拔：领导人的选拔取决于两种授权机制——代表上级的官方授权（任命或免职），代表下级的非官方授权（接受或拒绝），后者即被领导者的拥护程度是领导人能否取得成功的关键。领导人选拔中最重要的条件是其过去的工作表现。

巴纳德在组织管理理论方面的开创性研究，奠定了现代组织理论的基础，后来的许多学者如德鲁克、孔茨、明茨伯格、西蒙、利克特等人都极大地受益于巴纳德，并在不同方向上有所发展。

二、其他代表人物

(一) 塔尔科特·帕森斯

塔尔科特·帕森斯（Talcott Parsons，1902—1979），美国著名社会学家，美国现代社会学的奠基人。1902年12月13日生于美国科罗拉多州的斯普林斯，1920年入美国阿默斯特学院学习，1924年获文学学士学位。后赴欧洲，先在伦敦经济学院学习，又转到海德堡大学研究经济学和社会学，1927年获博士学位。回国后一直在哈佛大学从事教学与理论研究工作。曾于1949年担任美国社会学会主席，是第二次世界大战后美国统整社会学理论的重要思想家，20世纪中期颇负盛名的结构功能论典范之代表人物。主要著作有《社会行动的结构》《社会系统》《经济与社会》《关于行动的一般理论》。早期的主要理论倾向是建构宏大的社会理论，后期开始探讨从宏观转向较微观层面的理论方向。

塔尔科特·帕森斯
(Talcott Parsons，
美国，1902—1979)

塔尔科特·帕森斯在《社会系统》一书及与席尔斯合写的《价值、动机与行动系统》一文中，对结构—功能分析理论做了系统阐述，并在后来的许多论著中不断加以发展。塔尔科特·帕森斯认为，社会行动是一个庞大的系统，它由4个子系统即行为有机体系统、人格系统、社会系统和文化系统组成。行为有机体系统与行动者的生物学方面有关。人格系统组织着个人行动者的各种习得性需要、要求和行动抉择。社会系统组织着社会互动中的个人或群体，使之处于一定的相互关系形式之中。文化系统由规范、价值观、信仰及其他一些与行动相联系的观念构成，是一个具有符号性质的意义模式系统。这 4 个系统都有自己的维持和生存边界，但又相互依存、相互作用，共同形成控制论意义上的层次控制系统。

帕森斯认为，社会系统与其他系统之间，社会系统的各子系统之间，存在着多种多样的输入—输出的交换关系，并形成社会系统的过程。由于社会行动有符号文化的一面，这些输入—输出关系具有信息性质，基本的行动过程就带有沟通特点。简单的输入—输出交换可以是直接的，但在比较复杂的系统里，则需要交换媒介。塔尔科特·帕森斯认为，金钱、权力、影响、义务就是一些交换媒介。一般化了的媒介具有符号性质，这些媒介在集体互动和个人互动中被使用。通过交换，社会秩序得以结构化。正因为社会系统的各部分存在着相互依存和相互交换的关系，才使社会系统趋于均衡。当系统出现越轨和偏离常态的现象时，可通过系统本身的自动调节机制，使系统恢复到新的正常状态。

塔尔科特·帕森斯的社会学学术生涯长达半个世纪之久，他对古典社会学进行了重建，他的社会行动理论和结构—功能分析学说不仅在国际社会学界有着巨大影响，而且对其他社会科学如人类学、政治学、社会心理学、管理学等也有广泛影响。他培养了众多的学生，其中如 R. K. 默顿、K. 戴维斯、M. J. 利维、斯梅尔塞、H. 加芬克尔等人都是当代有名的社会学家。

（二）霍曼斯

乔治·霍曼斯（George Casper Homans，1910—1989），美国社会学家，社会交换论的代表人物之一。1932 年毕业于哈佛大学，获文学学士学位，留校任教。曾参加帕雷托学说小组讨论会，并于 1934 年与人合著《帕雷托理论介绍》一书，从此步入社会学界。1939—1941 年任大学讲师。第二次世界大战期间在美国海军服役。1946 年回到哈佛大学，正式转入社会学系，1953 年任社会学系教授，1967—1970 年任社会学系主任。1963—1964 年任美国社会学协会主席。霍曼斯的学术研究领域很广，包括历史学、人类学、心理学及科学哲学。早期他受帕森斯影响，强调小群体研究的重要意义，分析了其中的行为变量，如活动、交往和情感三者的关系，为交换理论奠定了基础。后期他批判了帕森斯和 E. 迪尔凯姆的社会学理论，强调人和人的动机的重要作用，并认为人与人之间的互动从根本上说是一种交换过程，逐渐把社会学还原为微观的社会心理研究。他把社会看作是个人行动和行为交换的结果，个人行为是社会学研究的最高原则。其理论也被称为行为主义交换论。

乔治·霍曼斯（George Casper Homans，美国，1910—1989）

霍曼斯把系统理论应用于组织问题的研究，创立了一个社会系统的模式。他认为，任何社会组织都处于物理的、文化的、技术的环境中。所谓物理环境，是指工作场所、设施的布局和环境气候等；所谓文化环境，是指社会和组织的价值观、目标、规范等；所谓技术环境，是指社会组织为完成任务所具备的知识、技术手段等。三种环境影响并决定着社会组织中人们的活动和相互作用。而人们在进行活动和发生相互作用时，彼此之间及与环境之间会产生一定的感情，这些由环境所决定的活动和相互作用而产生的感情就是霍曼斯所说的外部系统，即社会系统。霍曼斯的社会系统模式有五个关键因素：活动，即系统中人们的工作活动；相互作用，指人们相互之间的沟通和交往；情感，指系统中人们的价值观、态度和信念，包括相互之间积极与消极的感情，这些都是在活动、相互作用的过程中表现出来的；所要求的行动，外部系统即正式组织或群体中所明文规定的活动、相互作用而产生的感情；新的行为，指在所要求行为之外的一些行为，即属于内部系统及非正式组织中的行为。

霍曼斯认为，活动、相互作用和感情这三方面是相互依赖的。其中一个因素发生变化，其他两个因素也会相应地发生变化。例如，人们彼此之间交往越频繁，感情就会越密切，感情越亲密，交往也会越多。同时，随着人们交往的增加，不仅会产生新的情感，还会产生新的行为规范、新的态度，并产生新的活动方式。

外部系统与内部系统也就是正式组织与非正式组织，也是相互依赖的。一个系统的变化会引起另一个系统的变化。正式组织中，人际关系（相互作用模式）的变化会引起非正式组织的变化。例如，调整机构和人员会打破原来所形成的小圈子。反过来也是一样，内外两个系统又是与外部环境相互依赖的。人们在非正式组织中的议论和活动，也可能产生技术革新等创造的活动，促使技术环境发生变化，导致重新设计劳动设施（物理环境的变化），以及在工人和管理人员之间形成新关系（文化环境的变化）。霍曼斯组织理论用应变的观点看待组织，提出了进行组织研究的分析单元，为更精确的组织研究奠定了基础。

（三）卡斯特和罗森威

卡斯特、罗森威等学者认为组织是开放的社会系统，具备目标导向（goal-orientation）、社会心理系统（social-psycho system）、技术系统（technical system）和结构性活动的整合（an integration of structured activities）。

另外，卡斯特、罗森威指出组织可以由五个相关的次集系统构成：

（1）结构次级系统（Structural Subsystem）：组织之中人员权责分配、从属关系、平行关系的正式化说明；通常这一结构的次级系统可经由组织系统表加以建立。另外工作说明、办事细则、组织规章等法令皆规范结构的次级系统也是必备条件。组织结构让组织之中的技术次级系统和心理—社会次级系统（Psychosocial Subsystem）间的关系得以正式化。

（2）技术次级系统（Technical Subsystem）：组织要达成目的需要有效运用各种技术、知识进行工作。技术次级系统对于组织之中其他次级系统亦会产生影响。

（3）心理—社会次级系统：由个人之间、团体之间、个人和团体间的相互行为构成，包含个人之行为和动机、地位和角色的关系、团体动态性和其影响力。人员的情绪、价值观念、态度、期望等都会影响到这一次级系统。因此外在环境的因素和组织内部的结构、技术、工作等因素会对此造成影响，以上的因素形成了“组织气候”（organizational climate）。不同的组织也就有不同的次级系统。

（4）目的和价值次级系统（Goals and Values Subsystem）：组织为开放系统，要考虑对社会的贡献，不仅要达成其追求的利润目标，还要符合社会需求，即“价值”问题。一个现代化的企业组织不能以利润作为唯一目标，还应具备社会责任感。

（5）管理次级系统（Managerial Subsystem）：贯穿整个组织，主要作用是整合、协调、设计、控制。

除以上学者外，美国社会学学者赛兹尼克（Philip Selznick）、卡兹（Daniel Katz）、卡恩（Robert L. Kahn）和伦敦塔维斯托克人群关系研究所（Tavistock Institute of Human Relations in London）也都对社会系统理论进行了相关的研究。

第二节　对社会系统学派的评价

一、对巴纳德思想的总体评价

管理学自诞生之日起，就特别注重“知行合一”。致力于探究管理奥秘的大师们，不仅仅在研究管理应当怎么做，还要研究为什么要这么做。他们追求的，是既要知其然，又要知其所以然。“科学管理之父”泰勒，是从当工人开始，通过对现场作业的研究，从中归纳出管理的一般性结论。身为大型企业总经理的法约尔，则从高层经营的视角，分析管理的要素和原则，创立了管理过程理论。在管理学的这种理论与实践的一体化进展中，能够同泰勒与法约尔相媲美的，恐怕非巴纳德莫属。他以领导新泽西贝尔公司的亲身经历，运用社会学的方法研究正式组织，创立了社会系统学派。对巴纳德的理论进行陈述并非难事，但要真正理解和评价巴纳德的理论却不容易。

巴纳德的组织理论是他的管理理论的基础，他首先指出组织是一个由两个或两个以上的人组成的协作系统。在这里，巴纳德采用了与传统的组织理论不同的定义方式，传统的组织理论认为组织就是人的集合体。例如，一个医院，就是医生与病人的集合体等。由此可见，传统的组织概念还停留在对组织的表象和功能的表述上，并没有抓住组织的本质。而巴纳德不是从组织结构的角度，而是从行为的角度对组织下定义。巴纳德把组织看成是一个协作的系统。

巴纳德的管理职能理论和古典管理理论大不相同。古典组织理论关于管理职能的划分，是从对管理的过程的分析中提炼出来的，而巴纳德是以自己的组织理论为基础来展开管理职能的分析。他把管理者的职能归结为提供信息交流的体系、促成个人付出必要的努力、规定组织的目标，从而把管理者的职能作用同组织的要素联系起来，同组织的生存和发展联系起来，从组织的要素来分析管理的职能，这是其他学派所没有的。

管理学家饭野春树是日本专门研究巴纳德的学者，他曾评价巴纳德说：“经过古典和新古典理论，巴纳德将组织理论推进到了名副其实的现代理论阶段。并从人类的行为观点出发，彻底地纠正了人们对正规组织的传统认识。他被誉为现代组织论的开创者，实现了对人性观、组织观的划时代的转换，并在管理学和组织论中掀起了‘巴纳德革命’。”他指出了巴纳德在管理理论研究上的划时代作用。主要有以下几点：

（1）在管理理论研究的思想方法上，引进了社会学、社会心理学和系统论等相关科学。把组织问题放在社会协作系统中进行分析，有利于扭转就“管理研究”的传统管理理论研究模式，拓宽了管理理论研究的视野，引发了人们对组织的本质的深入认识。

（2）在“组织”的定义上，从构成“组织”的基本因素入手，揭示了“组织”的本质特征，提出了一个为各种组织普遍适用的“组织”定义。

（3）在管理理论研究的逻辑起点上，从人的活动入手，突出了人的因素在组织活动中的主体地位，有利于扭转以往局限于组织的形式结构和职能的倾向。事实上，从人的自觉活动的协调上研究组织，就是把人的管理实践活动，或者说人们所要做的事情作为管理理论研究的逻辑起点，这是管理理论研究上的一大突破。

(4) 在有关组织诸关系的表述上，体现了对立统一的辩证思想。如正式组织与非正式组织、个人目标与组织目标、管理者的权威与被管理者的认可等关系方面，既指出了两者的区别，又指出了两者间的相互联系。有利于弥补泰勒、法约尔、梅奥等管理学家在这些方面认识的不足，把管理理论研究纳入了科学的轨道。

饭野春树在研究巴纳德的论文中，曾经指出了这样一种现象：面对他的论文，有人也许会发出“怎么还是巴纳德”的疑问，言下之意无非是巴纳德已经成为过去；但是同样会出现另一种声音，即“重回到巴纳德身边”，主张向纵深层次发掘巴纳德的思想。显然，对巴纳德怎样解读，如何思考，在管理学中具有重要意义。

二、对巴纳德思想的解读

(一)“以人为本”的逻辑起点

现代管理学的一个重要特点，就是主张“以人为本”。国内的管理学书籍谈到人本管理思想，一般都把源头归之于梅奥及其主持的霍桑实验，更远一点，则从工业革命时期的空想社会主义者欧文的“善待工人”谈起。但是，似乎很少有人注意到，真正从逻辑起点上奠定人本管理思想的著作，是巴纳德的《经理人员的职能》。

巴纳德之前，不乏重视员工的管理者，也不乏倡导人性化管理和采取福利措施的研究者。但是，他们对管理中人员问题的重视，立足点是组织，而不是员工自身。例如，在工业化初期，欧文最早号召资本家重视人的因素。而欧文的出发点是，重视工人就能够提高效率，能够带来高额利润，所以，要把工人当“活机器”。这在当时，具有重大的进步意义，对于缓解早期工业化带来的剧烈劳资冲突起到了显著作用。然而，我们不能要求欧文超越时代，欧文也不可能提出经过了20世纪人权运动冲击后才能提出的新型思想。可以说，欧文时期的“人本”，要受“以利润为本”的支配，在“人本”之上，还有一个更为根本的利润目的。到了科学管理时期，以泰勒制为代表，对效率的追求成为时代潮流，一些急功近利的“效率工程师”也以歪曲泰勒制的方式推行各种所谓的改革措施。因而，有些书籍往往对泰勒制有着尖锐的批评。但如果查看更多的资料，我们不难发现，正是在泰勒制时期，各个工厂首次建立了人事部门，管理心理学也在同一时期诞生。片面地说泰勒不重视人的因素，在某种程度上是一种有色眼镜式的评判。稍加留意，我们就可以看出，尽管泰勒对工会有偏见，但是，他对工人个体的福利和发展还是极为重视的。他一生所致力的，就是通过科学管理同时实现两个目标——增加企业利润和提高工人报酬。

1910年，实行泰勒制的典范普利茅斯出版社成立了过去从来没有人听说过的人事部，任命简·威廉斯为人事部经理。该部门负责根据职业分析选择、培训和引导工人，每个月接见工人一次，倾听工人的各种意见，照顾出事故或生病的员工，为工人开办图书馆，向员工家庭提供理财咨询，给员工提供餐厅服务等等。这个人事部，在改善劳资关系，赢得工人的信赖和尊重方面，取得了巨大的成功。这种举措，恰恰是泰勒制的组成部分。即使对泰勒制有不同看法的汽车大王亨利·福特，也在重视员工问题上毫不含糊。他于1914年在福特公司成立了“社会学部”，把工人的劳动时间由9小时减到8小时，日最低工资从2.5美元一下子提高到5美元。老福特宣布，这不是施舍，而是与工人分享利润。他还专门雇用了100名“顾问”，对工人进行家访，看家庭是否干净卫生，员工是否饮酒，“空闲时间是不是都用在有益的事情上”。只是后来由于业余时间的个人事务中有太多的“麻烦事”，福特才把这种家访改变为对工人进行生活指导和教育培训。从这些例子来看，某种“人性化管理”并不是什么新鲜事物。到了梅奥、罗特利斯伯格、怀特海的霍桑实验，心理学和社会学堂而皇之成为管理学研究的主题。霍桑实验表明，工人的心理感受和社会需要，会严重地影响工作效率。管理必须重视人们的社会问题和心理问题，其目标是建立有效的人群协作，以便调节工业生活。由此，诞生了管理学中的人际关系学派。关于这一成果，各种书籍中都有较为详细的介绍，无须多说。但有一点需要指出，霍桑实验恰恰是立足于如何提高效率的实验，这个实验的起因和结论，都不是从人本身出发，而是从提高效率出发。它的本质，同泰勒制的工业伦理学说是一致的。只不过同泰勒的区别在于，梅奥是从人的社会性和心理感受入手来解决效率问题，泰勒是从企业的管理技术和科学分析入手来解决效率问题，两人殊途同归。

巴纳德与上述诸人有一个重大区别，就是不从组织出发，更不以效率为目的，而是从人自身来研究组织和管理问题。他提出的协作系统观点，与此前的管理学有着理论原点上的不同，“人”成为组织和管理最原初的起点。这种理论原点的作用，有点类似于数学中最基本的公理。以前的管理学中，人都是为组织而存在的，重视人的目的，是为了实现组织目标，归根到底，人是实现组织意图的工具。所以，这种所谓的“以人为本”，类似于中国古代的“用人如器”，重视人是为了利用人，如果人对组织“无用”，那么就没有被重视的理由。而到了巴纳德那里，人变成最基本、最原初的起点，组织是为人实现自己的意愿服务的，人不再异化为组织的工具。“协作系统”之所以能够成为组织理论中最经典的定义，就在于它彻底放弃了组织本位思想。古典管理学组织理论中只见组织不见人的缺陷，在巴纳德手里有了根本性的改变。巴纳德说过：“我是在把对经济理论和经济的关心放到第二位的——虽然是不可或缺的——地位上的时候，才开始理解到了组织以及那里的人类行为。”这句话的意思不是经济问题不重要，而是强调人类自身比经济问题更为基本。在巴纳德的组织平衡论中，有一对著名的范畴，即“诱因”和“牺牲”。国内有些管理学著作，通常把诱因解释为报酬，把牺牲解释为贡献。表面看来，这样解释似乎没有什么问题，但在隐含的价值准则上，这样解释会对巴纳德的理论造成曲解。因为“诱因”和“牺牲”是立足于个人的词汇，而“贡献”和“报酬”是立足于组织的词汇。一旦不注意这种区别，把二者等而视之，研究组织时所持的立场就会变化，以人为本就会在不知不觉中转换为以组织为本。弄清这一点，对理解巴纳德的理论至关重要。

（二）组织文化研究的初始

正式组织与非正式组织有机融合的概念来自梅奥。从梅奥主持的霍桑实验开始，人们的心理活动对工作的影响，人们的社会关系在工作中发挥的作用，就成为管理学研究的重要内容。尤其是继电器绕线室的实验，在自发组织和群体行为的研究上具有开创性意义。从梅奥以后，行为科学蓬勃地发展起来，有关社会心理和组织行为的研究硕果累累。在这点上，霍桑实验功不可没。但是，在梅奥那里，更多的是从人的心理感受角度和社会联系角度来探究非正式组织，而且在一定程度上把非正式组织和正式组织对立起来。这样，梅奥的人际关系理论就处于一种非常矛盾的状态之中：一方面，梅奥注重人的心理问题和社会问题，首次揭示出人际关系和内心情感在人的行为中的作用；但另一方面，梅奥又没有把心理问题和社会问题的研究融入正式组织，反而侧重于阐释和论证二者的冲突。在这种矛盾中，梅奥出于提高正式组织效率的目的，找出了非正式组织与正式组织的对抗，又由于对非正式组织的重视而排斥对正式组织的研究。所以，在梅奥那里，正式组织的效率逻辑，同非正式组织的感情逻辑，实际上最终并未协调起来。

巴纳德认为，正式组织必然创造非正式组织，而且非正式组织里个体间的信任感能够起到非常积极的作用：它有助于克服正式组织信息渠道“报喜不报忧”的倾向；使各种妥协成为可能，因而那些易产生争议的问题在非正式组织里很少出现；更为重要的是，这类信息传递以情感交流为基础，更易引起信息接收者的重视。实践中，经理人员确实颇为青睐这些小道消息，大多数优秀的经理人员在组织内都有自己的私人信息网，并且经常依靠这种私人信息网去发现问题。与之相应的，这些小道消息往往也会成为事实。正是在这个意义上，巴纳德认为非正式组织是正式组织不可缺少的部分，非正式组织使组织更有效率并有助于使组织更有效力。除信息沟通外，非正式组织在组织的习惯养成、风气时尚、性格磨炼、价值观念以及忠诚心理等方面，都有重要的积极作用。在一定意义上可以说，巴纳德是组织文化研究的创始人。

（三）管理学的普遍意义

自从管理学诞生以来，绝大多数学者都认为，管理具有普遍性，因而管理学也具有普遍性，正如自然现象和物理学具有普遍性一样。但是仍有少数学者不认为管理和管理学具有共性。长期以来，这一质疑成为一道鸿沟，横亘在管理学家面前。要追求管理理论的逻辑自洽，就必须找到管理具有普遍意义的理论支点。

从巴纳德的理论可以看出，由个人组成并通过信息交流进行协作活动是各种组织最重要的共性，而组织又是管理行为的主体和载体，因此，虽然不同组织中的管理应用互有差异，但组织管理的原则却可以普遍应用到所有不同形式的组织中去。正是这一原因，同为经验学派的管理大师德鲁克也不赞同戴尔的观点。德鲁克认为，各种组织里，90％的问题是共同的，比如，这些组织的主事者花在人事上的时间大致相同，而人的问题几乎全是一样的。不同的只有10％，在所有的组织里，只有这10％的问题需要适应这个组织特定的文化、历史和使命。而即使在这10％的问题中，企业组织和非企业组织之间的差异与不同企业组织之间也相差无几。所以，巴纳德在20世纪30年代就用协作和信息来揭示组织的本质及其最一般规律，无疑为跨越这道鸿沟指明了方向，这不能不说是一个时代的壮举。

从管理的普遍性出发，巴纳德打破了企业组织与政府组织具有天生差别的神话。一般人认为，企业以追求利润为目标，而政府以实现公共利益为目标。时至今日，这种疆界在许多教科书中依然泾渭分明。但巴纳德认为，企业不是利润工具。追求利润不是企业的目的，而只是股东的目的。企业组织和政府组织，具有相同的要素，在逻辑上也就具有相同的性质。企业向社会提供物资和服务，医院向社会提供疾病的预防和治疗，政府向社会提供秩序和福利，除了提供的物品差异，在运行和管理上本质相同。组织的真正差异，只是地区上和技术上的不同。通过这种学术式的推论，巴纳德为现代管理学中的基本原理打造出了一个共用平台。

（四）民主化管理的科学论证

管理离不开权威。除了在权威研究上最有名的韦伯以外，巴纳德之前还有不少人都对权威进行过不懈探讨。例如，玛丽·帕克·福莱特（Marry Parker Fullett）在20世纪初就提出了权威的情景规律。她试图把对组织的服从和对人的服从分开，把权威非人称化。在福莱特那里，不应该由一个人给另一个人下命令，而应该是双方都从“情景”接受命令。例如，饭馆里的厨师通常地位高于跑堂的，然而炒菜的指令又要从跑堂的那里下达给厨师，这样，就会发生指令接受上的困难。一般解决这一问题的办法是，由跑堂的把菜单放在一个夹子上，厨师是由“夹子”而不是由跑堂的那里直接接受指令。由此就形成一个通用规律——权威产生于情景而不是来自个人，从而创造出“共享权力”的氛围。福莱特的名言是：你只有对奴隶才有统治的权力，而你对仆人则只有共事的权力。巴纳德接受了福莱特的影响，并且比福莱特又前进了一大步，提出了权威接受论，即权威来自下属的接受和认可。

巴纳德将权威分为职位的权威和领导的权威。他指出，职位的权威是基于经理人员居于组织内部信息流的中心地位取得的。由于人们认为在上层职位的人拥有与这种职位相称的更广阔的视野，于是认为他们是有权威的。常有这样的情况，占有高职位的人能力有限，只是由于他的职位处于有利地位，人们才认为他的意见是优越的。这种权威在相当大的程度上同占有这个职位的人的个人能力无关。领导的权威则是基于个人具有的突出才能取得的，他们的知识和理解力能够赢得与职位无关的人们的尊敬，人们只依据其知识和理解力就认为他在组织中是有权威的。巴纳德强调指出，当领导的权威和职位的权威结合起来后，同组织有关的人不仅会承认其权威性，而且对命令的服从远超出无关心区之外。这种信赖甚至可以使服从命令本身成为一种诱因。

巴纳德对权威的区分有着十分深远的意义。从工业革命兴起到第一次世界大战时，组织里大量存在的是体力劳动者，多数人缺乏技能或者是只有很低的技能，按照计划与执行相分离的原则，他们的行为准则是听命行事。今天，随着信息革命和知识经济的兴起，这种情况已经不复再现。随着受教育程度的普遍提高，白领大量替代蓝领，脑力劳动者大量替代体力劳动者，组织成员越来越属于知识工作者，完全听命行事的下属越来越少，甚至基层工作者也是如此。不像以前，今天的经理人员并不都是从基层做起，他们往往不懂得下级工作的细节，因此很多时候，上级不能告诉也无法告诉下级应该做什么或怎么做。相反，知识工作者比他们的上级更了解他们自己的工作，而且经常是比组织里的任何人都更懂得他们自己的工作。所以，虽然在雇用、解聘、升迁、评估上，经理人员仍拥有生杀大权，但是工作的推动越来越依赖于下级的自主选择，甚至上级还要靠下级指点，让经理人员了解可以做什么，应该做什么。知识工作者所需要的不是经理人员替他选择，而是指引方向。总而言之，当今时代的组织，成员更多需要的是说服，整个管理工作越来越像“推销”，越来越强调上下之间的有效沟通，甚至越来越注重下级对上级的影响。这已经成为一种时代趋势。

巴纳德的权威接受论，其本质是管理的民主化。权威接受论的逻辑起点，是每个人的自由选择。所谓无关心区，实际上是个人让渡出自主选择权的区域。构成无关心区的条件，本质是取得下属同意让渡选择权的价值准则。巴纳德的这一贡献，不仅在管理学上，而且在其他社会科学领域都有相应的价值。如果说，哈耶克是从经济学研究出发，通过批判凯恩斯而否定了“通往奴役之路”，那么，巴纳德则是从管理学出发，通过批判韦伯，否定了管理的“金字塔结构”。

巴纳德的这一理论，在社会现实中正在被逐渐验证。例如，在最为强调“命令—服从”关系的军队，也发生了相应的变化。像法国以前的旧军规就明确规定：“士兵必须毫不犹豫、并且没有任何异议地执行命令。命令的责任在发布命令的人。”而1961年法国修订后的军规改为：“军官对士兵不得下达违反战争法规、习惯、国家安全、宪法和公共安全的命令，也不得下达对生命、财产加以危害的命令。接到这样的命令，士兵可以拒绝执行。如果军官强令执行，士兵不仅可以不执行，而且可以向上级指挥官提出申诉。如果士兵执行了自己感觉是违法的命令，则他不能以这是执行命令为由推卸责任。”两相对照，巴纳德权威接受论的意义昭然若揭。

（五）责任优先的社会思想

在长期的管理实践中，传统的等级社会造成了权责不等现象，享有特权者往往没有责任约束。因而，古典管理学特别强调权责一致和权责对等，追求权力和责任的轻重平衡和方向一致。这对于消除管理活动中的特权现象，具有极大的积极意义。但如果进一步深究，在管理中，仅仅做到权力和责任对等就足够了吗？巴纳德敏锐地观察到，正式组织的大部分工作，往往同“权责对等”的说法不一致。在实践中，往往不是靠权力，而是靠责任来实现组织目标。在管理中，常常可以看到某种没有权力的责任，超出权力范围的责任，或不使用、不依赖权力的责任。这些超越了权力的责任，是组织的生命力所在。在此基础上，巴纳德批评了“权力—责任均等”的经典观点，进而提出了“责任优先”的现代观点。

在巴纳德看来，所谓“权力—责任均等”，其实是把“权力—责任”关系仅仅放在组织内部的相关性上去理解，实质上还是以权力为中心。这种对等，是通过制度的或法律的形式表达出来的，具体内容包括职位的权力、被委任的权力（授权）、命令的权力等等。而组织的实际运行，在本质上不仅仅是靠制度和法律支撑的。从组织的外部相关性理解，必然导出责任优先的取向。所谓责任优先，就是把“权力—责任”关系放在包括顾客在内的扩大了的组织关系上去理解。组织对于外部成员或利益相关者，并不具备权力的支配力，只有责任的影响力。因此，责任第一，权力第二。需要指出的是，巴纳德之所以这么看重责任，实际上还是出于管理实践的需要。在他看来，“权力—责任均等”的组织观念，最大的弊端是会丧失组织对不断变化的环境的适应性。因为单纯靠命令来做事，事实上就免除了部下的责任，行为的创造性和自由选择也将受到制约。我们所熟悉的典型的官僚主义，恰恰就是以回避责任为借口的。而只有责任优先，才能带来组织成员的自律性和主动性，才会有助于克服人们对责任的推诿和逃避，帮助组织适应剧烈变化的现实环境。巴纳德的这一思想，对企业经营产生了重大影响。在企业的发展中建立起来的瑕疵产品召回制度，就是继售后服务制度的一种责任优先的制度化保证。

巴纳德重视组织责任，与他的社会观和组织观息息相关，密不可分。在巴纳德那里，组织既然是社会的协作系统，就肯定具有作为自律的道德制度的性质。从责任优先出发，巴纳德对管理中的道德问题进行了开创性探索。由于人类道德的多样性，很容易产生道德之间的对立。而个人在接受职责、履行责任的过程中，就必须以解决复杂的道德性对立作为自己的行为前提。所以，决策过程无非是解决道德性对立的过程，这里的关键在于，如果没有责任心，就不可能解决必要的道德性冲突。

管理学的最终出路，在于管理道德伦理的建设。而在组织运行的道德问题上，巴纳德研究的重点在后来转向了道德自律。在晚年的一次访谈中，巴纳德谈到，不管是自发形成的组织还是精心设计的组织，一旦开始运作，这个组织必然具有很大的自律性。为了说明这一点，巴纳德做了一个形象生动的类比：人体的骨骼就像组织的结构一样，它支持着各种器官的运作，而且使各种器官都处在应处的位置，这些器官的运作，几乎都是自律的。组织的正规化，具有同骨骼一样的作用。巴纳德的责任优先思想以及随之延伸而来的管理道德研究，在很大程度上补充了《经理人员的职能》之薄弱环节。他的这一思想，使我们不禁联想起不久前获得诺贝尔经济学奖的阿玛蒂亚·森的著名观点——经济学的本质是伦理学，经济学与伦理学不可分割（具体可参见阿玛蒂亚·森在伯克利的讲演集，中文译本《经济学与伦理学》由商务印书馆出版）。恐怕巴纳德这一思想的深远意义，需要随着时代的发展在今后才能逐渐彰显出来。也许，日本的饭野春树对巴纳德的评价，有助于我们更深刻地认识巴纳德的理论。饭野指出，巴纳德的管理学和组织论思想，充满着极权主义与个人主义、决定论与自由意志、有效性与能率之间的对立统一。只有巴纳德的理论，才能使“个人与协作同时发展”成为可能，才能成为与未来时代的要求相呼应的“作为人性之学的管理学”。饭野还认为，如果说泰勒的理论是理性的理论，巴纳德的理论就是人性的理论。由巴纳德的理论出发，必然会走向社会性乃至道德性的理论出发。管理学今后的发展方向正是这里。

当然也要看到，巴纳德对组织的系统认识也仅仅是开始，在对组织成员活动的基本因素分析上，还较为粗疏，甚至仅注意了人的因素，而忽略了物质等因素，而产生了新的片面性。但是，巴纳德从人的社会实践入手，对组织等管理问题进行系统研究并开辟了管理理论研究的新天地，是功不可没的，在管理理论史册上将永放光芒。

第三节 应用场景及案例

上海老凤祥有限公司是全国首饰行业历史最悠久、规模最大的首饰企业之一，1998年按公司法和现代企业制度试点要求重组，实行多元投资。老凤祥有限公司属下有一个研究所，两个经济实体，3个分公司，6个专业工厂，30余家连锁银楼和500多家销售网点，现有职工约1500人，拥有大批技术精湛的设计人员和技术工人。

上海是我国银楼业的发祥地。150多年来，尽管众多银楼有着各自的兴衰成败，而老凤祥却青春常在。之所以能经久不衰，在于它的理念，即“当别人做得一般的时候，我们要做得比较好；当别人做得比较好时，老凤祥一定要做得更好”。

中华人民共和国成立以后，老凤祥银楼经过社会主义改造成为国家最早定点生产金银制品的专业工厂，其规模逐步扩大，成为全国首饰行业的龙头企业。1996年为迎接WTO的挑战，以老凤祥名牌为龙头，上海首饰业“四大名旦”———上海老凤祥首饰总厂、上海宇宙全银饰品、上海首饰研究所、上海珠宝玉器厂与上海大同行珠宝首饰汇市实行了联合重组，成立了上海老凤祥有限公司，变“兄弟”之间竞争为对外的一致竞争，避免低水平重复投资，集中有限资源做大老凤祥品牌；1998年老凤祥吸纳了上市公司、中外合资公司和企业少数关键的技术经营管理骨干的投资，加上原有的国有资产和职工持股的投资，形成了五元投资的混合经济。

第二次重组之后，老凤祥更显勃勃生机。老凤祥拥有一批技术精湛的设计人员和技术工人，其中包括中国工艺美术大师、高级工艺美术师、技师等，无论是企业规模，还是技术力量，均在全国首饰行业处于领先地位。近5年来，老凤祥边重组边发展，产值年均增长12.2%，销售额每年增长6.04%，利润每年增长21.56%，销售额列1998年度上海市工业企业500强的第88位。

老凤祥坚持走技术进步和产品开发之路，实行公司、生产厂和车间班组三级质量管理体系，大量引进欧、美、日本的先进首饰机械，形成了首饰的多条流水生产线，近年来，在致力于首饰更新的同时，老凤样大力开拓金银礼品，收藏品开发，以提高产品的科技含量和附加值。世纪之交，新中国成立50年来首次发行的“千喜金余”由老凤祥银楼作为上海地区独家代理曾引起极大的轰动效应。

近几年来，面对中国加入WTO的步伐不断加快的趋势，老凤祥立足于长远的企业发展战略，实施品牌战略，发展专业化连锁经营。目前，老凤祥在上海已有396家特约经销商，37家连锁专业银楼，在中西部地区重庆和太原也开设了新店，并以此为中心，构筑西南、西北营销网络。老凤祥品牌，始终以技术进步和科学管理为基础，不断增加其核心竞争能力。老凤祥在引进欧、美、日本先进技术的基础上，致力于开发高科技产品。1997年由老凤祥制作，中央党校出版社出版的第一部“金书”——《世纪伟人邓小平》，填补了我国“金纸”生产的空白；1999年研制的纯银浮雕画，被评为上海旅游纪念品金奖；1997年和1999年市政府赠港、赠澳礼品《浦江庆归》和《申城庆归》两个艺术珍品的主体部分，均由老凤祥设计、制作。老凤祥在引进MRP软件管理系统之后，努力进行第二次开发，把销售收入、成本控制和分配激励紧密结合起来，初步建立了严格的预算管理、财务管理和信息管理的系统。

老凤祥的另一个特色，就是银楼的“十大特色服务”。其中，以老凤祥命名的设计中心所开设的名师坐堂、个性设计、特别定制等服务，把老凤祥的服务提升到更高的境界。由于老凤祥在品牌建设中的不懈努力，几年来先后被评为上海市著名商标，上海名牌50强，上海名牌五连冠，是全国首饰行业中唯一一家跻身于“中国轻工百强企业”“全国用户满意企业”的名牌企业。

思考题

1. 百年老凤祥长盛不衰的原因是什么？
2. 老凤祥有哪些管理经验值得我们学习？

本章小结

1. 社会系统学派从社会学的角度来分析各类组织，将组织看作一种社会系统，是一种人的相互关系的协作体系，是社会大系统中的一部分，受到社会环境各方面因素的影响。这一学派主要以组织理论为研究重点，虽然组织理论并非全部的管理理论，但它对管理理论所做的贡献是巨大的，并对其他学派的形成（如社会技术系统学派、决策理论学派、系统理论学派）有很大影响。

2. 社会系统学派的代表人物是美国著名的管理学家巴纳德，他的著作《经理人员的职能》对该学派有很大的影响。在这本著作中，他对组织和管理理论的一系列基本问题都提出了与传统组织和管理理论完全不同的观点。他认为组织是一个复杂的社会系统，应从社会学的观点来分析和研究管理的问题。由于他把各类组织都作为协作的社会系统来研究，后人把由他开创的管理理论体系称作社会系统学派。

3. 社会系统学派的其他代表人物还有：塔尔科特·帕森斯、霍曼斯、赛兹尼克、卡斯特和罗森威。

4. 社会系统学派的主要贡献有：组织是为实现个人生存目标和组织目标而存在的，经理人员的职能重在维持一个庞大而复杂的协作努力系统，效果和效率的区别。组织管理中存在着自己的独特的规律：(1) 在管理理论研究的思想方法上，引进了社会学、社会心理学和系统论等相关科学。(2) 在“组织”概念的定义上，从构成“组织”的基本因素入手，揭示了“组织”的本质特征，提出了一个为各种组织普遍适用的“组织”定义。(3) 在管理理论研究的逻辑起点上，从人的活动入手，突出了人的因素在组织活动中的主体地位，有利于扭转以往局限于组织的形式结构和职能研究组向。(4) 在有关组织诸关系的表述上，体现了对立统一的辩证思想。

本章关键词

社会系统学派　巴纳德　协作系统　正式组织　非正式组织　经理的职能　决策　道德　信息联系　领导人的品质

思考题

谈谈你对社会系统学派的理解，并尝试对其主要代表学者的相应观点进行评价。

管理理论能解决实际问题吗？

海伦、汉克、乔、萨利四个人都是美国西南金属制品公司的管理人员。海伦和乔负责产品销售，汉克和萨利负责生产。他们刚参加过在大学举办的为期两天的管理培训学习班。在培训班里主要学习了权变理论、社会系统理论和一些有关职工激励方面的内容。他们对所学的理论有不同的看法，现正展开激烈的争论。

乔首先说：“我认为社会系统理论对于像我们这样的公司是很有用的。例如，如果生产工人偷工减料或做手脚，或者原材料价格上涨的话，就会影响到我们的产品销售。系统理论中讲的环境影响与我们公司的情况很相似。我的意思是，在目前这种经济环境中一个公司会受到环境的极大影响。在油价暴涨时期，我们还能控制自己的公司。现在呢？我们在销售方面每前进一步，都要经过艰苦的战斗。这方面的艰苦，你们大概都深有体会吧？”

萨利插话说：“你的意思我已经知道了。我们的确有过艰苦的时期，但是我不认为这与社会系统理论之间有什么必然的内在联系。我们曾在这种经济系统中受到过伤害。当然，你可以认为这与系统理论是一致的。但是我并不认为我们就有采用社会系统理论的必要。我的意思是，如果每个东西都是一个系统，而所有的系统都能对某一个系统产生影响的话，我们又怎么能预见到这些影响所带来的后果呢？所以，我认为权变理论更适用于我们。如果你说事物都是相互依存的话，系统理论又能帮我们什么忙呢？”

海伦对他们这样的讨论有不同的看法。她说："对社会系统理论我还没有很好地考虑。但是，我认为权变理论对我们是很有用的。虽然我们以前也经常采用权变理论，但是却没有认识到自己是在运用权变理论。例如，我有一些家庭主妇顾客，听到她们经常讨论关于孩子和如何度过周末之类的问题，从她们的谈话中我就知道她们要采购什么东西了。顾客也不希望我们逼他们去买他们不需要的东西。我认为，如果我花上一两个小时与他们自由交谈的话，那肯定会扩大我们的销售量。但是，我也碰到一些截然不同的顾客，他们一定要我向他们推荐产品，要我替他们在购货中做主。这些人也经常到我这里来走走，但不是闲谈，而是做生意。因此，你们可以看到，我每天都在运用权变理论来对付不同的顾客。为了适应形势，我经常改变销售方式和风格，许多销售人员也都是这样做的。"

汉克显得有点激动，他插话说："我不了解这些被大肆宣传的理论是什么东西。但是，关于社会系统理论和权变理论问题，我同意萨利的观点。教授们都把自己的理论吹得天花乱坠，他们的理论听起来很好，但是他们的理论却无助于我们的实际管理。对于培训班上讲的激励要素问题我也不同意。我认为泰勒在很久以前就对激励问题有了正确的论述。要激励工人，就是要根据他们所做的工作付给他们报酬。如果工人什么也没有做，就用不着付任何报酬。他们和我一样清楚，人们只是为钱工作，钱就是最好的激励。"

思考题

1. 这 4 个人的观点有什么不同之处？
2. 如果你是海伦，你如何使萨利相信和接受系统理论？
3. 总结我们所学的理论，思考如何解决现实问题。

参考资料

[1] 芮明杰：《管理学——现代的观点》，上海人民出版社，2009 年版。
[2] 朱林：《管理原理与实训教程》，北京邮电大学出版社，2008 年版。
[3] 李燕琼、张霜：《管理学原理》，电子科技大学出版社，2007 年版。
[4] [美] 巴纳德：《经理人员的职能》，王永贵译，机械工业出版社，2007 年版。
[5] [美] 巴纳德：《组织与管理》，曾琳、赵菁译，中国人民大学出版社，2009 年版。
[6] 饭野春树：《巴纳德组织理论研究》，生活·读书·新知三联书店，2004 年版。
[7] 刘文瑞、邹治平：《现代管理理论之父：巴纳德》，载于《管理学家》，2006 年第 6 期。
[8] 刘文瑞、孟超：《巴纳德管理思想的解读与思考》，载于《管理学家》，2006 年第 6 期。
[9] 孙耀君：《西方管理学名著摘要》，江西人民出版社，2008 年版。
[10] [日] 占部都美：《现代管理理论》，蒋道鼎译，新华出版社，1984 年版。
[11] [美] 波洛玛：《当代社会学理论》，孙立平译，华夏出版社，1989 年版。
[12] 张贯一、任慧军：《组织行为学》，科学出版社，2007 年版。
[13] 梅世强、丁春维：《基于平衡计分卡的政府传统行政模式的转型》，载于《江西农业大学学报》，第 4 卷第 1 期。
[14] 西方：《巴纳德的系统组织理论》，载于《中国企业报》，2001 年第 2 期。

[15] 陈春花：《巴纳德对于经理人的意义》，载于《21 世纪经济报道》，2007 年第 5 期。
[16] 杨吉：《经理人员的职能》，载于《财会信报》，2008 年第 C07 期。
[17] 赵娟：《巴纳德：现代组织理论奠基人》，载于《经济参考报》，2007 年第 14 期。
[18] 张新平：《巴纳德组织理论研究》，载于《广西经济管理干部学院学报》，2000 年第 4 期。
[19] 李长武：《巴纳德管理思想述评》，载于《吉林大学社会科学学报》，1985 年第 1 期。
[20] 张晓兰：《巴纳德组织结构思想及对行政改革的启示》，载于《西南农业大学学报》(社会科学版)，2008 年第 1 期。
[21] 于光君：《功能主义理论的嬗变与发展》，载于《商丘职业技术学院学报》，2010 年第 3 期。
[22] 杨方：《论帕森斯的结构功能主义》，载于《经济与社会发展》，2010 年第 10 期。
[23] 张春明：《帕森斯结构功能主义的衰落及其影响》，载于《江苏教育学院学报》(社会科学版)，2000 年第 4 期。
[24] 特纳、潘大谓、王洁：《霍曼斯的交换理论》，载于《现代外国哲学社会科学文摘》，1987 年第 9 期。
[25] 孙耀君：《西方企业管理中的系统管理学派》，载于《经济管理》，1981 年第 2 期。
[26] W. M. 奇哥、若夫：《评〈组织理论：从切斯特・巴纳德到现在和以后〉》，载于《国外社会科学》，1992 年第 8 期。
[27] Chester I Barnard. Elementary Conditions of Business Morals. *California Management Review*. 1958.
[28] Harold Koontz. The management theory jungle. *The Academy of Management Journal*. 1961.
[29] Har－old Koontz. The Management Theory Jungle Revisited. *The Academy of Management Review*，1980.
[30] Dave McMahon，Jon C. Carr. The Contributions of Chester Barnard to Strategic Management Theory. *Journal of Management History*. 1999.
[31] Lockwood David. Social Integration and System Integration. *Social Change*. 1964.
[32] Scott E. Page. *Self Organization and Coordination*，2001.

第四篇　权变理论

本篇结构

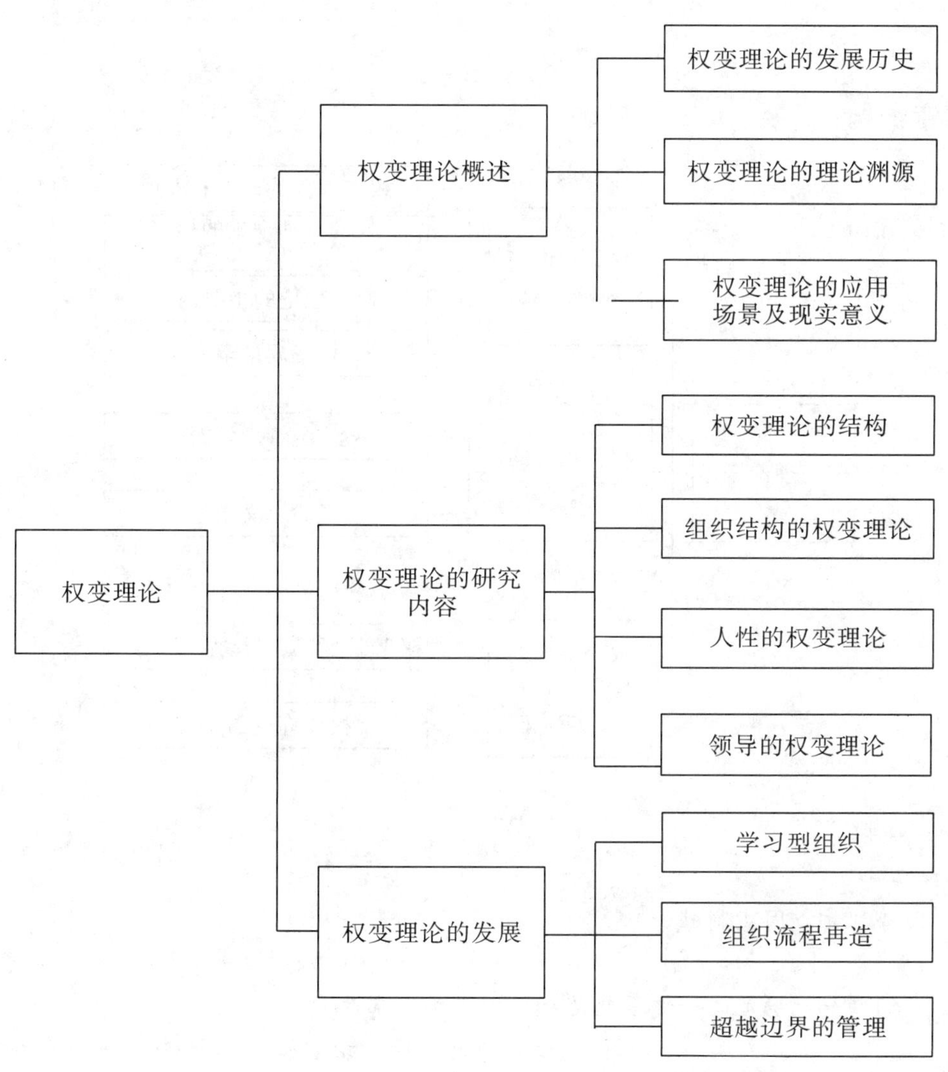

第十二章　权变理论概述

本章结构

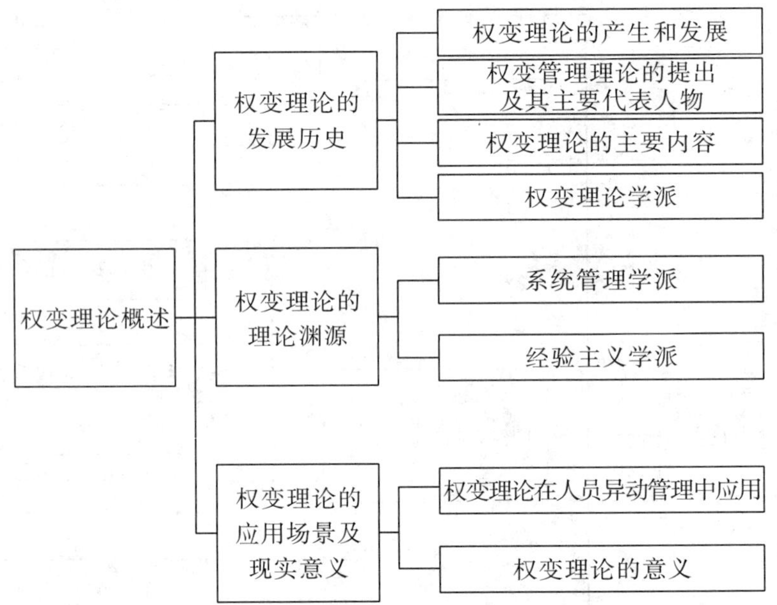

管理名言

1. 因势利导，因变制胜。

——《孙子兵法》

2. 我们唯一能确定的一件事就是：任何事物都在改变。

——世界顶尖市场营销学权威人士之一 菲利普·科特勒

3. 士别三日，必当刮目相看。

——晋·陈寿《三国志·吴志·吕蒙传》

4. 穷则变，变则通，通则久。

——《周易·系辞下》

本章学习目标

1. 了解权变思想产生的背景
2. 掌握权变思想的主要内容以及代表人物

3. 了解系统管理学派的产生背景以及对权变学派产生的影响
4. 了解经验主义学派的主要内容以及对权变学派产生的影响
5. 了解权变思想在人员异动中的应用
6. 理解权变思想的贡献及对权变思想的批评

第一节　权变理论的发展历史

权变理论（Contingency Approach/Contingency Theory），又称应变理论、权变管理理论（Contingency theory of management），是20世纪60年代末70年代初在经验主义学派基础上进一步发展起来的管理理论，是西方组织管理学中以具体情况及具体对策的应变思想为基础而形成的一种管理理论。进入20世纪70年代以来，权变理论在美国兴起，受到广泛的重视。权变理论的兴起有其深刻的历史背景，70年代的美国，社会不安，经济动荡，政治骚动达到空前的程度，石油危机对西方社会产生了深远的影响，企业所处的环境很不确定。但以往的管理理论，如科学管理理论、行为科学理论等，主要侧重于研究加强企业内部组织的管理，而且大多都在追求普遍适用的、最合理的模式与原则，而这些管理理论在解决企业面临瞬息万变的外部环境时又显得无能为力。正是在这种情况下，人们不再相信管理会有一种最好的行事方式，而是必须因地制宜地处理管理问题，于是形成了一种管理取决于所处环境状况的理论，即权变理论，“权变”的意思就是权宜应变。

权变理论认为，每个组织的内在要素和外在环境条件都各不相同，因而在管理活动中不存在适用于任何情景的原则和方法，即在管理实践中要根据组织所处的环境和内部条件的发展变化随机应变，没有什么一成不变的、普适的管理方法。成功管理的关键在于对组织内外状况的充分了解和有效的应变策略。权变理论以系统观点为理论依据，从系统观点来考虑问题，权变理论的出现意味着管理理论向实用主义方向前进了一步。该学派是从系统观点来考察问题的，它的理论核心就是通过组织的各子系统内部和各子系统之间的相互联系，以及组织和它所处的环境之间的联系，来确定各种变数的关系类型和结构类型。它强调在管理中要根据组织所处的内外部条件随机应变，针对不同的具体条件寻求不同的、最合适的管理模式、方案或方法。其代表人物有卢桑斯、费德勒、豪斯等人。

权变理论指出，组织是一个开放系统，应当进行“有机”管理，以便满足和平衡内部需要并适应环境状况；在不确定和动荡环境中运营的组织需要有更高程度的内部差异性，同时组织需要适当整合，将这些差异部门维系起来。环境与组织的依赖关系如图12－1所示：

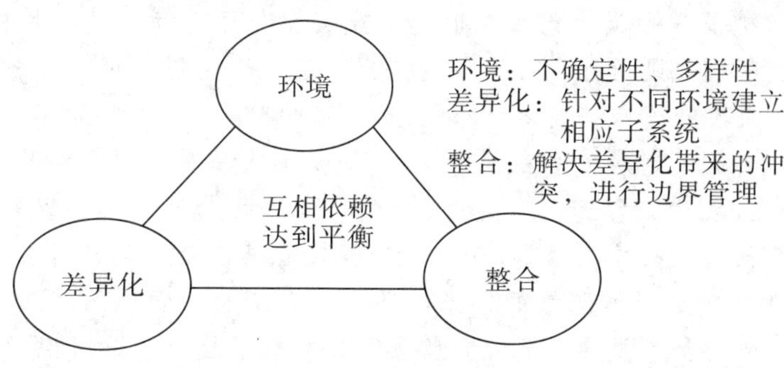

图12－1　环境与组织的依赖关系

团队深入触及新的业务领域，以掌握市场动态、发现需求，开发提供新的合适的服务。此时，嗅觉不灵敏、运营欠灵活的综合业务部门难以承担新的发展需求，于是企业对组织进行差异化重组，扩充子系统，分散职能，相关专业的部门或子公司适时建立，以适应新的环境。

世界上没有一成不变的管理模式。管理与其说是一门理论，更不如说是一门实操性非常强的技术；与其说它是一门科学，更不如说它是一门艺术，权变管理能体现出艺术的成分。一名高明的领导者应是一个善变的人，即根据环境的不同而及时变换自己的领导方式。权变理论告诉管理者应不断地调整自己，使自己不失时机地适应外界的变化，或把自己放到一个适应的环境中。

作为一种行为理论，权变理论认为根本没有所谓的最好的办法去组织企业、领导团队或者制定决策。组织形式（领导风格、决策方式）或在某种情况下效果卓著，然而，换一种情况可能就不那么成功。换句话说，这种组织形式（领导风格、决策方式）依赖于组织内部的或外部的约束（因素）。

权变理论的中心思想是：

（1）企业组织是社会大系统中的一个开放型的子系统，受环境的影响。因此，必须根据企业组织在社会大系统中的处境和作用，采取相应的组织管理措施，从而保持对环境的最佳适应。

（2）组织的活动是在不断变动的条件下以反馈形式趋向组织目标的过程。因此，必须根据组织的近远期目标以及当时的条件，采取依势而行的管理方式。

（3）管理的功效体现在管理活动和组织的各要素相互作用的过程中。因此，必须根据组织的各要素的关系类型及各要素与管理活动之间相互作用时的一定函数关系来确定不同的管理方式。

制约权变理论的因素主要有：

（1）组织规模；

（2）组织对于外界环境的适应性；

（3）组织资源与经营活动的差距；

（4）管理人员对员工先入为主的假想；

（5）战略；

（6）科技等。

相关链接

权变管理是一种很高的领导艺术，也是企业实现与环境动态适应性的基本要求。但是，如果滥用权变管理，则可能动摇企业的文化根基，破坏企业的制度底线，造成不必要的混乱。因此，如何在权变与坚持之间求得平衡，就成为摆在企业面前的重大问题。在西方国家，流传着一句圣诞老人的名言："为了让每一个人高兴，我会给不同的人不同的帽子。"确实，每个人的偏好千差万别，圣诞老人的这句话充分说出了权变管理的必要性。在权变管理理论的代表人物卢桑斯（Luthans）教授看来，企业内外部环境与管理的观念和技术之间是一种自变量与因变量的关系，环境是自变量，管理的观念和技术则是因变量。如果企业的内外部环境发生了变化，管理观念和技术就应该做出相应的调整。这就意味着：企业中的管理实施过程是一种"如果—那么"的函数关系，"没有绝对最好的东西，一切随条件而定"，同样的管理方法，在不同的情形下，可能会产生"橘生淮南则为橘，生淮北则为枳"的鲜明反差。自20世纪70年代以来，权变管理理论受到了管理学术界和企业界的高度重视。如果说管理既是一门科学，又是一门艺术，那么这种艺术的成分，则更多地体现在权变之中。战略管理的精髓就是这种权变思想。管理大师明茨伯格(Mintzberg)曾经强调：战略是企业与环境的中间力量。《孙子兵法》中也强调："因势利导，因变制胜"，"世易时移，变法亦矣"。显然，IBM、DEC等公司之所以在个人电脑市场上失利，被戴尔、惠普、联想等后起之秀赶超，就与权变的时滞直接相关。

在战略管理过程中，需要坚持的是基本的战略定位和发展方向，而具体的各项指标则可以适机调整。或者，更为科学的话，应该制定出一些弹性指标，或者确定一些指标区间，而不是一系列刚性指标。战略管理中的权变是在基本战略方向确定之后的权变，而不能因为环境的迅速变化而否定企业战略本身。近些年来，一些企业在战略实施过程中采用滚动规划的办法，既坚持了企业战略既定的愿景与方向，又充分体现了对环境的动态适应性，是一种较为理想的选择。

一、权变理论的产生和发展

自泰勒创立古典管理理论以来，人们面对复杂多变的现实管理问题，从不同的方向、不同的角度，采用不同的方法，对管理问题进行研究，形成了许许多多的管理学说或理论，这些管理学说或理论使管理者变得无所适从。现实世界是复杂而深刻的，使得管理具有多变量性，在某种情境中采用一种管理方法能取得很好的效果，而在另一种情境中这种方法就未必有效，而采用与此相反的方法可能会更有效果。特别是在现代新技术革命日新月异的今天，管理环境处在不断的变化之中，就更需要对传统的理论方法等进行思考，探求针对不同的具体条件采用不同的、最适合的管理方案、模式和方法，并通过这种思路寻求创立统一的管理理论。最早运用权变思想研究管理问题的是英国学者伯恩斯和斯托克，他们在1961年出版的《革新的管理》和1967年发表的《机械式和有机式的系统》中，专门论述了这个问题。他们经过调查研究后得出了如下结论：企业按照目标、任务、工艺以及外部环境等活动条件的不同，可以分为"稳定型"和"变化型"两大基本类型。"稳定型"的企业适宜采用"机械式"的组织模式，"变化型"的企业适宜采用"有机式"的组织模式。他们认为，这两种组织模式可以同时存在，甚至在同一个企业内部的不同部门中也可同时并存，它们在不同的条件下都有效率。他们反对把"机械式"看作是陈旧的模式，把"有机式"看作是最进步的和最现代的模式。后来，美国的钱德勒在1962年发表的《战略与结构》一书中提出了在不同条件下有许多组织方案的论点。接着研究这一问题的是被称为现代权变学说创始者的劳伦斯和洛尔施。他们在1967年出版的《组织与环境》一书中提出，以市场的、生产的和科学技术的环境为一方，以组织内部结构和行为机制为另一方，双方之间存在固定的依存性。此后，权变学说就迅速地发展起来。

二、权变管理理论的提出及其主要代表人物

权变管理理论及其主要代表人物如表12—1所示。

表12—1 权变理论主要代表人物

组织结构研究	1. 琼·伍德沃德（Joan Woodward）
	2. 汤姆·伯恩斯（Tom Burns）和乔治·斯托克（G. M. Stalker）
	3. 埃里克·特里斯特（Eric Trist）和英国伦敦塔维斯托克研究所的工作
	4. 保罗·劳伦斯（Paul Lawrence）和杰伊·洛希（Jay W. Lorch）
	5. 弗里蒙特·卡斯特（Fremont E. Kast）和詹姆斯·E. 罗森茨韦克（James E. Rosenzweig）
	6. 艾尔弗雷德·D. 钱德勒（Alfred D. Chandler，Jr）
领导方式研究	1. 罗伯特·坦南鲍姆（Robert Tannenbaum）和沃伦·施米特（Warren H. Sehmidt）
	2. 弗雷德·费德勒（Fred E. Fiedler）
	3. 罗伯特·豪斯（Robert J. House）和特伦斯·米切尔（Ternes R. Mitchell）
一般权变理论	弗雷德·卢桑斯（Fred Luthans）

从人类的管理实践史来看，在管理中采取权变原则和权变方法具有悠久的历史，但采用科学的方法对这一原则和方法进行研究，进而将其整合成一定的管理思想的体系，形成管理的权变学说则是西方20世纪60年代才开始的。其主要来源于两大领域：一是组织结构研究，二是领导方式研究。学者们通过对这两大领域的大量案例和实证研究，形成了具有科学依据的一系列管理的权变观点。到了70年代，以美国管理学家弗雷德·卢桑斯为代表的一批管理学者在综合前人研究的基础上，对各种权变观点和思想进行了规范化和系统化，形成了一定的理论框架，从而标志着权变管理理论的最终形成。与此同时，该理论的运用范围进一步扩展，除了最初的组织结构和领导方式研究，还在诸如战略、计划、决策等管理领域取得了丰硕的成果，成为西方七八十年代具有代表性、综合性和普及性的管理理论。下面先对本节将要涉及的权变学说主要代表人物及其代表作、主要观点以及其对权变理论形成与发展的主要贡献进行简要的介绍，至于对其各自观点具体内容的进一步论述则见后文。这样做一方面可以对权变学说的代表人物有较深的认识，另一方面也有利于在具体论述权变学说主要内容时抓住重点。

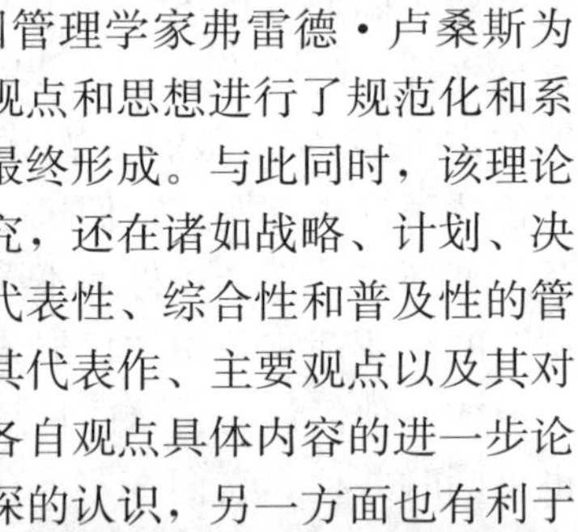

（一）组织结构研究

1. 琼·伍德沃德（Joan Woodward）

琼是英国女管理学家，在1953—1957年间，与助手们一起对英国东南爱舍克斯地区的100家企业进行了广泛的调查，在此基础上，她先后发表和出版了《经营管理和工艺技术》（1958）、《工业组织：理论与实践》（1965）、《工业组织：行为和控制》（1970）等文章和著作。重点阐述了技术与组织结构的权变观。其主要观点包括：（1）企业在组织结构和组织行为方面的差异，可以从企业赖以生存的

琼·伍德沃德（Joan Woodward，**英国**，1916—1971）

环境中得到充分的解释。其中特别是工艺技术方面的因素，对于企业的经营管理活动具有关键性的影响，凡是成功的企业都具有与其技术特点相适应的组织结构。(2) 否认有某种最佳的管理方法存在，反对把管理中的原则当作普遍适用的原则看待。她认为，同一种原则在不同的环境下可以导致不同的结果。因此，必须对企业的目标和技术进行具体深入的研究。英国管理学家皮尤（D. S. Pugh）高度评价伍德沃德的研究工作，认为其具有“开拓性”，具体体现在：第一，她进行了实际的调查研究；第二，她建立了一个崭新的思想体系，琼·伍德沃德在1965年发表的《工业组织：理论与实践》一书中，证明了企业组织的技术分系统与结构分系统具有直接的相互关系。

2. 汤姆·伯恩斯（Tom Burns）和乔治·斯托克（G. M. Stalker）

两人都是英国人，前者是社会学家和组织学家，后者是心理学家。他们的代表作是《改革中的管理》(1968，第2版)。他们对20多家企业的组织结构与技术和市场的相互关系的调查研究表明：(1) 不同类型的企业的组织结构与管理方法具有明显差别；(2) 组织结构和管理方法主要依赖于某些环境因素，特别是技术发展速度和市场变化速度。因此，他们认为，企业对组织结构的选择与变革，必须根据具体条件来进行，绝不能说哪一种体制在任何条件下均优于另一种体制。“在管理上，智慧的起点就是要知道：不存在唯一的最佳管理体制。”他们的这句话已经成为管理学界用来概括权变学说的一句名言。另外，他们提出的组织是权威系统、职业系统和政治系统共同组成的开放性系统的观点，无疑极大地拓展了人们对组织的认识。他们的贡献是多方面的，与伍德沃德的研究相比，他们除了考虑技术因素，还注意到了市场变化的因素。就研究方法而言，他们采取为后来管理学研究中广泛使用的访谈法和实证研究方法，提出并描述了组织的两种“理想形态”。

伯恩斯和斯托克是最早运用权变思想来研究管理问题的人。他们对生产电子设备、机械产品和人造丝等不同产品的20个企业进行了调查，经过研究得出了以下的结论：企业按照目标、任务、工艺以及外部环境等活动条件的不同，可以分为“稳定型”和“变化型”两大基本类型。

“稳定型”的企业，适宜采用“机械式”的组织模式。它的特征是：有一种严格规定的组织结构；有很明确的任务、方法、责任和与各个职能作用相一致的权力；管理系统内部的相互作用是上、下级垂直的命令等级。

在组织活动中，具有重要意义的是职务的权力和责任，而不是工作人员的技能和经验。

如果是“变化型”的企业，那么采用“有机式”的组织模式较为适宜。它的特点是有相当灵活的结构，可以不断调整每个人的任务；系统内部的相互关系是网络型的，而不是等级控制；强调横向的联系而不是垂直的领导；在组织活动中，技能与经验居于优先地位，权力的分散以技术业务专长为基础，而不是以等级职位为基础等等。

3. 埃里克·特里斯特（Eric Trist）和英国伦敦塔维斯托克研究所的工作

埃里克是英国社会心理学家。他和研究所的同事一起，主要从系统论的角度对组织和管理问题进行了较为全面的研究，得出了许多具有开创性的结论，其代表作包括：《社会—技术系统》(1960) 和《组织环境的非正式的结构》(1969)。特里斯特对管理理论的贡献主要集中在系统理论上，但正如下文将指出的权变管理理论同系统管理理论有着密切的关系，可以说，权变管理理论是系统管理理论在逻辑上和实践中发展的必然结果。特里斯特的研究成果包括：(1) 通过研究机械化对英国煤矿工作团体所产生的影响，提出组织是一种“开放性的社会—技术”系统。(2) 指出整个系统的最佳状态，关键在于系统内部各组成部分的相互适应，而不是某一方面处于最佳，这可能意味着“要求系统内部每个单独的方面略次于最佳状态”。(3) 指出现代企业所面临的环境正以某种加速度变化着，并变得越来越复杂，组织必须根据不断变动的环境，进行自我调整，达到组织与环境的动态平衡。值得强调的是，特里斯特不仅如伍德沃德和伯恩斯一样注意到了技术系统对组织结构的影响，而且还吸取了行为学派人群关系理论的观点，充分注意到了组织成员的社会心理以及非正式组织对管理的影响，并指出组织结构和管理体制要充分考虑这两个方面的因素。这充分体现了系统观和权变观对传统管理思想的继承和融合。

4. 保罗·劳伦斯 (Paul Lawrence) 和杰伊·洛希 (Jay W. Lorch)

两人是美国管理学家，管理学界公认他们在 20 世纪 60 年代对外部环境与组织结构关系的研究为权变管理理论的形成做出了突出的贡献。1967 年他们发表的《组织与环境》《复杂组织的分化和整体化》等文章为权变学说的建立提供了基本理论，他们也因此被西方学者称为“现代权变理论的创始人”和“著名代表人物”，其贡献主要集中在企业组织结构研究方面。另外，洛希与约翰·莫尔斯 (John Morse) 在文章《超 Y 理论》(1970) 和著作《组织及其成员：权变法》(1974) 中提出的“超 Y 理论”对权变原则进行了具体的理论化阐释，影响深远。劳伦斯、洛希通过对各种企业的比较研究表明，没有一成不变的、“最好的”组织设计。不同的工业部门和不同的企业，即使是同一企业的不同发展阶段，也都应因地、因时制宜，采取与环境相适应的组织结构和管理体制，才能确保企业立于不败之地，这也是权变学说的基本观点。他们还在伍德沃德和伯恩斯、斯托克等人研究的基础上，从组织结构“分化”和“整体化”的研究视角出发，提出了一套较为完整的解决企业组织结构问题的系统而有效的权变构想，从而将权变基本理论转化成了具有操作性和实用价值的具体机制。

劳伦斯和洛希被称为是现代权变学说的创始者。1967 年他们合写《组织和环境》一书，论述了外部环境和组织结构之间的关系。他们的基本主张是：按照不同的形势、不同的企业类型、不同的目标和价值，采取不同的管理方法。

(1) 组织结构的特点就是分散化和整体化。

分散化就是把组织系统划分为各种分系统，每个分系统根据与它相适应的外部环境所提出的要求，发展其特有的性质。

整体化是努力使各个分系统在完成组织任务时达到统一的过程。

(2) 组织外部环境的不确定性程度估计：

①从外部环境获得信息的清晰程度；

②对于组织所采取行动的反馈时间；

③组织活动条件的计划性程度。

(3) 企业结构模式分为 4 种模式（见表 12-2）：

表 12－2　企业 4 种结构模式

①市场等外部条件变化快、内部各种产品之间工艺技术差别大的企业	例如：美国通用汽车公司，组织设计按产品划分为各个事业部
②外部环境变化较快，但工艺技术差别不大的企业	例如：美国休斯飞机公司，组织设计采取矩阵组织结构
③外部环境稳定，工艺技术也较稳定的企业	例如：美国大陆包装品公司，组织设计采用直线职能制结构
④外部环境十分稳定，而且产品非常单一的企业	例如：美国麦当劳公司，采用高度集权结构

5. 弗里蒙特・卡斯特（Fremont E. Kast）和詹姆斯・罗森茨韦克（James E. Rosenzweig）

弗里蒙特・卡斯特与詹姆斯・罗森茨韦克都是美国管理学家，美国华盛顿大学的教授，他们也是西方管理学中所谓权变理论学派的代表人物。

权变理论学派是从系统观点来看问题的，权变的意思就是权宜应变。他们认为，在企业管理中要根据企业所处的内外条件随机应变，没有什么一成不变的、普遍适用的、“最好的”管理理论和方法。这个学派通过大量事例的研究和概括，把各种各样的企业归纳为几个基本类型，并给每一类型找出一种管理模式。

《组织与管理——系统与权变的观点》是权变理论学派的代表作之一。书中总结了组织与管理的背景，分析了管理价值观和组织与管理理论的发展，其主要观点可以概括为：

（1）组织是一个开放系统。他们认为，一个企业组织或一个政府机关，都处在一个开放系统与环境的持续相互作用中，并时刻努力达到动态的平衡。任何一个组织都必须接受足够的资源投入，以维持其正常运转，也同时产生出足量的经过转换的资源供给外部环境，以便继续这种循环，以保持组织与社会环境的平衡。

（2）组织是一个整体系统。他们不仅将组织看成是一个开放的系统，而且看成是一个整体的、与外界环境有一定界线的社会技术系统。他们认为，任何组织作为一个整体系统一般都由下列五个分系统构成：①目标与价值分系统。指组织的目标与存在的社会价值。②技术分系统。指组织为达成目标所需运用的各种技术与知识，不同目标的组织，其所需用的技术与知识当然亦有不同。③社会心理分系统。它由相互作用的个人与群体组成，包括个人的行为与动机、人们的地位和作用的相互关系、团体与团体间的交互行为等。④结构分系统。组织结构与权责分配、信息沟通和工作流程有关，它是通过组织图、职位与工作说明规划和程序等方面表现出来的。⑤管理分系统。负责协调各分系统，其主要作用是计划、沟通与协调、管制等，以使组织的任务能顺利完成，组织的目标能顺利达成。

（3）组织的权变观点。他们认为，权变观点所要研究的是组织与其环境之间的相互关系和各分系统之间的相互关系，以及确定关系模式即各变量的形态；权变观点强调的是组织的多变量性，并力图了解组织在变化着的特殊环境中运营的情况；权变观点最终目的在于提出最适宜于具体情况的组织设计和管理行动。由此可见，权变理论是以系统理论和生态理论为基础的。权变组织理论具有如下思想：①权变组织理论强调组织的多变量性，主张应具体地研究组织中各变量间的关系，以及组织和它所处的环境之间的关系。②既然每个组织的外部环境和内部各分系统都处在动态的变化之中，因而不存在普遍适用于所有环境的组织原则和管理方法。究竟采用哪种管理方式对完成组织目标最有效，要根据组织所处的具体条件来确定，不能千篇一律。由于组织的任务类型、组织行为的特点、管理者的能力及威望等的不同，可以采取不同的管理方式。③权变组织理论致力于谋求组织与其环境之间及组织内部各分系统之间的动态的、具体的一致性。并认为只有通过组织设计和管理达到这种一致性，才能保证组织具有高效能、高效率。

二人认为，不同类型的组织都有适当的关系模式，而且人们能够加深对这些有关变量相互作用情况的认识。例如，当出现下列情况时以采用稳定—机械式组织为宜：环境相对稳定而确定；目标明确而持久；技术相对统一而稳定；按常规活动而生产率是主要目标；决策可以程序化，从而协调和控制过程倾向于采用严密结构等级系统。当出现下列情况时以采用适应—有机组织形式为宜：环境相对不稳定和不确定；目标多样化并不断变化；技术复杂和易变；有许多非常规活动，在这些活动中，创造性和革新性很重要；使用探索式决策过程，而协调与控制常出现相互调整，系统的等级层次较少，具有较大的灵活性。他们认为系统观念和权变观念都有助于更有效地诊断复杂的形势和提高正确进行管理活动的可能性，对环境、界线与目标，工艺技术与结构，社会心理系统以及管理系统等进行了阐述。此外，还利用案例对比较分析与权变观进行阐述，并研究了组织的变革与未来。

6. 艾尔弗雷德·钱德勒（Alfred D. Chandler，Jr）

钱德勒在1962年发表了《战略与结构》一书，强调在不同的条件下，有多种组织方案的论点。他对“杜邦”“通用汽车”“新泽西标准石油公司”等近70个大型企业的组织结构的变化机理研究后指出，组织管理结构是随着企业战略的变化而变化的，而战略本身又由于市场的、金融的、科学技术的和其他条件的变化而变化。

（二）领导方式研究

1. 罗伯特·坦南鲍姆（Robert Tannenbaum）和沃伦·施米特（Warren H. Sehmidt）

美国管理学家。两人在大学从事管理学教学之余，长期担任公私企业的咨询顾问工作，积累了较为丰富的研究案例。在此基础上，两人合作在1958年3—4月号《哈佛商业评论》上发表了《如何选择领导模式》一文，首次提出并运用了“领导方式的连续统一体”理论。他们认为，并不存在一种固定的理想模式，在领导者与下属的关系中，究竟应当给予下属多少参与决策的机会，是采取专制的命令型更好一些还是采取民主的参与型更好一些，取决于多种相关因素，因而要采取“随机制宜”的权变态度。坦南鲍姆和施米特的研究，实际上开创了领导理论研究的权变方法先河，“很快就成为研究企业及其他各种组织问题的‘经典’，在管理思想的发展史上占据了一席永久的地位”。1973年，他们的这一文章被《哈佛商业评论》列为“经典著作”，在该权威期刊当年5—6月号上重新发表，两位作者也根据新的现实对自己的理论进行了修改和完善。

2. 弗雷德·费德勒（Fred E. Fiedler）

费德勒是美国心理学家和管理学家，早年就读于芝加哥大学，获博士学位，毕业后留在芝加哥大学任教。1951年，移居伊利诺伊州，担任伊利诺伊大学心理学教授和群体效能实验室主任。1969年，费德勒前往华盛顿大学，担任心理学和管理学教授，同时兼任荷兰阿姆斯特丹大学和比利时鲁汉大学客座教授。

从1951年起，费德勒开始从管理心理学和实证环境分析的角度研究领导问题，他曾

弗雷德·费德勒（Fred E. Fiedler，美国，1922—）

经用一年时间对1200个组织做了调查，从20世纪60年代中期开始陆续发表文章和著作，提出了著名的“权变领导模型”，“开创了西方领导学理论的一个新阶段，使以往盛行的领导形态学理论研究转向了领导动态学研究的新轨道”。其领导权变模型在20世纪70年代末成为领导科学界的主导模型之一，引起了热烈讨论。费德勒是公认的权变领导理论的创立者，运用其独创的LPC衡量法，通过对大量案例的研究，他提出并论证了“领导方式取决于情境”的著名论断，即应当根据领导者的个性及其面临的组织环境之不同而采取不同的领导方式。他在该方面的代表作包括：《让工作适合管理者》（1965）、《一种有效的领导原理》（1967）、《权变模型——领导效用的新方向》（1976）、《权变模型对改进组织效果的意义》，以及80年代与加西亚合著的《领导效能新论》（1987）等。

3. 罗伯特·豪斯（Robert J. House）和特伦斯·米切尔（Ternes R. Mitchell）

豪斯是加拿大组织行为学家和从事工业企业管理人员培训发展的专家；米切尔是美国管理学和心理学家，曾广泛服务于公营和私营企业界，从事咨询活动。豪斯于1971年发表了《有效领导的途径—目标理论》一文，发展了其同事伊文斯（M. G. Evans）于1968年提出的领导行为“途径—目标模式”，引进了权变因素。在此基础上，他与米切尔合作于1974年发表了著名论文《关于领导方式的目标—途径理论》，全面阐述了“目标—途径”的权变领导理论。

（三）一般权变理论

主要代表人物是美国行为科学家和管理学家弗雷德·卢桑斯（Fred Luthans）。他在20世纪70年代发表的文章《权变管理理论：走出丛林的道路》（1973）和著作《管理导论：一种权变学说》（1976）对当时广泛出现的各种权变理论研究进行了整合，提出了一个具有较强解释力的理论框架，为权变管理理论的规范化和体系化做出了关键性的贡献，从而标志着权变管理理论的正式形成。在《管理导论：一种权变学说》一书中，卢桑斯主要进行了以下三方面的研究：（1）对当时的主要管理学说进行了概述、分析和评价，指出权变学说作为管理理论的最新发展，将最有希望融合其他主要学说，从而使管理理论研究走出孔茨提出的“管理理论的丛林”，走向融合。（2）提出了权变管理理论的概念框架和基本观点，指出权变管理理论就是通过具体地研究和建立环境变量与管理变量之间的权变关系，从而使管理活动能够更有效地实现组织目标的一系列管理思想和方法的理论体系。（3）以上述权变概念框架为基础，分析了过程学派、行为学派、计量学派和系统学派所提出的一系列管理问题，体现了权变理论的较强解释力和综合性。

三、权变理论的主要内容

权变理论的内容相当庞杂，较权威地表述权变理论内容的是美国尼勃拉斯加大学教授卢桑斯。“权变”（Contingency）从字面上理解是因情境的不同而变。卢桑斯指出，如果单从字面上来理解，可能会把权变理论看成是一种紊乱的、非科学的、凭感官判断的学说。他认为，实际恰恰相反，权变关系是两个或两个以上的变量之间的一种函数关系（即一种如果/那么的函数关系)。"如果"是自变量,"那么"是因变量。在权变管理中,通常的情况是,环境是自变量,管理的观念和技术是因变量。就是说,如果存在某种环境条件,那么对达到目标来说,某种管理的观念和技术将比其他的更加有效。卢桑斯的这个观念性结构有三个主要部分:环境变量、管理变量以及它们两者之间的权变关系(见表12—3)。

表12—3 权变理论中的环境变量与管理变量

环境变量			管理变量			
外部环境		内部环境	管理过程变量	决策计量变量	行为变量	系统变量
一般环境	特定环境					
社会文化	供应商	组织结构	计划	决策	学习	管理信息系统
科学技术	顾客	决策程序	组织	经济批量	激励	系统设计与分析
经济	竞争者	协调控制	指挥	排队模型	团队建设	系统理论
法律与政治	进入壁垒	技术状况	交流	模拟模型	组织开发	
			控制		企业文化	

(一)环境变量

环境分为外部环境和内部环境两方面。外部环境又分为一般的外部环境和特定的外部环境两种。一般的外部环境是由社会文化的、科学技术的、经济的、法律与政治的力量所组成,它们对正式组织系统的影响一般不是直接的,但却是巨大的。特定的外部环境,包括供应者、顾客、竞争者,它们对正式组织系统的影响是直接的。内部环境基本上是正式组织系统,包括组织结构、决策、交流和控制过程,以及工艺的组织状态。卢桑斯虽然把内部环境列入横轴/如果的部分,但他在论述中,却明确地把大部分内部环境变量并入到从属的管理变量中去。

(二)管理变量

卢桑斯把过去的管理理论划分为过程学说、计量学说(即管理科学)、行为学说和系统学说四种,他认为,这四个学说的管理观念和技术都是权变理论中的管理变量。如过程的管理变量有计划、组织、指挥、交流和控制,计量的管理变量有基本的计量方法、决策模式、运筹学,行为的管理变量有学习、行为的改变、动机的形成、集体动态、组织行为,系统的管理变量有普通系统理论、系统设计和分析、信息管理系统。这些管理变量还可以进一步细分,如计划可细分为预测、战略计划、战术计划等。

(三)权变关系

就是环境变量同管理变量的函数关系,这是权变理论的核心,也是区别于其他学说的地方。但是,要确定权变关系是十分复杂的,因此卢桑斯认为,到目前为止,已经被经验明确证实的权变关系为数不多,要填满权变矩阵中的小格将是缓慢的、艰苦的过程,但权变学说的力量正在于它提供了一种关于这种复杂性的思想方法,它的将来是充满希望的。

四、权变理论学派

权变理论学派的代表人物是美国的弗雷德·卢桑斯、英国的汤姆·伯恩斯,英国管理学家琼·伍德沃德等人，该学派强调鉴于管理工作的复杂性和企业外部环境的变化性，不存在一种固定的、一成不变的、放之四海而皆准的管理模式。管理者应根据组织规模的大小、固有权力的大小、技术与工艺的复杂性、下级人员的素质以及外部环境的不确定程度，因时、因地、因人制宜地选择合适的管理模式与方法。该学派认为，由于组织内部各个部分之间的相互作用和外界环境的影响，组织的管理并没有一套绝对正确的方法，也不存在普遍适用的理论，任何理论和方法都不见得绝对有效，也不见得绝对无效，采用哪种理论和方法要视组织的实际情况和所处的环境而定。

权变管理理论的核心是，在现实中不存在一成不变、普遍适用的理想化的管理理论和方法，管理应随机应变，即采用什么样的管理理论、方法及技术应取决于组织的环境。权变理论认为，组织和组织成员的行为是复杂的，不断变化的，这是一种固有的性质，而环境的复杂性又给有效的管理带来困难，因而以前各种管理理论所适用的范围就十分有限，例外的情况越来越多，所以说，没有任何一种理论和方法适用于所有情况，因此，管理方式或方法也应该随着情况的不同而改变。为了使问题得到好的解决，要进行大量的调查和研究，然后把组织的情况进行分类，建立模式，据此选择适当的管理方法。建立模式时应考虑如下因素：

（1）组织的规模。组织中人的数量是影响管理的最主要因素，因为随着人数的增多，所需要协调的工作量就加大。当一个组织规模发展了之后，就应发展更加正规的、高级的协调技术。

（2）工艺技术的模糊性和复杂性。为了达到组织目标，就要采用一些技术，把资源输入转换成顾客满意的产品或服务这种输出，对流水生产需要严密地组织。而对于咨询公司，为顾客解决的都是唯一的问题，每种问题都有些不同，所采用的技术是知识和经验，下级需要的是一种有利于发挥自己才能的环境。

（3）管理者位置的高低。管理者位置的高低直接影响到他或她所应该采用的管理方式。比如，所有的管理者都要制订计划，但高层和低层管理者们所制订的计划种类就不相同。

（4）管理者的位置权力。所有的管理者都需要位置权力，但不同的管理位置所具有的权力有所差别。生产科长与团委书记就应当有不同的位置权力。

（5）下级成员之间的差别。人和人是不一样的，由于所受教育、家庭环境、个人态度与性格等方面的不同就造成了人们之间的差别，这些差别直接关系到管理者对他们的影响。

（6）环境的不确定程度。管理者要受到组织外部因素的影响，由政治、技术、社会、经济等方面变化所引起的不确定性，将对管理者的管理方式有所冲击，在变化的外部环境中最好的管理方法可能不适于具有稳定外部环境的组织。

权变理论与系统理论的关系十分密切。系统理论将组织视为由若干子系统组成的开放系统，这种认识对管理工作是极为有用的，它指出了把组织的内外各种因素作为一个整体进行研究的重要性。但仅有这一认识还不够，管理者还必须了解各个子系统彼此之间的相互依存关系，了解组织与外界环境之间的相互影响关系。权变理论学派的目的就是研究这些相互关系及其所形成的各种模型，说明组织在特定的环境及不同条件下应如何进行管理。

权变理论学派试图通过“权宜应变”融各派学说于一体。权变理论学派并不排斥哪一个学派，而是认为每个学派的理论和方法都是可取的，管理过程学派、行为科学学派、管理科学学派、系统管理学派的理论和方法都是权变关系中的管理变量，对权变管理都能做出贡献。权变理论学派主张“随机制宜”的管理，同样为管理学的发展做出了贡献，西方学者对该学派寄予厚望，期望它能完成统一管理理论的“大业”。

第二节　权变理论的理论渊源

一、系统管理学派

（一）系统管理学派的产生及其思想

系统管理学派产生于20世纪60年代初，它是在一般系统理论的基础上发展起来的。一般系统理论为依据和综合各种专门领域的知识提供了基础。系统管理理论侧重于用系统的观念来考察组织结构及管理的基本职能，它来源于系统论和控制论，代表人物为弗雷蒙特·卡斯特（F. E. Kast）等。系统管理理论认为，组织是人们建立起来的，由相互联系并且共同工作着的要素所构成的系统，这些要素称为子系统。系统的运行效果是由各个子系统相互作用的效果决定，它通过和周围环境的交互作用，并通过内部和外部的信息交换，不断进行自我调节，以适应自身发展需要。在管理工作中，强调通过各个子系统之间的协调，以实现组织大系统的整体优化。

该学派代表人物卡斯特和罗森茨韦克认为，人们在科学方面总是把精力集中在事实的发现、分析和实验研究上，这虽然有助于扩展知识和理解科学的精微，但科学知识发展到一定阶段也应有一个综合和统一的时期，以便将分析和调查资料综合成为更广泛的、能在多方面应用的理论，各门人类知识都要依次经历调查分析时期和综合统一时期。该学派试图以系统理论为基础，将各派学说融为一体，建立一套广泛适用的理论体系。

在管理思想的发展史上，最早用系统观点研究管理的是巴纳德。巴纳德把企业看成是一个由物质子系统、人员子系统、社会子系统和组织子系统组成的复合的协作系统，经理的职能就是维护好这个协作系统。但巴纳德分析的重点在企业内部，因此和系统管理学派又有所不同。

系统管理学派认为，组织是一个由相互联系的若干要素所组成、为环境所影响并反过来影响环境的开放系统；组织不仅本身是一个系统，它同时又是更为广阔的社会系统的一个分系统，它在与环境的相互影响中取得动态平衡；组织从外界环境接受能源、信息、物料等各种投入，经过转换，再以产品或劳务的形式向外界环境输出产品。这种把组织看作是一个开放系统的观点，为管理者提供了一种思想方法，即把组织的内部和外部环境的各种因素看作是一个有机整体。管理者必须从组织的整体出发，研究组织与环境之间的关系，研究组织的各个部分之间的关系，使组织的各个部分之间以及组织和外界环境之间保持动态平衡。卡斯特和罗森茨韦克将组织看作是一个开放的社会技术系统，它由目标和价值、结构、技术、社会心理、管理等五个分系统组成（见图12－4）。以往的各个管理学派都是孤立地对组织的各分系统进行研究，缺乏整体研究。例如，管理过程学派强调结构分系统和管理分系统，行为科学学派强调社会心理分系统，管理科学学派强调技术分系统和给决策过程与控制过程以定量化的方法。卡斯特和罗森茨韦克则认为，必须以整个组织系统作为研究管理的出发点，应该综合运用各个学派的知识，研究一切主要的分系统及其相互关系（见图 12—5）。

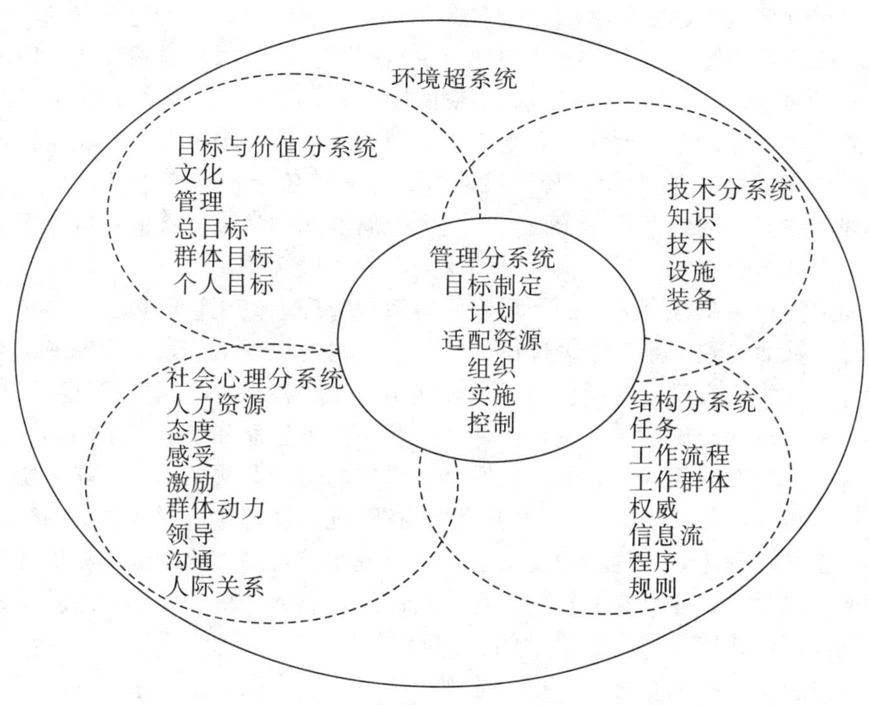

图 12—4　系统理论的组织模式示意图

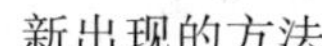

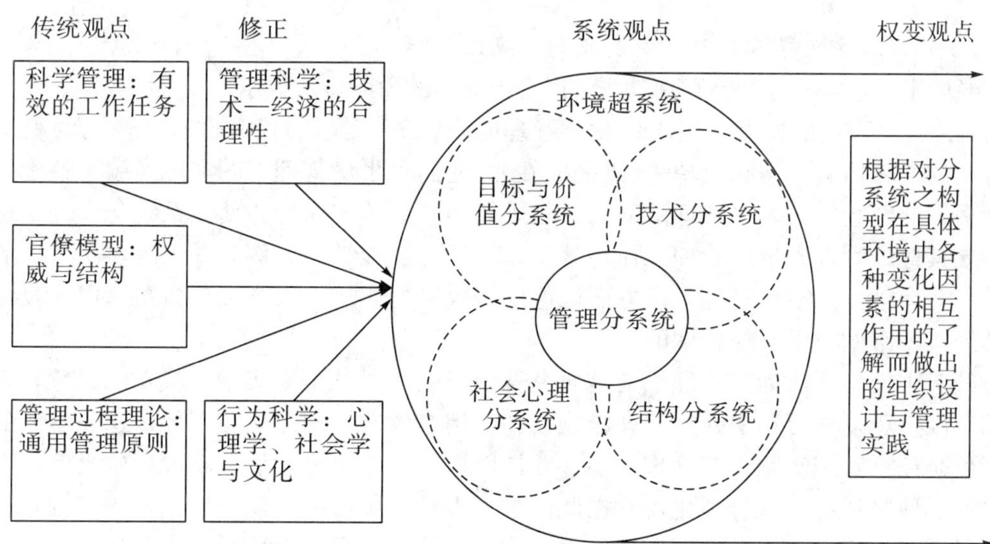

图 12—5　组织与管理的理论发展示意图

系统管理学派突破了以往各个学派仅从局部出发研究管理的局限性，从组织的整体出发阐明管理的本质，对管理学的发展做出了贡献。该学派曾被西方学者看作是统一管理理论的希望所在。

（二）系统管理理论中的“极端”与权变学派的产生

在20世纪60年代盛行一时的系统管理理论，到70年代就开始“退热”了。这一理论是在系统科学应用管理之中建立起来的，但在建立和发展过程中，由于受西方科学分析和严格逻辑推理思维方式的影响，在系统管理理论中出现了极端学派，极端学派在理论研究和管理实践中表现为寻求万能的管理模式、不变的原则，无视具体企业的具体情况，搞一刀切，寻求万能方法。如米勒，他为创立既适用于细胞，又适用于个人、企业及整个人类社会的“活系统”花了20年的时间，其结果是越研究越抽象，越研究越远离企业管理的实践。脱离管理实践必然遭到企业界的指责，同样脱离实际的学说也就根本指导不了实践，从而失去生命力。由于系统管理理论中极端派的出现和极端派在研究方式、研究目标等方面的影响，加上资本主义社会固有的矛盾，使得系统管理理论在管理实践中的应用没有起码的前提条件，从而导致了系统管理理论的退热，同时，也预示着系统管理理论必须要修正自己的理论，这为权变学派的产生提供了客观条件。一种理论的建立和发展过程是固有矛盾运动的结果，权变理论学派就是在这种气候和条件下建立和发展起来的。在系统管理理论走向极端，寻求万能模式、普遍适用原则和最好的管理办法的时候，就迫切需要一种具体问题具体分析、不同组织区别管理的理论；在系统管理理论搞形式主义的时候就需要一种克服形式主义的理论，从这个角度来看，可以说系统管理理论中极端派出现之时也就是权变理论产生之日。权变理论的权变观符合具体问题具体分析的原理，与教条主义地套用、寻求万能理论模式比较起来是科学的。与此同时，它比系统管理理论站得更高，能把整个社会看成是一个完整的系统，而把企业视为社会系统中的一个子系统，强调组织的开放性、动态性和权变性，它有利于促进企业管理的合理化和科学化。

二、经验主义学派

（一）经验主义学派的产生及其思想（见图12－6）

经验主义学派又称经验管理学派，以德鲁克、欧内斯特·戴尔、威廉·纽曼、汤姆·彼得斯等人为代表。德鲁克的代表作有《管理的实践》，戴尔的代表作有《伟大的组织者》，彼得斯的代表作有《志在成功》《以乱取胜》。他们主张从管理者的实际经验，特别是成功的管理者的经验中去寻求管理活动的一般规律和共性的东西，并使其系统化、理论化，以此指导其他的管理人员和管理工作。该学派理论为管理学的案例教学法提供了重要的理论依据，并在培养高层次管理人员方面取得良好效果，如哈佛大学商学院的MBA教育就是以其经典的案例教学享誉全球的。

经验主义学派认为，管理学就是研究管理经验，通过研究实践中成功的经验和失败的教训，经过反复学习和实践自然就能领会和应用有效的管理方法。因此，这一学派的最主要特色是注意管理实践中的管理经验，并加以概括、总结出他们成功经验中具有共性的东西，然后使之系统化、合理化，并据此向管理人员提供实际建议。他们认为管理知识的真正源泉就是大公司中成功管理者的经验，主要是他们非凡的个性和杰出的才能，而这正是任何管理论都难以完整描述的内容。

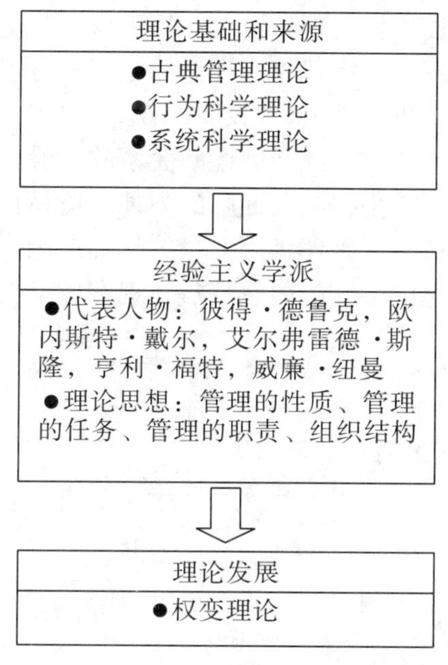

图 12－6　经验主义学派

经验主义学派的方法可以说在管理理论丛林中较具特色，但他们受到了许多管理学家的批评。著名管理学家孔茨在他的《管理学》一书中指出："没有人能否认对过去的管理经验或过去的管理工作'是怎样做的'进行分析的重要性，但未来情况与过去完全相同是不可能的。确实，过多地依赖于过去的经验，依赖历史上已经解决的那些问题的原始素材，肯定是危险的。其理由很简单，一种在过去认为是'正确'的方法，可能远不适合于多少类似过去的未来情况。"这段话说明，由于管理环境一直处于变化之中，过分地依赖未经提炼的实践经验和历史来解决管理问题是无法满足需要的。

（二）经验主义学派对权变学派的影响

经验主义学派是一个历史悠久的学派，它对其后产生的许多学派都有着重要的影响，尤其是对权变学派的影响。

权变理论学派同经验主义学派有密切的关系，但又有所不同。经验主义学派的研究重点是各个企业的实际管理经验，是个别事例的具体解决办法，然后才在比较研究的基础上做些概括；而权变理论学派的重点则是通过大量事例的研究和概括，把各种各样的情况归纳为几个基本类型，并给每一类型找出一种模型。所以它强调权变关系是两个或更多可变因数之间的函数关系，权变管理是一种依据环境自变数和管理思想及管理技术因变数之间的函数关系，来确定的对当时当地最有效的管理方法。

第三节　权变理论的应用场景及现实意义

一、权变理论在人员异动管理中应用

（一）权变理论在人员异动管理中的应用概述

人员异动处于不断变化的内外环境中。这里从权变理论的内涵特点入手，剖析其在人

员异动管理中应用的依据，提出权变理论可以在环境诊断及适应、管理者权变素质培养方面提供借鉴。在人员异动管理中，完善权变理论的应用，可以实现异动管理绩效的最优。

权变理论也称情境理论、机变理论，“权”即权益，“权变”即衡量是非轻重，因事制宜，它是研究组织与环境的主要变量以及彼此间关系的一般模型。该理论认为，环境与管理之间存在着一种函数关系，其中组织所面临的内外环境是自变量，而管理的理论、方法和技术是因变量。所谓函数关系就是作为因变量的管理理论、方法和技术，是随着作为自变量的环境条件的变化而变化的。它的内涵特点体现在以下三个方面（见图 12－7）：

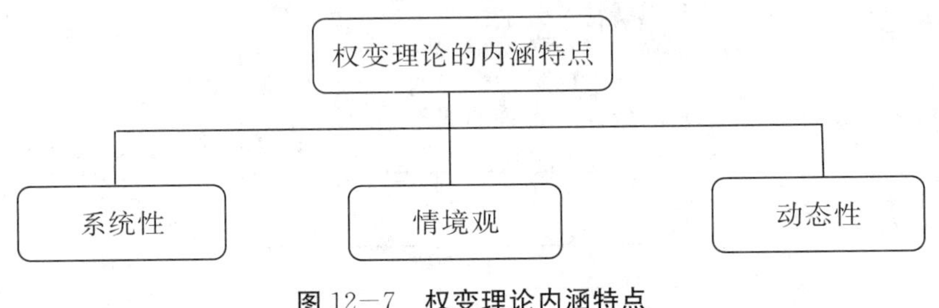

图 12－7　权变理论内涵特点

1. 系统性

权变理论的系统性认为，管理的各种因素是共存于一个统一联系的整体内。在选择管理方式时，必须从事物的全局和整体出发考虑问题。同时，管理不是一种与外界隔绝的活动，管理人员是在特定的文化价值准则和体制内管理组织、做出决定的，因而管理具有“开放系统”的特点。权变管理理论通过分析组织的各子系统内部和各子系统之间的相互联系，以及组织和它所处的环境之间的联系，来确定各种变数的关系类型和结构类型。

2. 情境观

权变理论不承认无条件的最优，只承认限制条件下的最优，认为不存在绝对的最优化，只有相对的优化或者只有在限制条件下的优化。权变理论企图在各种情况和条件下都能自动寻找到在限制条件下的最佳目标，选择最优方案和措施，即适合的就是最好的，认为管理的理论、方法和技术使用的有效性取决于它与管理情境的匹配程度。权变理论的情境观强调：每一个组织都有其相对独立之处，把握对组织做出的管理反应起决定性作用的内外环境这一管理情境特征的变化，做出正确的管理反应，是管理工作的制胜之道。

3. 动态性

依照辩证唯物主义的哲学观点，“唯一不变的就是变化”。权变理论率先提出管理的动态性，认为在管理中不存在一成不变的、普遍适用的、最好的理论和方法，而应该根据实际情况随机应变，其实质是反对永恒不变。权变理论的动态性特点要求管理理论、方法和技术要因人、因事、因时、因地而异，针对各类相互制约、相互影响的复杂因素，在发展变化中把握必然和偶然、原则和灵活的关系，以变对变，这样才能有效地掌握管理的本质。

（二）权变理论在人员异动过程中应用的依据

1. 人员异动模型是一个内外开放的系统

对于人才的流动问题，管理就是分析影响员工留驻的内外部环境因素及各种因素的相互关系，分析人员异动系统内各子系统彼此之间的相互关系，根据本企业的实际情况，有的放矢地寻求解决某一具体问题的恰当方法。一方面，企业是社会大系统中的一个子系统，人员异动又是企业子系统的重要组成部分，人员异动和企业、社会之间是相互联系、相互作用的，社会上的政策、观念、经济、文化等各种要素，都在影响着人员异动模型中来自环境方面的吸引力或者排斥力；另一方面，人员异动又是和企业人才管理体系的入口环节、配置环节、使用环节和出口环节在一定目标下组成的复杂系统。人员异动管理是企业领导及其主管部门对系统进行计划、组织、协调、控制、监督等的一系列活动。一个系统的变化会引起另外其他几个子系统的变化，管理者要注意协调各子系统之间的动态联系，从整体出发去做好人员异动管理各阶段的工作，使各阶段的工作都围绕人员异动整体目标高效运转。

2. 人员异动模型中的各要素是动态变化的

权变理论的核心是实行动态管理，强调用发展的眼光看待管理，动态管理的前提在于环境的变化，企业的变化必然对人员异动带来影响。由于受到企业内部条件等许多因素的影响，需要用整体的、系统的观点来看待激励。

（1）提供好的工作环境。组织的人力资源往往具有比较强的独立性、自主性，所以他们在个人自由方面的需求比较强。他们不再是组织的螺丝钉，组织领导把他们安到哪里都可以，而是富有活力的细胞体；他们更喜欢自主的工作环境，强调工作中的自我引导，不愿俯首听命。他们不喜欢受制于人，也不愿意受制于物，他们喜欢宽松的工作环境和灵活的工作时间。他们拥有组织生产手段意义上的知识，具有某种特殊技能，依靠这种保障，他们往往更倾向于有自主的工作环境，独立自主地从事各项活动，更强调工作中的自我引导。在工作中，他们要求给予自主权，能按照自己认为最有效的工作方式出色地完成任务。

（2）全面的薪酬。知识经济时代，企业人力资源的薪酬不再是简单的收入分配问题，而成为他们价值实现的一种形式，因此，合理的薪酬制度不仅是吸引和留住组织核心人才的前提，也是人力资本不断增值的重要基础。所谓全面的薪酬，就是组织将支付给员工的薪酬分为“外在”和“内在”两大类。“外在薪酬”主要指为员工提供的可量化的货币性价值。比如，基本工资、奖金等短期激励薪酬，股票期权、认股权、购买公司股票、股份奖励等长期激励薪酬，退休金、医疗保险等货币性福利，以及公司支付的其他各种货币性开支，如住房津贴、俱乐部会员卡、公司配车等。“内在薪酬”则是指那些给员工提供的不能以量化的货币形式表现的各种奖励价值，它是基于工作任务本身的报酬，比如，管理层对其工作的支持、对其业绩的承认和对其个人的信任，吸引人的公司文化、良好的人际关系、相互配合的工作环境、参与决策等。“外在薪酬”与“内在薪酬”构成完整的薪酬体系，比较而言，“内在薪酬”对人才具有更大的吸引力。实践证明，由于人才对组织的期望和需求是全面的，其中既包括物质需求，更包括高度的精神需求，因此给他们提供和他们工作绩效相挂钩的工资、福利待遇等外在薪酬，同时给予他们信任、支持和对其业绩的承认等内在薪酬是吸引和留住人才的需要，也是他们对组织提出的要求。

（3）培育以人为本的组织文化。企业文化是企业在长期的运营实践中所凝结起来的企业价值观和企业精神，其对企业员工的行为方式和习惯会产生强烈的影响。健康向上的组织文化能在组织中创造出一种奋发、进取、和谐、平等的组织氛围和组织精神，为全体员工塑造强大的精神支柱，形成坚不可摧的生命共同体。以人为本的现代组织文化，指的是现代组织的文化价值观应建立在注重人的能力充分发挥这一基石之上，组织的一切经营管理活动都围绕如何正确发挥人的能力而展开。通过建设以人为本的组织文化，实现人尽其能，人尽其用，高效开发人力资本的能力与潜力，但同时，企业文化也要在适应新的工作和报酬方式中不断做出调整和改变。在构建“以人为本”的企业文化中应遵循下述几条价值观：学习是最自然的本能；学习和发展可推动创造性、参与性和贡献；每个人都有工作、改进工作和支持他人进步的义务；人们拥有自己所创造出的东西；如果人们得到重视，他们会需要工作并喜欢它。

经营始于人，终于人，人才培育成功，企业才能发展；人才培育失败，企业也将灭亡。所以，随着知识经济的到来，随着超竞争环境的到来，企业人力资源管理是企业的重中之重，是值得每一位企业管理者去关注的事情。

（三）权变理论应用案例及分析

在20世纪80年代，艾珂卡因拯救濒临破产的美国汽车巨头之一克莱斯勒公司而声名鹊起。今天，克莱斯勒公司又面临另外一场挑战：在过热的竞争和预测到的世界汽车产业生产能力过剩的环境中求生存，为了渡过这场危机并再次成功地进行竞争，克莱斯勒不得不先解决以下问题：

首先，世界汽车产业的生产能力过剩，意味着所有汽车制造商都将竭尽全力保持或增加它们的市场份额。美国的汽车公司要靠增加投资来提高效率，日本的汽车制造商也不断在美国建厂，欧洲和韩国的厂商也想增加他们在美国的市场份额。艾珂卡承认，需要对某些车型削价，为此，他运用打折扣和其他激励手段来吸引消费者进入克莱斯勒的汽车陈列室，可是，艾珂卡和克莱斯勒也认为，价格是唯一得到更多买主的方法，但从长期性来看，这不是最好的方法。克莱斯勒必须解决的第二个问题是改进它所生产汽车的质量和性能。艾珂卡承认，把注意力过分集中在市场营销和财务方面，而把产品开发拱手让给了其他厂家是不好的，还认识到，必须重视向消费者提出的售后服务的高质量。艾珂卡的第三个问题是把美国汽车公司（AMC）和克莱斯勒的动作结合起来。兼并美国汽车公司意味着克莱斯勒要解雇许多员工，这包括蓝领工人和白领阶层，剩余的员工对这种解雇的态度从愤怒到担心，这给克莱斯勒的管理产生巨大的压力：难以和劳工方面密切合作、回避骚乱，确保汽车质量和劳动生产率。

为了生存，克莱斯勒承认，公司各级管理人员与设计、营销、工程和生产方面的员工应通力协作，以团队形式开发和制造与消费者的需要相匹配的质量产品，克莱斯勒的未来还要以提高效率为基础。今天，克莱斯勒一直注重降低成本、提高质量并靠团队合作的方式提高产品开发的速度，并发展与供应商、消费者的更好关系。在其他方面，艾珂卡要求供应商提供降低成本的建议——他已收到上千条这样的提议，艾珂卡说，降低成本的关键是“让全部1万名员工都谈降低成本”。

艾珂卡现已从克莱斯勒公司总裁的职位退休，有些分析家开始预见克莱斯勒的艰难时光。但一位现任主管却说，克莱斯勒有一项大优势：它从前有过一次危机，却渡过了危机并生存下来，所以，克莱斯勒能够向过去学到宝贵的东西。

1. 如何用当代管理学方法解决克莱斯勒面临的问题

艾珂卡提出四种方法解决面临的问题，基本上都是头痛医头、脚痛医脚的方法。在当代，要解决困境，很重要的一点是用户至上，一般以用户的需求作为开展业务的出发点；企业要有新的社会责任理念开展业务活动；革新产品结构，不断推出科技含量高的产品供应市场；明确为人服务等等。

2. 如何用权变管理的思想解决克莱斯勒面临的问题

权变管理思想就是在客观环境不断变化的条件下，企业的经营行为要适应这种需要，不断提出新措施。根据克莱斯勒的情况，先要运用各种措施处理好积压的汽车，这是回笼资金的重要办法；生产改进型的新汽车供应市场，争取有高的资金回报率；处理好与员工的关系，提高他们的积极性。其中对剩余员工的安排，应效仿日本企业的做法，较少去解雇，而应以发展经济去容纳较多的员工。

3. 克莱斯勒在今天该怎么做

在今天，克莱斯勒公司应把握住网络化、知识化、信息化的条件，充分获取各种信息，开展自己的业务。“三化”是相辅相成不可缺少的，这要求克莱斯勒公司要多吸纳有用人才，壮大智囊团力量，这是壮大经济的保证；还要有可持续发展的理念，拥有各类资源；用好各类资源；最后按需要用的各种办法来发展经济。

二、权变理论的意义

在全球经济一体化日益深入、组织所面临的内外环境更加复杂的情况下，对权变管理理论进行系统审视，对于提高我国企业的管理效率和思考管理理论与实践的契合问题是非常必要的。

（一）权变管理理论的产生是管理实践的需要

在人类社会的管理实践活动中，对“权变原则”一直都很重视。孔子的“因材施教”教育思想一直影响到当代的教育培训。在军事管理中，著名军事家孙武在《孙子·虚实篇》中写道：“兵无常势，水无常形。”特别强调将领指挥战争“因势利导，因变制胜”。例如，战国时孙膑用“减灶”之术战胜庞涓。事隔几百年，公元115年，东汉安帝元初二年，虞诩却用“增灶”术让羌军以为汉的援军已到，不敢追击虞军，使虞诩顺利地达成了增援东汉武都的目的。减灶、增灶不拘一格，孙膑、虞诩均“因变而制用”，协助管理人员鉴别、评估和比较物流战略和战略上的可选方案。决策分析也以战略上的和可评价的问题为特征，与管理控制不同的是，决策分析的主要精力集中在评估未来战略上的可选方案，并且它需要相对松散的结构和灵活性，以便作范围较广的选择。因此，用户需要有更多的专业知识和培训去利用它的能力。既然决策分析的应用要比交易应用少，那么物流信息系统的决策分析趋向于更多地强调有效而不是强调效率。

表 12—3　权变理论的优势与批评

权变理论的优势	1. 理论得到了大量以经验为依据的研究的支持
	2. 通过思考工作情境对领导者的影响，权变理论拓展了对领导力的理解
	3. 权变理论有预见性，提供了关于特定情境下可能有效的领导模式的有用信息
	4. 这个理论是很方便的，因为它不要求人们在任何情况下都有效率
	5. 权变理论为团队提供了一些关于领导者风格的数据，它们对于更全面地描述领导方式比较有用

续表12－3

<table>
<tr><td rowspan="2">权变理论的批评</td><td>1. 权变理论无法解释为什么有着特定领导风格的个人在一些情境中比在另一些情境中更有效率</td></tr>
<tr><td>2. 第二个批评观点是针对 LPC 问卷的。因为它看起来似乎并非有效，也没有很好地与其他标准领导力测试相联系，并不容易正确无误地填写完</td></tr>
</table>

（二）权变管理理论的积极意义

历史上，关于权变管理理论已经有了很多的评论，褒贬不一，姚炜在其硕士论文中从管理思想和管理哲学的角度给出了“取法乎上，得乎其中”的中肯评价。本书在此不想进一步详细地探讨权变管理理论的积极意义，只是针对我国当前企业管理中的一种现象谈一个方面的重要意义。权变管理理论将无意识的“权变原则”（隐性知识）变成了有体系的理论（显性知识），使得“权变原则”可以被传播、理解、接受、实践、争论和扩展。权变管理理论明确地要求管理者应根据组织的环境采取相应的组织结构、领导方式和管理方法。在知识经济、信息经济时代，随着全球经济一体化的日益深入，组织所面临的内外环境日益复杂，这就更要求管理者保持清醒的头脑，认真分析，灵活决策。然而事实上，我国有些企业认为先进的管理就是采用先进的管理理论，所以盲目上马“ERP”，“大搞流程再造”，急急忙忙地建设“学习型组织”，甚至有些企业大张旗鼓地“造文化”，结果使得企业负债累累、步履维艰。例如，科龙集团曾大力开展“万龙耕心”的企业文化建设，可是却惨淡收场；再如，美国联合邮包服务公司（UPS）在邮件的递送工作中仍然采用泰勒的科学管理理论，但是他们取得了巨大的成功，联邦捷运公司每人每天只能取运 80 件，可 UPS 却能取运 130 件之多。权变管理在这个层面上的积极意义值得我国的管理者认真思考。众所周知，随着博弈论的发展和信息经济学的深入研究，人们越来越关注变化的、不确定的事物，“战略”已经成为一个高频词汇。在博弈论中，战略的定义是“contingent action plan”即“相机”行动方案。我们注意到“contingent”就是“contingency”的形容词，从这个方面来看，我们应该对“权变”给予足够的重视。另外，根据前文谈到的“权变原则”在人类社会管理实践活动中的地位，我们也应该对“权变”给予足够的重视。但是截至 2005 年 4 月 26 日，以“权变管理”为关键词检索项在 CNKI 上检索，仅有 45 篇文章，而与“管理”有关的文章有 60 万篇之多。从上面的分析我们可以看到，我国企业界和管理理论界对权变管理理论未给予应有的重视，本书期望通过对权变管理理论的系统审视来引起理论界和企业界对权变管理理论的重新重视。

权变理论具有以下几点突出的优势：

第一，其理论得到了大量以经验为依据的研究的支持。在流行报摊上充斥着“如何成为一名成功的领导者”之类书籍的时代，权变理论提供了一个有着悠久传统的研究方法。许多研究者检验后都发现它是能够解释如何获得有效领导的可信的学说，也就是说，权变理论在研究方面是有基础的。

第二，通过思考工作情境对领导者的影响，权变理论拓展了我们对领导力的理解。在权变理论发展之前，领导力理论主要着重于探讨是否存在一种单一的、最好的领导方式（如特质学说），而权变理论则强调了领导者风格和不同情境要求之间的关系。事实上，权变理论将重点转移到了领导情境上，特别是领导者与工作情境之间的关联上。

第三，权变理论有预见性，因此提供了关于特定情境下可能有效的领导模式的有用信息。根据“最难共事者”测验（LPC）提供的数据和三个情境变量的描述（即领导者—下属关系，任务结构和职位权力），我们可以判断某个人在特定的情境下成功的概率。这使得权变理论具备了其他领导力理论所没有的预见性和判断力。

第四，这个理论是很方便的，因为它不要求人们在任何情况下都有效率。团队的领导者们常常觉得自己有必要成为万能的人，但这对于领导者而言要求过分了。权变理论认为领导者不该希望自己在所有情况下都能领导，公司该尽量将领导者安置在与他们的领导风格相符的工作岗位上，当领导者明显被放在错误的情境中时，就该调整工作情境变量或者把领导者调动到另一个岗位上。权变理论使领导者与其所处的工作情境相符，但是没有要求领导者适合每一种情况。

第五，权变理论为团队提供了一些关于领导者风格的数据，它们对于更全面地描述领导方式比较有用。LPC 测验得分和人力资源计划中的另一些评估结合，可以构成员工个人资料，这些资料可用于决定员工在哪个岗位上工作才能最好地为公司服务。

（三）对权变管理理论的批评

尽管许多研究都强调了权变理论的有效性，但针对权变理论还是有许多批评意见。对这些批评意见的简要讨论将有助于澄清权变理论作为一个领导力理论的整体意义。

首先，权变理论无法解释为什么有着特定领导风格的个人在一些情境中比在另一些情境中更有效率。费德勒（1993）称之为“黑匣子”问题，因为在试图解释为什么任务驱动型领导者擅长处理极端情况而关系驱动型领导者擅长中间情境的时候，仍有一些难以捉摸之处。

这个理论提供的关于“最难共事者”测验得分低的人在极端情况下十分有效率的原因是：这些人在享有大量控制权、能强有力发挥自身能力的情况下，做事能够更有把握。另一方面，那些 LPC 测验得分高的人不适应极端情境的原因是：当他们有大量控制权时，他们往往反应过激；而当他们的控制权过少时，他们又因不过分关注人际关系而无力完成任务。在中间情境下，LPC 测验得分高的人有效率，因为他们能处理好人际关系；而 LPC 测验得分低的人因缺乏确定性，易被这一问题困扰。

第二个批评观点是针对 LPC 问卷的。因为它看起来似乎并非有效，也没有很好地与其他标准领导力测试相联系，并不容易正确无误地填写完。LPC 测验的问卷通过让一个人描述另一个人的行为特征来衡量描述者的领导风格。因为这个测试源于推测，而描述者又很难明白在这个问卷里他们对别人的描述是自己领导风格的反映，从表面上看也很难理解为什么通过你对他人的评估可以测出你自己的领导风格。

权变理论的支持者对于这种批评的问答是这样的：LPC 测验是用来衡量个人动机层面的因素。看重任务的领导者以一种否定的目光看待他们不愿与之共事的共事者，因为这些人阻挠他们完成任务，他们首要的目标就是完成工作，其后才是对他人观点的关注。另一方面，看重关系的人则以更为积极的态度来看待他们不喜欢的人，因为他们的首要目标就是和别人友好相处，其次才是完成任务。简而言之，通过评估领导者对阻挠其完成任务者的态度，LPC 测验得以判断其领导风格，但是这一结论让人难以信服。

虽然这个表格只需几分钟就能完成，但 LPC 测验的说明并不清楚。它没有完全解释清楚答卷者如何选择他最喜欢的合作伙伴，在区分最喜欢的合作伙伴和最想要的合作伙伴时，一些人可能会困惑，因为UC测验得分是用来测试选谁做合作伙伴，但LPC测验并没有清晰说明如何选择自己喜欢的合作伙伴这一问题，这就带来了许多困难。

为了支持LPC测验的再测信度，费德勒和他的同事提出了一些研究结果，但是由于它缺乏效度而使许多实践者仍对此心存怀疑。

关于权变理论的另一个批评意见是它在实际工作情境中运用非常麻烦。它需要对领导者的领导模式和其他三个方面的要素（领导者—下属关系、任务结构和职位权力）进行评价，而每一个要素都需要不同的工具或手段来加以确定。在正在运作的组织中实行这样一套调查会很困难，因为它打断了组织内部的交流和运作链。

对权变理论的最后一项质疑是：当领导者与其所处的工作情境不匹配时，该理论无法充分说明组织应当采取什么措施。这是一个针对个人的理论，也就是说，权变理论并没有告诉领导者该如何调整自己的领导模式来适应工作情境，以便于改进自己在组织中的领导作用。此外，这一方法还有可能使领导者把注意力转向所谓的“情境工程”，这意味着从本质上对工作情境进行改造，使其适应自己的领导模式。尽管费德勒和他的同事争辩道，所有的情境都可以通过在一定程度上的改变来适应领导者的领导模式，但在理论中并没有明确指出如何进行这样的调整。

实际上，改变工作情境以适应领导者领导模式并不是很容易的。例如，如果一个领导者的领导模式与一个结构散乱、职位权力低的情境不相匹配，那么，他也无法使这一组织的结构明晰，更无法提高自己的职位权力。类似的，在组织中管理级别的提升就意味着领导者可能进入一个完全陌生的、与其领导模式不相匹配的新的工作情境中去。例如一个LPC测试得分高（即具有关系导向）的领导者也许会被晋升到一个具有良好的领导者—下属关系、清晰的任务结构以及较高的职位权力的工作岗位上，而根据权变理论，这一情况会导致其工作效率低下。当然，对于一个公司而言，能否进行这样的改变也是很值得怀疑的——在大多数情况下这被认为是过于理想化的。总的来说，改变工作情境可以带来积极的效果，但是这一建议对于各个组织而言，其可操作性是很值得怀疑的。

本章小结

权变理论又称应变理论、权变管理理论，是20世纪60年代末70年代初在经验主义学派基础上进一步发展起来的管理理论，是西方组织管理学中以具体情况及具体对策的应变思想为基础而形成的一种管理理论。

权变理论的中心思想是：(1) 企业组织是社会大系统中的一个开放型的子系统，受环境的影响。(2) 组织的活动是在不断变动的条件下以反馈形式趋向组织目标的过程。(3) 管理的功效体现在管理活动和组织的各要素相互作用的过程中。

权变理论的理论渊源：在60年代盛行一时的系统管理理论，到70年代就开始“退热”了。权变理论的权变观符合具体问题具体分析的原理，与教条主义地套用寻求万能理论模式比较起来是科学的。与此同时，它比系统管理理论站得更高，能把整个社会看成是一个完整的系统，而把企业视为社会系统中的一个子系统，强调组织的开放性、动态性和权变性，它有利于促进企业管理的合理化和科学化。权变学派提出的权变观与经验学派相比较，权变学派把“情景论”从一般方法提高为管理思维的基本原则，并且极力地突出这一原则。在研究方法上它不同于经验学派，仅仅停留在案例的分析研究上，而是企图在大量案例研究的基础上，把千变万化的具体情况概括为若干个类型，然后为每种类型找到一种最优的管理模式。

权变理论具有以下几点突出的优势：第一，其理论得到了大量以经验为依据的研究的支持。第二，通过思考工作情境对领导者的影响，权变理论拓展了我们对领导力的理解。第三，权变理论有预见性，因此提供了关于特定情境下可能有效的领导模式的有用信息。第四，这个理论是很方便的，因为它不要求人们在任何情况下都有效率。第五，权变理论为团队提供了一些关于领导者风格的数据，它们对于更全面地描述领导方式比较有用。

尽管许多研究都强调了权变理论的有效性，但针对权变理论还是有许多批评意见，首先，权变理论无法解释为什么有着特定领导风格的个人在一些情境中比在另一些情境中更有效率。第二个批评观点是针对 LPC 问卷的。因为它看起来似乎并非有效，也没有很好地与其他标准领导力测试相联系，并不容易正确无误地填写完。对权变理论的最后一项质疑是：当领导者与其所处的工作情境不匹配时，该理论无法充分说明组织应当采取什么措施。

本章关键词

权变理论　权变理论的制约因素　权变理论的中心思想　组织结构研究　领导方式研究　一般权变理论　环境变量　管理变量　权变理论学派　系统管理学派　经验主义学派　“最难共事者”测验（LPC）

思考题

1. 权变理论的代表人物有哪些？分别阐述他们在组织结构和领导方式上的观点。
2. 权变理论的主要内容是什么？
3. 阐述系统管理学派的观点是什么以及对权变学派的影响。
4. 阐述经验主义学派的观点是什么以及对权变学派产生的影响。
5. 权变思想的主要贡献有哪些？该理论思想还有哪些不足之处？

美国西南航空公司的权变之策

一、背景

罗林·金，这位哈佛商学院毕业的高才生，在长期从事经济咨询的工作中发现了一个极具潜力的市场，即哈德逊、圣·安东尼奥、德拉斯三角地带蓬勃兴起的，尚未满足巨大需求的航空业。罗林·金认为，该地区当时虽然拥有两家组织机构庞大、很有影响的国际航空公司——布莱尼和得克萨斯，布莱尼公司的航域是美国西部，得克萨斯公司的航域遍及西南部，但它们主要是经营长途航运。市场的巨大需求使它们无暇顾及本小利薄的短途运输，尽管当地居民似乎更需要短途运输。已有的两家公司虽然业务繁忙，但公司的形象却不咋样，用罗林·金的话说，服务糟透了，最糟糕的就是不守时，常常事先不做任何声明和道歉就随意取消航班。

二、西南航空公司的创立

有鉴于此，罗林·金觉得该三角地带极具投资价值，有赚钱的机会，于是，在进行充分的市场调查和分析的基础上，于1967年，罗林·金筹集资金，购买了打折的二手大型客机，并为他刚刚诞生的“西南航空”设计了海报。该公司的航空小姐们身着粉红色的超短裙，微笑地分发着公司的传单。这些传单上赫然印着以浪漫爱情之旅为主题的宣传广告。“相信短暂的空中浪漫可以改变你的一生”“48分钟恋爱故事”等大胆广告使那里的人们好奇地议论着——想想看，那可是60年代的美国，而不是今天的美国！除了大胆的广告之外，西南航空公司决定以低价打开市场，将价格定位在20美元的标准上，尽管前述两家大公司的价格在相同航距上定为27～28美元。

三、厄运降临

虽然西南航空公司广告新奇、价格低廉，且服务上乘，乘客纷至沓来，但仍摆脱不了亏本的阴影，加之布莱尼公司在同一航线上的长达两个月的半价服务，使这个刚刚诞生的竞争者厄运当头，面临关门的境地。何去何从，是坐以待毙？还是主动出击？

四、权变之策

罗林·金等经理层人员经过审时度势，选择了主动出击的方式，采用了一系列权宜之策。西南航空公司在准确的可行性研究的基础之上，针对自己面临的困境，主要采用了如下策略。

1. 为了保证70%的市场份额，首先进行市场细分，然后把服务对象定位于因公出差和旅游观光两大类特定的服务群上，向他们提供晚上8点以后及周六周日的打折服务。

2. 主动出击，向布莱尼全面宣战。西南航空公司主要从广告方面下大功夫，同时提高服务质量。

3. 加强公司的管理，一切围绕效率转。

通过上述系列措施，西南航空公司不仅从面临绝境的艰难困苦中走了出来，而且还在航运业中脱颖而出，挤垮了昔日比西南航空公司强壮几十倍、屡屡蔑视它、排挤它的布莱尼公司，最终布莱尼公司宣布破产了，而西南航空公司却成功了。

现在，西南航空公司的短途运输已扩展到了整个美国西部，它的近百架客机往返穿梭于30多个城市之间，它的股票已在纽约证券交易所榜上有名，其年产值已突破亿元大关。毫无疑问，罗林·金是一位优秀的企业家。他作为一个强大的西南航空公司的缔造者，或许从未理会书本上那些呆板的框框架架，从未照搬那些伟大的经典理论来管理自己的企业，而是靠勇气、靠权宜应变，闯出了一条“西南航空”自己的成功之路，即极具西南航空公司个性的经营管理模式——以“高效迅速”为核心的航运体系，这其中具体蕴含了以下四个基本原则：

1. 简易操作。西南航空公司只拥有一种型号的班机，与之配套的设备保养系统也只有一套。短距离运输，不提供任何餐饮服务；在销售环节上，让服务人员在乘客登机前就地设置售票登记，对乘客进行直接的现金服务。

2. 高效率、高产出。每一架西南航空公司的班机每天在空中飞行的时间长达11个钟头，并且在相邻的两个航班间，最多只允许有10分钟进行休整调头。

3. 瞄准一个市场——短距离大众客运。每条航线的飞行距离都不会超过2个小时。在短途客运上，西南航空公司有实力与地面上跑的汽车和长途巴士一争高低。

4. 集中客运业务。在经营中，西南航空公司拒绝了无数次拓展到货运业务的提议。这些原则为西南航空公司的逐步壮大和发展打下了坚实的基础。

思考题

1. 罗林·金在创立公司时，为什么会选择当地的短距离运输市场？
2. 为什么罗林·金刚一起步就面临着关门停飞的厄运？
3. 此案例给你什么启示？

参考资料

[1] 程国平、刁兆峰：《管理学原理》，武汉理工大学出版社，2002年版。

[2] 唐卫、程勇、陈祖新、韩培立：《论权变理论及其发展》，载于《合肥工业大学学报》（社会科学版），1990年第2期。

[3] 赵宇：《权变理论在人员异动管理中应用的思考》，载于《经济师》，2009年第4期。

[4] 陈振华：《权变理论与领导行为》，载于《福建行政学院福建经济管理干部学院学报》，2000年第2期。

[5] 刘刚：《权变的境界》，载于《数字商业时代》，2006年第10期。

[6] 邹文娜、胡晶：《权变管理理论初探》，载于《内蒙古科技与经济》，2006年第10期。

[7] 阎德民、王西昆：《权变领导理论评》，载于《领导科学》，1988年第6期。

[8] 姚炜：《权变管理理论研究》，载于《管理哲学》，2003年第4期。

[9] 初晓：《权变式知识管理与知识创新管理方法研究》，载于《企业管理》，2006年第1—3期。

[10] 宋峥嵘：《浅谈权变理论在现代企业管理中的运用》，载于《北方经贸》，2006年第11期。

[11] 文东华、潘飞、陈世敏：《环境不确定性、二元管理控制系统与企业业绩实证研究——基于权变理论的视角》，载于《管理世界》，2009年第10期。

[12] [美] 诺斯豪斯：《卓越领导力：十种经典领导模式》，王力行、王怀英、李凯静、吴纪明译，中国轻工业出版社，2003年版。

[13] Helmy H. Baligh，Richard M. Burton. Organizational consultant：creating a useable theory for organizational design. *Management Science*. 1996.

[14] Rui Sousa，Christopher A. Voss. Contingency research in operations management practices. *Journal of Operations Management*. 2008，(26)，6，697—713 .

[15] [美] 海因茨·韦里克、[美] 哈罗德·孔茨：《管理系精要国家化视角》，马春光译，机械工业出版社，2009年版。

[16]《权变理论学派代表人物——琼·伍德沃德》，载于《现代班组》，2012年第9期。

[17] 陈振华：《权变理论与领导行为》，载于《福建行政学院福建经济管理干部学院学报》，2000年第6期。

[18] 沈正宁、林嵩：《基于权变理论的组织结构设计研究》，载于《生产力研究》，2008年第7期。

[19] 龚文、黄煜平：《权变理论下领导者个性研究》，载于《中国人力资源开发》，2007年第1期。

[20] [美] 卡斯特、罗森茨韦克：《组织与管理—系统方法与权变方法》，傅严等译，中国社会科学出版社，2000年版。

第十三章　权变理论的研究内容

本章结构

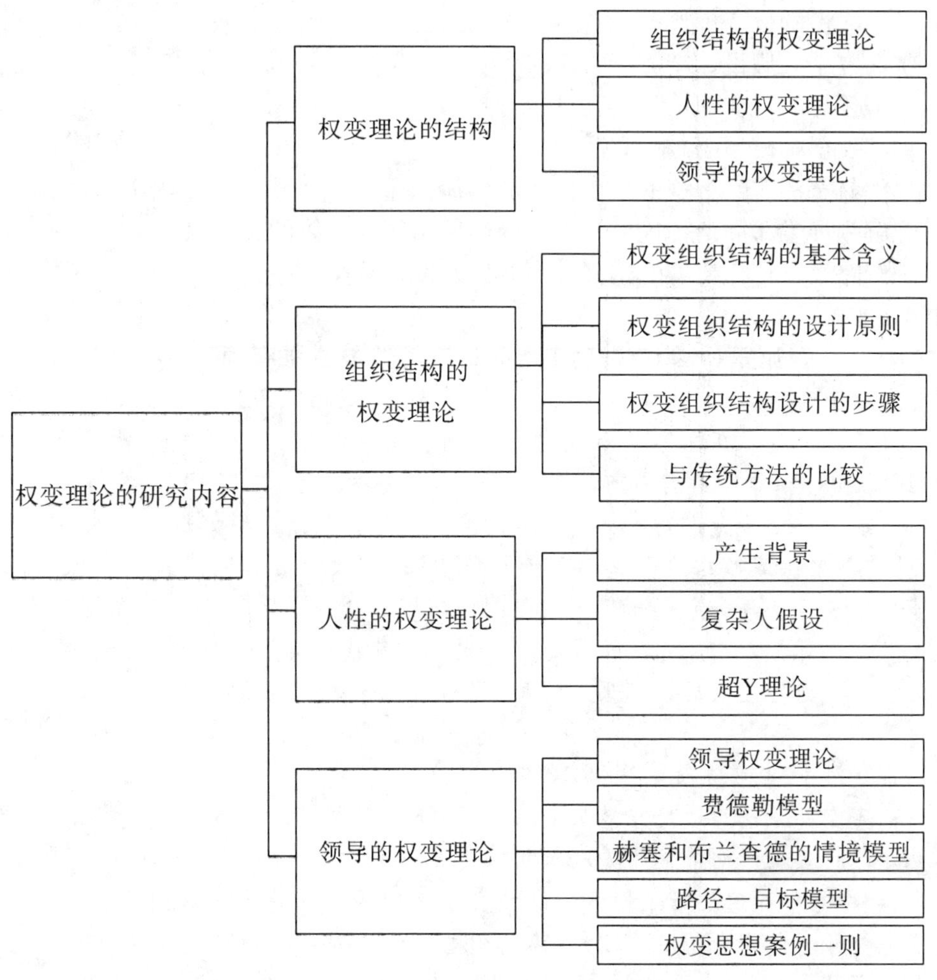

管理名言

1. 创新是企业家的具体工具，也就是他们借以利用变化作为开创一种新的实业和一项新的服务机会的手段。企业家们需要有意识地去寻找创新的源泉，去寻找表明存在进行成功创新机会的情况变化和其征兆。他们还需要懂得进行成功的创新的原则并加以运用。

——彼得·德鲁克

2. 情况是在不断地变化，要使自己的思想适应新的情况，就得学习。

——毛泽东

3. 现代管理最主要的任务是应付变化。

——卡斯特

4. 凡战者，以正合，以奇胜。故善出奇者，无穷如天地，不竭如江河。

——《孙子兵法·势》

本章学习目标

1. 了解权变理论的结构
2. 掌握权变组织结构的基本含义、设计原则与步骤以及与传统方法的比较
3. 了解人性的权变理论产生背景
4. 掌握复杂人假设，超 Y 理论
5. 了解领导的权变理论含义和产生背景
6. 理解费德勒模型的定义和内容
7. 理解赫塞和布兰查德的情境模型的具体描述
8. 理解领导生命周期理论的定义和内容以及四种具体的领导风格
9. 理解路径—目标模型的定义和内容以及四种分类

引例

《财富》：库克彻底走出乔布斯阴影 树立独有领导风格

苹果 CEO 向来是媒体关注的焦点，蒂姆·库克（Tim Cook）曾经以为，他做好了成为焦点的准备。毕竟，在乔布斯三次病休期间，库克都很好地填补了他离开后的空白。2011 年 10 月份，在乔布斯病逝前 6 个星期，库克最终成为苹果 CEO。然而，库克随后却发现，对于继承一个传奇人物衣钵所带来的挑战，他仍然没有做好准备。他不断听到外界的质疑声："苹果在蒂姆的治下失去了创新能力"；苹果需要推出廉价版 iPhone，以便与安卓智能手机进行竞争；库克永远无法复制乔布斯的神奇，因此苹果产品永远无法再做到"好得出奇"。实际上，在库克的领导下，苹果的运营状况良好，外界在这一点上几乎不存在争议。在乔布斯去世以后，苹果股价从拆股后的 54 美元一直上涨至 126 美元，公司市值也超过了 7000 亿美元，也是世界上第一家市值达到这一水平的公司。与此同时，苹果的现金储备超过 1500 亿美元，是 2010 年的 3 倍。

显然，库克如今已经适应了苹果 CEO 的角色，不仅不再刻意躲避闪光灯，还能利用媒体的关注，将焦点引向对他本人和苹果来说都十分重要的问题。去年 10 月，库克公开宣布"出柜"，结果让这位素来低调的高管成了全球关注的焦点。这同时也是财富 500 强企业中唯一公开同性恋身份的 CEO。库克还借助苹果提供给他的这个全球性平台，公开表达对各类问题的看法，比如人权、受教育机会、华尔街男女比例失衡、移民改革和隐私权等。库克甚至只身深入美国南方腹地（Deep South）及他的家乡阿拉巴马州的首府，让外界意识到当地种族不平等的悲惨现状。

实际上，库克在许多方面都不同于乔布斯。例如，乔布斯向来不热衷于解决社会问题。库克 1998 年从康柏加盟苹果，拥有丰富的公司运营经验，职业生涯早年曾供职于 IBM。这意味着，库克在苹果并不是那种所谓的"技术专家"，并不擅长解决产品开发、

设计和营销等重要事务。因此，他更像是一位信任球员的教练，而不是像乔布斯一样的幕后决策者。正是因为库克的这种领导风格，才使得苹果管理团队始终保持稳定。“他从未想过要成为另一个乔布斯，他只想做好自己。”苹果互联网软件和服务高级副总裁埃迪·库伊（Eddy Cue）这样评论库克，“他非常善于让我们做自己想做的事情，他只是站在一定高度来把控全局，只有在必要时干涉我们的工作，而乔布斯则是事无巨细”。

没有哪一个人像库克这样顽强地守护着苹果独特的企业文化——由乔布斯孕育的企业文化。但同时，库克也在逐步改造苹果，带领着它向既定的方向发展，而他也给这家公司注入自己独特的东西，按照自己的想法有条不紊地重塑苹果。如果乔布斯还活着，对于苹果当前这种变化，他是否感到满意，我们并不清楚，但这位谜一般的创始人在他人生最后的日子里曾告诫库克，千万不要活在自己的阴影里。有鉴于此，库克将带领苹果走向何方，乔布斯的看法又将如何，这个问题其实已无关紧要。

库克的领导风格与乔布斯有着天壤之别，但二人都不约而同专注于公司核心产品和长期发展方向。在投资者应该如何看待苹果的问题上，库克提出了自己的看法：“我们希望投资者具有长远眼光，因为我们在做决策时也基于同样的考虑。如果你是短期投资者，你当然有权买入你喜欢的股票，然后以自己喜欢的方式进行交易。这是你们自己的决定，但我希望每一个人都知道，这不是苹果的经营理念。”

颇具讽刺意味的是，正是在一位谨小慎微的CEO的领导下，苹果反而比以前更开放。在乔布斯时代，这位受人崇拜的掌门人严格限制员工与媒体的接触，但库克却主动向新闻媒体公开信息，引领了一个新时代。

这种开放姿态可以起到两种作用：一是确保全世界继续谈论苹果；二是适度满足团队的“虚荣心”，这也是留住人才的重要工具。“合格的教练很乐于和他的明星队员一起去接受媒体采访”，苹果前高管卡西说，“蒂姆就像是一个关注首席女歌手的大导演。只要票房收入高，歌剧导演愿意这样做”。

资料摘自：中文业界咨询站 http://www.cnbeta.com/articles/382237.htm，2016年6月。

第一节　权变理论的结构

20世纪60年代以前，心理学家主要从领导者的特质和行为来研究有效的领导行为。60年代后许多管理学家、心理学家提出了权变理论，认为领导行为的效率不仅取决于领导者的特质和行为，而且也取决于领导者所处的具体环境，例如被领导者的条件、工作性质、时间要求、组织气氛等。也就是说，有效的领导是由领导者、被领导者和环境条件三者所决定的，这些因素被称为权变因素。

权变理论把领导看作一个动态过程，领导行为应随着被领导者的特点和环境条件的变化而变化。领导的特质、行为、能力不是天生不变的，而是可以变化的，是可以在实践中逐步培养、形成和发展的。

权变理论的共同点在于，同时考虑领导者个人特质与情景特征在领导现象中的重要性，并探讨两者的搭配与领导者有效性之间的联系。该理论和领导行为理论最显著的差异在于，后者主张某种领导行为在所有情景中可能成为唯一的领导方式，而前者则认为不可能有一种放之四海而皆准的领导方式存在。

权变理论的研究始于 20 世纪 60 年代，并于 70 年代逐渐形成体系。其产生和发展反映了一定时代背景条件下实际管理活动的需要。系统管理学派以及经验管理学派是权变理论的两大渊源。系统观念为它提供了直接的理论模式和分析手段；经验管理学派注重研究特定情景和条件下的不同管理经验，同样否认有任何“普遍通用的管理准则”。另外，社会系统学派和社会—技术系统理论等管理学说对它也有一定影响。

权变理论的研究主要集中在 3 个方面（见图 13—1）：

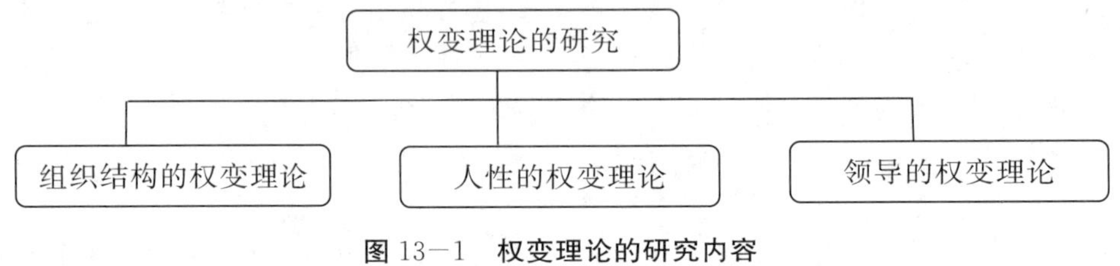

图 13—1　权变理论的研究内容

一、组织结构的权变理论

这类理论都把企业组织作为一个开放系统，并试图从系统的相互关系和动态活动中考察和建立一定条件下最佳组织结构的关系类型。例如，T. 伯恩斯等人关于环境和组织结构的研究认为，市场和技术环境的变化与组织结构的功能有关，在变动的环境中有机型结构组织有较好的适应力，在稳定的环境中机械型结构组织有较高的工作效率。P. R. 劳伦斯和 J·W. 洛尔施关于组织分化（组织和外界环境分别对应的程度）和整合（组织的统一和协调）的研究认为，组织分化程度和环境的稳定性成反比；而当分化少的组织采用集权结构，分化多的组织采用分权结构时，一般能较好地适应环境。J. 伍德沃德关于组织内工艺技术和结构的关系研究认为，企业的“工艺技术连续性”对组织结构有重要影响作用，大批量生产宜采用古典层峰结构组织，小批量单位生产宜采用灵活的有机结构组织。H. 黑格尔和 J. W. 斯洛克姆关于市场和产品特征的两维研究认为，根据市场变化的快慢和内部产品与工艺技术的差异，可把组织分解为四类与之相适应的结构模式，即产品事业部结构、矩阵组织结构、直线—职能组织结构和高度集权制组织结构。他们还提出企业组织结构既要有稳定性，也要有适应性，二者不可缺一。H. L. 托西和 S. J. 卡罗尔关于市场和技术特征的两维研究认为，根据市场或外部环境的稳定性和组织日常工作技术的变革速度，可分别建立四类与之适应的组织结构模式，即层峰结构组织，市场中心型组织，技术中心型组织和灵活的有机型组织。此外，还有一些研究探讨了组织开发策略，信息处理程序等因素与组织结构之间的权变关系。

二、人性的权变理论

认为人是复杂的，要受多种内外因素的交互影响。因而，人在劳动中的动机特性和劳动态度，总要随其自身的心理需要和工作条件的变化而不同，不可能有统一的人性定论。主要研究有 J. J. 莫尔斯和 J. W. 洛尔施的超 Y 理论。

三、领导的权变理论

认为领导是领导者、被领导者、环境条件和工作任务结构 4 个方面因素交互作用的动态过程，不存在普遍适用的一般领导方式，好的领导应根据具体情况进行管理。这方面比较有代表性的是F. 费德勒有效领导模式的研究和V. H. 弗罗姆等人关于领导参与模式的研究。

权变理论被一些研究者誉为未来管理的方向。它整合了管理学科某些方面的基本认识和方法，建立了多变量和动态化的新管理规定，它提倡实事求是、具体情况具体分析的精神，注重管理活动中各项因素的相互作用。但是，权变理论存在有些研究偏重组织的表面结构特征、不够深化、样本过小等方面的不足。

第二节　组织结构的权变理论

一、权变组织结构的基本含义

（一）组织“权变”的含义

组织“权变”的观点认为，世界上并没有最好的组织结构，传统的组织结构并非绝对一无是处，而现代的组织结构也不是绝对的完美。比较理想的组织结构设计，应该是同时运用现代的以及传统的组织设计原则与方法。所谓“最佳的”组织结构，应视各种情势而异，可以采用任何有效的组织结构形式。

今天组织结构的发展，已不像过去那样重视职责的严格分工，而是越来越重视弹性设计，在一些公司里，机械性的结构已为有机性的结构所取代。这种变化的新趋势反映了组织设计的一种新概念，即组织内部的职能设计必须与组织任务的要求、科技或外在环境的要求，以及组织成员的需要等相符合，组织才始终有效。

因此，研究组织结构的设计，不是设法找出可以适应任何情况的方案，而是研究组织的职能如何满足成员的需要以及怎样面对外来的压力。换言之，权变的组织结构是着眼于任务、组织及人员等三者的互相结合。

（二）四种影响组织结构的力量

管理学家夏悌（Y. K. Shetty）和卡利索（H. M. Carlisle）在研究权变的组织结构时认为，组织结构乃是四种影响力量的函数：一是经理人员的影响力，二是部属的影响力，三是任务的影响力，四是环境的影响力（见表13－1）。

表13－1　组织结构的权变理论的四种影响力量

1. 经理人员的影响力	如果一位经理人员认为部属生性懈怠，不思进取，缺乏想象，那他设计的结构也必将反映此种看法，不肯或不敢授权。相反，如果他对人的看法持Y理论，那么，他设计的结构也必然是便于分权、授权的
2. 部属的影响力	如果部属有争取自主的强烈欲望，极力希望有参与决策的机会，而且部属也具备这些方面的素质，那么，组织结构的设计也必须顾及员工的这些要求，组织的民主化程度就会提高
3. 任务的影响力	它往往反映科技的情况。适应简单任务的组织结构不一定适合复杂任务的完成，任务性质及难度不同，组织结构也可能不同
4. 环境的影响力	包括资源的可用程度、竞争的性质、市场的预知性以及公司的产品与服务的种类等。环境不同，组织结构也会不同

表 13－1 中的四种影响力量是彼此相互作用的，足以影响组织的设计，因此，需要随情势而权变。

一家公司自己应该清楚地知道，在什么情况下对某一结构有利，在什么情况下又对某一结构不利。有时需要的是较富有弹性的组织结构，而有时候也需要更具刚性的组织结构。正如夏悌及卡利索所言：一个适合于某一市场及科技环境的组织，在另一种市场及环境下，可能根本不能适应，甚至故障重重。一家公司生产标准化的产品，行销于稳定的市场，则其应有的组织形态可能完全不同于另一家生产高技术产品且行销于动态市场的公司。组织形态实在没有一种能普遍行之于任何情势的模式。

相关链接

北欧航空公司总裁卡尔森的通权达变

瑞典的北欧航空公司总裁卡尔森，这位全世界最年轻的航空公司总裁，就是一个深悉通权达变奥妙的经营者。他曾经整顿过三个垂危的公司，使其从亏损累累的窘境中转危为安。他对这三个企业所用的策略都不同，说明了所有策略必须因时、因地、因市场情况而变化。

卡尔森整顿的第一个公司是平安旅行社，当时他年方 32 岁，在 1974 年 6 月接掌总裁，属下有 1400 名员工。当时正值石油危机，机票价格节节上升，旅客不再利用包租方式来从事旅游活动，结果平安旅行社业绩下滑，处于亏损状态。

当时，旅行社与航空公司订约，在旅游地点设立服务部门，以及安排各项旅游活动，但是旅行社利润不多，公司愈花钱在行程、旅游方面的安排上，边际效益就愈少，而赔钱机会就愈大。也就是说，投资愈少，风险就愈少。

处在这种不景气的情况下，大多数经营者都会设法降低服务水准，以降低成本，但这样做只会使收益更少，甚至会造成严重问题。卡尔森并没有太多的选择，他的做法也是降低成本，但没有降低服务品质。当时平安旅行社一共有 21 万名顾客，其中有 4 万名顾客的旅游计划对公司而言并不赚钱，卡尔森决定放弃这 4 万名顾客的生意，全力服务那 17 万名顾客。

这样做使成本降低不少，公司可以重新调整组织结构，使它更富弹性，能够服务得更好。结果公司以更灵活的组织，承接了更多的客户，这么一来，公司终于脱困，并开始出现盈余。卡尔森在担任平安旅行社总裁的头一年，公司就赚到了有史以来最高的利润。

1978 年，卡尔森接任灵恩航空公司总裁的职位，开始整顿这家糟得不能再糟的公司。当年他 36 岁，是世界上最年轻的航空公司总裁。

卡尔森上任第一天，就召集全体员工发表演说，向员工描绘公司远景，他表示他不是凭一己之力来整顿公司，而是要全体员工都承担整顿公司的责任。他采用的是充分授权，而不是扮演事事独断独行的决策者。

他制定策略教导员工，并且激励他们努力达成目标。当时他拟定的整体企业策略，共有四个重点：第一个重点是善用公司的固定资产，不使设备闲置，让闲置的飞机出去载客，而且载更多的乘客。第二个重点是尽量提高服务水准，让灵恩航空公司成为全世界最好的航空公司。第三个重点是让更多的组织成员分担实际的经营责任，也就是“公司兴亡，人人有责”。第四个重点是提高行政效率，追求更多的利润。

他大胆地大幅降低票价招揽顾客。结果，第一年公司的营业收入由 8400 万美元增至

1.5亿美元。在没有增加一名人手及未添购一架飞机的情形下，旅客人数增加了44%。到了第二年，也就是1980年，公司已转危为安。

卡尔森在1980年接掌北欧航空公司，这是他整顿的第三家公司。

当时北欧航空公司已连续亏损两年，赤字达2000万美元，几乎将公司从前17年来的累积盈余全部赔光。许多人以为他会重施故技，像他在灵恩航空公司一样大幅降低票价，或像在平安旅行社一样撙节开支。但这次他面临的状况不同，在平安旅行社时面临的是市场需求下跌，所以他采取降低成本来应对，尽量从现有的顾客身上赚取利润。至于在灵恩航空公司时，由于成本固定，他只好以降低票价及增加飞航班次来使营业收入大幅提升。

卡尔森收拾北欧航空公司的烂摊子时，面临的情况不同，他需要采用不同的解决办法。由于北欧航空公司的营运成本已压得很低，不能再杀鸡取卵，采用降低成本的策略，要摆脱困境只有想尽办法提高营业额。

他首先向董事会提出增资计划，这个计划包含147个专案，其中较重要的有：不误点计划，全面改进哥本哈根的交通，为公司1200名员工开设训练课程，提供最佳的马丁尼酒。

他锁定目标：为商界人士提供最佳服务，凡是与此目标无关的预算一律删除，并使公文流程缩短。

卡尔森取消头等舱，创立“欧陆客舱”，只需付相当于经济舱的全票票价，即可享受相当满意的服务。公司全力推广“欧陆客舱”。

结果公司上下全体一致努力，第一年的收入就增加8000万美元，当时全球各国际航空公司总亏损高达20亿美元，北欧航空公司竟一枝独秀，令人刮目相看。结果1983年8月出版的《财星》杂志，即根据一项广泛调查，评定该公司为全世界最佳的商务旅客航空公司。

从卡尔森处理的三家公司中，我们可以得出一个结论：经营者如能掌握市场变化轨迹，能识变也能应变，不拘一法，必能迎接任何变化，在诡谲多变的市场中争胜。

二、权变组织结构的设计原则

管理学家格鲁克（William F. Glueck）在研究了许多文献后，提出了有关权变组织结构设计的以下几项原则（见表13－2）。

表13－2　权变组织结构设计的相关原则

1. 组织的目标	如果组织的目标以降低成本和提高效率为关键，则宜采用职能式部门划分才能得到有效的结果
2. 组织的环境	如果组织的环境复杂，能否密切配合以保证按时出产为最关键的因素，则采用矩阵式结构始能有效
3. 组织的规模	如果组织的规模庞大，但其经营的科技环境和市场环境较为稳定，则以采用正式的组织结构形态为佳
4. 行业间竞争	如果同行业间竞争激烈，则竞争越是激烈，分权化营运的程度越高
5. 组织的环境	如果组织的环境灵活多变，则环境变化越快，越应采用更大的分权化和弹性的组织结构形态

总之，按照权变的观点来看，组织设计并没有一个固定最好的方法，而应该根据组织所面临的情境而定。

三、权变组织结构设计的步骤

哈佛大学的管理学家们通过大量的研究，把有关权变方法的组织设计归纳总结为以下十个步骤。

（一）审查组织目的

审查组织目的包括经济性的、社会性的、长期性的以及短期性的目标。同时也应注意组织未来所需的活动的方向、所有者的管理哲学、公共法规的限制以及过去的绩效准则。

（二）审查外部环境

审查企业的外部环境就是描述主要的压力、趋势以及未来可能发生的事件，确认可能影响组织、顾客或交易形式的国际性、全国性、地区性或当地性的变化因素，决定哪些部门可能从事变革以及这些部门应付变革的一般性方法。

（三）确认目的和手段

企业要确认主要应完成的目的，以及达成这些目的的手段，明确主要应完成的工作与主要的工作系统。

（四）确认内部的次主要环境因素

确认组织活动范围所需的内部的次主要环境因素，决定诸如规模大小、员工人数、地理位置、活动范围的实质分配等因素的影响。

（五）分析每一个主要的次环境因素

对每一个主要的次环境因素，分析确定其变动大小、不确定性与所面临的复杂性、经营上所需获取或反馈的情报数量与质量。同时，还需要决定意见沟通的本质是什么。

（六）陈述主要次环境的工作流程

明确地陈述有关主要次环境的各种系统或者工作流程，并指出主要活动执行步骤以及相互关系。同时，也应决定为应付变革所需的组织功能安排，包括协调、控制或弹性等等。

（七）确定必要条件

确定有关组织结构方面的必要条件，借以能够从事规划、控制、协调与指挥等主要功能活动，并进行有关研究与发展、财务与工程技术等活动，以及维持有关组织内部在报酬及意见沟通等方面的妥善关系。

（八）综合考虑整体要求

综合考虑组织的整体要求，以便协调活动；强化本企业在专业技术方面的优势，以便能够使本企业与众不同。

（九）检查各种工作特点等

检查各种目标、策略、工作特点等，看这些方面与一般的组织设计原则是否相符合，是否需要对目标、策略等做些调整。

（十）修正原有组织结构

以一般组织设计原则为基础，对原有组织结构加以修正，在修正时，对于被列为高度优先的事项或特别紧急的事项，应作先行处理。

四、与传统方法的比较

权变方法设计的组织结构与传统方法设计的组织结构无论是在观念上、方法上、原则上还是在特性上，都有很大的不同（见表 13－3）。

（一）指导思想

从设计的指导思想来看，权变方法强调权衡变化，使结构适应当时的情境；而传统方法则强调组织的稳定，使组织结构规规矩矩。

（二）环境假设

从设计的环境假设来看，权变方法是把企业放在一个复杂多变的大环境中来设计企业的组织结构，强调环境的动态性，是一种动态的组织设计；传统方法则把企业放在一个静止不变的大环境中来设计企业的组织结构，假设环境处于静态，因而是一种静态的组织设计。

（三）指挥关系

从指挥的关系来看，权变的组织结构既注重垂直的沟通路线与权力关系，又注重发展横向的及交叉性质的沟通路线与互动关系；而传统的组织结构则主要着眼于阶层性的管理结构以及垂直的权力关系，横向联系很少。

（四）上下级关系

从上下级关系来看，在权变的组织结构中有时候上下级之间可能牵涉到多重的关系，不同的管理者要同时从不同方面对某一个人的绩效进行评估，如在矩阵式结构中，一个人可能有两个以上的上司；而在传统的组织结构中，特别强调服从，强调命令统一，强调一个人只能有一个上司。

（五）管理幅度

从管理幅度来看，在权变的组织结构中管理幅度的大小取决于所涉及人员的人员性质、沟通需要、所面临的任务环境，以及所需协助的时间长短等因素，要综合考虑，并无一定之规；而传统结构中的管理幅度通常是按照职权范围及所处管理层次来决定，其控制的人数规模及控制的对象大部分是固定不变的。

（六）决策情况

从决策的情况来看，权变的组织结构既可能采用集中决策，又可能采用民主决策，这要视当时的各种情况而定，并不硬性规定应该采用哪种决策方式；而传统组织结构主要是由高层领导集中决策，是实行集权式的管理。

（七）管理哲学

从对人的管理哲学来看，在权变的组织中，既注意组织的任务，也注意满足人的各种欲望和需求，既注意人的经济性需要，也注意人的社会性需要，主张对人的管理因人而异。有时可以采用 X 理论为指导，有时可以采用 Y 理论为指导。对有的人要严加控制，而对另一些人却可以充分信任，让其自我指挥、自我控制。但在传统的组织中，对人的管理基本上是着眼于控制，且假设人的能力及自觉性不够，因而需要制定严格的标准与严格的制度，以实现对人的严格管理。这种传统方法设计的组织结构妨碍了人的发展，不利于创新，不利于促使个人迅速成长，也不利于调动人的积极性。

表 13-3 权变方法与传统方法的比较

区别	传统方法	权变方法
指导思想	强调组织的稳定，使组织结构规规矩矩	强调权衡变化，使结构适应当时的情境
环境假设	静态的组织设计	动态的组织设计
指挥关系	主要着眼于阶层性的管理结构以及垂直的权力关系，横向联系很少	既注重垂直的沟通路线与权力关系，又注重发展横向的及交叉性质的沟通路线与互动关系
上下级关系	特别强调服从，强调命令统一，强调一个人只能有一个上司	有时候上下级之间可能牵涉多重的关系，不同的管理者要同时从不同方面对某一个人的绩效进行评估，如矩阵式结构
管理幅度	通常是按照职权范围及所处管理层次来决定，其控制的人数规模及控制的对象大部分是固定不变的	管理幅度的大小取决于所涉及人员的人员性质、沟通需要，所面临的任务环境，以及所需协助的时间长短等因素，要综合考虑，并无一定之规
决策情况	主要是由高层领导集中决策，实行集权式的管理	既可能采用集中决策，又可能采用民主决策，视当时的各种情况而定。
管理哲学	对人的管理基本上是着眼于控制，且假设人的能力及自觉性不够，因而需要制定严格的标准与严格的制度，以实现对人的严格管理	既注意组织的任务，也注意满足人的各种欲望和需求；既注意人的经济性需要，也注意人的社会性需要，主张对人的管理因人而异

第三节 人性的权变理论

一、产生背景

人性的权变理论认为人是复杂的，要受多种内外因素的交互影响。因而，人在劳动中的动机特性和劳动态度，总要随其自身的心理需要和工作条件的变化而不同，不可能有统一的人性定论。主要研究有 J. J. 莫尔斯和 J. W. 洛尔施的超 Y 理论。

“人性”是指人的本质属性。它是哲学、人类学、社会学、心理学、文学等许多学科研究的对象。组织行为学要研究人的行为规律，必然也要研究人性。人性研究在组织行为学的产生及发展过程中居于基础研究的地位。人性研究的结论，受研究目的的影响，更重要的是它受生产技术发展水平和社会环境的影响，特别是受研究人员所持立场及世界观、研究方法的影响，因而会提出不同的观点。而对人的认识每前进一步、每提出一个新的观点，都会使组织行为学得出新的结论并向前发展。探讨人性，是我们学习组织行为学的出发点。

在如何看待人性的问题上，管理科学中曾提出过各种不同的与管理有关的人性假设，如西方人性分析中的“经济人”“社会人”“自我实现人”和“复杂人”等假设；在东方人性分析中的 Z 理论和我国的人性理论等。这些人性分析理论的内在变化都反映了管理领域对人性认识的发展过程（见图 13－2）。

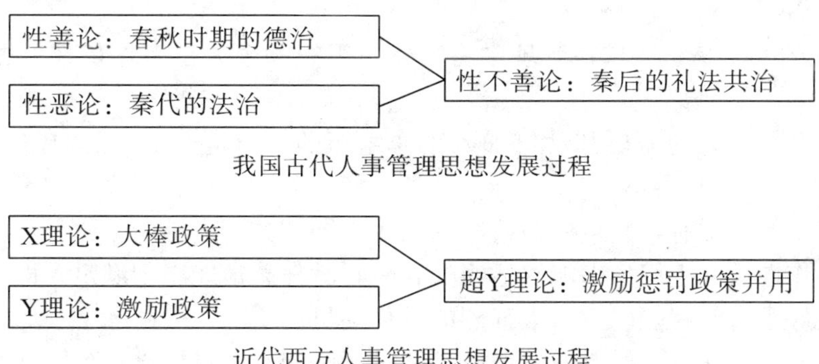

图 13－2　中西人事管理思想发展过程

二、复杂人假设

“复杂人”的假设是 20 世纪 60 年代末至 70 年代初由沙因提出的。在长期的管理实践和研究中，人们开始注意到，无论是“经济人”的假设、“社会人”的假设，还是“自我实现人”的假设，虽然各有其合理性的一面，但是并不适用于所有人。因为，人是非常复杂的，不仅人与人之间是不同的，而且每个人本身在不同的年龄、不同的时间和不同的地点也会有不同的表现；人的需要、潜力等，也是随着年龄的增长、知识的增加、地位的改变，以及人与人关系的变化而各不相同，由此提出了“复杂人”的假设。

“复杂人”假设的主要含义包括五个方面的内容：

（1）人的需要是多种多样的，而且这些需要是随着人的发展和生活条件的变化而发生改变的。每个人的需要都各不相同，需要的层次也因人而异。

（2）人在同一时间内有各种需要和动机，它们会发生相互作用并结合为统一的整体，形成错综复杂的动机模式。例如，两个人都想得到高额奖金，但是他们的动机可能很不相同：其中一个人可能是要改善家庭的生活条件，另一个人可能把高额奖金看成是达到技术熟练的标志。

（3）人在组织中的工作和生活条件是不断变化的，因此会不断产生新的需要和外界环境相互作用的结果。

（4）一个人在不同单位或同一单位的不同部门工作，会产生不同的需要。例如一个人在工作单位可能表现一般，但是在业余活动或非正式群体中却表现出众，使其社会交往的需要得到满足。

（5）由于人的需要不同，能力各异，对于不同的管理方式就会有不同的反应。因此，不可能有一套适合于任何时代、任何组织和任何个人的普遍行之有效的管理方法。

三、超 Y 理论

根据“复杂人”的假设，人们提出了一种新的管理理论，即权变管理理论。所谓“权变”，是指管理者应根据具体情况，相应地采取适当的管理措施。由于权变管理理论既不同于 X 理论，也不同于 Y 理论，人们通常把它称为超 Y 理论。超 Y 理论具有权变理论的性质，是由摩尔斯等人分别对 X、Y 理论的真实性进行实验研究后提出来的。他们认为，

X 理论并非毫无用处，Y 理论也不是普遍适用的；而应该在管理实际中针对不同的情况，选择和交替使用 X、Y 理论，这就是超 Y 理论。

超 Y 理论的实质是，要求在管理中将工作、组织和个人三者作最佳的配合。其基本观点是：

（1）人是怀着不同的需要和动机加入工作组织的。但是，最主要的需要是实现其胜任感。

（2）胜任感人人都有，它可能被不同的人用不同的方法去满足。

（3）当工作性质和组织形态能够适当配合时，胜任感最能得到满足，即工作、组织和人员间达到最好配合时就能引发个人强烈的胜任动机。

（4）当一个目标达成时，胜任感可以继续被激励起来，目标已达到，新的更高的目标就又会产生。

第四节 领导的权变理论

一、领导权变理论

（一）含义

事实表明，领导素质和领导行为能否促进领导有效性，受环境因素的影响很大。管理者的领导行为不仅取决于他的品质、才能，也取决于他所处的具体环境，如被领导者的素质、工作性质等。有效的领导行为应当随着领导者的特点和环境的变化而变化，这就是领导权变理论。可以表示为如下公式：

$E=f\ (L,\ F,\ S)$

式中，E 代表领导的有效性，L 代表领导者，F 代表被领导者，S 代表环境。

（二）产生背景

在分析领导权变理论之前，我们可以先问这样一个问题：鲍勃·奈特是美国印第安纳大学男子棒球队的教练，他那一贯严格和任务取向型的领导方式令队员、官员、新闻媒介以及学校主管望而生畏。但是，他的风格对于这支他自己招募的球队却十分有效，他是校际棒球队教练中战绩最佳的人物之一。那么，鲍勃的领导作风同样可以运用于联合国安理会吗？或者可以为微软公司的软件设计博士小组的项目经理所采纳吗？很可能不行。这些事例使研究者开始探索在领导方面更为切实可行的观点。

人们越来越清楚地认识到，为了预测领导成功而对领导现象进行的研究其实比分离特质和行为更为复杂。由于未能在特质和行为方面获得一致的结果，使得人们开始重视情境的影响。领导风格与有效性之间的关系表明，X 风格在 A 条件下恰当可行，Y 风格则更适合于条件 B，Z 风格更适合于条件 C。但是，条件 A、B、C 到底是什么呢？这说明了两点：（1）领导的有效性依赖于情境因素。（2）这些情境条件可以被分离出来。

由此可见，由于“特质论”和“行为论”都忽视了领导者所处情景对领导绩效的影响，因此刻意追求最佳领导特质和行为模式的做法并没有把环境因素考虑在内，于是在 20 世纪 60 年代之后，进入了第三个阶段，即“权变论”阶段。提出这一理论的费德勒认为无论领导者的人格特质或行为风格如何，只有领导者使自己的个人特点与领导情景因素相“匹配”，他才能成为一个优秀的领导者。权变论把客观情况与领导行为的相互作用视为决定领导活动能够成功的关键所在。但后来的批评者认为费德勒提出的“权变模型”犹如一个“黑箱”。于是费德勒又提出了“认知资源理论”作为应答，即只有那些最佳地应用认知资源（包括知识、能力、技能以及领导者和群体成员的经验）的人，才能成为一个优秀的领导者。

对影响领导效果的主要情境因素进行分离的研究很多。在权变理论的发展过程中，人们经常使用的中间变量有：工作的结构化程度，领导者—成员关系的质量，领导者的职位权力，下属角色的清晰度，群体规范，信息的适用性，下属对领导决策的接受程度，下级的工作士气等。

相关链接

凡智之贵也，贵知化也

“凡智之贵也，贵知化也。人主之惑者则不然，化未至则不知，化已至，虽知之，与勿知一贯也。”——《吕氏春秋·知化篇》

智慧的可贵，贵在知道事物的变化。糊涂的君王却不是这样，变化没有发生就一点都不知道；变化已经发生，即使知道也和不知道没什么两样。

这段话主要说明，对于事物要了解它的发展变化，不要把所知停留在事物的暂时的表面现象上，而要看到它未来的发展趋势。这种要求掌握客观事物变化趋势的观念是可取的。

二、费德勒模型

（一）费德勒模型的定义与内容

费德勒的权变模型（Fiedler contingency model）是指，有效的群体绩效取决于两个方面的恰当匹配：其一是与下属发生相互作用的领导者风格，其二是领导者能够控制和影响情境的程度。该模型基于这样的前提假设：在不同类型的情境中，总有某种领导风格最为有效。这一理论的关键在于道德界定领导风格的不同以及不同的情境类型，然后建立领导风格与情境的恰当组合。

（二）确定领导风格

费特勒用一种“最不愿与之共事的同事”（Least Preferred Co-worker，LPC）量表测定领导者的领导风格。他认为，一个领导如果对其最不喜欢的同事都能给予较好的评价，那么说明他宽容、体谅，注重人际关系，是以人为主的领导，否则就是惯于命令和控制，只关心工作的领导。所以，LPC 分数可以说明人的内在倾向和领导风格。LPC 分数高的人重视人际关系，LPC 分数低的人重视任务。据此可把领导方式分为两大类：以人为主（LPC>64）和以工作为主（LPC<57）。

费德勒模型基于这样的前提假设：在不同类型的情境中，总有某种领导最为有效，这一理论的关键在于首先界定领导风格以及不同的情境类型，然后建立领导风格与情境的恰当组合。为了理解费德勒的模型，我们先来看看第一个变量——领导风格。

费德勒认为，影响领导成功与否的关键因素之一是个体的基本领导风格。他进一步指出有两类基本的个体领导风格：任务取向或关系取向。LPC 问卷包括 16 组对照形容词，如快乐—不快乐、冷漠—热心、枯燥—有趣、友爱—不友爱。费德勒让被测者回想一下自己共事过的所有同事，并找出一个最难共事者，在16组形容词中按1~8级（8代表积极一端，1指向消极一端）对其进行评估。费德勒相信，在LPC问卷的回答基础上，可以判断出人们最基本的领导风格。那么，他对这些领导风格如何描述呢？

费德勒相信，如果领导者能以相对积极的词汇来描述最难共事者（换句话说，LPC得分高），说明回答者乐于与同事形成友好的人际关系。也就是说，如果你对最难共事的同事用一些较为接纳和喜欢的词来描述，那么你属于关系取向型领导风格；相反，如果你对最难共事者都用贬义词描述（LPC得分低），你的领导风格可能以关心生产为主，也就是说，你是任务取向型。费德勒承认有一小部分人介于两者之间，因而很难勾勒出这些人的人格特点。另一点需要我们注意，费德勒认为一个人的领导风格是固定不变的，也就是说，如果你是关系型领导者，你永远如此，任务型领导者也是同样。

（三）确定情境

用LPC问卷评估了个体的基本领导风格之后，接下来需要评估情境，并将领导者与情境进行匹配。费德勒的研究揭示了确定情境因素的三项权变维度，如图13－3所示：

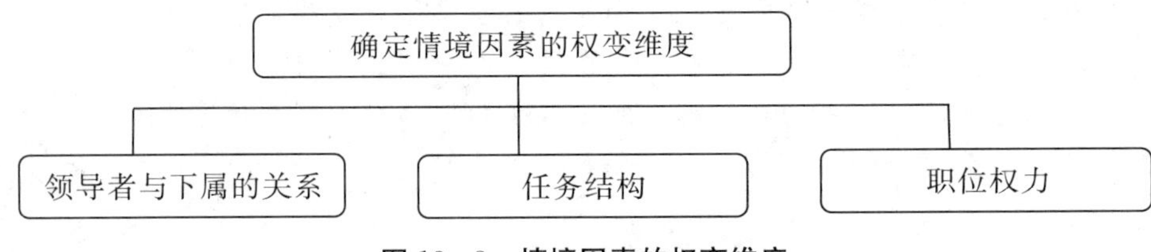

图 13－3　**情境因素的权变维度**

1. 领导者与下属的关系（leader—member relations）

领导者与职工的关系是最重要的环境因素。它直接影响领导者对下属的影响力和吸引力，反映下属对领导者的信任、喜爱、忠诚和愿意追随的程度。受欢迎的领导在指挥过程中并不需要炫耀身居高位和大权在握，下属都自愿追随他并执行他的命令。

2. 任务结构（task structure）

工作任务的结构是第二个重要的环境因素。它是指下属工作程序化、明确化的程度。如果工作的目标、方法、步骤都很清楚，那么领导者就可以下达具体的指令，下属的任务只是执行。相反，则无论领导还是下属都不清楚应该做什么和怎样做。结构清楚明确的工作任务对于专制的领导者是有利的，因为他可以很容易地下达程序化的工作指令，并可以按步骤分别检查各阶段工作的成绩。工作任务含混，领导者的控制力就很弱，而这恰好为群体提供了轻松气氛，有利于创造力的发挥。在一般情况下，领导群体完成一个结构化的任务比完成一个非结构化的任务要容易些。

3. 职位权力（position power）

领导者所处地位（职位）的固有权力是最后一个环境因素。它是指与领导职位相关的正式权力，即领导人从上级和整个组织各方面所取得支持的程度，如他是否有雇用和解雇职工的权力以及提升下属的权力。职位权力较强的领导者指挥起来更得心应手。

费德勒根据这三项权变变量对每一种领导情境进行评估。把三项变量汇总起来得到八种可能的情境，每个领导者都可以从中找到自己所在的情境（见图13－4）。

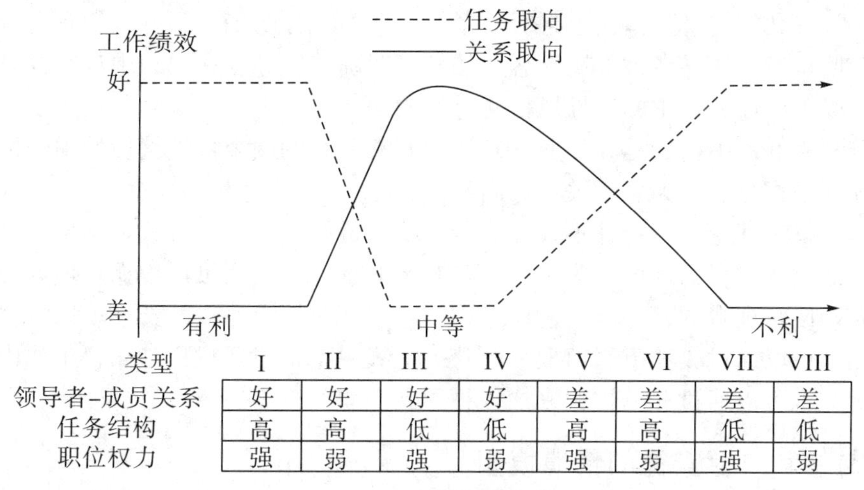

类型	I	II	III	IV	V	VI	VII	VIII
领导者-成员关系	好	好	好	好	差	差	差	差
任务结构	高	高	低	低	高	高	低	低
职位权力	强	弱	强	弱	强	弱	强	弱

图 13－4　**费德勒模型**

其中Ⅰ，Ⅱ和Ⅲ类情境对领导者非常有利；Ⅳ，Ⅴ与Ⅵ类情境在一定程度上对领导者有利；Ⅶ与Ⅷ情境对领导者十分不利。

为了确定领导效果的具体权变情况，费德勒研究了1200个工作群体，针对八种情境类型中的每一种，均对比了关系取向和任务取向两种领导风格。他得出结论：任务取向的领导者在非常有利的情境下和非常不利的情境下领导效果更好（见图上半部分，纵轴代表工作业绩，横轴代表情境状况），关系取向的领导者则在中间情境下，即Ⅳ，Ⅴ，Ⅵ型的情境中干得更好。

已有大量研究对费德勒模型的总体效度进行了考察，并得到了十分积极的结果，也就是说，有相当多的证据支持这一模型。不过，该模型目前还存在一些缺欠，首先尚需再增加一些变量加以改进和弥补。其次，该模型假定“个体不可能改变自己的领导风格以适应情境”并不符合实际情况，有效的领导者完全能够改变自己的风格以适应具体环境的需要。最后，该模型中太多的权变变量对实践者来说也过于复杂、困难，实践中通常很难确定领导者成员关系有多好，任务的结构化有多高，以及领导者拥有的职权有多大。但是，尽管存在这些缺点，费德勒模型还是提供了充分的研究证据告诉我们，有效的领导风格需要反映情境因素。

（四）领导者与情境的匹配

如何将费德勒的观点应用于实践？我们可以通过寻求领导者与情境之间的匹配程度进行说明。个体的LPC分数决定了他最适合于何种情境类型。而情境类型则通过对三项权变因素的评估来确定。但要记住：按照费德勒的观点，个体的领导风格是稳定不变的，因此提高领导者的有效性实际上只有两条途径：第一，替换领导者以适应情境。例如，如果群体所处的情境被评估为十分不利，而目前又是一个关系导向型的领导者在领导，只有替换为一个任务取向型的领导者才能提高群体绩效。第二，改变情境去适应领导者，例如可以通过任务结构化程度提高或降低领导者可控制的权力因素（如加薪、晋升和训导活动），可以做到这一点。

（五）对费德勒模型的总体评价

费德勒模型表明，当情境非常有利或非常不利时，采取工作任务导向型的领导方式是合适的。非常有利的情境是指：上下级关系好，任务十分明确，领导者拥有大量权力。非常不利的情境是指：领导者被下属厌恶，任务不明确，领导者在组织中没有权力。在这两种情况下，以工作任务为主的领导风格是有效的。

情境有利程度适中指的是介于非常有利和非常不利的两个极端情境的中间情况，此时最有效的领导方式是以人为主的关系导向型。

费德勒的权变理论表明：并不存在一种“绝对最好”的领导方式，领导者必须具有适应性，自行适应变化了的环境。为了得到最有效的领导方式，可以根据环境的具体情况来选用领导人，使管理者的领导风格适应具体的环境情况；也可以改造环境以符合领导者的风格。例如，可以通过改变下属组成来改善上下级关系，或通过详细布置工作内容使工作任务明确化，也可以通过充分授权来加强领导者的职位权力。

三、赫塞和布兰查德的情境模型

（一）对赫塞和布兰查德的情境模式的具体描述

第二种权变理论是保罗·赫塞（Paul Hersey）和肯·布兰查德（Ken Blanchard）开发的一个领导理论模型，被称为情境领导理论（Situational Leadership Theory，SLT）。赫塞和布兰查德认为，根据下属的成熟水平选择正确的领导风格才会使领导取得成功。这个模型的关键就是根据下属的成熟程度来安排领导的风格。

赫塞和布兰查德认为，成功的领导是通过选择恰当的领导方式而实现的，选择的过程根据下属的成熟度水平而定。在继续介绍其内容之前，我们需要澄清两点：为什么这一领导理论关注下属？成熟度代表什么意思？

对下属的重视反映了这样一个事实：下属可能接纳也可能拒绝领导者。无论领导者怎么做，其效果都取决于下属的活动。然而这一重要维度的价值却被众多领导理论所忽视或低估。根据赫塞和布兰查德的看法，成熟度（readiness）指的是个体能够并愿意完成某项具体任务的程度。

（二）四种具体的领导风格

情境领导理论使用的两个领导维度与费德勒的分类相同：任务行为和关系行为。不过，赫塞和布兰查德更向前迈进了一步，他们认为每一维度有低和高两个水平，从而组合成四种领导风格，具体如图 13－5 所示。

该理论认为，领导者的行为要与被领导者的成熟程度相适应才能取得有效的领导效果。他们按高低分别组合形成了四种具体的领导风格：指示型领导风格、推销型领导风格、参与型领导风格和授权型领导风格。

指示型领导风格（telling）：指导性行为多，支持性行为少。领导者对于被领导者给予明确的指导并近距离监督

推销型领导风格（selling）：指导性行为多，支持性行为多。领导者对于被领导者进行监督、指导、倾听、鼓励和允许试错，并鼓励对方参与决策；

参与型领导风格（participating）：支持性行为多，指导性行为少。领导者鼓励被领导者自主决策，鼓励他们按照自己的方式做事情。

授权型领导风格（delegating）：指导性行为少，支持性行为少。由被领导者自己决策并执行。

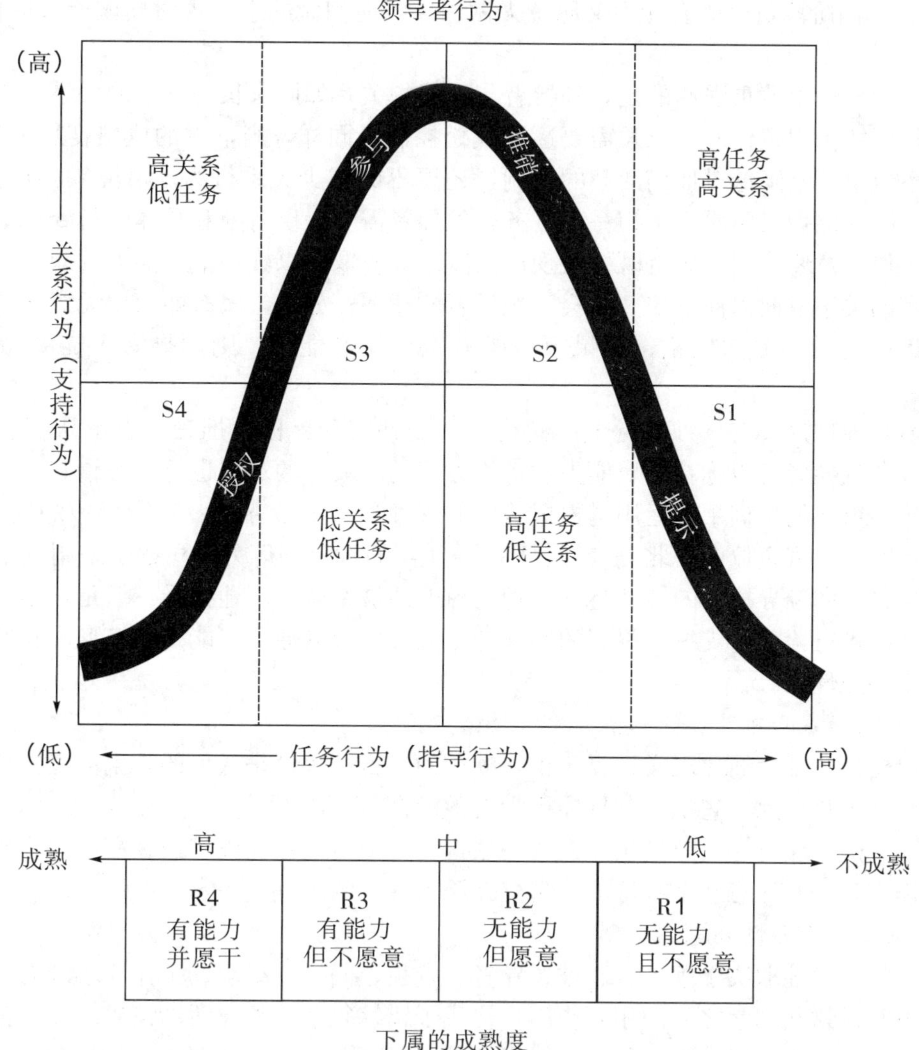

图 13—5　赫塞和布兰查德的情境领导模型

下属成熟程度的定义是个体对自己的直接行为负责任的能力和愿望，它包括两个因素：工作成熟和心理成熟。工作成熟包括一个人的知识和技能，工作成熟度高的个体拥有足够的知觉能力和经验去完成他的工作而不需要他人的指导。而心理成熟是指一个人做事的愿望和动机，心理成熟的个体也不需要太多的外部激励，靠内部的动机激励就能够自己完成工作。该模型定义了下属成熟度的四个阶段：

R1：第一阶段是低成熟阶段。低成熟阶段的人对执行任务既无能力又不情愿，他们既不胜任工作也不被人信任，这时候就要采取高任务、低关系的指示型领导方式。

R2：第二阶段是成熟发展阶段。这阶段的人缺乏能力但却愿意从事工作任务，他们有积极性，但目前尚缺乏足够的技能。这时候就要采取高任务、高关系的推销型领导方式。

R3：第三阶段是中成熟阶段，这时的员工有能力从事工作却不愿意干领导分配的事情。这时候就要采取低任务、高关系的参与型领导方式。

R4：第四阶段员工既有能力又愿意去做领导叫他们做的事。这时候就要采取低任务、低关系的授权型领导方式。

情境领导理论着重强调的是，领导者与下属的关系如同家长与孩子的关系。当孩子越来越成熟并能承担责任时，家长需要逐渐放松控制。同样，当下属的成熟度越来越高时，领导者不但要不断降低对他们活动的控制，还要不断减少关系行为。情境领导理论指出，如果下属既无能力又不愿意承担一项任务，领导者需要提供清晰和具体的指令；如果下属没有能力但有意愿，则领导者既要表现出高度的任务取向以弥补下属能力的缺乏，又要表现出高度的关系取向以使下属“领会”领导者的意图；如果下属有能力但无意愿，则领导者需要运用支持与参与风格；如果下属既有意愿又有能力，则领导者不需要做太多的工作。

情境领导理论具有一种直觉上的感染力，受到实践界极大推崇。它承认下属的重要性，而且“领导者可以弥补下属能力和动机方面的缺欠”的观点也有其逻辑基础。这一理论常被作为重要的培训手段运用。根据美国的管理学家史蒂芬·罗宾斯所做的说明，《幸福》杂志的300家企业中，北美银行、IBM、美孚石油公司等大公司都是采用这个理论模型来安排自己的领导风格的，并且这个理论模型还被军队广泛地接受。但是，不少研究试图对该理论进行检验与支持，得到的结果却令人失望，其原因可能是该模型本身的内在模糊性和不一致性。

（三）对赫塞和布兰查德的情境模式总体评价

任何模型，都会简化现实世界。正如歌德的名言：理论是灰色的，生活之树长青。情境领导模型也是如此，它把影响领导行为有效性的因素简化为三个：一是员工的成熟度，二是领导人的工作行为，三是领导人的关系行为。但事情往往没有这么简单。准确使用情境领导模型，需要注意几个有待灵活掌握并深入理解的问题。

1. 领导的有效性问题

领导的有效性取决于领导者、被领导者、老板、同事、组织、工作要求及时间限制等因素，尤其是这些因素之间的相互作用，构成了错综复杂的领导活动情景。每一种因素都是至关重要而且相互影响的，每一种因素都是变量而不是常量。但是，领导者不可能控制组织内的所有因素。赫塞和布兰查德认为，众多因素中肯定有一种因素在起决定作用，这就是领导者与被领导者之间的关系。赫塞给领导下的定义是：“领导是为影响个人或团体行为而做出的任何努力。”按照这一定义，领导力即影响力，如果领导者不能产生影响，被领导者不打算服从领导者，那么其他因素就变得没有意义了。所以，领导的有效性主要是通过对被领导者的影响程度来实现的。在这种思路下，赫塞和布兰查德简化了对领导活动的分析框架，使领导情境单一化并程式化。这样，抓住了有效性问题的核心。但是，有一利必定有一弊。有效的领导者好比是高明的摄影师，而简化的领导情境模型却好像是易于操作的傻瓜照相机，二者的不和谐是显而易见的。所以，领导情境模型更适用于理论功底不足的经理。

2. 人员发展与领导风格调整

情境领导模型提供了一种帮助领导者确定恰当领导方式的方法，但是并非能取得一劳永逸的效果。即使把领导情景简化为单一的员工成熟度，员工本身也处于不断变化之中。领导者应该对员工的潜力有积极的假设，并帮助他们成长，而且随着员工成熟度的改变，应该随之改变领导风格。对此，赫塞和布兰查德在后续研究中进行了一定的修正。他们提出，领导人应通过对工作行为和关系行为的微调，来推动员工准备度的提升。对处于 R1、R2 成熟度水平的员工，领导者要通过两个步骤来促使他们成长和发展：第一步是随着部下技能的提高，适当减少对他们的指示或监督；然后观察员工的情况，如果他们的表现达到了领导人的预期，第二步就要增加关系行为的数量。这两个步骤不能颠倒，必须确定领导人的工作行为减少后，员工对此反应良好，才能进一步增加关系行为。在这里，领导人的关系行为可以看作是一种对员工成长的奖励，奖励当然要在有令人满意的表现之后才给予。对处于 R3、R4 成熟度水平的员工，领导行为微调的方向则不同。随着人们的成长，需求会发生变化，当然就需要不同的激励方法。对低成熟度水平的员工来说，增加关系行为是一种奖励；而对于高成熟度水平的员工来说，让他们独立承担责任的这种信任才是奖励。如果领导人对高准备度员工强化关系行为，反而有可能被认为是对其不放心。所以，促进高准备度水平员工的方法也分两步：第一步是适当减少领导人的工作行为，第二步则是根据员工表现来减少领导人的关系行为。在这里，高准备度员工同低准备度员工的需求恰恰相反，关系行为的减少可视为一种奖励。

情境领导模型在实际运用中，不但要考虑到员工水平的提升，还要考虑到员工水平的下降。如果员工的成熟度下滑，那么，领导行为就得按照上述微调过程逆向调整。这种细小的风格改变，能使领导者更容易让员工接受，并且促使他们中止下滑，回到原有水平。如果缺乏这种及时干预的微调，就有可能使问题积累到严重程度，迫使领导人不得不大幅度改变行为。在实践中，不乏迫于情势压力，领导风格从授权式 S4，猛然下滑到告知式 S1 的情况，即从不闻不问转变到事必躬亲。领导行为的剧烈改变，往往会使员工难以接受，影响领导效果。

3. 情境领导模型的地位和局限

情境领导模型是对行为科学的具体运用。赫塞认为，对他产生重大影响的有三位巨人：第一位是提出 X 理论和 Y 理论的麦格雷戈，第二位是提出需要层次理论的马斯洛，第三位是人本主义心理学家卡尔·罗吉斯（Carl R. Rogers，1902—1987）。从理论角度看，赫塞和布兰查德的研究，没有超出其他行为科学家，但在实践运用上，他们有自己独到的贡献。尤其是在对员工的重视程度上，他们超过了其他所有管理学家。布兰查德曾经对此很形象地指出，在他们眼里，领导人和管理者应当是职业竞技场上的拉拉队长，而不是居高临下的裁判员。这一形容，说明了他们的特色所在。

赫塞曾经强调，情境领导并不是一种理论，而是一种模型。所以，管理学家罗宾斯（Stephen P. Robbins）曾指出，情境领导模型具有一种直觉上的感染力，它强调下属的重要性，主张领导人可以在一定程度上弥补下属能力和动机方面的缺陷，这是具有逻辑基础的。然而，这个模型有着内在的模糊性和不一致性，所以，尽管该模型在直觉上具有亲和力，而且能够流行于广大实际工作者中，但其效果却不见得可靠。20 世纪 90 年代后期，美国关岛大学的弗尔南德斯（C. F. Fernandez）和圣母大学的韦奇奥（R. P. Vecchio），伊利诺伊大学的格里夫（C. L. Graeff），分别以《情境领导理论的再认识》（*Situational Leadership Theory Revisited*：*A Test of an Across－Jobs Perspective*）、《情境领导理论的发展：批判性回顾》（*Evolution of Situational Leadership Theory*：*A Critical Review*）为标题，对情境领导理论进行了质疑和批评。

但在实践领域，赫塞和布兰查德的成就是辉煌的。尤其是在普及管理知识方面，他们二人不愧为大师。在演讲、咨询等工作中，赫塞曾自豪地宣称，他在这个领域已经工作了50多年，飞行过1400万英里，到过全球137个国家和地区。布兰查德的管理普及读物，迄今在世界上的影响仍首屈一指。而且他们的语言、比喻和文风，影响了众多的经理人员。例如，布兰查德的著作《共好：激活公司的每个人——从老板到员工》，就以松鼠的精神（The Spirit of the Squirrel）、海狸的路径（The Way of the Beaver）和大雁的天赋（The Gift of the Goose），形象地描绘了领导人如何激励部下。所谓松鼠的精神，是指要像松鼠储藏食物那样，寻求工作价值和目标定位；所谓海狸的路径，是指要像海狸那样，明确工作方法，实现自我控制，培养能力，迎接挑战；所谓大雁的天赋，就是在行进中追求合作，互相鼓励，始终喝彩，共勖共勉。这样，最终就能取得成功。他还把爱因斯坦的著名物理方程式 $E=MC^2$ 借用过来，以表达他提出的团队积极性来源。他认为，工作的积极性来自任务（使命）、物质激励（利）、精神鼓励（名）的乘积。即热忱（enthusiasm）＝任务（mission）×现金（cash）×喝彩（congratulations）。正因为有 $E=MC^2$ 这样的通俗化表述，使他们获得了现实世界的承认和追随。

相关链接

事幻于不定，亦幻于有定

“事幻于不定，亦幻于有定，以常行者而变之，复以常变者而变之，变乃无穷。可行则再，再即穷，以其拟变而不变也。不可行则变，变即再，以其识变而复变也。如万云一气，千波一浪，是此也，非此也。”——《兵经百篇·变篇》

孙武告诉我们：“将通于九变之利者，知用兵矣。”商场瞬息万变，利可能变为不利，不利也可能变利，但不管战况定与不定，常行与常变，经营者必须掌握时机，对准目标，就像巡弋飞弹，击中目标而后已，如此才能迎接商场上一波波翻云覆雨的变化。

谋略的运用，不能拘泥于旧法，而贵乎用“新”。所有已知、已见、已用的旧方法，可以参考研究，但因为今昔情势不同，不能刻板地仿用、套用，即不能完全用死方法，应该由已知、已见、已用的旧方法中，创造出更有效的方法。

谋略的运用，不能拘泥于一法，而贵乎用“活”。一事而预设多种解决方案，可行则继续采用，不可行则另找解决方案。行不当则改，总使进退自如、左右逢源，攻守妥适，因情而变其法，用之于不穷。

谋略的运用，不能拘泥于常法，而贵乎用“奇”。以逆为顺，以害为利，反用人之所忌，反用人之所诫，人常用此，我故用彼，以常行者变而用之，突出奇兵，出敌之意表，击敌之不意，所谓反见为奇，以奇争胜。

经营者如果墨守成规，故步自封，死抱规章制度，或死守理论，死用图表、公式，不能因应环境变化，知变、应变、求变，不知通权达变，必尝败果。

四、路径—目标模型

（一）路径—目标模型的含义

领导方式的路径—目标模型是领导权变理论的一种，由多伦多大学的组织行为学教授罗伯特·豪斯（Robert House）最先提出，后来华盛顿大学的管理学教授特伦斯·米切尔（Terence R. Mitchell）也参与了这一理论的完善和补充（见图13－6）。该理论认为，领导者的工作是帮助下属达到他们的目标，并提供必要的指导和支持以确保各自的目标与群体或组织的总体目标相一致。“路径—目标”的概念来自这种信念，即有效领导者通过明确指明实现工作目标的途径来帮助下属，并为下属清理各项障碍和危险，从而使下属的这一“旅行”更为容易。

路径—目标理论目前已经成为最受人们关注的领导观点之一。路径—目标模型来源于激励理论中的期待学说。期待学说（即期望理论，这一理论以弗罗姆的研究最有代表性）认为，个人的态度，取决于他的期望值的大小（目标效价）以及通过自己努力得到这一期望值的概率高低（期望概率）。

路径—目标理论还提出了两类情境或权变变量，它们是下属控制范围之外的环境，以及员工个性特征。在工作环境中，领导者要确认员工的任务是否已经结构化了，正式权力系统是否最适合于指挥型或参与型领导，以及现在的工作群体是否满足了员工的社会和尊重需要。在个性特征方面，领导者应评估每位员工的三个主要变量。第一个要素是控制点，这是针对员工成就来源的不同观点：员工成就是来自于个人努力（即内部点，更适合于参与型风格），还是来自外部力量（即外部点，更适合于指挥型风格）。第二个要素是员工接受他人影响的意愿，如果该变量较高，则指挥型方法更可取得成功；如果较低，则更适合于参与型方法。第三个要素是自我觉察完成任务的能力，对自身能力更自信的员工最适合于支持型领导；相反，对自身的任务能力缺乏自信的员工更易受到成就导向型领导的影响。

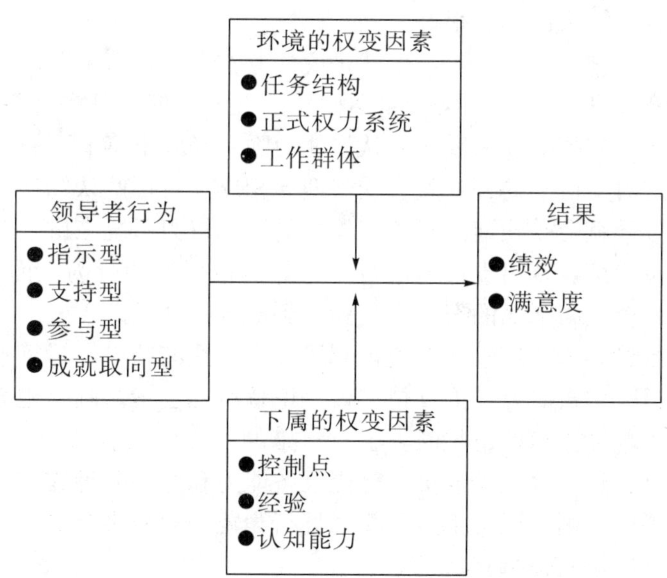

图 13－6　罗伯特豪斯的路径—目标领导模型

（二）分类

这一理论认为，领导者的行为被下属接受的程度取决于下属对这种行为的认同。领导者行为的激励作用表现在：一方面他对下属的需要和满足取决于有效的工作绩效；另一方面，他对下属进行辅导，帮助他们取得相应的绩效以实现自己的目的。豪斯确定了四种领导风格，如图 13－7 所示：

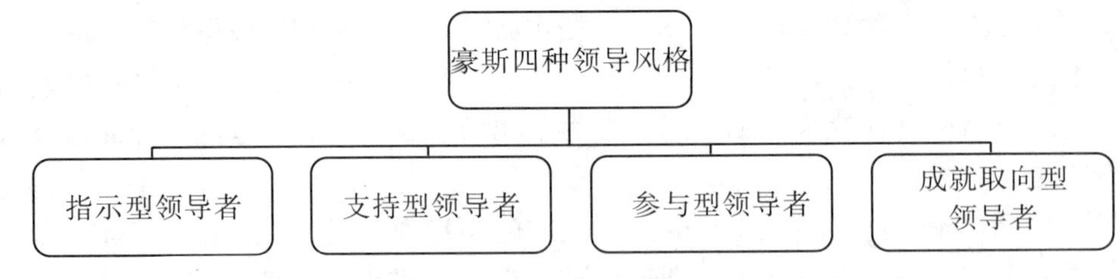

图 13-7　豪斯的四种领导风格

指示型领导者：他们让下属知道对他的期望是什么，以及完成工作的时间安排，并对如何完成任务给予具体指令。

支持型领导者：他们十分友善，表现出对下属各种需要的关怀。

参与型领导者：他们与下属共同磋商，并在决策之前充分考虑他们的建议。

成就取向型领导者：他们设置富有挑战性的任务目标，并期望下属实现自己的最佳水平。

费德勒认为领导者无法改变自己的行为，而豪斯则认为领导者是弹性的。与费德勒的行为理论相反，豪斯认为领导者是灵活的，同一领导者根据不同的情况可以任意变换自己的领导风格。目标路径理论提出了两方面的影响因素：一是环境的因素，包括任务结构、正式权力系统和工作群体。二是下属因素，包括控制点、经验和认知能力。

这一理论认为，环境因素和领导风格互为补充，而下属的特质决定了他对环境因素及领导风格的评价。所以当环境因素与领导行为相比重复或多余时，或者领导的行为与下属的评价不一致时，领导效果都不会很好。

具体来说，执行结构化的任务时，也就是说任务本身比较清晰明确的时候，支持型的领导导致较高的满意度和绩效；而执行非结构化的任务，就是任务不明或压力过大的时候，指导型的领导导致较高的满意度。对认知能力强和经验丰富的下属，指导型的领导就被认为是多余的，这时支持型的领导就会受欢迎；相反，对那些认知能力不够和经验不足的下属，指导型的领导就会受欢迎。对于组织中的正式权力系统来讲，越是分工明确、等级清晰，领导者就越应该表现出支持型的行为，降低指导型的行为；而任务结构不清时，成就取向型的领导就会提高下属的努力水平而达到更高的绩效。

对这些假设进行检验的研究总体来说得到了令人振奋的结果，尽管不是每一项研究均得到支持性结果，但大多数研究证据支持了该理论背后的逻辑基础。也就是说，当领导者可以弥补员工或工作环境方面的不足时，会对员工的工作绩效和满意度产生积极的影响。但是，如果任务本身已经十分明确或员工已经具备能力和经验处理它们时，若领导者还要花时间进行解释和说明，则下属会把这种指示性行为视为累赘多余甚至是侵犯。

（三）路径—目标模型引申的假设

路径—目标理论强调的是领导风格和性格特征与其下属和工作环境的关系。

路径—目标理论认为，领导者的工作是利用结构、支持和报酬，建立有助于员工实现组织目标的工作环境。这里涉及两个主要因素：建立目标方向；改善通向目标的路径，以保证实现目标。其内容包括以下五个方面（见图 13-8）：

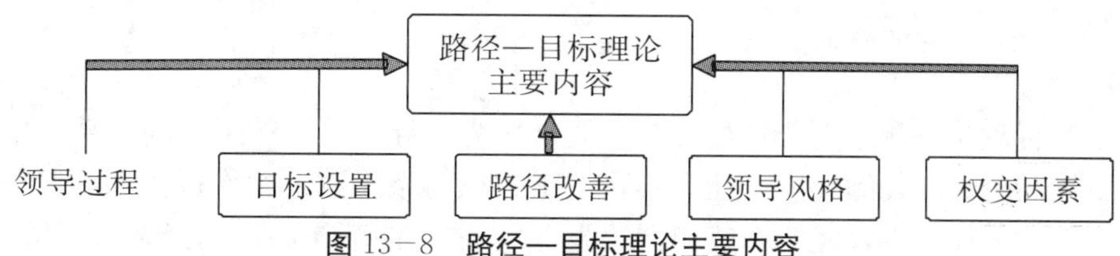

图 13-8　**路径—目标理论主要内容**

1. 领导过程

路径—目标理论的领导过程如下：领导者确认员工的需要，提供合适的目标以后，通过明确期望与工具的关系，将目标实现与报酬联系起来；消除绩效的障碍，并且给予员工一定的指导。该过程的期望结果包括工作满意、认可领导者和更强的动机。这些将在有效的绩效和目标实现中得以反映（见图 13-9）。

2. 目标设置

目标在路径—目标过程中扮演着一个重要的角色。目标设置是取得成功绩效的标准，包括短期的和长期的。它可以用来检测个体和群体完成绩效标准的情况。群体成员需要感觉到他们的目标是有价值的，并且可以在现有的资源和领导条件下达到该目标。如果没有目标，不同的成员会走向不同的方向。另外，如果缺乏对目标的共识，苦难仍将继续。

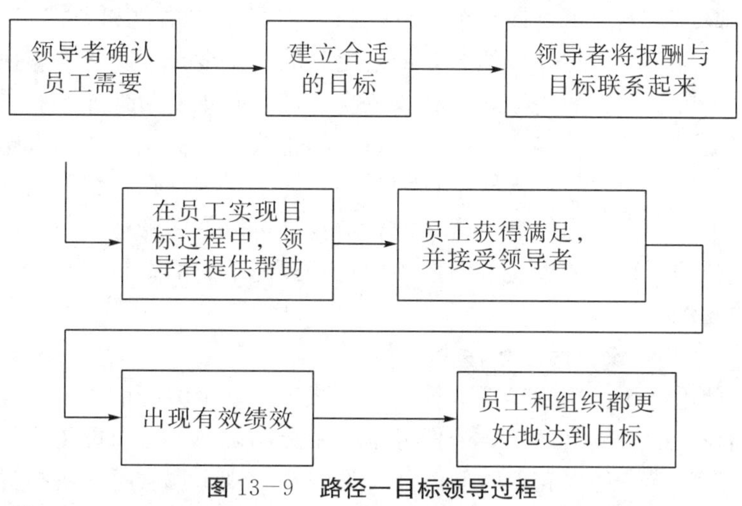

图 13-9　**路径—目标领导过程**

3. 路径改善

目标设置的步骤代表了路径—目标领导过程的一半。领导者在决定顺利实现目标的路径之前，还需了解一些权变因素和可供选择的领导方案，特别是必须权衡确定对两类支持的需要。正如前文所述，领导者可以分为任务支持型和心理支持型两大类。任务支持（task support）是指帮助员工组合资源、预算、权力以及其他有助于完成任务的因素。同样重要的是，领导者还可以消除有碍员工绩效的环境限制，表现出向上的影响，并且对有效的努力和绩效及时提供认可。当然，员工也需要心理支持（psychological support），领导者必须刺激员工乐于从事工作。

4. 领导风格

按照路径—目标理论，领导者的行为被下属接受的程度取决于下属是将这种行为视为获得满足的即时源泉还是作为未来获得满足的手段。领导者行为的激励作用在于：（1）它使下属的需要满足与有效的工作绩效联系在一起。（2）它提供了有效的工作绩效所必需的辅导、指导、支持和奖励。

5. 权变因素

路径—目标理论提出了两类情境或权变变量作为领导行为与结果之间关系的中间变量，它们是下属控制范围之外的环境（任务结构、正式权力系统以及工作群体），以及下属个性特点中的一部分（控制点，经验和感知到的能力）。要想使下属的产出最多，环境因素决定了作为补充所要求的领导行为类型，而下属个性特点决定了对环境和领导者行为做出何种解释。在工作环境中，领导者必须确认员工的任务是否已经结构化了；正式权力系统是否最适合于指挥型或参与型领导，以及现在的工作群体是否满足了员工的社会和尊重需要。

因此，领导者必须评估每位员工的三个主要变量：(1) 控制点，指针对员工成就来源的不同观点：员工成就是来自于个人努力（内部点，这更适合于参与型风格），还是来自外部力量（外部点，这更适合于指挥型方法）。(2) 员工接受他人影响的意愿。如果该变量较高，则指挥型方法更能取得成功；如果较低，则更适合于参与型风格。(3) 自我觉察的完成任务能力。对自身能力更加自信的员工适合于支持型领导；相反，对自身的任务能力缺乏自信的员工更易受到成就取向型领导者的影响。

这一理论指出，当领导者行为与环境结构相比是多余的或者与下属特性不一致时，领导效果均不佳。该理论提出了这样几个假设：(1) 与高度结构化和安排完好的任务相比，当任务不明或压力过大时，指导型领导会带来更高的满意度。(2) 当下属执行结构化任务时，支持型领导会带来员工的高绩效和高满意度。(3) 对于能力强或经验丰富的下属，指导型的领导可能被视为是累赘多余。(4) 组织中的正式权力关系越明确、越官僚化，领导者越应表现出支持型行为，降低指导型行为。(5) 当工作内部存在强烈的冲突时，指导型会带来更高的员工满意度。内控型下属（即相信自己可以掌握命运）对参与型领导更为满意。(6) 当任务结构不清时，成就取向型领导将会提高下属的期待水平，使他们坚信努力必会带来成功的工作绩效。

（四）对路径—目标模型的总体评价

路径—目标理论证明：当领导者弥补了员工或工作环境方面的不足，则会对员工的绩效和满意度起到积极的影响。但是，当任务本身十分明确或员工有能力和经验处理它们而无须干预时，如果领导者还要花费时间解释工作任务，则下属会把这种指导性行为视为累赘多余甚至是侵犯。

路径—目标模型的贡献是它指出了另外一些权变变量，并且扩展了领导者行为的选择范围。它的独特之处在于所描述的每种领导风格都是明确基于一种激励模型，当然，整个模型还未得到研究证明，在某些方面仍然是推测性的。

和费德勒不同，豪斯主张领导方式的可变性。他认为，领导方式是有弹性的，这四种领导方式可能在同一个领导者身上出现，因为领导者可以根据不同的情况斟酌选择，在实践中采用最适合于下属特征和工作需要的领导风格。豪斯强调，领导者的责任就是根据不同的环境因素来选择不同的领导方式。如果强行用某一种领导方式在所有环境条件下实施领导行为，必然会导致领导活动的失败。

如果下属是教条的和权力主义的，任务是不明确的，组织的规章和程序是不清晰的，那么，指导型领导方式最适合。

对于结构层次清晰、令人不满意或者是令人感到灰心的工作，领导者应该使用支持型方式。当下属从事于机械重复和没有挑战性的工作时，支持型方式能够为下属提供工作本身所缺少的“营养”。

当任务不明确时，参与型领导效果最佳，因为参与活动可以澄清达到目标的路径，帮助下属懂得通过什么路径和实现什么目标。另外，如果下属具有独立性，具有强烈的控制欲，参与型领导方式也具有积极影响，因为这种下属喜欢参与决策和工作建构。

如果组织要求下属履行模棱两可的任务，成就导向型领导方式效果最好。在这种情境中，激发挑战性和设置高标准的领导者，能够提高下属对自己有能力达到目标的自信心。事实上，成就导向型领导可以帮助下属感到他们的努力将会导致有效的成果。

随着时代的发展，豪斯也没有固守着“目标—途径理论”而止步不前。20 世纪 90 年代中期，豪斯和他的同事们根据多年的实证研究，在“目标—途径”理论的基础上，综合了领导特质理论、领导行为理论以及权变理论的特点，以组织愿景替换并充实原来的“目标—途径”，围绕着价值这个核心概念，阐述了什么样的行为能有效地帮助领导者形成组织的共同价值，以及这些行为的实施条件，提出了以价值为基础的领导理论。

以价值为基础的领导理论认为：被领导者对领导者所信奉的、已融入企业文化中的价值的共享和认同程度越高，领导行为就越有效。也就是说，持有明确价值观的领导者，能通过明确表达愿景，向组织和工作注入自己的价值观，使之与被领导者所持有的价值观和情感发生共鸣，从而唤起被领导者对集体目标和集体愿景的认同，并导致被领导者自我价值的提高，进而更好地提高领导行为的有效性。

以价值为基础的领导理论还认为，有一系列行为对于形成组织的共同价值非常有效。组织成员在对领导者所信奉的价值观产生强烈认同，并内化为自身的价值观后，将得到强烈的激励效果，这些行为被称为以价值为基础的领导行为。它包括：清楚地表达组织愿景；向员工展示领导者自己的良好素质，领导者自己对愿景的不懈追求和牺牲精神；传达对员工的高层次期望，表达对他人的高度信心；树立追求组织愿景的个人榜样；用智慧的手段将富有创造性的人团结在自己周围。

以价值为基础的领导理论强调价值观念的感召作用，这种感召能够不断吸引有能力的人加入组织。在一个有着强烈的共同价值观的组织中，即使有困难出现，人们也会为了共同的价值而同甘共苦，一起渡过难关。大量的实证研究表明，领导者采用以价值为基础的领导行为，将会对下属产生巨大的影响和积极的效果。当下属对领导者所信奉和倡导的价值观达到认同后，这种认同会逐渐内化成为自身价值的一部分，成为其为人处世的相关原则。

这种激励效果比采用简单的物质奖励、地位提升或惩罚更加持久和有效。以价值为本的领导行为，能使组织成员自觉地朝着共同价值指引的方向去努力，而且成员之间为了实现共同价值会加强沟通，这样就容易形成一种氛围。与共同价值取向相一致的行为会得到大家的赞许和认同，能为组织做贡献将被视为个人自我价值提升的一种表现。这种组织，将是克服了组织与个人对立状态、取得和谐共生的组织。

值得注意的是，组织成员达成价值共识，意味着组织中的技术创新、组织变革会更加容易被接受。所以，以共同价值为基础的领导行为，能使组织更加适应环境的变化。

豪斯的“目标—途径理论”，同利克特的支持关系模型有一定的相似之处。二者的区别是，利克特单纯强调领导与部下的关系，而豪斯的关注范围更为广泛，考虑到了领导活动的各种情境因素。从坚持权变观点的角度看，豪斯与费德勒也有一定程度的理论重合。

但是，费德勒把注意力集中于情境因素的权变，而豪斯则强调领导者本身的权变。可以说，由于豪斯的理论时间上推出较晚，所以，有可能也有条件吸取前人的大量成果。而豪斯本人以价值和愿景对自己理论进行调整，也显示了这一理论不断发展的容量和前景。

五、权变思想案例一则

《孙子兵法》九变篇中的管理之道：权变通达。

孙子曰：凡用兵之法，将受命于君，合军聚合。泛地无舍，衢地合交，绝地无留，围地则谋，死地则战，途有所不由，军有所不击，城有所不攻，地有所不争，君命有所不受。

故将通于九变之利者，知用兵矣；将不通九变之利，虽知地形，不能得地之利矣；治兵不知九变之术，虽知五利，不能得人之用矣。

是故智者之虑，必杂于利害，杂于利而务可信也，杂于害而患可解也。是故屈诸侯者以害，役诸侯者以业，趋诸侯者以利。故用兵之法，无恃其不来，恃吾有以待之；无恃其不攻，恃吾有所不可攻也。

故将有五危，必死可杀，必生可虏，忿速可侮，廉洁可辱，爱民可烦。凡此五者，将之过也，用兵之灾也。覆军杀将，必以五危，不可不察也。

管理启示：

作为组织的高级管理人员，受股东大会或者董事会的决议与决定，招募人力资源与采购原材料、设备，购置厂房或者租赁写字楼等，组织成企业架构。一般要注意的是商业物流的作用与管理。要采用供应链管理模式来加强产品流、信息流、现金流的“三流”管理。在管理中，运输与交通管理也是一个重要的环节，在难以通行的地方，会给企业增加不必要的成本。在交通运输条件好的地方，要注意选择合适的交通运输方式，主要是从事情的时间、方便、成本节约、质量、运输量来考虑。现在的运输管理有几种方式，公路运输、铁路运输、水路运输、管道运输、航空运输。有时根据企业实际情况采用多式联运或者特殊运输，通过交通运输的选择来克服地形、路线远近、运输费用等对企业的负面影响。所以，管理者在管理时，要注意的是，有的道路不要去走，有的竞争对手不要去与之竞争，有的市场不要去争，即使是董事会的命令，如果情况不允许，也不能执行。

管理者要机智应变，精通在各种特殊情况下的优势与劣势，利弊关系。两利相权取其重，两害相权取其轻，只有这样才可说真正懂得管理了。如果不精通各种特殊情况下的优势与劣势，以及利与弊，管理者即使得了天时、地利，也不能综合利用，更不能给企业带来长期利益。

聪明睿智的管理者，在思考组织长期生存问题时，必然兼顾到利害两个方面。在不利于组织的生存与发展的情况下充分考虑到有利的因素，企业能顺利应变；在有利的情况下充分考虑到不利于组织生存与发展的因素，就能把威胁组织的各种危机预先排除。

要使员工屈服，或者要使竞争者屈服，就要用他们最害怕的事情去威慑他们。要使员工，甚者竞争者任你驱使，就要用各种他们不得不做的事去烦扰他们。要使员工们，或者竞争者听你的调遣，就要用各种利益去引诱他们。总之，在运用各种谋略时，要注意的是不要触犯国家法律法规。

最好的进攻就是防守与防备坚固。充分的准备是防患于未然。而最好的防守，就是进攻别人意想不到的地方。防与攻，攻与防，其实就是在相互转化中变化的。权变通达就是管理者把思维与决策体现在各种复杂的环境中。

总而言之，管理者有些弱点是害人害己的：只知道追求短期目标与利益，就有可能失去长期目标与利益；只知道拼命追求产量，就有可能忽视质量；只知道小心谨慎，不敢冒险，就有可能错失机会；只知道创新与变革，就有可能使员工难以适应，从而发生冲突。性情暴烈，急躁易怒，就有可能被人侮辱激怒而中计，做一些亲者痛、仇者快的事情；廉洁好名，就有可能被他人的流言中伤而落入圈套；过分溺爱员工，就有可能被烦扰而陷入被动。这些都是管理者的过错，也是管理的灾难，企业如果遇到危机，就有可能是这些危险引起的。对于这些问题，管理者要给予充分的重视。

本章小结

权变的组织结构实际上就是组织在相应的外部条件、内部因素中选择最合适的组织结构，并且随着变化而变化。这类理论都把企业组织作为一个开放系统，并试图从系统的相互关系和动态活动中考察和建立一定条件下最佳组织结构的关系类型。组织“权变”的观点认为，世界上并没有最好的组织结构，所谓“最佳的”组织结构，应视各种情势而异，可以采用任何有效的组织结构形式。

人性的权变理论：认为人是复杂的，要受多种内外因素的交互影响。因而，人在劳动中的动机特性和劳动态度，总要随其自身的心理需要和工作条件的变化而不同，不可能有统一的人性定论。主要研究有J.J. 莫尔斯和J.W. 洛尔施的超Y理论。

“复杂人”假设的主要含义包括五个方面的内容：(1) 人的需要是多种多样的，而且这些需要是随着人的发展和生活条件的变化而发生改变的。(2) 人在同一时间内有各种需要和动机，它们会发生相互作用并结合为统一的整体，形成错综复杂的动机模式。(3) 人在组织中的工作和生活条件是不断变化的，因此会不断产生新的需要和外界环境相互作用的结果。(4) 一个人在不同单位或同一单位的不同部门工作，会产生不同的需要。(5) 由于人的需要不同，能力各异，对于不同的管理方式就会有不同的反应。因此，不可能有一套适合于任何时代、任何组织和任何个人的普遍行之有效的管理方法。

超Y理论的实质是，要求在管理中将工作、组织和个人三者作最佳的配合。其基本观点是：(1) 人是怀着不同的需要和动机加入工作组织的，但是，最主要的需要是实现其胜任感。(2) 胜任感人人都有，它可能被不同的人用不同的方法去满足。(3) 当工作性质和组织形态能够适当配合时，胜任感最能满足，即工作、组织和人员间达到最好配合时就能引发个人强烈的胜任动机。(4) 当一个目标达成时，胜任感可以继续被激励起来，目标已达到，新的更高的目标又会产生。

领导的权变理论：认为领导是领导者、被领导者、环境条件和工作任务结构4个方面因素交互作用的动态过程，不存在普遍适用的一般领导方式，好的领导应根据具体情况进行管理。这方面比较有代表性的是F. 费德勒有效领导模式的研究和V.H. 弗罗姆等人关于领导参与模式的研究。

费德勒的权变模型 (Fiedler contingency model) 是指，有效的群体绩效取决于两个方面的恰当匹配：其一是与下属发生相互作用的领导者风格，其二是领导者能够控制和影响情境的程度。费德勒的研究揭示了确定情境因素的三项权变维度如下：(1) 领导者与下属的关系；(2) 任务结构；(3) 职位权力。费德勒的权变理论表明：并不存在一种“绝对最好”的领导方式，领导者必须具有适应性，自行适应变化了的环境。为了得到最有效的领导方式，可以根据环境的具体情况来选用领导人，使管理者的领导风格适应具体的环境情况，也可以改造环境以符合领导者的风格。

情境领导理论（Situational Leadership Theory，SLT）。赫塞和布兰查德认为，成功的领导是通过选择恰当的领导方式而实现的，选择的过程根据下属的成熟度水平而定，根据下属的成熟水平选择正确的领导风格才会使领导取得成功。他们认为每一维度有低和高两个水平，按高低分别组合形成了四种具体的领导风格：指示型领导风格、推销型领导风格、参与型领导风格和授权型领导风格。

路径—目标模型。“路径—目标”的概念来自这种信念，即有效领导者通过明确指明实现工作目标的途径来帮助下属，并为下属清理各项障碍和危险，从而使下属的这一履行更为容易。豪斯确定了四种领导风格如下：(1) 指示型领导者。(2) 支持型领导者。(3) 参与型领导者。(4) 成就取向型领导者。路径—目标理论提出了两方面的影响因素：环境因素和下属因素。路径—目标理论认为，领导者的工作是利用结构、支持和报酬，建立有助于员工实现组织目标的工作环境。这里涉及两个主要因素：建立目标方向，改善通向目标的路径，以保证实现目标，其内容包括以下五个方面：(1) 领导过程；(2) 目标设置；(3) 路径改善；(4) 权变因素；(5) 领导风格。

权变理论被一些研究者誉为未来管理的方向。它整合了管理学科某些方面的基本认识和方法，建立了多变量和动态化的新的管理规定，它提倡实事求是、具体情况具体分析的精神，注重管理活动中各项因素的相互作用。但是，权变理论存在着有些研究偏重组织的表面结构特征、不够深化、样本过小等方面的不足。

本章关键词

权变理论　复杂人假设　超Y理论　领导的权变理论　上下级关系　管理幅度　费德勒模型　赫塞和布兰查德的情境模型　领导生命周期理论　指导型领导　培训型领导　参与型领导　授权型领导　路径—目标模式　指令型领导　扶持型领导　参与型领导　成就主导型

思考题

1. 领导权变理论的核心内容?
2. 结合实际说明领导生命周期理论的应用价值。
3. 为什么要设置权变的组织结构?
4. 根据领导者参与模型，领导者应该如何选择正确的决策方式?
5. 在路径—目标模型中，领导应该发挥怎样的作用才能提高领导效率?
6. 在赫塞与布兰查德的情境领导理论中，下属的成熟度是如何衡量的?

一次有关领导类型的调查

ABC公司是一家中等规模的汽车配件生产集团。最近，对该公司的三个重要部门经理进行了一次有关领导类型的调查。

1. 安西尔

安西尔对他本部门的产出感到自豪。他总是强调对生产过程、出产量控制的必要性，坚持下属人员必须很好地理解生产指令以得到迅速、完整、准确的反馈。安西尔在遇到小问题时，会放手交给下级去处理；当问题很严重时，他则委派几个有能力的下属人员去解决问题。通常情况下，他只是大致规定下属人员的工作方针、完成怎样的报告及完成期限。安西尔认为只有这样才能促使更好的合作，避免重复工作。

安西尔认为对下属人员采取敬而远之的态度对一个经理来说是最好的行为方式，所谓的“亲密无间”会松懈纪律。他不主张公开谴责或表扬某个员工，相信他的每一个下属人员都有自知之明。

据安西尔说，在管理中的最大问题是下级不愿意接受责任。他讲到，他的下属人员可以有机会做许多事情，但他们并不是很努力地去做。

他表示不能理解以前他的下属人员如何能与一个毫无能力的前任经理相处，他说，他的上司对他们现在的工作运转情况非常满意。

2. 鲍勃

鲍勃认为每个员工都有人权，他偏重于管理者有义务和责任去满足员工需要的学说，他说，他常为他的员工做一些小事，如给员工两张下月在伽利略城举行的艺术展览的入场券。他认为，每张门票才 15 美元，但对员工和他的妻子来说却远远超过 15 美元。通过这种方式，也是对员工过去几个月工作的肯定。

鲍勃说，他每天都要到工场去一趟，与至少 25%的员工交谈。鲍勃不愿意为难别人，他认为艾的管理方式过于死板，艾的员工也许并不那么满意，但除了忍耐别无他法。

鲍勃说，他已经意识到在管理中有不利因素，但大都是由于生产压力造成的。他的想法是以一个友好、粗线条的管理方式对待员工。他承认尽管在生产率上不如其他单位，但他相信他的雇员有高度的忠诚与士气，并坚信他们会因他的开明领导而努力工作。

3. 查理

查理说他面临的基本问题是与其他部门的职责分工不清。他认为不论是否属于他们的任务都安排在他的部门，似乎上级并不清楚这些工作应该谁做。查理承认他没有提出异议，他说这样做会使其他部门的经理产生反感。他们把查理看成是朋友，而查理却不这样认为。

查理说过去在不平等的分工会议上，他感到很窘迫，但现在适应了，其他部门的领导也不以为然了。

查理认为纪律就是使每个员工不停地工作，预测各种问题的发生。他认为作为一个好的管理者，没有时间像鲍勃那样握紧每一个员工的手，告诉他们正在从事一项伟大的工作。他相信如果一个经理声称为了决定将来的提薪与晋职而对员工的工作进行考核，那么员工则会更多地考虑他们自己，由此而产生很多问题。

他主张，一旦给一个员工分配了工作，就让他以自己的方式去做，取消工作检查。他相信大多数员工知道自己把工作做得怎么样。

如果说存在问题，那就是他的工作范围和职责在生产过程中发生的混淆。查理的确想过，希望公司领导叫他到办公室听听他对某些工作的意见。然而，他并不能保证这样做不会引起风波而使情况有所改变。他说他正在考虑这些问题。

思考题

1. 你认为这三个部门经理各采取的是什么领导方式？这些模式都是建立在什么假设的基础上的？试预测这些模式各将产生什么结果。

2. 是否每一种领导方式在特定的环境下都有效？为什么？

参考资料

[1] 徐芳：《组织行为学原理与实务》，清华大学出版社，2007 年版。

[2] 孙燕一、程立茹、王纪芝：《实用组织行为学》，西北工业大学出版社，2007 年版。

[3] 贾书章、赵应文：《组织行为学》，武汉工业大学出版社，2006 年版。

[4] 程立茹、周煊编：《组织行为教程》，对外经济贸易大学出版社，2007 年版。

[5] 刘建军：《领导学原理，科学与艺术》（第 2 版），海天出版社，2005 年版。

[6] 李世宗：《管理学原理》，华中科技大学出版社，2008 年版。

[7] 朱国庆、康善招、姚小远：《组织行为学》，华东理工大学出版社，2007 年版。

[8] 朱延春：《组织行为学简明教程》，青海人民出版社，2006 年版。

[9] 关培兰：《组织行为学》，中国人民大学出版社，2008 年版。

[10] 芮明杰：《管理学》，上海人民出版社，2004 年版。

[11] 胡豪、陈维政、刘苹：《权变公司治理模式研究》，四川大学出版社，2011 年版。

[12] 闫秀敏、黄小晏：《现代企业柔性管理析论》，载于《科技管理研究》，2008 年第 12 期。

[13] 曾易：《领导活动中的权变管理观》，载于《社会科学家》，2003 年第 101 期。

[14] 张泽梅、陈维政：《权变冲突管理策略分析》，载于《第六届（2011）中国管理学年会——组织行为与人力资源管理分会场论文集》，2011 年。

[15] Aaron J. Shenhar. Contingent management in temporary，dynamic organizations：The comparative analysis of projects. *High Technology Management Research*. 2001.

[16] Jay B. Barney，Shujun Zhang. The Future of Chinese Management Research：A Theory of Chinese Management versus A Chinese Theory of Management. *Management and Organization Review*. 2008.

[17] Zona. F. J，Zattoni. A. and Minichilli. A.，A Contingency Model of Boards of Directors and Firm Innovation：The Moderating Role of Firm Size. *British Journal of Management*. 2012.

[18] [美] 弗里蒙特·E. 卡斯特：《组织与管理，系统方法与权变方法》，中国社会科学出版社，1985 年版。

[19] [美] 斯蒂芬·P. 罗宾斯，玛丽·库尔特：《管理学》（第 11 版），中国人民大学出版社，2012 年版。

[20] 周三多：《管理学——管理与方法》（第 5 版），复旦大学出版社，2011 年版。

第十四章　权变理论的发展

本章结构

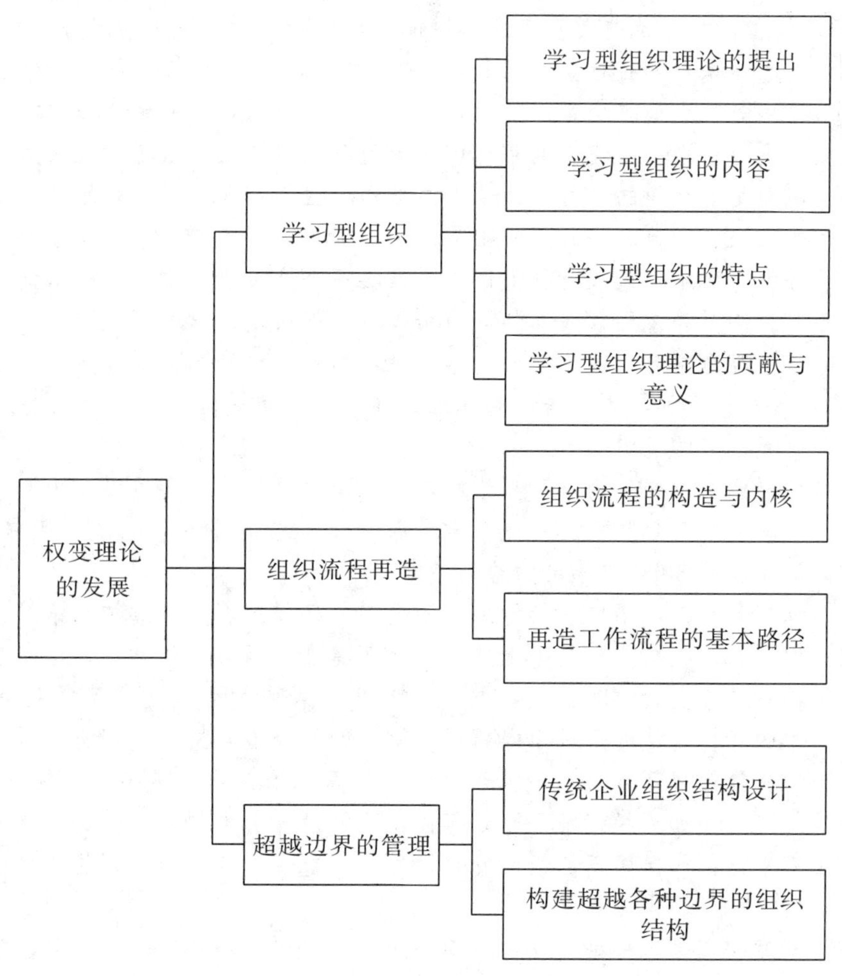

生活是不断变化的，我们都应该为这种变化随时做好准备（Life belongs to the living，and he who lives must be prepared for changes）。

——约翰·沃尔夫冈·冯·歌德（Johann Wolfgang von Goethe）

本章学习目标

1. 了解学习型组织的概念、内涵和基本特征
2. 掌握和熟悉组织的流程再造，了解流程再造的基本途径
3. 掌握重要的领导风格理论
4. 了解超越界限管理的基本知识

引例

创立于1987年的华为，历经30年的成长，从寂寂无闻成长为领头羊。截至2014年年底，华为公司掌握的技术专利数量已在行业内处于领先位置。这显然是组织学习与创新学习的结果。有人说，正是学习型组织的构建，使华为公司成长为有竞争实力的世界级公司。

“人力资本增值的目标优先于财务资本增值的目标”明确写进了《华为基本法》，这也成为华为培训人才的宗旨和目标。任正非说：“在华为，人力资本的增长要大于财务资本的增长。追求人才更甚于追求资本，有了人才就能创造价值，就能带动资本的迅速增长。”

华为强调，人力资本不断增值的目标优先于财务资本增值的目标，但人力资本的增值靠的不是炒作，而是有组织的学习。而让人力资本增值的一条途径就是培训，华为的培训体系经过多年的积累已经自成一派。任正非对于培训有一个精辟的见解，他说：“技术培训主要靠自己努力，而不是天天听别人讲课。其实每个岗位天天都在接受培训，培训无处不在、无时不有。如果等待别人培养你成为诺贝尔，那么是谁培养了毛泽东、邓小平？成功者都主要靠自己努力学习，成为有效的学习者，而不是被动的被灌输者，要不断刻苦学习提高自己的水平。”可见，华为培训的本质或许并不单单是让员工具有某种技能，而是培养他们具备自我学习的能力。

华为旨在把自己打造成一个学习型组织，因此建立了一套完善的以华为大学为主体的华为培训体系。集一流教师队伍、一流教学设备和优美培训环境于一体，拥有千余名专、兼职教师和能同时容纳3000名学员的培训基地。

华为的培训对象很广，不仅包括本公司的员工，还包括客户方的技术维护、安装等人员；不仅在国内进行，也在海外基地开展。同时还建立了网络培训学院，培养后备军。

如何才能让新员工主动学习、提高自己呢？华为采取的办法是全面推行任职资格制度，并进行严格的考核，从而形成了对新员工培训的有效激励机制。

譬如华为的软件工程师可以从一级开始做到九级，九级的待遇相当于副总裁的级别。华为有明确的规定，比如一级标准是写万行代码，做过什么类型的产品等，有明确的量化标准。新员工进来后，如何向更高级别发展，怎么知道个人的差距，新员工可以根据这个标准进行自检。

任职资格制度的实施，较好地发挥了四个方面的作用：一是镜子的作用，照出自己的问题；二是尺子的作用，量出与标准的差距；三是梯子的作用，知道自己该往什么方向发展和努力；四是驾照的作用，有新的岗位了，便可以应聘相应职位。

除任职资格制度外，华为还通过严格的绩效考核，运用薪酬分配这个重要手段，来实现“不让雷锋吃亏”的承诺。即使考核结果仅仅相差一个档次，可能收入差别就是十万二十万甚至更多，所以在华为不存在“大锅饭”的问题。华为就是通过这样的方式，来识别最优秀的人，给他们更多的资源、机会、薪酬和股票，以此牵引员工不停地向上奋斗。

华为是国内最早实行“导师制”的企业。导师必须符合两个条件：一是绩效必须好，二是充分认可华为文化，这样的人才有资格担任导师。同时规定，导师最多只能带两名新员工，目的是确保成效。

华为规定，导师除了对新员工进行工作上的指导、岗位知识的传授外，还要给予新员工生活上的全方位指导和帮助，包括帮助解决外地员工的吃住安排，甚至开导情感方面的问题等。

华为推崇员工的“之”字形个人成长，即一个员工如果在研发、财经、人力资源等部门做过管理，又在市场一线、代表处做过项目，有着较为丰富的工作经历，那么他在遇到问题时，就会更多地从全局考量。任正非一直强调干部和人才的流动，形成例行的轮岗制度，并要求管理团队不拘一格地从有成功实践经验的人中选拔优秀专家及干部；推动优秀的、有视野的、意志坚强的、品格好的干部走向“之”字形成长的道路，培养大量的将帅团队。

华为强调“让听得见炮声的人来呼唤炮火”，就是要求“班长”在最前线发挥主导作用，让最清楚市场形势的人指挥，提高反应速度，抓住机会，取得成果。这就要求上级对战略方向正确把握，平台部门对一线组织有效支持，班长们具有调度资源、及时决策的授权。其基础是组织和层级简洁而少（比如3层以内），决策方式扁平、运营高效。这样，战争的主角——优秀“班长”就能在战争中主动成长，从而成为精英中的精英。

按照“学习型组织”的概念，整体提升组织的“创造未来的能力”就是提升组织未来发展的竞争力，其取决于三个核心能力：理解复杂性、开创性交谈、滋育热情。“学习型组织”强调从整体系统的观念上来重新思考组织的学习行为，从而解决传统组织学习无效率的问题。从个体学习到组织学习，学习动力、学习环境、学习资源等方面的全盘考虑是必要的，否则就不能称之为“学习型组织”。

资料来源于：MBA中国网 http://www.mbachina.com/html/cjxw/201601/90778.html，2016年6月。

第一节　学习型组织

一、学习型组织理论的提出

1990年彼得·圣吉（Peter M. Senge）出版了名为《第五项修炼——学习型组织的艺术与实务》的著作，该书一出版立即引起轰动。彼得·圣吉以全新的视野来考察人类群体危机最根本的症结所在，认为我们片面和局部的思考方式及由其产生的行动，造成了目前切割而破碎的世界，为此需要突破线性思考方式，排除个人及群体的学习障碍，重新就管理的价值观念、管理的方式方法进行革新。

学习型组织是一种全新的组织模式，是组织发展的必然趋势，是一种更适合人性的组织模式。正如人们对于组织学习的定义没有定论一样，“学习型组织”的定义也是仁者见仁，智者见智。

1965年，联合国教科文组织在巴黎召开会议，朗格朗教授提出“终身教育”提案，获得了广泛的支持，成为联合国此后推动全球教育发展的基本理念。在终身教育理念的基础上，1968年美国学者郝钦斯出版《学习社会》一书，从通才教育的观点说明学习社会的重要性。终身教育与通才教育的理念成为创建学习型组织的思想源泉。管理学家彼得·圣吉教授从他的老师佛瑞思特早期的论文《企业的新设计》中得到启示，对“系统动力学”“组织学习”“创造原理”“认知科学”“群体深度对话”与“模拟演练”等多种学科与方法进行融合，用了近十年的时间，对数千家企业进行研究，于1990年提出了学习型组织这一全新的管理理念。

彼得·圣吉认为，学习型组织是这样一种组织，“在其中，大家得以不断突破自己的能力上限，创造真心向往的结果，培养全新、前瞻而开阔的思考方式，全力实现共同的抱负，以及不断学习‘如何共同学习’”。它是由一些学习团队组成，具有崇高而正确的核心价值和使命，使组织始终具有坚韧的生命力和实现共同目标的动力，不断创新，持续改变。在学习型组织中，人们心手相连，相互反省求真，脚踏实地，勇于挑战极限和过去的成功模式，不为眼前的近利所惑；同时，以令成员振奋的共同愿望，以及与整体动态搭配的政策与行为，充分激发生命潜能，创造出超乎寻常的成果，从而在真正的学习中体悟工作的真谛，追求心灵的满足与自我实现，并产生与周围的世界一体的感受。

考夫曼和圣吉进一步阐述到：学习型组织里每个人一直在成长、学习和创造，学习型组织里大家互相尊重，愿意检视自己的看法和假设，愿意尝试新的实验，并且认知失败有时是冒险的代价。

与此相类似，野中郁次郎用“知识创造型公司”来描述学习型组织。他指出，知识创造型公司的特征是发明新知识，它不是一项专门的活动，而是行动的一种方式，是存在的一种方式，在其中，每个人都是知识工作者。

也有其他学者从不同的角度讨论了学习型组织的含义（见表14－1）。

表14－1　学习型组织的含义

派得乐	学习型组织是促使公司中的每一个成员都努力学习，并不断改革自身的组织
加尔文	学习型组织是指善于获取、创造、转移知识，并以新知识、新见解为指导，勇于修正自己行为的一种组织
马奎特	系统地看，学习型组织是能够有力地进行集体学习，不断改善自身收集、管理与运用知识的能力，以获得成功的一种组织
鲍尔·沃尔纳	学习型组织就是把学习者与工作系统地、持续地结合起来，以支持组织在个人、工作团队及整个组织系统这三个不同层次上的发展
科姆	几乎所有的组织都会学习，不管其是有意还是无意。学习型组织是指那些有意识地激励组织学习，使自己的学习能力不断增强的组织；而一般组织则对组织学习听之任之，从而逐步削弱了其学习能力

上述学者从不同的角度和层面对学习型组织进行了解释。由于研究视角不同，表述方式也有很大差异。尽管如此，从学习型组织的本质考虑，这些描述并没有根本上的冲突。

综合以上观点，所谓学习型组织，指的是能够敏锐地观察到内外环境的各种变化，通过制度化的机制或有组织的形式捕获信息、管理和使用知识，对各种变化进行及时调整，从而增强群体的能力，使得群体作为一个整体系统能够不断适应环境变化而获得生存和发展的一种新型组织形式。

二、学习型组织的内容

学习型组织包括五项修炼：自我超越、改善心智模式、建立共同愿景、倡导团队学习和进行系统思考（见图 14－1）。

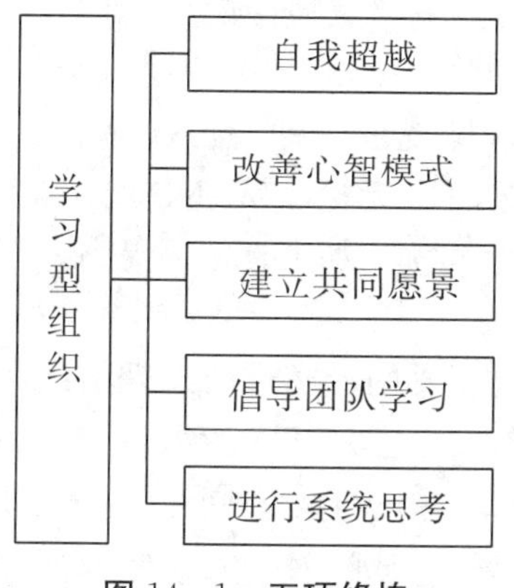

图 14－1　五项修炼

（一）自我超越

学习型组织设计了五项修炼，其中第一项就是自我超越。所谓自我超越的修炼，是指突破极限的自我实现或技巧的精熟。它使学习不断厘清并加深个人的真正愿望，使个人更清楚地了解目前的真实情况。自我超越是个人成长的学习修炼，是对一个人真正心之所向的“愿景”，是不断重新聚焦、自我增强的过程。它以磨炼个人才能为基础，却又超乎此项目标，以精神的成长为发展方向，却又不局限于精神层面。自我超越的意义在于以创造的现实来面对自己的生活与生命，并在创造的基础上将自己融入整个世界。

（二）改善心智模式

“改善心智模式”是彼得·圣吉五项修炼中的第二项修炼。彼得·圣吉认为“心智模式”根植于我们的心中，影响到我们对世界的了解，也影响我们的决策。通常，我们察觉不到自己的心智模式以及它对我们行为的影响。例如，对于常说笑话的人，我们可能认为他乐观豁达；对于不修边幅的人，我们可能觉得他不在乎别人的想法。这就是我们在“心智模式”影响下所做的判断。在管理决策中，决定做什么或不做什么，也是一种根深蒂固的心智模式。比如我们不能掌握市场的契机和推行组织中的变革，很可能是因为它们与我们心中隐藏的、强而有力的心智模式相抵触。总之，心智模式决定了我们如何认知周围的世界，并影响到我们对所见事物的理解。组织是由个人构成的，个人的心智模式是组织心智模式的基础，但组织的心智模式并非个人心智模式的简单加总。事实上，个人心智模式之间存在着很大的差异。具有不同心智模式的人观察相同的事件，会有不同的描述。因为心智模式不同或与固有的心智模式相抵触，才有组织内部新变革、新设想、新发展计划等的推进。但往往会遇到重重阻力，甚至在组织成员普遍赞成的情况下，都可能无法实施。因此，学习如何展开我们的心智模式，并加以检视和改善，有助于改变我们对周围世界如何运作的认识，有助于提高我们的行动能力和行动效果，对组织做出准确决策，改善管理，提高组织的凝聚力具有重要的意义。要改善心智模式必须做到：要把镜子转向自己，这也是心智模式修炼的起步。发掘自己内心世界的图像，让这些图像浮上表面，并严加审视。简单来说，改善心智模式，就是要求我们改变固有的思维习惯，学会改善，并活用知识，通过不断学习，学会有效地表达自己的想法，并以开放的心灵容纳别人的想法。彼得·圣吉在其名著《第五项修炼》中给出了塑造心智模式的技巧：第一是辨认“跳跃式的推论”——留意自己的思维如何由观察跳到概括性的结论。第二是练习“左手栏”——写下内心通常不会说出来的话。第三是“兼顾探询与辩护”——彼此开诚布公探讨问题的技巧。第四是正视“拥护理论”（我们说的）与“使用理论”（我们依其而行的）两者之间的差异。实际上，改善心智模式本身就是一种学习，是对于“怎样学习”的一种学习。因此，当心智模式存在一定的缺陷时，无论个人还是组织，其学习能力都会受到损害；相反，当心智模式得到改善时，其学习能力就能获得提高。

（三）建立共同愿景

共同愿景是全体员工共同迫切要创造实现的近期清晰而具体的愿望景象，是令人深受感召的一种力量。共同愿景的英文本意是“大家共同分享的共同愿望的景象”。正像个人愿景是员工个人心中向往的未来景象一样，共同愿景是全体员工共同向往的未来景象。那么，战略和行动方案是共同愿景吗？战略是规划未来发展的行动纲领，也是描写未来的目标和景象，但它不是共同愿景，因为战略过于超前和抽象，不容易成为员工发自内心的愿望。行动方案是完成任务的计划，是员工发自内心的愿望，它也不是共同愿景，因为行为方案过于具体和近在眼前，不是员工向往的未来景象。共同愿景是一种吸引每个员工的行动理念，具有号召力和凝聚力，并靠全体员工的奉献来支撑。构成共同愿景的主要要素有四个：一是组织的未来景象；二是组织的价值观，只有正确的价值观，才能既重视组织的利益，也重视员工的利益以及社会乃至全人类的利益；三是使命感，由于工作任务与想要创造的未来景象密切相关，所以员工应具有使命感；四是目标和任务，通过一个个工作任务和阶段性工作目标的完成，逐渐接近并最终实现共同愿景。共同愿景中所包含的未来景象、价值观、使命感和目标与任务是相互连接的有机整体。价值观和使命感支持并制约着未来景象，未来景象一旦确定，就决定了使命感和价值观。未来景象决定着目标和任务，价值观又决定着目标的选择和实现方式，使命感给目标的实现以承诺和动力支持。可以说，共同愿景是全体员工的需求、欲望、价值观和理想信念的结晶体，并随着组织的发展而改变、升华。建立共同愿景的目的是为了凝聚全体员工的思想，培养员工对组织的长期承诺，主动奉献，提高组织的生命力。其作用如图 14－2 所示：

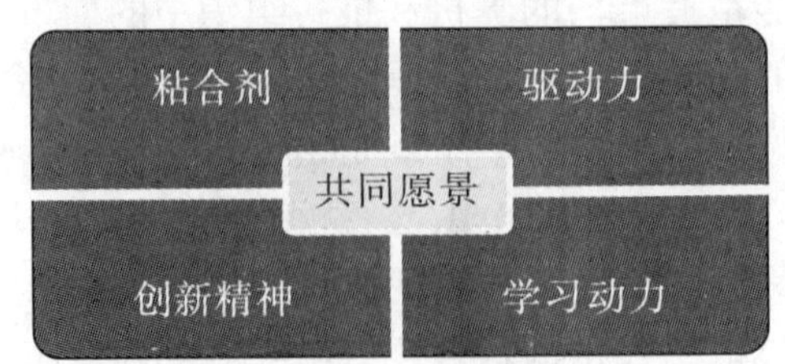

图 14－2 建立共同愿景的作用

1. 共同愿景是凝聚全体员工与组织的黏合剂

因为共同愿景使组织和员工之间有着共同的愿望、目标和价值观，能把员工的共同愿望和组织的战略目标整合成为一体，并激发员工为实现共同愿景而努力追求，为超越个人利益的共同利益而努力奋斗。同时，共同愿景还能改变员工和组织之间的关系。由于认识到单靠个人的默默奋斗，很难实现个人愿景，员工把组织视为实现个人愿景的载体。

2. 共同愿景能产生强大的驱动力

正如自我超越能产生创造性张力一样，共同愿景也能产生这种力量。这种力量有时大得惊人，不仅能使组织在顺境时锦上添花，还能使组织在困境中重振雄风。

3. 共同愿景能激发员工的学习动力和创新精神

有了共同愿景，就能看到共同愿景和现状之间的差距。困难、阻力、问题提供了学习的焦点，能激发员工的学习需要和动力，产生创造性的学习。

（四）倡导团队学习

团队这个概念起源于印欧语系中的“拉”字，含有“一起拉”的意思。到 16 世纪，团队的定义是“一起行动的一群人”。20 世纪 80 年代末，美国企业向日本企业学习团队文化，把团队的概念定义为“需要相互合作，达到某种成果的一群人”。据美国公司统计，实行这种管理方法，效益一般可以提高 50%，有的甚至达到一倍或数倍，产生的效益 1/3 作为奖励返还团队，2/3 作为企业增加的财产。团队以目标为导向，通过学习，使人更聪明地工作。在知识经济的今天，团队学习的创造力十分重要。学习型团队，是个伟大的创造，是现代管理的基础，是企业向更高管理模式发展的出发点，它具有强大的生命力。团队，是医治官僚主义的良药，是人才涌现的摇篮。我国不少企业，不实行员工参与管理，却在高喊“以人为本”和“团队精神”，只能表明这些唱高调的领导是“叶公好龙”，或是与员工关系紧张，甚至有腐败行为而害怕员工参与管理。团队学习是使团队力量超过团队个人力量加总的技术，是五项修炼中最具挑战性的修炼。团队学习是指通过有技巧的讨论和深度会谈等方法以及反思与探询等技巧，找出并克服习惯性防卫的互动模式，把分散的智慧和能量调动起来相互激荡，使创造性见解浮现并达成共识的学习过程。它能提高集体的学习速度和学习成果，也能使团队成员的个人成长速度加快，形成浓厚的学习氛围。团队学习的基础是共同愿景和自我超越。共同愿景为团队学习指明了方向，注入了内容，认清了现状的真相，产生了创造性张力，实现了自我超越。只有团队成员的自我超越，才能创造性地实现团队的工作任务。团队学习的核心问题，是转换对话的方式和集体思考的技巧，也就是真诚地沟通问题，这同时也是团队学习的难点问题。生活中，明哲保身、模棱两可、自吹自擂、颠倒黑白、口是心非、强词夺理等现象屡见不鲜。心理学研究表明，隐蔽性是人性中的一个自然属性，自我防卫的心态就是由此产生的。团队学习正是向人性中的这种弱点挑战，要求开放心灵，容纳别人，通过互动共同提高认识水平，通过合作共同创造奇迹。深度会谈就是开放心灵容纳别人的学习方法，在敞开心扉的交流中，激荡出创造性的智慧。团队要想长期成功，必须研究人性的动态发展，让具有不同人性的人融为一体。团队学习，对组织的生存和发展有着重要的推动作用。

（五）进行系统思考

组织是一个系统，受到各种细微且息息相关的行动的牵连而彼此影响着。系统思考就是以整体的观点对复杂系统构成组件之间的连接进行研究。系统思考解决问题的方式就是认识到复杂系统之所以复杂，正是因为系统各个组件间的联系。如果想要理解系统，就必须将其作为一个整体进行审视。系统思考是解决复杂问题的工具、技术和方法的集合，是一套适当的、用来理解复杂系统及其相关性的工具包，同时也是促使我们协同工作的行动框架。如果我们希望了解一个系统，并进而能够预测它的行为，就有必要将系统作为一个整体来进行研究。将系统各部分割裂开来，很可能会破坏系统内部的连接，从而破坏系统本身。如果你希望影响或控制系统的行为，就必须将系统作为一个整体来采取行动。在某些地方采取行动并希望其他地方不受影响的想法注定要失败——这也就是连接的意义所在。因此，系统思考的精髓是用整体的观点观察它周围的事物。只有拓宽视野，才能避免“竖井”式思维和组织“近视”这一对孪生并发症的危害。当然，视野的拓宽不能够以忽视细节为代价，要适当划分系统的范围。系统思考又被称为“见树又见林的艺术”，它要求人们运用系统的观点看待组织的发展，引导人们从看局部到纵观整体，从看事物的表面到洞察其变化背后的结构，以及从静态的分析到认识各种因素的相互影响，进而寻找一种动态的平衡。从字面上看，系统思考是一种思维方式，实质上系统思考更重要的是一种组织管理模式。它要求将组织看成是一个具有时间性、空间性并且不断变化着的系统，考虑问题时要整体而非局部、动态而非静止、本质而非现象地思考，就像中医疗法，把人体看成一个有机的系统，五脏六腑气血脉相通，任何一个部位出现异常，都有可能是其他因素引起而不仅仅是该部位问题所致。第五项修炼就是要让人与组织形成系统观察、系统思考的能力，并以此来观察世界，从而决定我们正确的行动。

三、学习型组织的特点

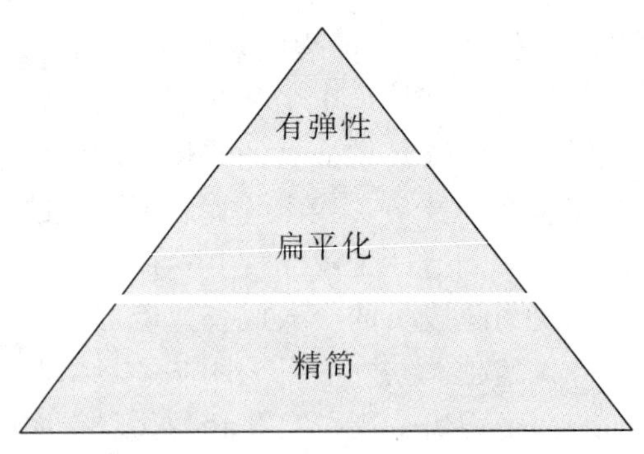

图 14－3　学习型组织的特点

学习型组织的特点如图 14－3 所示。

（一）精简

目前，中国出现的很多下岗员工就是企业进行精简的结果，精简是整个世界发展的趋势。对于学习型组织来说，最好的组织结构是一种学习型的精简结构，这种结构摒弃了限制性的职位要求、过度控制的组织架构以及拖拉烦琐的办事程序。

学习型组织的精简和一般概念上的精简是根本不同的，学习型组织的精简是学习基础上的精简。用两句话概括就是“先乘后减，先事后人”。

1. 先乘后减

先乘后减是指在组织中开展各种学习活动，推进员工的学习，使每个员工掌握多种技能，一个人可胜任多个岗位，成为“多面手”，促使员工的实际工作能力成倍增加。之后，企业从这些掌握多种技能的员工中再挑选优秀的人选，进行组织的精简。以宝钢电厂为例：宝钢电厂与一般电厂一样都是由机、电、炉三部分组成，宝钢电厂花了三年半的时间分批让这三部分的员工都学会另外两种技术，也就是说一个人可以做 3 种不同的事情。然后考核，合格者才可以上岗。宝钢原有机、电、炉三组共 30 人左右，现在先做了乘法再做减法，只剩下13个人。

2. 先事后人

企业里的工作不外乎三种：第一种工作是做得越多，企业发展越好；第二种工作是做得多与少与企业发展无关；第三种工作是做得越多，对企业发展阻碍越大。先事后人就是指企业在进行精简时，首先要把与企业发展无关，甚至阻碍企业发展的工作找到并去除，然后再精简与此相关的人员。对企业发展有利的工作，企业不但不应减少，还应该大胆地增加人、财、物力，使之更强有力地促进企业发展。

3. 做事要简洁

企业要提倡把复杂的事情简单化。如GE公司推行"简洁"的主张。"简洁"是韦尔奇在担任总裁期间GE公司的价值观。

（二）扁平化

扁平化是现代企业管理的新概念。许多企业从决策层到操作层，从上到下，中间有许多管理层，这样的企业效率当然不会高，而且容易产生官僚主义。一个企业中间管理层越少越好。现在有的企业没有中间管理层，完全是个平面。如果中间没有太多的管理层，决策层的理念和决策意图很容易传到操作层，基层员工好的想法也可以很快传到决策层，上下组织互动，才能产生巨大的能量。学习型组织管理理论中有一个要点，即测试一个组织的机体是否健康，只看坏消息往上传的速度。如果慢了，说明机体有毛病，越慢毛病越大。有专家已经提出，今天中国企业改革的关键是"中层革命"。所谓中层革命就是中间管理层的改革。世界上大多数国家的管理层是3级，有的只有2级，个别的只有1级，而我们国家是5级。我国明朝时3000个老百姓养活1个官，现在是30个老百姓养活1个官，不改革不行了。美国通用电气公司（GE）总裁韦尔奇1981年上任后，首先根治大公司常有的通病"恐龙症"。GE公司原有40多万职工，其中有"经理"头衔的就高达2.5万人，高层经理5000多人，副总裁130人。管理层次有12层，工资级别多达29级。从1981年到现在，韦尔奇至少砍掉了350多个部门，将公司职工裁减为27万人。韦尔奇还决定把GE公司的管理机构由12层扁平化至5层。扁平化的结果是：12年里，GE公司的销售收入增长了2.5倍，税后净利翻了三番。为此，《金融世界》将韦尔奇称为1992年度的"最佳总裁"。

（三）有弹性

所谓弹性，就是适应变化能力。若使一个组织具有很强的弹性，必须做到以下三点：观念更新、战略储备、提高员工整体素质（见图14－4）。

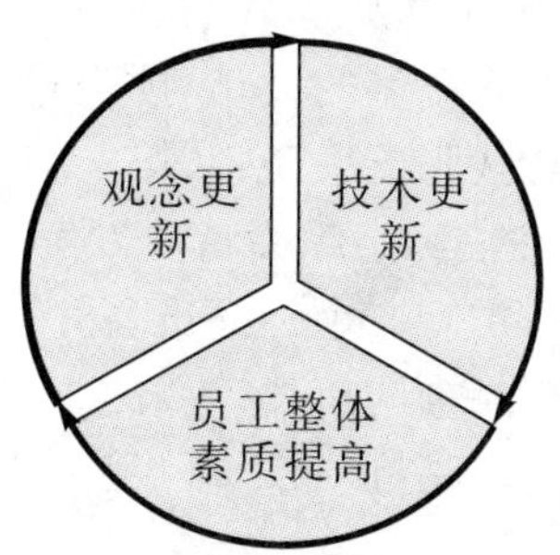

图14－4　弹性组织的特点

1．观念更新

（1）要树立快变、创新求效益的观念。上海汽车工业总公司的汽车销售量曾经一度很低，其中桑塔纳汽车积压严重。最后公司不得不做出一个决定，要求每位中层员工都买一辆。当今整个世界都出现了过剩经济，市场已经从卖方市场转变为买方市场，企业要在激烈的竞争中取胜，必须换个思路，以快变、创新求效益。如今的上海汽车工业总公司已经进行了新的战略调整，提出上海的汽车工业必须迈入新技术时代，并要求一年推出一个新产品。

在上海的高级宾馆中，常会看到一种名叫“和酒”的酒，虽然包装很漂亮，但实际上就是黄酒。若请人喝黄酒，客人心里一定不舒服，但是，和酒不但包装精美，而且隐含和和美美、和气生财等吉利的意义，请客人喝这种酒肯定会让其满意。所以，如今人们在结婚、谈生意时，都喜欢选择和酒。其实，人们喝的仍是黄酒，仅仅换了一个名称、一个包装，里面加了一点保健的调味品。和酒企业就是这样通过快变、创新，明显地提升了企业效益。

（2）要树立贴心服务、超值服务的观念。传统意义上的服务就是企业对顾客实行“三包”，但随着市场竞争的不断变化，顾客要求越来越高，企业的服务越来越周到，时代赋予服务新的内涵，超值服务应运而生。所谓超值服务，是指超越常规的服务，也就是做到国家规定的服务之外，自觉地使这种服务无限延伸，超越顾客的要求。这种超值服务，会使顾客深切感受到企业无微不至的关怀，从而使顾客和企业之间建立起友好、融洽的关系，这是对传统服务观念和服务行为的挑战。如三星集团也提出了超值服务的理念。用户一个电话打过来：“我的微波炉坏了。”维修人员很快就到用户那里帮他维修。维修时，三星要求维修人员换上干净的鞋子、不喝用户的水、不抽用户的烟，并且不仅要把微波炉修好，还要主动把用户家里的电器，特别是使用时间长的家用电器检查一遍。不管是三星的，惠普的，还是海尔的，一律不收服务费。用户买三星一个产品，全部家电都包了，这就是超值服务。

2．战略储备

战略储备包括两个方面，一是人才的战略储备，二是技术的战略储备。只要做好战略储备，不管市场怎么变化，都会有很强的适应力。

（1）人才的战略储备。所谓人才的战略储备是指根据公司发展战略，通过有预见性的人才招聘、培训和岗位培养，使得人才数量和结构能够满足组织扩张的要求。上海汽车工业公司做出战略调整，要求一年推出一个新产品、新车型。为了这个目标，公司4年前就拿出一个亿的资金，把45位技术人员送到国外培训。这次培训要求很高，现在这45名技术人员已经回国，他们带回了一批新车型的设计方案与思路。

（2）技术的战略储备。海尔总裁张瑞敏说：“第1个10年的产品我胜券在握；第2个10年的产品我已经开发好了；现在已经组织力量开发第3个10年的产品。我很熟悉中国的市场，现在我推出一个产品，一定有3个产品准备好了。我的第一代产品推出去，别人看到卖得好，马上仿制，等仿制产品推向市场，我的第二代产品又推出来了，别人一看卖得又很好，马上再仿制，等仿制的产品推向市场，我的第三代产品又出来了。海尔要永远走在市场前面，这样才能成功。”

3．提高员工整体素质

德国企业普遍重视员工的培训。大众公司在世界各地建立起许多培训点，他们主要进行两方面的培训：一是使新进公司的人员成为熟练技工；二是使在岗熟练技工紧跟世界先进技术，不断提高知识技能。西门子公司在提高人的素质方面更为细致，他们一贯奉行的是“人的能力是可以通过教育和不断培训而提高的”，因此他们坚持“自己培养和造就人才”。

德国企业在管理人才选拔与培养方面也颇具特色。大众汽车公司除了最高决策层之外，拥有各方面的优异管理人才。他们以高薪吸纳了大批优秀管理人才和科研专家，并为其发挥才能提供广阔的空间，使他们产生一种自豪感、凝聚力和向心力。西门子公司也特别重视对管理人才的选拔和录用，他们聘用的管理者必须具备以下四个条件：一是具有较强的工作能力，特别是冲破障碍的能力；二是具有不屈不挠的精神和坚强的意志；三是具有老练的性格，能使部下信赖，富有人情味；四是具有与他人协作的能力。戴姆勒－克莱斯勒公司认为：“财富＝人才＋知识，人才就是资本，知识就是财富。知识是人才的内涵，是企业的无形财富；人才则是知识的载体，是企业无法估量的资本。”所以，戴姆勒－克莱斯勒公司有一种好的传统，即选拔人才并不注重其社会地位的高低，而是注重本人的实际能力。

在尊重人格、强调民主的价值观指导下，德国企业普遍重视职工参与企业决策。在培训、考察中，我们所到的企业，不论是大众、戴姆勒－克莱斯勒、西门子等大公司，还是高依托夫、路特等中小企业，职工参与企业决策是一种普遍现象。

（四）不断自我创造

“学习型组织”理论强调创新，创新是学习型组织的核心理念。

企业的工作归纳起来不外乎两类：第一是创造性的工作，第二是反应性的工作。学习型组织理论提醒我们，反应性的工作最多能维持现状，但并不是一定能维持现状，而企业发展靠的全是创造性的工作。

企业中的绝大多数人，都在忙于反应，只有极少数人，在用极少的时间进行创造，这就是许多企业走不出低迷的根本原因。当今时代，技术进步日新月异，大量涌现的新技术将在未来极大地改变我们的生活，只有每个人不断地自我创造才能应对未来的挑战。

比尔·盖茨在召开公司会议时，绝不是仅仅让与会者到场听取他的工作布置，而是让每个人提出自己的创意。微软17800名员工当中，有3000名是百万富翁，也就是不到6个员工当中就有一个百万富翁。为什么这些人都能成为百万富翁？因为他们能出好点子，能有好的思路，能拿出好的技术，能制订出好的方案。所以，今天比尔·盖茨不是只有1个脑袋，而至少有3001个。

因此，企业的领导不仅自己要具有创新意识，还要让整个组织的员工都能够把聪明才智发挥出来，只有这样，企业才更具有创造力。

（五）善于学习

“善于学习”是学习型组织的本质特征。按照学习态度的不同，可把人们分为三种：第一种是没有学习意愿的人，这样的人很快就会被淘汰；第二种是有学习意愿但不善于学习的人，也一样会被淘汰；最后成功的只有一种人，是既肯学又善于学的人。因此仅仅有学习的意愿往往是不够的，还要善于学习。

“善于学习”的含义有以下几项：

1. 强调“终身学习”

即组织中的成员均应养成终身学习的习惯，这样才能在组织中形成良好的学习气氛，促使其成员在工作中不断学习。

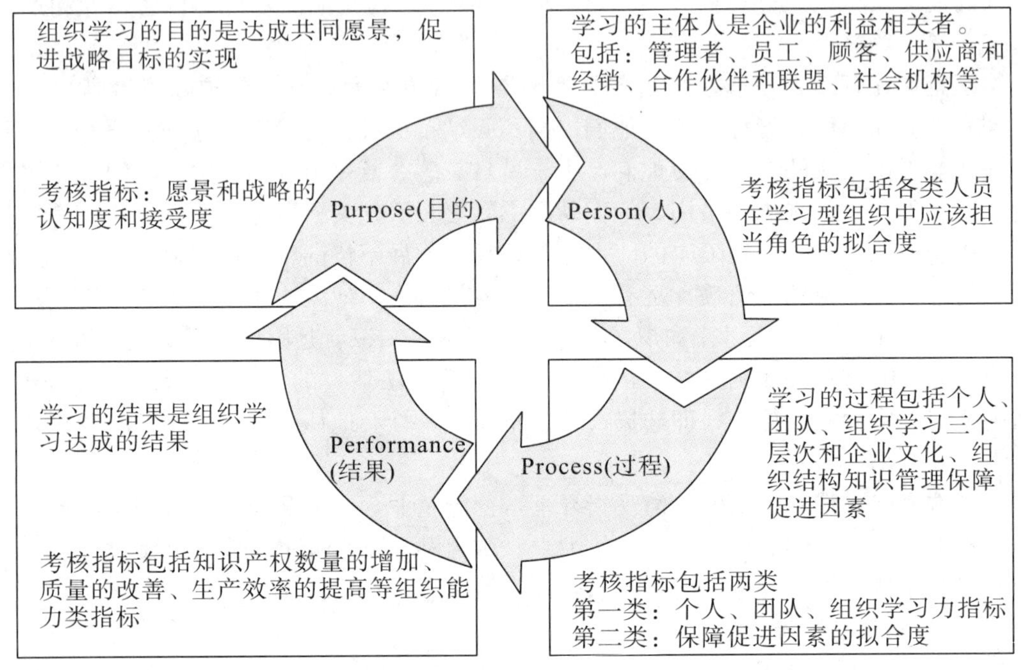

图 14－5　全员、全过程学习

2. 强调“全员学习”

即企业组织的决策层、管理层、操作层都要全身心投入学习，尤其是经营管理决策层，他们是决定企业发展方向和命运的重要阶层，因而更需要学习。

3. 强调“全过程学习”

即学习必须贯彻于组织系统运行的整个过程之中。约翰·瑞定（J. Redding）提出了一种被称为“第四种模型”的学习型组织理论。他认为，任何企业的运行都包括准备、计划、推行三个阶段，学习型企业不应该是先学习，然后进行准备、计划、推行，不要把学习与工作分割开，应强调边学习边准备、边学习边计划、边学习边推行。关于“全员学习”“全过程学习”可参见图 14－5。

4. 强调“团体学习”

不但重视个人学习和个人智力的开发，更要强调组织成员的合作学习和群体智力（组织智力）的开发。在进入 21 世纪之前，国际 21 世纪教育委员会花了 3 年时间，写了一份研究报告——《教育——财富蕴藏其中》，提交联合国教科文组织。这份报告的中心是“四个学会”，即第一学会认知，就是学会学习；第二学会在现代条件下做事；第三学会共同生活；第四学会生存。

总之，企业持续发展的源泉是企业的整体竞争优势与竞争能力的不断提高，未来真正出色的企业是使全体员工全身心投入并善于学习、持续学习的组织——学习型组织。

（六）自主管理

1. 自主管理模式逐渐成为企业的自觉选择

传统的企业管理模式，将人视作企业运营过程中按既定规则配置的机器零件，忽视人的自主精神、创造潜质和责任感等主体能动性作用；在管理过程中，较多地依赖权力、命令和规则等外在的硬约束，缺乏凝聚力。随着市场竞争的深化，人的主体价值在企业运营中的作用日益重要，旧的管理模式越来越难以适应新的竞争形势，而体现人的主体性要求的自主管理模式逐渐成为企业的自觉选择。

2. “自主管理”使组织成员边工作边学习

学习型组织理论认为，企业要成功，必须让员工参与进来，给他们自主管理的机会，肯定他们的工作成果，让他们体会到人生价值。“自主管理”是使组织成员能边工作边学习并使工作和学习紧密结合的方法。通过自主管理，组织成员可以自己发现工作中的问题，自己选择伙伴组成团队，自己选定改革、进取的目标，自己进行现状调查，自己分析原因，自己制定对策，自己组织实施，自己检查效果，自己评估总结。团队成员在“自主管理”的过程中，能形成共同愿景，能以开放求实的心态互相切磋，不断学习新知识，不断进行创新，从而增加组织快速应变、创造未来的能力。

3. 自主管理体制获得成功的最大秘诀

自主管理体制获得成功的最大秘诀，就是通过这种非常规的管理方式将责、权、利有机地统一起来，最大限度地下放给员工，以充分调动员工的自主性、积极性和创造性，全面提升工作效率。应该说，自主管理迎合了现代人受尊重、自我实现这种高层次的心理需要。员工把管理层的信任当作压力和动力，并通过自己智力和体力的充分协调发挥作用，最终变成凝聚力和竞争力，促进企业经营目标的实现。

四、学习型组织理论的贡献与意义

（一）学习型组织是能让组织内的全体成员全身心投入并拥有持续增长学习力的组织

在组织内必须理清两个观念：一是学历不等于能力；二是企业竞争不是学历层次高低的竞争，而是学习力的竞争、学习速度的竞争，是学习力、学习速度转化为创新创效能力的竞争。

学习型组织尤为关注组织学习力的提升。组织学习力是组织最本质的竞争力。组织学习力指组织作为整体从外界摄取知识信息、内部重组知识结构、不断更新自我的良性循环的能力。组织学习力是由个体学习力所决定的，但并不是个体学习力的简单叠加，而是对个体学习力的有机整合。影响组织学习力的因素包括把学习看作是个体的事，注重对有能力的成员发挥使用而忽视对团队学习潜力的挖掘培养等等。每个人都必须随时接受最新的教育，必须持续不断地增强学习力，终身教育的理念也因此而形成。学习催化人的全面发展，从而提高个体的竞争力。就团队而言，学习强化了团队的各种要素和功能并优化组合了团队要素，因而提高了团队的整体竞争力。以企业的生存和竞争来说，在科学技术进步的大背景下，知识信息在创造财富中的作用日益显著，无论是企业间竞争，还是人才的争夺，实质都是学习力之间的竞争。而无论是从知识参与生产的程度，还是人才竞争的激烈程度来看，不断学习已成为工作的必需。如果一个企业学习力不强，创新力就会逐渐下降，产品与经营理念就会逐渐老化，已有的市场就会逐渐失去，产值与利润会逐渐下降，企业就会逐渐衰落。反之，一个企业有很强的学习力，就会逐渐创造崭新的产品，逐渐扩展市场，拥有市场，赢得利润，企业就会由弱变强。一句话，学习力是企业生命力之根。当今企业，不论采用什么管理模式，根本一条是要注意激发三个层面的学习力：个人的学习力、团队的学习力和组织的学习力。

提升组织学习力是指在有限的时间内，最大限度地摄取知识、创造知识，并把知识转化成现实生产力。但是，学习对我们来说并不都是有益的，见到什么就学什么不一定都对我们有好处。特别是在信息爆炸的背景下，学会如何学习，提升学习力，比重视和加强学习更重要。提升组织学习力的途径有：(1) 变革学习理念，由一次性的学习过程转变为终身学习，处处学，学习工作化，工作学习化，团队学习，研究式学习，反思式学习，让学习成为团队和成员个人的生存状态和发展模式。(2) 发掘学习潜能，并把这种潜能当作稀缺资源进行整合。(3) 通过创建学习型组织唤醒成员的学习意识，培植团队的学习意识。(4) 提供学习保障，引导学习行为，校正学习方式，确保学有所用；健全学习网络，确保学有其所；创新学习载体，提高学习成效，确保学有所获。(5) 创新学习模式，注入学习活力。把学习的绩效与需求紧密地结合起来，使学习成为生存的前提和发展的动力。

（二）学习型组织是能让组织成员体验到工作中生命意义的组织

根据美国心理学家马斯洛创立的人类需求层次理论，人的需求是由低到高、由物质到精神的发展过程。只要愿意，每个人都能发掘出自身巨大的潜能，从而实现自己生命的价值。为此，学习型组织特别重视“双元双层”法则的运用，在组织发展的同时必须兼顾员工的同步发展，让真正创造价值的人能分享组织价值。这也充分践行了科学发展观“以人为本”理念中让发展的成果惠及全体人民的思想。双层是指组织和个人两层，双元是指组织发展和个人发展。

（三）学习型组织解决了传统企业组织的缺陷

传统企业组织的主要问题是分工、竞争、冲突、独立，降低了组织整体的力量，更为重要的是传统组织注意力仅仅关注于眼前细枝末节的问题，而忽视了长远的、根本的、结构性的问题，这使得组织的生命力在急剧变化的世界面前显得十分脆弱。学习型组织理论分析了传统组织的这些缺陷，并开出了医治的“良方”——“五项修炼”。

（四）学习型组织为组织创新提供了一种操作性比较强的技术手段

学习型组织提供的每一项修炼都由许多具体方法组成，这些方法简便易学。此外，圣吉和他的助手还借助系统思考软件创建起实验室，帮助企业管理者在其中尝试各种可能的构想、策略和意境的变化及种种可能的搭配。

（五）学习型组织理论解决了企业生命活力问题

学习型组织理论实际上还涉及企业中人的活力问题。在学习型组织中，人们能够充分发挥生命的潜能，创造出超乎寻常的成果，从而由真正的学习体悟出工作的意义，追求心灵的成长与自我实现，并与世界产生一体感。

（六）学习型组织提升了企业的核心竞争力

学习型组织理论中的企业竞争力是指企业的学习力。在知识经济时代，获取知识和应用知识的能力将成为竞争能力高低的关键。一个组织只有通过不断学习，拓展与外界信息交流的深度和广度，才能立于不败之地。人们可以运用学习型组织的基本理念，去开发各自所置身的组织创造未来的潜能，反省当前存在于整个社会的种种学习障碍，使整个社会早日向学习型社会迈进。或许，这才是学习型组织所产生的更深远的影响。

第二节　组织流程再造

20世纪60年代至70年代以来，信息技术革命使企业的经营环境和运作方式发生了很大的变化，而西方国家经济的长期低增长又使得市场竞争日益激烈，企业面临着严峻挑战。在这种背景下，迈克尔·哈默（Michael Hammer）和詹姆斯·钱比（James Champy）根据美国企业迎战来自日本、欧洲的威胁的现状展开了实际探索，并于1994年出版了《公司再造》一书。哈默和钱比认为，工业革命两百多年以来，亚当·斯密的分工理论始终主宰着当今社会的企业，大部分的企业都建立在效率低下的功能组织上。组织流程再造是根据信息社会性要求，抛开分工的旧包袱，将拆开的组织架构，如生产、人力资源、营销、财务等部门，按照自然跨部门的作业流程重新组装回去。

一、组织流程的构造与内核

（一）流程的含义

什么是流程？简单地说，流程就是做事情的顺序。比如我们出差后要报销经费，首先要填写报销单，然后通过部门领导审批，财务负责人以及企业领导逐级审批，会计做账后，再到出纳付款，这就是一个流程。当然，企业的许多流程远比它要复杂得多。不仅生产有生产流程，财务有财务流程，还有人力资源开发流程、新产品开发流程、企业发展战略研究流程等等。但从总的方面来说，企业的流程就是企业完成其业务活动，为顾客创造有效的价值并获得利润的过程。流程（process）一词在《朗文当代英语词典》中的解释是：一系列相关的人类活动或操作，有意识地产生一种特定的结果。从流程的这一概念我们可以看出，流程与"有意识的一系列的活动或事件""特定的结果"等概念密切相关。事实上，我们对于流程并不陌生。流程在我们的生活中无处不在，无论是日常生活中在超市购物、订餐吃饭、医院就诊，还是制造业、运输业、金融业和各种服务企业为顾客提供产品或服务，都有其特定的流程。

（二）组织流程的构成要素

组织流程是指完成一项任务、一个事件或一项活动的全过程，这一全过程由一系列工作环节或步骤所组成，相互之间有先后的顺序，有一定的指向。流程的这个概念实际上已表明流程由以下几个基本要素所构成（见图14－6）：

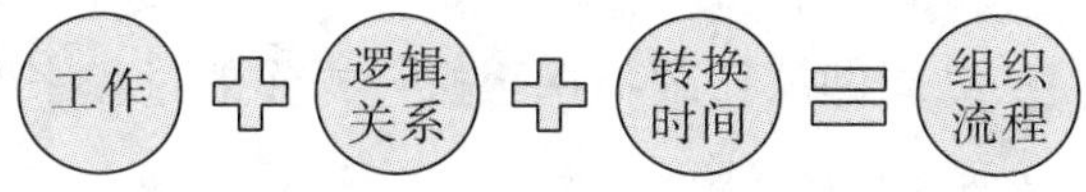

图14－6　组织流程构成要素

1. 工作

任何一个流程都是由一些具体工作或步骤所组成的，因为流程本身就是为了完成一项任务的全过程。为了完成这项任务，需要执行者先后做一系列的工作，以达成最终目标。显然，如果执行者不做工作，也就无流程可言，自然也就不能完成需要完成的任务。一个流程中含有的一些具体工作内容及要求，实际上由这个流程所要完成的任务或事件的特性所决定，什么样的任务和事件，需要采用什么步骤，先后应做哪些事，虽然执行者并非生而知之，但可以从过去积累的学习经验中得到启示。特别是那些所谓程序性的任务和事件，实际上已有了明确的工作顺序和步骤，只要照此进行便可获得圆满成果。在非程序性即全新的任务和事件的完成方面，人们需要探索什么是最佳的工作路线，什么是应该做的工作，什么是不应做的工作等等。一个流程的工作原本可以由一个人完成，但技术的进步、专业化分工的效率提高和协作的可能性增大，均导致了一个流程中的工作可以具体划定边界，交给各方合适人选来完成，从而更快、更省、更有效地完成任务。也正是如此，流程中这些基本工作的划定，是随着时代与技术的变化而变化的。例如，传统工厂中操作工必须在生产线的固定岗位上操作一个对象，而现代工厂中整个生产流程全自动化了，只需一个人照管全流程便可。

2. 逻辑关系

这是指流程中具体工作之间存在着一种先后顺序的关系。这种先后顺序的关系就是甲工作必须在乙工作之前完成，乙工作必须在丙工作之前完成等等。如果违背了这个先后顺序，那么流程最终要完成的任务就会出问题。事实上，也正是这种先后的逻辑关系构成了流程本身。但是一个流程的逻辑关系不是唯一的。这不是说完成任务的目的不唯一，而是指完成任务的途径即从流程的起点到终点的路线是可选择的。这种选择虽然不改变总的完成任务的内在逻辑，但每一路线的基本工作及基本工作的逻辑关系有相应的改变。例如，从接订单到生产，从生产到发货履约这一个基本生产流程就可以有不同的路径。

3. 转换时间

这是指流程每一基本工作环节或基本工作完成后至下一个工作环节启动时的时间间隔，时间越小则表明两者转换的时间愈短，反之则愈长。一个流程中工作界定后由专业化人士来执行固然能大大提高效率，但如果分解界定的工作部分完成后从这个人手中到那个人手中需要很长时间的话，则将导致效率的降低。特别是当市场上消费者需求变化很快时，流程的间隔时间很长的话，完成任务的效率就会很差，并且可能丧失许许多多的市场机遇。一个能够既快又好地完成特定任务的流程，既需要合理地确定基本工作单位，选择专业化人士或设备来完成它，也需要基本工作单位的工作任务完成后，先后顺序环节可以很快地衔接。而且可以说，衔接的时间问题有时与基本工作单位划定有关，事实上有的工作环节不分解反而更好，一分解就造成衔接的困难。这个命题实际上就是所谓“分工的合理性”。

（三）基本流程的构造

现代企业内基本流程结构可从纵、横两个方面来看，组织结构就是构造的结果。

1. 纵向构造

现代企业内基本流程从纵向即从行政指挥至执行操作的过程来看，实际上包含了下述四个基本流程（见图 14－7）：

生产指挥流程 → 人事管理流程 → 资金核算流程 → 计划决策流程

图 14－7　纵向流程

（1）生产指挥流程。即从企业负责生产指挥的领导出发，经生产管理部、生产车间、生产班组至生产工人的一个流程。其基本功能是让企业的投入产出过程能够有效地运作起来。

（2）人事管理流程。即从企业负责人力资源开发的领导人出发，经人事培训部、生产车间人事考核、生产班组或职能部门的一个流程。其基本功能是为企业运作准备人力资源，开发人力资源，并在工作中评价、考核员工，调动其工作积极性，防止差错。

（3）资金核算流程。即从生产工人或职能部门员工出发，至班组、生产车间、会计部门、总会计师的一个流程。其基本功能主要是对生产经营过程中的成本费用、资金占用等进行核定，了解其真实情况，达到控制的目的。

（4）计划决策流程，即从企业最高领导出发，至董事会、总经理、计划部门、执行售货员的这么一个流程。其基本功能是确定企业长远发展的目标、投资方向、重大投资项目以及如何实施，如何执行，确保企业明确自己未来的共同理想。

2. 横向构造

横向构造是指企业从投入到产出总过程相关的一系列基本流程（见图 14－8）。

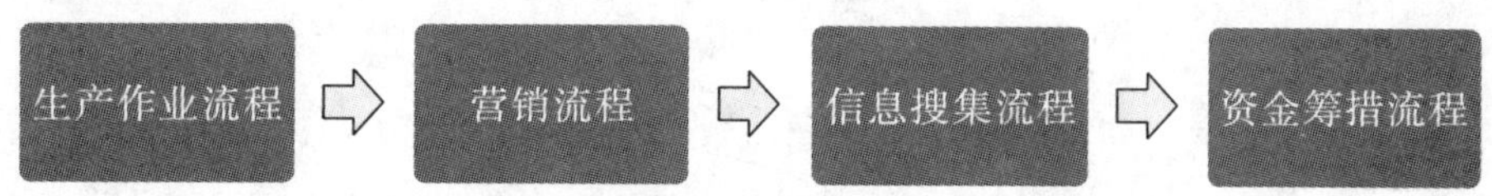

图 14－8　横向流程

（1）生产作业流程。即接单、采购原料、发单生产、生产检验、发货、收货款等这么一个基本的投入产出流程。这一流程是企业最基本的流程，其基本功能是确保投入产出的有效进行，使得生产成本低，资源配置效率高，产出尽量多，从而产生良好的经济效益。

（2）营销流程。在市场经济条件下，企业没有营销就没有生存的机会。营销流程主要是指宣传推广、渠道设置、当场买卖、售后服务等这么一个全过程，其目的是要让顾客了解企业的产品与服务，让顾客信任企业的产品与服务，并能够长期地不断地购买本企业的产品和服务。

（3）信息搜集流程。即指企业的信息管理部门如何到外界各部门各方面搜集、处理、汇总、传递信息的全过程。其功能是为企业的运作搜集必要信息，以便企业能更好地适应环境，更好地决策，采取有效行动。信息对于一个企业而言非常重要。

（4）资金筹措流程。即企业到资本市场上进行信用融资、权益融资的全过程，其具体工作环节由企业自己决定。这一流程的功能是为企业筹措经营运作所需要的长期资金和短期资金，保证企业资金的正常周转运作。

（四）组织基本流程的内核

所谓组织基本流程的内核是指决定基本流程的基础性或决定性的原因。这些原因有以下几点：

1. 组织的理念和价值观

组织的理念或价值观是体育行政组织成员所信奉的行为准则和对社会、经济等方面的价值判断。体育行政改革的目标要建立“公共服务型”的政府，但在长期计划经济条件下形成的官僚主义却很难使这个理念内化，然而流程再造的成功又必然要求内化这个理念，同时也促进了这个理念的内化过程。

2. 技术工艺的特征决定

企业基本流程首先带有一定的技术与工艺的特征，技术工艺本身的状态决定了流程的路径、工作专业化划分、工作环节和步骤之间衔接状态和选择。

3. 组织领导风格及方式组织领导者有各自的个性

这种个性在组织领导的学识、修养、道德、能力等的支撑下形成了他在组织中独特的领导风格及方式，从而决定了组织的一些基本流程。例如，如果组织领导者的领导风格是倾听下属意见、主张民主管理、职工参与组织最高决策的话，那么组织决策的流程就变成从下至上、职工参与的一个流程，反之则是从上至下的命令服从过程。

二、再造工作流程的基本路径

（一）再造流程的出发点

再造流程的出发点是指再造流程的基本准则和起点。现代组织再造流程的出发点有以下几个方面（见图 14－9）：

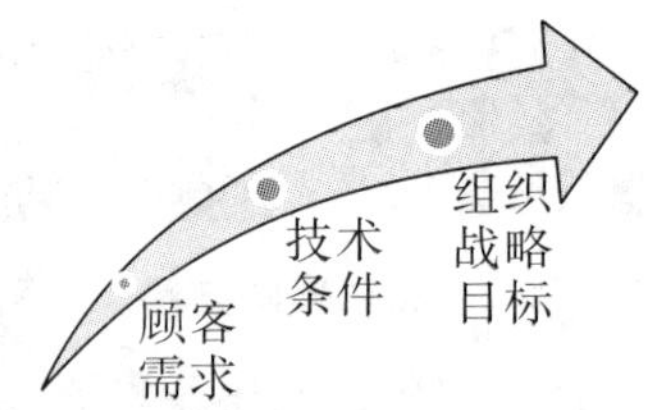

图 14－9　**再造流程的出发点**

1. 组织战略目标

流程作为组织内的工作过程，首先要服从组织的战略目标，换句话说，流程的再造要为组织战略目标的实现做出贡献。因此，再造流程的重要出发点之一就是以组织战略目标为总目标，将其分解的分目标或阶段目标等作为流程应承担的目标，进而考虑流程应如何设置，如何改造，以便更有效地完成这一目标，从而为战略目标的实现做出贡献。

由于组织总目标的可分解性，如总目标可分解为生产目标、销售目标、质量目标、服务目标、资金运作目标等，这些目标也就形成了如何完成此目标的工作过程，即流程，这是一个方面。另一方面，由于组织总目标发生一定的变异，如从利润最大化目标变为市场占有率最大化目标时，一些流程，如竞争的流程、市场营销的流程、研究对手的流程，可能就要发生变化，如果不变化，总目标就不可能实现。

2. 理解顾客

顾客并不知道自己未来需要什么，但他们知道现在需要什么，尤其是当他们的支付能力提高以后可以购买他们原来买不起的商品和劳务时。因此，在现在和近期未来的市场上，就会发生需求的变化，就会产生许多商业机会。现代企业组织是有顾客才能生存，无顾客就要消失的一种经济组织，不了解顾客的心理状态、消费习惯，企业要成功就很困难。另一方面，因为顾客并不知道他们未来需要什么，故现代企业组织如果不能在真正了解顾客的需求本性的条件下，开创他们明确的未来需求，那么现代企业也不可能在未来有良好的发展。既然顾客对企业如此重要，那么企业的工作流程没有理由在重新设置、重新改造流程时不以顾客的满意为出发点。

流程以顾客的满意为出发点，有的人可能认为最多是销售、服务、生产等流程应该如此，因为它们直接与顾客相关。这是对的，但我们这里所说的以顾客为出发点、以顾客满意为出发点，还包含了这么一层意思，即一个流程中前后工作环节、工作单位或工作步骤之间的关系，可以看作是一个“厂商与顾客”的关系，即“供给与需求”的关系。如果大家都能使各自的“顾客”满意，流程的工作效率也会大大地提高。

3. 技术条件

流程与技术工艺相关，从某种意义上说技术工艺状态决定了流程的路径、工作环节和步骤的划分等，这是我们在前面已论述过的问题。技术条件作为流程改造的出发点，既有前面所述的含义，也有不同的含义。哈默与钱比博士曾经在其大作中认为，如果没有信息技术的进步和介入企业，那么企业流程改造是不大可能成功的。他们特别强调了信息对流程改造的意义，因为信息技术的确可以改变我们的生活与工作的方方面面。信息技术介入企业后，他们认为会导致巨大的完全的变化，也正是如此，流程必须改造。

是不是可以说，信息技术的发展进步是流程改造的出发点呢？应该说这可以是一个出发点，但对一般企业而言这一出发点过高了一点。从现实出发，流程改造的确需要许多技术支撑，但并不仅仅是信息技术，当信息技术尚未普及之时，流程改造仍然可以进行，不过是依赖其他技术条件而已。因此从这个意义上说，现有的可掌握的技术条件就可以成为流程改造的出发点，即有什么条件支撑就进行什么程度的改造。

（二）再造流程的组织

再造工作流程需要有一个强有力的组织来加以领导、组织和协调，以便在不导致组织出现大震动的条件下顺利地实施再造流程。

首先，成立一个由组织成员和专家组成的再造流程委员会，直属组织最高层领导，但各职能部门领导只参与委员会工作而不参加具体的流程改造领导，以免由于再造流程引起各部门的利益纷争导致他们分散日常工作的精力。其次，在组织体系中设置“再造流程委员会主任”一职，由行政组织最高领导成员来担任。最后，成立“再造流程分析设计小组”和“再造流程实施小组”分别负责制订具体方案和具体实施组织协调工作。

（三）再造流程的核心目标

组织流程再造的核心目标并不是流程本身，而是为了再造组织的核心能力。普遍意义上的组织核心能力是指组织自己拥有的独特的足以导致与其他组织相比略胜一筹的技术、管理模式、管理技巧等方面的能力，这种能力支撑了组织在发展中享有特别的优势，支撑了组织能够提供更快、更好、更能令人满意的产品或服务。

（四）再造流程的实施步骤

再造流程实际上是将构成流程的基本工作环节、工作单位或工作步骤加以判别，并对逻辑关系、时间耗费、可否并行等进行分析研究，大胆创意构想出能够最佳地完成同一工作任务或目标的一系列工作单位或环节的过程，这个过程就是流程。当然这么做的前提是已明确了体育行政组织的目标、流程再造的目标任务等。实际上组织再造流程的内容也就决定了组织再造流程的步骤。实施步骤可以从以下几个方面来考虑（见图 14－10）：

图 14－10 再造流程的实施步骤

1. 设定基本方向

设定基本方向指设定组织流程改造的总目标、总方向、总思路，以免走冤枉路，浪费资源，这是再造流程的第一个步骤。具体包括如下一些工作：确立和分解组织战略目标，成立再造流程的组织机构，设定流程改造的出发点，确定流程改造的基本方针，给出流程再造可行性分析。

2. 分析现有流程

确认改造目标的目的是对现有流程、外界环境、组织核心能力等状况进行深入细致的调查分析，寻找问题的症结所在，以便设定具体的改造目标。具体包括如下一些工作：组织外部环境分析，群众满意度调查，现行流程状态分析，改造的基本设想与目标，给定改造成功的判别标准。

3. 确定再造流程方案

确定再造流程方案是一个很重要的步骤，这一步骤要求完成具体的流程改造方案，这个方案可行与否很大程度上决定了流程改造的成功与否，这个步骤需要组织的众多成员来参与，此时具体应做的有：流程设计创意，流程设计方案，确定基本路径，设定先后工作顺序和重点，宣传流程再造，人员配备。

4. 制订解决问题的计划

这一步骤主要是制订一个对近期问题解决的计划，以便在再造流程的过程中先解决一些近期问题，从而使组织员工可以看到改革的效果，坚定他们继续努力的决心。这个步骤是辅助性的工作，但也很重要，需要做好以下工作：找到近期应解决问题，制订解决此问题的计划，成立一个新小组负责实施。

5. 制订详细的再造工作计划

当改造方案设定并通过后，需要有一个详细的工作计划，其中包括如下要点：工作计划目标、时间等的确认，预算计划，责任、任务分解，监督与考核办法，具体的行动策略与计划。

6. 实施再造流程方案

这一步骤就是具体展开流程再造的工作，是完成流程再造的关键。主要包括：成立实施小组，对参加改造人员进行培训，全体员工配合，新流程实验性启动，检验，全面开展新流程。

7. 继续改善的行动

这一步骤即对改造的流程进行修正、改善等工作，以保证新的流程全面达成改造的预定目标，使组织的核心能力有所增强，使组织的效率大大提高。主要包括：检测流程运作状态，与预定改造目标进行分析比较，对不妥之处进行修正改善。

第三节　超越边界的管理

随着全球经济一体化的趋势和世界各国经济的高度关联，跨国公司和国际管理都必须注意如何战略性的分布企业的地理位置和市场范围，因此，在全球范围内的管理系统的复杂性就由此而产生了，这些变化使得传统界限分明的组织结构难以适应现代企业持续发展的需要。在这一背景下，美籍日本管理学家大前研一（Kenichi Ohmae）于 1990 年提出“无疆界世界”。大前研一提出“无疆界世界”这一概念，指出跨国公司在全球战略方面，不应局限于疆界，总部不一定要设定于自己的国家，而生产、营销、科研等也可以战略性地分布于全球各地，管理人员应以全世界作为经营的范围，而非某一特定的国家或地区。这一概念对于全球化战略的制定、国际化投资等问题有深远的影响。

一、传统企业组织结构设计

传统的企业组织结构设计是建立在分工理论的基础上的。由于社会分工的需要，产生了专业化的生产组织——企业，随着企业规模的扩大和专业化程度的提高，企业内部的分工形成了，因而就形成了传统的层级式的组织形式。这种组织结构形式严格划分了纵向的各个管理层次的界限，明确地界定了横向的各个职能部门的责任、权力及相互关系。这种传统的金字塔形的企业组织结构形式是适应社会生产组织形式的需要而形成的，也适应工业经济时代企业运转的要求。在企业内部精密的分工下，员工工作性质单一，管理层容易确保员工工作的一贯性和正确性，从而确保企业在庞大的组织体系下有效运作。我们一般认为这种传统的企业组织结构是有边界的，因为我们需要把不同员工、不同部门的工作进行区分，如表 14－2 所示：

表 14－2　常见组织边界划分

垂直边界	它界定了位于企业中不同层次的人的地位及权责，事实上体现了企业组织等级制度
水平边界	企业内部同一层次的不同部门之间的界限，它界定了不同部门的工作内容
外部边界	企业与供应商、用户、政府等机构界限分明
国际边界	在一个跨越国界经营的企业中，一个国家的企业中成功的新思想和方法很难传播到企业在其他国家的机构中

随着全球化的速度加快，传统界限分明的组织结构的弊端日益突出，表现在：

（一）垂直边界使企业缺乏对外部环境变化的适应能力

现代企业面对日趋复杂多变的外部环境，随时会被市场所淘汰。但是在传统的企业组织中，为了保证集中领导、统一指挥，信息传递被严格要求按照等级系列来进行，这种信息层层传递的方式，不可避免地就会发生信息丢失、曲解现象，再加上基层员工对不同信息重要程度的理解与高层管理者存在差异，许多重要的信息根本无法传递到企业的最高层，这就使得企业的最高层管理者在制定企业的发展战略时，往往由于缺乏充分的信息而做出错误的决策。久而久之，企业会逐渐失去对环境变化的灵敏性。

（二）部门界限使企业无法真正贯彻“一切为了顾客”的经营思想

20 世纪 70 年代之后，由于生产效率大幅度提高，商品品种、数量日益增多，消费者选择的范围逐渐扩大，市场的主导权也由生产企业转向了消费者。尤其是进入 21 世纪之后，消费需求向多样化、个性化的方向发展，日趋激烈的市场竞争使每一个企业都必须树立“一切为了顾客”的经营思想。但在传统职能型的组织结构中，各个职能部门界限分明，这种水平职能部门的设计是基于提高专业化效率的考虑，即每个部门都只在自己的专业领域内发展，各部门的专业化程度非常高，企业只需要依靠少量各部门的专家就能有效地控制整个企业的运行。但是，这种专业化效率却使企业无法真正贯彻“一切为了顾客”的经营思想。

首先，由于各部门专业分工明确，每个部门可能更多地考虑自己部门的利益而忽视企业的整体目标，各个部门之间常常由于本位主义而引发冲突。比如营销部门希望产品品种多样化，从而更多、更好地满足顾客需要，而生产部门为了保证生产效率却不愿意有任何创新，管理人员为协调冲突必须花费大量的时间和精力。其次，当顾客接受的服务涉及不同职能部门时，顾客必须在相关部门之间来回奔波，直到最终解决，这明显浪费了顾客的时间和费用，影响企业服务的质量。

（三）清晰的外部边界无助于企业整合外部资源，提高效率和效益

现代企业是一个与外部环境保持密切联系的社会系统。首先，供应商的供货价格和质量直接影响着企业生产的成本和产品的质量。从本质上讲，供应商希望企业经营成功，从而更多地出售他们的产品，企业希望获得更多高质低价的原料和服务。因此，企业与供应商有着共同的目标，应该保持密切联系，建立起长期相互信任的合作关系，实现资源共享，取消合作中的多余环节（如双重检验），降低原材料和服务成本。其次，顾客是企业产品的最终消费者，他们有能力和权利对企业的产品和服务提供建议和意见，听取更多来自顾客的声音才能真正体现“用户至上”的服务思想。最后，企业的发展离不开政府相关部门的指导和规划，与政府机构保持密切良好的关系能为企业营造一个有利的发展环境。

（四）国际边界的存在不利于整体企业的成功

在全球经济一体化趋势的影响下，跨国公司的数量与日俱增，在跨国经营的各个组成单位之间迅速而彻底地分享信息是企业追求的目标之一。但由于距离、语言、文化和时间的阻隔，往往会使信息传递困难、滞后或者发生信息流扭曲。这就使得在一个国家的企业中成功的新思想和方法很难传播到企业在其他国家的机构中，尤其是那些特殊的管理诀窍，很难使之具体化，转移困难。因此，企业在各个国家的经营单位受到国际边界的限制，无法有效地学习和分享知识，将不利于整体企业的成功。

二、构建超越各种边界的组织结构

（一）超越垂直边界，提高企业应变能力

在企业中彻底消除上下级之间由于传统等级制导致的隔阂，使管理者和被管理者没有距离，改变上级下达命令、下级被动执行的形式，使各个管理层之间可以自由地沟通、交流，突破垂直边界给员工造成的束缚，保证特定时间和地点方面的知识得到即时运用，使

各类拥有相关知识的人获得应有的决策权，这样可以使信息沟通更加便捷，可以使企业从员工那里获得有价值的建议，也使得企业的最高管理者在制定企业的发展战略时，不会因失去来自中层和基层的关键信息而做出错误的决策。这就彻底改变了传统层级组织中只有最高层管理者才能对环境变化做出反应从而导致企业缺乏应变能力的状况，使企业能对不断变化的环境做出灵活、迅速的反应。

（二）超越水平边界，更好地满足客户的需求

在企业中围绕业务流程而不是职能部门来建立机构，打破传统的各种活动（如生产、经营）以及各个职能部门的界限，使它们朝着相互渗透、一体化的方向发展，使信息和资源随着流程的进行在部门之间流动。以顾客需求作为流程设计的基础，根据流程的性质将分工过细的岗位、工作重新整合或再设计，组建跨部门协作的自主管理团队，使团队成员拥有不同的技能，为整个产品的生产提供服务工作。企业中的各个职能部门之间的协作不再依靠上级下达指令或专职的协调员来进行，而是通过围绕自然的业务流程设计的团队实现了横向职能部门之间的直接相连（见图 14－11）。

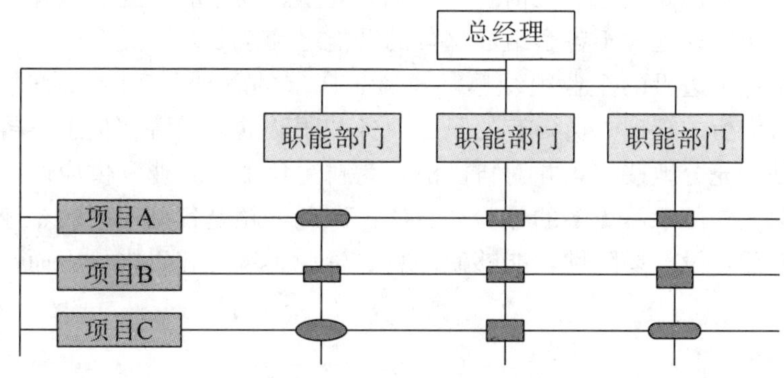

图 14－11　矩阵制结构

企业赋予团队更大的自主决策权，使他们能对顾客的需求做出灵敏的反应，并能迅速为满足客户需求达成共识。一旦各项工作能在部门之间迅速交接，水平边界就融入了综合一体的快速的业务流程中，企业就实现了横向部门之间有效的内部整合，从而更快、更好地满足客户的需求。

（三）超越外部边界，实现资源整合

一方面，让供应商和用户的反馈信息直接作为企业决策程序的一个固定组成部分，而不是像过去那样仅供参考，从而从他们那里获得更多的信息支持和业务帮助；另一方面，与政府机构之间保持密切、良好的关系，从而为企业的发展争取一个有力的支持环境。

（四）超越国际边界，使企业获得不断提高的能力

在企业中努力营造一种提倡学习的企业文化和心态，通过快速发展的信息技术、人力资源的合理流动、生产的标准化、在企业内部建立相应的知识处理系统等打破国际边界的阻隔，不断地学习企业在其他国家的机构中成功的新思想和新方法，从而使企业充分利用新知识不断提高创新能力。

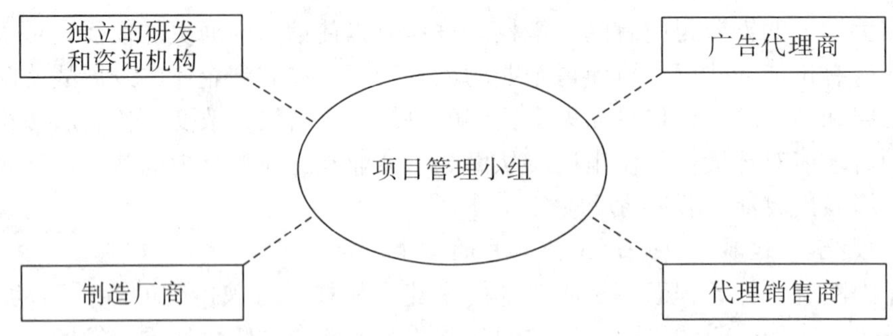

图 14－12　网络化结构

事实上，不仅企业内部的经营单位之间应该相互学习，还应学习其他企业成功的经验，提高企业内化外部知识的能力，这不仅有益于企业市场目标和客户需要的实现，更是企业形成持续竞争能力的坚实基础（见图 14－12）。

在一个超越各种边界的企业组织中，一切有可能阻碍内部沟通或企业与外界有效交流的边界和壁垒都应被彻底清除，使信息、资源、能量、设想能在企业内外顺畅地流动，从而使企业整体的功能远远大于各个组成部分的功能之和。

在一个超越各种边界的企业组织里，没有了层层的管理，有的只是跨部门的合作团队；没有了各种头衔的管理人员，有的只是业务和团队的领导者；员工不再被动地按照指令做事情，而是被充分地授权，并对自己的行为自主负责；企业和供应商、用户等机构密切合作，不断地从外部学习更多的经验和方法。因此，超越各种边界的企业组织事实上指的是一种边界灵活，没有局限性，能够使信息、资源、观念和思维自由而快速流动的组织形态。

本章小结

1. 学习型组织是一种全新的组织模式，是组织发展的必然趋势，是一种更适合人性的组织模式。彼得·圣吉是学习型组织理论的奠基人，他认为，学习型组织是这样一种组织，“在其中，大家得以不断组织管理学突破自己的能力上限，创造真心向往的结果，培养全新、前瞻而开阔的思考方式，全力实现共同的抱负，以及不断一起学习‘如何共同学习’”。他用了近十年的时间对数千家企业进行研究和案例分析，于 1990 年完成其代表作《第五项修炼——学习型组织的艺术与实务》。

学习型组织的贡献与意义：(1) 学习型组织是能让组织内的全体成员全身心投入并拥有持续增长学习力的组织。(2) 学习型组织是能让组织成员体验到工作中生命意义的组织。(3) 学习型组织解决了传统企业组织的缺陷。(4) 学习型组织为组织创新提供了一种操作性比较强的技术手段。(5) 学习型组织理论解决了企业生命活力问题。(6) 学习型组织提升了企业的核心竞争力。

学习型组织的特点：(1) 精简：先乘后减，先事后人，做事要简洁。(2) 扁平化。(3) 有弹性：观念更新，战略储备，提高员工整体素质。(4) 不断自我创造。(5) 善于学习：强调“终身学习”，强调“全员学习”，强调“全过程学习”，强调“团体学习”。(6) 自主管理：自主管理模式逐渐成为企业的自觉选择，自主管理使组织成员边工作边学习，自主管理体制是获得成功的最大秘诀。

学习型组织的前提：(1) 自我超越；(2) 改善心智模式；(3) 建立共同愿景；(4) 倡导团队学习。

2. 流程再造组织。企业的流程就是企业完成其业务活动，为顾客创造有效的价值并获得利润的过程。组织流程是指完成一项任务、一个事件或一项活动的全过程，这一全过程由一系列工作环节或步骤所组成，相互之间有先后的顺序，有一定的指向。流程的这个概念实际上已表明流程由以下几个基本要素所构成：(1) 工作；(2) 逻辑关系；(3) 转换时间。

现代企业内基本流程结构可从纵、横两个方面来看，组织结构就是构造的结果。(1) 纵向构造：生产指挥流程，人事管理流程，资金核算流程，计划决策流程。(2) 横向构造：生产作业流程，营销流程，信息收集流程，资金筹措流程。

所谓组织基本流程的内核是指决定基本流程的基础性或决定性的原因。这些原因有：(1) 组织的理念和价值观；(2) 技术工艺的特征决定；(3) 组织领导风格及方式。

再造流程的出发点是指再造流程的基本准则和起点。现代组织再造流程的出发点有以下几个方面：(1) 组织目标；(2) 理解顾客；(3) 技术条件。再造工作流程需要有一个强有力的组织来加以领导、组织和协调，以便在不导致组织过大震动的条件下顺利地实施再造流程。

组织流程再造的核心目标并不是流程本身，而是为了再造组织的核心能力。过程包括：(1) 设定基本方向；(2) 分析现有流程；(3) 确定再造流程方案；(4) 制订解决问题的计划；(5) 制订详细的再造工作计划；(6) 实施再造流程方案；(7) 继续改善的行动。

3. 美籍日本管理学家大前研一（Kenichi Ohmae）于 1990 年提出“无疆界世界”。这一概念，指出跨国公司在全球战略方面，不应局限于疆界，总部不一定要设定于自己的国家，而生产、营销、科研等也可以战略性地分布于全球各地，管理人员应以全世界作为经营的范围，而非某一特定的国家或地区。这一概念对于全球化战略的制定、国际化投资等问题有深远的影响。

本章关键词

学习型组织　流程再造组织　超越界限的管理

思考题

1. 彼得·圣吉对学习型组织提出的五项修炼有哪些？学习型组织有哪些特点？
2. 流程再造的具体步骤有哪些？
3. 领导风格有哪些？每种风格的具体内容有哪些？
4. 超越界限管理的内涵有哪些？

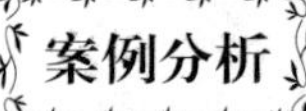

学习型组织的神话——Rover

一、Rover 崛起于混乱之上

20 世纪 80 年代晚期，Rover，英国最大的汽车制造厂商陷入了困境：每年亏损超过一亿美元，内部管理混乱，产品质量江河日下，劳资矛盾恶化，员工士气低落，前景一片黯淡。而时至今日，Rover 摇身一变成为全球最富生命力的汽车制造厂商之一。在北美和亚洲，其产品供不应求；在过去的几年里，Rover 汽车全球销量几乎扩大了一倍；产品质量优异，几乎囊括了业界所有的质量奖；Rover 豪华系列一跃成为新的“马路之皇”，而 Rover 600 则跻身世界最畅销的汽车排行榜。到 1996 年，年产汽车 500 多万辆，销往全球 150 多个国家和地区，年销售额超过 80 亿美元。在全球汽车市场刚刚复苏的 1993—1994 年，Rover 的销售额竟增长了 16%！不仅一举扭转了巨额亏损，而且盈利颇丰（1994 年盈利 560 万美元）；人均创收增长了 4 倍！与此同时，员工的满意度和生产率也创历史新高，并且持续高涨。最近的一次对 Rover 公司 34000 名员工的调查表明，超过 85% 的员工对自己的工作感到满意，认为受到良好的培训，并且愿意齐心协力提高团队的绩效。这与几年前的境况简直天差地别，而这一切变化竟然发生在如此短暂的时间内，更是令人匪夷所思。Rover 振兴的秘诀是什么呢？调查显示，从高层领导到一线职工都一致认为，Rover 重振雄风最大的“功臣”首推公司致力于成为学习型组织的努力。

二、Rover 建立学习型组织的历程

（一）决心与观念

1. 置之死地而后生

20 世纪 80 年代末期，Graham Day 先生临危授命，成为 Rover 集团董事会主席。上任伊始，他就深切地感受到全球汽车业动荡的环境给 Rover 带来的巨大压力——日益激烈的全球竞争、新技术日新月异、高素质人才的匮乏以及顾客对产品的挑剔等等。Day 和其他高层管理者认为，面对“巨鲸”，Rover 这只小鱼如果游不快，就会葬身鱼腹。因此，只有奋力拼搏，才有望在激烈的市场竞争中得以生存和发展。凭着对企业的透彻了解和远见卓识，Day 先生认为，除了成为学习型组织，Rover 别无选择。

2. 建立学习事业部

Rover 走的第一步是于 1990 年 5 月在公司内部成立了专司学习管理的机构——学习事业部（Rover Learning Business，简称 RLB）。在成立大会上，Day 先生说：“我们别无选择，只有破釜沉舟，矢志成为学习型组织，才有出路。”当天，公司即向全体员工和世人公开宣布，组织学习将成为 Rover 生存与复兴的基石。作为一个独立的实体，RLB 的主要职责是促进全公司范围内的学习，力求使学习成为公司内每个人和每个单位乃至全公司工作不可分割的一部分，并为学习提供必要的支持与帮助。通过 RLB 的工作，员工、团队、部门乃至全公司都可以从不断增长的知识、经验中获益，从员工之间的交流之中获益，从而使公司不断进步。下面是 RLB 的主要工作：

（1）倡导学习：刺激、鼓励和扶持员工、团队克服思维局限，不断拓展自我，强化个人与集体的协同。

（2）学习过程辅导：为了指导员工与团队顺利学习，RLB 要给予其必要的工具、技术与物质支持。

（3）标杆管理：通过设定标杆，引导、支持员工与团队向公司内外先进的生产、管理实践学习，并在公司内合理分配、使用这些知识，在不同部门之间达成知识、技术、数据的共享。

（4）与供应商、分销商和顾客一起成长：塑造世界一流的企业，离不开供应商、分销商和顾客等外部环境的配合。为了提高组织的学习能力，必须提高它们的学习能力，并把它们纳入企业考虑的范围，使它们与企业协调起来，共同进步。

(5) 负责内外的沟通与交流：RLB很重要的一项任务就是负责内外的沟通与交流，以便使员工认识到学习的重要性，在公众心目中树立“业界最佳学习型组织”的形象。RLB的建立揭开了Rover人称为“公司内真正意义上的革命”的序幕。通过RLB的努力，学习逐渐在全体员工心中扎下根来。

3. 建立组织学习的观念和信仰

Rover公司的领导对组织学习看得很重，他们认为这是使公司振兴的唯一法宝。为了显示公司成为学习型组织的信心，Rover在公司内部大力推广关于组织学习的观念与信仰，并在此基础上推行全面质量管理和顾客满意项目。以下是Rover关于组织学习的观念和信仰：

(1) 学习是人类的天性；

(2) 学习和发展是创造性、凝聚力与贡献的“燃料”；

(3) 每个人都有两项工作——现在的工作和改善它；

(4) 谁发明，谁受益；

(5) 要重视人、尊重人；

(6) 创造性和独创性说起来容易，用起来难；

(7) 管理不能解决所有的问题。

(二) 措施

1. 把公司目标与组织学习联系起来

在建立了组织学习的新观念以后，Rover意识到，还有必要把更明确的目标与组织学习联系起来，并依靠学习来完成这些任务，以达到提高公司绩效的目的。这些目标包括：

内部目标：

(1) 通过更好地学习，使成本节约200万美元；

(2) 每两年使员工态度好转10%；

(3) 提供足够的物资和技术支持公司的学习过程；

(4) 使500名管理者成为合格的教练；

(5) 使1000名雇员制定个人发展计划；

(6) 通过平等竞争，使2000名员工有信心走上他们认为自己适合的岗位；

(7) 使10000名员工都参加公司内外的培训与学习。

外部目标：

(1) 使外界知道本公司致力于成为学习型组织；

(2) 获得全国职工培训奖。

2. 把组织学习与全面质量管理活动结合起来

Rover认识到，产品、过程和服务的质量对于公司的成败具有举足轻重的作用。而组织学习的原理与全面质量管理活动的精髓有着显著的类似。这体现在：

(1) 持续改善；

(2) 管理引导；

(3) 全员参与；

(4) 注重成效。

3. 领导率先垂范

领导者通过角色变更和身体力行，对组织学习表示明确的支持和坚定的信心。其中，“第一把火”是集团全体董事会成员烧起来的：他们不仅兼任 RLB 主任委员会成员，而且积极参与 RLB 的工作。公司高层管理者还率先垂范，作为学习型领导，身兼数职：

(1) 公司学习活动的发起人；

(2) 致力于学习的倡导者；

(3) 员工学习的赞助者；

(4) 积极学习的急先锋；

(5) 学习新型领导方式的冠军；

(6) 把学习成果作为激励与考核重要依据的始作俑者。

4. 组织结构变革

Rover 组织结构变革主要集中在以下几方面：

(1) 精简组织层次。将过去僵硬的管理层次转变为扁平化组织，给个人留出更大的责任和自由余地。

(2) 加强团队建设。团队可以克服学习障碍，有利于人与人之间相互信任、团结互助的工作关系和宽松的工作环境，有助于个人发展多方面的知识、技能和管理能力。

(3) 删除繁文缛节，取而代之以大原则、目标、方针和政策，给管理者留下适当的自由处置的余地，增加了公司应变的能力，也在很大程度上调动了员工的积极性。

(4) 方便组织沟通。良好的内部沟通机制可以极大地提高学习的效果，为此，Rover 创立了一种内部沟通战略，包括员工可以定期得到学习产品、设立公开记事牌、电子公告牌以及人员流动和工作轮换等。

5. 授权赋责与“以人制胜”的哲学

Rover 之所以取得成功的一个重要原因是它坚持“以人制胜”的管理哲学。公司相信员工有能力、有责任心、愿意干好工作，因此，要授权赋责，让有能力的员工放手去干；要帮助员工成长；公司的成功与员工的个人成功是紧密相连的。因此，Rover 为每位员工制订了工作保障计划和员工个人发展计划，实行浮动的工作职责（能上能下），鼓励每一位员工全心全意投入工作，充分调动每一位员工的积极性和创造性，不仅提高了员工的满意度，而且在公司内形成了良好的学习气氛，为每一位员工的学习也创造了机会与条件。

6. 把学习扩展到顾客、分销商和供应商

Rover 认识到，一个致力于成为具有世界级竞争力的企业，离不开它的顾客、分销商和供应商的支持与配合。在激烈的市场竞争中，企业不能仅仅满足于适应其顾客、分销商和供应商的需要，还必须能与他们一起成长。因此，Rover 不仅虚心向它的顾客、分销商和供应商学习，而且让他们与自己一起学习。

资料来源于：管理者论坛 http://www.onlyit.cn/mba_article/at_x/at_x_03585_659.htm，2016 年 6 月。

组织扁平化、管理极简化——小米

在短短的几年之内，小米能够进入全球手机产量前三名，主要得益于他们对于互联网时代特征的把握，以及在此之下的一系列创新实践。在管理方面，雷军和他的团队也有很多颠覆性的理念和实践。

比如，过去一直讲，企业不一定要找最聪明的人，而是要找最合适的人，但小米就颠覆了这一招人理念。小米强调，要把产品做到极致、要超越客户需求，必须要找来超一流的人才。雷军认为，人力资源管理不在于管理，而是应该把80%的时间和精力用在找人上。雷军自己有一半的时间都用在招人上了。小米团队的核心人才几乎都来自谷歌、微软、金山、摩托罗拉等行业内的优秀企业。要找到超一流的人才，就不能靠企业自己培养，而是要不惜代价去市场上挖。这与传统的强调企业要自己培养人才又有所不同。

小米的这种理念不一定对，但不管怎样它满足了一个公司在高速成长期最需要优秀人才的要求，而且，不惜代价找来行业内最聪明的人才，也把别的公司的先进经验都带了过来。

另外，就是组织扁平化和管理简化。小米认为，互联网时代要贴近客户、走进客户的心里，企业就必须缩短跟消费者之间的距离，跟消费者融合到一起。如此才能把消费者变为小米的“员工”，让消费者参与小米的产品设计研发，传播和推动小米产品。而要实现这些，组织就要尽量扁平、简约。

小米的做法反映出互联网时代组织架构设计的一个很重要的理念：简约、速度、极致。

管理要简单，要少制造管理行为，才能把事情做到极致，才能快。在小米，除了七个创始人有职位，其他人全部没有职位，都是工程师。因为没有层级、没有职位，大家也都不用去考虑怎么样才能得到晋升这样的“杂事”，可以专注于为客户提供产品和服务。雷军说，小米从来没有打卡制度，没有考核制度，就是强调员工自我驱动，强调要把别人的事当自己的事，强调责任感。大家是在产品信仰下、在责任感驱使下去做事，而不是靠管理产生效率。

思考题：

小米公司的这种管理方式给小米公司带来了什么好处？

资料来源：中国培训网 http://www.china-train.net/pxzx-glzh/71418.html，2016年6月。

参考资料

[1] 芮明杰：《管理学——现代的观点》，上海人民出版社，2005年版。
[2] 王积瑾：《管理学》，浙江大学出版社，2007年版。
[3] 郭咸钢：《西方管理思想史》，经济管理出版社，2004年版。
[4] 赵涛：《管理学案例库》，天津大学出版社，2005年版。
[5] 芮明杰：《人本管理》，浙江人民出版社，1997年版。
[6] 芮明杰：《再造流程》，浙江人民出版社，1997年版。
[7] W. H. 纽曼：《管理过程》，中国社会科学出版社，1995年版。
[8] 亨利·明茨伯格、乔纳森：《超越界限的管理》，戈仕林、詹正茂译，载于《IT经理

世界》，2006年第13期。

[9] 刘建军：《领导学原理：科学与艺术》，复旦大学出版社，2007年版。

[10] 周三多、贾良定：《管理学：原理与方法学习指导主编》（第5版），复旦大学出版社，2010年版。

[11] 郑理、宁维正：《学习型组织创建指导读本》，中国矿业大学出版社，2005年版。

[12] 郑理、宁维正：《学习型组织理论及创新学》，中国矿业大学出版社，2005年版。

[13] 陈树文、迟景明、乔坤副：《新编MBA系列教材组织管理学》，清华大学出版社，2005年版。

[14] 王吉鹏：《蜕变的蝴蝶：推进学习型组织的4种路径》，中国发展出版社，2005年版。

[15] [美] 理查德·L. 达夫特：《管理学原理》，机械工业出版社，2011年版。

[16] [美] D. A. 雷恩：《管理思想的演变》，中国社会科学出版社，1986年版。

[17] [美] 彼得·德鲁克：《大变革时代的管理》，上海译文出版社，1999年版。

[18] [美] S. P. 罗宾斯：《组织行为学》，中国人民大学出版社，2005年版。

[19] J. G. 马奇、H. A. 西蒙：《组织》，中国社会科学出版社，1988年版。

[20] [美] D. A. 雷恩：《管理思想的演变》，中国社会科学出版社，1995年版。

[21] [美] D. 尼夫：《知识经济》，珠海出版社，1998年版。

[22] [美] E. 戴尔：《伟大的组织者》，中国社会科学出版社，1994年版。

[23] [美] E. 梅奥：《工业文明的人类问题》，中国社会科学出版社，1994年版。

[24] [美] F. 赫塞尔本等：《未来的组织》，四川人民出版社，1998年版。

[25] [美] F. 泰勒：《科学管理原理》，中国社会科学出版社，1994年版。

[26] [美] H. A. 西蒙：《管理行为》，北京经济学院出版社，1988年版。

[27] [美] H. 孔茨，H. 韦里克：《管理学》，经济科学出版社，1993年版。

[28] [美] J. P. 科特：《现代企业的领导艺术》，华夏出版社，1997年版。

[29] [美] J. P. 科特、J. L. 赫斯克特：《企业文化与经营业绩》，华夏出版社，1997年版。

[30] [美] P. 麦耶斯主编：《知识管理与组织设计》，珠海出版社，1998年版。

[31] [美] 彼得·圣吉：《第五项修炼》，中信出版社，2009年版。

[32] [美] 查尔斯·M. 萨维奇：《第5代管理》，珠海出版社，1998年版。

[33] Kenichi Ohmae. *The Borderless World*. New York: Harper. 1990.